Fare l'America
Um sonho italiano

Editora Appris Ltda.
1.ª Edição - Copyright© 2022 do autor
Direitos de Edição Reservados à Editora Appris Ltda.

Nenhuma parte desta obra poderá ser utilizada indevidamente, sem estar de acordo com a Lei nº 9.610/98. Se incorreções forem encontradas, serão de exclusiva responsabilidade de seus organizadores. Foi realizado o Depósito Legal na Fundação Biblioteca Nacional, de acordo com as Leis nos 10.994, de 14/12/2004, e 12.192, de 14/01/2010.

Catalogação na Fonte
Elaborado por: Josefina A. S. Guedes
Bibliotecária CRB 9/870

G112f 2022	Gabardo, João Carlos 　　Fare l'America: um sonho italiano / João Carlos Gabardo. - 1. ed. - Curitiba: Appris, 2022. 　　457 p.: il. ; 27 cm. 　　Inclui bibliografia. 　　ISBN 978-65-250-2785-2 　　1. Itália – História. 2. Genealogia. 3. Italianos – Brasil. I. Título. 　　　　　　　　　　　　　　　　　　　　　　　　　CDD – 945

Livro de acordo com a normalização técnica da ABNT

Appris editora

Editora e Livraria Appris Ltda.
Av. Manoel Ribas, 2265 – Mercês
Curitiba/PR – CEP: 80810-002
Tel. (41) 3156 - 4731
www.editoraappris.com.br

Printed in Brazil
Impresso no Brasil

JOÃO CARLOS GABARDO

Fare l'America
Um sonho italiano

FICHA TÉCNICA

EDITORIAL — Augusto V. de A. Coelho
Marli Caetano
Sara C. de Andrade Coelho

COMITÊ EDITORIAL — Andréa Barbosa Gouveia (UFPR)
Jacques de Lima Ferreira (UP)
Marilda Aparecida Behrens (PUCPR)
Ana El Achkar (UNIVERSO/RJ)
Conrado Moreira Mendes (PUC-MG)
Eliete Correia dos Santos (UEPB)
Fabiano Santos (UERJ/IESP)
Francinete Fernandes de Sousa (UEPB)
Francisco Carlos Duarte (PUCPR)
Francisco de Assis (Fiam-Faam, SP, Brasil)
Juliana Reichert Assunção Tonelli (UEL)
Maria Aparecida Barbosa (USP)
Maria Helena Zamora (PUC-Rio)
Maria Margarida de Andrade (Umack)
Roque Ismael da Costa Güllich (UFFS)
Toni Reis (UFPR)
Valdomiro de Oliveira (UFPR)
Valério Brusamolin (IFPR)

ASSESSORIA EDITORIAL — Débora Sauaf
REVISÃO — Isabela do Vale Poncio
PRODUÇÃO EDITORIAL — Raquel Fuchs
DIAGRAMAÇÃO — Daniela Baumguertner
CAPA — Daniela Baumguertner
REVISÃO DE PROVA — Isabela do Vale
Bianca Silva Semeguini
COMUNICAÇÃO — Carlos Eduardo Pereira
Karla Pipolo Olegário
LIVRARIAS E EVENTOS — Estevão Misael
GERÊNCIA DE FINANÇAS — Selma Maria Fernandes do Valle

Aos meus bisavôs, Giovanni Gabardo e Agata Negrello, que deixaram sua terra natal para se aventurar em terras estranhas além-mar; aos meus pais, João Gabardo Lemos e Bertha Liebl Gabardo, que além de me darem a vida, deram-me a coragem para enfrentar as dificuldades que se nos apresentam.

AGRADECIMENTOS

Agradeço ao Eduino Gabardo Filho, que me acompanhou nas pesquisas efetuadas no Centro Histórico da Família e que me cedeu os resultados de suas pesquisas.

Ao Ademir Cristiano Gabardo, pelo apoio que me deu na preparação da edição inicial deste livro.

Ao Bruno Gabardo, membro francês da família, residente em Létra, na França, que me cedeu as digitalizações dos registros paroquiais de Valstagna.

E a todos os que, de uma forma ou de outra, incentivaram-me e colaboraram para que este livro fosse concretizado.

SUMÁRIO

I
A ITÁLIA 13
1. Princípios Históricos 13
2. A geografia da Itália 16
3. As revoluções e os movimentos para unificação da Itália 17
4. A Região do Vêneto 19
5. A Província de Vicenza 20
6. O Vale do Rio Brenta 23
7. O Município (Comune) de Valstagna 24

II
RESENHA HISTÓRICA 27
1. Os primórdios 27
2. As origens do nome Valstagna 29

III
ASPECTOS ECONÔMICOS E SOCIAIS 31
1. O comércio de madeira 31
2. Outras atividades econômicas 33
3. O comércio do carvão 36
4. A cultura do tabaco 38
5. A economia atual 39

IV
ASPECTOS TURÍSTICOS 41
1. As Igrejas de Valstagna 41
   1.1 A Igreja do Santo Espírito, de Oliero 41
   1.2 A Igreja Paroquial de Santo Antonio Abate 42
2. As Festas Religiosas 43
3. As Grutas de Oliero 44
4. Competição de jangadas (Palio delle Zattere) 44
5. Outros eventos importantes 45

V
A EMIGRAÇÃO ITALIANA 47
1. As causas 47
2. A emigração vêneta 48
3. A Imigração no Brasil 49
4. As Colônias para os Imigrantes 51
   4.1 As Colônias no Rio Grande do Sul e Santa Catarina 51

  4.2 As Colônias no Espírito Santo e Minas Gerais 52
  4.3 As Colônias no Paraná. 53

VI
A FAMÍLIA GABARDO 59
 1. As origens 59
  1.1 Origem italiana. 59
  1.2 Simbologia do brasão 60
  1.3 Os elementos do brasão 60
  1.4 Origem espanhola 62
 2. Os apelidos das famílias 63
 3. Registros de antepassados 63
 4. Remanescentes na Itália 66
 5. As famílias emigrantes para o Brasil 67
 6. Os navios que trouxeram as famílias 69
 7. A viagem 71
 8. A chegada ao Paraná 73
 9. O Bairro da Água Verde (Colônia Dantas) 74
 10. O Bairro de Santa Felicidade 76
 11. O Bairro do Umbará 78
  11.1 História do bairro 78
  11.2 A religiosidade dos italianos. 79
  11.3 Aspectos sociais 81

VII
OS IMIGRANTES E SEUS ANCESTRAIS 83
 1. Bortolo Gabardo e Domenica Guzzo 83
  1.1 Os ancestrais 83
 2. Registros civis e paroquiais dos imigrantes e ancestrais 84

VIII
CURIOSIDADES E HOMENAGENS 91
 1. Curiosidades 91
  1.1 Casamentos entre primos 91
  1.2 Casamentos entre cunhados 93
  1.3 Curiosidades trágicas e policiais 93
  1.4 Outras curiosidades. 100
 2. Homenagens Públicas 103
  2.1 Nomes de Ruas 103
  2.2 Outras homenagens 103
 3.. Destaques Públicos e Empresariais 104
  3.1 Destaques na Política. 104
  3.2 Destaques Empresariais 104

IX
DESTAQUES NO FUTEBOL 107
    1. Os primórdios 107
    2. Os clubes do futebol paranaense 107
    3. As entidades reguladoras 108
    4. As fusões e mudanças de nome das equipes 109
    5. Os jogadores da família Gabardo 109

X
GENEALOGIA DA FAMÍLIA GABARDO 113

XI
BIBLIOGRAFIA 455

A ITÁLIA

1. Princípios Históricos

Uma lenda narra que a denominação *Itália* se originou do nome de um monarca que reinava na Região Sul da península italiana, chamado Ítalo. Outros historiadores, porém, sustentam que o nome deriva provavelmente de uma forma grega do itálico *Vitelia* (terra de filhotes). Tal designação começou a ser usada no século V a.C., sendo originalmente restrita à metade sul da citada península (parte inferior da "bota"). Por volta do ano 450 a.C., já compreendia a região subsequentemente habitada pelos *Bruttios* e, no ano 400 a.C., abrangia também a Lucânia. A Campânia foi incluída após o ano 325 a.C., e, nos dias de Pirro[1], rei de Épiro[2] (de 295 a 272 a.C.), a Itália, estendendo suas fronteiras para o topo dos Alpes, alcançou também todo o sul da Ligúria e a Gália Cisalpina (oficialmente incorporada à Itália em 42 a.C., pelo imperador Otávio)[3]. Em que pese toda esta área tenha adquirido unidade política somente após a Guerra Social (de 91 a 89 a.C.), informalmente, e a despeito das divisões administrativas, todo o território ao sul dos Alpes foi chamado de *Itália* a partir dos tempos de Políbio[4], historiador grego do século II a.C.

A Itália era uma região propícia para a adaptação e desenvolvimento da vida humana, motivo pelo qual sofreram inúmeras invasões (são encontrados, naquela região, inúmeros restos dos povos Neolítico e Calcolítico, e até mesmo traços do Neanderthal e do Homem Paleolítico).

Muito antes da formação de Roma, a Itália já era bem populosa e civilizada, de ponta a ponta. No III milênio a.C., era povoada por populações mediterrâneas que subsistiram no continente com o nome de *Lígures*, e, na Sicília com o nome de *Sículos*. A partir do II milênio a.C., houve muitas migrações de povos indo-europeus, com destaque para os *Fenícios*, que se estabeleceram nas ilhas da Sardenha e da Sicília, e para os *Vênetos*, que ocuparam a região norte da península, nos contrafortes dos Alpes Dolomíticos. As costas do Mar Adriático (lado leste da península) foram povoadas por importantes migrações ilíricas, tais como os *Picenos e os Massapios*, que ocasionalmente penetravam no Oeste. Com relação às populações autóctones, citamos, entre as mais importantes: *Faliscos, Vestinos, Pelignos, Frentanos, Marrucinos, Equos, Marsios, Ausonios, Auruncos, Sannitas, Pentrios, Apúlios, Irpinos, Peucetios, Iapigos, Caudinos, Campanios, Lucanios, Enótrios, Bruzios, Elimios, Sicanos e Sardos*.

---

[1] Pyrrhus II – rei de Épiro, (318 a.C., (local desconhecido, e morreu em Argos, em 272 a.C. Governou de 295 a 272 a.C.

[2] Épiro – região da Grécia, com 9.203 km². Por longo tempo independente, apresentou uma certa potência sob o reinado de Pirro. Após, ficou sob o domínio sucessivo da Macedônia, de Roma, de Bizâncio e dos Turcos, dos quais foi libertada em 1913.

[3] Caius Julius Caesar Octavianus Augustus – primeiro imperador romano, (Roma em 23 de setembro de 63 a.C., e morreu em Nola, em 19 de agosto de 14 d.C. Conhecido primeiramente como Otávio e depois como Otaviano, formou, com Marco Antonio e com Lépido, o segundo triunvirato romano, em 43 a.C. Quando derrotou Marco Antonio, na batalha naval de Actium, em 31 a.C., o Senado, entusiasmado, conferiu-lhe os títulos de *Imperator* (chefe dos generais), *Princeps* (primeiro cidadão, chefe do Senado) e *Augustus* (divino, consagrado), sendo este último título agregado ao seu nome. Alguns autores o tratam como Augusto e outros ainda como Otávio Augusto. Marco Antonio (Marcus Antonius) (local não conhecido, em 83 a.C., e morreu em Alexandria, em 30 a.C. Era casado com Otávia, irmã de Otávio, da qual se separou para unir-se a Cleópatra VII, rainha do Egito. Lépido (Marcus Aemilius Lepidus) morreu em 13 a.C., em Circeii, cidade hoje desaparecida, próxima ao monte Circeo.

[4] Polybius – historiador grego, (Megalópolis, por volta do ano 200 a.C., e morreu em local desconhecido, entre os anos de 125 e 120 a.C.

A população *Sannita* (ou *Samnita*), uma das populações autóctones de maior importância, formada pela união de quatro tribos distintas (*Pentrios, Marrucinos, Caudinos* e *Irpinos*), e posteriormente ligada a outros povos (dentre os quais os *Frentanos*), ocupou a Região Centro-Sul da península. Os valentes *Sabinos* e os aparentados *Umbrios* e *Volscos* se expandiram e ocuparam as regiões centrais montanhosas. Os *Gregos* ocuparam a costa sul, que compreendia a Magna Graecia. A Região Oeste era habitada por vários povos, tais como os *Lígures* (que eram possivelmente da linhagem Neolítica e originalmente ocupavam uma área maior), os *Latinos* e os aparentados *Faliscos* e *Hérnicos*. Os *Etruscos*, que surgiram por volta do ano 1000 a.C., invadiram a Itália e ocuparam um território entre o Rio Pó e a Campânia, até as costas da atual Toscana. Nesse mesmo período, surgiram as civilizações *Villanoviana* (de Villanova de Bologna), que já usavam o ferro, e *Terramarícola*, cujas vilas eram protegidas por fossos de água que circundavam os núcleos habitacionais. Essas duas civilizações se extinguiram rápida e misteriosamente. No século IV a.C., os *Celtas* (chamados de *Gálios* pelos romanos), efetuando ataques devastadores, estabeleceram-se no vale do Rio Pó, ocupando parte do território antes ocupado pelos *Lígures*.

Todos esses povos diferiam sensivelmente entre si em raça, linguagem e civilização, e a configuração montanhosa da Itália acentuou e perpetuou suas mutuais divergências. Em muitas ocasiões, apresentaram comportamentos bastante belicosos entre si. Por exemplo, tem-se que os *etruscos*, aliando-se aos *cartagineses*, expulsaram os *gregos* da ilha de Córsega (vitória de Alalia, em 540 a.C.). Em contrapartida, em 474 a.C., os *gregos* derrotaram os *etruscos* em Cumas, expulsando-os da região da Campânia, e, a partir do século IV a.C., conquistaram cidades da costa meridional, combatendo as populações pastoris dos Apeninos. Valendo-se desses acontecimentos e da fraqueza dos outros povos, entre os séculos IV e II a.C. Roma conquistou progressivamente a península, impondo uma unidade política. Iniciou um confisco maciço de terras, para constituir um vasto *ager publicus* (terras públicas), provocando um grande descontentamento entre os italianos, o que deflagrou a *Guerra Italiana* ou *Guerra Social*, entre os anos 91 e 89 a.C. Essa guerra obrigou Roma a conferir às cidades latinas e aos aliados itálicos o direito à cidadania integral. Na mesma época, o Latim se firmou aos poucos como único meio de expressão da palavra.

Mesmo com a imposição de Roma, a unificação política da Itália foi uma tarefa demorada, cumprida somente nos dias de Otávio (importante ressaltar, todavia, que o longo processo de "romanização" da Itália, na verdade, nunca foi concluído). Após unificar a Itália, Otávio a dividiu em 11 distritos administrativos, que seguem (entre parêntesis, as atuais regiões correspondentes):

1. Latium; Campânia; distrito de Picentini (Lazio e Campânia);

2. Apúlia; Calábria; distrito de Hirpini (Púglia);

3. Lucania; Ager Bruttius (sul da Campânia, Basilicata; Calábria);

4. Região habitada pelos Sannitas, Frentanos, Marrucinos, Marsios, Pelignos, Equos, Vestinos, Sabinos (leste da Campânia, Molise; Abruzzo);

5. Picenum, distrito de Praetutti (nordeste de Abruzzo, sul de Marche);

6. Umbria, Ager Gallicus (Umbria; norte de Marche);

7. Etruria (norte do Lazio, Toscana);

8. Gallia Cispadana (Emilia-Romagna);

9. Ligúria (Ligúria, sul do Piemonte);

10. Venetia; Istria; distrito de Cenomani (Vêneto, Friuli, Trentino, oeste da Eslovênia e Croácia; leste da Lombardia);

11. Gallia Transpadana (norte do Piemonte, Val d'Aosta, oeste da Lombardia).

Essa organização permaneceu quase inalterada até os tempos de Constantino[5] (312 a 337 d.C.), quando as ilhas também foram incluídas na geografia da Itália.

O Império Romano teve avanços consideráveis sob o reinado de Adriano[6] (117 a 138 d.C.) e de Marco Aurélio[7] (161 a 180 d.C.). Não obstante, já no final do século II e início do século III, começou a decadência da Roma Imperial. Durante o século III, houve um período de anarquia militar: várias legiões do exército romano proclamavam, simultaneamente, seus comandantes como imperadores, o que provocou vários conflitos armados, prejudicando a produção agrícola e o comércio. Somente entre os anos de 235 a 284 d.C., Roma teve 26 imperadores, dentre os quais 25 foram assassinados. Entre os imperadores romanos dessa fase de decadência, surgiram alguns que procuraram reverter o quadro. É o caso de Diocleciano[8] que, no ano de 284, assumiu o império e dividiu o poder entre quatro generais, a fim de obter a paz social. Dividiu a Itália em oito circunscrições, agrupadas em uma diocese, a qual foi dividida em duas, por Constantino: a *Itália Anonária* (Milão) e a *Itália Suburbicária* (Roma, o sul da península e as ilhas).

Durante esse período de decadência, muitos povos estrangeiros, chamados pelos romanos de bárbaros, invadiram e ocuparam paulatinamente vastos territórios. Entre esses povos destacaram-se os *longobardos* ou *lombardos* que, entre os anos 568 a 572, invadiram o norte da Itália, conduzidos pelo rei Albuino[9], e formaram um Estado, com capital em Pávia, próxima a Milão. Posteriormente, avançaram pela península até próximo à Calábria. A crueldade desse povo primitivo e sanguinário era notória, exemplificada pelo próprio rei Albuíno, que obrigou a esposa, Rosamunda, a beber vinho na cabeça do próprio pai, Cunimundo, rei local derrotado e decapitado pelos seus vencedores. Os *lombardos* permaneceram até o ano de 774, quando os *francos* invadiram e dominaram a Itália, sob o comando de Carlos Magno. Com a afirmação dos Francos na Itália, mais fortes e mais organizados, as cidades do Vêneto, erigidas primeiramente como ducados, transformaram-se em *comitatos*. Os comitatos francos eram regidos por um conde, originalmente um funcionário imperial que exercia sobre todo o comitato os direitos econômicos e jurisdicionais que lhe foram confiados, ressalvada a dependência de "fidelitas" que o ligava ao imperador.

---

[5] Caius Flavius Valerius Aurelius Claudius Constantinus – conhecido como Constantino, considerado o último dos grandes imperadores romanos, (Naissus, hoje Nis (Sérvia), em 27 de fevereiro de 272 d.C., e morreu em Nicomédia, hoje Izmit (Turquia), em 22 de maio de 337 d.C. Governou de 312 d.C. a 337 d.C. Foi Constantino que publicou, em 313 d.C. o Édito de Milão, que concedia liberdade de culto aos cristãos. Mais tarde, o próprio Constantino se declarou cristão.

[6] Publius Aelius Hadrianus – (Italica, em 24 de janeiro de 76 d.C., e morreu em Baies, Campânia, em 10 de julho de 138 d.C. Foi imperador romano de 117 d.C. a 138 d.C.

[7] Marcus Annius Verus, depois Marcus Aurelius Antoninus – (Roma, no ano 121 d.C. e morreu em Vindobona, hoje Viena (capital da Áustria), no ano 180 d.C.

[8] Caius Aurelius Valerius Diocles Diocletianus – (local próximo a Salone, hoje Split, no ano 245 d.C. Morreu no mesmo local, em 313 d.C. Considerado o último dos grandes imperadores romanos, governou de 284 d.C. a 305 d.C.

[9] Albuino, rei dos Lombardos, de 561 a 572. (data e local desconhecidos e morreu em 572, em local também desconhecido. Foi assassinado por ordem de sua esposa, Rosamunda.

2. A geografia da Itália

A Itália é formada por duas partes: uma continental e outra peninsular, de maior porte. Situa-se ao sul da Europa, entre os meridianos 7 e 18 a leste de Greenwich e entre os meridianos 37 e 47 a norte do Equador. A Península Itálica ou Italiana avança pelo mar Mediterrâneo até quase encontrar a África, dividindo-o em duas bacias: a Oriental e a Ocidental. É banhada pelos mares da Ligúria, a noroeste; Tirreno, a oeste; Jônico, ao sul e Adriático, a leste, em uma extensão de costas de 4.200 quilômetros (se incluídas as ilhas, Sicília, Sardenha e outras menores, a extensão de costas banhadas por aqueles mares passa para 8.500 quilômetros). O país apresenta uma área de 301.262 km² (há divergências quanto à área superficial do país, variando de 301.251 km² a 301.302 km²), distribuídos em 20 regiões e 102 províncias e apresenta uma gama variada de paisagens. No seu relevo predominam as áreas de colinas, representando 42% do território. 35% da superfície é ocupada por montanhas. As planícies representam 23% da área total. Três conjuntos naturais são destacados no país: a cadeia dos Alpes, ao norte, apresentando altitudes elevadas e cortadas por vales, alguns ocupados por lagos; a planície do Rio Pó, em torno de 50.000 km², que se estende em direção ao mar Adriático; e os Apeninos, que se estendem de norte a sul, da Ligúria à Calábria. Os Apeninos constituem a linha mestra do país. As fronteiras terrestres da Itália, com a França, Suíça, Áustria e Eslovênia, se estendem por 1.900 quilômetros. Até o início do século XIX, a sua economia se baseava principalmente na agricultura, apesar das condições precárias em que esta poderia ser desenvolvida. Os solos rochosos ou saibrosos, impedindo qualquer produção agrícola, obrigavam muitas vezes os camponeses a buscar terra em locais mais produtivos e transportá-la, em cestos, para as suas propriedades, para torná-las mais produtivas. Até o período da Unificação da Itália, por volta de 1870, algumas regiões ainda apresentavam características feudais e semifeudais, o que dificultava em muito o desenvolvimento capitalista. Apenas a Região Norte, o Vale do Rio Pó, já apresentava algum processo de industrialização.

Naquela época a Itália era dividida em sete regiões, cada uma dominada por segmentos diferentes da sociedade. Ao sul do país, o Reino das Duas Sicílias, ou de Nápoles, controlado pela família Bourbon. No centro, as terras dominadas pela Igreja e os quatro ducados: Luca, Parma (controlados pela família Bourbon), Modena e Toscana (controlados por duques dependentes dos austríacos). No norte ocidental, o Reino do Piemonte e Sardenha, dominado pela família Savóia. A região chamada de Venécia, no norte oriental, era dominada pela Áustria, juntamente com a Lombardia, de acordo com o que havia sido estabelecido pelo Congresso de Viena, em 1815. Esse congresso, que se iniciou em 1814, reuniu os vencedores de Napoleão I[10], na batalha de Leipzig (outubro de 1813), para repartir a Europa entre os Quatro Grandes (Inglaterra, Rússia, Áustria e Prússia).

Pelas decisões do Congresso de Viena, a França perdeu os territórios que conquistara entre 1792 e 1813. À Prussia foram anexadas as regiões do Reno e parte da Polônia (a Pomerânia), aumentando consideravelmente o seu território. À Rússia foi anexada parte da Polônia. Ao Império Austríaco foram concedidos os territórios da Venécia e da Lombardia. Também obteve a tutela, ou seja, o direito de indicar governantes sobre a maioria dos Estados italianos: os quatro Ducados, os Estados Pontifícios e o Reino das Duas Sicílias ou de Nápoles. A Áustria recebeu ainda a presidência da Confederação Germânica (Alemanha). Além disso, conseguiu impedir a unificação da Itália e também da Alemanha.

O período seguinte ao Congresso ficou marcado pelo restabelecimento das Monarquias Absolutas, depostas em vários Estados europeus, entre as quais a dos Bourbon, na França, Espanha e Nápoles. O Congresso representava, sob esse prisma, uma tentativa das forças de conservação

---

[10] Napoleon I.º (Napoleon Bonaparte) – imperador da França, de 1804 a 1815, (Ajaccio, em 1769 e morreu em Santa Helena, em 1821).

de estancar o desenvolvimento do Nacionalismo e do Liberalismo. Esses movimentos, embora fortemente reprimidos, desencadearam reações em vários países europeus e mesmo fora do continente. Desenvolveram-se então sociedades secretas (carbonárias), inspiradas pela ideologia da Revolução Francesa. Para fazer frente aos movimentos Nacionais e Liberais, a Rússia, a Prússia e a Áustria estabeleceram a Santa Aliança, uma união em nome da religião, mas na verdade uma aliança de reis contra os povos. Essa Aliança tinha como dirigente efetivo o chanceler austríaco Metternich[11]. As ações mais importantes da Santa Aliança foram o esmagamento das revoluções da Espanha e da Itália, em 1820.

3. As revoluções e os movimentos para unificação da Itália

Em 1830, volta a ocorrer nova onda de revoluções, iniciando pela França e propagando-se pela Bélgica, Polônia, Alemanha e Itália, com repercussões em Portugal e Espanha. Os motivos foram os mesmos das revoluções anteriores, de 1820: a propagação do Liberalismo e do Nacionalismo como ideologias; a subprodução agrícola, que provocava o aumento no preço dos alimentos; o subconsumo industrial, que provocava a falência das fábricas e aumentava o desemprego. Em diversos estados italianos, os movimentos liberais e nacionais conseguiram impor Constituições aos governantes, porém por pouco tempo, pois a intervenção austríaca restaurou a ordem absolutista vigente anteriormente.

Em 1848, as mesmas razões das revoluções anteriores tiveram a adesão de uma nova motivação: o socialismo, que procurava apresentar soluções para os problemas do proletariado (desemprego, baixos salários e alta do custo de vida), fazendo explodir novas revoluções, cujo foco inicial aconteceu na Itália.

Nesse país, verificaram-se movimentos de guerra em quase todos os Estados. Não havia, porém, unidade, pois havia três tendências visando à unificação da Itália: os *Neoguelfistas*, liderados por Gioberti[12], que visavam a uma Confederação de Estados, cuja direção caberia ao Papa; os *Monarquistas Constitucionais*, inspirados por Cesare Balbo[13] e Massimo d'Azeglio[14], partidários do *Risorgimento* (renascimento) da Itália e que queriam um Estado Nacional Unitário, cujo governo seria dado à dinastia Savóia, reinante no Piemonte; e por último os *Republicanos*, liderados por Mazzini[15], criador do movimento *Jovem Itália* e que contava com a colaboração de Giuseppe Garibaldi[16]. Estes queriam derrubar as dinastias e implantar uma República Democrática. Apesar dos sucessos iniciais, as intervenções austríacas, auxiliadas pela divisão entre os revolucionários, conseguiram restabelecer a ordem anterior.

Ainda em 1848, o rei do Piemonte, Carlos Alberto[17], tentou, apenas com as suas próprias forças, expulsar os austríacos da Lombardia e da Venécia. Foi derrotado pelas forças adversárias em Custozza (julho de 1848) e depois em Novara (março de 1849), sendo obrigado a abdicar

---

[11] Klemens Wenzel Lothar, conde e depois príncipe de Metternich-Winneburg – (Koblenz, em 1773 e morreu em Viena, em 1859. Foi embaixador da Áustria em Paris, de 1806 a 1809 e depois Ministro dos Negócios Estrangeiros e chanceler).

[12] Vincenzo Gioberti – (Turim, em 1801 e morreu em Paris, em 1852).

[13] Cesare Balbo, conde de Vinadio – (Turim, em 1789 e morreu na mesma cidade, em 1853).

[14] Massimo Taparelli, marquês d'Azeglio – (Turim, em 1798 e morreu na mesma cidade, em 1866).

[15] Giuseppe Mazzini – (Gênova, em 1805 e morreu em Pisa, em 1872).

[16] Giuseppe Garibaldi – (Nice, em 1807 e morreu na ilha de Caprera, de sua propriedade, em 1882. Foi casado com a brasileira Ana Maria Ribeiro da Silva, mais conhecida como Anita Garibaldi, que conheceu em Santa Catarina, quando lutou na Revolução Farroupilha, em 1835).

[17] Rei do Piemonte, Carlos Alberto (Turim, em 1798 e morreu na cidade do Porto, Portugal, em 1849).

em favor de seu filho, Vítor Emanuel II[18]. Apesar da derrota, as revoluções de 1848-1849 mostraram um caminho para a unificação. Evidenciou-se ali a necessidade de ajuda externa capaz de neutralizar o poderio austríaco, obstáculo à unificação; a necessidade de união sob o Piemonte, visto ser a dinastia de Savóia a única fora da influência austríaca, além do esvaziamento dos outros movimentos: dos republicanos devido à prisão, morte ou exílio de vários dirigentes; do neoguelfismo, pelo comportamento do Papa Pio IX[19] que se recusava a participar do processo de unificação.

Nos anos seguintes o panorama político europeu foi evidenciado pela *Política das Nacionalidades*. Sob esse clima ocorreu a formação do Reino da Itália. Neste, e na Alemanha, a unificação iniciou pelas áreas de maior industrialização, atendendo aos anseios da burguesia, que desejava formar um amplo mercado nacional para os seus produtos. Na Itália, a unificação partiu do Reino do Piemonte-Sardenha, mais industrializado, para o sul, região mais agrícola.

Quando assumiu o trono do Piemonte-Sardenha, após a abdicação de seu pai, Carlos Alberto, o rei Vítor Emanuel II, teve no conde de Cavour[20], seu chefe de Gabinete desde 1852, um grande aliado para a efetivação da unificação da Itália. Fortaleceu política e economicamente o Reino, dentro do Liberalismo. Aproveitando-se da conjuntura internacional europeia favorável, obteve apoio estrangeiro ao plano de unificação. Utilizou a Conferência de Paris, realizada em 1856, após a Guerra da Criméia, para denunciar a Áustria e isolá-la diplomaticamente. A Áustria era o principal empecilho à unificação, por possuir a Lombardia e a Venécia e por estar unida à maioria dos dirigentes dos Estados italianos.

Cavour entrevistou-se, em 21 de julho de 1858, em Plombières, com Napoleão III[21]. Dessa entrevista formou-se uma aliança entre o Piemonte e a França. Caso a Áustria atacasse o Piemonte, este teria o apoio francês, inclusive para conquistar e anexar a Lombardia e a Venécia, e ainda expulsar os austríacos da Península Italiana. A compensação seria a cessão de Nice e Sabóia à França. Em 1859, Cavour provocou a Áustria. O conflito começou sendo os austríacos derrotados pelos franceses e italianos, primeiro em Montebello, em 20 de maio, depois em Palestro, em 31 de maio e finalmente em Turbigo, em 3 de junho. A Lombardia foi conquistada: pelo Tratado de Zurique, sendo logo anexada ao Reino do Piemonte-Sardenha. O industrializado Vale do Pó era agora piemontês.

A Prússia, em face às vitórias francesas, concentrou poderoso exército na fronteira entre a Alemanha e a França. Nesta, católicos franceses empreenderam violenta campanha, protestando contra os ataques aos Estados da Igreja. Esses dois fatos fizeram com que Napoleão III voltasse suas preocupações para os problemas internos franceses, deixando de dar cobertura aos planos de Vítor Emanuel II e Cavour e assinando o armistício com os austríacos, em 8 de julho de 1859. Esse fato gerou descontentamento entre os italianos e Cavour teve que tomar novos rumos na campanha para a unificação. As derrotas austríacas tiveram grande repercussão em toda a Itália, onde movimentos revolucionários tomaram o poder nos Ducados de Luca, Parma, Modena e Toscana e também no Reino de Nápoles, invadido e conquistado pelo movimento liderado por Giuseppe Garibaldi, em 1860. Realizaram-se plebiscitos, que concordaram com a anexação desses territórios à monarquia piemontesa.

Em 1861, Vítor Emanuel II foi proclamado rei da Itália. A capital do Reino foi transferida de Turim para Florença, em 1865. Nessa época, Camilo Benso, conde de Cavour já havia falecido, vitimado pela malária. Faltava ainda conquistar e anexar a Venécia, que estava em poder

---

[18] Rei do Piemonte-Sardenha, de 1849 a 1861 e rei da Itália, de 1861 a 1878, Vítor Emanuel II (Turim, em 1820 e morreu em Roma, em 1878).
[19] Giovanni Maria Mastai Ferretti – (Senigallia, em 1792 e morreu em Roma, em 1878. Foi papa de 1846 a 1878, com o nome de Pio IX).
[20] Camilo Benso, conde de Cavour – nasceu em Turim, em 1810 e morreu na mesma cidade, em 1861.
[21] Charles Louis Napoleon Bonaparte, imperador francês de 1852 a 1870 – (Paris, em 1808 e morreu em Kent, Inglaterra, em 1873).

da Áustria e Roma, em poder do Papa, também protegido por tropas da França. O Governo italiano iniciou negociações diplomáticas com a Áustria e com o Papa, para a anexação desses territórios. Não houve sucesso, como também fracassaram as tentativas de Garibaldi para a conquista deles. Em 1866, a Itália aliou-se à Prússia contra a Áustria, conquistando assim a Venécia e anexando-a definitivamente ao seu território, em 1871. Em 1870, Napoleão III retira suas tropas de Roma, por causa da Guerra Franco-Prussiana. Tal fato permitiu aos italianos tomarem a cidade, que foi logo transformada em capital do Reino.

Um problema, porém, se apresentou aos governantes: a *Questão Romana*. Esta consistia na recusa do Papa Pio IX e seus sucessores em aceitar a perda de seus territórios, não concordando com a proposta indenizatória (Lei da Garantia). Em 1929, pela *Concordata de São João Latrão,* concluída por Mussolini[22], Vítor Emanuel III[23] e o Papa Pio XI[24], foi firmado um acordo, a partir do qual se criava o Estado do Vaticano, o Papa recebia indenização monetária pela perda dos territórios, o ensino religioso se tornava obrigatório nas escolas italianas e a admissão a cargos públicos era proibido para padres que abandonassem a batina.

Uma segunda questão enfrentada pelo Governo foi a *Itália Irredenta*.[25] Esta se constituía em minorias italianas que viviam em regiões fora do território italiano. A partir dos Tratados de Saint-Germain-en-Laye (1919) e de Rapallo (1920), foram anexadas as regiões do Trentino, Trieste e a Ístria. Finalmente, em 1924, foram anexadas à Itália as Costas Dálmatas, resolvendo assim por completo esta última questão.

4. A Região do Vêneto

Na região setentrional da Itália estão situadas as Três Venezas: a Veneza Tridentina, no lado ocidental, a Veneza Giulia, no lado oriental, e entre elas a Veneza Eugânea, também chamada de Vêneto (a antiga Venécia), cujos habitantes recebem a mesma denominação.

A região do Vêneto, cuja capital é a província de Veneza, apresenta uma superfície de 18.391 km^2, abrigando uma população de 4.860.091 habitantes. As demais províncias que constituem a região são Belluno, Treviso, Vicenza, Verona, Pádua e Rovigo. As três primeiras se situam em áreas de colinas e montanhas e as demais em áreas de planícies. Nas regiões de montanhas, localizavam-se as pequenas e médias propriedades. Nas planícies, as grandes propriedades já apresentavam caráter capitalista, na época em que se inicia o movimento migratório. O forte da produção se concentrava nos cereais e nos vinhedos. Na produção, empregava-se a mão de obra de toda a família. A mão de obra se dividia em dois tipos, basicamente: o trabalho por conta própria, ou seja, os pequenos proprietários, arrendatários ou meeiros, e o trabalho assalariado, representado pelos colonos encarregados das plantações de uva, trigo e outros produtos, pelos carroceiros, administradores e feitores e também pelos diaristas (braccianti), temporários ou fixos. O trabalho assalariado era desenvolvido principalmente nas grandes propriedades e em menor escala nas pequenas propriedades e junto aos arrendatários.

---

[22] Benito Mussolini (1883, próximo a Dova di Predappio, Romênia e morreu em 1945, em Giulina di Mezzegna, Como, Itália).

[23] Rei da Itália de 1900 a 1946, Vitor Emanuel III, neto de Vitor Emanuel II, (Nápoles, em 1869 e morreu em Alexandria, no Egito, em 1947).

[24] Achille Ratti – (Desio, em 1857 e morreu em Roma, em 1939. Foi papa de 1922 a 1939, com o nome de Pio XI).

[25] Irredento – não redimido. O Irredentismo foi um movimento italiano de reivindicação de terras "não redimidas", isto é, não integradas ao Reino da Itália, e que faziam parte da Áustria-Hungria, de 1866 a 1918 (Trentino, Ístria, Dalmácia). Posteriormente a reivindicação se estendeu à totalidade dos territórios considerados italianos).

Foi a região do Vêneto que mais enviou emigrantes ao Brasil, entre os anos de 1876 a 1925, cerca de 30% do total que para cá se dirigiram naquele período.

5. A Província de Vicenza

A província de Vicenza situa-se ao norte da Itália, na região do Vêneto, a antiga Venécia. Apresentava em 1996, uma população de 746.903 habitantes, distribuídos em 120 comunidades, além da capital, Vicenza. Limita-se com as províncias de Trento ao norte e noroeste, Belluno, ao nordeste, Pádua a leste, Rovigo ao sul e Verona a sudoeste. A capital da província sobressai principalmente pelo Teatro Olímpico, obra de Andrea Palladio[26], a Basílica Palladiana (foto a seguir, do autor), os esplêndidos Palácios e as Vilas patrícias, dentre as quais, destaca-se "A Redonda". A cidade e os seus palácios já foram incluídos no World Heritage List, da Unesco, o que a torna um Patrimônio Mundial.

Basílica Palladiana

Fonte: foto do autor

[26] Andrea di Pietro dalla Gondola, dito Palladio – (Pádua, em 1508 e morreu em Vicenza, em 1580).

Vicenza é uma das mais antigas cidades do Vêneto, mas pouco se conhece da sua história antes da dominação romana. Foi sob o governo do imperador Adriano que Vicenza conheceu os tempos de maior fulgor. Em seguida, foi destruída pelos invasores Bárbaros, tendo sido reconstruída pelos Godos, Longobardos e Francos. No ano de 1404, foi submetida ao domínio de Veneza. O século XVI foi áureo: o Patriciado enriqueceu a cidade com esplêndidos monumentos arquitetônicos, graças a Andrea Palladio e a sua escola. Durante a Primeira Guerra Mundial foi submetida a intensos bombardeamentos, mas as antigas arquiteturas felizmente foram poupadas.

A província de Vicenza conheceu um importante fluxo migratório. Hoje sua capital, de mesmo nome, situa-se entre as cidades mais laboriosas da Itália, com as suas indústrias de manufatura, principalmente aquela da ourivesaria. Vicenza é um importante centro joalheiro, destacando-se pelas joias que produz, de renome internacional. Juntamente com a indústria do curtume, exportam seus produtos para todo o mundo. As Associações Vicentinas dos Industriais e das Pequenas Indústrias ocupam os primeiros lugares na classificação nacional.

Ponte dos Alpinos – Bassano del Grappa

Fonte: foto do autor

Mas não é só a cidade de Vicenza que se destaca na província: a cidade de Bassano é famosa, com a sua ponte dedicada aos Alpinos, palco de confrontos corpo a corpo durante a Primeira Guerra Mundial;

Maróstica, com o histórico jogo de xadrez, realizado na praça central, defronte ao Castelo Baixo e onde as peças do tabuleiro são cidadãos do local, usando trajes medievais; os importantes centros industriais de Thiene, Valdagno, Arzignano e Schio; o planalto de Asiago; o histórico Monte Grappa, onde foi construído o Memorial Militar em homenagem aos mortos da Primeira Guerra Mundial, e Lonigo.

São admiráveis também as paisagens das Colinas Béricas, que descem suavemente em direção à planície, sobre a qual vigia a Nossa Senhora da Colina Bérica, alvo das romarias de cada parte da Itália.

A província se faz conhecida também pelos seus produtos típicos: os "bisi" (ervilhas) de Lumignano; os aspargos de Bassano; a "grappa" (aguardente de uva); o queijo "Asiago"; os "bigoli col torcio" (espaguetes artesanais); a "sopresa" (um tipo de salame); a mostarda (composta de frutas condimentadas) e muitas outras coisas.

O Teatro Olímpico, considerado o mais antigo teatro coberto do mundo e uma das joias de Andrea Palladio, hospeda a cada ano, estações teatrais e concertos musicais de alto nível, que atraem um grande número de espectadores de todo o mundo.

Jogo de xadrez – Marostica

Fonte: foto do autor

Monte Grappa   Memorial Militar do Monte Grappa

Fonte: www.brasiltalian.com/2019/10/la-bataglia-del-monte-grappa.html

6. O Vale do Rio Brenta

A história do rio Brenta se perde nos tempos. Alguém, no passado, ligou o seu nome ao de uma cidade mítica de nome *Barentia* que, segundo uma lenda, foi fundada por um certo Barat, chegado do oriente nos tempos de Noé. Seja como for, antes que essa lenda impusesse seu nome ao rio, o Brenta tinha seguramente um outro nome: ele se chamava *Medoacus*. Essa denominação, atestada por diversos escritores antigos, como Plínio, o Velho[27], e Strabon[28], deixa marcas também na famosa Tavola Peuntingeriana, uma espécie de mapa turístico do século V d.C., usado pelos peregrinos que se dirigiam à Terra Santa. É difícil precisar quando e em quais circunstâncias o nome do rio, de origem anterior à romanização do Vêneto, foi mudado para aquele de Brenta. O mistério dessa mutação pode ser talvez, relacionada à revolução étnico-cultural, largamente atestada na toponomástica do Vale, e que veio com a descida dos longobardos, no século VI d.C. Foi Venanzio Fortunato (530-605), escritor que descende daquela estirpe germânica, o primeiro a render testemunho desse fato. Depois dele, desaparecido o nome Medoacus, restou apenas aquele de Brenta, em cuja documentação mais antiga é registrada somente em 943.

Brunacci, historiógrafo padovano, relaciona a explicação do nome ao aspecto do lugar onde o rio tem sua origem: *Quando io fui nella Valsugana, i paesani me ne mostrarono l'origine, ch'è di là da Levico sopra la strada maestra qualche passo, ad alto in un sito, che è chiamato le 'fontenelle'. Ciò sono alquanti spilli d'acqua, che nascono fra l'erbe: di che fatto qualche ruscello, discende al vicino Lago che sta sotto. Dimandai se questo nome Fontanelle corrispondesse con alcun vocabolo in altre lingua, e perciò spiegasse questo nome del fiume. Risposero, che Brint, o Print, o Printl, o simili significava ne' Tedeschi Fontana, che se fosse questo si saprebbe che il nostro fiume si denominò Brinta, che vol dire Fontana, dal nome del suo principio...*[29] (Quando estive em Valsugana, os habitantes me mostraram a origem, que fica além

---

[27] Caius Plinius Secundus – prodigioso escritor latino, (Como, em 23 d.C e morreu em Stabies, hoje Castellammare di Stabia, em 79 d. C. Foi oficial de cavalaria e membro do governo. Escreveu obras sobre História Natural, guerras, armas, História e Retórica.

[28] Strabôn (em grego) ou Strabo (em Latim), historiador grego – (Amasya, Capadócia, em 58 a.C. e morreu em local desconhecido, entre 21 e 25 d.C.

[29] G. Brunacci – *Storia sacra-profana di Padova* – Pádua, 1745 – To. I, p. 15.

de Levico, alguns passos sobre o caminho principal, no alto de um sítio, que é chamada a "fontinha". São alguns respingos de água que nascem entre as ervas: os quais formam alguns pequenos córregos, descendo ao lago vizinho que está abaixo. Perguntei se esse nome, Fontenelle, correspondia a algum vocábulo em outra língua, e que justificasse esse nome do rio. Responderam que Brint, ou Print, ou Printl, ou similar significava em alemão Fonte, sendo assim, sabia-se que o nosso rio se denominou Brinta, que quer dizer Fonte, do nome de seu princípio...). Essa, talvez ainda hoje, seja a explicação mais segura e plausível.

O rio Brenta nasce na província de Trento, saindo como dois pequenos regatos dos lagos de Levico e Caldonazzo. Uma vez reunidos em um único curso e assumindo o seu nome, percorre por cerca de 34 quilômetros, de Valsugana até a embocadura no alto do Primolano, aquele que foi chamado e permanece até hoje o seu "canal". Ao longo do novo percurso de 32 quilômetros, antes de chegar à planície, recebe a contribuição generosa, à direita e à esquerda, de vários cursos de água: à esquerda (para mencionar os principais) o rio Cismon e as nascentes de Fontanazzi; à direita, entre outros, as nascentes do Subiolo e do Oliero de Valstagna, da Ria de Campese. Entre os seus confluentes não se deve esquecer algumas torrentes, principalmente à sua esquerda, muito impetuosas em períodos de "brentana", como a Val Gadena e a Valstagna.

Saindo do canal, em planície aberta, o Brenta dirige seu curso por cerca de 95 quilômetros até Pádua. Antigamente, o rio entrava diretamente na cidade, tornando-se o elemento portante do inteiro sistema urbano. Em Pádua, de fato, o rio, que era conhecido na época como Medoacus, tinha seu porto com seu cais mercante, e daqui uma vez saindo e tomando a via do Adriático, se dividia em dois ramos: o *(Medoacus) maior*, que continuava ao oriente, para desaguar em lagoa na altura de Malamocco, e o *menor* que descia direto à lagoa de Chioggia.

Por volta do ano 588, ocorreram dilúvios e assustadoras inundações que mudaram sensivelmente a hidrografia do Vêneto. Em concomitância com a grande divagação fluvial havida durante a idade alta medieval, quando o Adige, o Piave e o Isonzo trocaram os seus caminhos para o mar, também o Medoacus, voltando-se para o oriente, mudou o seu curso e também o seu nome, passando a se chamar Brenta. O novo traçado fluvial abandonou Pádua para postar-se mais ao norte da cidade.

Na região setentrional de Pádua, mais precisamente em Limena, um canal construído pelos Carraresi, em 1313, recolhe até hoje boa parte da água do Brenta para reconduzi-la à cidade. O rio recebe ainda as águas do Vandura e do Vigodarzere e, junto à cidade de Strà, recebe aquelas que vem do canal navegável de Pádua (Piovego). Percorrendo a Bacia de Brondolo, recebe o Muson, e pouco abaixo, o reforço das águas da Tergola e do Fiumisino. Finalmente, em Brondolo, próximo à cidade de Chioggia, desemboca no mar Adriático. Em quase toda a sua extensão de 174 quilômetros, é acompanhado pela ferrovia que liga Veneza a Trento.

7. O Município (Comune) de Valstagna

Valstagna se localiza alinhada sobre a margem direita do rio Brenta na embocadura do Val Frenzela, nos primeiros contrafortes da Cadeia Alpina. A majestosa moldura montanhosa atribui à localidade uma severa e fantástica beleza. Suas origens perdem-se no tempo: dentro de seu território foram encontrados materiais arqueológicos da época romana. O documento mais antigo que faz menção a Valstagna data de 1205. Nele, Ezzelino, dito o Monge, cedia aos habitantes o território por ele próprio fortificado. Do ponto de vista histórico, Valstagna teve destino análogo aos outros centros urbanos do Vale, mas teve com a República de Veneza um relacionamento privilegiado: até hoje o Leão de São Marcos, símbolo da ligação com a Sereníssima, dá lustro à praça principal do lugarejo e ali recorda, até o presente, a iluminada dominação da Sereníssima República, a qual essa comunidade sempre foi fiel e isenta de impostos (por isso o leão tem a pata sobre o livro fechado). Por longo período fez parte do distrito de Marostica. Posteriormente, pertenceu ao distrito de Asiago e, desde 1853, está agregada ao distrito de Bassano del Grappa, cidade a qual está solidamente unida por múltiplos vínculos políticos, culturais e administrativos. Durante a Primeira Guerra Mundial todo seu território sofreu grandes destruições.

Leão de São Marcos

Fonte: www.valstagna.info/index.php/il-leone-marciano-di-san-marco

Situada ao norte da província de Vicenza, Valstagna, a pequena Veneza do vale (la piccola Venezia vallegianna) dista 46 km da cidade de Vicenza, capital da Província. Apresenta uma superfície de 25,44 km^2, com uma população, em 2014, de 1.829 habitantes. Sua população máxima foi de 5.285 habitantes, no ano de 1921. Sua altitude varia de 148 metros acima do nível do mar, no vale, e 1.284 metros, nas montanhas. É dividida em várias frações ou distritos, entre os quais os principais são: Oliero (de Cima e de Baixo), Roncobello, Sasso Stefani, Giara Modon, Costa e Collicello. O território do município, na maior parte montanhoso, limita-se na parte setentrional com Enego e Foza; ao sul com Conco e Campolongo; a leste, mediante o rio, com Cismon del Grappa e San Nazario e a oeste com Asiago e Gallio. Encravada entre as montanhas dos Alpes Dolomíticos, localiza-se às margens do rio Brenta, palco de competições de canoagem, nacionais e internacionais.

A sede do município abriga uma Sé, além da prefeitura, uma farmácia e um posto médico. Sedia uma associação, o Canoa Club Kayak Valstagna e uma Escola de Canoagem e Rafting, a Scuola di Canoa & Rafting Valstagna, que ministra cursos de canoagem (com caiaques) e descidas em Rafting no rio Brenta. A Escola também promove cursos de esqui. Existe ainda uma associação futebolística, a Associazione Calcistica San Marco.

A instrução local da juventude é confiada, além da escola maternal, à elementar e à média, sendo considerada obrigatória. Para assistência aos idosos, funciona uma casa de repouso, a Casa di Riposo San Pio X di Valstagna. Em 1926, também foi fundada o Asilo Infantil de Valstagna.

Casa di Riposo San Pio X

Fonte: www.peranziani.it/strutture/casa-di-riposo-san-pio-x-valstagna

As principais instituições recreativo-culturais são representativas: a Biblioteca Comunal, aberta em 1979, que conta com alguns milhares de volumes; a União Esportiva San Marco, que acolhe as duas associações esportivas mais vitais: a do futebol e a de canoagem; o Grupo Grotta Giara, que desenvolve as suas atividades nas pesquisas espeleológicas e tem como mira o conhecimento e a promoção do ambiente natural e de beleza do território; e enfim, a partir de 1979, da Cooperativa para a Valorização Ambiental e Turística das Grutas de Oliero.

RESENHA HISTÓRICA

1. Os primórdios

No ano 899, os húngaros, povo de origem asiática, ainda não abrangido pela civilidade europeia, penetraram em grande número nos Alpes Giulios e, seguindo a Via Postumia[30], avançaram pela Aquileia[31] até a região do Vale do Brenta. Ao longo de seu percurso não deixaram atrás de si mais do que incêndios e ruínas. Movido por essa triste experiência, que infelizmente se repetiria ainda por muitos anos, o bispo de Pádua, Sibicone, pediu ao lugar tenente do rei a faculdade de erigir em seu território, para proteção da população indefesa, fortalezas e castelos. O rei Berengário I[32] não só atendeu ao pedido, mas, na ocasião, também cedeu expressamente ao bispo de Pádua algumas estradas de direito real, a Igreja de Santa Justina, não distante do rio Brenta, no vale de Solagna, ou seja, todo o território régio do vale confinante com alguns comitatos, tais como Vicenza, Treviso, Feltre e Ceneda, mais o inteiro poder judiciário sobre os arimanos (arimanni)[33] e outras pessoas livres que habitavam, ou viriam a habitar no futuro, o vale de Solagna[34].

Graças, portanto, a essa concessão, a Diocese de Pádua veio a ter sob sua custódia todo o território do Vale do Brenta, compreendendo até o Planalto de Asiago. O ato de Berengário I constituía, assim, uma etapa histórica de fundamental importância: assinalava o início da jurisdição espiritual de Pádua sobre o território, consignando a Igreja de Santa Justina de Solagna como a paróquia mais antiga existente dentro do Vale. Mas se a Igreja de Solagna, desde aqueles tempos, exercia o tratamento de almas ao longo da margem esquerda do rio Brenta, os poucos habitantes da direita, de São Emilio a Piovega, incluindo Foza, eram entregues, por sua vez, à cura espiritual do monastério de São Floriano. A origem desse monastério é conduzida, segundo o historiógrafo eclesiástico vicentino G. Mantese, à difusão dos beneditinos de Vicenza. Esses monges, partindo do Convento de São Félix, no século IX, espalharam-se aos poucos em toda a região de Valstagna, onde, nos anos 1000, já possuíam propriedades de terras e capelas. Estas últimas, em geral dedicadas aos santos da própria congregação monástica. E São Floriano é também uma delas.

O novo monastério, rico e potente, situado nas proximidades de Maróstica, já possuía, desde o início dos anos 1100, na direita do rio Brenta, nos limites da atual paróquia, uma capela. É dedicada a São Biagio e a sua edificação parece ser devida ao escopo de facilitar aos fiéis do vale o cumprimento de seus deveres religiosos. A sua vizinhança, aos limites da diocese vicentina, fez com que os bispos

---

[30] Grande artéria estradal, construída em 148 a.C., que, partindo de Gênova, atravessava toda a planície padana, ligando a capital Liguriana a Verona, Vicenza, Oderzo e Concordia.

[31] Colonia construída pelos romanos, em 183 a.C., para proteger a Galia Cisalpina, de onde expulsaram os Celtas, em 222 a.C.

[32] Berengário I – rei da Itália e imperador do Sacro Império Romano Germânico, governou de 888 a 924. Morreu em Verona, em 924.

[33] Os arimanos eram homens de armas, de condição pouco mais que serviçais, os quais obtiveram a posse de alguma porção de terra não alienável; os homens livres, por sua vez, eram aqueles que se estabeleceram livremente e tinham prescrito a posse da qual podiam livremente dispor.

[34] A. GLORIA – *Codice Diplomatico Padovano*, I, n. 30. Esse privilégio de Berengário ao Bispo de Pádua, no ano 917, teve sua confirmação pelo rei Rodolfo, a 12 de novembro de 924 (*Codice Diplomatico Padovano*, I, n. 33).

de Pádua a tornassem primeira igreja paroquial, ou seja, paróquia autônoma do Convento, para o tratamento pastoral da margem direita do rio Brenta. A constituição desta nova paróquia, segundo testemunhos do tempo, sabe-se ter acontecido anos antes do famoso terremoto que ocorreu em 3 de janeiro de 1117, com epicentro em Verona. Esse terremoto não provocou danos graves na região, por estar localizado o epicentro muito distante do vale. Sete anos depois desse terremoto, que na escala Mercalli[35] atingiu 11 graus, precisamente em junho de 1124, chegava a Campese um monge beneditino francês, da abadia de Cluny, na região de Bourgogne, de nome Pons du Melgueil[36] (Ponzio, em italiano), retornando das Cruzadas na Palestina para a Itália, para ali passar algum tempo. Com a alma inquieta, desejosa de paz, procurava um lugar onde pudesse recuperar no ritmo de trabalho e de orações, os anos perdidos no manejo de armas como cruzado na Terra Santa. E acreditou finalmente havê-lo encontrado naquele vale, escondido em um canto de terra coberto por sombras verdes, escondido dos rumores do mundo.

O lugar, escolhido por Ponzio para edificar o seu monastério, era constituído por cinco herdades de terreno, propriedade do Bispo de Pádua, concedido em feudo à um certo Gerardo. Dois amigos de Ponzio, um certo Tiso, dito Brenta e um certo Massaterra, vieram ao seu encontro, oferecendo ao bispo de Pádua, Sinibaldo, uma troca. O contrato de permuta, feito *"ad honorem Dei et abbatis nomine Poncio, atque Ecclesie in comitatu vicentino"*, foi estipulado em Vicenza, em 1124, na presença do mesmo bispo de Pádua, assistido pelo tabelião Oberto de Peraga. O edifício foi erigido no mesmo ano e intitulado de Santa Cruz. O instituto teve então um notável incremento, graças às doações de Walperto de Crispignana e de Alberico de Romano. Walperto doou todos os seus bens situados tanto na planície como na montanha, na zona do Canal do Brenta. Alberico e sua mulher Cunizza doaram outros bens postados no território de Vas, então pertencente aos domínios de Treviso.

Imprevistamente, depois de poucos anos, premido pela nostalgia de sua Cluny, o abade Ponzio abandonou o seu empreendimento, deixando a instituição nas mãos de seus doadores. Estes decidiram levar avante o projeto, entregando ao abade Enrico, do mosteiro beneditino de Polirone (Mântua) o tratamento e a direção do monastério. E o novo abade, em seu nome e de seus sucessores, em 3 de julho de 1127, aceita o encargo, empenhando-se em aperfeiçoar as iniciativas religiosas, interrompidas pela partida do abade francês. Naquela data, Tiso Brenta, os dois irmãos Ecelo e Alberico de Romano, juntamente com Gionata e Bertolaso de Angarano, Ingleperto de Marostica, Rodolfo e Artiuco, filho de Enrico de Collo, um castelo a ocidente de Marostica, acordaram em doar ao Mosteiro todos os seus bens situados no Vale do Brenta, de Campese a Cismon. O mosteiro se tornou assim um dos mais ricos do Vêneto, tanto mais que outras doações se seguiram nos anos de 1128, 1130, 1131 e 1132[37].

Os monges beneditinos, fiéis aos regulamentos do fundador, dirigiram e prosseguiram com ímpeto as obras de beneficiamento do Vale, ensinando com o exemplo como resgatar e transformar em prece a ingrata necessidade do trabalho. Foi com eles que teve início o desmatamento do Vale e o seu gradual crescimento populacional. Foi também sob eles que a beira direita do Brenta, a margem rica em florestas e inabitável, veio progressivamente a assumir o aspecto atual.

---

[35] Classificação empírica da intensidade de um terremoto, idealizada pelo sismólogo italiano Giuseppe Mercalli (1850 – 1914); baseia-se sobre os efeitos produzidos pelo sismo. Inicialmente era dividida em 10 graus, sendo atualmente dividida em 12 graus.

[36] Pons de Melgueil, terceiro filho de Pierre 1º de Melgueil, nasceu aproximadamente em 1075 e faleceu em 28 de dezembro de 1126. Em 1109 tornou-se o sétimo abade de Cluny.

[37] G.B. TERCI – *Códice Diplomatico Eceliniano* – Bassano 1779, docc 16 a 20, reportados também em ordem cronológica em TORELLI - *Regesto Mantovano* – Roma 1914.

2. As origens do nome Valstagna

Existem muitas versões sobre a origem do nome da localidade. Alguém, no passado, tentou interpretá-lo como se fosse de origem latina. O Vale, logo em seguida a um deslizamento de terra, destacado, em época imprecisa, do flanco da montanha Lora, represou as águas do rio Brenta. Formou próximo à confluência da torrente, que desce pelo Vale do Frenzela, uma espécie de lago ou bacia fechada, estagnada, donde o nome *Vallis stagna* ou *Valstagna*.

A interpretação parecerá de certo modo correta, com alguma ressalva de um insígne estudioso da toponomástica vêneta[38], que por outro lado declarou: *Certo a Valstagna non si avverte oggi nulla di 'stagnante', giacché si tratta di un letto di torrente roccioso e dirupato, asciutto sempre, eccetto che nelle piene improvvisa* (com certeza em Valstagna, não se percebe hoje nada de estagnante, pois se trata de um leito de torrente rochoso e íngreme, frequentemente seco, exceto quando nele ocorre uma inundação imprevista). No dialeto vicentino, o adjetivo também significa duro, que melhor se ajusta à localidade.

Alguém outro, induzido ao preconceito pela latinidade do nome, e pelo fato que é devido ao vale de torrente homônimo o nome do lugarejo, explicou, ou tentou explicar o significado de Valstagna como originado de *Vallis ad amnem* ou *Vale sul fiume* (Vale do rio). Mas, analisadas profundamente ao longo do tempo, nenhuma dessas hipóteses interpretativas se encontram plenamente de acordo.

É já conhecido, de fato, que ao longo da direita do rio Brenta, não são poucos os topônimos antigos de clara origem germânica, em Campese, em Beldre, Spizzo, Mandre, Pirche, Laite etc., até mesmo aquele do Brenta. Ora, tudo isso induz que Valstagna também seja um destes topônimos. Não está, portanto, longe de ser considerado como um nome teutônico, composto de *Wall* (leia-se Val), cujo significado é canal, ou ainda, barramento, e de *Steine* (leia-se Staine), que em alemão antigo podia significar rocha ou ainda, montanha. E assim, o significado seria rocha ou monte do canal ou de barramento.

Resta a incerteza a qual das duas localidades endossar a origem deste nome: se a Lora, localidade da antiga franja disposta sobre o leito do Brenta, que pode ser o equivalente latino de Valstagna, significando barramento, ou aos estreitos do Fontanella, da qual parte a denominação da torrente Valstagna, chamado também nos antigos documentos cartorários de rocha estreita ou montanha que barra o passo da torrente. Talvez, entre estas duas hipóteses, a última seja a mais confiável.

---

[38] D. OLIVIERI – *Toponomastica Veneta* – Florença, 1977 – p. 88, n. 4.

ASPECTOS ECONÔMICOS E SOCIAIS

1. O comércio de madeira

No início do século XIII, Campese era o lugarejo mais populoso do lado direito do Brenta, seguida por Oliero; mas já ao lado setentrional de Oliero, ao longo do caminho que se aprofunda no Vale, foram se populando outras vizinhanças: a região da Onda, de Lora e enfim da Torre, cujo lugar que ocupa veio a se chamar também de Valstagna. A vida, naquele tempo e naquelas regiões, não oferecia muita escolha: era uma vida livre, relativamente quieta e segura, com relação àquela que se levava nos grandes burgos, como Bassano e Marostica, mas que tinha sua contrapartida áspera e fatigante.

O Planalto, que veio a ser chamado das Sete Comunidades, no qual se aprofunda até certo ponto o Vale do Brenta, era ainda uma zona intacta, com uma riqueza incalculável de selvas, onde se sobressaiam os abetos, laricios e faias[39]. Oferecia inesperada possibilidade ao novo e intenso desenvolvimento urbanístico das cidades como Bassano, Pádua e Veneza, bem como a expansão do tráfego marítimo no Adriático.

Os grossos troncos, serrados ou abatidos a golpes de machado no interior dos bosques, vinham limpos das ramagens e eram colocados a deslizar ou rolar até a estrada mais próxima. Foza era o ponto de coleta e de passagem de quase toda a madeira. Tinha o privilégio de estar ligada mediante uma estrada vicinal com o interior do Planalto e de ser a vizinhança mais próxima do Brenta. No fundo do vale, que mais tarde viria a ser chamado Val Vecchia, havia um ir e vir contínuo de homens, mulas e cavalos: enganchavam-se os troncos, mergulhando-os das alturas ou colocados a deslizar pelos penhascos proeminentes, para serem arrastados até os rios Lebbo e Brenta.

Em 1259, com o fim de Ezzelino, o Tirano e de toda a sua família, os habitantes do Vale do Brenta, até então distraídos e oprimidos em centenas de empreendimentos guerreiros, obedecendo aos onipotentes senhores bassaneses, recuperaram a liberdade e o gosto da vida civil. Desenvolveu-se então no Planalto uma nova ordem político-administrativa que lhes assegurou mais amplos espaços de autonomia social e cultural. Com o desenvolvimento da liberdade comunal e o intensificar-se da vida urbana, também o comércio de madeira do Planalto registrou novos níveis de incrementos. Bassano, Pádua, Chioggia, também Vicenza e, sobretudo Veneza entraram em disputa para angariarem o precioso produto, indispensável aos mil usos de uma vida civil, sempre mais articulada e orientada ao progresso.

A disputa pela madeira, porém, não era pacífica. Várias rivalidades rebeldes entre *Veneza* e *Vicenza* arriscavam transformar tal comércio de madeira numa ocasião de guerra. *Vicenza*, que buscava

---

[39] Abeto (do latim *abies, abietis*) – denominação comum a diferentes árvores coníferas cultivadas como ornamentais.
Larício (do latim *larix, -icis*) – denominação de vários tipos de coníferas, também chamado de pinus larício, encontrados em várias regiões da Itália, como também da França e Espanha. Faia (do latim *fagea*) – árvore ornamental que fornece madeira dura, própria para construção civil e marcenaria, e óleo comestível, retirado da amêndoa do fruto.

conquistar o controle sobre o Planalto, tentava impedir o fornecimento de madeira aos arsenais de *Veneza*, interditando o seu transporte pelo rio Brenta. Tentou impedir também que *Gallio* construísse uma nova estrada para o transporte do produto, no fundo do *Val Frenzela*. Evidentemente, o temor dos vicentinos era que o Planalto, com a nova autonomia e incontrolada liberdade de comércio, viesse a dar, sem querer, mão forte aos seus inimigos.

A nova via da madeira, contudo, criou conflitos entre *Foza*, *Valstagna* e *Gallio*. Tais controvérsias somente foram resolvidas por uma decisão arbitral proferida em 12 de janeiro de 1398, pelo conde vicentino Bonzílio Velo (*"tertius arbiter, arbitrator, comunalis amicus et amicabilis compositor"*). Cheia de palavras de elogios pela abertura da nova estrada, e de exortação aos cidadãos interessados em mantê-la com eficiência, a decisão tinha como pontos principais: a) a nova estrada de *Gallio* a *Valstagna* permanece aberta; b) *Gallio* transportaria sua madeira pela nova estrada até o Brenta nos cinco meses de abril a outubro, e nos meses de novembro a março o faria pelo rio Fontanella, revezando-se com *Valstagna*; c) a manutenção da nova estrada nos cinco meses invernais ficará a cargo exclusivo de *Gallio* e nos outros meses seria repartida proporcionalmente com *Valstagna*.

A localidade de Asiago, para tornar-se independente de *Gallio* e para facilitar a condução da madeira de seus bosques meridionais, estabeleceu a abertura da estrada do Sasso. Para maior segurança foi construída uma escada composta de 4.444 degraus e uma sarjeta lateral, que foi chamada de *"Calà del Sasso"*, pela qual a madeira era canalizada abaixo até as proximidades da Fontanella. A madeira de construção e a de lenha provinham em boa parte dos bosques do Planalto, mas era mais abundante a que vinha pelo Brenta, das selvas de *Valstagna* ou de *Primiero*.

Entre os velhos patrícios venezianos que atuavam no comércio de madeira distinguiam-se os Capello, da localidade de *Carpané*. Sua empresa, com sede na praça de *Valstagna*, era conduzida por agentes ou representantes de confiança residentes no local, como Michele e Domenico Spranzi. Junto aos Capello, também atuavam no setor os Tiepolo (cujo agente Giovanni Battista, filho de Zuane Fabris), com prédio junto à Igreja, e os Gradenigo, com sede na Via Rosta (hoje Via Roma).

A iniciativa do comércio nesse setor era largamente confiada a mercantes valstagneses, como Antonio e Marco Perli, Pietro Conte, Mattio Negrello, Bernardino Ferrazzi, Domenico Signori e os Valente. Os valstagneses agiam isolados ou unidos entre si, frequentemente, em concorrência com os venezianos.

Valstagna tornou-se a principal estação do vale. Ali residia um avaliador público, encarregado do município, que controlava a madeira sobre as jangadas e a descrevia no "Livro Público para Cartas e para Ábaco" (quantidade, qualidade, proveniência e destinação). O jangadeiro ou condutor da madeira devia deixar para o avaliador de *Valstagna* a bula de acompanhamento de sua carga em trânsito ou em partida sobre o Brenta, sob pena e risco de ver esta embargada pelo caminho e sequestrada junto ao mercado. A madeira proveniente dos Sete Municípios, era isenta de taxas e seguia livremente para *Veneza*.

Importante ressaltar que a necessidade de madeira por parte da República Vêneta, manteve vivo o tráfego dos mercadores da região até o século XVIII, mesmo com as enormes perdas decorrentes das duas maiores enchentes daquele século, ocorridas nos anos de 1707 e 1748. Mas após a queda da República, a procura pela madeira diminuiu e este comércio perdeu sua vivacidade e importância. Paralelamente, junto às pequenas indústrias locais ainda mantidas vivas no Vale do Brenta, dilatou-se e tomou pé o cultivo do tabaco, que veio a ser não só o principal, senão o único recurso econômico da população pelos dois séculos seguintes.

2. Outras atividades econômicas

Água e madeira eram, no século XVII como também nos séculos seguintes, as principais fontes da relativa prosperidade econômica, fruída pela comunidade. Isso ocorreu, sobretudo, graças aos investimentos do patriciado veneziano nas margens do rio Brenta, consolidando a posição econômica de certas famílias como os Perli, os Scolari, os Pontarollo e os Ferrazzi. Sinais da nova riqueza eram, ao lado da canônica ou casa do município, as numerosas casas gentílicas de arquitetura seiscentista, ainda hoje imponentes de graça e senhoridade no aspecto urbanístico de Valstagna.

No século XVII, apesar da depressão econômica geral, Valstagna se apresentava aos visitantes como um lugar rico, populoso, amplamente servido de indústrias e comércio. O rio Brenta, correndo precipitadamente entre os estreitos das montanhas, chegava a Valstagna, onde existiam muitas serrarias para transformar a madeira retirada dos bosques em tábuas, que eram então levadas a Pádua e outros locais em jangadas, também carregadas com carvão, lenha de fogo e outras mercadorias.

Nessa época, como no passado, a atividade econômica mais difundida era a agricultura e o pastoreio. A despeito da escassez e da pobreza dos terrenos disponíveis no Vale, todas as famílias possuíam nas costas dos montes e às margens do Brenta um sítio com horta ou, onde cultivavam qualquer fileira de videira ou conduziam ao pasto as cabras ou as vacas da casa.

Posteriormente as comunidades desenvolveram, dentro dos limites do possível, as suas áreas cultiváveis. Segundo estimativa comunal, em 1676, os lugarejos de *Valstagna, Oliero* e *Campolongo*, totalizavam 541 terrenos cultiváveis. Doze anos depois o total de campos cultiváveis à disposição era de 1.085, e antes do final do século (em 1694) o número já atingia 2.462 campos agrícolas.

Além das culturas tradicionais, seja alimentar (milho) ou industrial (cânhamo), desenvolveu-se a partir da segunda metade do século XVII, a cultura do tabaco, apesar da lei que proibia a semeadura, plantio e venda deste. E, ao lado das plantas frutíferas usuais (videiras, castanhas, nozes etc.) que caracterizavam em certas regiões, a paisagem do vale se difundiu à cultura de outra planta de uso propriamente industrial: a amoreira, própria para abastecer a sericicultura.

Ao longo das margens dos rios Brenta e Oliero, graças aos novos investimentos de capital veneziano, as tradicionais rodas d'água, que há séculos davam vida às serrarias e moinhos, multiplicaram-se e em alguns casos, se transformaram em malharias, fábricas de papel e fiações, que elaboravam a seda "à bolonhesa" (assim chamada devido à proveniência do novo sistema de trabalho da seda, que veio suplantar o sistema antigo, também chamado "à bassanesa").

Entre os primeiros artífices do novo desenvolvimento industrial do século XVII, são lembrados os Capello. Andrea Capello chegou entre os valstagneses no início daquele século, adquiriu de Francesco Carraro, em *Carpané*, quatro serras, lançando-se no comércio de madeira e carvão.

Os Capello também abriram em *Oliero* uma fábrica de papel e um moinho de três rodas. Ainda, depois de um decênio de lutas obstinadas com os jangadeiros, conseguiram obter novas concessões de água para ampliar a sua serraria e colocar em movimento, também em *Carpané*, uma ferraria, uma fábrica de seda e um outro moinho.

Também merecem destaque os não menos vivazes e interessados Contarini. Em 1664, Nicolò Contarini adquiriu do Senhor de Sant'Uliana de *Pádua*, o parque industrial dos Zannoni. Aperfeiçoou a indústria pré-existente, acrescentando quatro serrarias, uma ferraria e uma fiação. Em 1696, os Contarini, que até então já tinham construído um palácio, um oratório e duas fábricas de papel, passando o seu próprio nome ao bairro, pediram e obtiveram do magistrado de Bens Incultos a licença para construir uma padaria.

No quadro desta renovação industrial, merece ser lembrada também a pessoa de Pietro Venier, conhecido há tempos dos valstagneses pela sua atuação no comércio de madeira. Em 2 de novembro de 1686, ele adquiriu em Roncobello alguns lotes de terra dos Cavalli. Junto a um palácio e um oratório, intentava construir um pequeno complexo industrial, composto de uma serraria e um moinho. Quatorze anos mais tarde, Venier, que neste entretempo foi nomeado como Procurador de São Marcos, um dos mais altos cargos do Estado, pela simpatia da população e do andamento de seus negócios, pediu ao magistrado de Bens Incultos para somar à serraria e ao moinho, também uma fábrica de papel e uma ferraria, o que lhe foi atendido.

Enfim, depois dos Capello, Contarini e Venier, uma outra família veneziana implantou suas tendas em Valstagna naquele século: os Tiepolo, conhecidos dos valstagneses desde o início dos anos seiscentos, pelo seu relacionamento comercial com os Mazzoni. Documentos do Archivio di Stato di Vicenza, do fim do século XVII, apresentam o nobre Lorenzo Tiepolo como proprietário, junto aos primos Francesco e Federigo, de uma serraria de quatro rodas sobre o Oliero, a qual, já no início do século seguinte, foi transformada em duas plantas industriais de gênero bem diverso, isto é, uma fábrica de papel e uma fiação.

Seguindo o exemplo da nobreza veneziana, também os valstagneses mais ricos, sobretudo, aqueles dedicados ao comércio de madeira, aprenderam a acompanhar a mudança dos tempos, renovando e ampliando suas plantas de trabalho. Merecem destaque os Mazzoni, com uma serraria de quatro rodas e um moinho de três rodas sobre o rio Oliero. Em 5 de junho de 1630, pediram licença ao Arsenal de Veneza para construírem edifícios para quatro serras e três rodas para moinhos, na vila de *Oliero*, havidos por herança do pai, o Senhor Bernardin Mazzoni. (*"per aver et impetrar licentia de roveri per esser dispensati et messi in opera per servitio delli edifizij di quattro seghe et rode tre molini, posti nella villa d'Oliero contrà di Valstagna et queli levar et tagliar dove piú tornerà comodo per li edifizij posesi ... et avuti per eredità dal quondam Signor Bernardin suo Patre"*)[40].

Os Franceschini tinham seus moinhos na praça de *Valstagna* (onde também tinham uma serraria de duas rodas) e no distrito de *Lora*, desde o início do século (1604). Seguiam: Pietro Perli, com uma serraria em Merlo e um moinho de três rodas sobre o rio Oliero (1674); os Grossa, com moinho de duas rodas no distrito *Lora*, cedido em 1650, à Sra. Mattia Franceschini; os Scolari, com outro moinho a três rodas sobre o Oliero e, por último, os Zuliani, com um pequeno complexo industrial sobre as margens do Oliero, composto de uma forja, uma ferraria e uma afiadeira, que em 1708, foram transformados em uma única planta.

Em 1675, Bortolo Perli, importante comerciante de madeira, montou uma roca na casa de Angelo Todesco, seu sócio. Tratava-se do primeiro filatório de Valstagna e um dos primeiros do Canal do Brenta. Em 3 de julho de 1677, ele elaborou com o sócio um contrato de condução do filatório, um documento interessante pela riqueza de informações sobre o novo gênero de indústria local. Tal documento está no *Archivio di Stato di Vicenza* (*Atto Notarile G. Merto*, 3 de julho de 1677). Em 24 de setembro de 1691, o mesmo Bortolo Perli voltou a Veneza para pedir autorização para construir uma oficina de rocas para trabalhar seda à bolonhesa na vila de Oliero, uma indústria já bem iniciada e muito promissora que se tornou isenta de taxas pelo governo veneziano em 28 de abril de 1692.

Não obstante, os auxílios fiscais, as dificuldades a que se expunham naquele século as indústrias valstagnesas eram inúmeras e iam desde o andamento econômico geral até aquelas causadas pelo rio Brenta. Fator principal de vida e de riqueza, o Brenta também se tornou causa de destruições

---

[40] Archivio di Stato di Vicenza - Atto Notarile A. Lazzaroni, 5 de junho de 1630.

e ruína para a indústria local. Cabe mencionar o caso dos Franceschini. Atingido um considerável grau de prosperidade, graças aos moinhos e às serrarias, depois de se endividar por 1.221 ducados com os carpinteiros Girolamo Sassi e filhos, por diversos trabalhos de recuperação em suas plantas e em sua casa, viu-se constrangido, até a metade do século, em seguida a algumas "brentanas", primeiro a arrendar e depois a vender aos credores cada propriedade em fábricas e terrenos, e por fim a exilar-se da região.

Mas, se a indústria local, movida pelas águas do rio Brenta, tinha seus momentos de crise, o tradicional comércio de madeira, não obstante o mau estado dos bosques, comprovados pelas contínuas proibições de corte emanados pelo Conselho valstagnes, não cessava de crescer. Pelo contrário, podia-se dizer que no século XVII, a demanda de lenha e de carvão estava aumentando e vinha de todas as partes: da comunidade e de setores privados. Os operadores comerciais mais sensíveis às exigências do mercado eram ainda das fileiras da nobreza veneziana, que de Veneza à Pádua e Bassano, dirigiam-se com seus capitais aos bosques de Valstagna e àqueles de Primiero e de Valsugana, para investir em compra de madeira e de carvão. Por meio de seus agentes, os homens de confiança do posto, gente esperta e do metier, esses nobres venezianos contratavam as mesmas companhias de corte de madeira, com as quais entravam em acordo, estabelecendo por escrito as condições de corte, de transporte da madeira e de pagamento.

Entre essa nobreza empreendedora dedicada ao comércio de madeira, eram enumerados como de costume os Capello, os Venier, os Tiepolo, os Contarini, os Gradenigo e os Foscarini. Muitos deles, como já foi dito, desejavam marcar suas presenças no local, e para isso, mandavam construir palácios e oratórios, fazendo-se assim, beneméritos "patrões" do crescimento civil e religioso da comunidade.

Diversos comerciantes valstagneses concorriam ativamente com a nobreza veneziana, ainda que com menos fortunas. Os Franceschini, por exemplo, ainda que em declínio, mantiveram aberta e ativa por todo o primeiro trintênio do século XVII a sua serraria na praça de *Valstagna*.

A seguir, vinham os Mazzoni, que tinham a sua casa comercial na Via Rosta. A atividade comercial dessa família se estendeu por quase toda a primeira metade do século e era quase inteiramente absorvida pelo Arsenal de Veneza. Em contenda, com o Município, desde o início dos anos 600, por um corte excepcional de madeira no bosque de Sant'Uliana, cujo transporte bloqueou a transitabilidade da Via del Sasso até o Brenta, com danos a tanta gente pobre do vale, viram-se constrangidos em 1602 a assumir um compromisso: empenharam-se em indenizar o Município pelo trânsito de sua madeira pelo rio Brenta, a não danificar os bosques comunais com corte de outras madeiras para uso de pontes ou de outros fins e enfim, a limitar a condução da madeira a uma certa quantidade de passagens, em número de 500 ao ano. Em 1610, os irmãos Bernardino e Marco Mazzoni, que apostaram suas atividades nas partes de Fonzaso, tomaram em aluguel, junto aos nobres Morosini, os bosques dos vales Ghizza e Cesilla, na localidade de *Cismon*. Quando Bernardino faleceu, a iniciativa comercial passou para as mãos dos filhos Iseppo e Antonio, os quais, além da própria serraria de quatro rodas sobre o Oliero, dispunham de outras duas que trabalhavam, uma em *Merlo*, de propriedade do Sr. Antonio del Mônico, e outra em *Fonzaso*, dos irmãos Zuan Battista e Martino Dell'Agnolo. A sua madeira vinha então, inteiramente dos bosques do vale de Primiero e do canal Sambugo. Em 1619, tiveram em concessão dos Tiepolo, por duzentos ducados, o corte do bosque de Picosta, prosseguindo imperturbáveis no fornecimento de madeira ao Arsenal de Veneza, abrangendo ainda em suas atividades, também os bosques de Lozé e de Camporotondo. Isto até 1635, quando o arrojo dos Mazzoni os fez aventurar-se, talvez com muita audácia, dentro dos bosques do Imperador. Isso lhes causou uma condenação, que os obrigou a defender-se junto aos tribunais de Innsbruck. Não se soube do êxito do processo, mas a morte de Iseppo, o cabeça da empresa familiar, colocou o irmão sobrevivente em tal embaraço que o fez renunciar prontamente a qualquer atividade mercantil.

Ao lado dos Franceschini e dos Mazzoni, atuavam tantas outras famílias, destacando-se as de Pietro e Bortolo Perli, Giacomo Scolari, Giovanni Battista Fabris, Paolo Gabardo, Nicolò Pontarollo, Paolo Conte e finalmente de Melchiorre Panzoni. O resto da classe mercantil valstagnesa desenvolvia suas atividades em outros locais fora da localidade, nos centros urbanos nos quais era sempre direto o fornecimento de madeira dos jangadeiros valstagneses: *Bassano, Pádua* e *Vicenza*.

3. O comércio do carvão

Em um documento datado de 15 de janeiro de 1733, existente no Arquivo Paroquial de Oliero, relativo às três comunidades de *Valstagna, Oliero* e *Campolongo*, justificando o recurso interposto contra o novo imposto sobre moagem, mostrava a situação socioeconômica da comunidade de *Valstagna*, que aparece, por assim dizer, resumida nos seguintes números:

Abastados	106
Pessoas com indústria, transporte e comércio	680
Madeireiros, lenhadores	725
Mercenários	308
Jangadeiros	150
Boiadeiros	36
Carvoeiros	58
Pobres	14
Miseráveis e impotentes	20
Pessoas com condições indistintas	28
Total da população	**2125**

Grande parte da população de *Valstagna*, e de *Oliero* e *Campolongo*, nos anos 700, tira os meios de subsistência, não tanto da agricultura (o cultivo de tabaco, ainda oficialmente proibido, estava apenas no seu início), quanto do corte e do comércio de madeira, como também da elaboração e venda do carvão, "não podendo, declarou o pároco Don Alessio Callegari[41], o lugar produzir cereais somente para o necessário alimento nem mesmo por 15 dias". A necessidade de encontrar novas fontes de energia para trabalhar a seda e os metais, especialmente nas grandes cidades, como também o desejo crescente de pastos, devido ao crescimento da agricultura nos campos, promoveu sobre as montanhas uma rápida e insensata ação de desmatamento, que encontrou seu ponto culminante no século XVI. Foi nos anos 700, realmente, que o comércio de carvão, obtido das copas ou da lenha miúda dos bosques, alcança a sua máxima expansão. Diferentemente do comércio de madeira, aquele do carvão é quase inteiramente entregue aos comerciantes locais, o que se pode deduzir dos leilões públicos das copas dos bosques valstagneses, que eram feitos anualmente na praça pública de *Valstagna*.

---
[41] Pároco de Valstagna, de 1732 a 1734.

A elaboração do carvão era entregue à maestria especialista dos cidadãos vizinhos de *San Nazario* e *Solagna*. Entre os nomes das pessoas dedicadas a este gênero de comércio estavam aqueles dos irmãos Nicolò, Pietro e Lorenzo Gabardo (1679), cujas casas e lojas ficavam ao lado da Igreja Paroquial de *Valstagna*. A eles, segue até o final do século XVII e início do século XVIII, Antonio Fabris, filho de Zuanne (na época já falecido), o qual *'fa correr un negozio grossissimo suo proprio, e speciale, cosí che fa caminar ogn'anno per tutto il tempo proprio e staggione dell'anno cavalli da somma n.º 40 in 50 in circa... che li fa condurre da suoi famigli, conducendo ogni anno con li soppradetti animalli somme cinquemila di carbone, che vall'a dire corbe 10.000 circa, dico diecimila, facendo poi condurre a Padova e Venetia, et altri lochi...'*[42] (dirige um negócio próprio, importantíssimo e especial, tanto que faz movimentar, anualmente, durante todo o tempo, de 40 a 50 cavalos carregados com *somas*[43] ... conduzindo-os a *Pádua*, *Veneza* e outros lugares, movimentando cada ano cerca de 5000 *somas* de carvão, ou cerca de 10 mil *cabazes*...). O armazém de carvão dos Fabris se encontrava na região de Lora (hoje Bigola), próximo aos depósitos de carvão de Domenico e Bortolo Grossa. Mas os depósitos mais consistentes do combustível se encontravam em *Londa* e estavam nas mãos de Antonio Perli e do filho Marco, dos irmãos Zuanne e Marc'Antonio Ferrazzi e, sobretudo, de Mattio Negrello. Todos esses negociantes comercializavam também a madeira e mantinham sob sua dependência numerosos grupos de madeireiros, carvoeiros, boiadeiros e jangadeiros. O carvão não descia somente dos bosques de Sasso ou de *Asiago*, mas provinham também das selvas de *Enego* e de *Marcesina* e, sobretudo, daquelas do Primiero e da Valsugana. Acomodados em armazéns e em seguida embalados em sacos impressos com a "nota", ou inicial de domínio, eram entregues aos jangadeiros que os transportavam pelo Brenta aos vários constituintes de *Bassano*, *Veneza* e, sobretudo *Pádua*. Para tutelar melhor os seus negócios contra as arbitrariedades dos guardas alfandegários e o corporativismo dos clientes, esses mercadores eram forçados a unir-se, para enfrentarem juntos os riscos das atividades e compartilharem as vantagens.

Alguns anos mais tarde, em 1690, esses comerciantes se viram obrigados a recorrer contra os abusos do aduaneiro de *Cittadella*, Bortolo Gianesi, que vinha impondo uma taxação de trânsito abusiva às suas jangadas carregadas de carvão. Este, de fato, diferentemente da madeira que descia dos bosques do trentino, era isento de qualquer taxação, e podia atingir os mercados de *Bassano* e de *Pádua* com plena liberdade. Inutilmente, então, os taxadores vicentinos (1729) e paduanos (1771) declararam guerra aos mercadores do Vale. Essas batalhas contínuas consolidaram ainda mais a sua união e organização comercial. Até o final dos anos 700, os comerciantes de carvão de *Valstagna*, *Oliero* e *Campolongo*, unidos em consórcio, trataram diretamente os seus negócios com o comércio dos Fabris, de *Pádua*, mediante um representante eleito e delegado ao posto. Em 10 de maio de 1787, em ato notarial estipulado em *Valstagna*[44], asseguraram em comum acordo, o encargo a Marc'Antonio Ferrazzi de contratar com o comércio paduano as condições para entrega do carvão, estabelecendo também as quantidades mensais a serem entregues por cada um dos comerciantes. Esse contrato era renovado anualmente, até a queda da República Vêneta. Depois disso, substituída a velha por uma nova ordem de coisas, os negociantes de *Valstagna*, preocupados em manter como antes o seu comércio, aprovaram em enviar à nova municipalidade provisória de *Pádua*, ou ao comitato ao qual de direito, para fazer um outro contrato formal, os cidadãos Giacomo Ferrazzi e Antonio Maria Valente.

---

[42] Archivio di Stato di Vicenza – Atto Notarile G. Sebellin, 17 nov. 1705.

[43] A soma era uma unidade volumétrica equivalente a dois "sacos" de montanha ou duas cabazes, isto é, o quanto podia ser razoavelmente transportado montanha abaixo por um cavalo ou mula, em uma jornada diária.

[44] Archivio di Stato di Vicenza – Atto not. F. A. Sasso – 10 febbraio 1787.

Se houve sucesso nesta última embaixada, não se sabe. Mas o tempo que avançava não prometia nada de bom. Prova disto é que em 9 de junho de 1803, em plena tempestade napoleônica, os mercadores de carvão, vendo ser apertada a própria associação, não acharam nada de melhor do que reunir-se na casa de Angelo Videtto, em *Campolongo*, e procurar a fortuna, jogando solidariamente, todos os meses na Loteria Pública de *Veneza* com os números 4, 9, 12, 21 e 46. Desconhece-se a razão desses números e se estes tiveram sorte em acertá-los em alguma ocasião.

4. A cultura do tabaco

O cultivo do tabaco teve início provavelmente na segunda metade do século XVII, e combatida por quase um século por *Veneza*. A partir de 1763, difundiu-se até atingir, no final do século XIX e início do século XX, o seu desenvolvimento máximo. Na segunda metade do século XIX, após a anexação à Itália, foi a cultura do tabaco que impediu a emigração de transformar o vale do Brenta em um deserto. Já no início dos anos 800, era o tabaco a fonte de renda maior para os habitantes da região. Uma lenda corrente no vale relaciona o cultivo do tabaco à chegada de um frade, que trouxe a semente fechada e escondida na cavidade de um bastão. Mas é uma lenda, e como todas as lendas, possui uma parte verdadeira e uma parte fantástica. A primeira verdade acerca da origem do cultivo do tabaco no Vale do Brenta, contida na mesma lenda, é a atual, absoluta falta de documentos históricos a respeito. Uma cultura tão importante para o vale, como a do tabaco, portanto, não teve origem, no sentido de que não há documentações e nem lembranças de seu início.

A planta trazida para o vale, provavelmente pelos frades de *Campese* – eis um outro elemento de verdade histórica relevante na lenda – teve no início uma difusão limitada: sabe-se que era cultivada, segundo alguns, nos jardins e nas hortas, como planta ornamental. Quem, pois, a plantava por uma utilidade qualquer, pretendia simplesmente servir-se dela como planta medicinal, para lhe cheirar o pó ou fumar a folha destrinchada. O próprio nome da planta aparece de modo vago e incerto: alguns a chamavam de "erva da rainha" ou "erva rainha", em lembrança da rainha Catarina de Médici[45], esposa de Henrique II da França[46], de cuja Corte o tabaco havia tomado as estradas da Europa; outros a chamavam de "erva tornabuona", sobretudo na Toscana, em referência ao nome do Monsenhor Nicolò Tornabuoni que, embaixador na Corte da França, mandou a semente ao sobrinho Alfonso Tornabuoni, bispo do Burgo do Santo Sepulcro; outros, de "erva do grande Prior", e outros enfim, com o nome exótico que permaneceu, e que surgiu entre os Aravachios do Haiti, de "tabacco".

O cultivo no Vale do Brenta, iniciada com alguma probabilidade no fundo do vale, mais precisamente nos lugarejos de *Campese, Campolongo, Oliero* e *Valstagna*, postados ao lado direito do rio Brenta, alcançou aos poucos a montanha das Sete Comunidades, difundindo-se aqui e ali, um pouco em todos os lugarejos do Planalto. Quando *Veneza*, nos primeiros anos do século XVII, expandindo o uso e a moda do tabaco, percebeu o seu valor comercial, pensou em tirar disso um proveito fiscal. Em 13 de fevereiro de 1654, assumindo o monopólio, vetou, por meio de lei, pelo menos às comunidades do vale, o semeio, plantio e a venda do produto. Mas, em vez de reduzir, o cultivo do tabaco, este cresceu ainda mais. O negócio, ao que parece, andou solto até 1702. No ano seguinte, *Veneza*, que até então havia feito vistas grossas declarou cessado o direito aos privilégios, alegando o dano crescente que a cultivação do Vale provocava em suas finanças, emanando em 3 de fevereiro de 1703, um decreto que proibia categórica e expressamente aos habitantes do Vale do Brenta

---

[45] Catherine de Médicis – (Florença, em 1519 e morreu em Blois, em 1589. Foi regente no início do reinado de seu filho, Charles IX (1560-1574).

[46] Henri II, rei da França de 1547 a 1559 – (Saint-Germain-en-Laye, em 1519 e morreu em Paris, em 1559).

o semeio e plantio do tabaco. Os lugarejos do Vale e também os do Planalto, reivindicaram para o tabaco os seus antigos privilégios e continuaram, como estavam acostumados, a cultivá-lo. Desfrutando da facilidade de comércio com as localidades confinantes, tornaram intensivo o plantio. E assim os velhos campos de "canevo" ou cânhamo, culturas extensivas originais do Vale do Brenta, juntamente com aqueles de amoreiras e de milho, se viram voltados pouco a pouco ao cultivo de tabaco. O decreto proibitivo viria a ser renovado por muitos anos pelo motivo de que resultava sempre inútil, pela desobediência a este. Os valstagneses que praticamente dependiam do cultivo e comércio do tabaco, vendo-se reprimidos pelos decretos venezianos que lhes proibia essa prática, e tendo já sua freguesia nos comitatos não viam outra alternativa para manter sua subsistência senão que promover um intenso contrabando do produto, transportando-o durante a noite em pesados fardos às costas, deslocando-se pelos caminhos da região até os pontos de comércio e entrega. Frente a isso, Veneza, consciente dos antigos privilégios, se vê constrangida a efetuar pactos concedendo então, a cultura do tabaco. Após um século do regime monopolista, fazem os primeiros contratos (26 de agosto e 14 de setembro de 1763), entre os representantes de *Veneza* e as comunidades de Valstagna, Oliero e Campologo primeiro e depois também de Campese. O primeiro desses contratos era assinado pelo Partidário Geral dos Tabacos, Giuseppe Mangilli e dos dois representantes das comunidades, Marco Perli, de Valstagna, e Giacomo Lovato, de Campolongo.

Em 1771, no lugar de Mangilli, assume um novo empresário, Girolamo Manfrin, como representante de *Veneza*, o qual faz de tudo para ficarem menos vantajosas as condições de cultivo e de pagamento dos tabacos. Em 14 de maio de 1778, ele renova com as comunidades um novo contrato, composto de 30 capítulos. O capítulo I especificava que se poderia cultivar somente a variedade "Nostrano", aquela que era cultivada pelo menos há dois séculos. Limitava a extensão de cultivo para as quatro comunidades em 170 campos na medida vicentina, o que correspondia a 656.540 metros quadrados (que correspondia em plantas na última medida de cultivo a 2.166.582 mudas de tabaco; um pouco menos naqueles tempos, porquanto a distância entre as plantas era de alguns centímetros a mais, como determinado no segundo capítulo). O contrato valia somente por sete colheitas, inclusive a daquele ano de 1778.

O capítulo II estabelecia a distância *"di sole Onzie Ventiuna Venete intermedie dall'uma, all'altra Pianta, tanto in larghezza, quanto in lunghezza,..."* (de somente 21 onças venetas entre uma planta e outra, tanto em largura quanto no comprimento,...). A onça veneta correspondia a 3 centímetros.

Atualmente essa cultura, que em dias de florescimento era característica para a paisagem do vale, está quase totalmente desaparecida.

5. A economia atual

A economia valstagnesa, que até o último pós-guerra se apoiava, sobretudo no cultivo do tabaco, contava em 1980, com 599 unidades laborativas, das quais 48 ocupadas na agricultura, 57 dedicadas ao comércio, 109 com suas atividades centradas no artesanato, 116 dedicadas à indústria e 50 em outras atividades laborativas diversas; as demais constituídas por temporários, empregados, sobretudo na construção civil e no artesanato. Apesar disso, os recursos econômicos agrícolas, devidos à cultura do tabaco e de forragem, e os industriais, devidos a algumas pequenas empresas operantes nos setores extrativos de mármore e de manufaturas, são insuficientes para ocupar toda a força de trabalho local, o que obriga a mais de metade desta a se deslocar diariamente até a cidade de Bassano, onde prestam os seus serviços nas indústrias e comércio local.

IV

ASPECTOS TURÍSTICOS

1. As Igrejas de Valstagna

Em fins dos anos 1100, o Monastério de São Floriano começa a edificar por sua própria conta novas capelas em suas propriedades. A primeira foi a de São Marcos de *Cismon*, cujo nome aparece pela primeira vez no juramento de fidelidade a *Vicenza*, em 28 de abril de 1189, seguida pela igreja de *Foza*.

A localidade de *Valstagna* possui várias igrejas, dentre as quais podemos mencionar o oratório da Madona da Saúde, no distrito de *Mori*, o oratório de São Caetano, no distrito de *Roncobello*, o oratório de Santo Estevão, no distrito de *Sasso Stefani*, a Igreja de São José, no distrito de *Costa*, a Igreja da Madona Adorada, no distrito de *Collicello*. Mas as principais são a Igreja Paroquial de Santo Antonio Abate e a Igreja do Santo Espírito, também Paróquia, em *Oliero*.

1.1 A Igreja do Santo Espírito, de Oliero

Alberico de Romano, um dos doadores para a Igreja da Santa Cruz, de *Campese*, teve um filho, Ezzelino II, que foi chamado de il Balbo (o Gago). Este participou da Segunda Cruzada em 1147, distinguindo-se pelo seu valor e conquistando nova glória e potência pelo seu ímpeto. Após sua morte em *Treviso*, sucedeu-lhe na administração de seus bens patrimoniais e no exercício de sua autoridade o seu filho Ezzelino III, que veio a ser chamado il Monaco (o Monge). Ezzelino III era hábil, astuto e violento e teve uma sagaz política matrimonial (teve cinco mulheres: Agnese, Speronella, Cecília de Baone, Zampogna e Adeleita, esta última mãe de Ezzelino IV, il Tiranno). Aumentou a sua autoridade, estendendo na prática o prestígio e poder da família, além de *Bassano*, a *Pádua, Verona, Trento, Vicenza* e *Treviso*.

Dando cumprimento a um sonho maturado lentamente, manteve contato com os monges do Monastério de *Campese*. Frequentemente, no retorno das caças e dos afazeres cotidianos, fechava-se naquele mosteiro entabulando conversações ou fazendo as refeições com aqueles monges, passando as noites com eles. A afabilidade daqueles homens de Deus e, sobretudo, a sua serenidade e o seu desprendimento das coisas da Terra exerceram um fascínio irresistível sobre seu ânimo. Em 20 de setembro de 1202, Ezzelino III, o Monge, pensando em esconder na quietude monástica a sua vida tempestuosa, edificou em *Oliero* uma capela dedicada ao Santo Espírito, com uma casa anexa, onde ele passou a viver até os últimos dias de sua vida. Em 23 de novembro de 1221, retornou à *Campese* e na presença de Azzone, abade de *Mântua* e de Dom Enrico, prior do Mosteiro e de algumas testemunhas, declarou a sua intenção e estabeleceu de comum acordo a formalidade que deveria regular a dependência da nova instituição do Mosteiro de Santa Cruz. Ezzelino reteve para si o *jus patrimonis* e a administração material, deixando ao Mosteiro de Campese o governo espiritual e, depois de sua morte[47] também a propriedade, com a condição de que fossem mantidos quatro monges que soubessem ler e escrever, entre os quais pelo menos dois sacerdotes. O abade e o prior se empenharam em manter a condição exigida, dotando ainda o pequeno mosteiro com fundos circunstantes.

Em seguida, o tratamento espiritual dos habitantes, sempre mais numerosos, e que procederia os serviços de caridade e desmatamento, seria exercida por um sacerdote assalariado, nas dependências do convento. A iniciativa de Ezzelino e o consequente empenho administrativo do Monastério de Campese a *Oliero* tiveram uma influência enorme sobre o desenvolvimento civil da direita do rio Brenta. Muitas famílias, especialmente de *Marostica* e de *Angarano*, atraídas pelas condições de favor ofertadas pelo Convento, aceitaram colaborar com os monges nos serviços de missa e cultura da região, pedindo e obtendo permissão para firmar-se em seu território. Aliás, em 1202, os monges estenderam os confins de suas posses, adquirindo do mesmo Ezzelino, por somente mil liras veronesas, o inteiro lugarejo de Foza *"coi monti e i piani, coi prati e le selve, colle abitazioni, i dirupi e le rovine, com ogni suo diritto e onore, ragione, amministrazione e uso"* (com os montes e planícies, com prados e as selvas, com as habitações, as escarpas e as ravinas, cada um com seus direitos e honra, razão, administração e uso).

A Igreja Paroquial de Oliero foi reformada em 1786, e também após o aluvião (enchente) de 1966. Conserva ainda uma "Edícula eucarística", talvez remanescente da igreja precedente. Entre as pinturas que possui estão "Assunção", "Pentecostes" e "Catedral de São Pedro", de Francesco Bassano, o Velho[48]; "Piedade e os Santos Roque e Sebastião", atribuídos a Francesco Bassano, o Jovem[49]. Conserva também uma bela "Via Crucis" do século XVIII.

1.2 A Igreja Paroquial de Santo Antonio Abate

Nos primeiros decênios do século XV, conforme documentos históricos, a população de *Valstagna* foi acometida de grave pestilência. Não é improvável que em uma dessas, caracterizada por sintomas e manifestações clínicas semelhantes à que ainda hoje ocorre sob o nome de fogo de Santo Antonio, a população tenha recorrido à proteção daquele Santo, construindo-lhe em um prado, uma capela, circundada, na urgência de dar sepultura no mesmo local aos apestados, por um cemitério. O primeiro documento, todavia, que lhe faz referência, é de alguns decênios mais tarde. Era quarta-feira, 10 de outubro de 1488, e o bispo de *Pádua*, Pietro Barozzi, retornando de sua visita pastoral a *Cismon*, passou em frente a *Valstagna*. Atravessou a pé o rio e se encontrou em frente à capela. Era consagrada ao nome e à memória de Santo Antonio Abate e possuía apenas um altar pequeno e rústico. As suas proporções eram muito exíguas: quatro passos de comprimento por cerca de três de largura (cerca de 7,40 m x 5,50 m).

Em 12 de abril de 1494, os habitantes da comunidade de *Valstagna*, reunidos naquela igrejinha na presença do Bispo, acordaram com o Prior do Monastério de Campese, a qual estavam eclesiasticamente submetidos, sobre a construção de uma nova igreja, mais ampla. A nova igreja, orientada como a precedente, com o seu eixo de norte a sul, foi consagrada em 19 de setembro de 1515, pelo Bispo Sufragado de *Pádua*, monsenhor Girolamo de Santis. Vinte anos após, em 1 de outubro de 1535, um outro sufragado de *Pádua*, monsenhor Callisto de Amadeis, encontrava em *Valstagna* também

---

[47] Ezzelino, o Monge, morreu em Oliero no ano de 1325. Resta a incerteza do lugar onde foi sepultado, se em Campese ou em Solagna.

[48] Francesco da Ponte, dito Bassano, (Bassano, em 1470 e morreu na mesma cidade, em 1540).

[49] Francesco da Ponte, dito Bassano, (Bassano, em 1549 e morreu em Veneza, em 1592. Francesco Bassano, o Jovem, era neto de Francesco Bassano, o Velho).

um bom campanário com um só sino e uma casa já preparada para a habitação do sacerdote. Porém, para celebrar a Santa Missa vinha, quando podia, três vezes por semana o capelão da paróquia de Oliero, da qual Santo Antonio Abate de Valstagna era igreja campestre.

Após vários conflitos, causados pelo mal-estar de um tratamento pastoral sempre mais inadequado aos anseios de uma população em crescimento, e em seguida aos quais a Igreja de Santo Antonio Abate foi considerada interdita, em 19 de novembro de 1552, chegou-se a um acordo com o Monastério de Campese pelo qual *Valstagna* foi desmembrada da Paróquia de *Oliero*, mediante o pagamento de 125 escudos de ouro, constituindo-se então em paróquia independente.

Chiesa Parrocchiale di San Antonio Abate

Fonte: www.tripadvisor.com.br – foto de Ulten S. (2017)

A atual igreja foi erigida no ano 1738, e foi bastante danificada na Primeira Guerra Mundial. Conserva ainda altares de mármore do século XVIII e em seu interior são preservadas pinturas entre as quais se destacam a "Natividade" e "Pentecostes", de Francesco Bassano, o Velho e do filho Iacopo[50], e também uma "Deposição", de Palma o Jovem[51].

2. As Festas Religiosas

A população de *Valstagna* sempre se mostrou ser bastante religiosa, como se pode ver nas descrições anteriores, sobre as igrejas da comunidade. As festas religiosas que acontecem na cidade sempre foram um bom motivo para o congraçamento de seus cidadãos.

---

[50] Iacopo da Ponte, dito Bassano, (Bassano, em 1510 e morreu na mesma cidade, em 1592. Era filho de Francesco Bassano, o Velho e pai de Francesco Bassano, o Jovem).

[51] Iacopo Nigretti, dito Palma o Jovem, pintor e gravador italiano – (Veneza, em 1544 e morreu na mesma cidade, em 1628).

Em 7 de agosto, realiza-se a Sagra de São Caetano, ao qual é dedicado o oratório do distrito de *Roncobello*. Da mesma forma que a Sagra de São Roque, patrono da localidade de *Oliero* e realizada no dia 16 de agosto, também esta de São Caetano é uma das atrações mais sensíveis e vivazes da tradição valstagnesa, na qual a religiosidade esposa de maneira muito feliz a joia de viver e de se encontrarem todos juntos. A população se reúne nos vários pontos da festa para conversar, brincar, jogar e se divertir com as várias atividades programadas. No primeiro domingo do mês de setembro é realizada a Festa no distrito de *Collicello*.

3. As Grutas de Oliero

Situadas no Vale do Brenta, na comunidade de *Valstagna*, as nascentes do rio Oliero são as descargas hídricas mais importantes do maciço cárstico das Sete Comunidades e as maiores nascentes subterrâneas da Europa. As grutas atualmente abertas ao público são quatro, descobertas e valorizadas pelo naturalista bassanês Alberto Parolini em 1822. Das duas mais inferiores nasce o rio Oliero, enquanto as duas "covas" superiores, antiga desembocadura das mesmas nascentes, estão agora secas. A partir do sugestivo parque das grutas, um atalho corre tortuosamente a unir a "Cova dos Ezzelini", ou dos assassinos, à "Cova das Duas Irmãs". Esse último nome foi dado pelo próprio descobridor, Parolini, em homenagem às duas filhas, Elisa e Antonietta.

Ao lado, altíssimas paredes rochosas sobre as quais se pode admirar um rico mostruário de flora rupestre. Por ali se desce até encontrar a bacia entre as duas grutas principais, completamente tomada pela fresquíssima água surgente e imersa no verde de plantas seculares. Muito próximo se abre a baixa e larga embocadura da "Cova do Siori" ou "gruta Parolini", nome de seu descobridor, que a explorou em 1822. Dez anos depois, o célebre botânico a tornou acessível ao público. A quarta é a "Gruta de Cecília de Baone", recordada por George Sand[52], que a visitou durante uma viagem.

A temperatura ambiente no interior da gruta é de 12° C, da água de quase 9° C; tais valores se mantêm constantes em todas as épocas do ano. A profundidade do lago é de cerca de 28 metros. As nascentes do Oliero hospedam em suas águas um raro fóssil vivente: o Proteo, um anfíbio troglobio presente somente nas cavidades do Carst triestino e esloveno.

As grutas se situam em um vasto Parque natural e são visitadas todos os anos por milhares de turistas. Na entrada do Parque aparece o Museu Regional de Espeleologia e Carsismo, aconselhável complemento às visitas das grutas. O Museu tem a sede sobre uma parte dos locais restaurados da ex fábrica de papel Burgo, inicialmente Cartiera Remondini. Em seu interior, um percurso explorativo guia o visitante à descoberta de um fascinante mundo subterrâneo e de seus mistérios. De março a outubro, as grutas são abertas ao público todos os dias, com exceção de segunda feira, quando estão fechadas. Para visitas de grupos em outros períodos, deve-se solicitar autorização.

4. Competição de jangadas (Palio delle Zattere)

Primeiramente com o transporte difuso de madeira no rio (menàde), e depois com as jangadas, foram escritas páginas seculares de história e o jangadismo constituía o duro trabalho de grande parte da população de *Valstagna*. O centro do vale tornara-se a estação principal para o depósito e o comércio de madeira, que de outras partes mais confluíam para se reunirem depois aos postos de embarque de *Bassano del Grappa* e da planície até ao porto de Bassanello em *Pádua* e ao Arsenal de Veneza.

---

[52] Aurore Dupin, baronesa Dudevant, dita George Sand – escritora francesa, (Paris, em 1804 e morreu em Nohant, Indre, França, em 1876).

A corrida de jangadas nasceu como competição entre os burgos e os distritos de *Valstagna* que realizam um prestigioso embate navegando sobre as águas do Brenta em um trecho sugestivo e panorâmico do rio. A competição, que é assunto em torno de um duelo entre os distritos, se desenvolve no último domingo de julho, dia que recorda o trágico "brentanon", seguido da enchente que aconteceu a 31 de julho de 1851. Os distritos da comunidade de Valstagna que se enfrentam em cada ano na competição, ostentando as cores que os distinguem, são: *Oliero, Londa, San Marco, Torre, Mori, Fontoli, San Gaetano, Sasso Stefani, Giara Modon, Costa, Collicello.*

Palio delle Zattere   Rafting no Rio Brenta

Fonte: www.facebook.com/valstagna1

5. Outros eventos importantes

Durante todo o ano são realizadas competições de rafting e canoagem, nacionais e internacionais, nas corredeiras do rio Brenta. O clube valstagnes, Canoa Club Kaiak Valstagna, já se sagrou várias vezes campeão nacional e internacional, nessas modalidades de esporte. Também durante todo o período do ano acontecem também competições de slalom fluvial, a "Gara Nazionale ed Internazional di Slalom Fluviale", nas quais competidores do Canoa Club Kayak Valstagna várias vezes já se sagraram campeões ou vice-campeões.

Em maio, realiza-se a Mostra de Fungos e Flores da Primavera. Nesta, os habitantes de *Valstagna* expõem as suas culturas de fungos e as flores cultivadas, espécies nativas da região, de uma grande variedade de cores e de rara beleza.

De 1 a 15 de agosto, tem lugar o Ferragosto Valstagnês, cuja primeira realização aconteceu em agosto de 1969. O Ferragosto é uma data tão importante quanto o Natal, Ano Novo ou a Páscoa para os italianos. A festa tem origens no calendário pagão, no período romano, e o termo deriva do latim Feriae Augusti, e significa "Descanso de Augusto", em homenagem a Otaviano Augusto, o primeiro imperador romano. Por essa razão, o mês agosto também tem origem no seu nome. No ano 18 a.C., Augusto estabeleceu um dia de celebração para comemorar as colheitas e o fim dos trabalhos agrícolas, dedicados a Conso, o deus da terra e da fertilidade na religião romana. Antigamente, o Ferragosto era comemorado no dia 1 de agosto, com corridas de cavalos, festivais, decorações florais, mas os dias de descanso se estendiam por duas semanas. Por volta do século VII, a Igreja Católica mudou a data desse feriado, assimilando a festa pagã junto ao dia 15 de agosto, data de celebração da Assunção de Maria, simbolizando a morte e o renascimento. Muitas das tradições ainda hoje difundidas no Ferragosto derivam desses antigos significados. Atualmente, o Ferragosto marca a principal semana de férias e o final do verão; grande parte da população se dirige às praias ou às montanhas. As atividades econômicas param e quase tudo fecha, funcionando apenas os serviços essenciais e alguns supermercados maiores. O último dia do Ferragosto é também um dia especial para promover encontros de amigos, fazer confraternizações, ou se reunirem em um gostoso e belo almoço para se despedir do mês mais quente do ano.

Em outubro acontece a Mostra Micológica, onde são mostrados os fungos e flores colhidos pelos habitantes do Valbrenta nas florestas da região. A seguir o folheto da Mostra de 2011 e a foto utilizada.

Folder da Mostra Micologica de 2011 e foto ilustrativa

Fonte: www.valstagna.info/index.php/67-eventi-manifestazioni/estate/411-estate-2011

A EMIGRAÇÃO ITALIANA

1. As causas

O início da emigração do povo italiano se deu na primeira metade do século XIX. Começou aos poucos, no período compreendido entre 1830 e 1860, quando os trabalhadores das regiões de Como, Bergamo, Belluno e Udine se deslocavam para a França, Suíça e outros países do Império Austríaco, para lá trabalharem na agricultura e na construção de estradas, ferrovias e pontes. Eram trabalhos temporários, ao final do qual retornavam às suas regiões de origem. Aos poucos, as correntes migratórias se expandiram, alcançando as populações alpinas e toda a região da Venécia e Lombardia. Os conflitos que aconteciam, como as revoluções de 1820, 1830 e 1848, provocaram a retirada de italianos para além-mar. Alguns foram para os Estados Unidos, mas a maioria se estabeleceu ao longo do Rio da Prata, que banha as cidades de Buenos Aires e Montevidéu.

Após a unificação da Itália, a emigração mudou a sua característica: deixando de ser uma emigração temporária, uma estação, para se tornar uma emigração definitiva, para sempre. A unificação também promoveu uma separação total entre a Igreja e o Estado. O confisco, por este, dos bens daquela, colocou um fim no direito de uso das terras comunais, pelos agricultores, após séculos de prática. A unificação acabou com os mercados regionais e criou um mercado único, aberto à concorrência internacional. Isso provocou desânimo para muitos agricultores italianos, que preferiram partir para o exterior e lá recriar o mundo antigo ao qual estavam acostumados. A partida se mostrava preferível, acenada por alguns países, como a Argentina e o Brasil, que buscavam mão de obra agrícola para o desenvolvimento de suas terras. Como a propriedade não garantia mais o sustento da família, ocorreu uma emigração em massa para aqueles dois países. No período compreendido entre 1860 e 1920, saíram da Itália em torno de 17 milhões de indivíduos.

O *Annuario statistico dell'emigrazione italiana dal 1876 al 1925* apresenta uma estatística dos italianos, por região, que emigraram para o exterior. Desses dados, verifica-se que, para o Brasil, emigrou um total de 1.225.633 indivíduos, assim distribuídos:

Vêneto	365.710	29,84%	Sicília	44.390	3,62%
Campânia	166.080	13,55%	Piemonte	40.336	3,29%
Calábria	113.155	9,23%	Púglia	34.833	2,84%
Lombardia	105.973	8,65%	Marche	25.074	2,05%
Abruzzi/Molise	93.020	7,59%	Lazio	15.982	1,30%
Toscana	81.056	6,61%	Umbria	11.818	0,96%
Emília Romagna	59.877	4,89%	Ligúria	9.328	0,76%
Basilicata	52.888	4,32%	Sardenha	6.113	0,50%
Total	**1.225.633**				

2. A emigração vêneta

Como se pode ver no quadro anterior, da região do Vêneto emigrou 30% do total dos italianos que se dirigiram ao Brasil, naquele período. Franco Signori, em seu livro *Valstagna e la destra del Brenta*, menciona que, no período de 1871 a 1878, emigraram do Vale do Brenta, 538 indivíduos. Desses, 295 eram homens e 243 eram mulheres. A maior parte, 480 pessoas, vieram para o Brasil, especialmente para as províncias do Paraná, Rio de Janeiro, Rio Grande do Sul e do Pará. Outros se dirigiram para a Argentina, Venezuela e Paraguai. Eram frequentemente os melhores elementos e os mais empreendedores. Partiram com suas mulheres e filhos, empregando na travessia oceânica toda a própria poupança. Muitos, todavia, relegados ao próprio tempo, depois de alguns meses de chegados ao novo continente, se declararam frustrados. Empregados, no entanto, com contratos de empreitada de curto vencimento, na impossibilidade de conseguirem o intento planejado, viram seus contratos retomados pelo proprietário para serem entregues a outros. Alguns, porém, sabiam estar em frente à fortuna. Conseguiram, com sua persistência, realizar o sonho de fazer a América (Fare l'America) ou seja, serem bem-sucedidos nos seus propósitos e conseguindo a sua independência, levar uma vida abastada e tranquila, deixando para os seus descendentes uma herança patrimonial que lhes garantisse um futuro sem problemas.

Mas, não obstante, esta primeira experiência frustrante e a grande propaganda dissuasória promovida pelo ambiente nacionalista local, o fenômeno, pelo menos no que se refere ao Vale do Brenta, não acenava com recuos. No ano de 1880, a emigração retirou 731 indivíduos e o número de emigrantes estava então em fase de expansão. Isso decorria atendendo a anúncios publicados em jornais brasileiros, como o que transcrevemos a seguir, publicado no jornal paulista *A Gazetinha*, após a Abolição dos Escravos, em 1888:

> *"Precisa-se de muitos empreiteiros para a limpa de cafezais com mato de menos de um mês.*
> *Paga-se a seco: por mil pés, 18$000 e 20$000.*
> *Diária, a molhado, 3$000. Por mês corrido, a molhado, 70$000, a seco 100$000.*
> *Muita atenção. A colheita será começada depois da Semana Santa".*

Ao final do século, somente de Valstagna, as famílias emigradas para a América foram em número de 64, com um contingente de 324 pessoas. Menos consistente, porém, foi a emigração para outros países europeus: 54 pessoas, num total de 11 famílias, sendo cinco para a França e seis para a Suíça. Na página anterior, ilustração de Ettore Lazzarotto, artista valstagnes, mostrando a saída de emigrantes.

3. A Imigração no Brasil

Desde que D. João VI transferiu a Corte portuguesa para o Brasil em 1808, houve uma política imigratória voltada à colonização de terras públicas. Uma lei, decretada em 25 de novembro de 1808, por D. João VI, tornava viável o acesso à terra aos estrangeiros, por meio do sistema de sesmarias. Isso viria atender também o desejo de alguns liberais do Império em povoar as regiões do sul do país e com isso, evitar que estas fossem invadidas e tomadas pelos povos vizinhos da região do Plata. A primeira experiência de colonização, visando ao povoamento do território e o desenvolvimento da agricultura, é registrado historicamente com a introdução de dois mil casais de açorianos no Rio Grande do Sul e Santa Catarina, na segunda metade do século XVIII (1750 a 1800). Alguns açorianos receberam sesmarias na costa de Santa Catarina. Em 1818, era instalada a primeira colônia para estrangeiros na Bahia. Era um empreendimento liderado pelo naturalista Georg Wilhelm Freyreiss. Ele recebeu cinco sesmarias no sul da Bahia para fundar a colônia *Leopoldina* e ali assentou imigrantes alemães destinados a participar de projetos agrícolas. Os primeiros alemães, porém, que emigraram para o Brasil, estabeleceram-se, a partir de 1808, no Rio de Janeiro. Entre 1808 e 1822, o registro de estrangeiros mostra a entrada de mais de 200 alemães, atraídos pela abertura dos portos, o que viabilizou as suas atividades comerciais de importação e exportação.

Ainda no ano de 1818, houve outra tentativa de colonização: imigrantes suíços fundaram *Nova Friburgo*. Devido às precárias condições do assentamento, a longa distância dos mercados para os seus produtos e as altas taxas de mortalidade prejudicaram bastante o seu progresso. A maioria dos imigrantes suíços se retirou da colônia e, para evitar que esta se extinguisse, o Governo lá colocou cerca de 350 imigrantes alemães, em 1824. Cinco anos após, em 1829, foram fundadas mais três colônias no sul: *São Pedro de Alcântara* (RS), *Mafra* (SC) e *Rio Negro* (PR). Após estas, o fluxo migratório foi interrompido devido à guerra civil (Revolução Farroupilha).

A presença dos escravos também foi um empecilho para a imigração europeia. Os grandes fazendeiros não tinham interesse em utilizar trabalhadores livres. A vinda de estrangeiros somente teve início após 1840, embora em 1835 tenha sido criada uma Sociedade Colonizadora, cujo objetivo era proteger os imigrantes. Em 1840, por iniciativa do Senador Campos Vergueiro[53], houve uma primeira tentativa de imigração. O senador trouxe para a sua fazenda em Limeira, na província de São Paulo, noventa famílias de portugueses provenientes da região do Minho. Todas as despesas foram arcadas por ele e seriam gradativamente devolvidas, a juros mínimos, com os lucros dos colonos. Por esse tipo de colaboração, o colono recebia a metade do lucro líquido na venda dos produtos (em São Paulo, principalmente café) por ele colhidos. Em 1847, o mesmo senador Vergueiro mandou vir mais famílias alemãs para se estabelecerem em outra fazenda sua, em Rio Claro. Em 1852, novamente trouxe novos colonos, desta vez, suíços. Um desses colonos suíços, de nome Thomas Davatz, escreveu um livro (Memórias de um Colono no Brasil) onde relatou os defeitos do sistema de parceria, que levaram os colonos a uma sublevação, em 24 de dezembro de 1866. Esse livro, espalhado pela Europa, reforçado com os ataques do conselheiro real prussiano, Gustav Kerst, atrapalhou bastante a vinda de novos imigrantes.

No decorrer desses tempos novas colônias foram surgindo: em 1846, na província do Rio de Janeiro, nasceu *Petrópolis*, colônia formada com alemães provenientes da Renânia e da localidade de Hunsrueck. Essa colônia prosperou graças ao empenho de seu diretor, o engenheiro militar major Julius Friedrich Koeller. Em 1847, estabeleceu-se a colônia *Santa Izabel*, às margens do rio Cubatão, na província de São Paulo, com imigrantes da Renânia. O diretor dessa colônia era o ex-oficial austríaco Teodoro Todeschini. Os norte-americanos também se interessaram pelas terras brasileiras. Em 1865, após o final da Guerra da Secessão nos Estados Unidos, o reverendo Ballard Smith Duum veio ao Brasil. Após percorrer várias regiões do interior, escolheu o Vale do Juquiá, onde obteve terras e nela implantou várias famílias americanas. Na mesma época o Brasil foi visitado pelo Dr. James McFadden Gaston, um médico do exército confederado. Escolheu a região do Eldorado Paulista onde, em 1867 estabeleceu 100 imigrantes embarcados em Savannah.

---

[53] Nicolau Pereira de Campos Vergueiro nasceu na localidade de Vale da Porca, no Conselho de Macedo de Cavaleiros, na região de Trás-os-Montes, Portugal, em 20 de dezembro de 1778 e morreu em 18 de setembro de 1859, no Rio de Janeiro.

4. As Colônias para os Imigrantes

Tanto a iniciativa privada quanto os governos, imperial e provinciais, promoveram ações para a entrada dos imigrantes, entre as quais a implantação de colônias para abrigar estes. Em 1861, contavam-se 33 colônias, habitadas por 33.970 imigrantes estrangeiros. Em 1875, esse número já era de 89, sendo que 66 se localizavam no Sul do país, de São Paulo até o Rio Grande do Sul. Esse número, porém, representava pouco mais da metade do total de colônias que haviam sido implantadas. O número de colônias de caráter privado, implantadas no sul, entre 1846 e 1860, era estimado em 96, das quais 66 desapareceram. Do lado oficial, foram fundadas 33 colônias, das quais 29 desapareceram. O insucesso das colônias desaparecidas deveu-se, entre outros fatores, à inexistência de recursos do governo para cobrir as despesas de traslado e assentamento dos imigrantes, embora estes ainda fizessem o reembolso dos custos num prazo de 10 anos. Também influíram o treinamento inadequado de funcionários no gerenciamento dos núcleos coloniais, a demora na demarcação dos lotes e na abertura de estradas, a ausência de hospedarias que abrigassem os imigrantes entre a sua chegada e a sua transferência para a moradia definitiva na colônia. Contribuiu também para o insucesso a falta de uma política unitária para a introdução do imigrante. Os custos eram arcados tanto pelos governos imperial e provinciais, como também por particulares. Essas diversidades de fontes ocasionavam incertezas sobre qual instância efetuar reclamações, como também a inexistência de um responsável pela falta de infraestrutura que os imigrantes enfrentavam.

Em face desses insucessos, a partir de 1867, foram fixadas normas para eliminar, ou pelo menos diminuir as falhas do processo de colonização. O governo passou a garantir aos imigrantes o pagamento da viagem do Rio de Janeiro até a colônia de destino, além de atribuir um lote de terra a cada família imigrante, que era escolhido pelo chefe desta, o pai ou a pessoa mais velha. O Governo também cedia alojamento em casa provisória até a construção da moradia definitiva e um pedaço de terra desmatada, para o cultivo de subsistência, com fornecimento de sementes, ferramentas e mantimentos gratuitos nos 10 primeiros dias. O lote de terra poderia ser pago em até cinco prestações anuais, incluídos nessa prestação os juros do empréstimo para a formação da primeira lavoura.

4.1 As Colônias no Rio Grande do Sul e Santa Catarina

Na província do Rio Grande do Sul foi fundada, em 1824, a colônia *São Leopoldo*. Foi o marco inicial da colonização de terras devolutas na província do Rio Grande do Sul. Na região entre os rios Guaiba e Jacuí e a Serra surgiu, próximo a São Leopoldo, a colônia *Novo Hamburgo*. O progresso de *São Leopoldo*, que teve origem durante o Primeiro Reinado, foi motivo para o surgimento de outras colônias: em 1829, foi fundada a colônia *São Pedro Alcântara*, para assentar imigrantes alemães; em 1840, surgia *Montenegro*, no vale do rio Caí, fundada por W. Winter; em 1847, surgiu a colônia *Mundo Novo*; em 1849, ao norte do rio Pardo, nascia *Santa Cruz*, por iniciativa do governo provincial. Essa colônia alcançou um rápido desenvolvimento, passando de 72 habitantes no seu início para 5.809, em 1870. Em 1856, surgiu a colônia do *Maratá*. Em 1857, outro importante núcleo teve início, a colônia *Santo Angelo*, que hoje se chama Agudo. Esse núcleo teve como primeiros habitantes imigrantes saxões, renanos e pomeranos. Recebeu também vários soldados da legião alemã, que se tornaram mercenários, contratados para lutar nas guerras platinas.

Em 1858, Jacob Rheingantz fundou a colônia *São Lourenço*, nas descidas da Serra Geral. Para povoá-la, trouxe famílias alemãs da Renânia e da Pomerânia. Em 1859, alguns alemães, recém-chegados da Europa, fundaram a colônia *Feliz*; ainda em 1859, foi criada a colônia *Nova Petrópolis*, com imigrantes pomeranos, boêmios, saxões e holandeses.

Na província de Santa Catarina, sem considerar os imigrantes açorianos que ocuparam as costas litorâneas, pode-se considerar que a primeira colônia para imigrantes estrangeiros foi fundada em 1828. Era a colônia de *Mafra*. Posteriormente, em 2 de dezembro de 1850, era fundada a colônia de *Blumenau*, no Vale do Itajaí, pelo químico e farmacêutico alemão, Hermann V. Otto Blumenau e seu sócio, Fernando Harckradt. No mesmo Vale do Itajaí expandiu-se a imigração alemã, aparecendo os núcleos de *Badenfurt*, *Pomerode* e outros. A esses imigrantes alemães vieram juntar-se os imigrantes italianos, provenientes do Tirol, entre 1875 e 1879.

Alemães provenientes do Baden ocuparam *Brusque*, outra colônia bem-sucedida, no Vale do Itajaí. Esses imigrantes eram dirigidos pelos barões Scheneeberg e von Klitzing e pelo Dr. Luiz Betim Paes Leme. A eles vieram juntar-se também alguns imigrantes italianos. Em 1851, a Companhia Hamburguesa de Colonização, dirigida pelo senador Schroeder, fundava a colônia *D. Francisca*. A sede dessa colônia recebeu o nome de Joinville, prosperando rapidamente graças ao afluxo de fidalgos, intelectuais, políticos e militares, elevando-se à categoria de cidade, em 1877. Também recebeu algumas famílias norueguesas e suíças. Em 1873, alemães provenientes da Boêmia fundaram a cidade de São Bento do Sul.

Até 1870, Santa Catarina era uma imensa floresta inexplorada, apresentando 80% de sua população concentrada no litoral, onde se vivia da pesca. Os 20% restantes habitavam a mais de 50 quilômetros da costa, mais concentrados na região de Lages, onde se praticava a criação de gado. As vias de comunicação praticamente não existiam. Somente em 1880, seria construído o primeiro ramal ferroviário. A necessidade de ligação entre o litoral e o planalto já existia quando os alemães chegaram, a partir de 1824. Sem essa ligação os italianos, quando chegaram, foram obrigados a se colocarem nas colônias já ocupadas pelos alemães, como *Itajaí*, *Brusque* e *Blumenau*. Posteriormente, deslocaram-se pelos vales dos rios Itajaí-Açu e Itajaí-Mirim, para novos núcleos como *Botuverá*, *Nova Trento* etc. Os italianos irradiaram-se mais ainda, dirigindo-se para o sul. Assim, vênetos e lombardos fundaram as colônias de *Tubarão*, *Azambuja* e *Uruçanga*. Outros núcleos menores foram aparecendo: *Bruedertal*, em 1886, com alemães que viviam na Rússia: *Bananal*, que depois passou a se chamar Guaramirim, e *Jaraguá*, em 1889.

4.2 As Colônias no Espírito Santo e Minas Gerais

No ano de 1847, foi fundada a colônia *Santa Izabel*, no Espírito Santo, por 38 famílias de imigrantes alemães provenientes de Hunsrueck e Hesse, na região da Renânia. Essa colônia teve uma notável prosperidade, graças aos seus diretores Albert Jahn e o Barão von Pfuhl. A esses alemães se juntaram a alguns italianos, provenientes da Sardenha. Em 1856, alemães, suíços, pomeranos, holandeses e luxemburgueses fundaram a colônia *Santa Leopoldina*.

Em Minas Gerais, nas proximidades de Juiz de Fora, a Companhia União e Indústria instalou, entre 1852 e 1858, famílias austríacas e alemãs. Essas famílias haviam trabalhado na construção de estradas. Na mesma província de Minas Gerais outra empresa, a Companhia de Comércio e Navegação do Rio Mucuri empreendeu ações de colonização, que em grande parte fracassou. Dessas ações teve sucesso a colônia *Saxônia*, fundada em 1856, pelo engenheiro Robert Freidrich Schlobach. A sede dessa colônia, originariamente chamada de Nova Filadélfia, mais tarde veio a ser chamada Teófilo Otoni.

4.3 As Colônias no Paraná

Até a fundação da província do Paraná, desmembrada de São Paulo em 1853, a população da então Comarca de Curitiba era composta essencialmente de portugueses, castelhanos, índios guaranis e negros escravizados. Apenas três núcleos de etnias diferentes daquelas foram formados na região: no *Sertão da Mata*, antigo pouso e registro fiscal do caminho das tropas que se dirigiam de São Paulo ao sertão da Vacaria. Em 1816, o Governo paulista ali assentou 50 famílias de portugueses e açorianos. Em 1829, várias famílias de colonos alemães, vindos da Bavária, vieram ajuntar-se aos portugueses. Em 1838, a colônias foi elevada à condição de freguesia, com o nome de Rio Negro. Em 1870, foi elevada à categoria de vila e, em 1896, a cidade. No mesmo município de Rio Negro foram implantadas as colônias *João Alfredo*, em 1887, de pequeno desenvolvimento, e *Poço Frio*, grande produtora de trigo e outros cereais; no Ivaí, a colônia *Tereza*, formada em 1847, pelo médico francês Jean Maurice Faivre, com imigrantes franceses, dos quais a maioria se espalhou por outras regiões da província. Em 1871, a colônia foi elevada à categoria de vila, com o nome de Terezina. Em Guaraqueçaba a colônia do *Superagui* foi constituída em 1852, com 10 famílias suíças, cinco famílias francesas e duas alemãs, totalizando 85 pessoas, trazidas por iniciativa de Carlos Peret Gentil, fundador da colônia. Ainda em Guaraqueçaba, agricultores alemães ocuparam as colônias de *Serra Negra* e *Afonso Camargo*, separadas pelo rio Assungui. Essas colônias fracassaram em 1852.

Quando se instalou a Província, numerosas levas de colonos de várias etnias se dirigiram ao Paraná, provenientes da Europa Central e Oriental. Entre os anos de 1853 a 1886, localizaram-se na região 20.170 imigrantes, distribuídos pelo litoral, no planalto curitibano e na região dos Campos Gerais. A maioria era constituída de italianos e eslavos. Para acolher esses imigrantes os governos imperial, provincial e municipais, implantaram várias colônias. Algumas tiveram desenvolvimento tão marcante, que em pouco tempo foram elevadas a freguesias, vilas, cidades e até sedes municipais. Procuramos a seguir relacionar essas colônias, identificando aquelas que foram, total ou parcialmente, ocupadas por imigrantes italianos.

Em 10 de agosto de 1855, foi inaugurada a colônia *Jataí*, estabelecida por determinação do governo imperial, a partir do Decreto n.º 751, de 2 de janeiro de 1851, que recebeu em seu início colonos portugueses, italianos e brasileiros. Em 12 de abril de 1872, foi elevada à categoria de freguesia e em maio de 1932, foi elevada a cidade e sede municipal; no mesmo município de Jataí, foram formadas a colônia *Mista*, às margens dos ribeirões Cambé e Cafezal, ocupada por imigrantes italianos, russos e brasileiros, a colônia *Hiemtal*, formada com cem famílias alemãs, situada entre os ribeirões Jacutinga e Três Bocas, a colônia *Nova Danzig*, igualmente formada com colonos alemães, *Cambé*, às margens do ribeirão de mesmo nome, constituída por imigrantes japoneses e a colônia *Ribeirão dos Caçadores*, com imigrantes portugueses, italianos e também com brasileiros Em 1860, foi iniciada a colônia *Assungui*, cujos primeiros colonos eram ingleses, franceses e espanhóis. Em 1875, já contava com 1.824 moradores, entre ingleses, franceses, italianos, alemães e um sueco. Os italianos eram em número de 202. Em 1872, a Colônia foi elevada à categoria de freguesia, em 1890, à categoria de vila e à categoria de cidade em 1897, com a denominação atual de Cerro Azul. Em 1869, nos arredores de Curitiba foi implantada a *Colônia Argelina*, com 39 imigrantes franceses da Argélia (daí o nome), 36 alemães, 24 suíços, 10 suecos e 8 ingleses. Mais tarde, nela se estabeleceram imigrantes italianos. Em 1870, foi fundada a colônia *Pilarzinho*, que recebeu imigrantes poloneses, alemães e italianos. Em 1871, formou-se a colônia *São Venâncio*, situada a 12 quilômetros de Curitiba, sendo ocupada por 133 imigrantes alemães, 27 suecos e mais alguns poloneses. Em 1920, a população desta colônia já atingia os 5.749 habitantes. Esta colônia situava-se no atual município de Almirante Tamandaré. Em 1873, foi constituída a colônia *Abranches*, situada a 13 quilômetros da cidade de Curitiba, ocupada por imigrantes poloneses e alemães. Pilarzinho e Abranches são hoje bairros da cidade de Curitiba. Em 1875, foram fundadas as colônias *Santa Cândida* e *Orleans*, que hoje também se constituem em bairros da capital paranaense. *Santa Cândida* foi ocupada por imigrantes poloneses, suíços e franceses, e *Orleans* por imigrantes poloneses, silesianos, suíços, franceses, ingleses e italianos, assentados em 65 lotes. Nesse mesmo ano, em Paranaguá, foram formadas as colônias *Pereira* e *Alexandra*, tendo esta última como data de fundação oficial 22 de abril de 1877. Nesta se estabeleceram 60 famílias italianas de Abruzzo e Basilicata e sete pessoas isoladas, de Porto Recanate. Em Paranaguá, outras colônias de pouco sucesso foram formadas: *Barão de Taunay*, em 1886, *Santa Cruz*, *Visconde de Nacar* e *Santa Rita*, em 1888, todas ocupadas por italianos.

Foi no ano de 1876, que surgiram as colônias *Santo Inácio*, *Dom Augusto*, com imigrantes poloneses, *Dom Pedro*, com poloneses, galicianos e silesianos, e *Tomaz Coelho*. *Santo Inácio*, hoje um bairro de Curitiba, foi ocupada também por imigrantes poloneses, galicianos e silesianos. Os poloneses também ocuparam a colônia *Tomaz Coelho*. Esta se situa no atual município de Araucária. Nesse mesmo ano, no atual município de Almirante Tamandaré, foi fundada a colônia *Lamenha*, com 139 lotes primeiramente ocupados por 718 imigrantes poloneses, silesianos e alemães. Apresentava boas terras, cortadas pelos rios Barigui, Tingui e Passauna. Situada a nove quilômetros da cidade de Curitiba, prosperou e se desenvolveu pelas áreas adjacentes, formando dois núcleos, *Lamenha Grande* e *Lamenha Pequena*.

No ano seguinte, duas colônias surgiram: *Riviera*, em Curitiba e *Nova Itália*, em Morretes. A colônia *Riviera* recebeu imigrantes franceses, poloneses e alemães, e a colônia *Nova Itália*, formada por 12 núcleos, recebeu imigrantes italianos que, não se adaptando às condições climáticas se transferiram em grande parte para o planalto curitibano.

O ano de 1878 foi bastante profícuo na implantação de colônias. Nesse ano a municipalidade de Curitiba implantou a colônia *Dantas*, com 48 lotes destinados a receber 250 imigrantes italianos vicentinos, situada no lugar chamado Água Verde.

Bairro Água Verde, em 1939

Fonte: Gazeta do Povo, edição de 10/10/2019, na coluna "Nostalgia" (Cid Destefani)

O nome foi dado em homenagem ao estadista Souza Dantas[54]. Foi nessa Colônia que se instalaram os membros da família Gabardo. No mesmo ano, foi fundada a colônia *Santa Felicidade*, com 40 lotes para receber 190 italianos vênetos, retirados da colônia *Nova Itália*, em Morretes. As duas colônias hoje são bairros de Curitiba, constituindo-se a segunda, Santa Felicidade, em polo gastronômico, ponto turístico da cidade, onde ainda hoje se mantém as tradições italianas.

No município de São José dos Pinhais, surgiram as colônias *Zacarias,* com imigrantes poloneses e silesianos, *Muricy,* com imigrantes poloneses, silesianos e italianos, *Inspetor Carvalho*, também com poloneses, silesianos e italianos. Todas essas colônias foram formadas em 1878. Outras colônias surgidas nesse município*: Silveira da Motta, Zaira, Acioli, Santo Antonio, Padre Paulo, Rio Abaixo, Afonso Pena, Marcelino, Ifigênia* e São Francisco Xavier. O atual município de Colombo nasceu com a colônia *Alfredo Chaves,* fundada em 1878 e emancipada em 1879, com 160 imigrantes italianos provenientes da região de Vicenza e do Tirol, assentados em 40 lotes, a 30 quilômetros de Curitiba. Em 8 de janeiro de 1890, foi elevada à categoria de vila e município, com o atual nome. O município apresentava ainda outras duas colônias ocupadas por italianos: *Presidente Faria,* em 1886, com imigrantes italianos e poloneses, e *Maria José,* formada em 1887, às margens da Estrada da Graciosa, ligação entre Curitiba e o litoral paranaense, também ocupada por italianos.

O município de Ponta Grossa teve sua colonização iniciada com a colônia *Otávio,* fundada em 1878. Nela foram assentados 2.442 russos/alemães provenientes do Volga. A colônia era composta por 17 núcleos, ocupados por 615 famílias. Dessas, 382 famílias abandonaram os seus lotes. Algumas regressaram à Europa e outras se dedicaram ao transporte de cargas entre o planalto e o litoral. No município foram implantadas ainda outras três colônias: *Neves,* situada a três quilômetros da cidade de Ponta Grossa, ocupada por italianos e russos/alemães, *Capivari* e *Pelado.*

Russos/alemães provenientes do Volga também ocuparam as colônias *Wirmond, Mariental* e *Joannesdorf,* fundadas em 1878, no município da Lapa. Nessas três colônias foram assentadas 68 famílias, com um total de 291 pessoas. Ainda na Lapa, surgiram outras colônias que tiveram uma certa prosperidade: *Serrinha de Santa Ana, Catanduvas, Ribeirão Vermelho, Passa-Passa, São Miguel, Campestre, Tagaçaba, Lagoão, Mato Branco, Pouso* e *Contenda,* e ainda *João Cândido,* implantada com recursos municipais. Dessas, merece importância a colônia de *Contenda* que, devido ao seu progresso, foi elevada às categorias de vila, cidade e atualmente sede do município de mesmo nome.

A colônia *Antonio Rebouças* foi fundada em 1878, na localidade chamada Timbutuva. Ficava às margens da estrada que conduzia ao Mato Grosso, localizando-se a 19 quilômetros da cidade de Curitiba. Os 34 lotes que constituíam a colônia, foram ocupados por 156 imigrantes italianos da região de Vicenza e também por alguns poloneses. Essa colônia foi o início da cidade de Campo Largo.

No município de Palmeira foi iniciada a colônia *Sinimbu* em 1878, com russos/alemães do Volga, assentados em 6 núcleos. Eram 213 famílias compostas por 798 imigrantes. Anteriormente, por iniciativa de uma empresa particular fundada em 1873, na Inglaterra, por Charles William Kitto, foi fundada a colônia *Kittolândia,* que recebeu 16 ingleses, em 1876. Outros mais não vieram porque a empresa não havia providenciado nada para recebê-los. Os que vieram permaneceram em seus lotes e dedicaram-se à conservação das carnes que exportavam para o país de origem.

---

[54] Manuel Pinto de Souza Dantas (Inhambupe, em 21 de fevereiro de 1831 e morreu no Rio de Janeiro, em 29 de janeiro de 1894. Foi presidente das províncias da Bahia e de Alagoas. Seu filho, Manuel Pinto de Souza Dantas Filho foi presidente das províncias do Paraná, de 1879 a 1880 e do Pará, de 1881 a 1882).

Ainda no ano de 1878, foi fundada em Piraquara uma colônia com 66 lotes, que recebeu 59 famílias, compostas por 300 imigrantes italianos vicentinos, trentino e tiroleses, que se deslocaram da colônia *Nova Itália* para o planalto curitibano. Essa colônia recebeu o nome de *Santa Maria do Novo Tirol*. Muitos dos descendentes dos imigrantes ainda lá residem, mantendo as tradições que os antepassados trouxeram da pátria de origem. A arquitetura típica está presente nas propriedades rurais e diversas atrações fazem parte do Roteiro de Turismo Rural "Caminhos Trentinos".

Já no ano de 1879, apenas uma colônia foi formada: *Maria Luiza* no município de Paranaguá. Essa colônia recebeu imigrantes alemães, italianos e espanhóis. Esses últimos, em número de 99 pessoas, abandonaram a colônia sendo então substituídos por imigrantes italianos. Nos três anos seguintes, não houve formação de colônias no Paraná. Somente em 1883, novas colônias surgiram: *Mem de Sá* foi fundada no atual município de Campo Largo, sendo ocupada por imigrantes italianos e poloneses. Mais dois anos seguiram-se sem formação de colônias.

Em 1886, também no município de Campo Largo surgiram as colônias *Santa Cristina* e *Alice*, ambas ocupadas por poloneses. Junto ao rio Barigui, a 12 quilômetros ao norte de Curitiba foi fundada a colônia *Santa Gabriela*, com imigrantes italianos e poloneses. Já no município de Almirante Tamandaré foi fundada a colônia *Antonio Prado*, que foi ocupada por 24 famílias de imigrantes italianos e 13 famílias de imigrantes poloneses. No município de Araucária surgiu a colônia *Barão de Taunay*, formada com imigrantes poloneses.

Em 1887, foi fundada no município de Rio Negro a colônia *João Alfredo*, que teve pequeno desenvolvimento. Nesse mesmo município foi também fundada a colônia *São Lourenço*, no mesmo ano, ocupada por imigrantes alemães. As colônias fundadas no ano seguinte, 1888, já foram mencionadas no decorrer do texto. Em 1889, surgiram as colônias *Balbino Cunha*, ocupadas por imigrantes italianos e *Dona Mariana*, também com italianos, ambas situadas no município de Campo Largo. Outras colônias implantadas naquele município: *Mariano Tôrres* e *Guajuvira de Cima*. Nessas colônias predominaram principalmente imigrantes poloneses.

No ano de 1890, foi fundada a colônia *São Mateus*, ocupada por imigrantes italianos. Essa colônia foi o início da cidade de São Mateus do Sul. No mesmo município e no mesmo ano foi formada a colônia *Eufrásio Correia*, igualmente ocupada por italianos. Imigrantes poloneses ocuparam a colônia *Contenda*, que mais tarde viria a se tornar a sede do município de mesmo nome.

No ano seguinte foi formada, com imigrantes poloneses, a colônia Água Branca, no atual município de São Mateus do Sul. No município de Palmeira foi fundada a colônia *Santa Bárbara*, ocupada por imigrantes poloneses, alemães, italianos e ucranianos. Imigrantes poloneses ocuparam também a colônia *Palmyra*, localizada no município de São João do Triunfo. Nesse mesmo ano e mesmo município surgiu a colônia *Rio Claro*, ocupada por imigrantes poloneses e ucranianos. No município de Rio Negro duas colônias foram formadas no ano de 1891: *Lucena* e *Augusta Vitória*. Ambas tiveram como colonos imigrantes poloneses e alemães.

O ano de 1892, foi o ano de fundação da colônia *Eufrosina*, em São Mateus, ocupada por imigrantes poloneses. No município de União da Vitória, surgiram três colônias nesse ano: *General Carneiro*, ocupada por ucranianos, *Antonio Cândido* e *Alberto Abreu*, ambas com imigrantes poloneses. Em Guarapuava, surgiu a colônia *Apucarana*, que teve como ocupantes imigrantes ucranianos e poloneses. Em Palmeira, surgiu a colônia *Cantagalo*, ocupada por poloneses e constituída por três núcleos: *Puga, Quero-Quero* e *Capão da Anta*. Ainda no município de Palmeira, foi fundada nesse ano, uma colônia experimental socialista. Tratava-se da colônia *Cecília*, dirigida pelo italiano Giovanni Rossi, que recebeu autorização do governo para instalar, com fins políticos de demonstração uma colônia de acordo com as suas ideias anarquistas, com liberdade completa para sua organização. Recebeu então uma parte da colônia *Santa Bárbara*. A experiência falhou completamente, apesar do empenho de seus idealizadores. *Maciel* foi outra colônia implantada no município, esta de caráter particular.

Em 1895, foi fundada a colônia *Antonio Olinto,* no município da Lapa, ocupada por imigrantes ucranianos. No ano seguinte foi fundada a colônia *Prudentópolis*, com imigrantes ucranianos, poloneses, alemães e outros. Ainda no ano de 1896, foi fundada a colônia *Mallet*, que recebeu imigrantes ucranianos e poloneses. Ambas as colônias foram elevadas à categoria de vilas, cidades e hoje são sedes municipais do Estado.

No início do século XX, houve a implantação das seguintes colônias: em 1907, a colônia *Senador Correia* em Guarapuava, com imigrantes ucranianos; a colônia *Jesuíno Marcondes*, em Prudentópolis, com imigrantes ucranianos; a colônia *Ivai*, no município de Ipiranga, com imigrantes ucranianos, alemães, poloneses e holandeses; em 1908, surgiu a colônia *Irati*, com imigrantes alemães, poloneses, ucranianos e holandeses; a colônia *Itapará* em Prudentópolis, com ucranianos, poloneses e outros; a colônia *Taió*, também no município de Ipiranga, com imigrantes poloneses e alemães; a colônia *Affonso Penna* em Curitiba, com imigrantes poloneses e alemães; em 1909, foi formada a colônia *Vera Guarani* no município de Paulo Frontin, com imigrantes poloneses, ucranianos, alemães e outros; em 1910, surgiu a colônia *Cruz Machado* em Guarapuava, com imigrantes poloneses, ucranianos e alemães; finalmente em 1911, surgiu a última colônia implantada antes da Primeira Guerra Mundial: *Carambeí*, ocupada por imigrantes holandeses.

VI

A FAMÍLIA GABARDO

1. As origens

1.1 Origem italiana

Segundo a descrição de um documento histórico-linguístico, Gabardo é um nome de família típico do Piemonte e da Lombardia, norte ocidental da Itália. Na região do Vêneto, também se registra nas Províncias de Verona e de Vicenza. As origens etimológicas remontam ao antropônimo germânico *Gebhard* (de "geb", dádiva, e "hard", firme, decidido), latinizado em *Gabardus, Gabuardus*, que significa liberal, generoso, magnânimo. Outros recorrem ao termo pré-latino "gaba, gava", significando torrente, córrego, do qual se formaram nomes aristocráticos romanos, como *Gabius, Gabinius*, recordando cidadão egresso de área rica em águas. O sufixo germânico latinizado "-ardus", conferiu-lhe status de insigne, distinto. Em ambos os casos, o sobrenome é um patronímico: repete o nome do fundador deste tronco familiar. Um patriarca dos séculos XI – XII deu origem à "Casata (família, clã) del Gabardo", ao legar o seu próprio nome como apelativo comum a todos os seus filhos. O sobrenome recorda o fundador desta Casata, o capostípite (chefe de família, patriarca) *Gebhard, Gabuardus, Gabardus, Gabardo*. A primeira referência que se tem é de um documento do ano de 1154, relativo à assinatura de um tratado de paz e de concórdia firmado entre o Duque da Saxônia e os Marqueses de Este e de Ferrara. Tal documento foi elaborado por um escrivão que o assinou como Gabuardus que, remotamente, pode ser o fundador da Casata. A seguir transcrevemos alguns trechos (em latim) desse documento:

> *Quinto die exeunte mense Octubris... Henricus filius Henrici, Dux Saxonum, Bonifacium, & Fulconem Marchiones... Item prefatus Dux accepit prefatum Arardum per manum; & precepit ei, ut predictos Marchiones in tenutam, & possessionem predicti Feudi mitteret; & eos possessores ex parte Domini Ducis faceret. Interfuerunt enim ex parte Domini Ducis Advocatus de Augusto, Armanus, Masnerius, Limpoldus, Conradus de Marnengo, Amengarisus, & quamplures alii ejusdem Curie. Actum est hoc sub tentorio Ducis, anno Domini millesimo centesimo quinquagesimo quarto. Ego Gabuardus Sacri Palatii Notarius interfui, & a Duce rogatus scripsi".*

Cumpre ressaltar que a função de escrivão, na Idade Média, era um cargo de altíssimo nível e de grande prestígio.

Existe uma variante do nome, Gabbardo, mais raro. Alguns estudiosos de linguística acreditam que esta variante surgiu entre os séculos XVI e XVIII, devido a um processo de italianização de todos os sobrenomes, não respeitando a etimologia original. Em nossas pesquisas encontramos referências que comprovam a origem germânica do nome, derivado de Geb e Hard, como descrito anteriormente. O nome original pode ter sido Gabhard ou Gebhard, conforme alguns documentos. Entre as referências que encontramos, destacamos a cronologia episcopal de Milano, onde, em março de 1095, foi sufragado o arcebispo de Milão, Arnolfo III, por três bispos da Igreja Católica: Dimone ou Thimo, de Salzburgo, Ulderico ou Odalric, de Passau, e Gabardo ou Gebhard III, de Constança. O sufixo III de Gebhard indica que houve outras duas pessoas com o mesmo nome, ou seja, dois outros Gabardo, mais antigos. Salzburgo localiza-se na Áustria, e Passau e Constança, na Alemanha. Na época, todas as três cidades faziam parte do império germânico. A extensão territorial do império variou durante sua história, mas no seu ápice englobou os territórios dos modernos Estados da Alemanha, Áustria, Suíça, Liechtenstein, Luxemburgo República Tcheca, Eslovênia, Países Baixos e grande parte da Polônia, França e Itália.

1.2 Simbologia do brasão

O formato do brasão da Casata Gabardo é retangular, forma assumida pela maioria dos brasões. Os ângulos inferiores são arredondados para deixar a ponta da extremidade inferior em harmonia com o desenho. O brasão não tem nenhum tipo de apoio, isto é nenhuma figura externa ao campo. O campo do brasão, ou seja, a área total compreendida dentro da figura geométrica delimitadora, não está dividida em partes e está quase inteiramente na coloração azul, tendo um terraço em verde que não é uma divisão do campo do escudo. O campo indiviso é figura de união total e compacidade da Casata e pode também significar o campo aberto de batalha, quando a Casata teve que fazer com a Cavalaria medieval, sempre agregada a combates e confrontos bélicos entre Feudos. A figura proeminente da casa, colocada à esquerda, ocupa pequena parte o campo do escudo. A casa é símbolo do amor à família e de apego à própria terra natal. No alto do escudo existem três estrelas de ouro, símbolo de ideais sublimes, e logo abaixo uma faixa que se põe como um rótulo decorativo. A cor azul indica pura nobreza de sangue e nobreza de ideais. A simbologia histórica do brasão Gabardo faz pensar em uma Casata que tem origem nobre e que sempre foi ligada às importantes casas reais da época. A sua nobreza poderia provir de alguns de seus membros que se dedicavam à Cavalaria, ou seja, sempre dispostos à batalha, para defender os interesses dos Feudos ou da Casa Real a qual eram ligados. Como o escudo vem superado pelo elmo da cavalaria, conclui-se com mais razão que a Casata Gabardo era composta de nobres e bravos cavaleiros a serviço do poder constituído no Feudo e em âmbito maior no Ducado ou no Reino.

1.3 Os elementos do brasão

A casa – A casa aparece, no brasão, terraceada, ou seja, levantada sobre um campo verde que cobre a ponta do escudo. Diz-se terraceada porque o terraço não é considerado figura heráldica, porém simples apoio da casa. Esta se apresenta com a janela e porta fechadas, sinal de vigilância, prudência e cuidado com o eventual avizinhamento de qualquer estranho. As cores da casa são consideradas naturais, ou seja, privadas de qualquer simbologia heráldica; reproduz uma construção amarelada que relembra uma possível pintura original, o teto em vermelho que se refere às cores das telhas e a porta em preto, cor natural ou também, isto sim, representando que está fechada. A casa na heráldica simboliza o amor à própria família, o apego à terra natal, o cuidado e a vigilância sobre as propriedades terrenas. A casa simples representa que se trata de uma construção em zona rural e que seus proprietários tiveram a sua origem como agregados aos trabalhos do campo e à produção agrícola.

O terraço – O terraço não é considerado uma figura heráldica como símbolo especial, mas representa somente um pódio, ou melhor, um plano horizontal na ponta do escudo que sustem uma figura heráldica. Aparece quase sempre em verde e se distingue do campo porque ocupa uma pequena nesga na parte inferior do escudo: indica de qualquer maneira o solo sobre o qual, no caso, se apoia a casa e pode também indicar propriedade terrena.

A faixa – Esse rótulo na cor prata não se configura como uma peça heráldica, mas um simples motivo decorativo e uma figura de ornamento colocada na parte superior do campo do escudo. A faixa neste brasão, além de sua finalidade puramente ornamental, coloca em relevo as três estrelas que ocupam o alto do escudo.

As três estrelas – A estrela aparece com frequência nas armas e nos brasões de família. Este corpo celeste tem um significado calcado sobre a religião cristã que dominava a Idade Média e também um ligado a uma tipologia profana que acompanha a humanidade desde as mais remotas civilizações. De fato, uma estrela foi a guia segura ao nascido Redentor Jesus Cristo; uma outra é segura indicação da estrada a quem conduz a nave na noite, dois fatos que deviam impor-se à fantasia dos homens quando queriam representar águia segura até a segura chegada ao porto material ou àquele espiritual. As estrelas brilham na noite, e são, entretanto, milhões de sóis, símbolo de quem aspira a coisas superiores, a ações sublimes. Antes que surja o sol, a estrela é anunciatriz deste, do dia, da sua operosidade, indicativo do luminoso porvir auspicioso à própria descendência. A estrela de cinco pontas é aquela tradicional de todas as civilizações antigas. Aquela de seis e também de oito raios é a representação de um astro mais brilhante e deveria indicar o prestígio e a fama resplandescente da Casata. Podia também indicar os diversos ramos em que era dividido este cepo familiar. As estrelas são em cor amarela, dito ouro, porque são luminosas, são guias seguras das leis divinas, e porque enfim conservam a família feliz e próspera, no esplendor da riqueza, da nobreza, da fama. As três estrelas de seis pontas do brasão Gabardo estão no topo do escudo, representando o firmamento no qual estão os astros. São três para indicar o tradicional número da perfeição e também para significar que são mais estrelas que sempre brilharam na história dessa família. A estrela tem sempre na heráldica um senso de elevação humana nas atitudes com os outros e de animo ou espírito superior. De modo prático a estrela brilha e se deseja que brilhe sempre sobre a riqueza e sobre a nobreza, como valores materiais e espirituais de todos os membros da Casata.

Brasões da Família Gabardo

Italiano Espanhol

Fonte: imagem do autor   Fonte: The Historical Research Center

1.4 Origem espanhola

Outra pesquisa da heráldica espanhola mostra um brasão e um histórico do nome originário daquele país. Segundo o The Historical Research Center, o nome Gabardo tem duas origens distintas. Em primeiro lugar, é de origem toponímica, derivado do nome do lugar onde vivia ou tinha propriedades o fundador da linhagem. Neste caso deriva de Gabarda (ou Gavarda), um pequeno povoado situado próximo a Valência, e como sobrenome identificaria em sua origem os membros de uma família procedente de Gabarda. O nome deste topônimo tem uma etimologia um tanto incerta, mas é muito provável que derive da antiga palavra catalã "gavarra", que quer dizer "pequeno barco".

Por outro lado, Gabardo é de origem apelativa, isto é, que deriva de uma característica física ou de um atributo pessoal do primeiro portador do nome. Neste caso, Gabardo é uma variante do sobrenome occitano Gabard, ambos derivados do antigo occitano "gabar", que quer dizer "brincar, enganar", e que curiosamente também se encontra na língua catalã, porém com o sentido de "elogiar, exaltar". Assim, o referido termo se deu como sobrenome a uma pessoa de caráter brincalhão, ou também uma pessoa de grande virtude e força moral, exaltada e admirada por todos. Variantes do sobrenome Gabardo são as formas Gabarda, Gabar, Gabarra e Gabat. Entre a nobreza espanhola figura uma família sobrenominada Gabardo, a qual se outorgou um escudo de armas, que se encontra recolhido no "Repertório de Brasões da Comunidade Hispanica", da mesma forma que as armas das famílias Gabarda, Gabarra, Gabar e Gabat.

A localidade de Gabarda, ou Gavarda, como é mais conhecida, é uma comunidade autônoma na província de Valência, situada a uma altitude de 40 metros em relação ao nível do mar. Possui uma área de 7,79 km² e uma população de 1.171 habitantes (em 2005). A igreja principal da cidade é dedicada a Santo Antonio Abate (o mesmo de Valstagna) e São João Batista. A cidade apresenta também um Centro Social e tinha, pelo menos nos anos 1960, uma equipe de futebol, o Gabarda C.F.

Palácio Sobradiel

Fonte: www.zaragoza.es/sede/portal/turismo/ver-hacer/servicio/monumento/47

Na cidade de Zaragoza, um dos exemplos da arquitetura neoclássica é o Palácio Sobradiel, residência principal dos Condes de Gabardo[55]. Esse palácio, situado na Praça da Justiça, construído no último quarto do século XVIII e reformado nos meados do século XIX, abriga hoje a sede do Colégio de Notários de Zaragoza. No ano de 1771, o famoso pintor espanhol Goya[56], ao voltar da Itália, onde permanecera por um ano, esperando se encontrar melhor acolhimento nas academias e encontrar o sucesso, recebeu sua primeira missão importante: foi incumbido por Joaquin Cayetano Cavero y Pueyo, Conde de Sobradiel, para executar seis pinturas para o oratório do Palácio. As pinturas permaneceram em seu local original até 1915, quando o seu proprietário, Joaquin Cavero y Sichar, conde de Gabarda, descendente do Conde de Sobradiel, as fez trasladar para telas. Extraídas do muro e passadas a telas, essas pinturas formaram parte da exposição comemorativa do centenário da morte de Goya, realizada no Museu de Zaragoza, em 1928, cedidas pela condessa viúva de Gabarda. Até 1932, permaneceram depositadas no Museu, quando então, mudando de proprietário, foram vendidas, dispersando-se por coleções diversas: *O Sonho de São José*, no Museu de Belas Artes de Zaragoza; *O Enterro de Cristo*, no Museu Lazaro Gadiano de Madri; *Santa Ana, São Joaquim, São Vicente Ferrer* e São Caetano, em coleções estrangeiras.

2. Os apelidos das famílias

Um costume preponderante no século XIX (1801 – 1900) era o uso de apelidos para distinguir as várias famílias de mesmo sobrenome. Os apelidos familiares são como os dialetos: correspondem a um desejo de identificação pessoal ou familiar que dure para sempre e que persista no tempo. Quando surgiram os apelidos? É difícil dizer. Em geral, pode se desprender que a sua origem remonta à Idade Média e seja devido à multiplicação das famílias de mesmo sobrenome.

Muitos recorrem ao nome mais corrente na família: Modesti, Vittori, Tonetti, Titarel, Titoni etc.; ou àquele do patriarca: Noé, Beppe, Isidoro, Marchetto, Napolon, Giane, Tita etc.; ou à profissão do personagem familiar mais famoso: Nunzio (mensageiro, embaixador), Scarparo (sapateiro), Campanaro (sineiro), Barcarol (barqueiro), Moletta (moleiro), Becaretto (açougueiro), Tentor (experimentador) etc.; ou à característica somática e moral de vários gêneros: Zotto (rude), Mostacci (bigode, moustache), Picol (pequeno, mesquinho), Panza (mentira), Paleton, Barbeta (barbicha), Gobba (corcunda, corcova), Peae (Peão), Furbo (astuto, malicioso), Verdo (Verde) etc.; outros, enfim, a próprios e verdadeiros epítetos cancioneiros: Pagiazzo, Barucco, Masaneta, Talocco etc. Os apelidos da família Gabardo, em Valstagna, entre os anos de 1800 e 1900, eram os seguintes: Mattieto, Nunzio, Petena, Sabalemo, Rosso, Schiopetta, Colger (Schioppa), Ciocio (Schiopetta), Candelon, Cogo, Commissario, Mattiazzi, Talian (Giaconi), Zobi.

Hoje, os apelidos são individuais. Algumas vezes não representam nenhuma característica, sendo atribuídos mais por brincadeira do que por qualquer outro motivo. Outras vezes usa-se o diminutivo do nome ou do sobrenome, tais como Marieta, Lucieta, Bortoletto, Gabardinho etc. Alguns outros apelidos encontrados: Nino, Nico, Neno, Totó, Careca, Nono Bianco, Xixo, Pintado, Gaitinha, Cocada, Bexiga, Kiko, Vermelho, Nonna Pina, Dona Fina, Dona Dídia etc.

3. Registros de antepassados

No Archivio di Stato di Sondrio, existem diversos documentos que mencionam alguns nomes da família Gabardo. Dois deles, um de 24 de novembro de 1238, e outro de 16 de junho de 1239, fazem

---

[55] Algumas publicações se referem ao Conde de Gabarda. Acreditamos que o título foi conferido a alguém originário da localidade de Gabarda, já referido anteriormente.

[56] Francisco de Paula José Goya y Lucientes – (Fuendetodos, Zaragoza, em 30/03/1746, e morreu em Bordeaux, França, em 15/04/1828.

menção aos irmãos Gabardo (II) e Corrado, filhos de Gabardo (I). O primeiro documento é um instrumento de convenção estipulado entre Artuico, advogado[57] de Mazzo e de Bórmio, e os irmãos Gabardo e Corrado. O segundo documento é um instrumento de divisão entre os irmãos, de todos os direitos sobre os territórios de Bórmio e de Poschiavo. Um terceiro documento, datado de 7 de setembro de 1261, é uma cessão de dote que Corrado faz à sua filha Anexia (Agnese). Gabardo (I) era filho de Egano (II) e habitou o Castelo de Pedenale, na localidade de Mazzo (Valtellina). Era capitão da freguesia daquela localidade desde 1187. Tornou-se cidadão da localidade de Como, desde 1201. Morreu no ano 1226. Adotou o sobrenome Venosta, nome da região em que vivia (Val Venosta). Corrado, o mais novo dos irmãos, mencionado como *Nobilis Miles*, era protetor do Bispo de Coira nas localidades de Bormio e Poschiavo, entre os anos de 1238 e 1243. Foi prefeito de Como em 1263 e capitão da freguesia de Mazzo, em 1266. Morreu no ano 1278. Gabardo II, o irmão mais velho, também era protetor do Bispo de Coira nas freguesias de Bormio e Poschiavo, no mesmo período que o irmão, Corrado. Foi prefeito de Bormio em 1235. Morreu no ano 1254. O irmão do meio era Egano (IV), que foi prefeito de Tirano, em 1253. Os irmãos também habitavam o Castelo de Pedenale. Um quarto documento faz menção a Zirio (Egídio, dito Zirio), filho de Gabardo (II) Venosta, também mencionado no documento anterior, de 7 de setembro de 1261. Este último documento tem data de 25 de junho de 1272.

Em 20 de dezembro de 1308, foi elaborado um documento que fazia cessão de um prado com habitação em favor de Gabardo (III), filho de Egídio Venosta, fazendo referência ainda aos irmãos Andriolo, Zoanolo (Giovanni) e Albertino. Outro documento, de 20 de março de 1313, trata da venda de quatro sítios de Egano (VI), filho de Egídio Venosta, ao seu irmão Gabardo (III). Dois documentos, um datado de 3 de dezembro de 1341, e outro de 26 de junho de 1354, também se referem a Egídio, filho de Gabardo (III) Venosta. Esses documentos foram elaborados na localidade de Poschiavo. Outros três documentos, datados de 31 de julho de 1361, 3 de dezembro de 1380 e 11 de abril de 1381, também fazem referência a Egídio, dito Zirio, filho de Gabardo Venosta. Um outro, documento datado de 21 de dezembro de 1362, se refere a Zirio, filho de Gabardo (III) Venosta.

Alguns anos mais tarde, em 14 de janeiro de 1443, foram elaborados dois documentos mencionando os irmãos Giovanni e Gabardino, filhos de Michele Venosta. No mesmo ano, em 23 de janeiro, um documento se referia a Gabardino e a sua esposa Apollonia. Esse mesmo Gabardino elaborou um testamento em 2 de junho de 1459, nomeando como seu herdeiro universal o filho Michele. Note-se que até aqui, Gabardo era nome da pessoa, e não sobrenome.

No Archivio di Stato di Vicenza, encontra-se um documento notarial editado em 23 de agosto de 1550 (Atto Notarile G. Baggio), relativo a uma reunião em que vários valstagneses relataram o fato de que alguns deles foram acusados por habitantes de Campese de atentarem contra a permanência de Don Alexandro, Prior do Monastério da Santa Cruz, naquela comunidade, por meio de carta escrita ao Reverendo Pároco Don Luciano Abbate, de São Benedito. Entre os presentes, consta a assinatura de Vicenzo de Nicolò de Gabardo (Vicenzo, filho de Nicolò, por sua vez filho de Gabardo). Este Vincenzo deve ser o de número 4 na genealogia da família. Ele nasceu em 1516. O avô dele, pai de Nicolò, nascido em 1490, era Gabardo Vincenti, nascido entre 1450 e 1470. Nicolò então adotou o sobrenome Gabardo e abandonou o Vincenti.

No mesmo Archivio di Stato di Vicenza, encontra-se outro documento, datado de 30 de junho de 1566 (Atto Notarile G. A. Grassi), que registra uma reunião de jangadeiros de Valstagna, para estabelecimento das formas e quantias a serem pagas aos auxiliares encarregados da preparação

---

[57] O cargo de advogado era tido por aqueles funcionários que se ocupavam de governar as terras e feudos por conta de eclesiásticos e instituições eclesiásticas.

das jangadas e da condução aos portos fluviais para onde se destinavam as mercadorias. Entre os jangadeiros presentes à reunião, consta a presença de um Vict.e Gabardo. Provavelmente era Vincenzo Gabardo, filho de Nicolò. Ainda no Archivio di Stato di Vicenza, existe um outro documento (Atto Notarile G. A. Grassi, de 15 de dezembro de 1585), que se constitui na Ata de fundação da Congregação do Santíssimo. Entre os presentes que assinaram tal Ata estava Lorenzo Gabardo. Esse Lorenzo Gabardo deve ter sido o filho de Vincenzo e neto de Nicolò. Ele nasceu em 1552 e tinha um irmão mais velho, Pietro Gabardo, nascido em 1550.

Nos registros do Centro Histórico da Família (da Igreja de Jesus Cristo dos Santos dos Últimos Dias) encontram-se dados de uma família Gabardo estabelecida em Sanzeno, Tirol, na época, Áustria. Hoje, a localidade de Sanzeno situa-se na Itália, na Província de Trento, próximo ao lago de Santa Giustina. O patriarca se chamava Joannes Gabardo, casado com Shophonia. Seu filho, Valentinus Gabardo, foi batizado em 4 de junho de 1585 e a 12 de fevereiro de 1600, na localidade de Banco, próximo a Sanzeno, casou-se com Catharina. Teve cinco filhos, quatro homens e uma mulher. Os filhos eram: Bernardinus Gabardo, batizado em 5 de janeiro de 1606, Laurentius Gabardo, batizado em 2 de janeiro de 1607, Joan Petrus Gabardo, batizado em 7 de junho de 1609, Matthia Gabardo, batizado em 4 de maio de 1611 e Dominica Gabardo, batizada em 20 de junho de 1614.

Encontramos também registros de algumas mulheres da família Gabardo, algumas das quais ainda não conseguimos descobrir as origens. Catterina Gabardo, nascida por volta de 1849, na província de Trento e que se casou por volta de 1874, com Giovanni Battista Piffer. Há registros de três filhos: Ricardo Piffer, nascido em 1875, na Itália e falecido em 1877, em Caxias do Sul, Rio Grande do Sul. Luigi G. B. Piffer, nascido em 7 de maio de 1877, em Caxias do Sul, e Luigia Piffer, nascida em 1878, também em Caxias do Sul. Catterina talvez tenha sido a primeira representante da família Gabardo a chegar ao Brasil, porém não foi a primeira a difundir o sobrenome Gabardo em nosso país.

Giovana Gabardo, nascida por volta de 1852 e casada, por volta de 1870, com Tomaso Pontarollo. Desconhecemos tanto a localidade como a província. Giovana e Tomaso tiveram pelo menos 10 filhos: Tomaso Pontarollo, nascido por volta de 1872, Nella e Lena Pontarollo, nascidas por volta de 1874, Giovana Pontarollo, nascida por volta de 1878, Teresa Pontarollo, nascida por volta de 1880, Tomasina Pontarollo, nascida por volta de 1882, Rosina Pontarollo, nascida por volta de 1884, Margarita Pontarollo, nascida por volta de 1886, Maria Pontarollo, nascida por volta de 1888 e Madellina Pontarollo, nascida por volta de 1890.

Nos registros paroquiais da Diocese de Trento, consta o registro de batismo de Domiziano Purin, em 5 de julho de 1856. Domiziano era filho de Pietro Purin e Oliva Gabardo.

Nos registros de mortos e sepultamentos da Itália, de 1809 a 1900, consta o registro de falecimento de Giuseppe Missiaglia, em 20 de julho de 1900, em Vicenza. Giuseppe tinha 75 anos, tendo nascido então em 1825. Era filho de Andrea Missiaglia e Maria Gabardo.

Voltando a épocas mais remotas, no ano de 1636, Valstagna teve seis prefeitos (síndacos). O primeiro deles foi Paolo Gabardo. Pode ter sido aquele relacionado como número 18 na lista genealógica, e que nasceu em 1604. Nessa mesma época, entre os valstagneses que se dedicavam ao comércio de madeira também se encontrava um Paolo Gabardo, que não conseguimos apurar se é o mesmo que dirigiu a comunidade como prefeito. Por volta de 1679, há registros de uma casa de comércio de carvão, dirigida pelos irmãos Nicolò, Pietro e Lorenzo Gabardo. A casa e o comércio deles se situavam ao lado da Igreja Paroquial de Valstagna (Atto Notarile G. Merto – 17 de abril de 1679). Nicolò nasceu em 1642 (número 43 da genealogia), Pietro em 1647 (número 46 da genealogia) e Lorenzo em 1652 (número 47 da genealogia). Eram filhos de Giovanni Gabardo e de Catterina Steffani.

No Archivio di Stato di Vicenza, há documentos notariais (Atto Notarile) assinados por P. Gabardo, com datas de 10 de junho de 1749, 25 de outubro de 1762, 7, 8 e 16 de janeiro de 1766, 18 de novembro de 1766, 26 de março de 1767, 17 de maio de 1767, 12 de janeiro de 1773, 24 de outubro de 1773 e 31 de agosto de 1795. Em 10 de janeiro de 1772, foi emitido um documento notarial (Atto Notarile F. A. Sasso) mencionando uma determinação do Conselho dos Quarenta, de 22 de fevereiro de 1705, que obrigava, com referência explícita aos irmãos Lorenzo e Nicolò Gabardo, que *"cadaun sacco di carbone sia tenuto al pagamento... alla stalia di Valstagna colle formalità descritte di soldi quattro, che vuol dire soldi otto per soma di sacchi due"*[58] (cada um saco de carvão seja tido ao pagamento... a estada de Valstagna, com a formalidade descrita de quatro soldos, quer dizer, oito soldos para carga de dois sacos).

Em 1681, o prefeito de Valstagna foi Pietro Gabardo. Pode ter sido aquele que tinha um comércio de carvão com os irmãos Nicolò e Lorenzo. Em 1737 e em 1750, Valstagna foi dirigida por outro Pietro Gabardo. Em 1738 e 1751, o prefeito foi Mattio Gabardo. Os dois podem ter sido irmãos, filhos de Paolo Gabardo. Esse Paolo Gabardo é o ancestral comum a todos os Gabardos que emigraram para o Brasil (número 29 da genealogia). Por volta de 1784, uma fábrica de chapéus empregava entre os seus operários, um certo Mattio Gabardo, filho de Pietro. Este talvez pode ter sido neto daquele que foi prefeito em 1738 e 1751.

Em 28 de maio de 1797, foi condenado à morte e fuzilado, em Vicenza, um certo Angelo Gabardo, filho de Nicolò. Na época, a França havia conquistado o território aos austríacos e a população estava descontente com o novo domínio. Angelo Gabardo, aproveitando a situação de descontentamento, reuniu vários mercenários e alguns soldados austríacos e enfrentou os franceses. Conseguiu vencê-los e os obrigou a recuarem até Bassano. Mais tarde as tropas francesas voltaram e conseguiram prendê-lo. Levaram-no acorrentado a Vicenza, onde alguns dias mais tarde, na data anteriormente referida, foi executado por um pelotão de fuzilamento. Este pode ser o Angelo Gabardo, nascido em 1759 e que se casou com Angela Fabris em 1779.

Em 28 de outubro de 1810, houve uma reunião deliberativa para aprovação da construção de um pequeno teatro de instrução pública, que já havia recebido a autorização n.º 3.657 do vice-prefeito de Asiago, em 9 de agosto de 1810. Essa reunião foi devidamente registrada a partir de ato do tabelião A. Sasso. Entre os presentes a essa reunião constava o nome de Mattio Gabardo, filho de Giacomo (na ocasião já falecido). Este Mattio pode ser o mesmo que nasceu em 17 de agosto de 1788 e que desposou Regina Ferazzi.

4. Remanescentes na Itália

Hoje, o sobrenome Gabardo tornou-se raro na Itália. Em Valstagna, de onde saíram as famílias que expandiram o nome no Brasil, residem apenas quatro famílias: as de Andreina Gabardo, Antonio Gabardo, Príamo Gabardo e de Celestina Gabardo Menegatti. Considerando a província de Vicenza, encontram-se ainda duas famílias em Bassano del Grappa: as de Agostino Gabardo e de Rina Gabardo Ceccon, duas em Romano d'Ezzelino: as de Luciano Gabardo e de Venanzio Gabardo. Em Cassola reside Anna Maria Gabardo, nascida em Valstagna, em 6 de dezembro de 1938, filha de Giuseppe Gabardo e Margherita Strocco. Anna Maria é casada com Sergio Gnozzi e tem dois filhos: Giuseppe Gnozzi, casado com Maria Pia Zuccati e Michele Gnozzi, casado com Sandra Cogo.

---

[58] Biblioteca Bertoliana de Vicenza – Archivio Torre, Proclami Libro 5, c.30.

Giuseppe tem dois filhos: Tamara e Andrea Gnozzi. Michele também tem dois filhos gêmeos: Alice e Nicolò Gnozzi, nascidos em 8 de maio de 2000. Anna Maria é irmã de Nicolina Gabardo, que reside na França. Teve uma outra irmã, já falecida, de nome Antonia Gabardo, que foi casada com Sergio Martin e que teve os filhos Gianpaolo e Alessandra Martin.

Em Roma encontram-se quatro famílias, descendentes de Attilio Gabardo, nascido em Cittadella, por volta de 1860: a família de Alessandro Gabardo, engenheiro civil aposentado, filho de Aldo Gabardo e neto de Attilio. Alessandro nasceu em Roma, em 1937 e tem três filhos: Aldo, Francesco e Carlo; a família de Adriana Gabardo, cunhada de Alessandro, viúva de Attilio Gabardo, irmão de Alessandro; e as famílias de Andrea e Paolo Gabardo, filhos de Adriana e Attilio Gabardo.

Na província de Torino (Turim), existe uma família na localidade de Moncalieri: Luigi Gabardo; outra na comunidade de Vallo Torinese, Luciano Gabardo e mais duas famílias na comunidade de La Cassa: as de Roberto Gabardo e de Giuliana Gabardo, esta casada com Luigi Spiandore, com duas filhas, Adriana e Beatrice Spiandore. Luigi e Luciano Gabardo são irmãos de Giuliana Gabardo Spiandore. Luigi Gabardo tem dois filhos, Maximiliano e Cristiana Gabardo. Roberto Gabardo é filho de Luciano Gabardo e possui um filho, Gianlucca Gabardo. Finalmente, em Ancona vivia uma representante da família, Maria Alda Gabardo, irmã de Alessandro Gabardo. Ela faleceu em 2005.

5. As famílias emigrantes para o Brasil

A primeira família Gabardo a emigrar para o Brasil foi a de Natale Gabardo e Giovanna Mares, que chegou ao Brasil no dia 10 de junho de 1877, vindos no navio *Belgrano*, proveniente do porto de Havre e que aportou no Rio de Janeiro no dia anterior. O casal, acompanhado de quatro filhos, embarcou no navio América, no dia 13 de junho, dirigindo-se para São Paulo. No ano seguinte transferiu-se para o Rio Grande do Sul, estabelecendo-se na localidade de Linha Eulália, no município de Bento Gonçalves. Dos quatro filhos, Domenico, Vincenzo, Ângelo e Caterina, o terceiro morreu ainda jovem. Natale e Giovanna tiveram ainda mais seis filhos, sendo que o último também faleceu ainda jovem.

A família de Bortolo Gabardo embarcou em Gênova, no vapor *Ville de Rio de Janeiro*, comandado pelo Capitão Fleury e que havia partido do porto de Havre, na França, no dia 2 de outubro de 1877. No dia 17 do mesmo mês, partiram com destino ao Rio de Janeiro, aonde chegaram 15 dias depois, em 2 de novembro do mesmo ano. Após permanecerem dois dias na Hospedaria dos Imigrantes, na Ilha das Flores, partiram com destino a Paranaguá, aonde chegaram alguns dias depois. Foram em seguida encaminhados à colônia Nova Itália, em Morretes, onde tiveram seus registros de chegada anotados no dia 15 de novembro de 1877. Bortolo veio acompanhado da esposa, Domenica Guzzo e dos filhos, Vittore, Giovanni, Valentino e Maria Antonia. Vittore veio com a esposa, Luigia Lazzari, e os filhos Bortolo, Domenico, Antonio e Maria Elisabetta. Os dois últimos morreram em Morretes, antes da família se transferir para Curitiba. Giovanni veio com a esposa, Agata Negrello. Não tinha filhos. Valentino e Maria Antonia eram solteiros.

A família de Angelo Gabardo embarcou em Gênova no navio *Itália* em 10 de outubro de 1877, chegando ao Rio de Janeiro, no dia 3 de novembro do mesmo ano. Após permanecer dois dias na Hospedaria dos Imigrantes, na Ilha das Flores, embarcou com destino a Paranaguá, aonde chegou no dia 15 do mesmo mês, juntamente a outros membros do clã dos Gabardos. Angelo veio acompanhado da segunda esposa, Giovanna Battistina Pontarollo e dos filhos Gaetano, Giovanni Battista e Tommaso, do primeiro casamento com Angela Nardino, e Giuseppe e Angela, filhos de Battistina. Os dois últimos também faleceram em Morretes, antes da transferência para Curitiba.

As famílias que chegaram no mês de novembro de 1877, desembarcaram no Porto de Paranaguá, provenientes do Rio de Janeiro, tiveram os respectivos números anotados no Livro de Registros da Colônia Nova Itália. Essas famílias chegaram ao Brasil, vindos em diversos navios, em diversas datas. Após se reunirem no Rio de Janeiro, deslocaram-se em um só grupo para o Paraná.

Em 1880, outros membros da família Gabardo chegaram ao Brasil. Em dezembro daquele ano aportou no Rio de janeiro o navio *Berlin* que trazia entre seus passageiros os valstagneses Giovanni Gabardo e sua esposa Anna Gabardo, Antonio Gabardo, sua esposa Giovanna Maria Pontarollo e os filhos Gaetano, Antonio e Francesco. Vieram também Vincenzo Gabardo, sua esposa Dorotea Pontarollo, os filhos Pietro, Vittore, Anna, Gaetano, Antonio, e a mãe, Anna Maria Pontarollo, viúva de Pietro Gabardo.

A seguir indicamos as famílias, conforme registros encontrados no Arquivo Público do Paraná, no Códice 834.

N.º Ordem		Idade	Nome	N.º Ordem		Idade	Nome
415	1679	43	Angelo Gabardo	460	1864	24	Giacomo Gabardo
	1680	33	Battistina Pontarollo		1865	19	Giovanna Gabardo
	1681	13	Gaetano		1866	33	Nicolo Gabardo
	1682	12	Giovanni Battista		1867	29	Giovanna Lazzaroto
	1683	9	Tommaso	461	1868	9	Giacoma
	1684	2	Giuseppe		1869	4	Gaetano
	1685	1	Ângela		1870	½	Bortolo
455	1837	38	Angelo Gabardo	465	1882	53	Bortolo Gabardo
	1838	34	Angela Pontarollo		1883	51	Domenica Guzzo
	1839	11	Giuseppa		1884	12	Maria
	1840	10	Pietro		1885	18	Valentino
	1841	9	Antonio	466	1886	27	Giovanni Gabardo
	1842	7	Antonia		1887	18	Agata Negrello
	1843	5	Luigi		1888	29	Vittore Gabardo
	1844	3 m	Ângelo		1889	28	Luigia Lazzari
456	1845	36	Giovanni Battista	467	1890	5	Bortolo
	1846	33	Angela Lazzarotto		1891	3	Domenico
	1847	7	Maria (ou Anna)[1]		1892	2	Antonio
	1848	3	Giovanni Battista		1893	2 m	Maria
458	1849	1	Pietro	494	2012	31	Giovanni Battista
	1852	39	Antonio Gabardo		2013	33	Antonio Gabardo
	1853	29	Anna Pontarollo		2014	28	Francesca Bonato
	1854	8	Antonia		2015	1 1/2	Paolo
	1855	4	Giuseppa	448	1799	66	Giacoma Pasi
	1856	2	Pietro		1800	22	Catterina Gabardo
	1857	1 m	Anna				

[1] No livro de registro de imigrantes consta o nome como Anna. No registro da Paroquia de Valstagna consta o mesmo como Maria. Consideramos ser Anna Maria o nome real.

Giacoma Pasi, viúva de Gaetano Gabardo, era a mãe de Angelo (registro 1679), Giacomo (registro 1864), Nicolò (registro 1866), Antonio (que chegou ao Brasil em 1880), além de Catterina Gabardo (registro 1800).

6. Os navios que trouxeram as famílias

A Compagnie des Chargeurs Reunis (CR), uma empresa de navegação criada em 1872 por iniciativa de um banqueiro francês, Jules Vignal, tinha como objetivo principal dispensar os exportadores franceses de recorrer a armadores e navios estrangeiros, para o envio e expedição de suas mercadorias e produtos a portos de destino do Brasil e do Prata. Quatro dias após sua fundação, a CR encomendou aos estaleiros Forges et Chantiers de la Mediterranée, da localidade de La Seyne, a construção de seis vapores, três dos quais de 3.575 metros cúbicos de capacidade e três de 2.700 metros cúbicos, que deveriam ser entregues entre novembro de 1872 e março de 1873. Destes, quatro deveriam ser construídos em La Seyne e dois no porto de Le Havre. Em 15 de fevereiro de 1872, foi contratado o Sr. Duminy como engenheiro chefe da companhia. Nesse mesmo dia a diretoria escolhe os nomes dos navios encomendados: os três maiores receberiam os nomes de *Moreno*, *Rivadavia* e *San Martin* e os outros três seriam chamados *Ville de Rio de Janeiro*, *Ville de Santos* e *Ville de Bahia*.

Vapor Ville de Rio de Janeiro

Fonte: www.novomilenio.inf.br/rossini/villerj.htm

Dos seis vapores encomendados inicialmente, o primeiro a ser entregue foi o *Ville de Rio de Janeiro*, lançado ao mar em 25 de setembro de 1872, seguido em ordem cronológica pelo *Ville de Bahia*, *Ville de Santos*, *Moreno*, *San Martin* e *Rivadavia*, os dois últimos consignados pelo estaleiro de La Seyne. Os navios *Ville de Rio de Janeiro* e *Ville de Santos* eram navios gêmeos, isto é, iguais. Foram construídos no porto de La Seyne e tinham um comprimento de 84 metros e largura de 10 metros.

A capacidade era de 360 passageiros, assim divididos: 1ª. Classe – 44; 2ª. Classe – 16 e 3ª. Classe – 300 pessoas. Podia transportar uma carga de 1.435 toneladas. Apresentava três mastros e a propulsão era feita por motores tipo compound, de duas caldeiras, com potência total de 750 HP. A velocidade média era de 10 nós, podendo atingir a máxima de 12 nós (22 km/h).

As datas das viagens inaugurais na Rota de Ouro e Prata desses navios foram: 16 de dezembro de 1872 – *Ville de Rio de Janeiro*; 16 de janeiro de 1873 – *Ville de Bahia*; 15 de março de 1873 – *Ville de Santos*; 21 de abril de 1873 – *Moreno*; 16 de julho de 1873 – *San Martin*; e 16 de setembro de 1873 – *Rivadavia*. O *Ville de Rio de Janeiro* teve vida curta e bem mais agitada. Seis meses após sua entrada em serviço, afundou um barco de pesca tão logo saiu do porto de Le Havre; em dezembro de 1880, saindo do porto de Antuérpia sob forte neblina, abalroou dois cargueiros que estavam amarrados no cais. Quinze dias depois dessa colisão, enfrentou uma tempestade ao largo de Brest (Noroeste da França) e teve um acidente pouco banal: um grosso cabo que se encontrava a bordo foi levado por uma onda e se enroscou na pá da hélice, bloqueando o seu funcionamento. Com a ajuda das velas, o navio foi ancorado ao largo de Belle Isle, enquanto o comandante partiu numa chalupa, em direção de Lorient (porto da Baía de Biscaia), para pedir socorro. Com a ajuda de alguns escafandristas, a hélice foi liberada e o vapor pode prosseguir viagem. Alguns meses depois de inaugurar a nova linha de Le Havre-Belém do Pará, em 1883, o vapor *Ville de Rio de Janeiro* foi abalroado na barra do porto de São Vicente de Cabo Verde pelo cargueiro inglês *Colina* e sofreu avarias; em fevereiro de 1884, quatro meses depois da colisão com o *Colina*, o *Ville de Rio de Janeiro* sofreu um incêndio na carvoeira de bordo, quando saía de Lisboa. O sinistro obrigou o retorno do navio ao porto e o incêndio só foi debelado quatro dias mais tarde. O fim também foi trágico: às 11h30 do dia 7 de maio de 1887, quando se encontrava em navegação ao largo do porto francês de Barfleur, colide de proa com o transatlântico *La Champagne*, da CGT. O desastre foi provocado pela neblina e pela alta velocidade imprimida ao *La Champagne*, que viajava à velocidade de 15 nós, apesar da visibilidade quase nula. O *Ville de Rio de Janeiro* teve sua proa completamente destruída, afundando poucas horas depois; sua tripulação e passageiros foram salvos por outro navio da CGT, o *Ville de Bordeaux*, e não houve vítimas a lamentar, nem de um lado, nem do outro. O *Ville de Bahia* permaneceu a serviço da CR na Rota de Ouro e Prata até maio de 1890, ou seja, 17 anos, onde só um episódio saiu da rotina operacional: em outubro de 1888, durante a travessia São Vicente de Cabo Verde a Le Havre, sofreu uma inundação no porão de popa, que avariou a carga de café ali localizada, mas que não pôs em perigo o vapor. Entre 1890 e 1898, foi vendido por três vezes a diversas empresas de navegação francesas, terminando sua vida útil como propriedade do armador Artaud & Seytres, que o empregou na linha entre Marselha e Madagascar, via Canal de Suez. Em 1900, recebeu o nome de *General Gallieni*, sendo vendido para demolição nove anos mais tarde, quando foi dissolvida a empresa que o possuía. Quanto ao *Ville de Santos*, este permaneceu de propriedade da CR até o ano de 1890, quando foi vendido a armadores noruegueses, que o denominaram *Vulkan*. Quase 20 anos depois, foi cedido a interesses japoneses e recebeu o nome de *Sapporo Maru*, desaparecendo da lista do Lloyd's a partir de 1924, sem se conhecer mais detalhes.

Nos estaleiros de Le Havre estava em construção o vapor *Louis XIV*, encomendado em 1871, e que seria comprado pela CR a fim de iniciar, o mais rapidamente possível, o serviço de linha. Nos meados do mês de maio de 1872 o *Louis XIV*, de 2.507 toneladas, foi rebatizado, ainda no estaleiro, com o nome de *Belgrano*. Iniciaram-se os preparativos para a realização de sua primeira viagem para o Brasil e o Prata no mês de outubro do mesmo ano.

Vapor Belgrano

O vapor Belgrano
no porto de Havre.
Foto cedida pelo pesquisador
José Silvares para o Acervo da
Família Baldo.

Fonte: imigracaoitalinanobrasil.blogspot.com/2011/05/vapor-belgrano-10-de-junho-de-1876.html

No dia 16 daquele mês, o *Belgrano* iniciou a viagem inaugural da empresa na *Rota de Ouro e Prata*, ligando Le Havre ao Brasil com escalas em Lisboa, Pernambuco, Bahia, Rio de Janeiro e Santos, tendo como comandante o capitão Vasse. Levava 1.000 metros cúbicos de carga e 450 passageiros. Por ocasião de sua segunda viagem, em fevereiro de 1873, o *Belgrano* transportou para Buenos Aires a estátua de bronze do general Belgrano, herói argentino, cuja memória foi dedicada o nome de uma praça na capital portenha. Do vapor *Italia* desconhecemos os dados. Conseguimos saber apenas que pertencia à Società di Navigazione a Vapore, cuja sede era em Gênova, de onde partiam os navios com destino ao Brasil.

7. A viagem

Em setembro de 1877, alguns membros da família Gabardo, juntamente com outras famílias italianas, provenientes de várias regiões, chegaram a Gênova para embarcarem em navios que os levariam para a América. Bortolo Gabardo, então com 53 anos, era o mais velho da família Gabardo. Vinha acompanhado de sua mulher, Domenica Guzzo, de seus filhos, Vittore, Giovanni, Valentino e Maria, e de seus netos, Bortolo, Domenico, Antonio e Maria, filhos de Vittore. Acompanhavam-no também as suas noras, Luigia Lazzari, esposa de Vittore, e Agata Negrelo, mulher de Giovanni. No dia da partida, enquanto aguardavam o momento do embarque, observavam a movimentação dos navios no porto, as manobras para carga e descarga, entre eles o *Ville de Rio de Janeiro,* comandado pelo Capitão Fleury e que havia partido do porto de Havre no dia 2 daquele mesmo mês. Diante deles o golfo de Gênova, no Mar Ligure. Era a porta de saída para a aventura que se iniciava, na busca de melhores condições de vida numa terra que lhes era estranha. Dada a ordem para embarque, a família Gabardo e todos os demais emigrantes sobem ao convés do navio, procurando cada um as melhores acomodações para enfrentar a longa aventura no mar.

Após algumas horas, quando todos já estão acomodados dentro da embarcação, esta, livre das amarras, inicia os movimentos de manobras para começar a grande viagem que levará aqueles italianos, descontentes com a sua terra, para uma nova pátria. Era dia 17 de outubro de 1877, o vapor retoma a sua viagem com destino à América do Sul. A viagem para o Brasil é penosa para os emigrantes. Tão logo atinge o alto mar, iniciam os movimentos de oscilação lateral, balançando o navio e provocando nos passageiros ânsias de vômito, uma das manifestações mais desagradáveis do mal do mar, como era conhecido o enjoo. Após dois ou três dias acostumam-se ao balanço e as contrações espasmódicas do estômago se tornam menos frequentes. A viagem é entremeada por períodos de calmaria e de tormentas. Passam-se os dias, sempre tendo apenas água em frente às suas vistas.

Nos dias de calmaria, as conversas alegres, as confidências da esperança que carregam para a nova vida, as festas com as cantorias e danças. Nos dias de tormentas, o pavor com as tempestades, o balanço do navio nas ondas revoltas do mar, as lamentações e choros, as orações. Um pequeno alívio é obtido ao se chegar às Ilhas Canárias, onde se pode vislumbrar novamente a terra e a vegetação, além do mar. Mas esse alívio dura pouco. Logo o navio retoma o rumo à costa brasileira. A segunda parte da viagem é mais maçante e interminável. Um novo mal-estar aparece: o tédio. Os dias passam e somente se vê o mar à volta. Não há nada para se fazer. O olhar se cansa de ver o horizonte circular e se volta para o convés do navio. Desaparece a vontade de ler ou de conversar. Só o desejo de que aqueles longos dias passem o mais rápido possível, para chegar logo à terra prometida. A viagem continua, ao sabor do vento. À medida que os dias passam, mais e mais aumenta a distância que os separa de sua terra natal. Está cada vez mais distante, no tempo e no espaço, aquela vida miserável que a pátria mãe lhes proporcionava. Sonhos com a nova vida são acalentados por todos. A esperança lhes dá forças para aguentarem o sacrifício da travessia oceânica.

Um dia, quando acordam, a visão que lhes aparece à frente enche seus corações de alegria. O seu sofrimento está prestes a acabar. No horizonte, a larga faixa de terra lhes diz que estão chegando ao seu destino. Todos correm para ver aquela que será a sua terra de agora em diante. Aos poucos o navio vai se aproximando e eles podem apreciar as belezas naturais do novo país. Vão se concretizando os sonhos tantas vezes acalentados com aquela Terra da Promissão. O navio desliza por um canal, passando ao lado de uma montanha que se eleva das águas do oceano. O canal é a entrada da Baia da Guanabara e a montanha é o Pão de Açúcar, anunciando a sua chegada ao Rio de Janeiro. É dia 2 de novembro de 1877. Após algumas horas, a embarcação está ancorada no porto, em frente à cidade. O navio sofre uma vistoria sanitária. Após essa visita, um encarregado da Inspetoria de Terras e Colonização sobe a bordo para inquirir àqueles que querem ir para a Ilha das Flores, como imigrantes. Confirmados os desejos, os imigrantes descem do navio e observam as suas bagagens serem desembarcadas. Em seguida são transferidos para um outro barco que os levará para a Ilha das Flores. O deslocamento até a ilha é longo, levando entre 35 e 40 minutos. Na chegada, as bagagens são vistoriadas pelos funcionários da alfândega e em seguida são registrados os nomes dos imigrantes num livro. Após isto, são liberados para o descanso. Giovanni Rossi, que chegou ao Rio de Janeiro alguns anos mais tarde, em 1892, assim descreveu o ambiente do local:

> *A Ilha das Flores tem um desembarcadouro em alvenaria, coberto por um alpendre em forma de T. Em torno deste alpendre estão os armazéns de depósito e, à esquerda, um grande tanque de água doce, no qual os imigrantes lavam suas roupas. Por uma escada de pedra sobe-se até uma praça onde se encontram as construções principais, que meus amigos e eu medimos com toda a exatidão. O dormitório, embora construído provisoriamente em madeira, é levantado sobre uma base de tijolos de 1,5m de altura, perfeitamente arejada. Tem 85 metros de comprimento, 13 de largura e uma altura de 4,10; circulando-o há uma varanda de 2 metros de largura. O dormitório*

> é dividido em compartimentos, cada um deles com 36 estrados de 4 lugares. Cada lugar possui 1,80m de extensão por 0,65m de largura. Há divisórias reservadas às famílias que desejam uma certa intimidade. Apesar de bem arejados e saudáveis, os dormitórios têm camas realmente duras, uma vez que sobre o estrado se estende apenas uma esteira. No fundo do dormitório há uma sala de refeições de 30 metros de comprimento, bem decente, com mesinhas de mármore. Nas laterais, as cozinhas e as saletas de jantar dos funcionários. De um lado se ergue a enfermaria, muito bem cuidada, onde um médico do Rio de Janeiro atende uma ou duas vezes ao dia e onde são preparados os remédios necessários. Um pouco mais longe, entre jardins maravilhosos, se erguem as casas do Diretor e dos outros funcionários mais importantes. São estas as refeições, que achei excelentes, oferecidas a todos os imigrantes: às 7 da manhã, pão, manteiga com sal e café; às 10, arroz, carne e batatas, pão branco e café; às 4 da tarde, sopa de verduras, feijão e carne com farinha de mandioca. Os pobres camponeses lombardos teriam gostado que tal regime gratuito não acabasse nunca. As boas condições higiênicas são garantidas pela limpeza rigorosa e pelas desinfecções enérgicas com ácido fênico, feitas todos os dias, não apenas nas privadas e nos locais de habitação, mas também o chão das praças e nos lugares de passagem.

Após dois dias de permanência na Ilha (a Hospedaria dos Imigrantes só foi inaugurada em 1883), os italianos novamente embarcam em um navio, com destino ao Paraná. Esta última etapa da viagem durou mais 10 dias.

8. A chegada ao Paraná

Na primeira quinzena de novembro de 1877, o navio atracava no Porto de Paranaguá. As famílias desembarcavam e eram conduzidas à Casa dos Imigrantes, onde tinham anotado nos livros os registros dos membros de cada família, indicando os seus nomes e as suas idades. Em seguida eram conduzidos aos alojamentos, que os abrigariam até a sua partida para os destinos finais. A Casa dos Imigrantes situava-se em frente à Estação Ferroviária. Conforme descrição de Giovanni Rossi, era construída em alvenaria e bastante confortável. A sala de entrada media 11,50 metros de comprimento por 4,80 metros de largura. A altura do pé direito era de 3,70 metros, o que permitia um bom arejamento. Era bastante iluminada, graças a cinco grandes janelas envidraçadas. Em volta da sala distribuíam-se seis grandes quartos, com camas duríssimas. Os pisos e forros eram de madeira e as paredes eram revestidas de papel. Na sala, vários bancos móveis estavam distribuídos. A casa do zelador e a cozinha situavam-se ao lado da casa dos imigrantes.

O destino inicial dos italianos era a Colônia Alexandra, em Paranaguá. Por apresentar a região um clima bastante quente, insuportável para os italianos recém-chegados, estes reivindicaram mudanças para outro local. Foram transferidos então, para a Colônia Nova Itália, em Morretes, onde foram registrados nos dias 15 e 16 de novembro de 1877, e onde se dedicariam à agricultura e à pecuária. Também nessa região os imigrantes enfrentaram várias dificuldades: os índios tupis, antropófagos segundo o historiador Darci Ribeiro, o clima quente e úmido do litoral e as terras impróprias para o cultivo da uva e do trigo, as doenças tropicais e a epidemia do "bicho-de-pé", além da exploração dos funcionários públicos. Também não recebiam assistência médica. Alguns anos mais tarde, o padre Pietro Colbachini, que chegou ao Brasil em 1886, para assistir religiosamente os imigrantes, compadecia-se da situação deles e chegou a escrever para os seus conterrâneos na Itália: "Sinto o dever de gritar tão alto a ponto de ser ouvido por meus patrícios, além mar. Ó vós que emigrais para o Paraná, livrai-vos dos lugares infectos de Paranaguá, Morretes e Antonina e de todo o litoral, se quiserdes evitar uma desgraça ainda maior e da qual não podereis mais sair".

Os imigrantes então formavam grupos e subiam a Serra do Mar, dirigindo-se para o planalto curitibano. As viagens eram realizadas em carroções que transportavam as mulheres e as crianças, enquanto os homens iam abrindo com facões os caminhos da estrada, uma picada utilizada pelos tropeiros que desciam do planalto para o litoral e que era periodicamente tomada pela densa vegetação.

No dia 15 de junho de 1878, um grupo de imigrantes, entre os quais se encontravam Valentino Pierobom com sua mulher Angela; Giovanni Battista Gabardo (I), sua mulher Angela Lazzarotto e seus filhos; Antonio Gabardo, sua mulher Francesca Bonato, o filho, Paolo Bonato Gabardo e seu irmão, Giovanni Battista Gabardo (II); e Giovanni Gabardo com sua mulher Agata Negrello, deixaram o alojamento de imigrantes e se dirigiram a Curitiba. Doze dias após, no dia 27, rumaram também para Curitiba as famílias de Domenico Cunico e de Antonio Cunico. Também as famílias de Angelo Gabardo (I), sua mulher Battistina Pontarollo e Angelo Gabardo (II) com sua mulher Angela Pontarollo. Dois dias depois, foi a vez das famílias de Bortolo Gabardo e de Vittore Gabardo deixarem a Colônia Nova Itália para se juntarem ao demais imigrantes, em Curitiba. Por último, deixaram a colônia no dia 4 de julho de 1878, os irmãos Giacomo Gabardo e Nicolò Gabardo, com suas respectivas mulheres Giovanna Gabardo e Giovanna Lazzaroto, juntamente aos filhos de Nicolò: Giacomo, Gaetano e Bortolo. Chegando ao planalto curitibano, eram encaminhados para as diversas colônias instaladas para receber os imigrantes: Colônias Dantas e Santa Felicidade, em Curitiba, Colônia Alfredo Chaves, em Colombo, Colônia Antonio Rebouças, em Campo Largo, Colônia Santa Maria do Novo Tirol, em Piraquara, Colônias Muricy, Acioli e outras, em São José dos Pinhais, e muitas outras, já referenciadas anteriormente.

9. O Bairro da Água Verde (Colônia Dantas)

Em Curitiba, os italianos que tinham algum dinheiro compravam terras na Colônia Dantas, formada pela municipalidade para receber os imigrantes. O nome dessa colônia foi dado em homenagem ao estadista senador Manuel Pinto de Souza Dantas. Um relatório encaminhado à Assembleia Legislativa do Paraná no dia 16 de fevereiro de 1880, assim descrevia:

Colônias provinciaes e municipaes

"Dantas"

Derão origem a esta colônia 36 famílias italianas compostas de 166 pessôas que obtiverão lotes no lugar denominado "Agua Verde" mediante cartas de aforamento concedidas pela Camara Municipal da Capital. Estas famílias forão auxiliadas pelo Governo Geral com a quantia de 50$000 rs. cada uma, para a construcção de suas casas. Dahi por diante, sem mais onus para o Estado, forão se estabelecendo, n'aquellas paragens, muitas famílias de imigrantes, povoando-se assim uma imensa área, outr'ora improductiva. Não obstante a aridez dos terrenos a que me refiro, muito tem conseguido alguns de seus esforçados ocupantes e, posso mesmo avançar que, dentro em pouco, offerecerão um bello exemplo de colonisação espontanea. Desde já é esta Colonia uma fonte de renda para a Camara Municipal da Capital.

A primeira notícia que se tem sobre os italianos da Colônia Dantas encontra-se na coleção de correspondências recebidas pelos presidentes da Província do Paraná[59]. Em 20 de janeiro de 1879, Giuseppe Merlin, Giovanni Moletta e Antonio Tasca solicitaram por meio de requerimento ao Governo, auxílio para a construção de suas casas nos terrenos aforados pela Câmara Municipal da Capital.

---

[59] MERLIN, Giuseppe *et al.* Requerimentos: coleção da correspondência recebida pelos presidentes da Província do Paraná. 20 jan. 1879. **Departamento do Arquivo Público do Estado do Paraná**, Paraná, v. 1, p. 59, 97, 111.

A fixação das famílias imigrantes na Colônia Dantas ocorreu em épocas distintas. Entre os primeiros que chegaram figuravam os Gabardos, que chegaram em Paranaguá em novembro de 1877 e que se transferiram para Curitiba no primeiro semestre de 1878. Além deles, os pioneiros da Colônia Dantas foram as famílias Tedesco, Razzolin, Cunico, Moletta, Bonatto, Parolin, Pazello, De Carli, Pierobom, Merlin, Magrin, Maragno, Nadalin, Deconto, Stofella, e também aquelas que se estabeleceram em região mais próxima à cidade: Baggio, Todeschini, Cemin, Costa e tantas outras. Essa região era conhecida por Borghetto, e no início compreendia a Travessa Turin, depois, estendendo-se até a atual Praça do Japão e trechos das avenidas Sete de Setembro e Silva Jardim. A colonização do bairro foi iniciada com a compra pelos italianos, de chácaras. Onde antes havia descampados, matas nativas e banhados foram surgindo casas, parreirais de uva, armazéns, estribarias e algumas casas comerciais.

Como os italianos eram católicos e bastante religiosos, a Igreja enviou freiras para instalar a primeira escola do bairro. Na colônia só se falava o idioma italiano. A escola também utilizava a mesma língua e na porta desta foi colocada uma placa onde se lia: "Scuola Italiana". A língua italiana foi falada até o início da Segunda Guerra Mundial. Nessa época o Governo proibiu o ensino e o uso de línguas estrangeiras. Tanto a Scuola Italiana quanto a Escola Alemã (Deutsche Schule) foram fechadas. Também os clubes tiveram que mudar os seus nomes. Na colônia Dantas havia o Clube Livorno, que passou a chamar-se Clube D. Pedro II. Havia também o Savoia Esporte Clube, cujo nome mudou para Água Verde Futebol Clube e mais tarde para Esporte Clube Água Verde. Hoje este, após muitas fusões, é o Paraná Clube.

Como exemplo da religiosidade, vale a pena falar sobre a "Capelinha da Água Verde". Essa pequena capela foi construída em 1879, pelo casal Luigi Moletta e sua mulher Anna Bordignon Moletta. Segundo uma neta do casal, Laura Luiza Moletta Bonat, em depoimento concedido a Roseli Boschilia e Wanirley Pedroso Guelfi, a sua avó ia todos os dias, ao meio-dia, rezar em um terreno. A cada dia levava tábuas e pedras e aos poucos foi levantando a capela. Em 1891, a capela foi reconstruída pelo filho de Luigi, Sebastião e sua mulher Maria Cunico Moletta, pais de Laura Luiza. Ela foi reconstruída novamente para dar lugar ao alargamento da Avenida República Argentina, conservando as mesmas linhas arquitetônicas originais. A seguir apresentaremos duas imagens da capela: a primeira em 1952, e a segunda nos dias atuais.

A Capelinha da Água Verde

Foto 1 - Gazeta do Povo, edição de 10/10/2019, na coluna "Nostalgia" (Cid Destefani)

Foto 2 - www.fotografandocuritiba.com.br/2018/09/capelinha-do-agua-verde.html (foto de Flavio Antonio Ortolan)

Em 14 de fevereiro de 1888, o Bispo de São Paulo, Dom Lino Deodato Rodrigues de Carvalho assinou um decreto criando a Capelania Curada Italiana, na qual ficaram subordinadas as capelas italianas fundadas na época. Entre essas figurava a capela do sagrado Coração de Jesus, na Colônia Dantas. O padre carlista Pietro Colbachini, que acompanhou os imigrantes italianos na sua vinda ao Brasil iniciou a paróquia da Água Verde celebrando missa na casa de Antonio Bonato, no dia 25 de maio de 1886. A igreja de alvenaria foi construída e a sua inauguração deu-se em 29 de junho de 1888. Tornou-se então a sede da Capelania Curada, que ali permaneceu até o ano seguinte, 1889. Nesse ano o padre Colbachini mudou-se para a colônia de Santa Felicidade. O Bispo de Curitiba, Dom José de Camargo Barros estabeleceu a sede da Capelania naquela colônia, no dia 1 de novembro de 1895. Dez anos após, em 1.º de novembro de 1905, Água Verde foi elevada a Capela Curada, pertencente à Paróquia de Curitiba, até 1919. Foi transferida então à Paróquia do Portão. Em 25 de junho de 1954, o Bispo de Curitiba, Dom Manuel da Silveira d'Elboux criou a Paróquia do Sagrado Coração de Jesus da Água Verde. Em 1959, a antiga igreja foi demolida e foi então iniciada a construção da nova, que permaneceu em obras por muitos anos.

O cemitério da Colônia Dantas teve sua inauguração no ano de 1887. O terreno onde foi instalado foi transferido por Antonio Cecatto em 26 de novembro de 1887, e possuía uma área de 11.000 m². Somente no ano seguinte seria sepultado o primeiro corpo, que foi de uma criança com 3 anos de idade. Seu nome era José Delazari e seu sepultamento ocorreu no dia 27 de abril de 1888. Os quatro sepultamentos seguintes foram também de crianças. Dessas, uma era Carolina Gabardo, sepultada em 5 de julho de 1888, e que faleceu com apenas um dia de vida. Era filha de Vincenzo Gabardo e Dorotea Pontarollo Gabardo. O cemitério era administrado pela Igreja da Água Verde. A partir de 1907, a Igreja passou a vender concessões de terra com área média de 5 m², sendo a primeira comprada por Maria Cantarelli. Em seguida, adquiriram concessões Maximino Groff, Antonio Bonatto, Domingos Schiavon, os irmãos Parolin, Luiza Slaviero, os irmãos Santos Lima, Antonio Gabardo, João Lázaro e João Ganz. Em 17 de abril de 1924, a administração do cemitério foi transferida oficialmente à Prefeitura Municipal de Curitiba. A área transferida foi de 9.539,60 m². A partir de 1927, a Prefeitura Municipal de Curitiba iniciou a numeração a partir de placas, dos sepultamentos. A primeira placa foi para o túmulo de Nivair Pereira, falecido com 3 anos de idade e sepultado em 8 de setembro de 1927. Em 1933, o cemitério foi ampliado com a compra de uma área pertencente à família Tedesco e em 1940, uma nova aquisição pela Prefeitura, desta vez de um terreno pertencente a Paulo Gabardo. Atualmente a área do cemitério está em torno de 100.000 m² e está totalmente ocupado.

10. O Bairro de Santa Felicidade

No dia 2 de janeiro de 1878, atracava no Rio de Janeiro o navio "Sulis" proveniente de Gênova, e três dias depois chegava a Paranaguá. Os passageiros, imigrantes italianos, desembarcaram e em seguida foram encaminhados aos seus destinos: Porto de Cima e São João da Graciosa. Nesses locais, foram bem recepcionados e atendidos pelos funcionários do Governo, que pagou 400 réis por dia a cada imigrante maior de 14 anos, e 300 réis aos menores dessa idade. Naquelas localidades, porém, com climas tão diferentes dos locais onde nasceram na Itália, apresentavam-lhes bastante adversidades. O calor sufocante, a água lamacenta e salobra, o ar insalubre, as epidemias do "bicho-de-pé" e tantas outras dificuldades provocavam nos colonos o desejo de procurar outros locais mais amenos e mais propícios à agricultura a que estavam acostumados em sua terra natal. Partiram, então, para o planalto curitibano e recorreram ao Escritório da Imigração para receberem nova destinação. Foram propostas outras localidades, entre as quais a colônia de Santa Maria do Novo Tirol. Nesta, acharam que as terras eram muito pobres e não aceitaram, ficando na espera de novo destino. Enquanto esperavam, souberam que, a pouca distância da cidade, poderiam adquirir terra de melhores condições. Alguns chefes de família foram ver o terreno que lhes havia sido indicado e decidiram comprá-lo. Pagaram o valor de 80$000 (oitenta mil réis) por alqueire, sendo a compra feita em conjunto pelas famílias Alberti, Boscardin, Benato, Comparin, Cumin, Dalla Stella, Lucca, Muraro, Cuman, Breda, Casagrande, Menegusso, Poletto, Bacalfi, Paolin, Ravanello, Tagliaro, Vendramin, Slompo e Volpe.

O nome da colônia, Santa Felicidade, foi dado em homenagem a Felicidade Borges, casada com Antonio Bandeira. Felicidade era proprietária, junto aos irmãos Antonio e Arlindo, do terreno adquirido pelos imigrantes italianos. Os proprietários manifestaram o desejo de que esse fosse o nome da colônia e os compradores não se opuseram e concordaram com a denominação proposta. Em seguida, outro terreno foi comprado pelas famílias Bosa, Dallarosa, Valente, Zanotto, Bertapelle, Zanato, Maestrelli, Villanova, Tulio, Travenzoli, De Carli e Tabarin. Logo após, chegou à família Giaretta, que comprou um lote da família Cumin. Era na casa da família Giaretta que os italianos se reuniam para expressar a sua religiosidade e render ao Senhor o culto público, já que ainda não dispunham de uma capela na colônia para rezarem a missa. Nos dias de festa se dirigiam à cidade para assistir a Santa Missa, o que nem sempre era possível. Na casa de Giaretta, se reuniam os meninos e as meninas para aprenderem o catecismo, ensinado pelo próprio Giaretta. Mais tarde encomendaram um crucifixo, feito por um italiano que morava na cidade. Levaram-no para que o Pároco o abençoasse e depois o levaram em procissão até a colônia, onde o colocaram junto ao oratório.

Em 1879, chegaram novas famílias, vindas de Morretes ou diretamente da Itália. Entre elas os Valle, Peruzzi, Mocellin, Manfron, Dal Santo, Smaniotto, Ferro, Scorsin, Leonardi, Bucco, Basso, Volpato, Parise, Rizzetto e Gaio. Em 1882, já se encontravam na colônia as famílias Festa, Grande, Dallalibera, Zanzogo, Giusti, Daru, Bottega, Ceronato, Stival, Dalsotto, Manosso, Mattioni, Pizzato, Giacomelli e Simonetto. Entre 1887 e 1888 chegaram à colônia as famílias, Colpi, Zardo, Toaldo, Afornali, Scabia, Alessi, Garzaro, Budel, Strapazzon, Dallavia, Zen, Anzolin, Bonato, Franceschini, Guata, Colodel, Dallabona, Fochese, Trevisan, Benato, Lucca, Pastone, Lovato, Dall'Armi, Meneguzzo, Costa, Zemian. Mion, Miola, Seschetto, Constantin, Tommasi, Mazzocco, Cechetto, Gussonato, Pegoraro e Dallamata. Finalmente, entre 1890 e 1902, chegaram às últimas famílias: Tessari, Fontana, Sartori, Aldrighetti, Sandri, Cortese, Gobbio, Gualdessi, Lucarini, Malvazzoni, Gaspari, Petrobelli, Garbosa, Dorigan, Mazzarotto, Foiato, Violani, Sacci e Bazani. Nessa leva também chegou a Santa Felicidade a família de Antonio Gabardo.

Em 1882, quando a colônia já contava com 70 famílias, o Oratório não mais era suficientemente grande para receber os fiéis italianos. Pensou-se então em construir uma capela para melhor realizar os cultos a Deus. Marco Mocellin doou um pedaço de terra defronte à sua casa para a construção desta. Os colonos se reuniram e puseram mãos à obra, construindo uma pequena capela de madeira. Concluída, foi ela benzida pelo pároco da cidade, o reverendo padre José Barros, que celebrou a primeira missa. Infelizmente para os colonos, por não conhecerem a língua portuguesa, não puderam se confessar e receber a comunhão. Esta só foi recebida pela primeira vez alguns anos mais tarde, em 1885, quando o primeiro missionário italiano que visitou Santa Felicidade, o padre Giovanni Cibeo da Companhia de Jesus, oficiou a missa no idioma italiano. Foi o padre Cibeo também que benzeu o cemitério, em junho de 1886. O terreno onde foi implantado foi cedido pela família Smaniotto. Tão logo foi bento, teve lugar o primeiro sepultamento. Foi lá enterrado o corpo de Giuseppe Boscardin, de 22 anos, morto tragicamente prensado pela roda do moinho de seu pai, Luigi Boscardin, onde este estava trabalhando. Após o padre Cibeo, ainda em 1886, visitou a colônia o padre Pietro Colbachini, que fixou sua residência na Água Verde (Colônia Dantas). De lá ele visitava as várias colônias italianas espalhadas pelo Paraná. O padre Colbachini solicitou ao Monsenhor Scalabrini, Bispo de Piacenza, maior assistência aos italianos da colônia Santa Felicidade. Foi atendido e em maio de 1888, chegavam os padres Domenico Mantese e Giuseppe Molinari. Não ficaram muito tempo, pois o clima não lhes era favorável e em junho de 1890 retornaram à Itália, sendo que o padre Molinari já estava bastante doente. Em 1889, o padre Colbachini transferiu sua residência para Santa Felicidade, adquirindo de Pietro Slompo um terreno com uma casinha, perto da igreja. O padre decidiu, junto à comunidade, construir uma igreja maior, mais resistente, de alvenaria, já que a capela não atendia mais às necessidades da colônia. O próprio padre projetou a nova igreja, dirigiu os trabalhos da obra e foi o próprio decorador do templo. O povo unido colaborava com afinco, contribuindo para a obra com cinco por cento de seus produtos, doando e transportando os materiais e participando na mão de obra. A igreja foi concluída alguns dias antes do Natal de 1891. Os quadros e os santos da igreja velha foram transferidos em procissões que se realizaram nos dias seguintes. Na manhã da véspera de Natal a Igreja nova recebeu a benção. Às 10 horas da noite em solene procissão, foi transferido o Santíssimo Sacramento e realizada a adoração pública até a meia noite, quando então foi oficiada a Santa Missa, que se prolongou por quase duas horas. Em julho de 1894, o padre Colbachini partiu para a Itália. A colônia Santa Felicidade e outras passaram aos cuidados do padre Francesco Bonato, que tinha residência havia seis anos na localidade de Timbutuva. Este padre era irmão de Francesca Bonato, esposa de Antonio Gabardo. O padre Bonato assistiu as colônias por um ano inteiro, até a chegada dos padres Francesco Brescianini e Faustino Consoni, no dia 16 de julho de 1895. Em março de 1897, o padre Faustino foi chamado para assumir a direção do Orfanato Cristovão Colombo de São Paulo e para substituí-lo, chegou o padre Natale Pigato. Os padres Brescianini e Pigato promoveram o aumento do cemitério, com a substituição da sua cerca de madeira por muro, e a construção de uma capela neste. Em primeiro de novembro de 1897, o cemitério renovado foi bento. Também sob sua influência foram adquiridos novos sinos e a construção do campanário. Os sinos foram consagrados em 26 de dezembro de 1897 pelo primeiro Bispo de Curitiba, Dom José de Camargo Barros. O campanário foi inaugurado no ano de 1901. Também àqueles padres se deve a construção da casa das Irmãs e a escola da colônia.

O bairro Santa Felicidade é hoje um importante centro gastronômico, de visita obrigatória pelos turistas que se dirigem ou passam por Curitiba. Entre seus restaurantes merece citação o Novo Madalosso, o segundo maior restaurante do mundo.

11. O Bairro do Umbará

11.1 História do bairro

O bairro do Umbará situa-se no extremo sul do município de Curitiba. Apresentava terra fértil, mas que se transformava em barro quando chovia. Segundo pesquisas arqueológicas da Universidade Federal do Paraná, já no começo da Era Cristã a localidade teria sido habitada por indígenas que praticavam cerâmica com o barro da região. A atividade cerâmica perdurou até a chegada dos imigrantes europeus, quando então foi perdendo suas características originais, devido à influência da tecnologia trazida pelos portugueses. A partir daí o barro foi sendo marcado pelos cascos das mulas, do gado e dos cavalos de tropeiros que, vindo da região dos Campos Gerais, se dirigiam para o litoral paranaense, para comercializarem carne de charque e bovinos, trocando-os por açúcar, sal e outros produtos, vindos de outras regiões por meio de navios. A partir de 1700, os habitantes do Umbará utilizavam a erva mate para consumo local e comercializavam, em pequenas quantidades, enviando para outros portos do litoral brasileiro. Entre 1820 e 1876, o comércio passou a atender também o mercado latino.

A partir de 1880, a região começou a receber imigrantes italianos e poloneses. Estes últimos, em grande parte eram reimigrantes da colônia Príncipe D. Pedro, em Brusque, Santa Catarina. Também provinham da colônia Tomaz Coelho, em Araucária, Paraná. Os italianos eram em parte provenientes da colônia Dantas. Também vinham direto das colônias litorâneas do Paraná. A primeira família italiana a se instalar no Umbará foi a de Giorgio Bobato. O primeiro polonês que veio para o Umbará foi Francisco Sella. Logo após chegaram as famílias de Antonio Negrello, Valentino Gabardo e Augusto Wacheski. À medida que iam se estabelecendo, davam apoio e solidariedade aos que continuavam vindo da colônia Dantas ou de outras colônias. Foi que aconteceu com a família Moletta e mais tarde com a família de Giovanni Parolin e sua mulher Angela Gabardo, hospedados na casa dos Moletta até construírem a sua própria casa.

11.2 A religiosidade dos italianos

Uma das características que identificavam os poloneses e italianos era a sua fé no catolicismo. Era essa fé religiosa que se constituía em força de união entre os imigrantes e que os mantinha firmes colônias. Em 1887, foi fundada na Itália a Congregação dos Missionários Scalabrinianos, cuja finalidade era manter o espírito e a fé católica dos imigrantes italianos radicados fora da terra natal. Alguns anos antes, em 1884, o Paraná já havia recebido o Padre Pietro Cobalcchini, que mais tarde entrou para aquela congregação. O padre Cobalcchini se instalou primeiramente na colônia Dantas, onde rezou a primeira missa em 1886. Posteriormente foi para a colônia Santa Felicidade não deixando, porém, de visitar todas as colônias italianas de Curitiba, deslocando-se de uma para outra a cavalo. A colônia no Umbará era periodicamente visitada pelo padre Cobalcchini. Nela auxiliou na construção de uma capela de madeira em terreno do imigrante Luigi Bonato. Essa capela serviu para manter acesa a religiosidade dos imigrantes até o ano de 1896. Nesse ano iniciou-se a construção da Igreja Matriz. A comissão formada para a construção dessa Igreja Matriz foi composta por Antonio Negrello, Valentino Gabardo, Bortolo Pellanda e Francesco Bonato. A construção da mesma havia sido autorizada no ano anterior pelo bispo de Curitiba, Dom José de Camargo Barros. O terreno onde foi construída a Igreja foi doado por Guilherme Weigert Júnior. Abençoada em 29 de junho de 1896, a Igreja foi dedicada a São Pedro Apóstolo. Construída em alvenaria na parte mais alta da região do Umbará, a Igreja se tornou o centro religioso e social do bairro. Os missionários escalabrinianos atenderam à comunidade do Umbará até o ano de 1904, integrada ao Curato Italiano da Colônia Santa Felicidade. Em outubro daquele ano a colônia do Umbará passou a ser atendida pelo padre diocesano Matheus Bonato. Havia uma preocupação do bispo de Curitiba, que acreditava que os missionários escalabrinianos viviam muito isoladamente nas colônias italianas, o que dificultava enormemente a integração entre os imigrantes e a sociedade curitibana. Em 1906, o padre Matheus viajou para a Itália e na sua ausência o Curato foi entregue aos padres claretianos da Água Verde. Tal fato provocou um grande descontentamento entre os colonos do Umbará, que chegaram inclusive a fechar com pregos as portas da Igreja e do campanário, querendo que os padres escalabrinianos retornassem para a paróquia. Somente em 1911, o pedido foi atendido, sendo designado então o padre Claudio Morelli. Esse padre foi um importante líder espiritual, atuando também nos setores de saúde e de educação. Foi durante a estada do padre Morelli que se estabeleceu a Congregação das Filhas de Maria e foram inaugurados os sinos da Igreja, consagrados pelo bispo Dom João Braga. Em 1915, faleceu o padre Claudio Morelli, aos 33 anos de idade.

Após ser dirigida por padres josefinos, em 1928 a paróquia foi confiada aos padres capuchinhos. No dia 19 de julho daquele ano chegou à colônia o frei Anselmo de São Mauro de Saline. Novamente a comunidade mostrou-se descontente com a falta dos padres escalabrinianos, surgindo então vários atritos que geraram reclamações dos poloneses e brasileiros sobre os sermões efetuados somente no idioma italiano. Frei Anselmo não aceitava as razões apresentadas. A comunidade pedia a construção de uma nova igreja, mas o capuchinho desejava a restauração da igreja velha. Em 17 de fevereiro de 1931 frei Anselmo destituiu a comissão, querendo que o povo elegesse uma nova equipe, para promover a restauração da igreja. Devido a esses contratempos e desacertos, no dia 12 de julho de 1931 os colonos tomaram o frei Anselmo pelos braços, colocaram-no dentro de um caminhão e o levaram até o convento nas Mercês, onde o deixaram. A comunidade reivindicava novamente a volta dos missionários escalabrinianos, mas, devido aos fatos acontecidos, a Igreja de São Pedro Apóstolo recebeu o interdito pelo bispo Dom João Braga. Esse interdito somente foi revogado em 1936, após vários abaixo-assinados ao Núncio Apostólico e ao Cônsul Geral da Itália. Em 1936, voltam os missionários escalabrinianos com a chegada do padre Orestes Tondelli. Com ele se deu o prosseguimento à construção da nova Matriz, projetada pelo engenheiro João de Mio. Nas obras, dirigidas pelo próprio de Mio, participaram colonos poloneses, italianos e também brasileiros residentes na colônia. A Matriz foi concluída em 1938 e inaugurada em 1939 pelo padre Primo Bernardi.

Igreja de São Pedro Apóstolo – Umbará

Fonte: www.arquidiocesedecuritiba.org.br/paroquias/sao-pedro-umbara/

11.3 Aspectos sociais

Próximo à Igreja, em terreno doado por Valentino Gabardo, foi implantado o cemitério da colônia. A sua bênção ocorreu no dia 10 de fevereiro de 1897, pelo padre escalabriniano Faustino Consoni. O funcionamento deste e a sua manutenção ocorreram graças à solidariedade existente entre os habitantes da colônia. Somente no ano de 1947 houve a fundação da Sociedade Caixa Mortuária, cuja finalidade é a manutenção do cemitério, arcada com recursos provenientes da arrecadação de cotas mensais pagas pelos associados. Atualmente o cemitério possui em torno de 800 lotes e está integralmente calçado graças à comissão que o administra. A Sociedade Caixa Mortuária conta hoje com aproximadamente 1500 associados.

O armazém de Valentino Gabardo foi o primeiro a ser instalado por um imigrante no bairro. Em 1892, Valentino já pagava impostos pela propriedade de um estabelecimento de gêneros alimentícios. Com a morte de Valentino, em 1897, o armazém passou a ser administrado por sua viúva, Antonia Bizzotto, e passou a ser conhecido como "o armazém da viúva Gabarda".

Os armazéns que já existiam no bairro do Umbará, desde a década de 1880, tinham alvarás concedidos a brasileiros, como os do senhor Fermino Alves Barbosa Leal e do senhor Augusto de Oliveira Figueiredo. Seguindo o exemplo de Valentino Gabardo, outras famílias de imigrantes abriram casas de negócios, sendo que o segundo armazém aberto por um imigrante foi o de Vincenzo Negrello, filho de Antonio Negrello e cunhado de Giovanni Gabardo, irmão de Valentino. Mais tarde, o filho deste último, Francisco Gabardo, juntamente aos três irmãos, abriu outro armazém na colônia. Outros armazéns foram abertos por Angelo Cordeiro, Antonio Bizzotto, André Campagnollo, Angelo Nichele, Colomba Merlin e Angelo Burbello.

As atividades comerciais foram se diversificando, surgindo oficinas especializadas em ferraria, carpintaria, sapataria, padaria, farmácia e outras. Também foram surgindo ramos industriais, como pequenos engenhos, barricarias, serrarias a vapor, moinhos e olarias. Um ramo que se destacou a partir da década de 1910, foram as barricarias, originariamente chamadas de tanoaria. Essa atividade surgiu devido ao grande fluxo da erva-mate em direção ao litoral, para exportação. A viúva de Valentino Gabardo também abriu uma barricaria, com licença da Prefeitura Municipal de Curitiba concedida em 1912 e que lhe custou a quantia de 26$000,00 (vinte e seis mil réis). As maiores barricarias pertenceram às famílias Bonato, Gabardo, Maragno, Negrello, Nichele, Pellanda entre outras e que se mantiveram por longos anos, passando sempre de pai para filho. Esse ramo começou a decair depois da Segunda Guerra Mundial, quando as barricas foram gradativamente substituídas por embalagens plásticas. Também colaborou na queda a própria exportação da erva-mate, que diminuiu a partir da década de 1930. A grande massa de mão de obra dos umbaraenses se voltou então para as olarias, na produção de tijolos para a construção civil. Atividade iniciada timidamente em 1910, tomou impulso a partir da década de 1940, quando várias olarias foram instaladas, como as das famílias Parolin, Wosniak, Wacheski, Bozza, Pellanda, entre outras. Atualmente o bairro conta com mais de 100 olarias, sendo o principal fornecedor de tijolos para a Região Metropolitana de Curitiba.

VII

OS IMIGRANTES E SEUS ANCESTRAIS

A seguir, relacionamos os ancestrais do autor, até o patriarca comum aos três ramos que emigraram para o Brasil. Esses dados estão registrados na árvore genealógica desenvolvida pelo autor, que a mantém em constante atualização. Os ancestrais dos imigrantes foram conhecidos a partir de consultas efetuadas por meio da Paróquia de Valstagna, localidade de origem dos membros da família Gabardo, complementadas pelo dossiê genealógico a nós enviado por Bruno Gabardo, de Létra, na França

1. Bortolo Gabardo e Domenica Guzzo

Bortolo Gabardo nasceu em Valstagna, em 20 de setembro de 1824. Era filho de Vittore Gabardo e de Caterina Cavalli. Casou-se com Domenica Guzzo em 29 de fevereiro de 1846. Passaram a residir na casa de número 232 da Via Mattieto, em Valstagna, de onde sairiam para emigrar para o Brasil, juntamente a quatro filhos, Vittore, Giovanni, Valentino e Maria, as noras Luigia Lazzari e Agata Negrello e quatro netos, Bortolo, Domenico, Antonio e Maria, filhos de Vittore. Destes, Antonio, nascido em 13 de junho de 1875, morreu em 29 de dezembro de 1877, na colônia Nova Itália, em Morretes. Bortolo Gabardo faleceu em Curitiba, em 15 de julho de 1882, aos 58 anos, após três meses de doença não identificada em seu atestado de óbito. Sua esposa, Domenica Guzzo, faleceu em 25 de março de 1895, aos 69 anos, também em Curitiba, tendo como *causa mortis* em seu atestado, fraqueza.

1.1 Os ancestrais

Paolo Gabardo (1658)
  (1689) Giacoma Pasi (31/08/1666)
    Mattio Gabardo (14/09/1704 – 16/12/1780)
      Corona Meneghetti (1707 – 17/09/1799)
        Giovanni Gabardo (1741 – 23/12/1797)
          (1770) Antonia Stefani (1747 – 17/12/1806)
            Mattio Gabardo (09/06/1773 – 23/12/1849)
              (18/11/1795) Giacoma Costa (23/11/1779 – 20/05/1841)
                Vettore Gabardo (10/07/1801 – 09/12/1826)
                  (05/03/1821) Catterina Cavalli (29/08/1799 – 04/04/1841)
                    Bortolo Gabardo (20/09/1824 – 15/07/1882)
                      (29/02/1846) Domenica Guzzo (15/01/1826 – 25/03/1895)
                        Giovanni Gabardo (11/09/1850 – 04/10/1922)

Agata Negrello (31/01/1859 – 28/06/1936)
João Gabardo Filho (05/03/1889 – 08/07/1971)
Alzira Lemos de Souza (05/09/1894 – 26/09/1936)
João Gabardo Lemos (30/08/1913 – 13/12/1997)
Bertha Liebl (27/07/1915 – 06/01/2012)
João Carlos Gabardo (14/07/1945)

2. Registros civis e paroquiais dos imigrantes e ancestrais

Apresentamos apenas os registros dos antepassados diretos do autor. A publicação de todos os registros existentes tornaria esta obra muito extensa.

Menção ao nascimento de Nicolò Gabardo, em 1490, onde se visualiza o nome do pai, Gabardo Vincenti, e do avô, Mei. O sobrenome original era Vincenti e Nicolò adotou o nome do pai como sobrenome. Na época, para identificar as pessoas, dizia-se o nome seguido do nome do pai, isto é, Nicolò, (filho) de Gabardo. Em 10/05/1557, Nicolò ainda era vivo

```
 /  /1490
GABARDO Nicolò, né le   /  /1490
   fils de VINCENTI Gabardo - Mei, résidant à Valstagna
   Observations : Not. B.SGUARIO; viv 28/05/1520, 26/12/1521, Not. G.GIANESE; viv
              28/01/1540, 13/02/1540, 07/05/1543, 21/10/1543, 23/04/1544,
              11/01/1545, 28/01/1546, 14/02/1547, 13/12/1547, Not. G.BAGGIO; viv
              24/08/1550, 10/05/1557,
```

Fonte: MATTANA, Michel – Biblioteca Civica di Valstagna

Menção ao nascimento de Vicenzo Gabardo, em 1516, onde se visualiza o nome do pai, Nicolò Gabardo, e do avô, Gabardi (ou Gabardo). Em 30/08/1574, Vicenzo ainda era vivo

```
 /  /1516
GABARDO Vicenzo, né le   /  /1516
   fils de GABARDO Nicolò + Gabardi, résidant à Valstagna
   Observations : Not. G.GIANESE; viv 11/01/1545, Not. G.BAGGIO; viv 24/08/1550,
              19/09/1557, Not. A.FINCATI; viv 01/09/1574, Not. GA.CRASSI; viv
              10/04/1570, 26/05/1572, 26/07/1573, 23/05/1574, 30/08/1574,
```

Fonte: MATTANA, Michel – Biblioteca Civica di Valstagna

Menção ao nascimento de Pietro Gabardo, em 1550, onde se visualiza o nome do pai, Vicenzo Gabardo, e do avô, Nicolò. Menciona também o casamento, em 1574, com Cattarina Ferrazzi. Pietro faleceu antes de 19/11/1609. No registro seguinte, verifica-se que Pietro faleceu ainda antes de 18/01/1608

```
/  /1550
GABARDO Pietro, né le   /  /1550
    fils de GABARDO Vicenzo - Nicolò, résidant à Valstagna
    Mentions marginales : Marié le   /  /1574 à Valstagna
    avec FERRAZZI Cattarina + Mattio + Pietro
    Observations : Not. GA.CRASSI; viv 10/04/1570, 26/12/1571, 23/05/1574, 02/09/1576,
                   Not. P.PIERLI; 19/11/1609 (già +),
```

Fonte: MATTANA, Michel – Biblioteca Civica di Valstagna

Menção ao nascimento de Vicenzo Gabardo, em 1575, onde se visualiza o nome do pai, Pietro Gabardo, do avô, Vicenzo e do bisavô Nicolò. Menciona também o casamento, em 1609, com Giovanna Lazaroni. Vicenzo faleceu antes de 25/07/1650

```
/  /1575
GABARDO Vicenzo, né le   /  /1575
    fils de GABARDO Pietro - Vicenzo + Nicolò, résidant à Valstagna
    et de FERRAZZI Cattarina - Mattio + Pietro, originaire de Valstagna
    Mentions marginales : Marié le   /  /1609 à Valstagna
    avec LAZARONI Giovanna + Giuseppe + Bernardino
    Observations : Not. GA.CRASSI; viv 13/06/1606, 18/01/1608 (+ Pietro), Not. P.PIERLI;
                   viv 16/11/1609, 19/11/1609, 21/07/1614, 02/07/1618, 27/12/1619,
                   19/07/1626, Not. A.LAZARONI; viv 30/12/1629, Not. GB.PRANE; viv
                   08/07/1634, 02/11/1634, 28/10/1639, 30/05/1640, 10/11/1641,
                   14/09/1642, 23/03/1643, 25/07/1650 (già +),
```

Fonte: MATTANA, Michel – Biblioteca Civica di Valstagna

Menção ao nascimento de Mattio Gabardo, em 1618, onde se visualiza o nome do pai, Vicenzo Gabardo, e do avô, Pietro. Menciona também o falecimento em 07/05/1699

```
/  /1618
GABARDO Mattio, né le   /  /1618
    fils de GABARDO Vicenzo (+<1650) - Pietro, résidant à Valstagna
    Mentions marginales :
    décédé le 07/05/1699 à Valstagna
    Observations : Not. GB.PRANE; viv 02/05/1644, 25/07/1650, 21/05/1651, 24/08/1653,
                   25/04/1655, 05/06/1656, 02/09/1657, 27/12/1660, 04/12/1661,
                   28/12/1662, 29/09/1664, 01/02/1665, 27/06/1666, Not. V.FERRAZZI; viv
                   07/11/1659, 21/06/1665, 05/07/1665, 01/11/1667, 21/09/1668,
                   29/07/1669, 19/05/1671, 13/11/1672, 18/02/1674, 05/07/1676,
                   03/10/1677, 28/12/1678, 14/05/1679, Not. N.PANZONI; viv 09/06/1675,
                   Not. G.MERTO; viv 20/10/1680, 31/12/1681, 24/08/1683, 12/12/1690,
                   13/11/1695, 06/05/1699 (testamento in urgenzia), Not. G.SEBELLIN; viv
                   25/01/1684, 06/07/1708 (già +), Viv °06/03/1699. Già + 09/01/1701.
/  /1618
```

Fonte: MATTANA, Michel – Biblioteca Civica di Valstagna

Menção ao nascimento de Paolo Gabardo, em 1658, onde se visualiza o nome do pai, Mattio Gabardo e do avô, Vicenzo. Menciona também o casamento, em 1689, com Giacoma Pasi. Paolo faleceu antes de 16/08/1740

```
/ /1658
GABARDO Paolo *, né le    /  /1658
    fils de GABARDO Mattio - Vicenzo, résidant à Valstagna
    Mentions marginales : Marié le   /  /1689 à Valstagna
    avec PASI Giacoma + Carlo + Giovanni
    Observations :  Not. G.MERTO; viv 06/05/1699 (frat. Vicenzo), 25/04/1701, 04/01/1706,
                    29/12/1707, 10/12/1709, 16/11/1712, 07/05/1715, Not. V.FERRAZZI; viv
                    11/08/1700, Not. B.SASSO; viv 26/07/1708 (50a), Not. F.SASSO; viv
                    25/03/1717, 27/12/1720, 05/07/1723, 02/02/1724, Not. M.FERRAZZI;
                    16/08/1740 (già +), Not. AF.SASSO; 08/12/1743 (già +),
```

Fonte: MATTANA, Michel – Biblioteca Civica di Valstagna

Registro de batismo da esposa de Paolo Gabardo, Giacoma Pasi, filha de Carlo Pasi e Fiorina (31/08/1666)

Fonte: Parrochia di S. Antonio Abate – Valstagna – Registro degli Atti di Battesimi – 1663 a 1711

Registro de batismo de Mattio Gabardo, filho de Paolo Gabbardo e Giacoma Pasi (21/09/1704)

Fonte: Parrochia di S. Antonio Abate – Valstagna – Registro degli Atti di Battesimi – 1663 a 1711

Registro de falecimento de Mattio Gabardo, filho de Paolo Gabardo e Giacoma Pasi (16/12/1780)

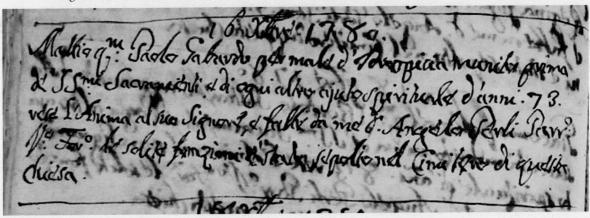

Fonte: Parrochia di S. Antonio Abate – Valstagna – Registro degli Atti di Morte – 1751 a 1807

Menção ao nascimento de Giovanni Gabardo, em 1741, onde se visualiza o nome do pai, Mattio Gabardo, do avô, Paolo e do bisavô, Mattio. Menciona também o casamento, em 1770, com Antonia Steffani. Giovanni faleceu em 23/12/1797

```
/  /1741
GABARDO Giovanni *, né le   /  /1741
   fils de GABARDO Mattio - Paolo + Mattio, résidant à Valstagna
   et de MENEGHETTI ? Corona ? Giacomina 06/11/1798, originaire de Valstagna
   Mentions marginales : Marié le  /  /1770 à Valstagna
   avec STEFFANI Antonia + Steffano (+17/12/1806 VA), décédé le 23/12/1797 à Valstagna
   Observations : Not. A.SASSO; 06/11/1798 (già +),
```

Fonte: MATTANA, Michel – Biblioteca Civica di Valstagna

Menção ao nascimento de Antonia Steffani, em 1747, onde se visualiza o nome do pai, Steffano Steffani, do avô, Bortolo e do bisavô, Steffano. Menciona também o casamento, em 1770, com Giovanni Gabardo. Antonia faleceu em 17/12/1806

```
/  /1747
STEFFANI Antonia, née le   /  /1747
   fille de STEFFANI Steffano - Bortolo + Steffano, résidant à Valstagna
   et de LAZAROTO Margarita - Lazaro + Domenico, mariée le  /  /1738
   originaire de Valstagna
   Mentions marginales : Mariée le  /  /1770 à Valstagna
   avec GABARDO + Giovanni + Mattio (+23/12/1797 VA), décédée le 17/12/1806 à Valstagna
```

Fonte: MATTANA, Michel – Biblioteca Civica di Valstagna.

Registro de batismo de Mattio Gabardo, filho de Giovanni (Zuanne) Gabardo e Antonia Steffani (09/06/1773)

Fonte: Parrochia di S. Antonio Abate – Valstagna – Registro degli Atti di Battesimi – 1760 a 1780

Registro de batismo de Giacoma Costa, filha de Domenico Costa e Angela Ceccon (23/11/1779). Giacoma se casou com Mattio Gabardo, em 18/11/1795

Fonte: Parrochia di S. Antonio Abate – Valstagna – Registro degli Atti di Battesimi – 1760 a 1780

Menção ao nascimento de Vettor Gabardo, em 10/07/1801, onde se visualiza o nome do pai, Mattio Gabardo, do avô, Giovanni, do bisavô, Mattio e do trisavô, Paolo. Menciona também o casamento, em 05/03/1821, com Cattarina Cavalli. Vettor faleceu em 09/12/1826

Fonte: MATTANA, Michel – Biblioteca Civica di Valstagna.

Registro de casamento de Vettor Gabardo com Catterina Cavalli em 05/03/1821

Fonte: Parrochia di S. Antonio Abate – Valstagna – Registro degli Atti di Matrimonio – 1816 a 1842

Menção ao nascimento de Bortolo Gabardo, em 20/09/1824, onde se visualiza o nome do pai, Vettor Gabardo, do avô, Mattio e do bisavô, Giovanni. Menciona também o casamento, em 24/02/1846, em Foza, com Domenica Guzzo. Bortolo emigrou para a America

```
20/09/1824   Acte N° 2046 p.358
GABARDO Bortolo, né le 20/09/1824
    fils de GABARDO Vettor + Mattio + Giovanni, résidant à Valstagna
    et de CAVALLI Cattarina Di Bortolo + Michiel, mariée le 05/03/1821
    originaire de Valstagna
    Par. GABARDO Vicenzo + Giovanni (M), originaire de Valstagna
    Mar. PONTAROLO Maria Di Tomaso (F)
    Rédacteur de l'acte : Don Gio:Batta FERRAZZI
    Mentions marginales : Marié le 24/02/1846 à Foza
        avec GUZZO Domenica + Gio:Batta (°15/01/1826 VA)
    Observations : Comadre: moglie di Andrea GABARDO di Antonio + Pietro di Valstagna.
        SAV di VA p.327 n°272. Emigre in America.
```

Fonte: MATTANA, Michel – Biblioteca Civica di Valstagna.

Registro de batismo de Bortolo Gabardo, filho de Vettor Gabardo e Catterina Cavali (20/09/1824)

Fonte: Parrochia di S. Antonio Abate – Valstagna – Registro dei Atti di Battesimi – 1805 a 1843

Registro de batismo de Domenica Guzzo, filha de Giovanni Battista Guzzo e Maria Dalla Zuanna (15/01/1826)

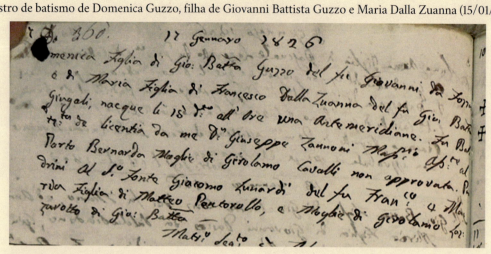

Fonte: Parrochia di S. Antonio Abate – Valstagna – Registro dei Atti di Battesimi – 1805 a 1843

Registro de batismo de Giovanni Gabardo, filho de Bortolo Gabardo e Domenica Guzzo (11/09/1850)

Fonte: Parrochia di S. Antonio Abate – Valstagna – Registro dei Atti di Battesimi – 1844 a 1865

Registro de batismo da esposa de Giovanni Gabardo, Agata Negrello, filha de Antonio Negrello e Giacoma Pontarollo (31/01/1859)

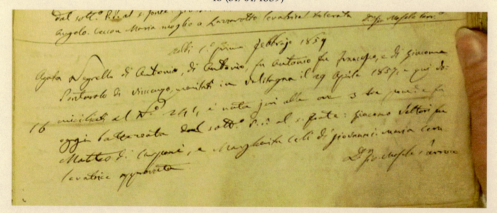

Fonte: Parrochia di S. Antonio Abate – Valstagna – Registro dei Atti di Battesimi – 1844 a 1865

VIII

CURIOSIDADES E HOMENAGENS

1. Curiosidades

O ancestral comum dos Gabardo brasileiros, Paolo Gabardo, que nasceu em 1658, era casado com Giacoma Pasi. Outro Paolo Gabardo, primo em 4º grau, nascido em 1604, também era casado com Giacoma Pasi. Os pais de ambos se chamavam Mattio e ambos tiveram filhos aos quais deram o nome de Mattio. Giacoma Pasi também era o nome da esposa de Gaetano Gabardo, trineto de Paolo Gabardo e Giacoma Pasi.

O campeão na geração de filhos foi João Gabardo, filho de Angelo Gabardo e Angela Pontarollo. Sua prole foi composta de 21 filhos, sendo 12 de sua primeira esposa, Genoveva Stofella, e os outros nove da segunda esposa, Thereza Pazello. O segundo casal que teve mais filhos foi Giovanni Cunico e Giuseppa Gabardo, que geraram 19 filhos.

O representante que se tornou pai com a idade mais avançada foi João Gabardo Filho, de Giovanni Gabardo e Agata Negrello. Ele teve seis filhos com a primeira mulher, Alzira Lemos de Souza. Com a segunda, Olivia Machado, teve mais quatro. O primeiro destes, João Jaime, nasceu quando João já tinha 61 anos e o último, Jair Gabardo, nasceu em 1965 quando o pai completou 76 anos. Sua neta mais velha, Maria Dolores Gabardo, irmã do autor, nasceu em 1938, portanto, seu tio Jair é 27 anos mais novo que ela. O autor nasceu em 1945, portanto, é 20 anos mais velho que seu tio mais novo.

1.1 Casamentos entre primos

A seguir apresentamos alguns casais, primos entre si. Não relacionamos todos, mas apenas aqueles até o oitavo grau. Mesmo até esse grau a relação ainda não é completa.

Maria Antonia Gabardo e Pedro João Negrelli eram primos em primeiro grau, sendo ambos netos de Antonio Negrello e Giacoma Pontarollo.

José Gabardo Lemos e Joana Negrelli eram primos em primeiro grau, ambos netos de Giovanni Gabardo e de Agata Negrello.

Jislaine Gabardo e Jocelito Gabardo Riboski são primos em primeiro grau, ambos netos de Piero Gabardo e Ítala Lúcia Gabardo.

Gyovana Guimarães e Armando Morilha Filho são primos em primeiro grau, sendo ambos netos de Nair Gabardo e João Pereira Guimarães.

Jair Gabardo e Maria Francisca Gabardo Nenevê são primos em primeiro grau, ambos netos de Bartholomeu Gabardo e Maria Lourença Ferreira da Cruz de Castilho.

Altair Gabardo e Divanir Maria eram primos em segundo grau, sendo ele neto e ela bisneta de Antonio Gabardo e Rosa Alves Pinto.

Leonel Gabardo e Lucia Bozza eram primos em terceiro grau, sendo ambos bisnetos de Pietro Gabardo e Anna Maria Pontarollo.

Margarida Esterina Gabardo e Angelo João Bozza eram primos em terceiro grau, sendo que ambos eram bisnetos de Pietro Gabardo e Anna Maria Pontarollo.

Os casais Giacomo Gabardo / Giovanna Gabardo e Giovanni Gabardo / Anna Gabardo eram primos em quarto grau. Cabe ressaltar que Giacomo e Giovanni eram primos em terceiro grau, bisnetos de Vincenzo Gabardo e Vincenza Pontarollo e Giovanna e Anna eram irmãs, trinetas do mesmo casal.

Octacília Gabardo e João Bozza eram primos em terceiro grau. Ambos eram bisnetos de Pietro Gabardo e Anna Maria Pontarollo.

Veronica Gabardo e Julio Bozza eram primos em terceiro grau, sendo que ambos eram bisnetos de Pietro Gabardo e Anna Maria Pontarollo. Julio Bozza e João eram irmãos. Veronica Gabardo e Octacília eram primas em primeiro grau.

Sandro José Gabardo e Sonia de Fatima Bonato são primos em terceiro grau. Ambos são bisnetos de Tommaso Gabardo e Orsola Angela Bizzotto.

Sebastião Gabardo e Mercedes Negrelli são primos em terceiro grau, sendo ambos bisnetos de Giovanni Gabardo e Agata Negrello.

Adhair Gabardo e Leonísio Nardino eram primos em quarto grau. Adhair era bisneta e Leonísio trineto de Pietro Gabardo e Anna Maria Pontarollo.

Hercília Gabardo e Antenor Sebastião Mattana eram primos em quarto grau. Hercília era bisneta e Antenor trineto de Pietro Gabardo e Anna Maria Pontarollo.

Araújo Gabardo e Yolanda Deconto eram primos em quarto grau. Araújo era bisneto e Yolanda trineta de Pietro Gabardo e Anna Maria Pontarollo.

Valdemar Gabardo e Eunice Moreschi eram primos em quarto grau. Valdemar era bisneto e Eunice trineta de Pietro Gabardo e Anna Maria Pontarollo.

Isolda Rossa e Irineu Jacob Deconto eram primos em quarto grau. Isolda era bisneta e Irineu trineto de Pietro Gabardo e Anna Maria Pontarollo.

Anna Gabardo e Antonio Negrello eram primos em quinto grau. Eram trinetos de Angelo Gabardo e Catterina Perli.

Piero Gabardo e Ítala Lucia Gabardo eram primos em quinto grau, sendo ambos trinetos de Angelo Gabardo e Catterina Perli.

Osmar Gabardo e Nilza Moreschi são primos em quinto grau, sendo ambos trinetos de Pietro Gabardo e Anna Maria Pontarollo.

José Carlos Gabardo e Maria de Lourdes Wisnesky são primos em quinto grau, ambos trinetos de Pietro Gabardo e Anna Maria Pontarollo.

Alba Gabardo e Celso Gabardo eram primos em quinto grau. Ambos são trinetos de Pietro Gabardo e Anna Maria Pontarollo.

Glacimar José Gabardo e Rosimeri Micheletto são primos em quinto grau, sendo ambos trinetos de Angelo Gabardo e Angela Nardino.

Giovanni Battista Gabardo e Angela Lazzarotto eram primos em sexto grau. Giovanni era trineto e Angela tetraneta de Giovanni Gabardo.

Arnaldo Gabardo e Antonia Otília Gabardo eram primos em sexto grau. Arnaldo era trineto e Antonia era tetraneta de Angelo Gabardo e Catterina Perli.

Os casais Antonio Leontino Bobato e Maria Liria Negrello, Deolderico Bobato e Maria Margarida Negrello e Reinaldo Bobato e Pedrina Negrello eram primos em sexto grau. Antonio Leontino, Deolderico e Reinaldo eram irmãos, sendo trinetos de Angelo Gabardo e Caterina Perli. Também eram irmãs Maria Liria, Maria Margarida e Pedrina, tetranetas do mesmo casal.

Maria Idinir Gabardo e Rolival Bonato são primos em sexto grau. Rolival é trineto e Maria Idinir tetraneta de Gaetano Gabardo e Giacoma Pasi.

Adriana Gabardo e Claidemir Accordi são primos em sexto grau. Adriana é trineta e Claidemir tetraneto de Angelo Gabardo e Angela Nardino.

Andreia Luciane Gabardo e Nebison José Tortato são primos em sexto grau. Adriana Gabardo e Andreia Luciane são primas em primeiro grau, netas de Antonio Ernesto Gabardo e Ernestina Palu. Nebison é tetraneto de Angelo Gabardo e Angela Nardino.

Antonio Gabardo e Antonia Haydée Negrello eram primos em sétimo grau, ambos quadrinetos de Angelo Gabardo e Catterina Perli.

Dalvir Lessnau e Dionidia Pierobom eram primos em sétimo grau, ambos quadrinetos de Angelo Gabardo e Catterina Perli.

Maria Mafalda Bobato e João Jurandil Gabardo eram primos em oitavo grau. Maria Mafalda é tetraneta e João quinto neto de Angelo Gabardo e Catterina Perli.

Geraldo Claito Bobato e Joana Claudir Pilato são primos em oitavo grau. Geraldo é tetraneto e Joana quinta neta de Angelo Gabardo e Catterina Perli.

1.2 Casamentos entre cunhados

Antonio Gabardo se casou com Dorotea Pontarollo, viúva de seu irmão Vincenzo.

Liberale Gabbardo se casou com Amalia Maria Putrich, viúva de seu irmão Guerino.

Humberto Gabardo se casou com Zulmira Robert, viúva de seu irmão Aldino.

Marcello Moletta se casou com Thereza Negrello, viúva de seu irmão Eduardo.

1.3 Curiosidades trágicas e policiais

A primeira notícia de que se tem de um caso trágico foi o caso, já relatado no capítulo VI, item 3, – Registros de antepassados, do fuzilamento de Angelo Gabardo, em Vicenza, em 1797.

Durante a Primeira Guerra Mundial, entre os anos de 1914 e 1918, entre os soldados valstagneses caídos durante os combates, figuravam dois soldados com o nome de Antonio Gabardo.

Na principal rua de Valstagna, a Via Roma, um monumento homenageia os soldados mortos em combate. A seguir, fotos (do autor) do monumento e da relação de nomes onde se visualiza os dois Antonios Gabardo.

Monumento aos Mortos da 1ª Guerra Mundial

Fonte: foto do autor

Homenagem aos caídos na guerra

Fonte: foto do autor

Relação parcial do nome dos soldados mortos

Fonte: foto do autor

Valentino Gabardo foi um dos pioneiros do bairro Umbará. Fez parte da comissão para a construção da igreja do bairro. Também foi o doador do terreno onde se instalou o cemitério. Morreu assassinado, aos 38 anos, em 2 de março de 1897, com uma facada na região torácica, dentro do armazém de sua propriedade, no bairro Umbará, em Curitiba. Seu atestado de óbito foi assinado pelo Dr. Victor do Amaral. O armazém, depois disso, ficou conhecido como "o armazém da viúva Gabarda".

Maria Etelvina Kuhl, o marido Acrísio Leovegildo de Oliveira e uma neta morreram em desastre automobilístico, com o carro dirigido pelo filho Ivan de Oliveira, na antiga Estrada Curitiba-Paranaguá (Estrada da Graciosa).

Por volta das 21h30, de 29 de setembro de 2005, na Rua Tomé de Souza, na cidade de Canoas, Rio Grande do Sul, dois homens desceram de um automóvel Ka prata e acertaram um tiro no coração de Mário Sérgio Gabardo, enquanto ele estacionava o Peugeot 307 de sua propriedade. Mario era filho do empresário Sérgio Mario Gabardo, fundador e proprietário da empresa Transportadora Gabardo. Tinha 20 anos e cursava Direito na Pontifícia Universidade Católica do Rio Grande do Sul (PUCRS).

Luciano Gabardo, filho de Mário Gabardo sofreu um acidente no dia 21 de dezembro de 2005, no cruzamento das ruas Olavo Bilac e Treze de Maio, em Bento Gonçalves. O motorista causador do acidente estaria embriagado e em alta velocidade, conduzindo uma caminhonete Ford Explorer, passando o sinal vermelho, vindo a colidir violentamente com o veículo Peugeot 206 dirigido por Luciano. Luciano Gabardo, que na época tinha 27 anos, morreu devido a múltiplas lesões, tendo hemorragia interna por laceração da aorta, fígado e baço.

Na madrugada do dia 4 de outubro de 2007, um automóvel Astra chocou-se contra uma árvore na Rua Guilherme Pugsley, no bairro Água Verde, em Curitiba. Os dois ocupantes, Bruno Henrique Colledan, que dirigia o carro, e Carolina Gabardo, morreram na hora. Os dois jovens eram estudantes universitários, morando em Curitiba. As famílias, porém, residiam no estado de Rondonia, Bruno Henrique, de 22 anos, foi transladado para Ariquemes e Carolina, de 19 anos, foi transladada para Jarú.

No mês de março de 2004, o casal Alcione Gabardo e Rosi Bernadete voltavam do litoral do Paraná, quando sofreram um acidente, perdendo a vida, juntamente ao neto Guilherme, filho de Alcione Gabardo Júnior.

José Gabardo, casado com Maria Cecília Thomaz em 23 de outubro de 1909, faleceu em 18 de novembro de 1918, vitimado pela febre espanhola, que assolou o país naquela época. A gripe espanhola foi uma pandemia que assolou o Brasil. Em 1918, ainda se travavam batalhas da Primeira Guerra Mundial na Europa. No segundo semestre daquele ano surgiram os primeiros casos da gripe. O nome de batismo não delata a verdadeira origem da doença (a informação mais divulgada hoje é de que surgiu em campos de treinamento militar no Kansas, Estados Unidos). O mundo enfrentava a 1ª Guerra Mundial e a Espanha, por não estar entre os combatentes, foi o único país a noticiar inicialmente os casos (embora já estivessem espalhados por vários países), enquanto os jornais das nações em guerra foram proibidos de dissipar a notícia da doença para não causar pânico nas tropas. A gripe espanhola teria deixado entre 20 e 50 milhões de mortos no mundo – cerca de 35 mil deles no Brasil. Na época os médicos identificavam os sintomas da doença, que já classificavam como microbiana, endêmica e mundial e sem tratamento específico. A comunidade científica também discutia se ela era causada por um bacilo ou um vírus: foi a gripe epidêmica que impulsionou essas pesquisas. Em setembro daquele ano, no Brasil, houve também um impasse sobre os primeiros casos suspeitos. A dúvida é se eram de gripe espanhola ou uma gripe comum. "Isso pode ter acarretado atraso em medidas de combate à doença em algumas localidades", observa a pesquisadora e professora Liane Maria Bertucci, do departamento de Teoria e Fundamentos da Educação da UFPR.

A epidemia se espalhou no país por causa de um navio inglês chamado Demerara, vindo de Portugal, que parou em Recife, Salvador e Rio de Janeiro em setembro, com marinheiros que desembarcaram doentes. No livro *"O mez da grippe"* (publicada a 1ª edição em 1981, pela Casa Romário Martins, da Fundação Cultural de Curitiba), do autor Valêncio Xavier, há a reconstrução deste momento histórico feito a partir de recortes de jornais da época, 1918, em outubro, novembro e dezembro, meses difíceis para a cidade de Curitiba, assolada pela gripe espanhola. O então diretor do Serviço Sanitário do Estado, Trajano Reis, aconselhava os habitantes que não se visitassem até que terminasse o ciclo da epidemia e que evitassem aglomerações. Segundo a historiadora, tanto na cidade, como em outras regiões do Brasil, os chamados conselhos ao povo resumiam, em poucas linhas, prescrições médicas. "Os jornais também publicavam comentários de médicos sobre a doença e, em alguns casos, como fez o paulistano O Estado de S. Paulo, reproduziam diariamente números oficiais de doentes e mortos". Na capital paranaense, então com 78 mil habitantes, foram 45.249 gripados entre outubro e dezembro de 1918, o equivalente a 57,7% dos curitibanos. Diretor do Serviço Sanitário da cidade, Trajano Reis, em um relatório sobre a epidemia, informou 321 mortes pela influenza; com a soma dos "subúrbios", o total chegava a 384 vítimas fatais da doença. Ao mesmo tempo em que Curitiba comemorava o final da Primeira Guerra Mundial, noticiava os primeiros casos da gripe espanhola no Brasil. Jornal (Reprodução do jornal Diário da Tarde, Hemeroteca Digital, autorizado mediante citação da Câmara Municipal de Curitiba).

Dados registravam que percentual de óbitos chegava a 0,84, em Curitiba (Reprodução O Mez da Grippe)

ANNO DE 1918
POPULAÇÃO DE CURITYBA E SUBÚRBIOS = 73.000 HABITANTES

DISTRICTOS	NASCI-MENTOS	CASA-MENTOS	OBITOS	OBITOS POR GRIPE		
				NOV.	DEZ.	TOTAL
CURITYBA	1.629	137	1.261	254	67	321
S. CASEMIRO DO TABOÃO	240	71	59	7	2	9
NOVA POLONIA	127	16	34	3	2	5
PORTÃO	248	59	112	31	18	49
TOTAL GERAL	2.244	283	1.466	295	89	384

DOENTES DE GRIPE = 45.249
PORCENTAGEM DE OBITOS = 0,84%

RELATÓRIO DO SR DR. TRAJANO REIS
DIRECTOR DO SERVIÇO SANITÁRIO

DIARIO DA TARDE

A CESSAÇÃO DA GUERRA COM A ALLEMANHA FOI FIRMADA

A esquadra franceza chega a Constantinopla e faz desembarcar seus marujos

Fonte: www.curitiba.pr.leg.br/informacao/noticias/espanhola-a-pandemia-das-pandemias-que-atingiu-curitiba

Em 1918, no período 14 de outubro a 14 de dezembro, a epidemia da gripe espanhola, ou "influenza", assola a Capital do Paraná, contaminando 45.249 pessoas e matando 384. A cidade foi dividida em quatro zonas e, médicos, acadêmicos de medicina e a polícia sanitária inspecionaram casas, desestimularam reuniões públicas ("clubs, foot-balls e cinematographos não funcionaram durante os dias calamitosos") e o uso do gelo (intimando os fabricantes de gelo a não fornecê-lo sem pedido médico), além de proibir os enterros "à mão". Criaram-se sete postos médicos espalhados na cidade com consultas e atendimento especializado e hospitais improvisados como o de Isolamento São Roque nas Mercês e o da Rua Marechal Floriano Peixoto, além da Santa Casa que disponibilizou uma enfermaria. Houve "desinfecção de tudo e de todos" que chegavam diariamente na Estação de Ferro; comprava-se em quantidade "desinfetantes, camas, colchões, travesseiros, roupas e todo o necessário para que os hospitais pudessem funcionar"; e fabricavam-se na Repartição Central milhares de comprimidos de quinina.

Trecho do livro *As Virtudes do Bem Morar*, de Zulmara Clara Sauner Posse e Elizabeth Amorim de Castro.

A seguir, os decretos 132 e 133 promulgados em 1918, registram algumas proibições impostas à população no período.

DECRETO N. 132

O Prefeito do Municipio da Capital, tendo em vista que as Directorias dos Serviços Sanitarios da Capital de S. Paulo e deste Estado, bem como da Capital Federal, aconselham insistentemente que se evite agglomeração, principalmente á noite, afim de impedir a propagação da «grippe hespanhola», epidemia ora reinante em diversas localidades do Paiz, resolve, como medida preventiva contra a invazão dessa epidemia, suspender o funccionamento dos cinemas e outras casas de diversões desta Capital.

O Secretario faça intimar, por intermedio do Fiscal Geral, os proprietarios ou emprezarios dos alludidos estabelecimentos desta resolução.

Gabinete da Prefeitura Municipal de Coritiba, aos 24 de Outubro de 1918.

João Antonio Xavier.

DECRETO N. 133

O Prefeito do Municipio da Capital no intuito de facilitar aos seus Municipies a acquisição de generos alimenticios e medicamentos aos Domingos e Dias Feriados, Resolve: autorisar ao Commercio de seccos e molhados e pharmacias a permanecerem com seus estabelecimentos abertos emquanto perdurar a epedimia de Grippe ora reinante. Publique-se, ficando sujeito este Decreto ao Poder Legislativo em sua próxima reunião.

Gabinete da Prefeitura Municipal de Corityba, em 9 de Novembro de 1918.

João Antonio Xavier.

Fonte: www.curitiba.pr.leg.br/informacao/noticias/espanhola-a-pandemia-das-pandemias-que-atingiu-curitiba

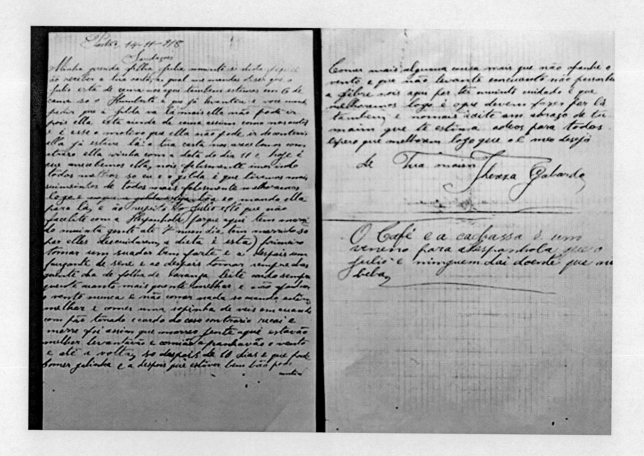

Publicamos acima a carta que Thereza Gusso, esposa de Bortolo Gabardo, enviou à sua filha, Julia Cecilia Gabardo, esposa de Julio Budant, comentando os cuidados que deveriam ser tomados para se cuidarem dos efeitos causados pelo vírus da gripe espanhola (imagens cedidas por Christiane Lavalle, bisneta de Julia Gabardo).

1.4 Outras curiosidades

Em 1956, Maria Dolores Gabardo, filha de João Gabardo Lemos e Bertha Liebl Gabardo e irmã do autor, na época ainda com 17 anos, foi eleita Rainha da Primavera da Sociedade Beneficente Operário do Ahu, atual URCA (União Recreativa Cultural do Ahu). Na ocasião a sede da Sociedade localizava-se na Rua Alberto Folloni, onde hoje está instalado o Supermercado Muffato. Também na época a Rua Alberto Folloni tinha o nome de Tomazina. Na página seguinte, foto da homenageada.

Encontros da Famiglia Gabardo. Em 17 de janeiro de 1999, foi realizado o Primeiro Encontro de Família Gabardo, em Bento Gonçalves, na área onde se estabeleceu a família de Natale Gabardo e Giovanna Mares. O evento ocorreu na Capela de Nossa Senhora de Monte Bérico da Linha Eulália, naquele município. Às 8 horas houve a recepção da comunidade; às 10 horas foi inaugurado o marco comemorativo no local onde se estabeleceu a família Gabbardo, em 1879; às 11h00 houve uma celebração religiosa, com a realização de uma missa; às 12 horas foi realizado o almoço de confraternização e a tarde foi destinada a atividades diversas.

Nos dias 14 e 15 de outubro de 2006, houve um segundo encontro, desta vez denominado de 1ª. GabardoFest. Esse evento, realizado no Bosque São Cristovão, bairro Santa Felicidade, em Curitiba, contou com aproximadamente 600 membros da família participantes. Também nessa ocasião foi lançado a primeira versão do livro *Fare l'America – um sonho italiano,* que narra um pouco a saga da família Gabardo. A programação contou com um culto ecumênico, alguns discursos sobre a imigração dos antepassados, venda do livro e de camisetas com o brasão da família, almoço e uma sessão de fotos dos participantes, além da confraternização entre parentes que nunca se viram.

Agata Negrello Gabardo mostrou ser uma mulher de fibra, trabalhando tanto nos afazeres de casa como na lida com a cultura do feijão, mesmo após a morte de seu marido João (Giovanni), em 1922. Tinha tanto cuidado com o seu produto que, ao fazer uma entrega a um comerciante, recusou-se a descarregar o seu feijão na caixa onde outro fornecedor deixara a sua safra, pelo fato de que aquele lá depositado era mais sujo do que aquele que ela estava entregando. Em outra ocasião um empregado não conseguia levantar o saco de feijão (com 60 quilos); Agata então afastou o empregado e ela mesma carregou os sacos, colocando-os na carroça que faria a entrega aos compradores. Na cozinha, preparava uma polenta como ninguém. Após o preparo e o corte desta com barbante, colocava na janela para esfriar. Era nessa hora que os netos vinham, pelo lado de fora, e roubavam alguns pedaços, correndo então para que a avó não os pegasse e lhes desse aquela sova.

Elísio João Gabardo formou uma sociedade com o cunhado Plácido Massochetto, fundando a Fábrica de Balas São Domingos, que recebeu, em 1955, a patente e a licença para fabricação das Balas Zequinha. Essas balas eram embrulhadas com figurinhas colecionáveis, em número de 200, com ilustrações de uma figura, o Zequinha, mostrando diversas situações, profissões e atividades. As Balas Zequinha surgiram em 1920, fabricadas então pelos irmãos Sobania, que mais tarde passaram a licença para a firma Franceschi, na década de 1940, a qual repassou posteriormente para a firma dos sócios E.J.Gabardo & Massochetto, em 1955. Em 1967, a patente passou para as mãos de Zigmundo Zavadski. Posteriormente, em 1979, o governador do Paraná, Ney Braga, lançou uma campanha para aumento da arrecadação do ICMS utilizando a figura do Zequinha. As notas fiscais de compras eram trocadas por figurinhas e o álbum. Quem completava o álbum, podia se inscrever para concorrer a vários prêmios. O 1º prêmio era uma casa, no valor de 700 mil cruzeiros. O salário-mínimo na época era de Cr$ 2.268,00.

Em dezembro de 1996, Luiz Carlos Gabardo, quando exercia a função de juiz de Direito na cidade de Maringá, Estado do Paraná, atendendo a uma petição de Cesar Augusto Moreno, advogado de uma gestante, autorizou o aborto no quinto mês de gestação, por apresentar o feto anencefalia. O procedimento foi autorizado pelo fiscal Maurílio Batista Palhares, que afirmou "o juiz tem que suavizar o rigor da lei". Em razão desse ato, o Arcebispo da cidade, Dom Jaime Luiz Coelho publicou uma carta no jornal local, onde dizia que "o juiz, o fiscal e o advogado devem, pela razão de seus cargos, a obrigação de promover a justiça... e não de camuflar a lei para justificar seu ponto de vista". E acrescentou: "um feto, nas mesmas condições de que fala o diário... é uma pessoa humana. Tem o direito à vida, tem o direito de nascer". O Arcebispo ameaçou excomungar todos os envolvidos nesse crime. (Publicado no jornal O Diário do Norte do Paraná, nos dias 10 e 11 de dezembro de 1996).

Wilson Luiz Gabardo e Eliane Aparecida Strapasson se casaram no dia 12 de outubro de 1985, em Colombo. No dia seguinte, 13 de outubro, nascia o primeiro filho do casal, Diego Gabardo.

2. Homenagens Públicas

2.1 Nomes de Ruas

Nome da rua	Bairro onde se localiza	Lei municipal
Angela Gabardo Parolin	Umbará	7.619/91
Anna Gabardo Negrelli	Umbará	7.255/88
Antonia Gabardo Nizer	Pilarzinho	9.104/97
Antonio Gabardo	Umbará	4.330/72
Antonio Gabardo	Guarituba, Pinhais	
Antonio Gabardo Júnior	Águas Claras, Campo Largo	
Antonio Leodenir Gabardo	Sitio Cercado	
Arnaldo Gabardo	Xaxim	5.533/76
Arnoldo Kuhl	Portão	3.472/68
Catarina (Nardino) Gabardo	Xaxim	
Celeste Tortato Gabardo	Sitio Cercado	
Domingos Gabardo	Capão Raso	
Elísio Gabardo	Xaxim/Boqueirão	6.931/66
Francisco Gabardo	Umbará	6.371/82
Francisco Gabardo Filho	Umbará	7.340/89
Geraldo Gabardo	Água Verde	5.858
Hermínio Gabbardo	Bento Gonçalves	
Joana Italia Gabardo Dal Ponte	Bento Gonçalves	
João (Giovanni) Parolin	Parolin	
João Batista Gabardo	Sitio Cercado	
Julia Isabella Gabardo	Bento Gonçalves	
Luiz Gabardo	Jardim Areias, Alm. Tamandaré	
Maria Gabardo Dorigo	Ganchinho	
Maria Gabardo Mendes	Portão	3.745/70
Mário Sérgio Gabardo	Estância Velha, Canoas, RS	
Pedro (Pietro) Gabardo	Xaxim	
Roando Gabardo	Jardim Claudia, Itararé, S. Paulo	
Tenente Olderico Gabardo	Xaxim	4.053/71
Victor Gabardo	Umbará	7.340/89
Victório Gabardo	Pilarzinho	8.091/92

2.2 Outras homenagens

A partir da Lei Municipal n.º 9490/99, foi dado o nome da Professora Maria Neide Gabardo Betiatto a uma das Escolas Municipais da cidade de Curitiba, localizada no bairro Umbará.

Centro Municipal de Educação Infantil Antonio Gabardo Júnior, em Campo Largo.

Estádio de Futebol Ismael Gabardo, no bairro Vila Fany, em Curitiba.

Condomínio Edifício João Gabardo, localizado na Rua Guilherme Pugsley, n.º 1140, no bairro Água Verde, em Curitiba.

Edifício João Gabardo, em Londrina.

Loteamento Planta Francisco Gabardo, no bairro Umbará, em Curitiba.

3.. Destaques Públicos e Empresariais

3.1 Destaques na Política

Paulo Gabardo foi vereador em Paula Freitas, no ano de 1921 e no período de 1923 a 1926.

João Olivir Gabardo se destacou na política, iniciando sua carreira em Londrina, Paraná, onde foi vereador, no período de 1963 a 1968. Foi deputado estadual de 1969 a 1970 e deputado federal em três mandatos (1971/1975, 1975 a 1979 e 1979 a 1983). Foi suplente do senador Álvaro Dias, complementando o mandato deste, de 2002 a 2003. Foi conselheiro e também presidente do Tribunal de Contas do Paraná. No governo de Álvaro Dias assumiu a pasta da Secretaria de Educação e no governo de Roberto Requião foi o primeiro Ouvidor Geral do Governo do Paraná.

Jorge Jamil Gabardo, irmão de João Olivir, foi vereador em Paula Freitas, nos períodos de 1951 a 1955 e de 1964 a 1967, sendo também Agente Municipal (Subprefeito) de 1952 a 1953. No período de 1977 a 1982 foi vice-prefeito. Foi prefeito do município de Paula Freitas por dois períodos, de 1983 a 1988 e de 1993 a 1996. Durante os dois mandatos realizou várias obras, como o primeiro Núcleo Habitacional para famílias de baixa renda. Construídos sob o sistema de mutirão, o de Paula Freitas possui 12 residências e é denominado Conjunto Habitacional São Jorge. Em Rondinha, também possui 12 residências, denominando-se Conjunto Cohapar, construídos no Governo de José Richa. Suas realizações mais importantes, os postos de saúde no interior e as escolas em 14 localidades. Na Escola Estadual Marina Marés de Souza, a quadra coberta, salas de aula e a implantação do 2º Grau. As pontes de concreto, o asfaltamento das ruas, construção de garagens, aquisição de equipamentos como draga, máquinas de grande porte, ônibus e readequação de estradas. Instalou a primeira Área Industrial do município, estabeleceu o quadro urbano na localidade da Rondinha.

No período de 1997 a 2000, o município de Castanheira, no estado do Mato Grosso, apresentava em seu quadro de vereadores o nome de Gilson Gabardo Nenevê.

3.2 Destaques Empresariais

A **Gabardo Transportes Coletivos Ltda.** iniciou sua atuação na cidade de Porto Alegre, em 1965. Antes desta data o seu fundador e idealizador Walmor Gabardo, já trabalhava com transporte coletivo na capital do Estado desde 1955, atuando como autônomo. Em maio de 1968, Walmor Gabardo e seu sócio José Toniolo, resolveram transferir a empresa para Santa Maria, onde adquiriram a Autoviação Santamariense, que fazia a linha Estação Ferroviária – Vila Oliveira. Em 1980, Walmor Gabardo adquiriu a participação societária de José Toniolo, passando desta forma 100% do capital para a família Gabardo. A empresa que se chamava Toniolo & Gabardo Ltda., adotou a razão social Gabardo Transportes Coletivos Ltda.

Em 1989, o cegonheiro autônomo Sérgio Mario Gabardo utilizou a experiência de sete anos dirigindo caminhões para montar uma empresa especializada no transporte de veículos. Reunindo alguns colegas de profissão fundou a **Transportes Gabardo**. Com a liberação da importação de veículos, na década de 1990, a Transportes Gabardo investiu pesadamente na tecnologia de última geração e na mão de obra para acompanhar a crescente demanda, com qualidade e preço competitivo imposto aos transportadores. Atualmente a Transportes Gabardo conta com uma frota de 2.200 caminhões e 2.000 motoristas, com uma eficiente estrutura logística de transporte que cobre todo o território nacional, o Mercosul e o Chile. O avançado sistema totalmente informatizado permite ao gerenciamento de informações integradas, identificar a posição dos veículos e equipamentos a qualquer instante.

Em 1982, Carlos Gabardo fundou uma empresa de mudanças (sem armazenamento), a **Gabardo Mudanças.** A empresa tornou-se líder na realização de mudanças residenciais e comerciais, em trajetos interestaduais e até internacionais. A mudança pode ser feita em duas modalidades: exclusiva, quando a mudança é iniciada no mesmo dia em que é coletada, desde que se observe um prazo hábil para a entrega; ou com aproveitamento, quando a mudança segue viagem obedecendo a determinados prazos, com o caminhão compartilhando outras mudanças ou cargas. A empresa tem sede em Porto Alegre, com filiais em Santa Catarina, Paraná, São Paulo e Rio de Janeiro. Atualmente a empresa tem nova denominação: **Golden Mudanças.**

Na década de 1960, houve um incremento muito grande na construção civil em Curitiba. Vendo nisso uma oportunidade, Acir Gabardo, o Pintado, associou-se com Orlei Gabardo e implantaram, em 1964, no centro da cidade, no Edifício ASA, um dos mais antigos de capital, uma empresa especializada em reprografia. Com copiadoras heliográficas modernas, atendia às demandas de cópias de projetos em papel vegetal das várias empresas e projetistas autônomos. Com máquinas de cópias xerox atendia às necessidades de impressão de relatórios, trabalhos escolares e outras modalidades. Na medida em que a tecnologia se modernizava, a **Copiadora Gabardo** também acompanhava o progresso, substituindo as copiadoras heliográficas e xerográficas por sistemas eletrônicos de impressão. Seus serviços englobam cópias coloridas e preto e branco; cópias xerocão; impressão a laser, preto e branco e colorida; impressões via pen-drives, CD's e e-mails; plotagem de banners; plotagem de plantas (em formatos DWG, PLT, PDF); digitalização (scanner) de grandes formatos; encadernação; plastificação, além dos serviços de coleta. Acir, o Pintado, apesar da avançada idade, até a sua morte em 2021, comparecia diariamente na empresa para supervisionar os serviços, no que contava com a ajuda dos filhos, Clayton e Adriane.

A partir de 1959, no bairro do Umbará, várias pessoas plantavam um tipo de grama, trazida de Argentina por um padre da comunidade, conhecida como "sempre verde". Moradores de outros bairros interessaram-se pela grama e então um morador do bairro, Silverio Bonato, começou a comprar e revender a planta de algumas residências locais. Percebendo o sucesso de um negócio promissor, Antonio Vani Gabardo, juntamente com seu irmão Eugênio, começou a plantar e revender a grama "sempre verde" aos interessados. O sucesso foi tão grande que hoje a **Grameira Gabardo** possui vários alqueires de plantações em Fazenda Rio Grande e São José dos Pinhais. A retirada de grama para venda, que era feita manualmente, com pás, hoje é feita com máquinas modernas projetadas para esse fim.

Em 1977, foi fundada uma empresa de capital privado, destinada a vender e fornecer a supermercados bebidas e produtos alimentícios. A razão social é **Gabardo & Tosin Comércio Atacadista de Produtos Alimentícios.** Atualmente está localizada no bairro do Umbará, na Estrada do Ganchinho. Conta hoje com mais de 40 empregados.

Em 2006, Luiz Gabardo implantou em Curitiba uma empresa familiar, com a finalidade de transportar animais domésticos (cães e gatos) em longas distâncias. Denominou a empresa de **TransdogGabardo**. Utiliza um veículo adaptado para o transporte de caixas nos tamanhos 2 a 7, com ar-condicionado, para maior conforto dos animais. O próprio Luiz dirige o veículo, atendendo a todo o território nacional.

Outras empresas que carregam o sobrenome Gabardo:

J. Gabardo Engenharia Ltda. na cidade de Porto Alegre, especializada em toldos de policarbonato, residências e comerciais.

Gabbardo Autopeças, também em Porto Alegre, especializada em acessórios para automóveis.

Eletrônica Gabardo – Cristal, em Porto Alegre.

No Mercado Municipal de Porto Alegre constam as seguintes empresas: **Gabardo & Cia. Ltda.**; **Gabardo e Filho Ltda**. e **Angelo Gabardo e Filho.**

Ainda em Porto Alegre atua a empresa **Aliança Express – Gabardo.**

Em Curitiba, no bairro Uberaba, funciona a empresa de funilaria, a **Calhas Gabardo.** No bairro do Pinheirinho está localizada a **Serraria Gabardo.**

Em Caçador, Santa Catarina, a **Empreiteira Gabardo** realiza obras de construção civil, construções novas e reformas. Em São Bento do Sul, também em Santa Catarina, está instalada a **Empreiteira de Mão de Obra Gabardo Ltda**, uma microempresa do setor de construção civil.

Em Paranaguá, Paraná, existe uma **Prestadora de Serviços Gabardo.**

Em Califórnia, no Paraná, Eliane Gabardo mantém o **Studio Eliane Gabardo**, especializada em tratamentos estéticos de beleza.

Em Mafra, Santa Catarina, funciona a **Fuga Ltda. – Fundição Gabardo (Gabardo & Gabardo Ltda.)**, que fabrica placas para túmulos, fotos em porcelana. A principal atividade dessa empresa é fundição de metais não ferrosos e suas ligas.

A **Metalúrgica Gabardo** exerce suas atividades em Porto União, Santa Catarina, na fabricação de fornos; espalhador de cal; queimador de penas para aviários; portas, janelas e grades de proteção; portões manuais e eletrônicos; lareiras.

IX

DESTAQUES NO FUTEBOL

1. Os primórdios

O futebol foi inventado pelos ingleses, em 1843, mas somente foi regulamentado vinte anos após, em 1863, quando foi fundada a "The Foot Ball Association". Essa modalidade de esporte foi introduzida no Brasil por Charles Mueller, em 1895, na Várzea do Carmo, em São Paulo. Nessa cidade foi realizado o primeiro campeonato oficial de futebol, no ano de 1902. Nesse campeonato participaram cinco equipes: o São Paulo Athletic, que se sagrou campeão, o Club Atlético Paulistano, a Associação Atlética Mackenzie College, o Sport Club Germânia e o Sport Club Internacional. A primazia da prática do futebol coube ao Mackenzie College, em agosto de 1898. A "Liga Paulista de Futebol", organizada e fundada em 19 de dezembro de 1901 foi a primeira entidade oficial do gênero.

No Paraná, os primeiros adeptos do futebol surgiram em 1908. Em 1909, chegou a Ponta Grossa um jovem inglês, chamado Charles Wright, para integrar o quadro de empregados da Cia. American S. Brazilian Engineering Co., encarregada da construção da estrada de ferro que ligaria o Paraná aos estados de São Paulo e do Rio Grande do Sul. Wright, que já havia praticado futebol na Inglaterra, trouxe consigo todo o aparato necessário para a prática do esporte: chuteiras, caneleiras, tornozeleiras, joelheiras, meias, calções e, como não podia deixar de ser, uma bola de couro, tamanho n.º 5. Nos fins de semana os empregados da Companhia, em busca de lazer, começaram a aprender os passos do novo esporte. A cada fim de semana o número de interessados aumentava, entre esses os reservistas do Tiro de Guerra Pontagrossense.

Na capital do estado, Curitiba, o esporte bretão foi introduzido pelo jovem Frederico Essenfelder, mais conhecido por Fritz, que, em julho de 1909, regressou de Pelotas, no Rio Grande do Sul, onde o esporte já era bastante praticado. Fritz Essenfelder reuniu alguns jovens, associados do Clube Ginástico Turnverein, para ensaiarem os primeiros passos num campo que se situava atrás do Quartel da Força Policial do Estado, entre as ruas Marechal Floriano Peixoto e João Negrão. Logo receberam um convite para excursionarem a Ponta Grossa e lá jogarem contra o time dos "ingleses". A equipe selecionada embarcou em um vagão especial fretado, que partiu às 7h00 do dia 23 de outubro de 1909, chegando a Ponta Grossa às 12h00. Lá foram recepcionados pelo Club de Foot Ball Tiro Pontagrossense. Às 14h00 horas foram levados ao Campo do Alto do Cemitério, onde se realizou o embate, que durou 80 minutos e foi vencido pela equipe local, pela contagem de um gol a zero. O gol da equipe pontagrossense foi marcado por Charles Wright.

2. Os clubes do futebol paranaense

O primeiro clube de futebol de Curitiba foi fundado em 30 de janeiro de 1910 e levou o nome de Coritibano Foot Ball Club. A data, porém, que consta na ata de fundação é 12 de outubro de 1909. Essa data foi adotada, por se tratar do dia em que foi recebido o convite para o jogo que se realizou no dia 23 daquele mês, em Ponta Grossa. O primeiro presidente do Coritibano Foot Ball Club foi

João Vianna Seiler, que imediatamente tratou de preparar um campo, que tivesse boas acomodações para os curiosos que iriam assistir aos treinos das equipes. Foi solicitada e obtida a autorização para utilizar o centro da pista de corridas do Hipódromo do Guabirotuba[60], pertencente ao Jóckei Club. Este possuía as medidas suficientes para o campo de jogo, além de possuir as arquibancadas para o público assistente. Em um período de mais ou menos seis meses foi nivelado o terreno, plantada a grama e cercado o campo com arame farpado. Também foram colocadas as travas de madeira e riscado o campo. O jogo de inauguração foi um treino, travado entre duas equipes do próprio Coritibano Foot Ball Clube, pois não havia ainda outras equipes adversárias. O primeiro estatuto do clube foi aprovado no dia 21 de abril de 1910. Nessa mesma data o clube passou a se chamar Coritiba Football Clube, para se distinguir do aristocrático Clube Coritibano.

A 30 de novembro de 1910, foi fundado o segundo clube de futebol de Curitiba, por funcionários da American Brazilian Engineering Co., cuja sede havia sido transferida para a capital. Este segundo clube veio a chamar-se Paraná Sport Club. A 22 de maio de 1912, Joaquim Américo Guimarães e mais alguns jovens da sociedade curitibana fundaram o Internacional Foot Ball Club, sendo que Joaquim Américo foi eleito o primeiro presidente do clube. Apesar de fundado em 1910, apenas em 1912, o Paraná Sport Club enfrentou pela primeira vez o então "poderoso" Coritiba F. C. Perdeu por 3 x 2, o que animou a equipe a enfrentar também o Internacional, fundado naquele ano. Internacional e Coritiba se enfrentaram pela primeira vez em 13 de março de 1913. A vitória coube ao Internacional. Dos quadros formados pelos associados do Internacional surgiram outras agremiações autônomas: em 24 de maio de 1914, surgiu o América F. C. e em 8 de janeiro de 1915, o Americano S. C.

A 14 de julho de 1914, sob a liderança de Tarquínio Todeschini, foi fundado, no subúrbio do Borghetto, o Savóia Football Club. O clube recebeu esse nome em homenagem à família real italiana, adotando as cores da "Casa de Savóia": verde, vermelha e branca. A entidade recebeu a adesão de todos os descendentes de italianos daquela região e do bairro do Água Verde.

Em 29 de agosto de 1914, foi fundado o Spartano Football Club, cuja sede situou-se na Praça Osório. Em setembro do mesmo ano foi fundado o Bela Vista Sport Club, com sede no Alto do Capanema. Em 19 de novembro de 1914, mais um clube surge na capital. O novo clube resultou da fusão de duas equipes que havia no "Quarteirão do Tigre", compreendido entre as ruas João Negrão, Marechal Floriano Peixoto e Desembargador Westphalen, no atual bairro Rebouças. As duas equipes fundidas eram o Leão Football Club e o Tigre Football Club e passou a chamar-se Britânia Sport Club, em homenagem à Grã-Bretanha, berço do futebol.

No bairro do Água Verde foi fundado, em 31 de janeiro de 1915, um clube com o mesmo nome do bairro: o Água Verde Football Club. Seu primeiro presidente foi Humberto Fruet, de tradicional família curitibana. Em 1916, já existia um clube de nome Reco-Reco. No final de 1920 surgiu o Palestra Itália Foot Ball Club. Em 12 de janeiro de 1930, foi fundado o Club Atlético Ferroviário

No interior do Paraná, em 1 de maio de 1912, foi fundado o Operário Ferroviário, na cidade de Ponta Grossa. O Irati Sport Club foi fundado em 21 de abril de 1914, na cidade de mesmo nome; a 30 de julho do mesmo ano surgiu, em Ponta Grossa, o Guarani.

3. As entidades reguladoras

Em 12 de fevereiro de 1915, reuniram-se na sede do Jockey Club, na Praça Zacarias, os dirigentes do Coritiba F.C., Paraná S.C., Internacional F.C., América F.C., Bela Vista F.C., Spartano F.C.,

---

[60] Hoje o local é ocupado pelas instalações da Pontifícia Universidade Católica do Paraná – PUC-PR.

todos da Capital e mais os dirigentes do Paranaguá, Rio Branco, Antoninense e do Operário Ferroviário S.C. Dessa reunião surgiu a "Liga Sportiva Paranaense" (LSP), cuja ideia surgira no ano anterior. Foi a primeira entidade a reger os destinos do futebol paranaense. Em 21 de março do mesmo ano, já com 19 clubes inscritos, foram elaborados e registrados os estatutos da Liga. Logo a seguir passou à regulamentação do certame. Houve impasses, pois apenas seis clubes poderiam disputar a 1.ª Divisão. O Savóia fazia certas restrições à Liga. Afastada a oposição, a 1.ª Divisão era participada pelo Coritiba, Internacional, América, Paraná, Paranaguá e Rio Branco. Os dois últimos eram da cidade litorânea de Paranaguá. Os demais clubes foram divididos em duas séries na recém-criada 2.ª Divisão da L.S.P. A série A contava com Spartano, Reco-Reco, Guarani, Operário de Ponta Grossa, Bela Vista e Savóia. A série B era composta por Torino, Britânia, Operário de Curitiba, Brasil, Marumbi de Morretes e Antoninense de Antonina. O primeiro campeonato estadual foi realizado no ano de 1915, sagrando-se campeão o Internacional. Foram realizadas 24 partidas, com uma média de 3,87 gols por partida. Os jogos aconteceram nos estádios da Baixada da Água Verde (do Internacional), do Prado (do Coritiba), Batel (do Paraná) e em Paranaguá.

No início de 1916, houve uma cisão entre os dirigentes da LSP, havendo então alguns clubes fundando uma nova entidade, a "Associação Paranaense de Sports Athléticos" (APSA). Em novembro do mesmo ano, os diretores da APSA foram convidados para assistir ao campeonato da LSP, para o qual também havia sido convidado o poeta Olavo Bilac, que se encontrava em Curitiba. Graças ao discurso desse poeta, exortando à união, os dirigentes de ambas as entidades apertaram as mãos e promoveram a fusão e a consequente fundação da "Associação Sportiva Paranaense" (ASP).

O campeonato de 1916 foi conquistado pelo Coritiba Football Club. Nesse campeonato figurou entre os árbitros o nome de Angelim (Angelo) Gabardo. Esse árbitro atuou ainda nos campeonatos de 1918 e 1923.

4. As fusões e mudanças de nome das equipes

Em 1916, o Reco-Reco alterou seu nome para Palmeiras. No ano seguinte, o América e o Paraná uniram-se, surgindo então o América-Paraná S. C. Também se uniram o Savóia e o Operário. Em 1919, a fusão América-Paraná foi desfeita. O América participou do campeonato principal e o Paraná ficou na divisão inferior da ASP. Em 1920, houve a fusão das equipes do Savóia e do Água Verde, surgindo o Savóia-Água Verde. Em 1924, uniram-se as equipes do Internacional e América, surgindo então o Club Atlético Paranaense. Em 1942, o Palestra Itália teve seu nome mudado para Paranaense F. C., mudando novamente em 1943, para Comercial. Em assembleia de 29 de janeiro de1946, passou a se chamar Sociedade Esportiva Palmeiras. No começo da temporada de 1950, voltou a se chamar Palestra Itália. Em 1965, foi rebaixado para divisão inferior. Participou do campeonato em 1966, após o que desapareceu. Também em 1942, o Savóia teve seu nome alterado inicialmente para Avaí E. C., nome que não vingou, passando a chamar-se então E. C. Brasil. Em 1944, alterou novamente a denominação, passando a se chamar Água Verde.

5. Os jogadores da família Gabardo

No campeonato realizado em 1917, atuou pelo Savóia-Operário um jogador chamado nos estádios por Gabardo. Em 1918, esse mesmo jogador atuou na equipe do América-Paraná, campeão do torneio início daquele ano. Nos anos seguintes, 1919 e 1920, jogou pelo América F. C. Em 1921, jogou pelo Britânia S. C., que se sagrou tetra campeão naquele ano. Nos anos de 1923 a 1926, participou dos campeonatos jogando pelo Palestra Itália F. C., sendo campeão em 1924 e 1926 e ainda campeão do torneio início de 1925. Em 1929, também foi campeão do torneio início pelo Palestra Itália. Em 1928, pelo mesmo Palestra Itália atuava um jogador chamado de Gabardinho. Não conseguimos saber se era o mesmo Gabardo dos anos anteriores. Acreditamos que era outro, pois no ano de 1930, a equipe do Palestra Itália abrigava dois jogadores, o Gabardo e o Gabardinho. Este último, cujo nome completo era Elísio João Gabardo, foi o artilheiro naquele ano, com 10 gols marcados. Gabardinho foi o artilheiro também no ano seguinte, com 28 gols, levando o Palestra Itália a ser campeão em 1931. Atuou ainda pelo mesmo clube de 1932 a 1935.

Em 1934 e 1935, um Gabardo atuou na equipe do Britânia. Em 1935 e 1936, outro jogador, conhecido por Gabardinho II, atuou no Coritiba. Em 1937, pela equipe do Ferroviário, atuou Gabardo III. Nesse mesmo ano, havia na equipe do Coritiba, um Gabardo, que acreditamos ser o mesmo Gabardinho II. Há registros do Gabardo no Coritiba também em 1939.

Em 23 de abril de 1938, em Uberlândia, Minas Gerais, um confronto amistoso entre o time local, chamado Uberabinha (que era o antigo nome do atual Uberlândia) e a equipe do Uberaba Sport, da cidade vizinha de mesmo nome, marcou a adoção do nome de Juca Ribeiro para o estádio local. Na equipe do Uberaba atuava um jogador, o Gabardo (Hermenegildo), que foi o autor de dois gols na vitória de 2 x 1 sobre o adversário. Os gols foram marcados aos 4 minutos do primeiro tempo e aos 15 minutos do segundo. O gol da equipe local foi marcado aos 30 minutos do primeiro tempo.

Elísio João Gabardo, nascido em 1 de julho de 1911, foi meio de campo no Palestra Itália e no São Paulo Futebol Clube, onde atuou nos anos 1933 a 1935. Antes de ir para São Paulo, fez parte da equipe do Palestra Itália de Curitiba, sendo campeão estadual pelo clube. Em 1935, foi o primeiro jogador brasileiro a se transferir para a Itália, onde jogou no A. C. Milan, até o ano de 1938. Nesse último ano passou a atuar no Liguria e no ano seguinte fez parte da equipe do Genoa, onde jogou até 1940. Por fim, atuou também na equipe do Gattinara. Este jogador é o mesmo que formou sociedade com o cunhado, Plácido Massochetto, já referido no item Curiosidades, no capítulo anterior. Dois irmãos mais novos de Elisio, também atuavam em equipes futebolísticas, Dibailo Gabardo, que atuou também no Palestra Itália de São Paulo, de 1936 a 1942, e Hermenegildo Gabardo, que atuou Ypiranga Futebol Clube em Curitiba e também no São Paulo Futebol Clube, no Esporte Clube Bahia, no São Paulo Railway AC e no Uberaba Sport Club. Desconhecemos se outros membros da família Gabardo atuaram em equipes futebolísticas usando seus próprios nomes e não o sobrenome.

Os demais registros que encontramos são os seguintes:

Ano	Jogador	Equipe
1943	Gabardo	Brasil
1947	Gabardinho	Palmeiras
1953	Gabardo	Britânia
1957 – 1959 – 1960	Gabardo	Água Verde
1961 – 1962	Gabardo	Palestra Itália

Ypiranga Futebol Clube

Em pé: Aristides Gabardo, Belmiro (Miro) Gabardo, Hermenegildo Gabardo, Gilberto Gabardo, ? Stofela, ??
Agachados: ??, Waldemar Gabardo, Afonso Gabardo, Hermenegildo (Gildo) Gabardo, Osvaldo Cecatto, Coitinho (apelido)
Deitado: Neno Gabardo

Fonte: www.gazetadopovo.com.br/vida-e-cidadania/colunistas/jose-carlos-fernandes/o-ypiranga-nao-morre-nunca

Diversos membros da família Gabardo fundaram um time de futebol, denominado Ypiranga Futebol Clube. Da equipe de 11 jogadores que participavam de algum jogo, pelo menos oito eram da família. Na foto acima, são oito os jogadores da família Gabardo, entre os 13 que formavam a equipe retratada. Vários deles atuaram em outras equipes paranaenses e mesmo de outros estados. Os oito retratados eram: Aristides, Belmiro, Hermenegildo, Gilberto, Waldemar, Afonso, Hermenegildo (Gildo) e Neno Gabardo.

Há controvérsias sobre a data de sua fundação. No livro *Futebol – Paraná – História*, de Machado e Chrestenzen (item 13 da Bibliografia), há referências a um Clube, também denominado Ipiranga Futebol Clube, participando dos campeonatos paranaenses desde 1916. José Fernandes, jornalista que pesquisou o Clube, menciona a sua fundação em 1930. Não conseguimos saber se eram as mesmas agremiações ou se eram clubes distintos. Inicialmente houve um clube no bairro Água Verde com o nome de Água Verde Futebol Clube, fundado no dia 17 de dezembro de 1914. Esse clube se uniu ao Savóia Futebol Clube, originando o *Savóia-Água Verde* em 1920. Porém, no período da Segunda Guerra Mundial, o Savóia-Água Verde foi obrigado pelo governo brasileiro a alterar seu nome, já que o país havia declarado guerra à Itália e o presidente Getúlio Vargas havia proibido que agremiações esportivas usassem nomes que lembrassem países do Eixo. O Savóia havia sido criado por descendentes de italianos, além de possuir as mesmas cores do país europeu. Logo, o Savóia-Água Verde passou a se chamar *Esporte Clube Brasil* em 3 de março de 1942. Em 1944, o clube é obrigado a mudar seu nome para "Esporte Clube Água Verde", pois havia uma lei que proibia nominar os clubes com nomes de países. Após essa mudança também são mudados as cores, escudo e uniforme, resgatando os mesmos do antigo "Água Verde Futebol Clube". Em 12 de agosto de 1971, o EC Água Verde — o original "Savoia" — foi "refundado", passando a se chamar *Esporte Clube Pinheiros* e adotou as cores azul e branco. A história do Pinheiros termina no dia 19 de dezembro de 1989, quando o clube se uniu ao Colorado Esporte Clube, dando origem ao Paraná Clube.

Eduíno Gabardo Filho, conhecido como Edu, jogou no Esporte Clube Pinheiros de 1970 a 1976. Em 1970, competia nas classes aspirante e juvenil. Em 1971 e 1972, jogou na classe profissional, porém sem contrato, que só foi efetuado em 1973. Nesse ano foi emprestado ao Coríntians de Presidente Prudente. Em 1976, jogou no Atlântico de Erechim, também por empréstimo.

Luiz Gabardo Júnior nasceu em Porto Alegre, em 14 de janeiro de 1983. Aos 7 anos de idade, as quadras de futsal e os campos de futebol eram o cenário preferido para o garoto. Por insistência do então vizinho João Antônio, ex-jogador, foi levado para iniciar sua trajetória na escolinha do Grêmio, tradicional clube gaúcho. O pai apoiou a decisão do filho de ser atleta, mas desde que rumasse para o Estádio Beira-Rio. Foi o que aconteceu. Lá permaneceu até os 13 anos. Depois foram dois retornos ao Estádio Olímpico, interrompidos por uma passagem pelo Santos. Profissionalizado no Brasil de Farroupilha, disputou a tradicional Segundona Gaúcha, até receber o convite do técnico Lisca para atuar na Ulbra. Na Universidade de Canoas, além de jogar na equipe principal, também ganhou uma bolsa de estudos no curso de Educação Física, onde se graduou em 2006. Antes disso, ainda teve uma passagem pelo São José, antes de encerrar a carreira e seguir outro rumo.

Em 2004, ingressou como auxiliar-técnico do infantil do Grêmio. A transição foi rápida e logo iniciou uma série de títulos como treinador.

GENEALOGIA DA FAMÍLIA GABARDO

A seguir, relacionamos todos os componentes da família Gabardo que conseguimos identificar. Não é uma relação completa, pois nos faltaram dados. Em consultas feitas por meio de vários meios (telefone, cartas, internet), muitos membros da família se recusaram a fornecer os dados familiares solicitados. Em alguns casos colocamos apenas o nome e em outros apenas o sobrenome. Deixamos de indicar nesta relação, em muitos casos, as datas de nascimentos, casamentos e falecimentos, pelo mesmo motivo. Esses dados estão registrados na árvore genealógica desenvolvida pelo autor, que a mantém em constante atualização. Os ancestrais dos imigrantes foram conhecidos a partir de consultas efetuadas por meio da Paróquia de Valstagna, localidade de origem dos membros da família Gabardo, bem como do dossiê genealógico de Bruno Gabardo, um membro da família residente na localidade de Létra, na França. Um auxílio importante foi dado pelo Eduino Gabardo Filho, que nos forneceu todos os dados coligidos em suas pesquisas genealógicas realizadas no Centro Histórico da Família, da Igreja Mórmon e em vários cartórios e paróquias da Região Metropolitana de Curitiba.

Primeira Geração				
1.	**Mei** (entre 1410 e 1450).			
+	2	M	i.	**Gabardo Vincenti** (entre 1450 e 1470).
Segunda Geração				
2.	**Gabardo Vincenti** (entre 1450 e 1470).			
+	3	M	i.	**Nicolò Gabardo** (1490).
Terceira Geração				
3.	**Nicolò Gabardo** (1490).			
+	4	M	i.	**Vincenzo Gabardo** (1516).
	5	M	ii.	**Nicolò Gabardo** (1518).
				(10/01/1545) **Angela Tencato** (1520).
Quarta Geração				
4.	**Vincenzo Gabardo** (1516).			
+	6	M	i.	**Pietro Gabardo** (1550).
+	7	M	ii.	**Lorenzo Gabardo** (1552).
Quinta Geração				
6.	**Pietro Gabardo** (1550).			
	(1574) **Cattarina Ferrazzi** (1552).			
+	8	M	i.	**Vincenzo Gabardo** (1575).
7.	**Lorenzo Gabardo** (1552)			
	(1571) **Maria Ferrazzi** (1553).			

+	9	M	i.	**Nicolò Gabardo** (1578).
+	10	F	ii.	**Angela Gabardo** (1581).
+	11	M	iii.	**Mattio Gabardo** (1582 – 1621).
+	12	M	iv.	**Pietro Gabardo** (1584 – 1660).
+	13	F	v.	**Margarita Gabardo** (1585 – 04/09/1648).

Sexta Geração

8. **Vincenzo Gabardo** (1575 – < 1650).

(1609) **Giovanna Lazzaroni** (1586).

+	14	M	i.	**Mattio Gabardo** (1618 – 07/05/1699).

9. **Nicolò Gabardo** (1578).

(1600) **Agnese Sasso** (1579).

+	15	M	i.	**Gabardo Gabardo** (1600).
+	16	F	ii.	**Catterina Gabardo** (1601 – 1624).
+	17	M	iii.	**Mattio Gabardo** (1610).

10. **Angela Gabardo** (1581).

(25/10/1601) **Antonio Scarmoncin** (? – < 22/07/1625).

+	18	F	i.	**Cattarina Scarmoncin** (1607).

11. **Mattio Gabardo** (1582 – 1621).

(1603) **Apolonia Maule** (1585).

+	19	M	i.	**Paolo Gabardo** (1604).
+	20	F	ii.	**Maria Gabardo** (1608).
+	21	M	iii.	**Antonio Gabardo** (1611).
	22	F	iv.	**Chiara Gabardo** (1614 – 05/02/1674).
				() **Antonio Meneghetti** (1604 – 1673).

12. **Pietro Gabardo** (1584 – 1660).

(09/07/1606) **Angela Sebellin** (1585 – 1660).

+	23	M	i.	**Lorenzo Gabardo** (1608 – 1654).
+	24	M	ii.	**Giovanni Gabardo** (1615 – 1677).
	25	F	iii.	**Anna Gabardo** (1617).
+	26	F	iv.	**Livia Gabardo** (1620 – < 28/06/1697).
+	27	F	v.	**Maria Gabardo** (1625).

13. **Margarita Gabardo** (1585 – 04/09/1648).

(1625) **Giovanni Sebellin** (1584 – 28/09/1641).

	28	F	i.	**Antonia Sebellin** (21/08/1626 – 18/04/1665).
				(23/10/1650) **Giovanni Battista Zuliani** (1625)

Sétima Geração

14. **Mattio Gabardo** (1618 – 07/05/1699).

+	29	M	i.	**Pietro Gabardo** (1647 – 1680).
+	30	F	ii.	**Giovanna Gabardo** (1657).
+	31	M	iii.	**Paolo Gabardo** (1658 – <16/08/1740).

+	32	F	iv.	**Angela Gabardo** (1660).	
	33	M	v.	**Vincenzo Gabardo** (1660).	
15.	**Gabardo Gabardo** (1600).				
	() **N Sebellin**.				
+	34	M	i.	**Nicolò Gabardo** (1632).	
16.	**Catterina Gabardo** (1601 – 1624).				
	(1619) **Pelegrino Gianese** (1588).				
	35	F	i.	**Angela Gianese** (1620).	
+	36	M	ii.	**Francesco Gianese** (1630 – 1677).	
17.	**Mattio Gabardo** (1610).				
+	37	M	i.	**Marco Gabardo**.	
18.	**Cattarina Scarmoncin** (1607).				
	(1629) **Agostino Lazzarotto** (1584 – 1658).				
	38	M	i.	**Domenico Lazzarotto** (1624 – < 12/08/1688).	
+	39	M	ii.	**Giovanni Lazzarotto** (1630).	
	40	M	iii.	**Giacomo Lazzarotto** (1632).	
	41	M	iv.	**Tommaso Tomio Lazzarotto** (1640).	
	42	M	v.	**Francesco Lazzarotto** (1635).	
19.	**Paolo Gabardo** (1604).				
	() **Giacoma Pasi** (1610).				
+	43	M	i.	**Mattio Gabardo** (1632 – < 30/09/1682).	
	44	M	ii.	**Pietro Gabardo** (1637).	
				(1666) **Franceschina Grossa** (1646).	
				(27/04/1681) **Francesca Belloni** (17/05/1656).	
+	45	F	iii.	**Bernardina Gabardo** (1644 – 09/1707).	
	() **Maria Sguario** (? – 1682).				
20.	**Maria Gabardo** (1608).				
	(1627) **Antonio Lazzaroni** (1606 – < 13/09/1649).				
	46	M	i.	**Giovanni Battista Lazzaroni** (1628 – < 19/11/1706).	
	47	F	ii.	**Domenica Lazzaroni** (1630).	
+	48	M	iii.	**Mattio Lazzaroni** (1631 – 1693).	
	49	M	iv.	**Marco Lazzaroni** (1634).	
	50	F	v.	**Maddalena Lazzaroni** (1635).	
21.	**Antonio Gabardo** (1611 – < 26/08/1651).				
	() **Antonia Meneghetti** (1624 – 16/09/1699).				
+	51	F	i.	**Mattia Gabardo** (1627 – 1654).	
	52	F	ii.	**Cattarina Gabardo** (1628).	
				(1654) **Francesco Lazzaroni** (1631 – 05/1716).	
+	53	F	iii.	**Maria Gabardo** (1638 – 1678).	

23.		**Lorenzo Gabardo** (1608 – 1654).			
		(1644) **Cattarina Grossa** (1623).			
+	54	M	i.	**Antonio Gabardo** (1647 – 1682).	
+	55	M	ii.	**Vincenzo Gabardo** (1650).	
+	56	M	iii.	**Mattio Gabardo** (1652 – 27/01/1703).	
24.		**Giovanni Gabardo** (1615 – 1677).			
		(1637) **Cattarina Steffani** (1617).			
	57	F	i.	**Mattia Gabardo** (1640).	
				(1660) **Giovanni Battista Fabro** (1640).	
	58	M	ii.	**Nicolò Gabardo** (1642).	
	59	F	iii.	**Mattia Gabardo** (1642).	
	60	F	iv.	**Giacoma Gabardo** (1645).	
+	61	M	v.	**Pietro Gabardo** (1647).	
	62	M	vi.	**Lorenzo Gabardo** (1652).	
				(30/04/1699) **Cattarina Ganzer** (1665 – 08/12/1705).	
25.		**Livia Gabardo** (1620 – < 28/06/1697).			
		() **Gasparo Mattana** (1611 – 26/05/1651).			
		(1655) **Bortolo Steffani** (1620 – 06/1663).			
+	63	M	i.	**Mattio Steffani** (1657 – 1722).	
+	64	M	ii.	**Pietro Steffani** (1660 – 1729).	
	65	M	iii.	**Angelo Steffani** (1662).	
27.		**Maria Gabardo** (1625)			
		(1655) **Giacomo Cavalli** (1637 – 08/1707).			
+	66	F	i.	**Cattarina Cavalli** (1657).	
+	67	M	ii.	**Giovanni Battista Cavalli** (13/05/1663).	
	68	M	iii.	**Steffano Cavalli** (09/02/1666).	
+	69	M	iv.	**Giovanni Cavalli** (21/06/1668).	

Oitava Geração

29.		**Pietro Gabardo** (1647 – 1680).			
		() **Maria**.			
	70	F	i.	**Anna Gabardo** (13/10/1674).	
+	71	M	ii.	**Mattio Gabardo** (11/02/1677 – 02/06/1762).	
30.		**Giovanna Gabardo** (1657).			
		(1678) **Giovanni Battista Lazzarotto** (1651).			
	72	M	i.	**Giovanni Maria Lazzarotto** (1679 – 1706).	
				(1706) **Cattarina Cavalli** (15/10/1677).	
	73	F	ii.	**Angela Lazzarotto** (1680).	
+	74	M	iii.	**Pietro Lazzarotto** (08/06/1683).	
+	75	M	iv.	**Giuseppe Lazzarotto** (17/12/1684 – < 1751).	
+	76	F	v.	**Catterina Lazzarotto** (14/06/1686 – 24/11/1774).	

	77	M	vi.	**Antonio Lazzarotto** (1687).
31.	**Paolo Gabardo** (1658 – < 16/08/1740).			
	(1689) **Giacoma Pasi** (31/08/1666).			
	78	M	i.	**Pietro Gabardo** (26/12/1690 – 1691).
	79	M	ii.	**Pietro Gabardo** (05/06/1692).
	80	F	iii.	**Giovanna Gabardo** (22/01/1695).
+	81	M	iv.	**Giovanni Gabardo** (08/04/1696 – < 08/12/1743).
	82	M	v.	**Antonio Gabardo** (05/03/1699 – 01/10/1764).
	83	M	vi.	**Mattio Gabardo** (08/01/1701 – 1701).
	84	F	vii.	**Anna Maria Gabardo** (24/03/1702).
+	85	M	viii.	**Mattio Gabardo** (14/09/1704 – 16/12/1780).
	86	F	ix.	**Vicenza Gabardo** (15/05/1707).
32.	**Angela Gabardo** (1660).			
	(1680) **Antonio Lazzaroni** (1650).			
+	87	M	i.	**Martino Lazzaroni** (28/10/1681 – 01/03/1732).
34.	**Nicolò Gabardo** (1632).			
	(1653) **Lugrezia Merto** (1634 – 1670).			
	88	M	i.	**Felice Lorenzo Gabardo** (01/07/1664).
	(1670) **Cattarina Ferrazzi** (1652 – 23/03/1706).			
	89	M	ii.	**Giacomo Gabardo** (16/03/1676 – < 24/10/1709).
				() **Cattarina Pontarollo** (18/05/1683)
	90	M	iii.	**Pietro Gabardo** (04/02/1680).
	91	M	iv.	**Felice Gabardo** (04/02/1680).
36.	**Francesco Gianese** (1630 – 06/1677).			
	(1653) **Bernardina Perli** (1633 – < 30/12/1690).			
	92	F	i.	**Angela Gianese** (1657).
+	93	F	ii.	**Cattarina Gianese** (1662).
	94	M	iii.	**Pelegrino Gianese** (28/01/1665 – 1665).
	95	M	iv.	**Gasparo Gianese** (02/02/1666).
	96	F	v.	**Maria Gianese** (17/02/1668 – 1668).
	97	M	vi.	**Pelegrino Gianese** (30/01/1669 – 1669).
+	98	F	vii.	**Maria Gianese** (08/04/1671).
	99	F	viii.	**Antonia Gianese** (29/12/1673 – 1674).
37.	**Marco Gabardo.**			
	100	F	i.	**Maria Gabardo** (08/05/1663).
40.	**Giacomo Lazzarotto** (1632).			
	() **Bortola Facchinato**.			
+	101	M	i.	**Pietro Lazzarotto** (1654).
+	102	F	ii.	**Angela Lazzarotto** (1660).

43.	**Mattio Gabardo** (1632 – < 30/09/1682).			
	(1660) **Orsola Galvan** (1639 – 04/1701).			
+	103	F	i.	**Giacoma Gabardo** (1661).
	104	F	ii.	**Maria Gabardo** (1662).
+	105	M	iii.	**Paola Gabardo** (1663).
	106	F	iv.	**Elisabetta Gabardo** (22/01/1664).
	107	F	v.	**Elisabetta Gabardo** (19/03/1666).
	108	F	vi.	**Appolonia Gabardo** (31/01/1669).
	109	F	vii.	**Appolonia Gabardo** (27/01/1672).
+	110	M	viii.	**Paolo Gabardo** (11/06/1675).
45.	**Bernardina Gabardo** (1644 – 09/1707).			
	(1666) **Giovanni Merto** (1632 – 1698).			
	111	M	i.	**Sebastiano Merto** (19/10/1666 – 1666).
	112	F	ii.	**Maria Merto** (20/02/1668 – 1668).
	113	M	iii.	**Giacomo Merto** (18/11/1670 – 1671).
+	114	F	iv.	**Maria Merto** (26/12/1676).
	115	M	v.	**Giacomo Merto** (10/01/1679).
	116	F	vi.	**Antonia Merto** (06/10/1682 – 15/01/1755).
				(1712) **Girolamo Scarmoncin** (08/06/1678).
48.	**Mattio Lazzaroni** (1631 – 01693).			
	(1663) **Maria Lazzaroni** (1642 – 1697).			
+	117	M	i.	**Antonio Lazzaroni** (16/01/1664 – < 17 abril 1727).
+	118	M	ii.	**Bernardino Lazzaroni** (04/12/1668).
+	119	M	iii.	**Domenico Lazzaroni** (02/11/1670 – 28/05/1752).
	120	F	iv.	**Chiara Lazzaroni** (12/11/1673 – 1674).
	121	M	v.	**Giovanni Battista Lazzaroni** (07/02/1675).
	122	M	vi.	**Marco Lazzaroni** (07/02/1675 – 1675).
	123	F	vii.	**Chiara Lazzaroni** (14/05/1676).
	124	F	viii.	**Maria Lazzaroni** (06/11/1678 – 1704).
+	125	F	ix.	**Domenica Lazzaroni** (14/04/1680 – 17/06/1766).
	126	F	x.	**Paola Lazzaroni** (17/01/1682).
	127	M	xi.	**Marco Lazzaroni** (04/08/1686 – 1708).
				(1708) **Lucia Ferrazzi** (27/08/1682 – 28/10/1754).
51.	**Mattia Gabardo** (1627 – 1659).			
	(1645) **Bernardino Gianese** (1625 – 05/1680).			
+	128	M	i.	**Antonio Gianese** (1646).
	129	M	ii.	**Giovanni Gianese** (1652 – < 31/03/1694).
+	130	M	iii.	**Domenico Gianese** (1659).
53.	**Maria Gabardo** (1638 – 1678).			
	(1659) **Bernardino Gianese** (1635 – < 16/06/1694).			

	131	M	i.	**Antonio Gianese** (1660).
	132	M	ii.	**Gasparo Gianese** (1662 – < 17/05/1700).
	133	F	iii.	**Maria Gianese** (29/10/1664).
	134	M	iv.	**Francesco Gianese** (02/07/1666 – 1667).
	135	M	v.	**Giovanni Maria Gianese** (06/06/1667).
	136	M	vi.	**Francesco Gianese** (21/11/1669 – 1716).
+	137	F	vii.	**Antonia Gianese** (31/01/1672).
+	138	M	viii.	**Marco Gianese** (20/07/1676 – 1719).

54.	**Antonio Gabardo** (1647 – 1682).			
	(1669) **Francesca Finaura** (1649).			
	139	F	i.	**Cattarina Gabardo** (28/10/1669).

55.	**Vincenzo Gabardo** (1650).			
	(1678) **Antonia Pasi** (1657).			
	140	F	i.	**Catterina Gabardo** (28/01/1679).
	141	M	ii.	**Lorenzo Gabardo** (13/10/1680).
	142	F	iii.	**Catterina Gabardo** (31/05/1682).
	143	F	iv.	**Angela Gabardo** (16/03/1686).
+	144	M	v.	**Nicolò Gabardo** (01/10/1688 – 22/02/1751).
	145	F	vi.	**Angela Gabardo** (11/10/1691).
	146	M	vii.	**Paso Antonio Gabardo** (24/04/1694).

56.	**Mattio Gabardo** (1652 – 27/01/1703).			
	(1673) **Angela Merto** (1644).			
	147	M	i.	**Lorenzo Gabardo** (02/04/1675).
	148	M	ii.	**Pietro Gasparo Gabardo** (08/11/1679).
	149	M	iii.	**Pietro Gasparo Gabardo** (05/11/1680).
+	150	M	iv.	**Antonio Gabardo** (05/07/1686 – 28/02/1737).
	151	F	v.	**Cattarina Gabardo** (17/05/1690 – 21/05/1765).
				() **Oratio Perli** (13/01/1689 – 1730).
				() **Pietro Antonio Zuliani** (dito **Moro**) (? – 30/04/1748).
				(20/08/1753) **Sebastiano Zannoni** (08/10/1681).

61.	**Pietro Gabardo** (1647).			
	(1673) **Lucia Costa** (1645).			
	152	F	i.	**Angela Gabardo** (22/12/1673).
	153	F	ii.	**Giovanna Gabardo** (27/09/1676).
+	154	M	iii.	**Giovanni Gabardo** (08/10/1677).
	155	F	iv.	**Catterina Gabardo** (23/09/1679).
+	156	F	v.	**Maddalena Gabardo** (23/05/1684).
+	157	M	vi.	**Angelo Gabardo** (11/06/1687 – 03/04/1761).

63.	**Mattio Steffani** (1657 – 1722).			
	(1679) **Angela Lazzarotto** (1660).			

	158	F	i.	**Livia Maddalena Steffani** (01/08/1681).
+	159	F	ii.	**Francesca Steffani** (20/08/1688 – 07/05/1771).

64. **Pietro Steffani** (1660 – 05/1729).

   (1682) **Angela Ferrazzi** (1658 – < 24/08/1736).

	160	F	i.	**Bortola Steffani** (05/08/1688 – 07/08/1757).
				(1709) **Giuseppe Moro** (? – 06/01/1743).
	161	M	ii.	**Bortolo Steffani** (12/04/1694).

66. **Cattarina Cavalli** (1657).

   (1682) **Francesco Steffani** (1655 – < 23/08/1701).

	162	F	i.	**Lucia Steffani** (21/07/1683).
	163	M	ii.	**Lazaro Steffani** (21/08/1685).
	164	F	iii.	**Maria Steffani** (22/09/1687).
	165	F	iv.	**Bortola Steffani** (16/02/1690).
	166	M	v.	**Giacomo Steffani** (22/04/1694).
				(1703) **Pietro Lazzarotto** (1659 – 27/09/1730).

67. **Giovanni Battista Cavalli** (13/05/1663).

   (1685) **Maria Mocellin** (01/02/1652 – 1689).

	167	M	i.	**Giacomo Cavalli** (11/10/1686).
	168	F	ii.	**Domenica Cavalli** (08/11/1687).

   (1693) **Vincenza Cavalli** (15/05/1675).

	169	M	iii.	**Giacomo Cavalli** (29/03/1694 – 06/08/1767).
				() **Maria Cera** (04/06/1705 – 30/11/1775).
	170	F	iv.	**Maria Cavalli** (30/05/1697).
	171	M	v.	**Giovanni Cavalli** (06/06/1701 – 1701).
+	172	M	vi.	**Giovanni Cavalli** (14/08/1702 – 15/11/1765).
	173	F	vii.	**Domenica Cavalli** (22/12/1704).
	174	M	viii.	**Antonio Cavalli** (1705).
	175	F	ix.	**Lucia Cavalli** (03/05/1707).

69. **Giovanni Cavalli** (21/06/1668).

   (1694) **Lucia Lazzarotto** (05/10/1675 – 1706).

	176	F	i.	**Francesca Cavalli** (1697).
	177	M	ii.	**Giacomo Cavalli** (28/10/1702 – 1703).
	178	M	iii.	**Giacomo Cavalli** (28/04/1706 – 1706).

   (1706) **Maria Vedove** (04/09/1685).

	179	F	iv.	**Lucia Cavalli** (15/01/1708 – 1708).
	180	F	v.	**Lucia Cavalli** (11/05/1709 – 06/03/1786).
				(03/11/1735) **Paolo Gheno** (21/06/1709).
	181	M	vi.	**Giacomo Cavalli** (1715).
	182	F	vii.	**Maria Cavalli** (1717).

Nona Geração

71.	**Mattio Gabardo** (11/02/1677 – 02/06/1762)			
	(1704) **Maddalena Gianese** (1680).			
+	183	M	i.	**Pietro Paolo Gabardo** (13/05/1705 – 15/03/1774).
	184	F	ii.	**Maria Gabardo** (20/08/1709 – 04/12/1782).
	185	M	iii.	**Antonio Gabardo** (1714 – 12/08/1758).
74.	**Pietro Lazzarotto** (08/06/1683).			
	() **Bernardina Perli** (19/09/1689 – 24/01/1766).			
+	186	F	i.	**Giovanna Lazzarotto** (1711 – 16/02/1771).
75.	**Giuseppe Lazzarotto** (17/12/1684 – 1751).			
	(1717) **Giovanna Miotto** (02/08/1695 – 05/04/1765).			
	187	M	i.	**Giovanni Battista Lazzarotto** (1718 – < 24/05/1759).
+	188	F	ii.	**Maria Lazzarotto** (1724 – 15/03/1805).
+	189	M	iii.	**Francesco Lazzarotto** (1738 – 04/07/1800).
76.	**Cattarina Lazzarotto** (14/06/1686 – 24/11/17740).			
	(1717) **Domenico Negrello** (11/03/1690 – 15/04/1751).			
	190	F	i.	**Maria Negrello** (1718 – 05/05/1797).
+	191	F	ii.	**Giovanna Maria Negrello** (1722 – 09/04/1794).
+	192	M	iii.	**Giovanni Battista Negrello** (1724 – 26/09/1809).
+	193	M	iv.	**Francesco Negrello** (1726 – 14/08/1814).
+	194	M	iv.	**Pietro Negrello** (1730 – 12/11/1805).
	195	M	iv.	**Antonio Negrello** (1733 – 16/11/1755).
	196	F	vi.	**Chiara Negrello** (1735 – 18/01/1808).
				() **Francesco Ferrazzi** (Chiozza) (1734 – 25/05/1785)
81.	**Giovanni Gabardo** (08/04/1696).			
	() **Giovanna Gabardo** (? – 1736).			
+	197	M	i.	**Pietro Gabardo** (1726 – 22/08/1790).
+	198	M	ii.	**Vincenzo Gabardo** (1730 – 10/06/1801).
+	199	M	iii.	**Angelo Gabardo** (1732 – 26/08/1779).
+	200	F	iv.	**Anna Maria Gabardo** (1736 – 01/01/1781).
	(1736) **Giacoma**.			
	201	M	v.	**Mattio Gabardo** (1736 – > 06/11/1798).
85.	**Mattio Gabardo** (14/09/1704 – 16/12/1780).			
	() **Corona Meneghetti** (1707 – 17/09/1799).			
+	202	M	i.	**Paolo Gabardo** (1734 – 15/02/1812).
+	203	M	ii.	**Giovanni Gabardo** (1741 – 23/12/1797).
+	204	F	iii.	**Maria Elisabetta Gabardo** (1751 – 01/01/1811).
87.	**Martino Lazzaroni** (28/10/1681 – < 01/03/1732).			
	(1703) **Lucia Perli** (22/09/1679).			
	205	F	i.	**Angela Lazzaroni** (25/02/1705).
	206	M	ii.	**Antonio Lazzaroni** (09/03/1707).

		207	M	iii.	**Angelo Lazzaroni** (02/08/1710).
93.	**Cattarina Gianese** (1662).				
	(1690) **Gasparo Zuliani** (23/02/1671).				
		208	F	i.	**Gasparina Zuliani** (16/08/1692 – 01/10/1755).
					(1752) **Tadio Mazzabo** (27/06/1695 – 03/04/1765).
98.	**Maria Gianese** (08/04/1671).				
	(1691) **Bernardino Vialetto** (1666).				
		209	F	i.	**Anna Maria Vialetto** (12/08/1697 – 1697).
		210	F	ii.	**Anna Maria Vialetto** (01/06/1699 – 1707).
		211	M	iii.	**Domenico Vialetto** (22/09/1703 – 1703).
+		212	F	iv.	**Bernardina Vialetto** (01/08/1706 - 18/10/1782).
		213	F	v.	**Anna Maria Vialetto** (25/01/1711 – 1711).
101.	**Pietro Lazzarotto** (1654).				
	() **Orsola Negrello** (1656).				
		216	F	i.	**Francesca Lazzarotto** (02/03/1677 – 1677).
		217	F	ii.	**Cattarina Lazzarotto** (19/10/1678).
		218	F	iii.	**Elisabetta Lazzarotto** (01/08/1680).
		219	F	iv.	**Angela Lazzarotto** (22/08/1682 - 1682).
		220	F	v.	**Giacoma Lazzarotto** (08/04/1684 – 1684).
		221	M	vi.	**Domenico Lazzarotto** (31/10/1687).
					(10/10/1712) **Maria Elisabetta Cavalli** (15/10/1689).
		222	M	vii.	**Francesco Lazzarotto** (11/04/1690).
		223	M	viii.	**Giacomo Lazzarotto** (08/09/1692).
102.	**Angela Lazzarotto** (1660).				
	(1679) **Mattio Steffani** (1657 – 1722).				
103.	**Giacoma Gabardo** (1661).				
	(1681) **Giacomo Steffani** (1658 – 1701).				
+		224	M	i.	**Lazaro Steffani** (30/09/1682 – 05/12/1759).
		225	F	ii.	**Angela Steffani** (22/09/1684).
+		226	F	iii.	**Domenica Steffani** (30/10/1685 – 31/12/1754).
		227	M	iv.	**Bortolo Steffani** (04/06/1686 – 1686).
		228	M	v.	**Domenico Steffani** (04/06/1686 – 1686).
		229	M	vi.	**Domenico Steffani** (14/06/1687).
		230	M	vii.	**Mattio Steffani** (24/07/1689).
		231	F	viii.	**Mattia Steffani** (08/05/1691).
105.	**Paola Gabardo** (1663).				
	(1686) **Giovanni Battista Lazzaroni** (1658 – 05/01/1699).				
		232	F	i.	**Maddalena Lazzaroni** (14/06/1689).
		233	M	ii.	**Lazaro Lazzaroni** (30/06/1691).
		234	M	iii.	**Francesco Lazzaroni** (22/08/1696).

110.	**Paolo Gabardo** (11/06/1675).				
	(1699) **Giacoma Bernoi** (27/10/1674).				
+	235	M	i.	**Mattio Gabardo** (08/03/1707 – 26/12/1772).	
114.	**Maria Merto** (26/12/1676).				
	(1706) **Sebastiano Perli** (27/07/1671).				
	236	M	i.	**Giovanni Battista Perli** (25/09/1707 – 1707).	
	237	M	ii.	**Giovanni Battista Perli** (28/08/1709 – 28/08/1785).	
				() **Rosa Melame** (? – 14/10/1788).	
117.	**Antonio Lazzaroni** (16/01/1664 – < 17/04/1727).				
	(22/06/1688) **Elisabetta Zuliani** (31/01/1671 – < 27/10/1727).				
	238	M	i.	**Mattio Lazzaroni** (07/07/1695 – 1695).	
	239	F	ii.	**Maria Lazzaroni** (19/12/1696 – 1697).	
	240	F	iii.	**Maria Lazzaroni** (18/09/1698).	
+	241	M	iv.	**Mattio Lazzaroni** (06/07/1701).	
	242	F	v.	**Mattia Lazzaroni** (28/05/1703 – 1705).	
	243	F	vi.	**Antonia Lazzaroni** (17/01/1705).	
	244	F	vii.	**Mattia Lazzaroni** (23/04/1708).	
118.	**Bernardino Lazzaroni** (04/12/1668).				
	(1691) **Mattia**.				
+	245	M	i.	**Mattio Lazzaroni** (13/05/1702 – 06/08/1773).	
	246	M	ii.	**Marco Lazzaroni** (05/01/1706).	
	247	F	iii.	**Maria Lazzaroni** (06/12/1708).	
119.	**Domenico Lazzaroni** (02/11/1670 – 28/05/1752).				
	(10/1695) **Donata Marchioratto**.				
+	248	M	i.	**Mattio Lazzaroni** (25/09/1697 – 10/09/1763).	
	249	F	ii.	**Maria Lazzaroni** (02/09/1702 – 15/01/1752).	
				(15/11/1719) **Marc'Antonio Zuliani** (09/06/1695 – 1744).	
	250	F	iii.	**Domenica Lazzaroni** (08/03/1706 – 21/11/1774).	
				(1740) **Domenico Ceccato** (1707 – 13/04/1767).	
	251	M	iv.	**Giacomo Lazzaroni** (01/12/1710).	
	(1673) **Giustina** (1673 – 21/08/1753).				
125.	**Domenica Lazzaroni** (14/04/1680 – 17/06/1766).				
	(1705) **Giovanni Maria Gheno** (26/09/1671 – < 05/05/1749).				
+	252	M	i.	**Pasquale Gheno** (27/05/1706 – 18/07/1780).	
	253	M	ii.	**Giovanni Antonio Gheno** (26/04/1709).	
+	254	M	iii.	**Bortolo Gheno** (1711 – 13/08/1770).	
	255	F	iv.	**Maria Gheno** (1723 – 20/02/1798).	
	256	F	v.	**Cattarina Gheno** (1725 – 21/02/1784).	
128.	**Antonio Gianese** (1646).				
	(1678) **Maddalena Ferrazzi** (1657).				

+	257	M	i.	**Giovanni Gianese** (25/09/1679 – 1680).
	258	M	ii.	**Bernardino Gianese** (21/11/1683).
	259	M	iii.	**Don Giovanni Gianese** (15/05/1687 – < 26/09/1731).
+	260	M	iv.	**Tommaso (Tomio) Gianese** (05/07/1691 – 24/01/1768).
130.	**Domenico Gianese** (1659).			
	(1686) **Maria Pasi** (13/06/1663).			
	261	M	i.	**Bernardino Gianese** (17/03/1691).
	262	M	ii.	**Don Antonio Gianese** (10/10/1702 – 19/02/1753).
137.	**Antonia Gianese** (31/01/1672).			
	(1701) **Francesco Sebellin** (11/02/1680).			
	263	F	i.	**Maria Sebellin** (04/11/1702).
138.	**Marco Gianese** (20/07/1676 – 1719).			
	(1710) **Cattarina Pontarollo** (18/05/1683).			
+	264	F	i.	**Maria Maddalena Gianese** (19/01/1711 – 07/10/1793).
	265	M	ii.	**Gasparo Gianese** (1713).
144.	**Nicolò Gabardo** (01/10/1688 – 22/02/1751).			
	(1710) **Cattarina Sasso** (18/02/1687 – 08/12/1760).			
+	266	M	i.	**Vicenzo Gabardo** (1716 – 26/01/1785).
+	267	M	ii.	**Antonio Gabardo** (1719 – 17/08/1763).
	268	F	iii.	**Andrianna Gabardo** (1724 – 02/12/1760).
+	269	F	iv.	**Elisabetta Gabardo** (1726 – 07/04/1787).
150.	**Antonio Gabardo** (05/07/1686 – 28/02/1737).			
	(1712) **Anna Grossa** (1688 – 28/10/1763).			
+	270	M	i.	**Mattio Gabardo** (1714 – 22/07/1774).
	271	F	ii.	**Maria Gabardo** (1716).
				(1736) **Antonio Ceccon**.
	272	F	iii.	**Angela Gabardo** (04/03/1718 – 25/03/1789).
				() **Giovanni Pianaro** (20/03/1710).
+	273	M	iv.	**Bortolo Gabardo** (1722 – 29/01/1772).
+	274	M	v.	**Lorenzo Gabardo** (1723 – 15/01/1795).
154.	**Giovanni Gabardo** (08/10/1677).			
	(1711) **Maria Steffanoni** (13/05/1684 – 1712).			
	275	M	i.	**Pietro Gabardo** (1712 – 1713).
156.	**Maddalena Gabardo** (23/05/1684).			
	(1710) **Francesco Ferrazzi** (23/09/1693).			
+	276	M	i.	**Michiel Ferrazzi** (15/02/1711 – < 18/05/1794).
+	277	F	i.	**Mattia Ferrazzi** (1736 – 08/09/1802).
157.	**Angelo Gabardo** (11/06/1687 – 03/04/1761).			
	() **Domenica Contri** (1692 – 30/04/1770).			
+	278	M	i.	**Nicolò Gabardo** (1718 – 14/03/1787).

	279	M	i.	**Pietro Gabardo** (1725 – 30/03/1773).
	280	M	ii.	**Lorenzo Gabardo** (1728 – 21/07/1751).
159.				**Francesca Steffani** (20/08/1688 – 07/05/1771).
	(1710) **Vincenzo Pontarollo** (10/11/1688 – < 24/08/1736).			
+	281	M	i.	**Giacomo Pontarollo** (1711 – 15/09/1788).
	282	M	ii.	**Mattio Pontarollo** (1717 – 25/03/1773).
172.				**Giovanni Cavalli** (14/08/1702 – 15/11/1765).
	(1725) **Elisabetta Steffani** (28/04/1701 – 23/04/1761).			
+	283	M	i.	**Giovanni Battista Cavalli** (1732 – 02/02/1803).

Décima Geração

183.				**Pietro Paolo Gabardo** (13/05/1705 – 15/03/1774).
	(1763) **Maria Maddalena Saltarello** (1738 – 27/02/1814).			
+	284	F	i.	**Cattarina Gabardo** (22/06/1764 – 28/05/1830).
	285	F	ii.	**Maria Maddalena Gabardo** (31/12/1766 – 04/01/1767).
	286	M	iii.	**Mattio Gabardo** (10/09/1768 – 09/08/17690).
	287	F	iv.	**Maddalena Gabardo** (06/02/1771 – 08/02/1771).
	288	F	v.	**Maria Antonia Gabardo** (19/04/1772 – 31/05/1772).
	289	F	vi.	**Pierina Gabardo** (13/07/1774 – 01/01/1802).
	(1797) **Antonio Bau** (17/05/1775 – 16/07/1836).			
186.				**Giovanna Lazzarotto** (1711 – 16/02/1771).
	(1735) **Nicolò Lazzarotto** (24/04/1703 – 16/01/1760).			
+	290	F	i.	**Chiara Lazzarotto** (1740 – 13/02/1812).
+	291	F	ii.	**Cattarina Lazzarotto** (1752 – 12/01/1840).
188.				**Maria Lazzarotto** (1724 – 15/03/1805).
	(1745) **Giovanni Maria Costa** (1723 – 07/12/1773.			
+	292	M	i.	**Domenico Costa** (22/05/1746 – 21/08/1785).
+	293	F	ii.	**Domenica Costa** (1747 – 18/05/1817).
	294	F	iii.	**Maria Costa** (1750 – 1775).
	() **Pietro Mocellin** (05/11/1746).			
+	295	F	iv.	**Cecilia Costa** (1751 – 16/05/1829).
	296	F	v.	**Angela Costa** (06/01/1765 – 20/01/1765).
189.				**Francesco Lazzarotto** (1738 – 04/07/1800).
	(1760) **Domenica Strapazzon** (? – 25/05/1789).			
	297	F	i.	**Antonia Lazzarotto** (06/10/1760 – 26/08/1836).
	(1785) **Antonio Cavalli** (07/06/1764 – 12/02/1821).			
	298	M	ii.	**Giuseppe Lazzarotto** (19/01/1762 – 22/01/1762).
191.				**Giovanna Maria Negrello** (1722 – 09/04/1794).
	(1744) **Antonio Ferrazzi** (1712 – 28/06/1789).			
+	299	F	i.	**Lucia Ferrazzi** (1745 – 11/02/1798).
	300	M	ii.	**Baldissera Ferrazzi** (1747 – 14/06/1756).

	301	F	iii.	**Cattarina Ferrazzi** (1750).
	302	M	iv.	**Domenico Ferrazzi** (01/02/1753 – 07/02/1753).
+	303	M	v.	**Domenico Ferrazzi** (1754 – 04/02/1835).
	304	M	vi.	**Baldissera Ferrazzi** (15/09/1757).
	305	M	vii.	**Antonio Ferrazzi** (1759).
	306	F	viii.	**Cattarina Anna Ferrazzi** (27/07/1761).
	307	F	ix.	**Maria Antonia Ferrazzi** (05/08/1767).

192. **Giovanni Battista Negrello** (1724 – 26/09/1809).

(1768) **Lugrezia Saltarello** (1748 – 19/01/1830).

+	308	M	i.	**Domenico Negrello** (04/07/1769 – 15/03/1800).
	309	M	ii.	**Francesco Negrello** (13/10/1771 – 23/11/1771).
	310	M	iii.	**Antonio Negrello** (11/05/1773 – 15/05/1773).
+	311	M	iv.	**Antonio Maria Negrello** (06/10/1777 – 17/04/1859).
+	312	M	v.	**Francesco Negrello** (20/07/1780 – 17/12/1859).
	313	F	vi.	**Cattarina Negrello** (24/08/1783 – 05/12/1783).
+	314	F	vii.	**Cattarina Negrello** (27/06/1785).
	315	F	viii.	**Maria Negrello** (09/07/1787 – 03/06/1857).

193. **Francesco Negrello** (1726 – 14/08/1814).

(1758) **Margarita Grossa** (1726 – 26/06/1804).

	316	M	i.	**Domenico Negrello** (23/10/1758 – 26/10/1758).
	317	M	ii.	**Domenico Negrello** (30/10/1759 – 05/11/1759).
	318	M	iii.	**Domenico Negrello** (28/11/1761 – 06/12/1761).
	319	F	vii.	**Cattarina Negrello** (21/11/1763 – 01/12/1763).
+	320	F	v.	**Cattarina Negrello** (26/06/1765 – 05/04/1792).

194. **Pietro Negrello** (1730 – 12/11/1805).

(18/02/1760) **Maria Zannoni** (03/03/1737 – 16/07/1761).

	321	F	i.	**Natimorto Negrello** (15/07/1761).

(1765) **Antonia Vedove** (1738 – 21/05/1799).

	322	M	ii.	**Domenico Negrello** (13/02/1766 – 14/02/1766).
	323	M	iii.	**Domenico Negrello** (15/05/1767 – 05/01/1773).
	324	F	iv.	**Cattarina Negrello** (04/02/1769 – 08/02/1769).
	325	M	v.	**Antonio Negrello** (08/05/1770 – 12/02/1773).
	326	M	vi.	**Domenico Negrello** (21/02/1773 – 23/02/1773).
	327	M	vii.	**Domenico Negrello** (22/08/1774 – 22/09/1774).
	328	M	viii.	**Domenico Negrello** (15/10/11775 – 06/11/1775).
	329	M	ix.	**Domenico Negrello** (31/05/1777 – 03/11/1851).
				(30/04/1817) **Antonia Lazzaroni** (12/03/1791 – 03/1873).

197. **Pietro Gabardo** (1726 – 22/08/1790).

(1754) **Angelica Vettori** (1730 – 15/01/1802).

+	330	M	i.	**Giovanni Gabardo** (1755 – 24/09/1817).

	331	M	ii.	**Giacomo Gabardo** (1756 – 14/09/1779).
+	332	M	iii.	**Antonio Gabardo** (29/03/1759 – 14/07/1836).
	333	F	iv.	**Pasqua Gabardo** (06/08/1761).
	334	F	v.	**Antonia Gabardo** (09/01/1766 – 13/08/1793).
	335	M	vi.	**Francesco Gabardo** (23/04/1768 – 20/10/1768).
198.				**Vincenzo Gabardo** (1730 – 10/06/1801).
				(1764) **Vincenza Pontarollo** (1741 – 12/03/1800).
	336	F	i.	**Giacoma Gabardo** (31/01/1765 – 08/02/1765).
+	337	F	ii.	**Pasqua Gabardo** (09/01/1766 – 26/02/1817).
	338	M	iii.	**Giovanni Gabardo** (17/08/1768 – 19/07/1769).
+	339	F	iv.	**Giovanna Gabardo** (10/07/1770 – 21/10/1835).
	340	F	v.	**Francesca Gabardo** (23/05/1773 – 27/07/1783).
	341	F	vi.	**Corona Gabardo** (08/01/1776 – 11/01/1776).
+	342	M	vii.	**Giovanni Gabardo** (12/01/1777 – 12/01/1818).
+	343	M	viii.	**Angelo Gabardo** (13/09/1779 – 11/07/1836).
	344	M	ix.	**Francesco Gabardo** (09/02/1784 – 05/10/1790).
199.				**Angelo Gabardo** (1732 – 26/08/1779).
				(1768) **Margarita Tonin** (1741 – 30/05/1817).
+	345	F	i.	**Giacoma Gabardo** (10/07/1769 – 31/08/1790).
200.				**Anna Maria Gabardo** (1736 – 01/01/1781).
				(1751) **Francesco Negrello** (1723 – 03/03/1786).
+	346	F	i.	**Giovanna Negrello** (21/10/1751 – 29/11/1830).
+	347	F	ii.	**Antonia Negrello** (1755 – 27/08/1822).
	348	M	iii.	**Antonio Negrello** (24/02/1760 – 29/02/1760).
+	349	M	iv.	**Gasparo Negrello** (24/07/1766 – 02/11/1835).
+	350	M	v.	**Antonio Tommaso Negrello** (04/02/1771 – 24/11/1831).
+	351	F	vi.	**Lucia Negrello** (11/09/1773 – 18/07/1836).
202.				**Paolo Gabardo** (1734 – 15/02/1812).
				(1764) **Lucia Cattarina Steffani** (1742 – 24/01/1818).
+	352	M	i.	**Antonio Gabardo** (22/04/1765 – 24/11/1837).
	353	F	ii.	**Giacoma Gabardo** (21/08/1768 – 17/06/1769).
+	354	F	iii.	**Giacoma Gabardo** (26/05/1771 – 12/04/1803).
203.				**Giovanni Gabardo** (1741 – 23/12/1797).
				(1770) **Antonia Steffani** (1747 – 17/12/1806).
+	355	F	i.	**Anna Maria Gabardo** (03/02/1771 – 17/02/1800).
+	356	M	ii.	**Mattio Gabardo** (09/06/1773 – 23/12/1849).
	357	F	iii.	**Corona Gabardo** (16/07/1776 – 02/09/1778).
	358	F	iv.	**Corona Gabardo** (04/02/1779 – 26/09/1779).
+	359	F	v.	**Giovanna Maria Gabardo** (15/08/1780 – 22/09/1853).
	360	M	vi.	**Steffano Gabardo** (04/06/1784 – 15/09/1790).

204.	Maria Elisabetta Gabardo (1751 – 01/01/1811).			
	(1767) Bonifacio Antonio Lazzaroni (1742 – 10/10/1830).			
	361	F	i.	Natimorto Lazzaroni (13/03/1768).
	362	M	ii.	Don Modesto Lazzaroni (10/02/1771 – 24/03/1849).
	363	F	iii.	Cattarina Lazzaroni (13/11/1774 – 20/11/1774).
+	364	M	iv.	Mattio Antonio Maria Lazzaroni (11/10/1776 – 1856).
	365	F	v.	Cattarina Lazzaroni (06/04/1779 – 07/12/1780).
	366	F	vi.	Cattarina Lazzaroni (07/11/1781 – 18/06/1864).
				(01/10/1808) Giovanni Battista Signori (31/08/1786).
212.	Bernardina Vialetto (01/08/1706 – 18/10/1782).			
	(1737) Giovanni Antonio Ferrazzi (01/09/1706 – 15/01/1784).			
+	367	M	i.	Francesco Ferrazzi (1738 – 05/02/1785).
224.	Lazaro Steffani (30/09/1682 – 05/12/1759).			
	() Marina Ceccon (11/02/1678 – 18/08/1763)			
	368	F	i.	Giacoma Steffani (1721 – 10/1747).
				(1741) Bortolo Lazzarotto (1720 – 01/10/1795).
226.	Domenica Steffani (30/10/1685 – 31/12/1754).			
	(1707) Bortolo Cavalli (14/07/1677).			
+	369	M	i.	Giovanni Pietro Cavalli (12/11/1707 – 10/12/1774).
235.	Mattio Gabardo (08/03/1707 – 26/12/1772).			
	() Francesca Tallandini (1714 – 07/02/1789).			
	370	F	i.	Lugrezia Gabardo (1728).
+	371	M	ii.	Pietro Paolo Gabardo (1732 – 14/03/1805).
	372	F	iii.	Angela Gabardo (1735 – 04/03/1807).
241.	Mattio Lazzaroni (06/07/1701).			
	(17/02/1718) Vittoria Manfe (1697).			
+	373	F	i.	Elisabetta Lazzaroni (1718 – 08/01/1790).
245.	Mattio Lazzaroni (13/05/1702 – 06/08/1773).			
	(1726) Maria Ferrazzi (19/10/1699 – 18/11/1764).			
+	374	F	i.	Bortola Lazzaroni (1728 – 19/04/1754).
+	375	M	ii.	Bernardino Lazzaroni (1730).
248.	Mattio Lazzaroni (25/09/1697 – 10/09/1763).			
	(1724) Anna Maria Todesco (21/03/1699 – 22/05/1763).			
	376	F	i.	Donata Lazzaroni (1725 – 28/12/1777).
+	377	M	ii.	Domenico Lazzaroni (1735 – 13/04/1796).
+	378	F	iii.	Giacoma Lazzaroni (1737 – 19/05/1798).
252.	Pasquale Gheno (27/05/1706 – 18/07/1780).			
	() Lucia Gheno (06/09/1701 – 08/10/1756).			
+	379	M	i.	Giovanni Maria Gheno (1729 – 11/01/1772).
	380	F	ii.	Domenica Gheno (1744 – 30/05/1759).

				() **Maria** (? – 16/04/1769).
254.				**Bortolo Gheno** (1711 – 13/08/1770).
				() **Antonia Scotton** (? – 14/09/1756).
+	381	M	i.	**Giovanni Maria Gheno** (12/08/1734).
260.				**Tommaso (Tomio) Gianese** (05/07/1691 – 24/01/1768).
				(1714/1715) **Angela Zannini** (02/03/1697 – 17/04/1775).
	382	M	i.	**Francesco Gianese** (1716 – 21/02/1790).
+	383	F	ii.	**Maria Maddalena Gianese** (21/09/1720 – 22/03/1811).
264.				**Maria Maddalena Gianese** (19/01/1711 – 07/10/1793).
				(1728) **Antonio Vedove** (09/01/1698 – 23/04/1784).
+	384	F	i.	**Antonia Vedove** (1738 – 21/05/1799).
	385	M	ii.	**Giovanni Vedove** (1745 – 27/01/1817).
+	386	M	iii.	**Marco Vedove** (1746 – 16/05/1789).
	387	M	iv.	**Giacomo Vedove** (1747).
+	388	M	v.	**Nicolò Vedove** (1750 – 17/08/1817).
266.				**Vicenzo Gabardo** (1716 – 26/01/1785).
				(1745) **Cattarina Ferrazzi** (1717 – 26/08/1763).
	389	F	i.	**Antonia Gabardo** (1749 – 09/02/1751).
	390	M	ii.	**Nicolò Gabardo** (27/03/1751 – 16/04/1751).
+	391	F	iii.	**Angela Antonia Gabardo** (1754 – 23/07/1817).
+	392	F	iv.	**Elisabetta Gabardo** (1757 – 30/07/1817).
267.				**Antonio Gabardo** (1719 – 17/08/1763).
				(1760) **Maria Paradisia Scuccato** (1729 – 18/01/1781).
+	393	M	ii.	**Nicolò Gabardo** (03/04/1761 – 07/01/1817).
	394	M	i.	**Marco Gabardo** (28/05/1763 – 14/06/1767).
269.				**Elisabetta Gabardo** (1726 – 07/04/1787).
				(1753) **Bortolo Cavalli** (1721 – 14/04/1772).
+	395	F	i.	**Lucia Cavalli** (1754 – 03/6/1812).
	396	F	ii.	**Corona Cavalli** (1756 – 11/08/1757).
	397	M	iii.	**Gasparo Cavalli** (1758 – 15/07/1759).
	398	F	iv.	**Orsola Cavalli** (27/04/1760 – 25/12/1762).
	399	M	v.	**Gasparo Cavalli** (28/07/1763 – 06/08/1765).
	400	F	vi.	**Domenica Cavalli** (04/08/1766 – 13/10/1767).
	401	M	vii.	**Gasparo Cavalli** (20/02/1769 – 23/02/1769).
	402	F	viii.	**Orsola Cavalli** (23/04/1771 – 08/08/1775).
270.				**Mattio Gabardo** (1714 – 22/07/1774.
				(1738) **Antonia Ferrazzi** (1713 – 06/10/1772.
+	403	M	i.	**Giacomo Gabardo** (1740).
+	404	F	ii.	**Anna Gabardo** (1741 – 02/03/1814).
+	405	M	iii.	**Antonio Gabardo** (1744 – 21/02/1796).

		406	F	iv.	**Francesca Gabardo** (1747 – < 15/06/1788).
+		407	M	i.	**Angelo Gabardo** (1749).
273.		**Bortolo Gabardo** (1722 – 29/01/1772).			
		(1745) **Bernardina Saltarello** (1720 – 22/08/1776).			
		408	F	i.	**Anna Gabardo** (1746 – 05/10/1751).
+		409	F	ii.	**Antonia Gabardo** (1750).
		410	M	iii.	**Antonio Gabardo** (1753 – 20/03/1759).
+		411	F	iv.	**Anna Gabardo** (1755 – 01/02/1823).
+		412	F	v.	**Cattarina Gabardo** (27/07/1757 – 30/07/1836).
		413	M	vi.	**Antonio Gabardo** (24/10/1760 – 28/10/1760).
274.		**Lorenzo Gabardo** (1723 – 15/01/1795).			
		(1750) **Tadea Sasso** (1725 – 11/12/1794).			
		414	M	i.	**Antonio Gabardo** (1752 – 02/08/1818).
		(05/11/1776) **Orsola Vettori** (28/08/1755 – 20/11/1837).			
		415	M	ii.	**Domenico Gabardo** (09/11/1754 – 25/11/1754).
		416	M	iii.	**Domenico Gabardo** (01/04/1756 – 10/04/1756).
276.		**Michiel Ferrazzi** (15/02/1711 – < 18/05/1794).			
		(1740) **Maria Maddalena Saltarello** (1719).			
+		417	M	i.	**Francesco Ferrazzi** (1741 – 13/02/1825).
		418	M	ii.	**Angelo Ferrazzi** (1743).
		419	M	iii.	**Marc'Antonio Ferrazzi** (1745).
		420	M	iv.	**Giuseppe Giacomo Ferrazzi** (1747).
277.		**Mattia Ferrazzi** (1736 – 08/09/1802).			
		(1760) **Giovanni Battista Cavalli** (1732 – 02/02/1803).			
+		421	M	i.	**Francesco Antonio Cavalli** (16/08/1774 – 13/07/1836).
278.		**Nicolò Gabardo** (1718 – 14/03/1787).			
		(1738) **Angela Fontana** (1717 – 12/08/1779).			
+		422	F	i.	**Maria Maddalena Gabardo** (1738 – 24/12/1789).
+		423	M	ii.	**Angelo Gabardo** (1748 – < 01/05/1799).
+		424	F	iii.	**Domenica Gabardo** (1749 – 02/07/1816).
+		425	M	iv.	**Lorenzo Gabardo** (1753 – 07/01/1816).
		426	M	v.	**Giovanni Gabardo** (08/02/1757 – 20/02/1757).
281.		**Giacomo Pontarollo** (1711 – 15/09/1788).			
		(1741) **Bortola Cavalli** (1716 – 13/08/1799).			
+		427	F	i.	**Vincenza Pontarollo** (1741 – 12/031800).
+		428	M	ii.	**Vincenzo Pontarollo** (1752 – 17/10/1826).
+		429	F	iii.	**Angela Pontarollo** (1755 – 21/06/1817).
283.		**Giovanni Battista Cavalli** (1732 – 02/02/1803).			
		(1760) **Mattia Ferrazzi** (1736 – 08/09/1802).			

Décima-primeira Geração

	284.	**Cattarina Gabardo** (22/06/1764 – 28/05/1830).			
		(1783) **Mattio Ferrazzi** (21/12/1752 – 08/04/1843).			
			431	M	i.	**Domenico Ferrazzi** (18/12/1784 – 22/12/1784).
			432	F	ii.	**Domenica Ferrazzi** (08/01/1786 – 12/01/1786).
			433	F	iii.	**Maria Maddalena Ferrazzi** (19/01/1787 – 22/01/1787).
			434	M	iv.	**Sebastiano Ferrazzi** (12/12/1787 – 19/12/1787).
			435	M	v.	**Domenico Ferrazzi** (17/03/1789 – 24/03/1789).
			436	M	vi.	**Domenico Ferrazzi** (11/04/1790 – 08/08/1791).
+			437	M	vii.	**Domenico Ferrazzi** (13/04/1792 – 10/03/1854).
+			438	F	viii.	**Francesca Ferrazzi** (19/11/1794).
+			439	F	ix.	**Antonia Ferrazzi** (18/01/1797).
+			440	F	x.	**Margarita Ferrazzi** (29/05/1800 – 19/04/1885).
	290.	**Chiara Lazzarotto** (1740 – 13/02/1812).			
		(1762) **Marco Fabris** (1737 – 16/08/1811).			
+			441	M	i.	**Giovanni Antonio Fabris** (20/03/1763).
+			442	F	ii.	**Giovanna Maria Fabris** (21/01/1765 – 25/06/1842).
			443	M	iii.	**Lunardo Fabris** (13/10/1767).
			444	M	iv.	**Lunardo Fabris** (15/07/1770).
			445	M	v.	**Nicoló Fabris** (04/10/1773).
	291.	**Cattarina Lazzarotto** (1752 – 12/01/1840).			
		(1773) **Giovanni Gianese** (1738 – 25/09/1791).			
+			446	M	i.	**Giovanni Battista Gianese** (12/05/1774 – 02/10/1831).
			447	F	ii.	**Anna Gianese**.
	292.	**Domenico Costa** (22/05/1746 – 21/08/1785).			
		(26/04/1769) **Angela Ceccon** (22/11/1747 – 06/07/1831).			
			448	F	i.	**Maria Costa** (10/04/1770).
			449	F	ii.	**Giacoma Costa** (21/02/1771).
			450	M	iii.	**Giovanni Maria Costa** (30/01/1772).
			451	F	iv.	**Giacoma Costa** (24/12/1773).
			452	M	v.	**Pietro Costa** (14/01/1775 – 25/01/1775).
			453	M	vi.	**Pietro Costa** (28/11/1775 – 06/12/1775).
			454	F	vii.	**Giacoma Costa** (28/11/1775 – 06/12/1775).
			455	M	viii.	**Pietro Costa** (10/12/1776 – 17/12/1776
+			456	M	ix.	**Pietro Antonio Costa** (17/12/1778).
+			457	F	x.	**Giacoma Costa** (23/11/1779 – 20/05/1841).
			458	F	xi.	**Angela Costa** (22/02/1781).
			459	F	xii.	**Cecilia Costa** (22/06/1782).
			460	F	xiii.	**Teresa Costa** (23/03/1784).
			461	F	xiv.	**Teresa Costa** (11/03/1785).
	293.	**Domenica Costa** (1747 – 18/05/1817).			

				(1766) **Francesco Cera** (1743 – 14/03/1814).
	462	F	i.	**Angela Cera** (21/08/1767 – 31/08/1767).
+	463	M	ii.	**Antonio Cera** (12/10/1770 – 02/01/1817).
+	464	F	iii.	**Maria Cera** (21/08/1773 – 04/10/1808).
	465	F	iv.	**Angela Cera** (24/03/1778 – 1826).
				() **Antonio Cavalli** (10/10/1781 – 07/06/1868).
+	466	F	v.	**Bortola Cera** (09/01/1787).
+	467	M	vi.	**Bernardino Cera** (01/05/1792).
295.	**Cecilia Costa** (1751 – 16/05/1829).			
				(13/08/1770) **Domenico Mattana** (1745 – 30/05/1802).
	468	M	i.	**Biasio Mattana** (21/11/1771 – 02/12/1771).
	469	F	ii.	**Giacoma Mattana** (13/09/1773).
+	470	M	iii.	**Biasio Mattana** (17/09/1775 – 11/10/1844).
	471	M	iv.	**Giovanni Maria Mattana** (17/09/1779 – 15/10/1781).
+	472	M	v.	**Giovanni Maria Mattana** (03/08/1784 – 22/07/1836).
	473	M	vi.	**Domenico Mattana** (08/12/1786 – 18/12/1786).
+	474	M	vii.	**Baldissera Mattana** (09/07/1791 – 1812).
	475	M	viii.	**Domenico Mattana** (09/07/1791 – 14/02/1856).
				(01/05/1837) **Maria Fiorese** (15/09/1793 – 31/01/1863).
299.	**Lucia Ferrazzi** (1745 – 11/02/1798).			
				(1776) **Angelo Perli** (1742).
	476	M	i.	**Domenico Perli** (24/11/1776 – 26/11/1776).
	477	M	ii.	**Antonio Maria Perli** (30/12/1777 – 08/01/1778).
	478	M	iii.	**Domenico Perli** (16/09/1779 – 04/10/1779).
+	479	F	iv.	**Giovanna Maria Perli** (23/09/1780 – 06/09/1824).
	480	M	v.	**Antonio Maria Perli** (28/09/1783).
	481	F	vi.	**Giacoma Perli** (01/09/1786 – 06/07/1788).
303.	**Domenico Ferrazzi** (1754 – 04/02/1835).			
				(1779) **Cattarina Gabardo** (27/07/1757 – 30/07/1836).
+	482	M	i.	**Bortolo Ferrazzi** (13/07/1781 – 17/01/1867).
	483	F	ii.	**Giovanna Ferrazzi** (12/11/1783 – 16/11/1783).
	484	M	iii.	**Antonio Ferrazzi** (29/01/1785 – 02/02/1785).
+	485	M	iv.	**Antonio Ferrazzi** (11/08/1786 – 26/10/1859).
+	486	M	v.	**Giovanni Maria Ferrazzi** (11/08/1786 – 11/09/1854).
	487	M	vi.	**Nicolò Ferrazzi** (21/10/1788 – 26/12/1788).
+	488	M	vii.	**Antonio Fortunato Ferrazzi** (26/05/1790 – 06/10/1849).
+	489	M	viii.	**Luigi Ferrazzi** (22/08/1792).
	490	F	ix.	**Giovanna Maria Ferrazzi** (10/08/1794).
				(22/02/1830) **Nicolò Vettori** (10/04/17980.
	491	F	x.	**Anna Maria Ferrazzi** (12/09/1796 – 3012/796).

	492	M	xi.	**Gaetano Ferrazzi** (09/05/1799 – 22/01/1876).
308.	**Domenico Negrello** (04/07/1769 – 15/03/1800).			
	(1792) **Anna Maria Gabardo** (03/02/1771 – 17/02/1800).			
	493	F	i.	**Cattarina Negrello** (26/07/1793 – 15/04/1810).
	494	F	ii.	**Margarita Negrello** (14/06/1796 – 28/04/1799).
311.	**Antonio Maria Negrello** (06/10/1777 – 17/04/1859).			
	(08/021804) **Cattarina Zannini** (07/05/1784 – (05/02/1854).			
	495	M	i.	**Domenico Negrello** (29/01/1805 – 03/02/1805).
+	496	F	ii.	**Margarita Negrello** (02/11/1806 – 27/07/1882).
	497	M	iii.	**Giovanni Battista Negrello** (14/02/1809 – 16/02/1809).
+	498	M	iv.	**Giovanni Battista Negrello** (29/06/1810 – 24/03/1883).
	499	M	vii.	**Domenico Negrello** (04/02/1813).
	500	M	v.	**Francesco Negrello** (10/10/1815 – 05/01/1816).
+	501	M	ix.	**Nicolò Negrello** (03/11/1818 – 11/07/1907).
	502	F	x.	**Elisabetta Negrello** (23/05/1821 – 20/11/1837).
	503	F	xi.	**Domenica Negrello** (13/01/1825 – 18/01/1825).
312.	**Francesco Negrello** (1780).			
	() **Gaetana Andreata** (1784 – 01/04/1844).			
	504	M	i.	**Giovanni Battista Negrello** (11/10/1815).
	505	F	ii.	**Margarita Negrello** (04/01/1805 – 06/01/1805).
+	506	M	iii.	**Pietro Negrello** (13/08/1806 – 12/02/1888).
+	507	F	iv.	**Anna Maria Negrello** (15/07/1808 – 17/12/1896).
	508	M	v.	**Domenico Negrello** (27/07/1810 – 20/08/1810).
	509	M	vi.	**Domenico Negrello** (21/10/1811 – 15/12/1811).
	510	M	vii.	**Domenico Negrello** (19/05/1813 – 29/08/18160.
	511	M	viii.	**Giovanni Battista Negrello** (10/10/1815 – 14/10/1815).
	512	M	ix.	**Giovanni Battista Negrello** (22/04/1817 – 27/04/1817).
	513	M	x.	**Giovanni Battista Negrello** (05/09/1818 – 19/11/1818).
+	514	M	xi.	**Giovanni Battista Negrello** (23/10/1819 – 11/02/1871).
	515	F	xii.	**Angela Negrello** (04/02/1821 – 06/02/1821).
	516	M	xiii.	**Domenico Negrello** (21/06/1825 – 17/04/1830).
314.	**Cattarina Negrello** (27/06/1785).			
	(22/07/1811) **Baldissera Ferrazzi** (22/09/1783).			
	517	F	i.	**Gaetana Ferrazzi** (16/06/1812).
	518	F	ii.	**Maria Antonia Ferrazzi** (10/12/1813).
320.	**Cattarina Negrello** (26/06/1765 – 05/04/1792).			
	(1783) **Bortolo Steffani** (08/10/1763 – 20/02/1819).			
	519	M	i.	**Steffano Steffani** (03/05/1784).
	520	F	ii.	**Giovanna Maria Steffani** (24/06/1786 – 24/12/1788).
	521	F	iii.	**Margarita Steffani** (20/12/1788 – 23/12/1788).

330.	Giovanni Gabardo (1755 – 24/09/1817).				
	(1778) Lucia Maria Giustinetti (18/10/1759 – 12/07/1836).				
		522	F	i.	Catterina Gabardo (26/11/1778 – 29/11/1778).
		523	F	ii.	Catterina Gabardo (04/06/1780).
		524	F	iii.	Catterina Gabardo (18/01/1782 – 18/01/1790).
		525	F	iv.	Antonia Gabardo (01/11/1782 – 08/11/1782).
		526	M	v.	Giacomo Gabardo (21/02/1784 – 23/02/1784).
		527	M	vi.	Giacomo Gabardo (02/06/1785 – 17/06/1785).
		528	M	vii.	Giacomo Gabardo (04/05/1786 – 12/05/1786).
		529	F	viii.	Antonia Gabardo (17/05/1787 – 24/10/1788).
		530	M	ix.	Giacomo Gabardo (31/10/1789 – 06/11/1789).
+		531	F	x.	Catterina Gabardo (08/07/1791 – 26/11/1862).
		532	M	xi.	Pietro Gabardo (07/06/1793 – 05/04/1810).
		533	M	xii.	Giovanni Gabardo (19/02/1796 – 24/02/1796).
		534	M	xiii.	Giovanni Gabardo (28/11/1798 – 29/12/1799).
332.	Antonio Gabardo (29/03/1759 – 14/07/1836).				
	(23/04/1792) Giacoma Paoletti (14/06/1770 – 25/12/1842).				
		535	F	i.	Pietra Gabardo (04/03/1793 – 08/03/1793).
+		536	M	ii.	Pietro Gabardo (28/07/1797 – 12/06/1884).
+		537	F	iii.	Antonia Gabardo (09/10/1799 – 03/01/1881).
+		538	M	iv.	Andrea Gabardo (07/11/1802 – 13/08/1896).
		539	F	v.	Angelica Gabardo (08/02/1805 – 12/02/1805).
337.	Pasqua Gabardo (09/01/1766 – 26/02/1817).				
	(1788) Giuseppe Pante (1758 – 14/01/1817).				
		540	M	i.	Nicolò Pante (13/07/1789).
		541	F	ii.	Bortola Pante (25/08/1790).
		542	M	iii.	Francesco Pante (27/09/1791).
		543	F	iv.	Bortola Pante (17/07/1793).
339.	Giovanna Gabardo (10/07/1770 – 21/10/1835).				
	(1789) Francesco Guzzo (27/05/1764 – 21/11/1837).				
		544	M	i.	Giovanni Battista Guzzo (02/10/1790).
		545	M	ii.	Nicolò Guzzo (25/04/1800).
342.	Giovanni Gabardo (12/01/1777 – 12/01/1818).				
	(1797) Giovanna Costa (10/04/1778).				
+		546	F	i.	Francesca Gabardo (14/07/1798).
+		547	M	ii.	Vincenzo Gabardo (02/04/1800).
		548	M	iii.	Pietro Gabardo (30/08/1802 – 02/03/1803).
		549	M	iv.	Pietro Gabardo (24/03/1804 – 03/04/1804).
		550	F	v.	Pasqua Gabardo (18/10/1805 – 02/06/1820).
343.	Angelo Gabardo (13/09/1779 – 11/07/1836).				

				(23/04/1803) **Catterina Perli** (11/02/1782 – 03/08/1845).
+	551	M	i.	**Vincenzo Gabardo** (11/03/1804 – 14/04/1868).
	552	F	ii.	**Anna Maria Gabardo** (13/09/1805).
	553	M	iii.	**Sebastiano Gabardo** (1806)
+	554	M	iv.	**Gaetano Gabardo** (05/08/1808 – 08/01/1869).
	555	M	v.	**Natimorto Gabardo** (20/03/1811).
+	556	M	vi.	**Pietro Gabardo** (10/02/1814).
345.	**Giacoma Gabardo** (10/07/1769 – 3108/1790).			
	(1789) **Antonio Maria Sasso** (09/10/1768 – 02/07/1817).			
	557	M	i.	**Natimorto Sasso** (24/08/1790).
346.	**Giovanna Negrello** (21/10/1751 – 29/11/1830).			
	(1767) **Gaetano Molini** (03/08/1738).			
+	558	M	i.	**Marco Molini** (30/11/1767 – 16/01/1826).
	559	F	ii.	**Orsola Molini** (24/10/1769 – 19/01/1771).
	560	F	iii.	**Giuseppa Molini** (18/01/1771 – 1771).
	561	F	iv.	**Giuseppa Molini** (29/03/1772).
	562	M	v.	**Gregorio Molini** (12/09/1773 – 24/08/1774).
+	563	M	vi.	**Pietro Molini** (29/06/1775 – 16/09/1820).
	564	M	vii.	**Giuseppe Molini** (24/09/1777 – 22/07/1836).
	565	F	viii.	**Margarita Molini** (10/01/1780).
	566	M	ix.	**Gregorio Molini** (30/03/1781 – 25/05/1789).
	567	F	x.	**Anna Maria Molini** (16/04/1786 – 18/10/1787).
	568	F	xi.	**Margarita Molini** (03/04/1791).
	569	F	xii.	**Francesca Molini** (01/09/1792).
347.	**Antonia Negrello** (1755 – 27/08/1822).			
	(1774) **Domenico Steffani** (1749 – 27/08/1822).			
+	570	M	i.	**Bortolo (Bartolomeo) Steffani** (12/07/1775 – 09/1835).
+	571	M	ii.	**Steffano Steffani** (24/05/1778 – 18/07/1817).
+	572	F	iii.	**Giovanna Steffani** (24/08/1780 – 28/01/1864).
349.	**Gasparo Negrello** (24/07/1766 – 02/11/1835).			
	(1787) **Elisabetta Lazzarotto** (10/04/1765 – 04/04/1821).			
	573	F	i.	**Anna Maria Negrello** (15/12/1787 – 18/12/1787).
	574	M	ii.	**Francesco Negrello** (04/09/1789 – 12/09/1791).
	575	F	iii.	**Anna Maria Negrello** (20/02/1795 – 29/01/1798).
	576	F	iv.	**Anna Maria Negrello** (04/08/1798 – 07/03/1821).
				(07/01/1819) **Luigi Smaniotto** (1785).
	577	M	v.	**Francesco Negrello** (19/05/1801 – 25/02/1803).
350.	**Antonio Tommaso Negrello** (04/02/1771 – 24/11/1831).			
	(1792) **Maria Antonia Costa** (15/09/1772 – 14/11/1837).			
	578	F	i.	**Anna Maria Negrello** (09/03/1793 – 13/03/1793).

+	579	F	ii.	**Anna Maria Negrello** (06/06/1794 – 03/11/1868).
	580	F	iii.	**Domenica Negrello** (11/05/1796 – 24/04/1798).
+	581	M	iv.	**Francesco Negrello** (30/04/1799 – 17/03/1866).
	582	M	v.	**Gasparo Negrello** (23/06/1803 – 28/11/1804).
+	583	M	vi.	**Antonio Negrello** (22/01/1806 – 08/09/1866).
	584	F	vii.	**Domenica Negrello** (20/05/1812 – 30/05/1812).
	585	M	viii.	**Natimorto Negrello** (20/05/1812).

351. **Lucia Negrello** (11/09/1773 – 18/07/1836).

(1792) **Marc'Antonio Sasso** (1772 – 30/07/1822).

	586	F	i.	**Anna Maria Sasso** (16/01/1793 – 22/01/1793).
+	587	F	ii.	**Mattia Sasso** (07/01/1794 – 29/07/1847).
	588	M	iii.	**Bortolo Sasso** (1795 – 21/03/1819).
	589	M	iv.	**Francesco Sasso** (1796 – 06/10/1798).
	590	F	v.	**Anna Maria Sasso** (04/09/1799 – 18/07/1836).
+	591	M	vi.	**Francesco Sasso** (01/09/1802 – 02/07/1827).
	592	M	vii.	**Giovanni Battista Sasso** (12/10/1804).
	593	F	viii.	**Orsola Sasso** (1805).
	594	F	ix.	**Pierina Antonia Sasso** (26/05/1807).

352. **Antonio Gabardo** (22/04/1765 – 24/11/1837).

() **Lucia** (? – 17/07/1803)

(30/04/1804) **Pasqua Lazzarotto** (1773 – 19/03/1850).

	595	M	i.	**Vettore Gabardo** (28/05/1807 – 18/09/1820).
	596	M	ii.	**Paolo Gabardo** (31/03/1810 – 04/04/1810).
	597	F	iii.	**Paola Gabardo** (22/11/1812 – 27/11/1812).
	598	F	iv.	**Paola Gabardo** (28/01/1815 – 01/02/1815).
+	599	M	v.	**Paolo Emilio Gabardo** (29/09/1817).
	600	F	vi.	**Lucia Gabardo** (15/09/1819 – 24/11/1860).
	601	M	vii.	**Vettor Gabardo** (22/12/1822 – 08/01/1823).

354. **Giacoma Gabardo** (26/05/1771 – 12/04/1803).

(1795) **Domenico Pasi** (18/01/1766 – 16/09/1834).

	602	M	i.	**Natimorto Pasi** (30/06/1796).
	603	M	ii.	**Vettor Pasi** (09/09/1797 – 19/03/1808).
	604	M	iii.	**Francesco Pasi** (19/06/1802 – 21/06/1802).

355. **Anna Maria Gabardo** (03/02/1771 – 17/02/1800).

(1792) **Domenico Negrello** (04/07/1769 – 15/03/1800).

356. **Mattio Gabardo** (09/06/1773 – 23/12/1849).

(18/11/1795) **Giacoma Costa** (23/11/1779 – 20/05/1841).

	607	M	i.	**Giovanni Maria Gabardo** (09/09/1797 – 25/07/1798).
+	608	M	ii.	**Vettore Gabardo** (10/07/1801 – 09/12/1826).
	609	M	iii.	**Natimorto Gabardo** (17/11/1803).

	610	F	iv.	**Antonia Gabardo** (17/03/1807 – 05/04/1807).
	611	F	v.	**Antonia Gabardo** (24/02/1808 – 03/11/ 1826).
	612	M	vi.	**Giovanni Gabardo** (27/12/1809 – 03/01/1810).
	613	M	vii.	**Giovanni Gabardo** (09/09/1811 – 12/09/1811).
+	614	M	viii.	**Giovanni Battista Gabardo** (12/01/1813 – 29/10/1871).
	615	F	ix.	**Paola Gabardo** (01/02/1816 – 02/02/1816).
	616	F	x.	**Paola Gabardo** (04/04/1817 – 31/05/1817).
359.	\multicolumn{4}{l	}{**Giovanna Maria Gabardo** (15/08/1780 – 22/09/1853).}
	\multicolumn{4}{l	}{(1803) **Leopoldo Pontarolo** (21/06/1785 – 02/02/1871).}
+	617	M	i.	**Giovanni Battista Pontarolo** (04/07/1805 – 06/02/1884).
	618	M	ii.	**Giovanni Pontarolo** (16/12/1807 – 20/12/1807).
	619	M	iii.	**Giovanni Battista Pontarolo** (06/02/1809 – 09/02/1809).
	620	M	iv.	**Vettor Pontarolo** (03/04/1810 – 03/02/1853).
	621	M	v.	**Gaetano Pontarolo** (06/08/1812).
	622	M	vi.	**Giovanni Pontarolo** (31/01/1815 – 08/02/1815).
+	623	F	vii.	**Domenica Antonia Pontarollo** (28/06/1818 – 01/1892).
	624	F	viii.	**Antonia Pontarollo** (24/06/1820 – 10/07/1822).
+	625	F	ix.	**Antonia Pontarolo** (15/06/1823 – 03/05/1866).
364.	\multicolumn{4}{l	}{**Mattio Antonio Maria Lazzaroni** (11/10/1776 – 31/08/1856).}
	\multicolumn{4}{l	}{(09/11/1799) **Margarita Benacchio** (23/07/1782 – 02/06/1858).}
+	626	M	i.	**Modesto Lazzaroni** (26/12/1802 – 20/04/1858).
+	627	M	ii.	**Bonifacio Maria Lazzaroni** (14/03/1806 – 25/01/1880).
	628	F	iii.	**Maria Angela Lazzaroni** (24/12/1807 – 16/11/1878).
	629	M	iv.	**Tommaso Lazzaroni** (1811 – 06/07/1817).
	630	F	v.	**Maria Elisabetta Lazzaroni** (09/11/1812).
	\multicolumn{4}{l	}{(28/10/1840) **Alessandro Marangoni** (18/09/1802).}
367.	\multicolumn{4}{l	}{**Francesco Ferrazzi** (1738 – 05/02/1785).}
	\multicolumn{4}{l	}{(1767) **Giovanna Conte** (1738 – 26/12/1778).}
	631	F	i.	**Bortola Ferrazzi** (05/09/1768 – 12/09/1769).
	632	M	ii.	**Bortolo Ferrazzi** (14/03/1771 – 19/03/1771).
369.	\multicolumn{4}{l	}{**Giovanni Pietro Cavalli** (12/11/1707 – 10/12/1774).}
	\multicolumn{4}{l	}{(1729) **Maria Steffani** (11/05/1708 – 13/09/1754).}
+	633	M	i.	**Bortolo Cavalli** (1730 – 06/09/1787).
371.	\multicolumn{4}{l	}{**Pietro Paolo Gabardo** (1732 – 14/03/1805).}
	\multicolumn{4}{l	}{(17/02/1757) **Francesca Zuliani** (03/01/1734 – 27/05/1812).}
	634	F	i.	**Giacoma Gabardo** (04/10/1768 – 22/08/1769).
+	635	F	ii.	**Giacoma Gabardo** (15/11/1769 – 09/03/1800).
+	636	M	iii.	**Mattio Gabardo** (20/12/1771 – 10/05/1854).
	637	F	iv.	**Lucia Gabardo** (11/09/1774).
	638	F	v.	**Maria Angela Gabardo** (02/10/1777 – 12/08/1781).

373.	Elisabetta Lazzaroni (1718 – 08/01/1790).			
	(1740) Mattio Casagrande (? – 25/01/1773).			
	639	M	i.	Giovanni Battista Casagrande (1742).
				(11/11/1766) Bernardina Furlan (15/05/1744 – 02/1767).
				(16/04/1776) Mattia Fiorese (23/01/1741 – 1797).
	640	F	ii.	Angela Casagrande (19/10/1749).
				(26/02/1772) Lorenzo Fiorese (04/08/1748).
	641	F	iii.	Vittoria Casagrande (27/02/1751 – 28/02/1751).
	642	F	iv.	Vittoria Casagrande (1754).
				(26/01/1774) Bortolo Cherubin (15/09/1755).
	643	M	v.	Silvestro Casagrande (31/12/1755 – 01/01/1756).
	644	M	vi.	Bortolo Casagrande (1757 – 25/04/1759).
374.	Bortola Lazzaroni (1728 – 19/04/1754).			
	(1753) Domenico Cavalli (1727 – 08/02/1764).			
	645	M	i.	Gasparo Cavalli (19/04/1754).
375.	Bernardino Lazzaroni (1730).			
	(27/04/1761) Margarita Rossi (17/04/1733 – 26/05/1770).			
	646	F	i.	Bortola Lazzaroni (08/03/1762).
	647	M	ii.	Mattio Lazzaroni (11/10/1763).
	648	M	iii.	Natimorto Lazzaroni (15/02/1767).
	649	F	iv.	Maria Lazzaroni (24/09/1768 – 15/10/1773).
377.	Domenico Lazzaroni (1735 – 13/04/1796).			
	(26/11/1760) Rosa Bianchin (1741 – 21/11/1817).			
	650	F	i.	Anna Maria Lazzaroni (14/10/1761 – 16/06/1777).
+	651	F	ii.	Mattia Lazzaroni (22/08/1765 – 02/12/1805).
	652	F	iii.	Giovanna Lazzaroni (08/03/1768 – 13/03/1768).
+	653	F	iv.	Maria Lazzaroni (1770 – 18/04/1829).
+	654	M	v.	Baldissera Lazzaroni (12/08/1774 – 12/07/1836).
+	655	F	vi.	Giovanna Lazzaroni (28/10/1776 – 30/03/1831).
	656	F	vii.	Anna Maria Lazzaroni (17/01/1781 – 20/01/1781).
378.	Giacoma Lazzaroni (1737 – 19/05/1798).			
	(1762) Valentino Negrello (1731 – 01/06/1771).			
+	657	M	i.	Domenico Negrello (12/07/1763 – 15/12/1844).
+	658	M	ii.	Mattio Negrello (26/10/1766).
	659	F	iii.	Anna Maria Negrello (27/01/1770 – 28/01/1770).
	660	M	iv.	Giovanni Maria Negrello (01/06/1771 -31/07/1772).
379.	Giovanni Maria Gheno (1729 – 11/01/1772).			
	(07/10/1750) Domenica Zannoni (27/08/1726 – 06/10/1754).			
	661	F	i.	Teodora Gheno (1752 – 18/01/1754).
	662	F	ii.	Teodora Gheno (1754 – 25/10/1754).

				(25/06/1755) **Angela Zannoni** (23/09/1731 – 06/12/1784).
	663	M	iii.	**Domenico Gheno** (1758 – 27/09/1761).
+	664	F	iv.	**Lucia Gheno** (23/10/1761 – 06/01/1832).
	665	F	v.	**Domenica Gheno** (19/06/1763 – 01/02/1765).
	666	M	vi.	**Domenico Gheno** (30/10/1766 – 13/11/1766).
381.				**Giovanni Maria Gheno** (12/08/1734).
				(1756) **Anna Maria Perer** (23/12/1738 – 10/10/1788).
	667	F	i.	**Giovanna Gheno** (24/06/1761).
	668	F	ii.	**Chiara Gheno** (26/12/1763).
	669	M	iii.	**Bortolo Gheno** (14/10/1766 – 1768).
+	670	M	iv.	**Bortolo (Busato) Gheno** (17/05/1769 – 17/01/1851).
	671	M	v.	**Giovanni Donato Gheno** (20/05/1772).
	672	F	vi.	**Regina Gheno** (07/09/1774).
	673	M	vii.	**Simon Gheno** (28/10/1777).
				(22/04/1789) **Domenica Orlando**.
	674	M	viii.	**Giovanni Maria Gheno** (04/02/1790).
	675	M	ix.	**Felice Gheno** (16/09/1797).
383.				**Maria Maddalena Gianese** (21/09/1720 – 22/03/1811).
				(1739) **Giuliano Zuliani** (18/02/1709 – 27/04/1766).
	676	M	i.	**Giovanni Maria Zuliani** (1740 – 10/06/1823).
+	677	M	ii.	**Antonio Zuliani** (06/06/1743 – 19/08/1814).
384.				**Antonia Vedove** (1738 – 21/05/1799).
				(1765) **Pietro Negrello** (1730 – 12/11/1805).
386.				**Marco Vedove** (1746 – 16/05/1789).
				(1770) **Maria Maddalena Saltarello** (1755 – 28/12/1811).
	686	M	i.	**Antonio Vedove** (13/07/1771 – 20/02/1774).
	687	M	ii.	**Antonio Vedove** (23/11/1777 – 08/05/1779).
	688	M	iii.	**Antonio Vedove** (02/07/1779 – 26/08/1781).
	689	M	iv.	**Giovanni Maria Vedove** (16/05/1781 - 17/11/1782).
388.				**Nicolò Vedove** (1750 – 17/08/1817).
				(1777) **Giovanna Costa** (1757 – 01/10/1814).
	690	M	i.	**Antonio Vedove** (13/05/1778 – 19/05/1778).
	691	F	ii.	**Cattarina Vedove** (25/05/1779 – 28/09/1859).
				() **Giacomo Grossa** (02/05/1776 – 20/08/1817).
				(25/05/1818) **Domenico Scarmoncin** (? – 24/07/1836).
	692	F	iii.	**Maria Maddalena Vedove** (20/06/1782 – 30/09/1801).
	693	F	iv.	**Maria Antonia Vedove** (02/08/1786 – 06/08/1786).
	694	F	v.	**Maria Antonia Vedove** (21/03/1788 – 03/04/1788).
	695	M	vi.	**Antonio Vedove** (01/10/1790).
+	696	M	vii.	**Marco Vedove (Badaza)** (06/04/1793).

		697	M	viii.	**Pietro Vedove** (08/04/1796 – 16/03/1797).
391.	**Angela Antonia Gabardo** (1754 – 23/07/1817).				
	(1788) **Simon Zannoni** (1743 – 26/09/1826).				
		698	F	i.	**Maria Antonia Zannoni** (17/03/1790 – 20/03/1790).
392.	**Elisabetta Gabardo** (1757 – 30/07/1817).				
	(1793) **Giovanni Sebellin** (09/09/1765 – 22/05/1846).				
		699	M	i.	**Vincenzo Sebellin** (05/01/1794 – 06/01/1794).
		700	F	ii.	**Giacoma Sebellin** (04/05/1795 – 12/04/1797).
		701	M	iii.	**Gaetano Sebellin** (06/08/1797).
393.	**Nicolò Gabardo** (03/04/1761 – 07/01/1817).				
	(30/04/1781) **Domenica Steffani** (1770 – 29/07/1831).				
		702	F	i.	**Maria Gabardo** (23/02/1782 – 27/02/1782).
		703	M	ii.	**Antonio Gabardo** (14/01/1785 – 21/01/1785).
+		704	F	iii.	**Maria Gabardo** (30/09/1786 – 20/07/1859).
		705	F	iv.	**Angela Gabardo** (25/08/1789 – 16/06/1791).
		706	M	v.	**Antonio Gabardo** (29/04/1791 – 26/05/1806).
		707	M	vi.	**Angelo Gabardo** (12/06/1794 – 07/01/1795).
		708	M	vii.	**Angelo Gabardo** (14/06/1796 – 02/04/1802).
		709	F	viii.	**Angela Gabardo** (21/12/1799 – 29/12/1799).
395.	**Lucia Cavalli** (1754 – 03/06/1812).				
	(1785) **Angelo Sasso** (1754).				
		710	F	i.	**Anna Sasso** (06/03/1786 – 15/09/1786).
		711	F	ii.	**Anna Sasso** (08/12/1787 – 11/04/1789).
		712	M	iii.	**Giovanni Battista Sasso** (14/05/1790 – 26/06/1796).
		713	F	iv.	**Anna Sasso** (02/11/1792 – 07/01/1793).
403.	**Giacomo Gabardo** (1740).				
	(1771) **Lucia Ferrazzi** (1754 – 29/11/1823).				
		714	F	i.	**Antonia Gabardo** (03/03/1772 – 05/03/1772).
		715	M	ii.	**Sebastiano Gabardo** (27/09/1773 – 01/10/1773).
		716	F	iii.	**Antonia Gabardo** (18/08/1774 – 12/08/1775).
		717	F	iv.	**Maria Antonia Gabardo** (03/05/1777 – 07/05/1777).
		718	M	v.	**Sebastiano Gabardo** (27/08/1780 – 04/09/1780).
		719	M	vi.	**Sebastiano Gabardo** (16/12/1781 – 21/12/1781).
		720	M	vii.	**Sebastiano Gabardo** (27/02/1783 – 01/03/1783).
		721	M	viii.	**Antonio Gabardo** (31/03/1786 – 04/04/1786.
		722	M	ix.	**Sebastiano Gabardo** (01/02/1788).
		723	M	x.	**Antonio Gabardo** (29/06/1789 – 10/07/1789).
+		724	M	xi.	**Mattio Gabardo** (17/08/1778 – 15/01/1845).
404.	**Anna Maria Gabardo** (1741 – 02/03/1814).				
	(1766) **Francesco Signori** (1742 – 11/02/1806).				

	725	M	i.	**Giovanni Signori** (01/11/1766 – 14/01/1767).
+	726	M	ii.	**Giovanni Signori** (12/10/1769 – 08/03/1811).
	727	M	iii.	**Antonio Signori** (16/11/1775).
	728	M	iv.	**Giovanni Battista Signori** (16/12/1780 – 18/12/1780).
405.	**Antonio Gabardo** (1744 – 21/02/1796).			
	(02/1769) **Antonia Gheno** (1742 – 19/08/1799).			
	729	M	i.	**Mattio Gabardo** (15/03/1771 – 18/03/1771).
	730	F	ii.	**Antonia Gabardo** (01/06/1772 – 04/08/1774).
	731	M	iii.	**Gasparo Gabardo** (16/02/1774 – 22/02/1774).
	732	M	iv.	**Mattio Gabardo** (30/10/1775 – 06/08/1776).
	733	M	v.	**Giuseppe Gabardo** (19/03/1777 – 31/05/1797).
	734	F	vi.	**Orsola Gabardo** (21/02/1780 – 26/08/1781).
+	735	M	vii.	**Mattio Gabardo** (07/01/1782 – 17/11/1832).
	736	F	viii.	**Maria Giovanna Gabardo** (19/05/1784 – 01/051789).
407.	**Angelo Gabardo** (1749).			
	(1777) **Angela Fabris** (1753 – 14/10/1801).			
+	737	F	i.	**Antonia Gabardo** (19/05/1778 – 23/04/1842).
	738	M	ii.	**Mattio Gabardo** (24/02/1780 – 04/10/1780).
+	739	M	iii.	**Mattio Pietro Gabardo** (24/06/1783 – 05/10/1856).
	740	F	iv.	**Angela Gabardo** (20/04/1787 – 01/10/1864).
				(04/09/1839) **Giovanni Battista Lazzaroni** (01/09/1773).
	741	F	v.	**Francesca Gabardo** (26/01/1789 – 22/07/1789).
	742	M	vi.	**Lunardo Gabardo** (30/11/1790 – 18/06/1817).
409.	**Antonia Gabardo** (1750).			
	(1773) **Francesco Conte** (1747 – 21/08/1817).			
	743	F	i.	**Francesca Conte** (18/10/1773 – 21/10/1773).
+	744	F	ii.	**Francesca Conte** (13/09/1775 – 24/01/1862).
	745	F	iii.	**Anna Maria Conte** (19/04/1777 – 29/04/1777).
	746	M	iv.	**Bortolo Conte** (29/09/1778 – 30/01/1779).
+	747	M	v.	**Sebastiano Conte** (25/05/1780 – 27/12/1823).
	748	M	vi.	**Antonio Conte** (11/09/1782 – 01/10/1782).
	749	F	vii.	**Bortola Conte** (11/05/1784 – 02/11/1787).
	750	M	viii.	**Antonio Conte** (09/08/1787 – 27/01/1788).
	751	M	ix.	**Bortolo Conte** (12/12/1791 – 14/12/1791).
411.	**Anna Gabardo** (1755 – 01/02/1823).			
	(1780) **Giovanni Gheno** (1734 – 12/03/1809).			
	752	M	i.	**Bortolo Gheno** (06/09/1781 – 27/09/1781).
	753	M	ii.	**Bortolo Gheno** (11/12/1782 – 18/12/1782).
+	754	M	iii.	**Domenico Gheno** (01/06/1784 – 11/10/1848).
	755	F	iv.	**Orsola Gheno** (25/09/1786 – 21/08/1788).

	756	M	v.	**Bortolo Gheno** (04/08/17890.
				(04/11/1824) **Maria Maddalena Lazzaroni** (30/07/1786).
	757	F	vi.	**Orsola Gheno** (29/09/1795 – 07/01/17960.
412.	**Cattarina Gabardo** (27/07/1757 – 30/07/1836).			
	(1779) **Domenico Ferrazzi** (1754 – 04/02/1835).			
417.	**Francesco Ferrazzi** (1741 – 13/02/1825).			
	(1764) **Orsola Ferrazzi** (1742 – 11/05/1790).			
+	769	F	i.	**Maddalena Ferrazzi** (12/07/1765 – 23/07/1836).
	770	M	ii.	**Giovanni Maria Ferrazzi** (29/11/1767 – 07/12/1767).
+	771	M	iii.	**Giovanni Maria Ferrazzi** (12/04/1769 – 10/11/1832).
+	772	F	iv.	**Domenica Ferrazzi** (21/04/1772).
	773	M	v.	**Michiel Ferrazzi** (15/07/1774 – 17/01/1827).
				() **Andrianna Faggion** (09/11/1777 – 30/01/1834).
+	774	M	vi.	**Bortolo Ferrazzi** (02/07/1777 – 01/09/1846).
	775	M	vii.	**Giuseppe Ferrazzi** (15/08/1779 – 24/01/1781).
	(19/09/1791) **Lucia Gatto** (1748 – 27/03/1803).			
421.	**Francesco Antonio Cavalli** (16/08/1774 – 13/07/1836).			
	(1796) **Lucia Benacchio** (02/03/1778).			
+	776	M	i.	**Giovanni Battista Cavalli** (16/07/1802 – 17/10/1833).
422.	**Maria Maddalena Gabardo** (1738 – 24/12/1789).			
	(1757) **Nicolò Guzzo** (1735 – 21/02/1802).			
	777	M	ii.	**Antonio Guzzo** (1758).
	778	M	iii.	**Francesco Guzzo** (21/02/1762).
+	779	M	i.	**Francesco Guzzo** (27/05/1764 – 21/11/1837).
	780	F	iv.	**Angela Guzzo** (06/06/1767).
	781	M	v.	**Carlo Guzzo** (04/11/1768).
	782	F	vi.	**Anna Maria Guzzo** (07/07/1771).
	783	M	vii.	**Angelo Guzzo** (18/07/1773).
	784	F	viii.	**Angela Guzzo** (06/09/1775).
	785	M	ix.	**Valentino Guzzo** (02/06/1777).
	786	M	x.	**Angelo Guzzo** (04/12/1778).
	787	M	xi.	**Valentino Guzzo** (24/03/1781).
423.	**Angelo Gabardo** (1748 – < 01/05/1799).			
	(1770) **Paola Apolonia Bertagnon** (1745 – 01/04/1802).			
	788	M	i.	**Giovanni Gabardo** (23/11/1770 – 26/11/1770).
	789	F	ii.	**Anna Maria Gabardo** (26/07/1772 – 02/09/1809).
+	790	F	iii.	**Angela Gabardo** (03/06/1774 – 08/07/1799).
+	791	M	iv.	**Nicolò Gabardo** (10/05/1776 – 14/09/1824).
	792	M	v.	**Domenico Gabardo** (20/07/1778 – 23/02/1780).

424.	Domenica Gabardo (1749 – 03/07/1816).			
	(1789) Angelo Sebellin (1746).			
	793	M	i.	Sebastiano Sebellin (19/04/1794).
	794	M	ii.	Antonio Sebellin (09/02/1796 -11/02/1796).
	795	M	iii.	Antonio Sebellin (27/02/1797 – 28/02/1797).
425.	Lorenzo Gabardo (1753 – 07/01/1816).			
	(04/02/1782) Cattarina Scotton (09/09/1758 – 23/07/1806).			
+	796	M	i.	Bernardo Gabardo (22/06/1783 – 11/10/1837).
	797	F	ii.	Angela Gabardo (30/06/1785 – 03/04/1788).
	798	F	iii.	Anna Maria Gabardo (21/09/1786 – 12/12/1786).
	799	M	iv.	Nicolò Gabardo (03/09/1787 – 03/08/1789).
	800	M	v.	Nicolò Gabardo (16/01/1790 – 22/01/1790).
+	801	F	vi.	Angela Gabardo (07/07/1791 – 06/04/1833).
+	802	F	vii.	Anna Maria Gabardo (12/07/1793 – 12/09/1859).
	803	M	viii.	Nicolò Gabardo (14/03/1797 – 21/03/1797).
427.	Vincenza Pontarollo (1741 – 12/03/1800).			
	(1764) Vincenzo Gabardo (1730 – 10/06/1801).			
428.	Vincenzo Pontarollo (1752 – 17/10/1826).			
	(29/12/1770) Lucia Steffani (1747 – 08/06/1815).			
+	813	M	i.	Francesco Pontarollo (07/01/1773 – 23/02/1844).
+	814	M	ii.	Mattio Pontarollo (07/01/1776 – 04/06/1839).
	815	M	iii.	Giovanni Maria Pontarollo (25/04/1778).
+	816	M	iv.	Giacomo Pontarollo (12/06/1780 – 05/12/1836).
+	817	M	v.	Bortolo Pontarollo (30/04/1784 – 26/01/1829).
429.	Angela Pontarollo (1755 – 21/06/1817).			
	(1780) Antonio Lazzarotto (1756 – 30/07/1817).			
+	818	F	i.	Maria Lazzarotto (15/10/1780 – 1813).
	819	M	ii.	Bortolo Lazzarotto (06/10/1782 – 14/09/1815).
	820	F	iii.	Margarita Lazzarotto (17/05/1785).
	821	M	iv.	Giovanni Battista Lazzarotto (08/08/1787 – 05/1816).
	822	F	v.	Antonia Lazzarotto (25/02/1790).
	823	F	vi.	Pasqua Lazzarotto (04/08/1792).
				(12/04/1813) Angelo Rech (1793).
				(20/11/1831) Giuseppe Rizzon (? – 30/07/1842).
	824	F	vii.	Paola Lazzarotto (04/12/1794 – 23/03/1875).
				(22/04/1818) Bernardo Smaniotto (? – 15/05/1862).

Décima-segunda Geração

437.	Domenico Ferrazzi (13/04/1792 – 10/03/1854).			
	(23/06/1810) Francesca Ferrazzi (1788 – 14/03/1817).			
	825	M	i.	Mattio Giacomo Antonio Ferrazzi (21/08/1811 – 1811).

	826	F	ii.	**Cattarina Paola** (16/09/1814).
	(04/09/1820) **Giuseppa Maria Fabris** (10/09/1801 – 01/04/1869).			
	827	F	iii.	**Natimorto Ferrazzi** (23/11/1821).
	828	M	iv.	**Francesco Maria Antonio Ferrazzi** (17/12/1822 – 1822).
+	829	M	v.	**Francesco Ireneo Antonio Maria Ferrazzi** (15/12/1823).
438.	**Francesca Ferrazzi** (19/11/1794).			
	(27/11/1811) **Lorenzo Ferrazzi** (15/01/1789).			
	830	M	i.	**Antonio Maria Ferrazzi** (05/08/1813).
	(27/11/1839) **Teresa Sasso** (22/04/1813).			
439.	**Antonia Ferrazzi** (18/01/1797).			
	(28/04/1818) **Angelo Maria Sasso** (30/08/1790 – 27/08/1864).			
	831	F	i.	**Maria Angela Sasso** (30/12/1818 – 01/01/1819).
440.	**Margarita Ferrazzi** (29/05/1800 – 19/04/1885).			
	(06/02/1828) **Michiel Bau** (14/04/1804 – 15/07/1863).			
	832	M	i.	**Antonio Valentino Bau** (14/02/1829 – 06/03/1829).
	833	M	ii.	**Pietro Antonio Bau** (13/02/1828 – 17/02/1828).
	834	F	iii.	**Pierina Bau** (12/03/1830 – 13/08/1830).
+	835	M	iv.	**Antonio Bau** (26/07/1831 – 17/09/1897).
	836	F	v.	**Cattarina Bau** (22/07/1833 – 15/03/1835).
	837	M	vi.	**Mattio Bau** (24/01/1835).
+	838	F	vii.	**Cattarina Bau** (03/09/1836 – 15/04/1907).
	839	F	viii.	**Antonia Francesca Bau** (24/06/1838 – 21/11/1839).
	840	M	ix.	**Girolamo Bau** (17/02/1840).
	(20/02/1871) **Cecilia Ferrazzi** (05/07/1844 – 11/08/1886).			
	841	M	x.	**Giuseppe Bau** (28/07/1846 – 19/05/1920).
	(07/12/1874) **Giovanna Mocellin** (08/11/1853).			
441.	**Giovanni Antonio Fabris** (20/03/1763).			
	(1787) **Giovanna Bonato** (27/12/1766 – 03/04/1835).			
+	842	F	i.	**Agata Fabris** (15/08/1802 – 28/11/1855).
442.	**Giovanna Maria Fabris** (21/01/1765 – 25/06/1842).			
	(14/02/1787) **Domenico Negrello** (12/07/1763 – 15/12/1844).			
+	843	M	i.	**Giacomo Negrello** (22/08/1793 – 30/12/1866).
	844	M	ii.	**Valentino Negrello** (13/11/1787).
	845	M	iii.	**Giovanni Maria Negrello** (21/03/1789 – 29/03/1789).
	846	F	iv.	**Anna Maria Negrello** (30/04/1790 – 08/06/1791).
	847	M	v.	**Marco Negrello** (17/12/1791).
	848	M	vi.	**Gaetano Negrello** (10/09/1795 – 03/10/1795).
	849	F	vii.	**Anna Maria Negrello** (13/01/1797 – 15/01/1797).
	850	M	viii.	**Gaetano Negrello** (03/01/1800 – 05/01/1800).
+	851	F	ix.	**Anna Maria Negrello** (27/07/1802 – 11/09/1877).

	852	M	x.	**Gaetano Negrello** (14/04/1805 – 18/04/1805).
	853	M	xi.	**Gaetano Negrello** (26/07/1807 – 02/02/1811).
446.				**Giovanni Battista Gianese** (12/05/1774 – 02/10/1831).
				(24/02/1794) **Madalena Mocellin** (27/11/1771).
+	854	M	i.	**Giovanni Battista Gianese** (21/06/1799 – 17/03/1866).
456.				**Pietro Antonio Costa** (16/01/1778 – 09/01/1841).
				(30/01/1799) **Domenica Dossin** (08/03/1779 – 10/01/1853).
+	855	F	i.	**Maria Costa** (05/12/1801 – 18/05/1877).
457.				**Giacoma Costa** (23/11/1779 – 20/05/1841).
				(18/11/1795) **Mattio Gabardo** (09/06/1773 – 23/12/1849).
463.				**Antonio Cera** (12/10/1770 – 02/01/1817).
				(1793) **Antonia Lazzarotto** (21/04/1773 – 15/09/1853).
+	866	M	i.	**Francesco Cera** (08/09/1795 – 16/09/1852).
	867	F	ii.	**Corona Cera** (30/10/1797 – 17/12/1797).
+	868	M	iii.	**Antonio Cera** (19/05/1802 – 06/02/1828).
	869	F	iv.	**Domenica Cera** (31/01/1807 – 03/02/1807).
	870	F	v.	**Bortola Cera** (12/11/1809).
				(06/02/1837) **Bortolo Cavalli** (01/08/1810).
	871	M	vi.	**Bernardo Cera** (06/07/1812 – 15/02/1875).
				() **Maria Moro** (28/07/1819 – 08/07/1898).
+	872	F	vii.	**Domenica Cera** (12/06/1814 - 13/09/1863).
464.				**Maria Cera** (21/08/1773 – 04/10/1808).
				(1796) **Bortolo Lazzarotto** (21/07/1775 – 21/01/1860).
	873	M	i.	**Lazaro Lazzarotto** (11/04/1797 – 07/10/1797).
+	874	F	ii.	**Giovanna Maria Lazzarotto** (10/04/1799 – 31/03/1874).
466.				**Bortola Cera** (09/01/1787).
				(17/07/1808) **Steffano Steffani** (24/05/1778 – 18/07/1817).
	875	F	i.	**Antonia Steffani** (07/03/1811).
	876	M	ii.	**Lazaro Steffani** (27/07/1812 – 25/12/1817).
467.				**Bernardino Cera** (01/05/1792).
				(02/08/1810) **Angela Mocellin** (29/01/1790).
	877	M	i.	**Giacomo Cera** (12/07/1813).
				(23/11/1842) **Giovanna Moro** (14/05/1822).
	878	F	ii.	**Domenica Cera** (20/02/1816 – 25/02/1816).
470.				**Biasio Mattana** (17/09/1775 – 11/10/1844).
				() **Angela Costa**.
+	879	F	i.	**Giacoma Mattana** (07/11/18140.
+	880	M	ii.	**Domenico Mattana** (24/08/1806 – 23/08/1857).
	881	M	iii.	**Crestano Mattana** (11/06/1809 – 30/03/1832).
	882	F	iv.	**Giacoma Mattana** (27/11/1811 – 09/12/1811).

	883	F	v.	**Giacoma Mattana** (20/09/1813 – 1813).
	884	F	vi.	**Maria Mattana** (29/06/1817).
				(15/02/1847) **Luigi Rizzon** (02/03/1808).
+	885	F	vii.	**Cattarina Mattana** (23/03/1819 – 03/01/1883).
+	886	F	viii.	**Cecilia Mattana** (06/10/1823 – 03/04/1888).
	887	M	ix.	**Baldissera Mattana** (27/01/1827 – 29/01/1827).
472.	**Giovanni Maria Mattana** (03/08/1784 – 22/07/1836).			
	(02/03/1810) **Cattarina Mattana** (21/10/1787 – 24/05/1850).			
+	888	M	i.	**Giacomo Mattana** (15/03/1811 – 09/03/1888).
	889	M	ii.	**Domenico Mattana** (01/02/1813 – 1813).
474.	**Baldissera Mattana** (09/07/1791 – 1812).			
	(24/02/1811) **Antonia Costa** (27/08/1791 – 02/12/1856).			
	890	M	i.	**Domenico Mattana** (26/12/1811 – 04/01/1812).
479.	**Giovanna Maria Perli** (23/09/1780 – 06/09/1824).			
	(1799) **Bortolo Fiorese** (13/09/1779 – 29/03/1847).			
	891	F	i.	**Lucia Fiorese** (14/10/1800 – 24/09/1801).
482.	**Bortolo Ferrazzi** (13/07/1781 – 17/01/1867).			
	(21/11/1807) **Giacoma Valente** (08/08/1780 – 09/07/1843).			
+	892	M	i.	**Domenico Ferrazzi** (11/05/1809).
	893	F	ii.	**Cattarina Ferrazzi** (21/07/1810 – 01/04/1889).
	894	M	iii.	**Scipione Antonio Ferrazzi** (20/05/1812).
	895	F	iv.	**Giovanna Maria Ferrazzi** (23/11/1813).
485.	**Antonio Ferrazzi** (11/08/1786 – 26/10/1859).			
	(28/09/1808) **Mattia Ferrazzi** (30/08/1787 – 29/05/1817).			
	(02/02/1818) **Antonia Faggion** (07/03/1798 – 14/09/1849).			
	896	M	i.	**Giuseppe Antonio Ferrazzi** (01/01/1819 – 29/01/1819).
	897	M	ii.	**Giuseppe Antonio Ferrazzi** (16/12/1819 – 22/03/1884).
+	898	M	iii.	**Mattio Ferrazzi** (07/01/1822 – 10/07/1889).
	899	F	iv.	**Anna Maria Ferrazzi** (15/08/1823 – 07/02/1894).
	900	F	v.	**Libera Ferrazzi** (30/11/1826).
				(14/11/1849) **Marino Beltramello** (29/03/1824).
	901	M	vi.	**Antonio Fortunato Ferrazzi** (01/06/1829 – 29/03/1834).
	902	F	vii.	**Cattarina Ferrazzi** (27/02/1831 – 05/09/1832).
	903	M	viii.	**Michiel Ferrazzi** (31/01/1834).
	904	M	ix.	**Giacomo Antonio Ferrazzi** (30/07/1836 – 02/01/1837).
486.	**Giovanni Maria Ferrazzi** (11/08/1786).			
	() **Catterina Vettori** (01/12/1787).			
+	905	M	i.	**Antonio Ferrazzi** (17/06/1809).
	906	M	ii.	**Gedeone Gabardo** (15/04/1821 – 05/10/1849).

				(04/02/1846) **Corona Gabardo** (15/03/1827 – 27/06/1855).
	(22/07/1812) **Anna Maria Negrello** (10/05/1789 – 17/09/1850).			
	907	F	i.	**Giustina Ferrazzi** (09/08/1815 – 19/07/1887).
	908	F	ii.	**Mattia Ferrazzi** (29/05/1817 – 19/11/1886).
	909	F	iii.	**Domenica Ferrazzi** (01/04/1819 – 29/12/1857).
				(26/01/1857) **Domenico Zannini** (04/06/1814 – 10/1888).
	910	M	iv.	**Giosué Ferrazzi** (30/04/1821 – 31/07/1822).
+	911	F	v.	**Maria Adelaide Ferrazzi** (27/06/1823).
	912	F	vi.	**Luigia Ferrazzi** (08/08/1824 – 11/06/1856).
	913	F	vii.	**Fortunata Pacienza Ferrazzi** (11/07/1826 – 29/11/1826).
	914	F	viii.	**Fortunata Pacienza Ferrazzi** (08/03/1828 – 10/10/1887).
+	915	F	ix.	**Pasqua Ferrazzi** (03/04/1831).
	916	F	x.	**Bortola Ferrazzi** (05/03/1833 – 21/01/1897).
489.	**Luigi Ferrazzi** (22/08/1792).			
	(30/07/1815) **Antonia Ghirlanzoni** (25/09/1793).			
	917	F	i.	**Cattarina Antonia Ferrazzi** (27/12/1817 – 01/01/1818).
	918	F	ii.	**Cattarina Ferrazzi** (14/08/1819).
	919	F	iii.	**Teresa Ferrazzi** (31/08/1821 – 02/09/1821).
+	920	F	iv.	**Maria Teresa Ferrazzi** (21/09/1828 – 24/04/1865).
496.	**Margarita Negrello** (02/11/1806 – 27/07/1882).			
	(24/02/1835) **Vincenzo Pontarollo** (09/10/1812 – 13/07/1883).			
+	921	F	i.	**Giacoma Pontarollo** (20/11/1836 – 28/04/1924).
+	922	F	ii.	**Maria Elisabetta Pontarollo** (18/03/1839).
	923	F	iii.	**Erminia Pontarollo** (07/01/1841 – 15/01/1841).
+	924	M	iv.	**Vincenzo Pontarollo** (15/12/1843).
+	925	M	v.	**Antonio Pontarollo** (11/01/1845 – 08/04/1879).
	926	F	vi.	**Margherita Pontarollo** (08/11/1848 – 21/05/1852).
498.	**Giovanni Battista Negrello** (29/06/1810 – 24/03/1883).			
	(24/02/1835) **Catterina Libera Domenica Lazzarotto** (18/09/1814 – 06/1866).			
+	927	M	i.	**Antonio Maria Negrello** (03/12/1835).
	928	M	ii.	**Domenico Negrello** (02/01/1838 – 20/02/1839).
+	929	M	iii.	**Domenico Negrello** (16/02/1840).
+	930	M	iv.	**Bernardo Negrello** (06/11/1842).
	931	M	v.	**Amadio Negrello** (02/06/1845 – 16/03/1866).
	932	M	vii.	**Giovanni Maria Negrello** (02/04/1848).
				(18/01/1875) **Maria Lazzarotto** (03/10/1852).
	933	F	viii.	**Elisabetta Negrello** (12/01/1851).
				(05/02/1871) **Nicolò Angelo Gabrielli**.
	934	M	ix.	**Giuseppe Negrello** (08/05/1854 – 06/11/1854).

	935	M	x.	**Valentino Negrello** (12/02/1857 – 07/02/1926).
				(10/05/1885) **Maria Giovanna Zannoni** (26/05/1861).
501.	**Nicolò Negrello** (03/11/1818 – 11/07/1907).			
	(05/05/1841) **Maria Maddalena Smaniotto** (06/06/1824 – 25/11/1914).			
	936	M	iii.	**Antonio Negrello** (04/12/1845).
				(07/11/1875) **Maria Madalena Costa** (04/06/1852).
	937	M	ii.	**Francesco Negrello** (30/01/1848 – 06/02/1848).
	938	M	i.	**Francesco Negrello** (22/06/1850 – 31/07/1858).
	939	F	iv.	**Cattarina Maria Negrello** (16/07/1854).
				(13/06/1874) **Girolamo Costa** (06/11/1847).
	940	M	v.	**Giovanni Maria Negrello** (20/11/1856).
	941	M	ii.	**Francesco Negrello** (27/12/1860).
				(22/12/1882) **Maria Luigia Signori** (05/12/1858).
506.	**Pietro Negrello** (13/08/1806 – 12/02/1888).			
	(30/06/1833) **Maria Rossi** (12/06/1814 – 22/01/1852).			
+	942	F	i.	**Lugrezia Negrello** (08/06/1834 – 09/01/1866).
+	943	M	ii.	**Mauro Negrello** (02/09/1835 – 06/05/1876).
+	944	M	iii.	**Giuseppe Negrello** (12/09/1838 – 05/05/1915).
+	945	M	iv.	**Domenico Negrello** (27/08/1840 – 28/05/1888).
	946	M	v.	**Gaetano Negrello** (06/03/1843 – 15/12/1912).
507.	**Anna Maria Negrello** (15/07/1808 – 17/12/1896).			
	(05/02/1834) **Antonio Maria Lazzarotto** (03/08/1803 – 05/01/1884).			
+	947	F	i.	**Agostina Lazzarotto** (20/10/1836).
+	948	F	ii.	**Gaetana Lazzarotto** (17/08/1838 – 07/12/1915).
	949	M	iii.	**Agostino Lazzarotto** (11/06/1840 – 16/11/1890).
				(03/05/1872) **Gasparina Bau** (30/04/1853 – 22/08/1886).
	950	F	iv.	**Angela Lazzarotto** (10/10/1842 – 26/11/1843).
+	951	F	v.	**Domenica Lazzarotto** (05/09/1844 – 07/08/1911).
+	952	F	vi.	**Francesca Lazzarotto** (24/09/1846 – 11/03/1871).
	953	M	vii.	**Domenico Lazzarotto** (18/02/1849 – 26/02/1849).
	954	M	viii.	**Pietro Lazzarotto** (24/01/1851 – 17/10/1871).
514.	**Giovanni Battista Negrello** (23/10/1819 – 11/02/1871).			
	(05/05/1841) **Giovanna Gheno** (17/06/1820 – 11/10/1904).			
	955	M	i.	**Francesco Negrello** (06/03/1842).
				() **Angela Bau** (1853 – 24/06/1891).
	956	M	ii.	**Gaetano Negrello** (06/08/1845 – 27/04/1847).
	957	F	iii.	**Gaetana Negrello** (22/10/1847 – 05/03/1885).
				(27/01/1869) **Vettor Ferrazzi** (02/12/1851).
	958	F	iv.	**Cecilia Negrello** (05/06/1850 – 02/01/1874).

				(27/01/1869) **Biasio Molini** (21/04/1848 – 07/03/1899).
	959	M	v.	**Antonio Negrello** (08/02/1853 – 22/05/1858).
	960	F	vi.	**Cattarina Negrello** (01/08/1855).
				(30/06/1889) **Giacobbe Lazzarotto** (14/03/1848).
	961	M	vii.	**Natimorto Negrello** (09/03/1858).
531.	**Cattarina Gabardo** (08/07/1791 – 26/11/1862).				
	(22/11/1814) **Andrea Costa** (1795 – 01/05/1854).				
	962	M	i.	**Giuseppe Costa** (20/08/1817 – 20/08/1817).
	963	F	ii.	**Giovanna Maria Costa** (02/02/1819 – 13/02/1819).
	964	M	iii.	**Giovanni Maria Costa** (28/01/1820 – 31/07/1822).
	965	M	iv.	**Giuseppe Costa** (17/12/1821 – 09/02/1822).
	966	F	v.	**Antonia Costa** (13/06/1823 – 05/01/1828).
	967	M	vi.	**Giovanni Costa** (07/04/1825 – 14/06/1831).
536.	**Pietro Gabardo** (28/07/1797 – 12/07/1884).				
	(14/02/1820) **Antonia Saltarello** (1799 – 09/08/1876).				
+	968	F	i.	**Angela Gabardo** (06/12/1820 16/08/1893).
+	969	F	ii.	**Maria Gabardo** (08/09/1822 – 16/07/1853).
	970	F	iii.	**Natimorto Gabardo** (19/08/1824).
	971	M	iv.	**Antonio Gabardo** (24/08/1827 – 05/07/1828).
+	972	F	v.	**Giacoma Gabardo** (26/07/1835 – 17/12/1901).
+	973	F	vi.	**Paola Gabardo** (26/06/1837 – 14/06/1912).
537.	**Antonia Gabardo** (08/10/1799 – 03/01/1881).				
	(22/02/1819) **Pietro Antonio Nardino** (02/01/1792 – 1830/1833).				
+	974	F	i.	**Cattarina Nardino** (13/10/1821 – 26/12/1886).
	(05/11/1833) **Girolamo Lazzarotto** (19/03/1794 – 1855).				
+	975	F	i.	**Maria Lazzarotto** (13/10/1834).
	976	M	i.	**Giovanni Battista Lazzarotto** (07/01/1837 – 12/1916).
538.	**Andrea Gabardo** (05/11/1802 – 13/08/1896).				
	(05/03/1821) **Maria Pontarollo** (07/09/1803 – 05/08/1893).				
	977	M	i.	**Vettor Gabardo** (24/03/1822 – 04/05/1822).
	978	F	ii.	**Corona Gabardo** (12/10/1823 – 14/08/1886).
				(09/04/1856) **Luigi Nicolò Pontarollo** (22/02/1826).
	979	F	iii.	**Giacoma Gabardo** (15/04/1826 – 01/12/1871).
	980	F	iv.	**Antonia Gabardo** (03/03/1829 – 06/03/1829).
	981	M	v.	**Antonio Gabardo** (14/02/1830 – 16/02/1830).
	982	M	vi.	**Natimorto Gabardo** (21/11/1831).
	983	M	vii.	**Tomaso Gabardo** (03/11/1833 – 10/07/1852).
	984	M	viii.	**Antonio Gabardo** (12/09/1835 – 23/09/1836).
+	985	F	ix.	**Antonia Gabardo** (07/10/1838).

+	986	M	x.	**Antonio Gabardo** (04/02/1841).
+	987	F	xi.	**Lucia Gabardo** (18/04/1843 – 06/11/1902).
+	988	F	xii.	**Angela Dorotea Gabardo** (13/10/1847 – 17/10/1917).

546. **Francesca Gabardo** (14/07/1798).

(23/02/1819) **Francesco Antonio Sasso** (31/03/1794 – 22/07/1836).

	989	M	i.	**Bortolo Sasso** (28/07/1820 – 06/02/1822).
	990	F	ii.	**Bortola Sasso** (25/10/1823 – 27/10/1823).
	991	M	iii.	**Natimorto Sasso** (17/10/1825).
	992	F	iv.	**Maria Corona Sasso** (08/09/1827).
	993	M	v.	**Antonio Sasso** (20/12/1832 – 15/01/1835).

(09/09/1840) **Giovanni Battista Perli** (14/09/1806).

547. **Vincenzo Gabardo** (02/04/1800).

(29/11/1824) **Catterina Zannoni** (12/02/1798 – 03/02/1864).

	994	M	i.	**Giovanni Maria Gabardo** (11/03/1826).
+	995	F	ii.	**Giovanna Gabardo** (10/06/1828 – 04/02/1870).
	996	F	iii.	**Pasqua Gabardo** (12/03/1832).
+	997	M	iv.	**Antonio Maria Gabardo** (07/03/1836).

551. **Vincenzo Gabardo** (11/03/1804 - 14/04/1868).

(23/11/1825) **Angela Dorotea Pontarollo** (31/10/1805 – 20/09/1857).

	998	F	i.	**Corona Gabardo** (15/03/1827 – 27/06/1855).

(04/02/1846) **Gedeone Ferrazzi** (15/04/1821 – 10/1849).

+	999	F	ii.	**Catterina Gabardo** (03/09/1828 – 09/02/1892).
	1000	M	iii.	**Angelo Gabardo** (14/08/1830 – 08/08/1856).

(15/02/1854) **Giovanna Pontarollo** (10/07/1832 – 1907).

	1001	M	iv.	**Antonio Gabardo** (29/02/1832 – 24/09/1833).
+	1002	F	v.	**Fortunata Pierina Gabardo** (29/06/1834).
	1003	M	vi.	**Antonio Gabardo** (14/12/1835 – 01/01/1836).
	1004	F	vii.	**Giovanna Maria Gabardo** (10/09/1837).
	1005	F	viii.	**Battistina Gabardo** (09/03/1839).
+	1006	M	ix.	**Antonio Gabardo** (18/12/1840).
+	1007	M	x.	**Natale Gabardo** (25/12/1842).
	1008	F	xi.	**Giovanna Maria Gabardo** (08/12/1846 – 12/12/1846).

(06/07/1862) **Lucia Ceccon** (09/07/1810 - 14/04/1868).

554. **Gaetano Gabardo** (05/08/1808 – 08/01/1869).

(27/01/1830) **Giacoma Pasi** (01/05/1812 – 15/01/1899).

	1009	F	i.	**Catterina Gabardo** (27/01/1831 – 15/09/1833).
	1010	F	ii.	**Angela Gabardo** (08/07/1832 – 27/09/1833).
+	1011	M	iii.	**Angelo Gabardo** (17/07/1834 – 1924).
	1012	F	iv.	**Catarina Gabardo** (31/03/1836 – 13/09/1838).
	1013	F	v.	**Lucia Gabardo** (07/03/1838).

				(20/02/1860) **Giovanni Battista Cavalli** (12/07/1831).
	1014	F	vi.	**Catarina Gabardo** (01/02/1840 – 19/08/1844).
	1015	F	vii.	**Anna Maria Gabardo** (20/01/1842 – 19/08/1844).
+	1016	M	viii.	**Nicolò Gabardo** (18/02/1844 – 02/08/1931).
+	1017	M	ix.	**Antonio Gabardo** (01/03/1846 – 28/02/1919).
	1018	F	x.	**Catarina Gabardo** (31/01/1848 – 28/06/1851).
+	1019	F	xi.	**Anna Gabardo** (20/03/1850 – 10/01/1881).
+	1020	M	xii.	**Giacomo Gabardo** (10/07/1853 – 09/01/1919).
	1021	F	xiii.	**Catarina Gabardo** (10/11/1855).
				(04/02/1880) **Pietro Baldo**.
556.	**Pietro Gabardo** (10/02/1814)			
	(16/07/1837) **Anna Maria Pontarollo** (08/02/1816).			
	1022	F	i.	**Cattarina Gabardo** (27/09/1838 – 06/11/1838).
+	1023	M	ii.	**Angelo Gabardo** (12/10/1839 – 08/05/1913).
+	1024	M	iii.	**Giovanni Battista Gabardo** (18/12/1841 – 14/02/1917).
+	1025	M	iv.	**Antonio Gabardo** (06/01/1844 – 05/08/1925).
+	1026	M	v.	**Vincenzo Gabardo** (07/06/1846 – 23/10/1890).
	1027	F	vi.	**Cattarina Gabardo** (17/06/1848 – 13/10/1849).
+	1028	M	vii.	**Giovanni Gabardo** (11/02/1853 – 18/10/1938).
558.	**Marco Molini** (30/11/1767 – 16/01/1826).			
	(1793) **Paola Conte** (16/09/1771 – 20/07/1836).			
+	1029	M	i.	**Bortolo Molini** (16/09/1794 – 27/01/1868).
+	1030	M	ii.	**Gaetano Molini** (16/08/1798 – 16/07/1836).
	1031	M	iii.	**Pietro Molini** (31/01/1800 – 10/02/1800).
	1032	F	iv.	**Giovanna Molini** (28/05/1801 – 28/08/1823).
	1033	F	v.	**Antonia Molini** (17/05/1803 – 02/09/1804).
+	1034	F	vi.	**Maria Antonia Molini** (14/06/1805 – 13/02/1889).
	1035	M	vii.	**Giuseppe Molini** (29/04/1807 – 17/08/1808).
	1036	M	viii.	**Giuseppe Molini** (08/11/1809 – 28/12/1809).
+	1037	F	ix.	**Anna Molini** (15/11/1810 – 30/04/1899).
+	1038	M	x.	**Giuseppe Molini** (26/01/1814 – 25/01/1850).
563.	**Pietro Molini** (29/06/1775 – 16/09/1820).			
	(1797) **Antonia Conte** (07/08/1773 – 08/07/1836).			
	1039	M	i.	**Gaetano Molini** (28/04/1798).
+	1040	M	ii.	**Marco Molini** (28/10/1801).
	1041	M	iii.	**Gaetano Molini** (19/01/1804 – 06/02/1804).
	1042	M	iv.	**Gaetano Molini** (18/05/1806).
	1043	M	v.	**Giuseppe Molini** (03/02/1808).
	1044	M	vi.	**Pietro Molini** (28/04/1811 – 13/01/1884).
				(27/01/1836) **Margarita Mocellin** (20/08/1809 – 1875).

	1045	M	vii.	**Gaetano Molini** (25/10/1813).
570	**Bortolo Steffani** (12/07/1775 – 19/09/1835).			
	(1799) **Maria Moro** (02/01/1777 – 19/12/1833).			
+	1046	M	i.	**Domenico Steffani** (29/10/1799 – 29/03/1837).
	1047	M	ii.	**Antonio Steffani** (08/08/1801 – 25/08/1801).
	1048	F	iii.	**Margarita Steffani** (25/08/1804 – 21/03/1829).
				(21/02/1827) **Gaetano Lazzarotto** (04/08/1805 – 1886).
+	1049	M	iv.	**Francesco Steffani** (01/08/1806 – 20/06/1855).
+	1050	M	v.	**Antonio Steffani** (12/03/1809 – 30/03/1876).
+	1051	F	vi.	**Maria Antonia Steffani** (20/09/1812 – 30/06/1894).
	1052	F	vii.	**Angela Steffani** (23/09/1815 – 25/05/1817).
+	1053	F	i.	**Angela Steffani** (27/09/1819 – 22/12/1904).
571.	**Steffano Steffani** (24/05/1778 – 18/07/1817).			
	(17/07/1808) **Bortola Cera** (09/01/1787).			
572.	**Giovanna Steffani** (24/08/1780 – 28/01/1864).			
	(05/02/1799) **Pietro Lazzarotto** (05/02/1776 – 18/10/1864).			
	1056	M	i.	**Giovanni Maria Lazzarotto** (09/02/1802 – 16/02/1802).
579.	**Anna Maria Negrello** (06/06/1794 – 03/11/1868).			
	(25/02/1811) **Francesco Sebellin** (03/09/1790 – 22/07/1836).			
+	1057	F	i.	**Giuseppa Maria Sebellin** (22/01/1822 – 11/07/1871).
	1058	M	ii.	**Angelo Fortunato Maria Sebellin** (19/04/1824 – 1824).
	1059	F	iii.	**Maria Francesca Sebellin** (14/01/1826 – 20/01/1826).
+	1060	M	iv.	**Angelo Antonio Sebellin** (12/03/1827 – 18/11/1904).
	1061	F	v.	**Maria Sebellin** (14/09/1830 – 29/05/1833).
	1062	F	vi.	**Maria Sebellin** (06/11/1835 – 09/11/1835).
581.	**Francesco Negrello** (30/04/1799 – 17/03/1866).			
	(02/05/1821) **Lucia Pontarollo** (31/07/1790 – 27/07/1841).			
+	1063	M	i.	**Antonio Maria Negrello** (05/05/1822 – 16/06/1876).
+	1064	M	ii.	**Pietro Negrello** (27/07/1823).
+	1065	F	iii.	**Tommasina Negrello** (09/06/1825 – 30/08/1850).
	1066	F	iv.	**Anna Maria Negrello** (19/06/1827).
				(15/09/1868) **Giovanni Battista Gabrielli** (29/05/1830).
+	1067	M	v.	**Tommaso Negrello** (15/03/1829 – 13/02/1877).
	1068	M	vi.	**Giovanni Negrello** (16/03/1834 – 22/03/1834).
				(24/01/1844) **Bortola Mocellin** (01/02/1801).
583.	**Antonio Negrello** (22/01/1806 (08/09/1866).			
	(28/11/1827) **Agata Fabris** (15/08/1802 – 28/11/1855).			
	1069	M	ii.	**Giovanni Maria Negrello** (07/09/1828 – 18/06/1839).
	1070	M	iii.	**Antonio Negrello** (19/07/1832).

+	1071	M	i.	**Antonio Negrello** (19/12/1837 – 21/11/1914).
587.	**Mattia Sasso** (07/01/1794 – 29/07/1847).			
	(17/02/1819) **Francesco Sebellin** (? – 30/06/1844).			
	1072	M	i.	**Pietro Sebellin** (26/08/1830 – 02/12/1904).
				(03/03/1862) **Girolama Fabris** (20/08/1842 – 10/1916).
591.	**Francesco Sasso** (01/09/1802 – 02/07/1827).			
	(01/02/1825) **Corona Benacchio** (11/10/1806).			
+	1073	M	i.	**Marco Sasso** (10/05/1827).
599.	**Paolo Emilio Gabardo** (29/09/1817).			
	(17/08/1836) **Margherita Pontarollo** (1813).			
	1074	F	i.	**Pasqua Gabardo** (20/07/1837 – 04/12/1838).
+	1075	F	ii.	**Antonia Gabardo** (05/07/1840).
	1076	M	iii.	**Antonio Gabardo** (23/01/1843 – 04/02/1843).
+	1077	M	iv.	**Antonio Gabardo** (16/07/1844 – 07/03/1914).
	1078	M	v.	**Giovanni Battista Gabardo** (24/04/1846).
	1079	M	vi.	**Giovanni Battista Gabardo** (12/06/1847 – 15/06/1933).
				() **Celeste Tortato** (02/02/1868 – 16/01/1950).
	1080	F	vii.	**Pasqua Gabardo** (25/05/1848).
				(24/02/1868) **Angelo Dalla Costa** (19/06/1838 – 1883).
				(16/08/1885) **Girolamo Cavalli** (18/10/1832 – 01/1888).
				(13/07/1894) **Giuseppe Cavalli** (07/03/1835).
	1081	F	viii.	**Giovanna Gabardo** (06/08/1850 – 12/08/1893).
				(02/11/1873) **Eugenio Ferrazzi** (27/09/1842).
	(05/02/1861) **Domenica Mocellin** (03/01/1830 – 06/04/1893).			
	1082	F	ix.	**Margherita Gabardo** (20/05/1864).
+	1083	F	x.	**Lucia Gabardo** (09/04/1866 – 08/08/1947).
	1084	M	xi.	**Antonio Gabardo** (10/06/1868).
	1085	M	xii.	**Gaetano Gabardo** (07/02/1870 – 09/02/1870).
	1086	F	xiii.	**Gaetana Vittorina Gabardo** (27/03/1871 – 04/04/1871).
	1087	M	xiv.	**Vettor Gabardo** (10/10/1874).
				(26 abril 1927) **Maria Bontorin**.
608.	**Vettor Gabardo** (10/07/1801 – 09/12/1826).			
	(05/03/1821) **Catterina Cavalli** (1799 – 04/04/1841).			
+	1088	M	i.	**Mattio Gabardo** (21/03/1822 – 18/03/1870).
	1089	M	ii.	**Bortolo Gabardo** (01/10/1823 – 14/10/1823).
+	1090	M	iii.	**Bortolo Gabardo** (20/09/1824 – 15/07/1882).
	1091	M	iv.	**Antonio Gaetano Gabardo** (07/12/1826 – 09/12/1826).
614.	**Giovanni Battista Gabardo** (12/01/1813 – 29/10/1871).			
	(27/11/1833) **Maria Antonia Saltarello** (08/04/1812 – 04/06/1890).			
+	1092	M	i.	**Vettore Gabardo** (19/08/1836).

	1093	F	ii.	**Antonia Gabardo** (21/05/1838 – 20/11/1849).
	1094	M	iii.	**Matteo Gabardo** (20/03/1840 – 13/02/1842).
+	1095	F	iv.	**Giacoma Gabardo** (08/06/1842).
+	1096	F	v.	**Paola Gabardo** (12/03/1844 – 1917).
+	1097	F	vi.	**Corona Gabardo** (08/04/1846 – 23/03/1900).
+	1098	M	vii.	**Mattio Gabardo** (01/07/1848).
+	1099	F	viii.	**Antonia Gabardo** (17/11/1850).
	1100	M	ix.	**Francesco Giuseppe Gabardo** (13/04/1853 – 11/1856).
617.	**Giovanni Battista Pontarolo** (04/07/1805 – 06/02/1884).			
	(21/11/1832) **Anna Maria Sasso** (23/08/1812 – 01/08/1873).			
	1101	M	i.	**Natimorto Pontarolo** (25/07/1834).
	1102	M	ii.	**Natimorto Pontarolo** (03/01/1836).
+	1103	M	iii.	**Leopoldo Vettor Pontarollo** (23/07/1837 – 12/05/1907).
+	1104	M	iv.	**Tommaso Pontarollo** (21/01/1840).
	1105	M	v.	**Vettor Pontarolo** (06/11/1842 – 09/01/1844).
+	1106	M	vi.	**Vettor Pontarollo** (07/12/1844 – 23/05/1913).
+	1107	M	vii.	**Giovanni Maria Pontarollo** (05/07/1847 – 19/12/1902).
	1108	F	viii.	**Corona Pontarolo** (23/12/1850 – 09/07/1851).
623.	**Domenica Antonia Pontarollo** (28/06/1818 – 28/01/1892).			
	(23/11/1842) **Francesco Ceccon** (03/01/1819 – 12/08/1892).			
+	1109	F	i.	**Maria Teresa Ceccon** (21/09/1843 – 21/05/1894).
	1110	M	ii.	**Andrea Ceccon** (14/02/1845 – 24/09/1911).
				(10/12/1871) **Margarita Smaniotto** (20/01/1849 – 1885).
	1111	M	iii.	**Giovanni Ceccon** (25/10/1848 – 12/12/1898).
				(16/02/1879) **Rosa Meneghetti** (04/04/1855).
	1112	F	iv.	**Giovanna Ceccon** (24/05/1856 – 08/07/1884).
				(15/10/1876) **Angelo Domenico Meneghetti** (26/06/1849)
				() **Domenico Negrello**.
	1113	F	v.	**Margarita Ceccon** (28/12/1855).
				(16/02/1879) **Michiel Smaniotto** (09/06/1856).
	1114	F	vi.	**Luigia Vittoria Carla Ceccon** (20/06/1859 – 01/1943).
625.	**Antonia Pontarolo** (15/06/1823 - 03/05/1866).			
	(17/02/1841) **Domenico Perli** (20/02/1813 – 17/01/1881).			
+	1115	F	i.	**Catterina Perli** (25/03/1842).
	1116	F	ii.	**Giovanna Perli** (21/05/1846 – 15/03/1863).
	1117	F	iii.	**Maria Perli** (03/09/1848 - 04/07/1850).
+	1118	M	iv.	**Giovanni Battista Perli** (16/10/1850).
	1119	F	v.	**Maria Perli** (03/09/1858).
	1120	M	vi.	**Leopoldo Perli** (02/09/1861).
				(02/02/1885) **Speranza Lazzarotto** (28/05/1861).

	1121	M	vii.	**Ambrosio Perli** (18/07/1864).
626.	**Modesto Lazzaroni** (26/12/1802 – 20/04/1858).			
	(24/11/1830) **Corona Pasi** (10/06/1808 – 23/06/1843).			
+	1122	F	i.	**Margarita Lazzaroni** (12/12/1831 – 28/12/1878).
	1123	F	ii.	**Maria Teresa Lazzaroni** (17/10/1835).
627.	**Bonifacio Maria Lazzaroni** (14/03/1806 – 25/01/1880).			
	(15/09/1829) **Maria Madalena Negrello** (21/06/1799 – 18/09/1840).			
	1124	F	i.	**Nazarena G. M. Fortunata Lazzaroni** (04/02/1830).
				(06/10/1862) **Antonio Maria Ferrazzi** (23/03/1829).
	1125	F	ii.	**Giustina Margarita Lazzaroni** (07/10/1834 – 04/1839).
	1126	F	iii.	**Margarita Filomena Lazzaroni** (12/08/1840 – 11/1840).
633.	**Bortolo Cavalli** (1730 – 06/09/1787).			
	(1758) **Giovanna Mattana** (1736 – 03/07/1799).			
+	1127	M	i.	**Francesco Cavalli** (30/06/1772 – 27/09/1859).
	1128	F	ii.	**Lucia Cavalli** (23/08/1762 – 13/01/1820).
				() **Pietro Lazzarotto** (1757 – 17/07/1813).
				(06/03/1815) **Bortolo Steffani** (08/10/1763 – 20/02/1819).
635.	**Giacoma Gabardo** (15/11/1769 – 09/03/1800).			
	(1797) **Giovanni Antonio Vido** (10/05/1763 – 06/03/1845).			
	1129	M	i.	**Pietro Paolo Vido** (28/02/1800 – 02/03/1800).
636.	**Mattio Gabardo** (20/12/1771 – 10/05/1854).			
	(26/11/1794) **Angela Maria Ceccon** (23/12/1771 – 30/03/1825).			
	1130	M	i.	**Don Angelo Gabardo (sacerdote)** (19/11/1795 – 1860).
	1131	M	ii.	**Pietro Gabardo** (17/09/1798 – 12/11/1798).
	1132	M	iii.	**Giovanni Maria Gabardo** (23/12/1799 – 24/12/1799).
651.	**Mattia Lazzaroni** (22/08/1765 – 02/12/1805).			
	(1795) **Domenico Scarmoncin** (05/06/1769 – 24/07/1836).			
	1133	M	i.	**Giuseppe Scarmoncin** (21/03/1796 – 26/03/1796).
	1134	F	ii.	**Domenica Scarmoncin** (14/03/1798 – 20/11/1823).
	1135	F	iii.	**Giuseppa Scarmoncin** (28/05/1801 – 10/05/1802).
	1136	F	iv.	**Natimorto Scarmoncin** (02/12/1805).
653.	**Maria Lazzaroni** (1770 – 18/04/1829).			
	(1790) **Nadale Bianchin** (1744 – 13/01/1803).			
+	1137	M	i.	**Giovanni Maria Bianchin** (13/12/1790 – 08/04/1829).
	1138	M	ii.	**Domenico Bianchin** (24/01/1793 – 02/08/1804).
	1139	M	iii.	**Bortolo Bianchin** (04/03/1796 – 10/03/1796).
	1140	M	iv.	**Bortolo Bianchin** (12/08/1799 – 15/06/1801).
654.	**Baldissera Lazzaroni** (12/08/1774 – 12/07/1836).			
	(29/04/1801) **Antonia Ceccon** (08/09/1776 – 06/07/1836).			
	1141	M	i.	**Domenico Lazzaroni** (01/09/1803 – 02/07/1824).

	1142	M	ii.	**Agostino Lazzaroni** (22/01/1806 – 26/01/1806).
	1143	M	iii.	**Antonio Lazzaroni** (18/01/1809 – 11/02/1830).
				() **Antonia Michieli** (1803 – 07/01/1833).
	1144	M	iv.	**Agostino Lazzaroni** (12/06/1812 – 03/12/1818).
	1145	M	v.	**Giordano Lazzaroni** (11/10/1814 – 28/11/1814).
655.	**Giovanna Lazzaroni** (28/10/1776 – 30/03/1831).
	(1800) **Antonio Sebellin** (09/03/1770- 04/07/1836).
	1146	M	i.	**Bernardino Sebellin** (04/09/1801 – 05/11/1801).
	1147	M	ii.	**Alessandro Sebellin** (09/05/1803).
	1148	F	iii.	**Angela Sebellin** (08/11/1804 – 10/01/1805).
+	1149	F	iv.	**Angela Sebellin** (08/11/1806 – 25/12/1870).
	1150	F	v.	**Rosa Sebellin** (15/12/1808 – 21/12/1808).
657.	**Domenico Negrello** (12/07/1763 – 15/12/1844).
	(14/02/1787) **Giovanna Maria Fabris** (21/01/1765 – 25/06/1842).
658.	**Mattio Negrello** (26/10/1766 – 26/06/1817).
	(1792) **Angela Mocellin** (07/02/1768 – 22/10/1829).
	1162	M	i.	**Giovanni Maria Negrello** (22/06/1793 – 07/02/1801).
+	1163	F	ii.	**Giacoma Negrello** (12/09/1795).
	1164	F	iii.	**Margarita Negrello** (21/01/1798 – 06/02/1798).
	1165	M	iv.	**Valentino Negrello** (11/02/1800 – 16/02/1800).
	1166	F	v.	**Margarita Negrello** (10/02/1802 – 16/02/1802).
	1167	M	vi.	**Antonio Maria Negrello** (12/06/1804).
	1168	M	vii.	**Valentino Negrello** (03/10/1806 – 09/08/1809).
	1169	F	viii.	**Margarita Negrello** (27/07/1808 – 09/09/1809).
664.	**Lucia Gheno** (23/10/1761 – 06/01/1832).
	(1785) **Rocco Conte** (29/11/1764 – 17/02/1835).
	1170	M	i.	**Antonio Maria Conte** (29/06/1786 – 03/07/1786).
	1171	M	ii.	**Antonio Maria Conte** (19/09/1787 – 27/10/1788).
	1172	M	iii.	**Antonio Maria Conte** (25/10/1790 – 23/12/1790).
	1173	F	iv.	**Maria Angela Conte** (10/10/1791 – 13/11/1807).
	1174	F	v.	**Giovanna Conte** (28/06/1793 – 29/01/1795).
+	1175	F	vi.	**Giovanna Conte** (18/04/1797 – 22/02/1819).
670.	**Bortolo (Busato) Gheno** (17/05/1769 – 17/01/1851).
	(27/06/1792) **Maria Maddalena Conte** (20/09/1768 – 23/05/1841).
+	1176	M	i.	**Francesco Gheno** (19/06/1795).
	1177	F	ii.	**Anna Maria Gheno** (20/06/1797 – 29/12/1798).
	1178	M	iii.	**Giovanni Maria Gheno** (04/11/1799 – 10/11/1799).
+	1179	M	iv.	**Giovanni Maria Gheno** (10/09/1800 – 03/01/1886).
	1180	F	v.	**Anna Maria Gheno** (18/01/1804 – 23/01/1804).
+	1181	F	vi.	**Maddalena Gheno** (10/02/1805).

	1182	M	vii.	**Mariano Gheno** (22/03/1808 – 25/05/1808).
	1183	F	viii.	**Anna Maria Gheno** (20/08/1809 – 25/10/1809).
677.	**Antonio Zuliani** (06/06/1743 – 19/08/1814).			
	(08/02/1762) **Cattarina Negrello** (22/05/1744 – 16/09/1808).			
	1184	M	i.	**Giovanni Luigi Maria Zuliani** (15/05/1764 – 05/1764).
	1185	F	ii.	**Giovanna Maria Zuliani** (20/03/1765 – 21/03/1765).
+	1186	F	iii.	**Maria Maddalena Zuliani** (06/04/1766 – 24/07/1843).
+	1187	M	iv.	**Zuliano Luigi Zuliani** (29/03/1768 – 14/12/1816).
	1188	M	v.	**Giovanni Maria Luigi Zuliani** (05/05/1770 – 10/1774).
	1189	M	vi.	**Mattio Zuliani** (18/11/1771 – 28/11/1771).
	1190	M	vii.	**Mattio Zuliani** (12/10/1772 – 28/12/1772).
	1191	M	viii.	**Don Luigi Maria Zuliani** (09/12/1774).
+	1192	M	ix.	**Giovanni Zuliani** (29/10/1776 – 13/09/1848).
	1193	M	x.	**Mattio Zuliani** (17/04/1778 – 02/05/1778).
+	1194	M	xi.	**Mattio Zuliani** (10/04/1779 – 23/08/1828).
	1195	M	xii.	**Sebastiano Zuliani** (20/01/1781 – 24/01/1781).
696.	**Marco Vedove (Badaza)** (06/04/1793).			
	(26/11/1823) **Pierina Scotton** (04/07/1803).			
	1196	M	i.	**Nicolò Vedove** (25/08/1824 – 06/09/1824).
	1197	F	ii.	**Giovanna Vedove** (14/03/1826 – 12/12/1833).
	1198	F	iii.	**Maria Maddalena Vedove** (09/03/1828 – 21/09/1833).
	1199	F	iv.	**Antonia Vedove** (23/03/1830 – 24/03/1830).
	1200	M	v.	**Antonio Vedove** (08/06/1831 – 10/08/1834).
	1201	F	vi.	**Domenica Vedove** (22/07/1833 – 11/04/1835).
	1202	M	vii.	**Vettor Vedove** (04/08/1837 – 18/10/1837).
+	1203	F	viii.	**Giovanna Maria Corona Vedove** (16/12/11838).
	1204	F	ix.	**Corona Vedove** (08/01/1842 – 13/04/1843).
	1205	F	x.	**Cattarina Vedove** (16/03/1844 – 27/06/1844).
	1206	M	xi.	**Giovanni Vedove** (07/02/1846 – 11/04/1847).
704.	**Maria Gabardo** (30/09/1786 – 20/07/1859).			
	(23/02/1808) **Francesco Antonio Pasi** (13/08/1787 – 27/03/1847).			
+	1207	F	i.	**Corona Pasi** (10/06/1808 – 23/06/1843).
	1208	M	ii.	**Michiel Pasi** (19/12/1810 – 23/12/1810).
	1209	F	iii.	**Cattarina Pasi** (16/01/1813 – 21/07/1815).
	1210	F	iv.	**Gaetana Pasi** (27/03/1815 – 21/07/1816).
724.	**Mattio Gabardo** (17/08/1778 – 15/01/1845).			
	(10/11/1807) **Regina Ferrazzi** (06/10/1786 – 05/06/1868).			
+	1211	M	i.	**Giacomo Gabardo** (25/05/1808).
	1212	M	ii.	**Giovanni Battista Gabardo** (31/07/1809 – 14/02/1858).
	1213	M	iii.	**Antonio Gabardo** (22/10/1810 – 01/11/1810).

	1214	M	iv.	**Antonio Fortunato Gabardo** (13/10/1811 – 02/01/1812).
	1215	F	v.	**Lucia Maria Gabardo** (20/12/1812 – 23/12/1812).
	1216	F	vi.	**Lucia Pamela Gabardo** (13/02/1814 – 20/02/1814).
+	1217	M	vii.	**Antonio Gabardo** (10/04/1815 – 18/06/1892).
	1218	M	viii.	**Michiel Gabardo** (28/09/1816 – 22/02/1887).
	1219	F	ix.	**Assunta Pamela Gabardo** (30/11/1817 – 31/08/1900).
				() **Giovanni Antonio Demo** 10/09/1819 – 03/10/1876).
	1220	M	x.	**Angelo Gabardo** (02/12/1819 – 23/12/1819).
	1221	M	xi.	**Luciano Gabardo** (13/12/1820 – 09/02/1821).
+	1222	M	xii.	**Fortunato Pacifico Gabardo** (18/01/1822 – 14/11/1891).
+	1223	F	xiii.	**Angela Gabardo** (08/10/1823 – 14/01/1867).
+	1224	F	xiv.	**Enrichetta Seconda Gabardo** (27/06/1825 – 05/1860).
	1225	F	xv.	**Lucia Feconda Gabardo** (12/11/1826 – 23/08/1881).
	1226	M	xvi.	**Gaetano Gabardo** (16/11/1829 – 02/11/1830).
+	1227	M	xvii.	**Gaetano Gabardo** (27/01/1833 – 28/02/1893).

726. **Giovanni Signori** (12/10/1769 – 08/03/1811).

(25/07/1808) **Antonia Sasso** (03/12/1773).

	1228	M	i.	**Francesco Signori** (11/01/1811 – 14/01/1811).

735. **Mattio Gabardo** (07/01/1782 – 17/11/1832).

(1804) **Giuseppa Conte** (15/03/1777).

	1229	M	i.	**Antonio Gabardo** (09/11/1804 – 10/11/1804).
	1230	F	ii.	**Antonia Gabardo** (09/11/1805 – 15/11/1805).
	1231	M	iii.	**Antonio Gabardo** (01/10/1806 – 30/10/1806).
	1232	M	iv.	**Antonio Gabardo** (19/12/1808 – 23/12/1808).
	1233	F	v.	**Antonia Gabardo** (02/08/1810).
				(01/10/1832) **Angelo Boschetto** (1801).
	1234	F	vi.	**Mattia Gabardo** (09/08/1813 – 25/10/1814).
	1235	M	vii.	**Antonio Gabardo** (18/09/1815 – 14/11/1815).

737. **Antonia Gabardo** (19/05/1778 – 23/04/1842).

(21/09/1813) **Giovanni Ceccon** (13/06/1784).

	1236	M	i.	**Giovanni Maria Ceccon** (05/10/1814 – 15/10/1814).
	1237	M	ii.	**Giovanni Maria Ceccon** (22/10/1816 – 25/11/1816).
+	1238	M	iii.	**Giovanni Maria Ceccon** (09/11/1819).

739. **Mattio Pietro Gabardo** (24/06/1783).

(05/12/1816) **Cattarina Lazzarotto** (11/06/1795).

	1239	M	i.	**Angelo Gabardo** (25/04/1818 – 15/04/1847).
	1240	M	ii.	**Antonio Gabardo** (12/05/1820 – 29/06/1825).
	1241	M	iii.	**Marco Lunardo Gabardo** (21/12/1821 – 04/11/1849).
+	1242	M	iv.	**Giacomo Gabardo** (16/07/1824 – 18/12/1891).
	1243	F	v.	**Antonia Gabardo** (04/06/1826).

				(16/10/1856) **Antonio Gaffo** (12/04/1809).
	1244	F	vi.	**Anna Gabardo** (14/09/1830 – 31/08/1832).
+	1245	F	vii.	**Anna Gabardo** (12/05/1833 – 10/04/1874).
	1246	M	viii.	**Pietro Gabardo** (23/01/1837 – 18/02/1837).
744.	**Francesca Conte** (13/09/1775 – 24/01/1862).			
	(1795) **Luigi Conte** (01/05/1769 – 13/12/1833).			
+	1247	M	i.	**Antonio Maria Conte** (02/05/1796 – 20/12/1870).
	1248	M	ii.	**Francesco Conte** (10/01/1798 – 15/01/1798).
	1249	F	iii.	**Maria Conte** (26/01/1799 – 29/01/1799).
+	1250	F	iv.	**Maria Conte** (27/08/1801 – 03/05/1867).
+	1251	M	v.	**Francesco Conte** (20/09/1803 – 09/09/1881).
	1252	M	vi.	**Adamo Conte** (27/01/1806 – 07/02/1806).
	1253	M	vii.	**Rocco Conte** (04/08/1807 – 08/09/1807).
	1254	F	viii.	**Maria Angela Conte** (22/08/1809 – 17/06/1812).
	1255	F	ix.	**Antonia Conte** (17/04/1812 – 26/04/1812).
	1256	M	x.	**Rocco Conte** (19/07/1813).
747.	**Sebastiano Conte** (25/05/1780 – 27/12/1823).			
	(1806) **Maddalena Conte** (20/05/1783 – 08/09/1859).			
	1257	M	i.	**Francesco Conte** (12/09/1807 – 13/09/1807).
	1258	F	ii.	**Mattia Conte** (20/02/1809 – 20/10/1857).
				(22/11/1830) **Nicolò Negrello** (06/04/1800).
	1259	F	iii.	**Angela Conte** (14/10/1810).
				(23/11/1831) **Valentino Favo** (1808).
754.	**Domenico Gheno** (01/06/1784 – 11/10/1848).			
	(08/07/1809) **Anna Maria Zannoni** (24/03/1788 – 13/07/1809).			
	1260	M	i.	**Natimorto Gheno** (13/07/1809).
	(23/06/1810) **Cattarina Sasso** (22/06/1784 – 10/01/1852).			
	1261	M	ii.	**Giovanni Gheno** (14/03/1811 – 17/03/1811).
+	1262	M	iii.	**Giovanni Battista Gheno** (20/06/1812 – 07/04/1891).
	1263	F	iv.	**Anna Pasqua Gheno** (19/10/1814 – 24/12/1899).
	1264	F	v.	**Gaetana Gheno** (08/02/1817 – 10/02/1817).
	1265	M	vi.	**Nicolò Gheno** (03/12/1818 – 07/12/1818).
+	1266	F	vii.	**Bortola Gheno** (15/11/1819 – 24/09/1887).
	1267	M	viii.	**NIcolò Gheno** (14/12/1821 – 15/12/1821).
	1268	F	ix.	**Giustina Gheno** (06/01/1824 – 08/01/1824).
	1269	F	x.	**Giustina Gheno** (13/05/1825 – 17/02/1829).
	1270	M	xi.	**Gaetano Gheno** (23/06/1827 – 28/09/1839).
769.	**Maddalena Ferrazzi** (12/07/1765 - 23/07/1836).			
	(13/10/1790) **Steffano Bau** (02/11/1764 – 13/07/1836).			
	1271	F	i.	**Mattia Bau** (18/06/1792 – 07/11/1794).

		1272	F	ii.	**Mattia Bau** (15/12/1794 – 18/12/1794).
		1273	F	iii.	**Mattia Bau** (05/11/1796).
		1274	F	iv.	**Orsola Bau** (04/02/1800 – 07/02/1800).
+		1275	F	v.	**Orsola Bau** (27/08/1801 – 03/01/1871).
		1276	F	vi.	**Anna Maria Bau** (27/04/1804 – 04/05/1856).
					(18/05/1831) **Giuseppe Cappellina** (1785).
771.	**Giovanni Maria Ferrazzi** (12/04/1769 – 10/11/1832).				
	(01/09/1799) **Cattarina Valente** (11/10/1778 – 12/04/1850).				
+		1277	F	i.	**Anna Maria Ferrazzi** (09/09/1800).
		1278	M	ii.	**Francesco Ferrazzi** (18/07/1802 – 20/09/1803).
		1279	F	iii.	**Orsola Ferrazzi** (17/02/1804 – 21/02/1804).
+		1280	M	iv.	**Francesco Ferrazzi** (19/05/1805 – 10/08/1867).
+		1281	M	v.	**Bortolo Ferrazzi** (28/10/1807).
		1282	F	vi.	**Orsola Ferrazzi** (07/03/1810 – 12/06/1847).
772.	**Domenica Ferrazzi** (21/04/1772).				
	(1804) **Giacomo Lago** (1770 – 29/07/1836).				
		1283	F	i.	**Antonia Lago** (12/12/1805 – 20/12/1805).
+		1284	F	ii.	**Maria Orsola Lago** (25/06/1808 – 26/08/1855).
		1285	F	iii.	**Antonia Lago** (05/10/1810).
					(07/04/1834) **Giuseppe Scorsin** (13/09/1812).
774.	**Bortolo Ferrazzi** (02/07/1777 – 01/09/1846).				
	(19/02/1800) **Anna Maria Signori** (06/10/1777 – 16/07/1836).				
+		1286	M	i.	**Francesco Ferrazzi** (24/03/1801 – 20/04/1885).
+		1287	M	ii.	**Marco Ferrazzi** (13/10/1803 – 01/10/1882).
		1288	M	iii.	**Michiel Ferrazzi** (01/01/1806 – 09/01/1806).
776.	**Giovanni Battista Cavalli** (16/07/1802 – 17/10/1833).				
	(21/11/1821) **Angela Dona** (21/09/1794 – 06/04/1871).				
+		1289	F	i.	**Giovanna Cavalli** (04/08/1824 – 27/01/1896).
779.	**Francesco Guzzo** (27/05/1764 – 21/11/1837).				
	() **Maddalena Pontarollo** (29/05/1761 – 10/09/1788).				
	(1789) **Giovanna Gabardo** (10/07/1770 – 21/10/1835).				
790.	**Angela Gabardo** (03/06/1774 – 08/07/1799).				
	(1798) **Giovanni Paccanaro**.				
		1292	F	i.	**Lucia Paccanaro** (29/06/1799 – 30/06/1799).
		1293	F	ii.	**Natimorto Paccanaro** (29/06/1799).
791.	**Nicolò Gabardo** (10/05/1776 – 14/09/1824).				
	(10/1799) **Girolama Cavalli** (19/08/1780 – 15/07/1836).				
		1294	F	i.	**Angela Gabardo** (26/07/1802 – 18/05/1803).
		1295	F	ii.	**Paola Gabardo** (17/06/1805 – 23/02/1807).
		1296	M	iii.	**Natimorto Gabardo** (27/06/1806).

	1297	M	iv.	**Angelo Gabardo** (15/07/1810 – 10/02/1812).
	1298	M	v.	**Vettor Gabardo** (15/07/1810 - 04/06/1812).
+	1299	F	vi.	**Angela Gabardo** (15/03/1813 – 19/06/1890).
	1300	F	vii.	**Natimorto Gabardo** (27/06/1814).
	1301	F	viii.	**Paola Gabardo** (10/01/1819).
	1301	M	ix.	**Paolo Gabardo** (25/11/1821 – 26/11/1821).
	1303	M	x.	**Vettor Gabardo** (25/11/1821 – 26/11/1821).
	1304	F	xi.	**Paola Gabardo** (14/02/1824 – 23/02/1824).
796.	**Bernardo Gabardo** (22/06/1783 – 11/11/1837).			
	(1803) **Maria Cavalli** (24/05/1784 – 17/01/1826).			
	1305	M	i.	**Pietro Gabardo** (22/08/1804 – 1804).
+	1306	F	ii.	**Cattarina Gabardo** (30/08/1806).
	1307	M	iii.	**Giacomo Gabardo** (11/12/1808).
	1308	F	iv.	**Giacoma Gabardo** (09/01/1810).
	1309	F	v.	**Lucia Gabardo** (12/10/1812 - 01/11/1812).
	1310	F	vi.	**Lucia Gabardo** (26/12/1814 – 13/11/1817).
	1311	M	vii.	**Lorenzo Gabardo** (20 julho 1817 – 08/01/1878).
	1312	M	viii.	**Giacomo Gabardo** (01/12/1819 – 20/04/1820).
+	1313	M	ix.	**Giovanni Battista Gabardo** (21/04/1821 – 23/12/1899).
	1314	M	x.	**Pietro Gabardo** (23/12/1823 – 08/01/1824).
	(27/11/1826) **Maria Beraldin** (27/09/1794 – 11/04/1875).			
	1315	M	xii.	**Pietro Gabardo** (25/08/1827 - 06/10/1827).
	1316	F	xiii.	**Giovanna Maria Gabardo** (18/10/1828).
				(14/02/1849) **Marco Gheller** (28/01/1820).
+	1317	F	xiv.	**Giovanna Maria Gabardo** (13/11/1831).
	1318	F	xv.	**Cattarina Gabardo** (24/11/1833 – 29/07/1841).
801.	**Angela Gabardo** (07/07/1791 – 06/04/1833).			
	(18/09/1820) **Bortolo Sasso** (31/10/1776 - 24/04/1841).			
	1319	M	i.	**Giosuè Sasso** (27/04/1823 - 01/05/1823).
802.	**Anna Maria Gabardo** (12/07/1793 – 12/09/1859).			
	(01/02/1815) **Michiel Cavalli** (12/09/1785 – 29/09/1841).			
+	1320	F	i.	**Angela Gaetana Cavalli** (05/08/1825 – 17/07/1861).
813.	**Francesco Pontarollo** (07/01/1773 – 23/02/1844).			
	(1792) **Giovanna Steffani** (07/05/1769 – 06/12/1827).			
	1321	M	i.	**Vincenzo Pontarollo** (16/08/1793 – 30/08/1793).
	1322	M	ii.	**Vincenzo Pontarollo** (11/02/1795 – 16/02/1795).
	1323	M	iii.	**Vincenzo Pontarollo** (07/03/1797 – 19/03/17970.
+	1324	M	iv.	**Vincenzo Pontarollo** (12/02/1798 – 15/02/1860).
+	1325	M	v.	**Paolo Pontarollo** (04/10/1800 – 24/02/1844).
	1326	M	vi.	**Angelo Pontarollo** (23/10/1803 – 20/07/1814).

	1327	M	vii.	**Bortolo Pontarollo** (15/12/1805 – 31/12/1805).
+	1328	M	viii.	**Bortolo Pontarollo** (10/07/1807 – 28/05/1838).
	1329	M	ix.	**Antonio Maria Pontarollo** (05/11/1809 – 14/05/1870).
				(24/11/1830) **Giustina Lazzarotto** (07/10/1810 – 1845).

814.	**Mattio Pontarollo** (07/01/1776 – 04/06/1839).			
	(03/02/1796) **Anna Maria Cavalli** (21/07/1773 – 01/11/1843).			
	1330	F	i.	**Lucia Pontarollo** (19/07/1797 – 02//08/1830).
+	1331	F	ii.	**(Anna) Maria Pontarollo** (15/03/1801 – 14/12/1827).
	1332	F	iii.	**Paola Pontarollo** (08/11/1803 – 09/05/1808).

816.	**Giacomo Pontarollo** (12/06/1780 – 05/12/1836).			
	(28/04/1810) **Giacoma Ferrazzi** (31/10/1787 – 16/01/1823);			
+	1333	M	i.	**Vincenzo Pontarollo** (09/10/1812 – 13/07/1883).
+	1334	F	ii.	**Lucia Pontarollo** (20/10/1815 – 19/05/1884).
+	1335	M	iii.	**Bortolo Pontarollo** (24/08/1818 – 27/05/1864).

817.	**Bortolo Pontarollo** (30/04/1784 – 26/01/1829).			
	(08/02/1807) **Giovanna Maria Ferrazzi** (27/08/1784 – 04/04/1825).			
+	1336	F	i.	**Lucia Pontarollo** (07/04/1808 – 26/02/1887).
	1337	F	ii.	**Francesca Pontarollo** (05/09/1809 – 16/05/1823).
	1338	M	iii.	**Vincenzo Pontarollo** (31/01/1813 – 30/07/1836).
+	1339	F	iv.	**Maria Pontarollo** (08/12/1814 – 25/10/1887).
+	1340	F	v.	**Paola Pontarollo** (20/02/1815 – 27/09/1872).
	1341	M	vi.	**Martino Pontarollo** (21/01/1817 – 29/01/1817).
	1342	M	vii.	**Martino Pontarollo** (28/07/1818 – 19/08/1818).
	1343	F	viii.	**Appolonia Pontarollo** (08/02/1822 – 10/04/1822).
	1344	F	ix.	**Francesca Pontarollo** (02/04/1825).

818.	**Maria Lazzarotto** (15/10/1780 – 1813).			
	(1799) **Giovanni Maria Cavalli** (09/05/1777 – 20/05/1854).			
	1345	M	i.	**Angelo Cavalli** (29/09/1800 – 12/08/1801).
	1346	F	ii.	**Angela Cavalli** (04/10/1802 - 04 /04/1818).
	1347	F	iii.	**Antonia Cavalli** (20/05/1804 – 30/03/1818).
	1348	M	iv.	**Giuseppe Cavalli** (20/04/1807 – 03/05/1807).
	1349	F	v.	**Teresa Cavalli** (05/07/1808 – 10/10/1809).
	1350	M	vi.	**Antonio Maria Cavalli** (07/10/1810 – 25/11/1817).
	1351	M	vii.	**Guerino Cavalli** (12/04/1813 -06/11/1817).

824.	**Paola Lazzarotto** (04/12/1794 – 23/03/1875).			
	(22/04/1818) **Bernardo Smaniotto** (07/11/1795 – 15/05/1862).			
	1352	M	i.	**Giovanni Battista Smaniotto** (27/02/1823 – 31/05/1881).
				(27/01/1847) **Corona Ceccon** (20/11/1827 – 09/12/1883).

13. Geração

829.	**Francesco Ireneo Antonio Maria Ferrazzi** (15/12/1823).

			(25/09/1843) **Anna Domenica Vettori** (27/06/1823).
	1353	F	i. **Barbara C. L. Maria Giuseppa Ferrazzi** (25/04/1845).
	1354	M	ii. **Domenico Luigi Maria Ferrazzi** (05/06/1846).
	1355	F	iii. **Edvige Gioseffa Ferrazzi** (17/10/1848).
	1356	F	iv. **Angela Marianna Ferrazzi** (13/11/1850).
	1357	F	v. **Clelia Antonia Maria Ferrazzi** (30/06/1853).
835.	**Antonio Bau** (26/07/1831 – 17/09/1897).		
	(10/04/1854) **Maria Rigon** (31/08/1829 – 23/12/1911).		
	1358	F	i. **Antonia Bau** (13/02/1855).
			(30/07/1881) **Giovanni Battista Zannoni** (13/09/1855).
	1359	F	ii. **Irene Bau** (29/09/1856).
			(13/07/1881) **Alessandro Vincenzo Valente** (18/07/1856)
	1360	F	iii. **Margarita Bau** (31/07/1858 – 14/08/1859).
	1361	M	iv. **Michiel Bau** (23/06/1860 – 14/05/1911).
	1362	F	v. **Pierina Bau** (03/05/1862).
			(20/11/1893) **Bortolo Munari** (1841).
	1363	M	vi. **Girolamo Bau** (06/04/1864 – 23/01/1868).
	1364	M	vii. **Pietro Bortolo Maria Bau** (22/02/1866 – 02/05/1866).
	1365	F	viii. **Margarita Bau** (09/05/1867 – 06/06/1867).
	1366	M	ix. **Girolamo Bau** (03/01/1869 – 20/07/1905).
			(30/01/1893) **Carlota Ferrazzi** (21/02/1869 – 09/1904).
	1367	M	x. **Bortolo Bau** (31/10/1870).
			(17/11/1894) **Teresa Ferrazzi** (13/11/1873).
838.	**Cattarina Bau** (03/09/1836 – 15/04/1907).		
	(03/03/1862) **Giacomo Martello** (24/12/1838 – 16/01/1915).		
	1368	F	i. **Candida Maria Martello** (02/08/1862 – 06/05/1865).
	1369	F	ii. **Paola Martello** (01/02/1864 – 03/02/1864).
	1370	F	iii. **Paola Martello** (13/12/1864 – 26/12/1864).
	1371	M	iv. **Candido Giuseppe Martello** (04/06/1866).
	1372	F	v. **Paola Martello** (26/09/1867 – 01/11/1867).
	1373	F	vi. **Paola Bortola Martello** (20/01/1869 – 22/01/1869).
	1374	F	vii. **Paola Martello** (24/01/1870).
			(10/01/1895) **Vincenzo Cisonni** (17/12/1858).
842.	**Agata Fabris** (15/08/1802 – 28/11/1855).		
	(28/11/1827) **Antonio Negrello** (22/01/1806 – 08/09/1866).		
843.	**Giacomo Negrello** (22/08/1793 – 30/12/1866).		
	(12/02/1815) **Catterina Scarmoncin** (05/05/1792 – 25/01/1841).		
	1378	F	i. **Gaetana Negrello** (03/01/1817 – 23/07/1818).
	1379	M	ii. **Valentino Negrello** (25/10/1818 – 30/10/1818).
	1380	M	iii. **Valentino Negrello** (21/12/1820).

	1381	M	iv.	**Domenico Negrello** (25/06/1822 – 05/08/1823).
	1382	M	v.	**Domenico Negrello** (16/02/1824 – 10/03/1824).
	1383	M	vi.	**Domenico Negrello** (04/05/1825 – 30/05/1825).
	1384	M	vii.	**Domenico Lorenzo Negrello** (05/07/1826).
	1385	M	viii.	**Girolamo Negrello** (09/1829 – 01/01/1830).
+	1386	M	ix.	**Marco Negrello** (02/12/1831).
	(14/01/1824) **Domenico Sasso** (13/08/1798 – 16/05/1858).			
	1389	M	i.	**Antonio Maria Sasso** (24/04/1826 – 05/05/1826).
	1390	F	ii.	**Antonia Domenica Sasso** (27/09/1827 – 29/06/1830).
+	1391	M	iii.	**Antonio Maria Sasso** (24/10/1830).
+	1392	M	iv.	**Vettor Sasso** (02/09/1835 – 06/11/1871.
	1393	F	v.	**Corona Sasso** (14/06/1837 – 23/11/1849).
	1394	M	vi.	**Domenico Sasso** (09/04/1839).
				(04/02/1863) **Cattarina Mocellin** (09/04/1838 – 08/1865).
				(02/04/1881) **Maria Canevascini** (04/12/1849).
	1395	M	vii.	**Tommaso Sasso** (10/04/1842 – 19/04/1842).
	1396	F	viii.	**Maria Luigia Sasso** (03/02/1844 – 05/01/1910).
				(05/11/1875) **Giovanni Battista Lazzarotto** (05/01/1849).
854.	**Giovanni Battista Gianese** (21/06/1799 – 17/03/1866).			
	(30/01/1827) **Lucia Pontarollo** 07/04/1808 – 26/02/1887).			
+	1397	M	i.	**Luigi Maria Gianese** (10/12/1830 – 16/11/1879).
+	1398	M	ii.	**Giovanni Maria Gianese** (03/02/1828 – 04/11/1916).
+	1399	F	iii.	**Maria Maddalena Gianese** (12/06/1841 – 30/09/1871).
+	1400	F	iv.	**Anna Gianese** (14/11/1843).
+	1401	M	v.	**Vincenzo Gianese** (29/09/1846).
855.	**Maria Costa** (05/12/1801 – 18/05/1877).			
	(21/02/1821) **Giovanni Battista Ceccon** (02/10/1798 – 09/02/1870).			
	1402	M	i.	**Francesco Ceccon** (07/08/1822 – 22/08/1837).
	1403	M	ii.	**Pietro Ceccon** (16/09/1825).
				(01/03/1848) **Angela Lazzarotto** (14/11/1828).
	1404	F	iii.	**Corona Ceccon** (20/11/1827 – 09/12/1883).
				(27/01/1847) **Giovanni Battista Smaniotto** (27/02/1823).
	1405	F	iv.	**Maria Ceccon** (16/07/1831).
				(01/05/1850) **Giuseppe Lazzarotto** (24/04/1828).
	1406	M	v.	**Domenico Ceccon** (18/07/1834 – 23/06/1836).
	1407	F	vi.	**Domenica Ceccon** (09/11/1836).
				(23/02/1870) **Domenico Dalla Zuanna** (13/03/1837).
	1408	M	vii.	**Francesco Ceccon** (19/04/1842).
				(31/07/1867) **Luigia Lazzarotto** (25/05/1846 – 10/1917).
+	1409	F	viii.	**Maria Corona Ceccon** (24/10/1846 – 01/10/1875).

866.	Francesco Cera (08/09/1795 – 16/09/1852).			
	(24/04/1837) Angela Moro (12/10/1804 – 05/11/1885).			
	1410	F	i.	Giovanna Maria Felicità Cera (18/05/1843 – 03/1905).
				(08/10/1860) Francesco Mocellin (18/06/1838 – 1892).
	1411	F	ii.	Domenica Cera (02/03/1845 – 11/02/1929).
				(21/06/1865) Giovanni Maria Costa (05/06/1843 – 1928)
+	1412	M	iii.	Vettor Antonio Cera (02/06/1848 – 24/12/1925).
868.	Antonio Cera (19/05/1802 – 06/02/1828).			
	(27/07/1825) Margarita Moro (29/12/1801 – 11/11/1827).			
	1413	F	i.	Maria Antonia Cera (02/10/1826 – 18/01/1830).
872.	Domenica Cera (12/06/1814 – 13/09/1863).			
	(18/02/1833) Angelo Lazzarotto (12/08/1811).			
	1414	F	i.	Cattarina Lazzarotto (07/08/1834).
				(07/02/1854) Giovanni Battista Ceccon (23/11/1831).
	1415	M	ii.	Giovanni Battista Lazzarotto (10/11/1836).
				(19/02/1868) Pasqua Lazzarotto (07/01/1849 – 06/1875).
				(28/03/1877) Filomena Lazzarotto (23/06/1839).
	1416	M	iii.	Antonio Lazzarotto (19/06/1840 – 07/1866).
	1417	M	iv.	Pietro Lazzarotto (21/03/1843 – 25/04/1867).
	1418	M	v.	Francesco Lazzarotto (09/02/1845).
	1419	F	vi.	Teresa Lazzarotto (27/01/1846 – 25/04/1857).
	1420	F	vii.	Maria Lazzarotto (16/06/1848 – 01/12/1905).
	1421	F	viii.	Angela Lazzarotto (15/11/1851 – 30/01/1852).
	1422	F	ix.	Angela Lazzarotto (21/06/1853).
				(02/09/1872) Antonio Martinato (? – 27/01/1911).
874.	Giovanna Maria Lazzarotto (10/04/1799 – 31/03/1874).			
	(25/02/1821) Vincenzo Pontarollo (12/02/1798 – 15/02/1860).			
+	1423	M	i.	Francesco Pontarollo (30/10/1822 – 28/11/1847).
	1424	M	ii.	Giovanni Maria Pontarollo (18/11/1824 – 30/11/1824).
	1425	F	iii.	Maria Pontarollo (22/01/1826).
+	1426	M	iv.	Angelo Pontarollo (17/09/1827).
+	1427	F	v.	Giovanna Maria Pontarollo (28/07/1829 – 12/03/1900).
	1428	F	vi.	Lucia Pontarollo (18/05/1832 – 14/12/1881).
	1429	F	vii.	Antonia Pontarollo (06/11/1834 – 28/07/1898).
				(22/06/1859) Antonio Maria Conte (11/02/1829 – 1873).
	1430	M	viii.	Bortolo Pontarollo (24/11/1837).
	1431	M	ix.	Giovanni Maria Pontarollo (26/09/1841 – 22/10/1905).
				() Paola Cavalli (07/02/1845).
879.	Giacoma Mattana (07/11/1814).			
	(06/02/1837) Marco Costa (21/04/1813).			

	1432	F	i.	**Domenica Costa** (04/08/1838).
				(13/01/1858) **Antonio Nicolò Scarmoncin** (17/07/1835).
	1433	M	ii.	**Giuseppe Costa** (13/09/1840 – 01/02/1841).
	1434	M	iii.	**Giovanni Maria Costa** (05/05/1843 – 17/06/1928).
				(21/06/1865) **Domenica Cera** (02/03/1845 – 11/02/1929).
	1435	M	iv.	**Angelo Costa** (24/03/1846 – 07/04/1846).
	1436	F	v.	**Paola Costa** (24/03/1846 – 30/03/1846).
	1437	F	vi.	**Angela Costa** (26/05/1848 – 01/06/1848).
	1438	F	vii.	**Corona Costa** (26/05/1848 – 01/06/1848).
	1439	M	viii.	**Domenico Costa** (21/09/1849 – 05/10/1849).
	1440	M	ix.	**Vettor Costa** (21/09/1849).
				(19/02/1871) **Lucia Ceccon** (21/01/1852).
	1441	F	x.	**Maria Agela Costa** (27/05/1852 – 20/11/1872).
	1442	F	xi.	**Maria Antonia Costa** (27/06/1855 – 24/05/1893).
				(26/02/1876) **Girolamo Cavalli** (23/09/1852 – 01/19150.
880.	**Domenico Mattana** (24/08/1806 – 23/08/1857).			
	(09/02/1831) **Rosa Costa** (30/10/1808 – 31/12/1874).			
	1443	F	i.	**Angela Mattana** (24/05/1832 – 06/10/1880).
				(23/02/1852) **Antonio Mattana** (24/11/1822 – 05/1875).
	1444	M	ii.	**Crestano Mattana** (14/07/1835 – 24/02/1898).
				(20/01/1858) **Giacoma Fiorese** (12/10/1836 – 03/1875).
	1445	F	iii.	**Maddalena Mattana** (03/12/1836 – 14/02/1841).
	1446	M	iv.	**Giovanni Maria Mattana** (20/08/1839 – 13/01/1909).
				(07/02/1869) **Angela Mattana** (29/08/1844 – 07/1900).
	1447	F	v.	**Maddalena Mattana** (12/07/1841 – 03/02/1844).
	1448	F	vi.	**Cattarina Mattana** (10/01/1844 – 15/06/1894).
				(06/02/1861) **Giovanni Maria Cavalli** (14/09/1839).
	1449	M	vii.	**Biasio Mattana** (07/06/1846 – 01/01/1925).
				(25/11/1868) **Domenica Mattana** (11/02/1848 – 1877).
				(04/09/1887) **Giacoma Strapazzon** (17/08/1865 – 1942).
	1450	M	viii.	**Baldissera Mattana** (15/12/1848 – 19/08/1849).
885.	**Cattarina Mattana** (23/03/1819 – 03/01/1883).			
	(10/02/1836) **Andrea Costa** (02/04/1817 – 28/04/1897).			
	1451	M	i.	**Domenico Costa** (17/09/1837 – 08/05/1914).
				(29/04/1867) **Elisabetta Costa** (02/09/1845 – 09/1879).
	1452	M	ii.	**Giuseppe Costa** (05/04/1840 – 06/04/1840).
	1453	M	iii.	**Giuseppe Costa** (12/06/1842).
				(08/01/1865) **Cattarina Maschio** (22/10/1844 - 11/1915).
	1454	F	iv.	**Giovanna Costa** (14/05/1844 – 30/04/1892).
				(21/06/1866) **Pietro Mattana** (07/10/1840 – 02/05/1925).

	1455	F	v.	**Angela Costa** (16/07/1846 – 21/11/1908).
				(26/11/1868) **Giovanni Battista Costa** (07/06/1845)
	1456	F	vi.	**Rosa Costa** (25/08/1848).
				(21/05/1871) **Francesco Cavalli** (03/05/1848).
	1457	M	vii.	**Andrea Costa** (02/01/1851 – 17/06/1874).
				(24/09/1872) **Angela Cavalli** (13/05/1852 – 04/06/1873).
				(1873) **Maria Costa**.
	1458	M	viii.	**Giovanni Maria Costa** (12/05/1853 – 18/03/1930).
				(25/08/1878) **Cattarina Donazollo** (25/01/1857 – 1882).
				(31/05/1885) **Angela Cavalli** (03/06/1863).
	1459	F	ix.	**Paola Costa** (16/05/1855 – 17/03/1857).
886.	**Cecilia Mattana** (06/10/1823 – 03/04/1888).			
	(15/01/1845) **Angelo Mattana** (21/08/1815 – 12/03/1891).			
	1460	M	i.	**Biasio Mattana** (16/05/1854 – 17/03/1855).
	1461	M	ii.	**Biasio Mattana** (24/07/1856 – 15/12/1917).
				(23/08/1874) **Angela Lazzarotto** (05/01/1855 – 12/1920).
888.	**Giacomo Mattana** (15/03/1811 – 09/03/1888).			
	(24/02/1835) **Rosa Costa** (27/08/1813 – 14/07/1873).			
	1462	M	i.	**Giovanni Maria Mattana** (21/11/1836 – 27/11/1836).
	1463	F	ii.	**Maria Mattana** (18/08/1842 – 27/12/1910).
				(24/04/1861) **Alessandro Marini** (09/05/1829).
	1464	M	iii.	**Giovanni Maria Mattana** (25/08/1845 – 30/07/1922).
				(20/11/1872) **Luigia Peterlin** (21/07/1848 – 03/12/1888).
				(21/11/1892) **Maria Antonia Lazzarotto** (29/06/1847)
	1465	M	iv.	**Antonio Mattana** (19/09/1848 – 14/10/1916).
				(16/07/1881) **Maria Vanin** (19/10/1857 – 14/06/1938).
	1466	M	v.	**Domenico Mattana** (29/12/1850 – 19/09/1871).
	1467	M	vi.	**Giacomo Mattana** (24/09/1853 – 03/02/1855).
892.	**Domenico Ferrazzi** (11/05/1809).			
	(18/06/1833) **Cattarina Fabris** (01/10/1806 – 11/03/1855).			
	1468	F	i.	**Felicita Ferrazzi** (14/07/1833).
				(16/07/1856) **Sebastiano Vedove** (01/07/1829 – 08/1912).
898.	**Mattio Ferrazzi** (07/01/1822 – 10/07/1889).			
	(18/02/1846) **Beatrice Ferracin** (01/11/1824).			
	1469	F	i.	**Antonia Maria Ferrazzi** (28/06/1850).
				(22/11/1869) **Luigi Conte** (25/05/1845 – 31/12/1906).
	1470	F	ii.	**Seconda Marina Ferrazzi** (31/01/1852).
				(10/02/1875) **Giacomo Lazzarotto** (07/09/1844 – 1906).
	1471	F	iii.	**Giulia Maria Ferrazzi** (28/12/1853 – 10/06/1860).
	1472	F	iv.	**Concetta Maria Stella Ferrazzi** (07/11/1855).

				(26/04/1887) **Angelo Francesco Ferrazzi** (22/04/1844)
	1473	M	v.	**Antonio Maria Ferrazzi** (29/05/1857).
				(05/11/1878) **Amalia Lazzarotto** (07/09/1858).
	1474	M	vi.	**Cattarino Innocente Ferrazzi** (18/11/1859).
	1475	F	vii.	**Giulia Maria Ferrazzi** (14/07/1861).
				(11/08/1879) **Agostino Lazzarotto** (17/02/1860).
	1476	F	viii.	**Maria Stella Ferrazzi** (28/03/1863 – 18/01/1868).
906.	**Antonio Ferrazzi** (17/06/1809).			
	() **Lucia Faggion** (11/06/1812).			
	1477	F	i.	**Cecilia Ferrazzi** (05/07/1844 – 11/08/1886).
				(20/02/1871) **Girolamo Bau** (17/02/1840).
+	1478	M	i.	**Giuseppe Ferrazzi** (28/02/1842).
911.	**Maria Adelaide Ferrazzi** (27/06/1823).			
	(22/11/1843) **Pietro Baruffaldi** (01/09/1816).			
	1479	F	i.	**Maria Clementina Domenica Baruffaldi** (31/07/1858).
				(07/02/1891) **Giuseppe F. Antonio Sartori** (17/10/1856).
915.	**Pasqua Ferrazzi** (03/04/1831).			
	(18/07/1864) **Ferdinando Antonio Krahl** (20/01/1829).			
	1480	F	i.	**Cattarina M. Francesca Fortunata Krahl** (15/11/1866).
	1481	F	ii.	**Giuseppa Krahl** (18/08/1870).
				(05/10/1892) **Fortunato Vedove** (29/04/1865).
920.	**Maria Teresa Ferrazzi** (21/09/1828 – 24/04/1865).			
	(07/11/1853) **Luigi Signori** (11/04/1823 – 06/06/1855).			
	1482	M	i.	**Angelo Signori** (30/04/1855).
921.	**Giacoma Pontarollo** (20/11/1836 – 28/04/1924).			
	(28/04/1857) **Antonio Negrello** (19/12/1837 – 21/11/1914)			
+	1483	F	i.	**Agata Negrello** (31/01/1859 – 28/06/1936).
+	1484	M	ii.	**Giovanni Battista Negrello** (29/12/1860 – 14/05/1938).
	1485	M	iii.	**Tommaso Negrello** (29/09/1862 – 15/10/1862).
	1486	F	iv.	**Maddalena Negrello** (27/11/1863 – 22/111867).
+	1487	F	v.	**Lucia Negrello** (13/12/1865 – 21/02/1923).
+	1488	M	vi.	**Tommaso Negrello** (07/03/1868 – 05/12/1952).
+	1489	M	vii.	**Vincenzo Negrello** (17/12/1869 – 26/02/1927).
+	1490	M	viii.	**Antonio Negrello Filho** (16/11/1871 – 17/08/1943).
+	1491	M	ix.	**Francesco Negrello** (04/07/1874 – 24/02/1955).
+	1492	M	x.	**Antonio Negrello** (29/05/1876 – 11/06/1964).
+	1493	F	xi.	**Agata Negrello** (07/02/1879 – 07/03/1960).
922.	**Maria Elisabetta Pontarollo** (18/03/1839).			
	(01/02/1860) **Antonio Gabardo** (04/02/1841).			
+	1494	F	i.	**Maria Gabardo** (26/10/1860).

+	1495	F	ii.	**Margarita Gabardo** (04/11/1862).
+	1496	F	iii.	**Giovanna Maria Gabardo** (07/11/1864).
	1497	F	iv.	**Maria Marianna Gabardo** (04/03/1867 – 26/1/1867).
+	1498	F	v.	**Tomasina Gabardo** (20/12/1869).
	1499	M	vi.	**Tommaso Gabardo** (08/01/1875).
				(05//11/1919) **Giuseppina Pontarollo**.
+	1500	M	vii.	**Antonio Gabardo** (16/01/1877).
	1501	F	viii.	**Maria Antonia Gabardo** (04/01/1879).
	1502	F	ix.	**Maria Antonia Gabardo** (21/05/1881).
				(02/03/1902) **Antonio Negrello** (29/12/1876).
	1503	F	x.	**Corona Gabardo** (23/11/1887).
924.				**Vincenzo Pontarollo** (15/12/1843).
				(28/02/1867) **Maria Ceccon** (23/05/1847).
	1504	F	i.	**Giacoma Pontarollo** (20/07/1868).
+	1505	F	ii.	**Margherita Pontarollo** (24/03/1870).
	1506	F	iii.	**Catterina Pontarolo** (13/12/1871).
				(01/02/1898) **Angelo Pontarollo** (08/09/1851 – 04/1914).
+	1507	M	iv.	**Giovanni Battista Pontarollo** (17/07/1874).
+	1508	M	v.	**Pietro Pontarollo** (06/12/1876).
	1509	F	vi.	**Corona Pontarollo** (22/03/1879 – 14/08/1896).
+	1510	F	vii.	**Antonia Pontarollo** (14/04/1883).
	1511	F	viii.	**Giovanna Pontarollo** (07/03/1885).
	1512	M	ix.	**Antonio Pontarollo** (05/09/1887).
925.				**Antonio Pontarollo** (11/01/1845 – 08/04/1879).
				(26/06/1874) **Maria Anna Gianese** (19/05/1852).
	1513	M	i.	**Giacomo Pontarollo** (20/03/1874).
				(16/01/1900) **Angela Gabardo** (07/05/1877).
+	1514	M	ii.	**Vincenzo Pontarollo** (29 março 1876).
	1515	M	iii.	**Giovanni Pontarollo** (28/02/1878 – 01/11/1903).
927.				**Antonio Maria Negrello** (03/12/1835).
				(03/03/1862) **Giuseppa Ceccon** (19/09/1841 – 30/05/1880).
	1516	M	i.	**Giuseppe Negrello** (31/03/1863).
	1517	F	ii.	**Cattarina Negrello** (29/08/1864).
				(19/09/1886) **Domenico Mocellin** (25/08/1860)
+	1518	M	iii.	**Amadeo Negrello** (17/04/1866).
	1519	F	vi.	**Antonia Negrello** (28/09/1867).
				(20/08/1893) Bernardo Mocellin (06/04/1858)
+	1520	M	vii.	**Giovanni Battista Negrello** (05/06/1869 – 1953).
	1521	M	viii.	**Domenico Negrello** (26/07/1871).
	1522	F	ix.	**Giovanna Negrello** (12/12/1873).

	1523	M	x.	**Giovanni Maria Negrello** (24/06/1875).
				(17/11/1889) **Teresa Sasso** (18/11/1846).
929.	**Domenico Negrello** (16/02/1840).			
	(24/02/1868) **Gaetana Lazzarotto** (26/12/1843 – 13/04/1880).			
	1524	M	i.	**Luigi Negrello** (28/04/1871).
930.	**Bernardo Negrello** (06/11/1842).			
	(27/02/1867) **Gaetana Lazzarotto** (11/08/1845).			
	1525	F	i.	**Cattarina Negrello** (03/12/1867).
				(20/03/1892) **Pietro Antonio Costa** (17/04/1863).
	1526	M	ii.	**Amadio Negrello** (03/02/1869).
				(11/02/1893) **Angela Costa** (26/12/1869).
	1527	M	iii.	**Francesco Negrello** (1870).
				(05/03/1893) **Orsola Molini** (22/04/1871).
	1528	M	iv.	**Luigi Bernardo Negrello** (20/06/1871).
				(19/01/1896) **Maria Angela Moro** (22/09/1874).
942.	**Lugrezia Negrello** (08/06/1834 – 09/01/1866).			
	(07/01/1857) **Zaccaria Lazzarotto** (25/03/1825 – 03/06/1905).			
	1529	M	i.	**Francesco Fortunato Lazzarotto** (05/08/1857 – 1858).
	1530	M	ii.	**Natimorto Lazzarotto** (12/05/1859).
	1531	M	iii.	**Fortunato Lazzarotto** (07/01/1862 – 09/01/1862).
	1532	M	iv.	**Giovanni Maria Lazzarotto** (07/01/1862 – 09/01/1862).
	1533	M	v.	**Natimorto Lazzarotto** (27/02/1863).
	1534	M	vi.	**Vettor Lazzarotto** (27/02/1863 – 02/03/1865).
943.	**Mauro Negrello** (02/09/1835 – 06/05/1876).			
	(25/11/1863) **Domenica Lazzarotto** (26/04/1842).			
	1535	F	i.	**Maria Luigia Negrello** (04/10/1864 – 14/12/1864).
	1536	M	ii.	**Francesco Negrello** (12/02/1866 (1954).
				(06/04/1891) **Antonia Lucia Scremin** (1868).
	1537	F	iii.	**Maria Luigia Negrello** (21/12/1867).
				(05/02/1887) **Bernardo Smaniotto** (10/06/1866).
	1538	M	iv.	**Pietro Negrello** (27/05/1870 – 22/12/1945).
				(1899) **Pierina Ceccon**.
944.	**Giuseppe Negrello** (12/09/1838 – 05/05/1915).			
	(15/02/1863) **Paola Lazzarotto** (09/02/1840 – 20/03/1916).			
	1539	F	i.	**Maria Angela Negrello** (01/07/1864 – 13/06/1893).
				(07/04/1891) **Sebastiano Ferrazzi** (03/03/1857).
	1540	F	ii.	**Gaetana Negrello** (06/05/1866 – 21/04/1876).
	1541	F	iii.	**Gaetana Fortunata Negrello** (08/02/1868 – 19/05/1869).
	1542	F	iv.	**Gaetana Negrello** (26/12/1870).
945.	**Domenico Negrello** (27/08/1840 – 28/05/1888).			

				(03/02/1869) **Angela Dorotea Gabardo** (13/10/1847 – 17/10/1917).
	1543	M	i.	**Pietro Giovanni Negrello** (09/12/1874).
	1544	M	ii.	**Marco Negrello** (12/05/1877).
+	1545	F	iii.	**Maria Negrello** (04/06/1880).
947.				**Agostina Lazzarotto** (20/10/1836).
				(19/11/1856) **Giuseppe Lazzarotto** (07/01/1828).
	1546	F	i.	**Maddalena Lazzarotto** (31/08/1857 – 03/02/1917).
				(17/03/1875) **Giovanni Battista Cavalli** (13/11/1849).
				() **Francesco Sebellin**.
	1547	F	ii.	**Paola Lazzarotto** (05/08/1864 – 01/08/1872).
	1548	F	iii.	**Anna Lazzarotto** (26/06/1867).
	1549	F	iv.	**Antonia Lazzarotto** (25/12/1869).
948.				**Gaetana Lazzarotto** (17/08/1838 – 07/12/1915).
				(12/01/1862) **Giovanni Maria Lazzarotto** (27/08/1829 – 30/06/1917).
	1550	F	i.	**Maria Lazzarotto** (15/09/1864 – 05/10/1864).
	1551	F	ii.	**Maria Maddalena Lazzarotto** (08/01/1866 – 05/1867).
	1552	M	iii.	**Giovanni Maria Lazzarotto** (07/02/1868 – 15/02/1868).
951.				**Domenica Lazzarotto** (05/09/1844 – 07/08/1911).
				(29/11/1866) **Nicolò Lazzarotto** (15/07/1837 – 15/01/1909).
	1553	F	i.	**Modesta Carolina Lazzarotto** (14/11/1867 – 08/1909).
				02/09/1888) **Rocco Lazzarotto** (29/01/1865).
	1554	F	ii.	**Maria Giuseppa Lazzarotto** (24/11/1869).
				(16/04/1894) **Giovanni Maria Costa** (02/06/1865).
952.				**Francesca Lazzarotto** (24/09/1846 – 11/03/1871).
				(15/04/1869) **Domenico Steffani** (30/10/1845).
	1555	F	i.	**Pierina Steffani** (09/10/1869).
				(28/01/1893) **Giovanni Battista Lazzarotto** (19/02/1863).
	1556	M	ii.	**Bortolo Steffani** (03/03/1871 – 16/12/1871).
968.				**Angela Gabardo** (06/12/1820 – 16/08/1893).
				(08/10/1845) **Antonio Maria Pontarollo** (1809 – 1870).
+	1557	M	i.	**Paolo Pontarollo** (28/08/1847 – 26/11/1906).
	1558	M	ii.	**Francesco Pontarollo** (11/08/1850).
				(18/03/1874) **Maria Teresa Cavalli** (15/09/1852).
	1559	M	iii.	**Pietro Pontarollo** (28/03/1854 – 13/05/1873).
	1560	M	iv.	**Bortolo Pontarollo** (09/07/1856 – 12/01/1857).
	1561	F	v.	**Giustina Pontarollo** (06/12/1859).
				(13/11/1881) **Bortolo Lazzarotto** (25/05/1859).
969.				**Maria Gabardo** (08/09/1822 – 16/07/1853).
				(25/01/1843) **Giovanni Battista Lazzarotto** (05/04/1810 – 30/09/1871).
+	1562	F	i.	**Angela Lazzarotto** (23/02/1844 – 19/10/1905).

+	1563	F	ii.	Antonia Lazzarotto (04/12/1851).	
972.	Giacoma Gabardo (25/07/1835 – 17/12/1901).				
	(23/02/1857) Agostino Pontarollo (21/01/1830 – 25/09/1909).				
	1564	F	i.	Giovanna Pontarollo (28/11/1857 – 27/07/1897).	
				(16/02/1876) Angelo Pontarollo (08/09/1851 – 23/04/1914).	
+	1565	M	ii.	Giuseppe Pontarollo (03/07/1859).	
	1566	F	iii.	Antonia Pontarollo (19/05/1861 – 09/05/1863).	
+	1567	F	iv.	Maria Antonia Pontarollo (17/06/1863 – 17/03/1933).	
	1568	M	v.	Pietro Pontarollo (04/07/1865 – 03/02/1896).	
+	1569	M	vi.	Giovanni Battista Pontarollo (25/06/1868 – 17/02/1917).	
	1570	F	vii.	Domenica Pontarollo (01/09/1870 – 07/11/1941).	
+	1571	M	viii.	Vincenzo Pontarollo (30/09/1875).	
973.	Paola Gabardo (26/06/1837 – 14/06/1912).				
	(21/02/1860) Olivo Modesto Signori (03/04/1830 – 01/03/1897).				
+	1572	M	i.	Antonio Maria Signori (24/11/1861).	
+	1573	F	ii.	Maria Maddelena Signori (11/10/1863 – 08/08/1908).	
+	1574	M	iii.	Pietro Signori (24/07/1865).	
	1575	M	iv.	Francesco Giuseppe Signori (13/07/1873 – 06/02/1877).	
	1576	M	v.	Giovanni Battista Signori (11/07/1875 – 11/02/1876).	
	1577	F	vi.	Antonia Signori (12/07/1877).	
974.	Cattarina Nardino (13/10/1821 – 26/12/1886).				
	(30/11/1843) Angelo Lazzarotto (20/12/1819 – 08/01/1903).				
	1578	M	i.	Giovanni Battista Lazzarotto (05/01/1849).	
				(05/11/1875 Maria Luigia Sasso (03/02/1844 – 01/1910).	
975.	Giovanni Battista Lazzarotto (07/01/1837 – 19/12/1916).				
	(31/10/1858) Giuseppa Lazzarotto (17/05/1838 – 06/03/1900).				
+	1579	F	i.	Antonia Lazzarotto (22/08/1859).	
985.	Antonia Gabardo (07/10/1838).				
	(08/01/1862) Valentino Lazzarotto (12/07/1839).				
	1580	F	i.	Giacoma Lazzarotto (19/01/1863 – 30/01/1863).	
	1581	M	ii.	Giacomo Lazzarotto (16/08/1864 – 09/09/1864).	
	1582	M	iii.	Giacomo Lazzarotto (01/01/1866).	
				(18/01/1891) Antonia Maria Ceccon (03/06/1868).	
	1583	M	iv.	Vincenzo Lazzarotto (16/06/1868).	
				(28/11/1893) Maria Angela Celi (17/09/1870).	
	1584	F	v.	Maria Lazzarotto (08/04/1870).	
				(15/02/1897) Pietro Lazzarotto (29/03/1864).	
986.	Antonio Gabardo (04/02/1841).				
	(01/02/1860) Maria Elisabetta Pontarollo (15/03/1839).				
987.	Lucia Gabardo (18/04/1843 – 06/11/1902).				

				(18/11/1863) **Giovanni Battista Pontarollo** (01/11/1840).
	1595	F	i.	**Giuseppa Pontarollo** (19/07/1864 – 24/06/1865).
	1596	M	ii.	**Antonio Pontarollo** (15/06/1866 – 27/04/1881).
+	1597	M	iii.	**Luigi Pontarollo** (11/11/1867).
+	1598	F	iv.	**Maria Maddalena Pontarollo** (22/07/1869).
	1599	F	v.	**Giuseppa Pontarollo** (01/02/1871 – 07/06/1871).
988.				**Angela Dorotea Gabardo** (13/10/1847 – 17/10/1917).
				(03/02/1869) **Domenico Negrello** (27/08/1840 – 28/05/1888).
995.				**Giovanna Gabardo** (10/06/1828 – 04/02/1870).
				(06/10/1847) **Tommaso Pontarollo** (04/08/1827 – 15/09/1884
	1603	F	i.	**Cattarina Pontarollo** (29/10/1849 – 04/11/1849).
	1604	M	ii.	**Gaetano Pontarollo** (10/01/1851 – 16/01/1851).
	1605	M	iii.	**Vincenzo Pontarollo** (26/09/1852 – 17/08/1866).
	1606	M	iv.	**Gaetano Pontarollo** (26/04/1854 – 18/08/1855).
	1607	F	v.	**Cattarina Pontarollo** (27/07/1856 – 28/06/1857).
+	1608	F	vi.	**Catterina Pontarollo** (28/03/1859 – 08/09/1913).
	1609	M	vii.	**Gaetano Pontarollo** (07/09/1863 – 28/09/1863).
997.				**Antonio Maria Gabardo** (07/03/1836 – 25/02/1876).
				(27/10/1858) **Anna Lazzarotto** (26/07/1840 – 05/01/1861).
+	1610	F	i.	**Giovanna Gabardo** (13/09/1859).
+	1611	F	ii.	**Anna Gabardo** (04/01/1861 – 02/03/1936).
				(06/08/1861) **Adrianna Lazzarotto** (13/10/1837 – 1902).
	1612	M	iii.	**Natimorto Gabardo** (21/06/1862).
+	1613	M	iv.	**Giovanni Gabardo** (17/09/1863 – 03/10/1908).
	1614	F	v.	**Angela Gabardo** (17/09/1863).
	1615	F	vi.	**Catterina Gabardo** (04/12/1865 – 12/11/1866).
	1616	F	vii.	**Catterina Gabardo** (10/12/1867).
	1617	M	viii.	**Vincenzo Gabardo** (14/12/1871).
999.				**Catterina Gabardo** (02/09/1828 – 09/02/1892).
				(16/02/1848) **Vincenzo Lazzarotto** (17/03/1820 – 23/06/1892).
	1618	F	i.	**Angela Lazzarotto** (15/04/1850 – 22/03/1917).
				(14/07/1869) **Francesco Lazzarotto** (02/08/1849 – 1912).
+	1619	M	ii.	**Faustino Lazzarotto** (17/04/1852 – 15/12/1914).
	1620	F	iii.	**Natimorta Lazzarotto** (20/02/1859).
	1621	F	iv.	**Giulia Lazzarotto** (15/04/1860 – 25/06/1867).
	1622	F	v.	**Modesta Lazzarotto** (19/06/1864 – 27/05/1865).
1002.				**Fortunata Pierina Gabardo** (28/06/1834).
				(1860) **Giovanni Scremin** (11/09/1824).
+	1623	M	i.	**Sebastiano Scremin**.
	1624	F	ii.	**Angela Corona Scremin** (18/08/1864).

	1625	F	iii.	**Maria Concetta Scremin** (22/04/1868).
	1626	F	iv.	**Vincenza Giovanna Scremin** (08/07/1871 – 06/06/1872).
1006.	**Antonio Gabardo** (18/12/1840).			
	(3/03/1862) **Maria Maddalena Zannoni** (27/12/1843 – 25/02/1915).			
	1627	F	i.	**Angela Gabardo** (15/09/1863. – 01/12/1867).
+	1628	M	ii.	**Giovanni Gabardo** (06/10/1865).
+	1629	M	iii.	**Vincenzo Gabardo** (19/04/1868).
	1630	M	iv.	**Antonio Gabardo** (27/06/1870 – 14/07/1872).
	1631	M	v.	**Antonio I Gabardo** (30/07/1872).
	(16/01/1900) **Giustina Dalla Zuanna** (12/05/1878).			
+	1632	M	vi.	**Antonio II Gabardo** (31/03/1875).
	1633	F	vii.	**Angela Gabardo** (07/05/1877).
	(16/01/1900) **Giacomo Pontarollo** (20/03/1874).			
+	1634	F	viii.	**Corona Gabardo** (08/12/1879 – 25/02/1951).
	1635	M	ix.	**Marco Gabardo** (25/06/1882 – 04/09/1885).
+	1636	M	v.	**Angelo Gabardo** (09/06/1885 – 01/07/1963).
1007.	**Natale Gabardo** (25/12/1842).			
	(03/08/1864) **Giovanna Mares** (05/08/1845).			
	1637	F	i.	**Angela Gabardo** (29/06/1865 – 19/02/1868).
+	1638	M	ii.	**Domenico Gabbardo** (15/06/1867 – 13/02/1905).
	1639	M	iii.	**Vincenzo Gabardo** (31/01/1869 – 16/03/1869).
	1640	M	iv.	**Vincenzo Gabardo** (03/04/1871).
	1641	M	v.	**Angelo Gabardo** (03/10/1873 – 30/04/1892).
+	1642	F	vi.	**Caterina Corona Gabardo** (02/09/1876).
+	1643	M	vii.	**Liberale Gabbardo** (17/04/1879).
+	1644	F	viii.	**Margarida Elisabetta Gabardo** (14/10/1881 – 09/1961).
+	1645	M	ix.	**Joaquim Gabbardo** (16/08/1885 – 22/05/1983).
+	1646	F	x.	**Angela Gabardo** (14/10/1887 – 27/01/1960).
+	1647	M	xi.	**Guerino Gabbardo** (12/11/1890).
1011.	**Angelo Gabardo** (17/07/1834 – 1924).			
	(18/11/1863) **Maria Angela Nardino** (11/05/1838 – 08/03/1872).			
+	1648	M	i.	**Gaetano Gabardo** (29/08/1864 – 27/03/1921).
+	1649	M	ii.	**Giovanni Battista Gabardo** (27/11/1865 – 1907).
+	1650	M	iii.	**Tommaso Gabardo** (17/12/1867 – 01/07/1938).
	1651	F	iv.	**Cattarina Gabardo** (06/06/1870 – 02/07/1871).
	(17/07/1872) **Maria Battistina Pontarollo** (27/04/1845 – 31/08/1904).			
	1652	M	v.	**Giuseppe Gabardo** (22/03/1873).
	1653	M	v.	**Giuseppe Gabardo** (08/09/1875 – 17/01/1878).
	1654	F	vi.	**Angela Gabardo** (22/11/1876 – 19/01/1878).
+	1655	F	vii.	**Angela Maria Gabardo** (25/02/1879).

1016.	**Nicolò Gabardo** (18/02/1844 – 02/08/1931).			
	(11/02/1868) **Giovanna Lazzarotto** (06/04/1847).			
+	1656	F	i.	**Giacoma Gabardo** (16/10/1868 – 27/04/1948).
	1657	F	ii.	**Paola Gabardo** (01/01/1870).
	1658	F	iii.	**Gaetana Gabardo** (19/04/1871).
+	1659	M	iv.	**Gaetano Gabardo** (05/06/1873).
	1660	M	v.	**Bartolomeo Gabardo** (22/04/1875).
+	1661	M	vi.	**Bortolo Gabardo** (23/03/1877).
	1662	F	vii.	**Lucia Gabardo** (17/09/1879).
				() **Crispim Luiz Pereira**.
				(25/06/1934) **Francisco Alves de Camargo** (1882).
+	1663	M	viii.	**José Gabardo** (1881).
+	1664	M	ix.	**Antonio Gabardo** (10/04/1882 – 21/11/1960).
	1665	M	x.	**Victorio Gabardo** (1882).
	1666	F	xi.	**Maria Magdalena Gabardo** (24/08/1884).
	1667	M	xii.	**Jacob Gabardo** (1886).
+	1668	M	xiii.	**João Baptista Gabardo** (03/05/1888 – 1981).
+	1669	M	xiv.	**Luís Gabardo** (10/02/1893).
1017.	**Antonio Gabardo** (01/03/1846 – 28/02/1919).			
	(28/04/1875) **Giovanna Maria Pontarollo** (05/12/1857 – 20/09/1926).			
+	1670	M	i.	**Antonio Gabardo** (20/08/1876 – 19/08/1936).
	1671	M	ii.	**Gaetano Gabardo** (06/07/1878 – 12/1880).
	1672	M	iii.	**Francesco Gabardo** (09/1880).
	1673	M	iv.	**Manoel Gabardo** (10/11/1881 – 04/1883).
	1674	F	v.	**Josepha Gabardo** (02/04/1882).
	1675	M	vi.	**Luis Gabardo** (06/1884).
	1676	M	vii.	**João Gabardo** (08/07/1884).
	1677	M	viii.	**Francisco Gabardo** (08/01/1886).
	1678	M	ix.	**João Gabardo** (08/12/1887).
+	1679	M	x.	**José Gabardo** (09/11/1889 – 19/02/1936).
	1680	M	xi.	**Francisco Gabardo** (10/10/1891).
	1681	M	xii.	**Giacomo Gabardo** (06/09/1893).
	1682	F	xiii.	**Anna Maria Gabardo** (18/07/1896 – 11/1896).
	1683	F	xiv.	**Anna Maria Gabardo** (07/08/1897).
	1684	M	xv.	**Manoel Gabardo** (18/01/1900 – 18/01/1900).
+	1685	F	xvi.	**Victoria Gabardo** (14/07/1902).
1019.	**Anna Maria Gabardo** (20/03/1850 – 10/01/1881).			
	(25/11/1868) **Francesco Giuseppe Sebellin** (31/07/1852).			
+	1686	F	i.	**Giovanna Sebellin** (04/06/1869).
+	1687	M	ii.	**Angelo Sebellin** (11/09/1870).

+	1688	F	iii.	**Adrianna Rosa Sebellin** (21/09/1872).
	1689	M	iv.	**Gaetano Sebellin** (07/06/1875).
+	1690	M	v.	**Armando Prospero Sebellin** (18/11/1876 – 1950).
+	1691	M	vi.	**Nemesio Sebellin** (19/12/1878).
	1692	F	vii.	**Giacomina Sebellin** (06/01/1881).

1020. **Giacomo Gabardo** (10/07/1853 – 09/01/1919).

(04/03/1877) **Giovanna Gabardo** (12/09/1859 – 01/06/1931).

+	1693	F	i.	**Anna Gabardo** (22/10/1877).
+	1694	F	ii.	**Giacomina Gabardo** (05/06/1879 – 1973).
+	1695	F	iii.	**Antonia Gabardo** (24/06/1881 – 03/12/1966).
+	1696	M	iv.	**Gaetano Gabardo** (07/12/1883 – 03/1939).
+	1697	M	v.	**Antonio Gabardo** (17/08/1885 – 02/05/1964).
	1698	F	vi.	**Maria Gabardo** (05/09/1887 – (18/10/1887).

1023. **Angelo Gabardo** (12/10/1839 – 05/1913).

(06/11/1861) **Angela Pontarollo** (23/10/1843 – 03/06/1917).

	1699	M	i.	**Pietro Gabardo** (15/04/1864 – 17/04/1864).
	1700	F	ii.	**Anna Gabardo** (30/08/1865 – 02/01/1869).
+	1701	F	iii.	**Giuseppa Gabardo** (28/06/1867 – 03/07/1941).
+	1702	M	iv.	**Pietro Gabardo** (07/07/1868 – 09/1955).
	1703	F	v.	**Anna Gabardo** (19/10/1869 – 12/01/1873).
+	1704	M	vi.	**Antonio Gabardo** (02/01/1871 – 01/06/1935).
	1705	F	vii.	**Antonia Gabardo** (19/03/1872 – 03/09/1878).
+	1706	M	viii.	**Luigi Gabardo** (23/09/1874 – 07/1953).
	1707	M	ix.	**Angelo Gabardo** (22/12/1876 – 20/01/1877).
+	1708	M	x.	**João Gabardo** (27/12/1877 – 17/12/1940).

1024. **Giovanni Battista Gabardo** (18/12/1841 – 14/02/1917).

(24/02/1868) **Angela Lazzarotto** (23/02/1844 – 19/10/1905).

	1709	F	i.	**Anna Maria Gabardo** (17/01/1869 – 24/01/1869).
	1710	F	ii.	**Anna Maria Gabardo** (04/02/1870 – 07/12/1877).
	1711	M	iii.	**Pietro Gabardo** (13/08/1871 – 08/01/1872).
+	1712	M	iv.	**Giovanni Battista Gabardo** (30/05/1874 – 10/1937).
+	1713	M	v.	**Pietro Gabardo** (18/06/1876 – 17/10/1930).
	1714	F	vi.	**Anna Gabardo** (1878 – 02/1879).
+	1715	F	vii.	**Joanna Gabardo** (14/11/1879 – 16/02/1915).
	1716	F	viii.	**Angela Gabardo** (30/05/1882).
+	1717	M	ix.	**Bortolo Gabardo** (20/04/1884 – 1964).
	1718	F	x.	**Angela Gabardo** (25/10/1885).
+	1719	M	xi.	**Antonio Lazzarotto Gabardo** (13/05/1887 – 10/1953).
+	1720	F	xii.	**Angela Gabardo** (1888 – 04/1954).
+	1721	M	xiii.	**José Gabardo** (29/11/1890 – 18/11/1918).

1025.	**Antonio Gabardo** (06/01/1844 – 08/1925).			
	(24/02/1868) **Anna Maria Pontarollo** (19/07/1848 – 13/04/1892).			
+	1722	F	i.	**Antonia Gabardo** (23/02/1869 – 21/01/1921).
	1723	M	ii.	**Pietro Gabardo** (18/04/1870 – 25/12/1871).
	1724	F	iii.	**Giuseppa Gabardo** (11/12/1871 – 14/12/1871).
+	1725	F	iv.	**Giuseppa Gabardo** (05/08/1873 – 08/1917).
+	1726	M	v.	**Pietro Gabardo** (03/02/1875).
	1727	F	vi.	**Anna Gabardo** (20/08/1876).
+	1728	F	vii.	**Angela Gabardo** (12/05/1878 – 31/03/1912).
+	1729	M	viii.	**Antonio Gabardo** (04/02/1880 – 05/1917).
+	1730	M	ix.	**Luis Gabardo** (02/08/1884 – 24/01/1942).
	1731	M	x.	**Antonio Gabardo** (08/1885).
	1732	M	xi.	**Thomaz Gabardo** (30/11/1886 – 05/1954).
				(20/02/1908) **Elisabetha Fabris** (1889).
+	1733	F	xii.	**Maria Gabardo** (22/02/1887).
+	1734	M	xiii.	**Bortolo Gabardo** (21/12/1890).
	1735	M	xiii.	**Francisco Gabardo** (11/02/1892).
				(13/08/1918) **Catharina Andretta** (1893).
	(05/06/1893) **Dorotea Pontarollo** (24/10/1851 – 19/08/1895).			
	1736	F	xiv.	**Anna Elvira Gabardo** (06/04/1894).
	1737	F	xv.	**Anna Maria Gabardo** (18/07/1895).
1026.	**Vincenzo Gabardo** (07/06/1846 – 23/10/1890).			
	(03/11/1869) **Dorotea Pontarollo** (24/10/1851 – 19/08/1895).			
+	1738	M	i.	**Pietro Gabardo** (31/05/1870 – 11/1926).
	1739	F	ii.	**Anna Maria Gabardo** (20/02/1874).
	1740	F	iii.	**Anna Maria Gabardo** (01/02/1875 – 11/02/1875).
	1741	M	iv.	**Gaetano Gabardo** (17/12/1875).
+	1742	M	v.	**Vittore Gabardo** (07/01/1877 – 04/10/1924).
+	1743	F	vi.	**Anna Maria Gabardo** (06/07/1878 – 07/1931).
	1744	M	vii.	**Gaetano Gabardo** (1879).
	1745	M	i.	**Antonio Gabardo** (11/1880 – 12/01/1914).
	1746	F	xvii.	**Maria Gabardo** (20/04/1884).
	1747	M	ix.	**Gaetano Gabardo** (02/07/1887 – 04/08/1887).
	1748	F	x.	**Carolina Gabardo** (03/07/1888 – 04/07/1888).
+	1749	F	xi.	**Anna Ursula Gabardo** (10/07/1889).
	1750	M	xii.	**Jacob Gabardo** (05/04/1890).
1028.	**Giovanni Gabardo** (11/02/1853 – 18/10/1938).			
	() **Anna Gabardo** (04/01/1861 – 02/03/1936).			
	1751	F	i.	**Berlina Gabardo** (14/11/1879).
				(25/11/1906) **José Bozza** (1880).

+	1752	F	ii.	**Anna Gabardo** (29/11/1881).
+	1753	M	iii.	**Pedro Gabardo** (05/10/1882 – 05/1956).
	1754	M	iv.	**Luiz Gabardo** (05/09/1882).
+	1755	M	v.	**Antonio Gabardo** (25/08/1884 – 08/1951).
+	1756	F	vi.	**Leonilda Gabardo** (23/10/1887).
+	1757	F	vii.	**Maria Gabardo** (04/10/1889).
+	1758	F	viii.	**Angela Gabardo** (02/10/1891 – 06/08/1951).
+	1759	M	ix.	**Vicente Gabardo** (22/06/1893 – 25/06/1974).
	1760	M	x.	**Luiz Gabardo** (26/06/1895).
				(09/01/1926) **Angelina Gusi** (05/03/1899).
+	1761	F	xi.	**Rosalina Gabardo** (05/12/1897).
+	1762	F	xii.	**Joanna Amelia Gabardo** (24/06/1900).
+	1763	F	xiii.	**Elodia Gabardo** (20/01/1904).
	1764	M	xiv.	**Hermenegildo Gabardo** (26/09/1907).
1029.	**Bortolo Molini** (16/09/1794 – 27/01/1868).			
	(22/11/1815) **Elisabetta Conte** (26/04/1795 – 21/03/1853).			
	1765	M	i.	**Alessandro Molini** (08/11/1816 – 12/06/1892).
	1766	M	ii.	**Marco Molini** (31/08/1818 – 21/03/1823).
	1767	M	iii.	**Francesco Molini** (14/08/1820 – 12/03/1823).
	1768	M	iv.	**Pietro Fortunato Molini** (06/03/1823 – 09/03/1823).
	1769	F	v.	**Giovanna Fortunata Molini** (09/03/1824 – 12/03/1824).
	1770	F	vi.	**Paola C. Cattarina Molini** (15/01/1827 – 15/02/1883).
				(27/11/1852) **Giuseppe Paccanaro** (02/06/1827).
	1771	M	vii.	**Francesco Molini** (28/03/1829 – 18/03/1838).
	1772	M	viii.	**Marco Molini** (23/05/1831).
	1773	F	ix.	**Leonilda Molini** (21/10/1832).
	1774	M	x.	**Marco Molini** (12/06/1835 – 01/11/1896).
				(28/11/1863) **Giovanna Pesavento** (27/07/1839).
	1775	F	xi.	**Francesca Molini** (23/11/1840 – 05/12/1840).
1030.	**Gaetano Molini** (16/08/1798 – 16/07/1836).			
	(28/04/1824) **Anna Maria Signori** (15/06/1804).			
	1776	F	i.	**Giovanna Maria Molini** (16/02/1825 – 26/07/1900).
				(19/11/1849) **Francesco Gianese** (20/08/1824 – 08/1894).
	1777	F	ii.	**Domenica Maria Molini** (06/03/1827).
	1778	M	iii.	**Marco Molini** (31/01/1829 – 12/02/1871).
	1779	M	iv.	**Giosuè Molini** (17/04/1831).
				(21/08/1855) **Domenica Pesavento** (18/12/1831 – 1873).
	1780	F	v.	**Lucia Molini** (04/09/1834).
				(30/04/1867) **Giovanni Vettori** (17/01/1834).
	1781	M	vi.	**Gaetano F. F. Molini** (29/03/1837 – 15/12/1855).

1034.	Maria Antonia Molini (14/06/1805 – 13/02/1889).			
	(28/11/1827) Girolamo Signori (18/07/1805 – 03/07/1884).			
	1782	F	i.	Maria Luigia Signori (04/02/1833 – 21/02/1833).
	1783	M	ii.	Luigi Signori (08/07/1835 – 12/05/1888).
				(30/04/1856) Margarita Steffani (14/06/1834 – 03/1900).
	1784	F	iii.	Cattarina Signori (16/11/1837 – 04/05/1917).
				(23/11/1859) Giacomo Pasi (26/07/1835 – 03/11/1917).
	1785	F	iv.	Paola Signori (29/01/1840 – 29/03/1845).
+	1786	F	v.	Mattia Signori (22/09/1841 – 18/10/1881).
1037.	Anna Molini (15/11/1810 – 30/04/1899).			
	(21/11/1837) Pietro Zannoni 22/03/1806 – 05/05/1904).			
+	1787	F	i.	Antonia Maria Zannoni (16/01/1839 – 04/10/1916).
	1788	M	ii.	Giovanni Maria Zannoni (26/05/1841 – 11/10/1842).
	1789	M	iii.	Giovanni Maria Zannoni (02/06/1845 – 23/11/1914).
				(11/02/1894) Pasqua Smaniotto (31/03/1861).
	1790	M	iv.	Marco Zannoni (12/02/1849 – 02/03/1849).
1038.	Giuseppe Molini (26/01/1814 – 25/01/1850).			
	(06/02/1837) Paola Signori (29/02/1812 – 31/01/1843).			
	1791	M	i.	Marco Molini (02/01/1838 – 23/03/1840).
	1792	F	ii.	Paola Molini (24/09/1839 – 08/12/1877).
				(28/09/1857) Luigi Maria Signori (19/09/1825 – 1868).
	1793	F	iii.	Lucia Molini (15/10/1841 – 08/02/1843).
1040.	Marco Molini (28/10/1801).			
	(03/03/1829) Antonia Sasso (24/03/1806 – 21/10/1845).			
	1794	M	i.	Pietro Molini (02/03/1830).
	1795	F	ii.	Francesca Molini (22/12/1832).
	1796	M	iii.	Francesco Molini (08/04/1834).
				(04/10/1861) Cecília Mocellin (27/07/1837).
	1797	F	iv.	Elisabetta Molini (19/02/1836 – 28/06/1837).
	1798	F	v.	Elisabetta Molini (06/10/1838).
	1799	F	vi.	Francesca Molini (24/01/1842).
1046.	Domenico Steffani (29/10/1799 – 29/03/1837).			
	(23/11/1831) Maria Lazzarotto (13/07/1811).			
	1800	M	i.	Bortolo Steffani (03/07/1833 – 08/07/1846).
	1801	F	ii.	Maria Steffani (13/10/1835 – 19/10/1835).
1049.	Francesco Steffani (01/08/1806 – 20/06/1855).			
	(15/02/1831) Gaetana Lazzarotto (09/08/1811 – 02/07/1887).			
	1802	F	i.	Margarita Steffani (20/07/1831).
				(10/06/1857) Giovanni Battista Zannoni (08/09/1820).
	1803	F	ii.	Anna Maria Steffani (23/11/1832 – 29/11/1832).

	1804	F	iii.	**Maria Steffani** (25/12/1833 – 22/01/1834).
	1805	M	iv.	**Bortolo Steffani** (05/09/1835).
				(21/02/1865) **Maddalena Lazzarotto** (19/09/1832).
	1806	F	v.	**Anna Maria Steffani** (20/11/1837 – 23/11/1837).
	1807	M	vi.	**Andrea Steffani** (15/07/1839).
				(28/05/1867) **Giovanna Lazzarotto** (25/01/1840 – 1871).
				(07/10/1877) **Antonia Cavalli** (09/12/1849 – 11/01/1884).
	1808	F	vii.	**Maria Steffani** (05/08/1841).
				(19/02/1868) **Francesco Carpenedo** (25/09/1829).
	1809	M	viii.	**Gaetano Steffani** (07/08/1843).
				(09/05/1868) **Francesca Lazzarotto** (20/07/1847).
	1810	F	ix.	**Anna Steffani** (24/07/1846).
				(09/08/1866) **Pietro Lazzarotto** (11/12/1844).
	1811	M	x.	**Domenico Steffani** (29/05/1849 – 27/08/1850).
	1812	M	xi.	**Domenico Steffani** (21/08/1851).
	1813	F	xii.	**Angela Steffani** (09/05/1854).
				(18/04/1875) **Giovanni Maria Gheller** (1854).
1050.	**Antonio Steffani** (12/03/1809 – 30/03/1876).			
	(15/02/1836) **Battistina Steffani** (13/04/1814 – 31/07/1845).			
	1814	M	i.	**Natimorto Steffani** (14/12/1836).
	1815	M	ii.	**Domenico Steffani** (08/02/1838).
				(03/09/1861) **Maria Lazzarotto** (20/01/1840).
	1816	F	iii.	**Maria Steffani** (19/12/1839 – 23/02/1840).
	1817	M	iv.	**Gaetano Steffani** (22/05/1841 – 14/11/1843).
	1818	M	v.	**Giosuè Steffani** (14/06/1843 – 15/06/1843).
	1819	F	vi.	**Maria Maddalena Steffani** (14/06/1843 – 01/12/1843).
	(30/08/1846) **Maria Steffani** (31/08/1818 – 21/02/1868).			
	1820	F	vii.	**Basttistina Steffani** (13/06/1847 – 07/08/1852).
	1821	F	viii.	**Giuseppa Steffani** (19/03/1852).
				(11/01/1873) **Andrea Chemin** (20/03/1847).
1051.	**Maria Antonia Steffani** (20/09/1812 – 30/06/1894).			
	(25/01/1832) **Pietro Costa** (03/10/1810 – 22/04/1873).			
+	1822	F	i.	**Margherita Costa** (17/03/1838).
1053.	**Angela Steffani** (27/09/1819 – 22/12/1904).			
	(24/11/1839) **Bortolo Cavalli** (28/01/1818 – 13/03/1895).			
	1823	M	i.	**Antonio Cavalli** (14/10/1840 – 31/01/1898).
				(03/02/1869) **Giovanna Ferrazzi** (12/02/1843).
+	1824	M	ii.	**Gaetano Cavalli** (26/05/1843 – 13/08/1915).
	1825	M	iii.	**Moderato Cavalli** (1845 – 1845).
	1826	M	iv.	**Moderato Cavalli** (1846 – 1849).

	1827	M	v.	**Basilio Moderato Cavalli** (25/06/1852 – 11/07/1868).
	1828	F	vi.	**Maria Teresa Cavalli** (18/10/1855).
1057.	**Giuseppa Maria Sebellin** (22/01/1822 – 11/07/1871).			
	(09/10/1839) **Antonio Maria Pontarollo** (25/08/1815 – 07/12/1878).			
+	1829	M	i.	**Giovanni Battista Pontarollo** (01/11/1840).
	1830	F	ii.	**Anna Maria Pontarollo** (16/06/1842 – 04/02/1847).
+	1831	F	iii.	**Angela Pontarollo** (23/10/1843 – 03/06/1917).
+	1832	F	iv.	**Giovanna Battistina Pontarollo** (27/04/1845 – 08/1904).
	1833	M	v.	**Francesco Pontarollo** (16/10/1846 – 07/06/1847).
+	1834	F	vi.	**Anna Maria Pontarollo** (19/07/1848 – 13/041892).
	1835	F	vii.	**Antonia Pontarollo** (19/03/1850 – 06/07/1851).
+	1836	M	viii.	**Francesco Noé Pontarollo** (02/01/1852).
	1837	M	ix.	**Paolo Pontarollo** (17/08/1853 – 08/08/1854).
	1838	M	x.	**Francesco Pontarollo** (01/03/1855 – 12/03/1855).
	1839	F	xi.	**Maria Antonia Pontarollo** (17/09/1856 – 06/12/1856).
+	1840	F	xii.	**Giovanna Maria Pontarollo** (05/12/1857 – 20/09/1926).
	1841	M	xiii.	**Pietro Angelo Pontarollo** (19/02/1860 – 27/08/1861).
	1842	M	xiv.	**Luigi Nicolò Pontarollo** (01/10/1860 – 16/10/1867).
	1843	F	xv.	**Maria Antonia Pontarollo** (02/10/1861 – 19/09/1888).
				(19/09/1885) **Marco G. B. Pontarollo** (18/04/1846).
	1844	F	xvi.	**Maria Elisabetta Pontarollo** (13/09/1863).
				(12/08/1888) **Giovanni Maria Lazzarotto** (24/11/1862).
	1845	M	xvii.	**Tommaso Pontarollo** (22/11/1865 – 10/03/1885).
+	1846	F	xviii.	**Maria Luigia Pontarollo** (31/01/1868).
1060.	**Angelo Antonio Sebellin** (12/03/1827 – 18/11/1904).			
	(29/04/1847) **Giovanna Moro** (25/04/1833 – 24/09/1906).			
+	1847	M	i.	**Francesco Giuseppe Sebellin** (31/07/1852).
	1848	M	ii.	**Giuseppe Sebellin** (22/05/1872 – 04/09/1884).
1063.	**Antonio Maria Negrello** (05/05/1822 – 16/06/1876).			
	(10/02/1847) **Margarita Donazzolo** (29/05/1826 – 12/08/1886).			
+	1849	M	i.	**Francesco Negrello** (04/12/1848).
	1850	F	ii.	**Lucia Negrello** (03/12/1850 – 12/12/1850).
+	1851	M	iii.	**Giovanni Negrello** (12/06/1852 – 28/09/1877).
	1852	M	iv.	**Antonio Maria Negrello** (13/08/1854 – 09/08/1855).
+	1853	M	v.	**Tomaso Negrello** (11/07/1857).
+	1854	M	vi.	**Gaetano Negrello** (08/08/1859).
	1855	M	vii.	**Mattio Negrello** (30/08/1861).
				(31/08/1884) **Luigia Lazzarotto** (26/04/1865).
	1856	M	viii.	**Bernardino Negrello** (01/08/1864 – 03/07/1865).
1064.	**Pietro Negrello** (27/07/1823).			

	(05/03/1848) **Giovanna Ferrazzi** (10/07/1823).				
+	1857	M	i.	**Vettor Negrello** (06/03/1849 – 30/06/1916.
+	1858	M	ii.	**Francesco Negrello** (06/09/1850 25/02/1917).
	1859	F	iii.	**Lucia Negrello** (15/12/1861 – 28/08/1915).
1065.	**Tommasina Negrello** (09/06/1825 – 30/08/1850).			
	(28/01/1846) **Tommaso Pontarollo** (12/10/1823 – 1902).			
	1860	M	i.	**Marco G. B. Pontarollo** (18/04/1846 – 29/12/1905).
				(19/09/1885) **Maria A. Pontarollo** (02/10/1861 – 1888).
	1861	M	ii.	**Noé Pontarollo** (26/06/1848 – 19/07/1850).
1067.	**Tommaso Negrello** (15/03/1829 – 13/02/1877).			
	(26/10/1859) **Giacoma Gheno** (02/09/1840 – 17/09/1902).			
+	1862	M	i.	**Francesco Negrello** (24/10/1859).
	1863	M	ii.	**Giovanni Negrello** (18/09/1862).
	1864	M	iii.	**Antonio Negrello** (30/10/1864).
	1865	M	iv.	**Vincenzo Negrello** (28/09/1866).
	1866	M	v.	**Giacomo Negrello** (01/11/1868 – 01/07/1869).
	1867	M	vi.	**Giacomo Negrello** (01/08/1870).
	1868	M	vii.	**Matteo Negrello** (07/12/1872).
	1869	F	viii.	**Lucia Negrello** (08/03/1875 – 10/03/1875).
1071.	**Antonio Negrello** (19/12/1837 – 21/11/1914).			
	(28/04/1857) **Giacoma Pontarollo** (20/11/1836 – 28/04/1924).			
1073.	**Marco Sasso** (10 maio 1827).			
	() **Benvenuta Mocellin** (? – 04/11/1861).			
	1881	F	i.	**Margarita Sasso** (17/05/1856).
	(03/03/1862) **Lucia Graziotto** (24/08/1840).			
1075.	**Antonia Gabardo** (03/07/1840).			
	(17/05/1860) **Giacomo Gheno** (07/03/1838).			
	1882	M	i.	**Paolo Gheno** (13/11/1859 – 19/04/1870).
	1883	F	ii.	**Margarita Gheno** (13/08/1863).
				(28/12/1892) **Bortolo Sasso** (16/02/1858).
	1884	F	iii.	**Lucia Gheno** (18/01/1866).
				(28/06/1896) **Giovanni Battista Cavalli** (16/09/1875).
	1885	M	iv.	**Francesco Gheno** (06/10/1867 – 18/03/1870).
1077.	**Antonio Gabardo** (16/07/1844 – 07/03/1914).			
	(08/02/1875) **Francesca Bonato** (1849 – 06/02/1937).			
+	1886	M	i.	**Paolo Bonato Gabardo** (23/05/1876).
+	1887	M	ii.	**Nicolau Gabardo** (14/10/1878 – 14/06/1906).
	1888	M	iii.	**Antonio Gabardo** (06/06/1880).
+	1889	M	iv.	**João Baptista Gabardo** (10/04/1882 – 21/06/1942).
+	1890	M	v.	**Francisco Gabardo** (20/01/1884 – 17/10/1936).

+	1891	M	vi.	**Jacob Gabardo** (21/08/1885 – 09/1962).
	1892	M	vii.	**José Gabardo** (18/06/1887).
+	1893	F	viii.	**Margarida Gabardo** (06/06/1889).
	1894	M	ix.	**José Gabardo** (24/05/1891 – 16/01/1893).
	1895	F	x.	**Catharina Gabardo** (09/06/1893 – 20/02/1894).
1083.	**Lucia Gabardo** (09/04/1866 – 08/08/1947).			
	(12/06/1884) **Francesco Pontarollo** (28/11/1858).			
	1896	M	i.	**Paolo Umberto Pontarollo** (09/11/1884 – 15/02/1885).
	1897	F	ii.	**Domenica Pontarollo** (29/04/1886 – 1886).
	1898	F	iii.	**Angela Pontarollo** (28/01/1889 – 19/11/1961).
	1899	F	iv.	**Modesta Maria Pontarollo** (23/09/1890).
	1900	M	v.	**Angelo Pontarollo** (1891).
+	1901	F	vi.	**Giovanna Paola Pontarollo** (01/05/1895 – 19/08/1992).
+	1902	M	vii.	**Paolo Geremia Pontarollo** (01/10/1896 – 19/03/1976).
	1903	M	viii.	**Vittore Pontarollo** (1898).
	1904	F	ix.	**Maria Pontarollo** (03/10/1898).
	1905	F	x.	**Zepherina Pontarollo** (1900).
+	1906	M	xi.	**Antonio (Gino) Pontarollo** (18/08/1901 – 17/07/1967).
	1907	M	xii.	**Ernesto Raimondo Pontarollo** (21/011903 – 08/1947).
	1908	M	xiii.	**Vittorio Pontarollo** (1905).
	1909	F	xiv.	**Angelina Pontarollo** (1907 – 1961).
1088.	**Mattio Gabardo** (21/03/1822 – 18/03/1870).			
	(15/01/1845) **Cecilia Gheno** (01/05/1822 – 17/01/1858).			
	1910	M	i.	**Vettor Gabardo** (26/10/1845 – 08/11/1845).
	1911	F	ii.	**Catterina Gabardo** (12/02/1847 – 25/02/1847).
	1912	M	iii.	**Gaetano Gabardo** (07/08/1848 – 04/10/1849).
	1913	F	iv.	**Catterina Gabardo** (31/07/1850 – 16/11/1856).
	1914	F	v.	**Antonia Gabardo** (20/08/1852 – 17/11/1855).
	1915	F	vi.	**Catterina Gabardo** (16/11/1857 – 17/11/1857).
	(15/02/1860) **Teresa Valente** (22/10/1834).			
	1916	F	vii.	**Catterina Gabardo** (27/10/1862 – 26/12/1865).
	1917	M	viii.	**Vettore Gabardo** (21/05/1865).
	1918	F	ix.	**Cecilia Gabardo** (22/06/1867).
	1919	F	x.	**Teresa Cattarina Gabardo** (22/07/1869).
1090.	**Bortolo Gabardo** (20/09/1824 – 15/07/1882).			
	(24/02/1846) **Domenica Guzzo** (15/01/1826 – 25/05/1895).			
+	1920	M	i.	**Vettor Gabardo** (10/05/1848 – 06/02/1912).
+	1921	M	ii.	**Giovanni Gabardo** (11/09/1850 – 04/10/1922).
	1922	F	iii.	**Cattarina Gabardo** (03/08/1852 – 12/11/1856).
	1923	F	iv.	**Maria Antonia Gabardo** (11/10/1854 – 10/11/1856).

+	1924	M	v.	**Valentino Gabardo** (18/01/1859 – 02/03/1897).
	1925	F	vi.	**Cattarina Gabardo** (14/05/1863 – 18/04/1866).
+	1926	F	vii.	**Maria Antonia Gabardo** (07/05/1865 – 09/02/1906).
1092.	**Vettor Gabardo** (19/08/1836).			
	(11/04/1866) **Giacoma Pontarollo** (10/05/1837 – 23/05/1882).			
+	1927	F	i.	**Maria Gabardo** (14/09/1867).
	1928	M	ii.	**Giovanni Gabardo** (19/09/1869 – 10/10/1869).
+	1929	F	iii.	**Giovanna Gabardo** (18/04/1875).
+	1930	F	iv.	**Antonia Gabardo** (23/06/1877).
	(18/03/1888) **Adrianna Lazzarotto** (13/10/1837).			
1095.	**Giacoma Gabardo** (08/06/1842).			
	(23/11/1859) **Tommaso Pontarollo** (23/07/1839).			
	1931	F	i.	**Maria Antonia Pontarollo** (19/01/1862 – 03/02/1866).
	1932	F	ii.	**Maria Elisabetta Pontarollo** (13/09/1863).
	1933	F	iii.	**Anna Maria Pontarollo** (31/08/1865).
	1934	F	iv.	**Maria Antonia Pontarollo** (20/07/1868).
	1935	F	v.	**Emilia Vittoria Pontarollo** (16/07/1870).
	1936	M	vi.	**Ernesto G. Antonio Maria Pontarollo** (30/11/1872).
	1937	F	vii.	**Virginia Giuseppa Pontarollo** (25/09/1874).
1096.	**Paola Gabardo** (12/03/1844 – 1917)			
	(20/04/1864) **Amadio Celi** (12/08/1841 – 04/06/1909)			
	1938	F	i.	**Antonia Maria Celi** (21/07/1865).
+	1939	F	ii.	**Maria Angela Celi** (18/05/1868 – 11/09/1948).
	1940	F	iii.	**Barbara Celi** (11/08/1870 – 1945).
	1941	M	iv.	**Giovanni Battista Celi** (23/04/1872).
+	1942	M	v.	**Antonio Celi** (26/11/1873 – 16/04/1949).
	1943	F	vi.	**Giovanna Maria Celi** (10/12/1876 – 23/12/1899).
	1944	F	vii.	**Antonia Celi** (1878).
	1945	M	viii.	**Giuseppe Celi** (11/07/1885 – 1958).
1097.	**Corona Gabardo** (08/04/1846 – 23/03/1900).			
	(24/01/1866) **Giosué Pontarollo** (11/04/1847).			
	1946	M	i.	**Tommaso Pontarollo** (05/04/1867).
				(07/07/1900) **Giovanna Ceccon** (24/05/1856).
	1947	F	ii.	**Giovanna Pontarollo** (16/04/1868).
				(06/01/1893) **Giovanni Mocellin**.
+	1948	M	iii.	**Tommaso Pontarollo** (13/06/1870 – 28/03/1940).
	1949	F	iv.	**Francesca G. Pontarollo** (02/10/1875 – 15/10/1875).
+	1950	M	v.	**Antonio Pontarollo** (20/02/1877 – 27/02/1956.
1098.	**Mattio Gabardo** (02/07/1848).			
	(23/11/1875) **Cattarina Lazzarotto** (04/09/1852).			

	1951	F	i.	**Maria Luigia Gabardo** (10/06/1876).
	1952	F	ii.	**Giovanna Gabardo** (09/05/1878).
1099.				**Antonia Gabardo** (17/11/1850).
				(25/11/1868) **Tommaso Pontarollo** (17/08/1849).
+	1953	M	i.	**Vincenzo Pontarollo** (28/11/1870).
	1954	F	ii.	**Maria Madalena Pontarollo** (27/09/1873).
				(01/02/1893) **Giovanni Battista Lazzarotto**.
				(19/04/1896) **Giacomo Dalla Zuanna** (21/04/1869).
+	1955	F	iii.	**Antonia Pontarollo** (17/09/1875).
+	1956	F	iv.	**Angela Pontarollo** (24/01/1877 – 1962).
	1957	F	v.	**Giovanna Pontarollo** (14/03/1879).
				(29/01/1902) **Pietro Pontarollo**.
	1958	F	vi.	**Teresa Maria Pontarollo** (20/03/1881).
+	1959	F	vii.	**Rosa Pontarollo** (23/01/1883).
	1960	F	viii.	**Teresa Pontarollo** (16/02/1885).
	1961	F	ix.	**Cecilia Pontarollo** (16/12/1886).
	1962	F	x.	**Maria Pontarollo** (03/02/1889).
1103.				**Leopoldo Vettor Pontarollo** (23/07/1837 – 12/05/1907).
				(29/04/1863) **Antonia Maria Zannoni** (16/01/1839 – 04/10/1916).
	1963	M	i.	**Giovanni Battista Pontarollo** (28/07/1865 – 01/08/1865).
	1964	M	ii.	**Giovanni Battista Pontarollo** (12/04/1868 – 14/04/1868).
	1965	F	iii.	**Corona Giustina Pontarollo** (06/10/1869 – 30/06/1873).
	1966	F	iv.	**Maria Pontarollo** (14/09/1871 – 14/01/1873).
+	1967	F	v.	**Giovanna Pontarollo** (05/08/1877).
	1968	F	vi.	**Maria Corona Pontarollo** (23/09/1879 – 08/12/1884).
				(28/04/1869) **Giustina Celi** (22/02/1850).
	1969	F	vii.	**Giovanna Pontarollo** (17/09/1872).
	1970	M	viii.	**Giovanni Pontarollo** (18/06/1874 – 10/09/1899).
+	1971	M	ix.	**Vincenzo Pontarollo** (31/08/1878).
	1972	F	x.	**Maria Teresa Pontarollo** (11/12/1885).
	1973	M	xi.	**Antonio Pontarollo** (01/02/1891).
	1974	F	xii.	**Giovanna Pontarollo** (28/06/1870 – 19/08/1871).
1104.				**Tommaso Pontarollo** (21/01/1840).
				(27/11/1867) **Mattia Signori** (22/09/1841 – 18/10/1881).
	1975	M	i.	**Giovanni Battista Pontarollo** (09/09/1872).
				(12/02/1896) **Giuseppa Maria Pontarollo** (07/05/1875).
				(17/04/1882) **Antonia Teresa Ceccon** (14/06/1850).
	1976	M	ii.	**Giuseppe Pontarollo** (13/04/1883).
	1977	M	iii.	**Mattio Pontarollo** (31/10/1885).
	1978	F	iv.	**Maria Pontarollo** (14/01/1890).

1106.	**Vettor Pontarollo** (07/12/1844 – 23/05/1913).				
	(27/11/1867) **Giacoma Ceccon** (1849).				
		1979	M	i.	**Antonio Pontarollo** (07/11/1868).
					(04/02/1895) **Teresa Gheno** (04/01/1870).
		1980	M	ii.	**Giovanni Battista Pontarollo** (30/10/1870).
					(22/02/1897) **Domenica Celi** (06/11/1875).
		1981	M	iii.	**Vittore Pontarollo** (01/06/1873).
		1982	M	iv.	**Tommaso Pontarollo** (12/11/1879).
1107.	**Giovanni Maria Pontarollo** (05/07/1847 – 19/12/1902).				
	(31/08/1879) **Maria Maddalena Zannoni** (02/11/1845).				
		1983	M	i.	**Vittore Pontarollo** (30/05/1880).
1109.	**Maria Teresa Ceccon** (21/09/1843 – 21/05/1894).				
	(26/04/1865) **Egidio Pontarollo** (01/04/1841 – 25/03/1916).				
		1984	F	i.	**Marianna Pontarollo** (13/06/1866).
					(02/06/1889 **Giovanni Ferrazzi** (24/04/1865).
		1985	F	ii.	**Angela Pontarollo** (24/12/1868).
					(06/12/1891) **Pietro Giulio Steffani** (17/06/1868).
+		1986	M	iii.	**Bortolo Pontarollo** (07/02/1871 – 23/08/1955).
+		1987	M	iv.	**Francesco Pontarollo** (11/06/1873).
+		1988	F	v.	**Catterina Pontarollo** (24/10/1876 – 17/08/1962).
1115.	**Catterina Perli** (25/03/1842).				
	(25/11/1868) **Angelo Smaniotto** (04/10/1819).				
		1989	F	i.	**Benedetta Antonia Smaniotto** (07/05/1869).
					(13/02/1887) **Giosuè Costa** (15/09/1862 – 25/07/1904).
1118.	**Giovanni Battista Perli** (16/10/1850).				
	(28/07/1874) **Giuseppina Strapazzon** (1851).				
		1990	M	i.	**Antonio Perli** (09/01/1875).
					(24/04/1898) **Seconda Lucia Costa** (21/10/1875).
1122.	**Margarita Lazzaroni** (12/12/1831 – 28/12/1878).				
	(26/09/1860) **Luigi Trevisi** (16/02/1828 – 04/12/1898).				
		1991	F	i.	**Maria Francesca Trevisi** (02/02/1861 – 15/10/1886).
					(07/03/1882) **Francesco Ferrazzi** (22/09/1855 – 1889).
		1992	F	ii.	**Corona Trevisi** (05/02/1863 – 06/09/1894).
					(26/08/1893) **Vittorio Signori** (30/10/1862).
		1993	F	iii.	**Angela Giuseppa Trevisi** (18/09/1866).
					(24/05/1893) **Natale Birti** (22/12/1860).
1127.	**Francesco Cavalli** (30/06/1772 – 27/09/1859).				
	(27/01/1822) **Antonia Smaniotto** (1784 – 11/03/1852).				
+		1994	M	i.	**Angelo Cavalli** (12/10/1822).
1137.	**Giovanni Maria Bianchin** (13/12/1790 – 08/04/1829).				

				(14/02/1820) **Margarita Zannini** (23/10/1797 – 14/06/1873).
	1995	M	i.	**Domenico Bianchin** (10/05/1821).
				(26/11/1845) **Antonia Conte** (07/07/1826 – 01/04/1894).
	1996	M	ii.	**Nadale Bianchin** (17/04/1825 – 20/06/1827).
	1997	F	iii.	**Natimorto Bianchin** (18/10/1827).
1149.	**Angela Sebellin** (08/11/1806 – 25/12/1870).			
	(20/09/1827) **Francesco Sebellin** (27/02/1802 – 04/03/1867).			
+	1998	F	i.	**Antonia Sebellin** (10/12/1834).
1163.	**Giacoma Negrello** (12/09/1795).			
	(14/06/1818) **Michiel Zannoni** (11/11/1792 – 21/07/1836).			
	1999	M	i.	**Pietro Zannoni** (25/07/1820 – 15/12/1824).
	(23/10/1837) **Vincenzo Mocellin** (? – 17/01/1858).			
1175.	**Giovanna Conte** (18/04/1797 – 22/02/1819).			
	(28/04/1816) **Paolo Mocellin** (23/02/1793 – 17/05/1866).			
	2000	M	i.	**Domenico Mocellin** (15/04/1818 – 09/06/1887).
				(07/02/1844) **Giacoma Zannoni** (17/08/1823 – 06/1877).
1176.	**Francesco Gheno** (19/06/1795).			
	(20/02/1819) **Domenica Moro** (04/12/1789).			
	2001	M	i.	**Bortolo Gheno** (26/06/1819).
				(03/11/1841) **Cecilia Mocellin** (28/10/1815 – 08/1854).
1179.	**Giovanni Maria Gheno** (10/09/1800 – 03/01/1886).			
	(09/07/1834) **Luigia Giuseppa Zannini** (21/12/1810 – 21/09/1874).			
	2002	M	i.	**Vincenzo Gheno** (16/04/1835).
	2003	M	ii.	**Francesco Gheno** (23/02/1837 – 01/03/1837).
	2004	F	iii.	**Maria Maddalena Gheno** (11/09/1838).
				(03/03/1862) **Girolamo Lazzarotto** (08/08/1840 – 1921).
	2005	M	iv.	**Antonio Gheno** (12/11/1841 – 24/08/1848).
	2006	M	v.	**Luigi Gheno** (21/06/1845 – 23/12/1915).
				(28/04/1869) **Pierina Vettori** (29/01/1849).
1181.	**Maddalena Gheno** (10/02/1805).			
	(16/08/1827) **Sebastiano Basso** (14/09/1803).			
	2007	F	i.	**Marina Basso** (26/05/1829).
1186.	**Maria Maddalena Zuliani** (06/04/1766 – 24/07/1843).			
	(12/02/1787) **Giuseppe Zannoni** (14/11/1765 – 01/03/1843).			
	2008	M	i.	**Domenico Zannoni** (30/06/1788 – 22/05/180).
	2009	M	ii.	**Antonio Zannoni** (03/02/1790 – 06/02/1790).
	2010	M	iii.	**Antonio Zannoni** (28/02/1791 – 12/03/1791).
	2011	F	iv.	**Giulia Zannoni** (07/05/1793).
	2012	M	v.	**Antonio Zannoni** (22/01/1795 – 25/01/1795).
	2013	M	vi.	**Antonio Maria Zannoni** (03/09/1796 – 15/05/1797).

	2014	F	vii.	**Cattarina Zannoni** (24/05/1798 – 06/03/1869).
				(11/02/1828) **Bortolo Signori** (15/11/1797 – 14/07/1886).
	2015	M	viii.	**Antonio Zannoni** (23/04/1800 – 22/02/1802).
	2016	M	ix.	**Luigi Maria Zannoni** (01/12/1801 – 11/12/1801).
	2017	M	x.	**Antonio Zannoni** (29/05/1803).
				(28/11/1839) **Giovanna Disegna** (04/04/1815).
	2018	M	xi.	**Domenico Zannoni** (12/06/1805).
	2019	M	xii.	**Luigi Maria Zannoni** (01/01/1808).
				(24/11/1841) **Maria Sguario**.
	2020	F	xiii.	**Anna Maria Zannoni** (30/05/1810 – 21/08/1811).
1187.	**Zuliano Luigi Zuliani** (29/03/1768 – 14/12/1816).				
	(19/02/1794) **Antonia Sasso** (03/09/1775).				
	2021	M	i.	**Antonio Zuliani** (12/09/1795 – 15/05/1882).
	2022	M	ii.	**Luigi Maria Zuliani** (02/02/1798 – 07/02/1798).
	2023	M	iii.	**Bortolo Zuliani** (08/02/1802 – 14/01/1802).
	2024	F	iv.	**Maria Maddalena Zuliani** (21/02/1803 – 26/02/1803).
	2025	M	v.	**Bortolo Zuliani** (28/08/1804 – 22/11/1826).
	2026	M	vi.	**Luigi Maria Zuliani** (30/10/1806 – 21/11/1806).
	2027	F	vii.	**Cattarina Zuliani** (07/12/1808 – 20/12/1808).
	2028	F	viii.	**Maria Maddalena Zuliani** (19/01/1813 – 10/07/1873).
				(26/02/1840) **Domenico Conte** (05/07/1814).
1192.	**Giovanni Zuliani** (29/10/1776 – 13/09/1848).				
	(11/01/1809) **Maria Maddalena Ferrazzi** (07/04/1787).				
	2029	F	i.	**Cattarina Zuliani** (26/11/1809).
	2030	F	ii.	**Teresa Zuliani** (05/09/1811).
				(16/11/1842) **Davide Vettori** (11/01/1807 – 05/09/1862).
	2031	F	iii.	**Giovanna Maria Zuliani** (13/02/1813 – 16/12/1889).
				(25/02/1835) **Girolamo Bau** (20/05/1810 – 21/07/1836).
	2032	F	iv.	**Angela Zuliani** (13/07/1814).
				(29/01/1845) **Paolo Scotton**.
	2033	M	v.	**Luigi Zuliani** (12/11/1815 – 18/07/1885).
				(21/02/1848) **Maria Mocellin**.
	2034	M	vi.	**Antonio Zuliani** (11/09/1820 – 06/01/1897).
	2035	F	vii.	**Veronica Zuliani** (27/05/1822).
				(26/08/1846) **Domenico Molini**.
	2036	F	viii.	**Francesca Zuliani** (23/11/1823 – 09/02/1899).
1194.	**Mattio Zuliani** (10 abril 1779 – 23/08/1828).				
	(28/11/1809) **Margarita Ferrazzi** (14/03/1791 – 08/06/1834).				
+	2037	M	i.	**Giovanni Zuliani** (23/05/1812 – 26/01/1882).
1203.	**Giovanna Maria Corona Vedove** (16/12/1838).				

				(28/01/1863) **Andrea Rocco Zannoni** (24/02/1837).
	2038	M	i.	**Giuseppe Marco Zannoni** (02/11/1863).
1207.	**Corona Pasi** (10/06/1808 – 23/06/1843).			
	(24/11/1830) **Modesto Lazzaroni** (26/12/1802 – 20/04/1858).			
1211.	**Giacomo Gabardo** (25/05/1808).			
	(01/05/1829) **Fioretta Cumin** (19/09/1809 – 23/07/1836).			
	2041	M	i.	**Gaetano Mattio Pietro Gabardo** (19/09/1831).
	2042	F	ii.	**Regina Gabardo** (27/02/1834 – 04/05/1834).
	2043	F	iii.	**Maria Luigia Gabardo** (30/06/1835 – 07/07/1835).
1217.	**Antonio Gabardo** (10/04/1815 – 18/06/1892).			
	(14/02/1839) **Paola Conte** (24/11/1814 – 22/02/1892).			
	2044	F	i.	**Regina Maria Gabardo** (05/11/1839 – 13/12/1839).
+	2045	F	ii.	**Maria Regina Gabardo** (30/12/1840).
	2046	F	iii.	**Maria Gabardo** (02/09/1842).
				(18/06/1871) **Antonio Bagetto** (13/09/1835).
+	2047	M	iv.	**Angelo Gabardo** (16/08/1844).
	2048	F	v.	**Giuseppina Gabardo** (26/10/1847).
	2049	F	vi.	**Assunta Pamela Gabardo** (12/10/1849).
				(26/09/1877) **Guglielmo Kliner** (1835).
	2050	M	vii.	**Natimortos (gemeos) Gabardo** (30/04/1851).
	2051	F	viii.	**Gaetana Gabardo** (06/11/1852 – 09/07/1855).
	2052	F	ix.	**Gaetana Gabardo** (03/05/1856).
				(15/07/1875) **Giuseppe Levi** (1850)
1222.	**Fortunato Pacífico Gabardo** (18/01/1822 – 14/11/1891).			
	(17/11/1858) **Luigia Signori** (31/05/1833 – 04/11/1907).			
	2053	F	i.	**Regina Mattea Gabardo** (09/08/1859).
	2054	M	ii.	**Mattio Gabardo** (29/05/1861).
	2055	M	iii.	**Marco G. Battista Gabardo** (27/01/1863 – 31/01/1863).
	2056	M	iv.	**Giovanna Enrica Gabardo** (27/01/1863 – 31/01/1863).
	2057	M	v.	**Marco Gabardo** (09/01/1865 – 14/01/1865).
	2058	M	vi.	**Neonato Gabardo** (23/03/1866).
	2059	F	vii.	**Enrica Gabardo** (23/03/1866 – 30/03/1866).
+	2060	M	viii.	**Marco Gabardo** (10/08/1868).
	2061	M	ix.	**Giovanni Gabardo** (03/05/1873).
1223.	**Angela Gabardo** (08/10/1823 – 14/01/1867).			
	26/11/1845) **Domenico Giovanni Fortunato Negrello** (28/12/1823).			
	2062	M	i.	**Pietro Michiel Giovanni Negrello** (18/03/1846).
	2063	F	ii.	**Nicolina D. G. Negrello** (26/04/1848 – 06/02/1857).
	2064	F	iii.	**Norberta Negrello** (14/08/1851).
	2065	M	iv.	**Giovanni Negrello** (13/04/1853).

1224.	Enrichetta Seconda Gabardo (27/06/1825 – 05/05/1860).			
	(25/02/1854) Giovanni Battista Benacchio (02/09/1826).			
	2066	F	i.	Ermínia Brunetta Benacchio (20/04/1858 – 28/10/1889)
				(15/02/1880) Giuseppe Lazzarotto (15/03/1857).
	2067	F	ii.	Regina Maria Benacchio (19/11/1859 – 06/07/1861).
1227.	Gaetano Gabardo (27/01/1833 – 28/02/1893).			
	(12/05/1869) Anna Botticelli (10/01/1840 – 08/11/1897).			
	2068	F	i.	Regina Gabardo (10/03/1870).
				(07/07/1898) Pasquale Zurlin (1871).
1238.	Giovanni Maria Ceccon (09/11/1819).			
	(23/06/1841) Lucia Scremin (25/04/1816 – 23/06/1855).			
	2069	F	i.	Antonia Ceccon (11/08/1845 – 09/07/1846).
	2070	F	ii.	Teresa Ceccon (13/05/1847 – 16/06/1848).
	2071	F	iii.	Antonia Teresa Ceccon (14/06/1850).
	2072	M	iv.	Giovanni Maria Ceccon (25/08/1853).
				(25/05/1856) Dorotea Tessari (15/10/1826).
	2073	M	v.	Giovanni Angelo Ceccon (10/01/1857 – 12/01/1857).
	2074	M	vi.	Angelo Ceccon (01/1860 – 04/11/1862).
	2075	M	vii.	Valentino Ceccon (12/02/1865 – 07/08/1866).
1242.	Giacomo Gabardo (16/07/1824 – 18/12/1891).			
	(07/01/1861) Benedetta Sebellin (15/11/1820 – 12/06/1875).			
	2076	F	i.	Mattia Maria Gabardo (22/03/1862).
				(22/07/1883) Sante Antonio Saltarello (16/10/1856).
1245.	Anna Gabardo (12/05/1833 – 10/04/1874).			
	(27/11/1865) Pietro Andrea Ceccon (06/04/1840).			
	2077	M	i.	Valentino Ceccon (18/04/1868).
	2078	M	ii.	Antonio Ceccon (17/05/1871).
	2079	M	iii.	Matteo Ceccon (24/12/1872).
1247.	Antonio Maria Conte (02/05/1796 – 20/12/1870).			
	(26/02/1827) Marianna Grossa (09/09/1804 – 26/07/1836).			
	2080	M	i.	Luigi Conte (16/12/1827 – 21/12/1827).
	2081	M	ii.	Antonio Maria Conte (11/02/1829 – 14/06/1873).
				(22/06/1859) Antonia Pontarollo (06/11/1834 – 1898).
	2082	F	iii.	Maria Angela Conte (23/09/1830 – 22/12/1830).
	2083	F	iv.	Adelaide Maria Conte (21/02/1832).
				(30/11/1854) Giovanni Battista Zannoni (13/05/1828).
	2084	F	v.	Luigia Conte (24/08/1834 – 13/10/1910).
				(22/05/1861) Giovanni Battista Lazzarotto (31/08/1831).
1250.	Maria Conte (27/08/1801 – 03/05/1867).			
	(10/02/1834) Antonio Rorer (08/09/1808 – 31/12/1870).			

	2085	M	i.	**Paolo Rorer** (25/10/1835 – 30/10/1835).
+	2086	F	ii.	**Domenica Rorer** (13/09/1836 – 20/06/1912).
+	2087	M	iii.	**Giovanni Battista Rorer** (16/10/1839).
	2088	M	iv.	**Luigi Rorer** (16/01/1842 – 28/01/1842).
	2089	M	v.	**Agostino Rorer** (27/08/1844 – 21/04/1903).
1251.				**Francesco Conte** (20/09/1803 – 09/09/1881).
	(10/02/1834) **Maria Corona Smaniotto** (19/12/1811).			
	2090	F	i.	**Margarita Conte** (26/07/1835).
				(22/04/1857) **Antonio Maria Tambara** (21/07/1818).
	2091	M	ii.	**Luigi Conte** (11/08/1837 – 02/04/1840).
	2092	M	iii.	**Angelo Conte** (30/09/1839 – 24/10/1839).
	2093	F	iv.	**Marianna Conte** (02/12/1840 – 09/12/1840).
	2094	M	v.	**Antonio Luigi Conte** (13/06/1842).
				(04/03/1862) **Agata Rech** (04/06/1841).
	2095	F	vi.	**Corona Conte** (24/06/1845 – 09/01/1876).
				(20/02/1871) **Giovanni Gianese** (05/05/1846).
	2096	M	vii.	**Sebastiano Conte** (14/11/1846 – 17/05/1853).
1262.				**Giovanni Battista Gheno** (20/06/1812 – 07/04/1891).
	(11/02/1839) **Teresa Anna Maria Luisa Saltarello** (14/02/1812 – 29/01/1852).			
	2097	F	i.	**Gaetana Gheno** (22/11/1839).
				(24/11/1864) **Massimiliano Dalla Zuanna** (20/07/1834).
	2098	F	ii.	**Cattarina Gheno** (26/09/1842 – 23/05/1844).
	2099	M	iii.	**Domenico Gheno** (02/09/1845).
	2100	F	iv.	**Cattarina Gheno** (23/02/1851 – 20/06/1852).
1266.				**Bortola Gheno** (15/11/1819 – 24/09/1887).
	(07/02/1842) **Francesco Signori** (16/09/1815 – 16/11/1903).			
	2101	F	i.	**Lucia Lugrezia Signori** (11/11/1842 – 24/06/1844).
	2102	F	ii.	**Lucia Signori** (26/06/1844 – 20/09/1916).
				(05/11/1868) **Giacomo Sebellin** (11/10/1845 – 01/1905).
	2103	F	iii.	**Maria Luigia Signori** (17/03/1846).
	2104	F	iv.	**Domenica Signori** (18/09/1847 – 18/06/1849).
	2105	F	v.	**Domenica Corona Signori** (10/12/1850 – 28/11/1853).
	2106	M	vi.	**Luigi Antonio Signori** (06/09/1853 – 19/08/1854).
	2107	M	vii.	**Domenico Signori** (19/01/1856 – 08/02/1856).
	2108	M	viii.	**Antonio Signori** (03/01/1857 – 08/03/1857).
	2109	F	ix.	**Maria Luigia Signori** (05/12/1858).
				(22/12/1882) **Francesco Negrello** (27/12/1860).
	2110	F	x.	**Antonia Signori** (04/04/1860 – 27/05/1860).
1275.				**Orsola Bau** (27/08/1801 – 03/01/1871).
	(05/02/1834) **Antonio Meneghetti** (30/04/1804).			

		2111	M	i.	Marco Meneghetti (22/04/1836).
					(21/03/1861) Maria A. F. Ferrazzi (14/05/1831 – 1912).
		2112	F	ii.	Maddalena L. M. Meneghetti (26/10/1837 – 16/01/1839)
1277.	Anna Maria Ferrazzi (09/09/1800).				
	(19/10/1826) Luigi Grossa (23/12/1804 – 02/04/1831).				
		2113	F	i.	Santa Grossa (04/01/1827 – 27/04/1827).
		2114	M	ii.	Angelo Grossa (25/01/1828 – 24/11/1828).
		2115	M	iii.	Angelo Giovanni Maria Grossa (10/09/1829).
1280.	Francesco Ferrazzi (19/05/1805 – 10/08/1867).				
	(18/01/1832) Angela Brunetta Gianese (27/11/1802 – 20/04/1875).				
		2116	M	i.	Giovanni Maria Ferrazzi (12/08/1833 – 09/11/1835).
		2117	F	ii.	Cattarina Giovanna Ferrazzi (10/07/1835).
		2118	M	iii.	Giovanni Maria Ferrazzi (19/02/1837 – 08/03/1837).
		2119	M	iv.	Giovanni Maria Ferrazzi (05/06/1838).
					(05/11/1868) Giulia Bossoni (17/11/1845).
		2120	M	v.	Don Luigi Maria Ferrazzi (13/11/1839 – 10/01/1903).
		2121	F	vi.	Maria Luigia Ferrazzi (02/10/1841 – 14/05/1861).
		2122	M	vii.	Angelo Francesco Ferrazzi (22/04/1844 – 01/02/1890).
					(26/04/1887) Concetta M. S. Ferrazzi (07/11/1855).
1281.	Bortolo Ferrazzi (28/10/1807).				
	(06/02/1837) Maria Grossa (12/07/1820).				
		2123	F	i.	Cattarina Maria Concetta Ferrazzi (26/11/1837).
		2124	F	ii.	Giovanna Maria Luigia Ferrazzi (08/03/1839).
		2125	M	iii.	Giovanni Maria Ferrazzi (04/03/1841).
		2126	M	iv.	Angelo Gaetano Antonio Ferrazzi (15/01/1843).
		2127	M	v.	Gaetano Ferrazzi (15/11/1844 – 04/06/1846).
		2128	M	vi.	Gaetano Ferrazzi (10/08/1846).
		2129	M	vii.	Domenico Secondo Ferrazzi (16/06/1848 – 24/09/1850).
		2130	M	viii.	Antonio Ferrazzi (19/07/1852).
1284.	Maria Orsola Lago (25/06/1808 – 26/08/1855).				
	(06/02/1837) Bernardo Zannoni (13/10/1807 – 05/11/1875).				
		2131		i.	Natimorto Zannoni (10/03/1839).
		2132	M	ii.	Vettor Giacomo D. Zannoni (21/01/1846 – 14/03/1847).
		2133	F	iii.	Corona Giuseppa Domenica Zannoni (25/09/1848).
					(12/02/1868) Sebastiano R. Bonato (02/11/1841 – 1886).
1286.	Francesco Ferrazzi (24/03/1801 – 20/04/1885).				
	(10/02/1823) Giacinta Chemin (08/02/1802 – 24/10/1875).				
		2134	F	i.	Antonia Ferrazzi (01/10/1823 – 12/10/1879).
					(30/06/1846) Giovanni A. Signori (18/03/1812 – 1890).
		2135	M	ii.	Bortolo Ferrazzi (27/05/1825 – 08/02/1894).

				(27/11/1850) **Maria C. Sebellin** (15/06/1826 – 03/1893).
	2136	M	iii.	**Michiel Ferrazzi** (07/02/1827 – 15/02/1827).
	2137	F	iv.	**Maria Maddalena Ferrazzi** (29/08/1828).
+	2138	F	v.	**Orsola Maria Ferrazzi** (07/09/1831).
	2139	F	vi.	**Angela Ferrazzi** (26/09/1835 – 17/06/1845).
	2140	M	vii.	**Gaetano Ferrazzi** (23/07/1837).
				(09/03/1861) **Antonia Valente** (27/08/1837).
	2141	F	viii.	**Filomena Ferrazzi** (16/06/1840).
				(26/10/1868) **Vettor Zannini** (12/12/1843 – 11/02/1914).
	2142	F	ix.	**Chiara Ferrazzi** (22/09/1842 – 05/08/1843).
	2143	M	x.	**Francesco Ferrazzi** (11/01/1845 – 25/06/1846).
1287.	**Marco Ferrazzi** (13/10/1803 – 01/10/1882).				
	(30/11/1826) **Paola Zannoni** (01/05/1804 – 11/05/1866).				
	2144	M	i.	**Bortolo Ferrazzi** (10/01/1827 – 15/01/1827).
	2145	F	ii.	**Andrianna Ferrazzi** (08/05/1829 – 07/02/1907).
				(08/01/1876) **Mattio A. Grossa** (28/04/1819 – 01/1895).
	2146	F	iii.	**Lucia Ferrazzi** (24/02/1831 – 11/04/1831).
	2147	F	iv.	**Lucia Ferrazzi** (07/10/1834).
				(16/02/1855) **Francesco Nervo** (17/12/1827 – 09/1908).
	2148	M	v.	**Michiel Ferrazzi** (23/09/1836 – 06/08/1911).
				(27/11/1862) **Giacoma Vido** (14/10/1841 – 18/02/1909).
	2149	M	vi.	**Eugenio Ferrazzi** (27/09/1842).
				(02/11/1873) **Giovanna Gabardo** (06/08/1850 – 1893).
	2150	F	vii.	**Maria Luigia Ferrazzi** (14/01/1845 – 06/04/1845).
1289.	**Giovanna Cavalli** (04/08/1824 – 27/01/1896).				
	(03/02/1847) **Fortunato Pontarollo** (11/02/1820 – 07/03/1879).				
+	2151	M	i.	**Giacomo Pontarollo** (19/11/1847).
	2152	M	ii.	**Giovanni Battista Natale Pontarollo** (21/12/1849).
				(06/10/1878) **Giovanna C. Nardino** (23/12/1857 – 1916).
	2153	F	iii.	**Eufemia Rachele Pontarollo** (26/08/1851 – 06/05/1857).
	2154	F	iv.	**Maria M. Angela Pontarollo** (10/06/1853 – 06/08/1887).
				(08/05/1875) **Policarpo G. Ferrazzi** (07/03/1846 – 1879).
	2155	M	v.	**Natale Pontarollo** (26/06/1855).
1299.	**Angela Gabardo** (15/03/1813 – 19/06/1890).				
	(14/02/1831) **Bortolo Fabris** (11/08/1801 – 09/04/1880).				
	2156	M	i.	**Nicolò Fabris** (11/03/1832 – 13/11/1833).
	2157	F	ii.	**Maria Fabris** (20/10/1834 – 19/07/1836).
	2158	M	iii.	**Antonio Fabris** (09/10/1837 – 04/01/1838).
	2159	M	iv.	**Antonio Fabris** (20/02/1840 – 28/12/1916).
				(03/03/1862) **Margarita Perli** (22/09/1843 – 04/11/1914).

	2160	F	v.	**Girolama Fabris** (20/08/1842 – 07/10/1916).
				(03/03/1862) **Pietro Sebellin** (26/08/1830 – 02/12/1904).
	2161	F	vi.	**Maria Margarita Fabris** (25/03/1845 – 08/06/1857).
	2162	M	vii.	**Nicolò Fabris** (18/06/1848 – 12/12/1921).
				(13/08/1876) **Vincenza Zuliani** (04/08/1851).
	2163	M	viii.	**Fortunato Fabris** (15/10/1852).
1306.	**Cattarina Gabardo** (30/08/1806).			
	(04/02/1828) **Giovanni Battista Nardino** (03/02/1795).			
+	2164	F	i.	**Maria Nardino** (30/06/1830).
	2165	M	ii.	**Pietro Antonio Nardino** (24/10/1831).
				(23/02/1854) **Lucia Zannoni** (19/07/1830).
	2166	F	iii.	**Maria Angela Nardino** (15/08/1833 – 26/12/1833).
	2167	M	iv.	**Marco Nardino** (30/10/1834 – 01/08/1839).
	2168	F	v.	**Cattarina Nardino** (06/11/1836 – 17/11/1836).
+	2169	F	vi.	**Maria Angela Nardino** (15/05/1838 – 08/03/1872).
1313.	**Giovanni Battista Gabardo** (21/04/1821 – 23/12/1899).			
	(28/01/1856) **Antonia Sebellin** (10/12/1834).			
	2170	M	i.	**Luigi Bernardo Gioachino Gabardo** (15/05/1860).
				(23/07/1887) **Giuseppina Ceccon** (20/08/1866 – 1904).
	2171	F	ii.	**Maria Catterina Gaetana Gabardo** (09/02/1862).
				(11/03/1888) **Luigi Conte** (28/08/1863).
+	2172	M	iii.	**Nicolò Gabardo** (28/05/1865).
	2173	M	iv.	**Bernardo Gabardo** (05/06/1868 – 22/06/1868).
+	2174	M	v.	**Francesco Angelo Maria Gabardo** (01/07/1870).
1317.	**Giovanna Maria Gabardo** (13/11/1831).			
	(26/10/1852) **Bortolo Cavalli** (09/05/1825 – 08/10/1892).			
	2175	F	i.	**Maria Vittoria Cavalli** (25/05/1853 – 26/11/1886).
				(27/08/1881) **Vettor Smaniotto** (16/07/1847 – 06/1921).
	2176	F	ii.	**Maria Cavalli** (10/04/1855 – 14/04/1855).
	2177	M	iii.	**Giovanni Maria Cavalli** (25/06/1856 – 10/08/1858).
	2178	F	iv.	**Giovanna Maria Cavalli** (28/101857 – 16/11/1857).
	2179	M	v.	**Giovanni Maria Cavalli** (18/10/1858).
				(15/05/1892) **Maria Luigia Pellizer** (1862).
	2180	M	vi.	**Angelo Cavalli** (14/07/1860).
				(22/02/1885) **Maria Lazzarotto** (11/07/1864).
	2181	M	vii.	**Steffano Cavalli** (26/12/1861 – 29/12/1861).
	2182	F	viii.	**Giovanna Maria Cavalli** (27/03/1863 – 24/05/1916).
				(09/09/1900) **Pietro Lazzarotto** (22/09/1860).
	2183	F	ix.	**Giovanna Maria Cavalli** (03/02/1865 – 13/09/1897).
				() **Pietro Lazzarotto** (22/09/1860).

	2184	M	x.	**Giuseppe Cavalli** (27/06/1867).
				(28/01/1893) **Maria Angela Lazzarotto** (21/12/1867).
	2185	F	xi.	**Angela Cavalli** (08/01/1869 – 21/01/1869).
	2186	M	xii.	**Bernardo Cavalli** (27/05/1870).
				(27/03/1898) **Vittoria Cavalli** (18/06/1876).
1320.	**Angela Gaetana Cavalli** (05/08/1825 – 17/07/1861).			
	(10/02/1847) **Francesco Lazzarotto** (? – 24/08/1901).			
	2187	F	i.	**Anna Lazzarotto** (19/09/1847 – 29/03/1848).
	2188	M	ii.	**Andrea A. Lazzarotto** (30/10/1849 – 08/11/1849).
	2189	M	iii.	**Andrea Alessandro Lazzarotto** (04/03/1852).
				(16/09/1883) **Maria Gianese** (02/08/1863).
	2190	M	iv.	**Gaetano Lazzarotto** (07/11/1853 - 18/11/1853).
	2191	M	v.	**Gaetano Lazzarotto** (09/10/1858 – 10/09/1859).
	2192	M	i.	**Gaetano Lazzarotto** (14/10/1860 – 06/10/1886).
				(21/03/1886) **Maria Francesca Pontarollo** (19/11/1866).
1324.	**Vincenzo Pontarollo** (12/02/1798 – 15/02/1860).			
	(25/02/1821) **Giovanna Maria Lazzarotto** (10/04/1779 – 1874)			
1325.	**Paolo Pontarollo** (04/10/1800 – 24/02/1844).			
	(25/11/1822) **Rosa Lazzarotto** (30/08/1804 – 25/09/1850).			
	2202	F	i.	**Giovanna Maria Pontarollo** (15/08/1824 – 12/02/1890).
				(24/11/1844) **Giovanni B. Lazzarotto** (24/04/1815).
1328.	**Bortolo Pontarollo** (10/07/1807 – 28/05/1838).			
	(25/02/1829) **Angela Lazzarotto** (17/07/1809 – 12/10/1877).			
	2203	F	i.	**Giovanna Maria Pontarollo** (09/06/1830 – 01/08/1835).
	2204	F	ii.	**Giovanna Pontarollo** (10/07/1832 – 10/02/1907).
				(15/02/1854) **Angelo Gabardo** (14/08/1830 – 08/1856).
				(05/11/1859) **Girolamo Lazzarotto** (31/05/1821 – 1873).
	2205	M	iii.	**Francesco Pontarollo** (16/06/1834 – 12/09/1835).
+	2206	M	iv.	**Francesco Pietro Pontarollo** (28/06/1836 – 02/10/1906).
+	2207	M	v.	**Bortolo Pontarollo** (06/10/1838 – 19/12/1880).
1331.	**Anna Maria Pontarollo** (15/03/1801 – 14/12/1827).			
	(27/07/1818) **Girolamo Lazzarotto** (19/03/1794 – 24/07/1855).			
	2208	M	i.	**Mattio Lazzarotto** (17/2/1818).
				(22/02/1840) **Maria Maddalena Lazzarotto** (10/10/1822)
	2209	M	ii.	**Vincenzo Lazzarotto** (16/11/1820 – 19/11/1820).
	2210	F	iii.	**Anna Maria Lazzarotto** (26/07/1822 – 31/10/1849).
				(18/01/1843) **Bovo Smaniotto** (08/03/1821 – 18/07/1890).
	2211	F	iv.	**Paola Lazzarotto** (08/01/1825 - 11/09/1888).
				(26/01/1842) **Pietro Lazzarotto** (30/11/1816 – 07/1855).
				(31/03/1856) **Benigno Lazzarotto** (03/10/1820 – 1888).

	2212	F	v.	**Vincenza Lazzarotto** (28/01/1827).
				(18/02/1846) **Gaetano Lazzarotto** (05/08/1822).
1333.	**Vincenzo Pontarollo** (09/10/1812 – 13/07/1883).			
	(24/02/1835) **Margarita Negrello** (02/11/1806 – 27/07/1882).			
1334.	**Lucia Pontarollo** (20/10/1815 – 19/05/1884).			
	(18/06/1831) **Francesco Gheno** (18/05/1804 – 18/07/1884).			
	2219	M	i.	**Giacomo Gheno** (07/03/1838).
+	2220	F	ii.	**Giacoma Gheno** (02/09/1840 – 17/09/1902).
	2221	F	iii.	**Paola Gheno** (18/08/1843).
	2222	F	iv.	**Maria Maddalena Gheno** (28/05/1848).
+	2223	M	v.	**Matteo Gheno** (16/07/1853 – 29/05/1896).
	2224	F	vi.	**Corona Gheno** (16/10/1855).
+	2225	M	vii.	**Antonio Gheno** (06/05/1858 – 26/12/1909).
	2226	F	viii.	**Corona Gheno** (11/12/1855).
1335.	**Bortolo Pontarollo** (24/08/1818 – 27/05/1864).			
	(20/11/1839) **Catterina Steffani** (24/01/1820 – 29/03/1898).			
+	2227	M	i.	**Egidio Pontarollo** (01/04/1841 – 25/03/1916).
+	2228	M	ii.	**Giacomo Pontarollo** (15/09/1842 – 02/11/1915).
+	2229	M	iii.	**Giovanni Pontarollo** (22/04/1844).
+	2230	M	iv.	**Paolo Pontarollo** (26/07/1845).
+	2231	F	v.	**Maria Angela Pontarollo** (23/04/1847).
	2232	M	vi.	**Angelo Pontarollo** (02/02/1849 – 12/02/1849).
+	2233	M	vii.	**Giuseppe Pontarollo** (14/05/1850 – 30/10/1917).
	2234	M	viii.	**Bortolo Angelo Pontarollo** (05/04/1852 – 24/12/1866).
	2235	M	ix.	**Tommaso Pontarollo** (27/02/1854 – 11/12/1866).
+	2236	F	x.	**Maria Teresa Pontarollo** (12/11/1855 – 02/07/1910).
	2237	F	xi.	**Anna Maria Pontarollo** (23/11/1857).
+	2238	F	xii.	**Maria M. Pontarollo** (27/10/1860 – 28/12/1920).
1336.	**Lucia Pontarollo** (07/04/1808 – 26/02/1887).			
	(30/01/1827) **Giovanni Battista Gianese** (21/06/1799 – 17/03/1866).			
1339.	**Maria Pontarollo** (08/12/1814 – 25/10/1887).			
	(16/01/1837) **Pietro Vettor Pontarollo** (28/06/1813 – 18/05/1881).			
	2244	F	i.	**Angela Pontarollo** (13/09/1837 – 01/05/1839).
+	2245	M	ii.	**Giovanni Battista Pontarollo** (07/05/1840).
	2246	M	iii.	**Bortolo Pontarollo** (11/03/1842 – 07/08/1899).
+	2247	F	iv.	**Giovanna Maria Pontarollo** (28/09/1843 – 15/07/1888).
	2248	F	v.	**Dorotea Pontarollo** (04/08/1848 – 12/11/1850).
	2249	M	vi.	**Noé Pontarollo** (19/07/1850 – 06/08/1850).
+	2250	F	vii.	**Dorotea Pontarollo** (24/10/1851 – 19/08/1895).
+	2251	M	viii.	**Antonio Vettor Pontarollo** (13/07/1853 – 18/02/1929).

	2252	F	ix.	**Angela Pontarollo** (27/03/1857 – 23/05/1857).
1340.	**Paola Pontarollo** (20/02/1815 – 27/09/1872).			
	(26/01/1832) **Bortolo Lazzarotto** (03/07/1803 – 19/12/1875).			
+	2253	M	i.	**Bortolo Lazzarotto** (07/10/1832).
+	2254	M	ii.	**Vincenzo Lazzarotto** (05/06/1839).
+	2255	F	iii.	**Maria Antonia Lazzarotto** (04/11/1844).
+	2256	F	iv.	**Giovanna Lazzarotto** (06/04/1847).

14. Geração

1386.	**Marco Negrello** (02/12/1831).			
	(22/09/1858) **Maria Maddalena Mocellin** (14/12/1831).			
	2257	F	i.	**Cattarina Negrello** (25/06/1859 – 01/05/1865).
	2258	M	ii.	**Valentino Marco Negrello** (11/08/1861 – 07/03/1932).
				( ) **Angela Turri** (? – 17/04/1963).
	2259	F	iii.	**Anna Negrello** (22/04/1863 – 27/10/1927).
	2260	M	iv.	**Giacomo Negrello** (09/05/1865 – 20/09/1941).
	2261	M	v.	**Domenico Bernardo Negrello** (16/05/1868).
1391.	**Antonio Maria Sasso** (24/10/1830).			
	(21/10/1857) **Orsola Maria Ferrazzi** (07/09/1831).			
	2262	M	i.	**Vettor Sasso** (31/08/1858 – 27/04/1859).
1392.	**Vettor Sasso** (02/09/1835 – 06/11/1871).			
	(27/02/1867) **Maria Maddalena Zannoni** (02/11/1845).			
	2263	F	i.	**Anna Sasso** (26/11/1867 – 26/10/1913).
				(23/10/1892) **Giovanni Battista Perli** (04/03/1863).
	2264	F	ii.	**Domenica Sasso** (04/11/1869).
				(10/05/1896) **Giovanni Maria Negrello** (06/05/1873).
1397.	**Luigi Maria Gianese** (10/12/1830 – 16/11/1879).			
	(07/02/1855 **Angela Oro** (25/06/1833 – 22/03/1908).			
	2265	M	i.	**Giovanni Maria Gianese** (03/07/1856).
	2266	M	ii.	**Pietro Gianese** (10/12/1858).
	2267	F	iii.	**Maria Gianese** (02/08/1863).
				(16/09/1883) **Andrea A. Lazzarotto** (04/03/1852).
	2268	F	iv.	**Lucia Maria Gianese** (28/02/1865 – 01/01/1867).
	2269	F	v.	**Lucia Gianese** (10/03/1867).
	2270	F	vi.	**Marianna Arcangela Gianese** (15/11/1872).
	2271	F	vii.	**Maria Luigia Gianese** (04/08/1875).
1398.	**Giovanni Maria Gianese** (03/02/1828 – 04/11/1916).			
	(15/11/1848) **Corona Pontarollo** (20/01/1831 – 14/11/1857).			
	2272	F	i.	**Giovanna Maria Gianese** (15/11/1849).
	2273	M	ii.	**Giovanni Battista Gianese** (02/07/1851 – 03/07/1851).
+	2274	F	iii.	**Maria Anna Gianese** (19/05/1852).

	2275	F	iv.	**Battistina Gianese** (12/05/1854).
				(11/07/1875) **Vincenzo Celi** (1842).
+	2276	F	v.	**Lucia Gianese** (14/08/1856).
	(30/03/1861) **Valentina Steffani** (14/02/1840 – 30/03/1885).				
	2277	M	vi.	**Vittore Francesco Gianese** (16/10/1863 – 17/02/1883).
	2278	F	vii.	**Corona Gianese** (01/04/1868 – 20/11/1888).
	2279	F	viii.	**Maria Antonia Gianese** (25/11/1871 – 07/02/1893).
+	2280	M	ix.	**Giovanni Battista Gianese** (21/09/1877).
+	2281	M	x.	**Luigi Gianese** (09/04/1880).
1399.	**Maria Maddalena Gianese** (12/06/1841 – 30/09/1871).				
	(25/06/1860) **Stanislao (Licurgo) Casagrande** (11/07/1828 – 30/09/1871).				
	2282	M	i.	**Giovanni B. Casagrande** (29/07/1868 – 14/06/1873).
	2283	F	ii.	**Anna Maria Casagrande** (05/06/1870 – 11/06/1871).
1400.	**Anna Gianese** (14/11/1843).				
	(15/10/1862) **Antonio Pellin** (24/05/1835).				
	2284	M	i.	**Giovanni Maria Pellin** (07/11/1865 – 09/12/1867).
	2285	F	ii.	**Maria Corona Pellin** (01/08/1867 – 16/04/1875).
	2286	M	iii.	**Giovanni Battista Pellin** (20/06/1869).
	2287	M	iv.	**Michele Arcangelo Pellin** (23/09/1873).
				(01/02/1905) **Giovanna Maria Lazzarotto** (20/04/1879).
	2288	F	v.	**Corona Pellin** (07/05/1876).
+	2289	F	vi.	**Maria Corona Pellin** (24/12/1881).
1401.	**Vincenzo Gianese** (29/09/1846).				
	(21/05/1872) **Margherita Smaniotto** (27/10/1850).				
	2290	F	i.	**Giovanna Gianese** (21/04/1873).
+	2291	F	ii.	**Benedetta Gianese** (25/04/1877).
1409.	**Maria Corona Ceccon** (24/10/1846 – 01/10/1875).				
	(1868) **Vincenzo Pontarollo** (22/05/1846).				
	2292	M	i.	**Francesco Pontarollo** (30/12/1868 – 09/01/1869).
	2293	M	ii.	**Francesco Giuseppe Pontarollo** (06/01/1870).
				(21/10/1892) **Maria Luigia Burigo**.
	2294	F	iii.	**Maria Pontarollo** (06/05/1871).
				(12/05/1888) **Domenico Rovere**.
+	2295	M	iv.	**Giovanni Maria Pontarollo** (03/05/1874).
1412.	**Vettor Antonio Cera** (02/06/1848 – 24/12/1925).				
	(27/02/1867) **Anna Costa** (17/06/1848 – 13/03/1871).				
	2296	M	i.	**Francesco Cera** (03/02/1868).
				(20/12/1893) **Angela Grando** (09/04/1869).
	2297	F	ii.	**Antonia Cera** (29/07/1869).

				(05/04/1891) **Domenico Costa** (11/12/1869).
	2298	M	iii.	**Giovanni Maria Cera** (09/03/1871 – 12/03/1871).
				(01/02/1872) **Giovanna Murer** (? – 27/10/1891).
1423.	**Francesco Pontarollo** (30/10/1822 – 28/11/1847).			
	(29/01/1845) **Maria Lazzarotto** (16/06/1826 – 28/01/1872).			
+	2299	M	i.	**Vincenzo Pontarollo** (22/05/1846).
1426.	**Angelo Pontarollo** (17/09/1827).			
	(20/11/1850) **Domenica Contri** (08/12/1829).			
	2300	F	i.	**Giovanna Pontarollo** (26/10/1851 – 1930).
				(01/05/1892) **Bortolo Cavalli** (17/06/1835 – 28/08/1915).
				(30/06/1917) **Antonio V. Pontarollo** (13/07/1853 – 1929).
	2301	M	ii.	**Vincenzo Pontarollo** (05/02/1854 – 25/02/1854).
+	2302	M	iii.	**Vincenzo Pontarollo** (25/04/1855).
+	2303	M	iv.	**Bortolo Pontarollo** (19/04/1857).
+	2304	M	v.	**Francesco Pontarollo** (28/11/1858 – 22/04/1941).
	2305	F	vi.	**Maria Teresa Pontarollo** (19/10/1860 – 11/02/1883).
				(15/02/1882) **Gaetano Negrello** (08/08/1859).
+	2306	M	vii.	**Giovanni Maria Pontarollo** (15/07/1862 – 03/12/1945).
	2307	M	viii.	**Benedetto Pontarollo** (05/07/1865 – 07/05/1866).
	2308	F	ix.	**Lucia Pontarollo** (1866 – 1947).
+	2309	M	x.	**Antonio Maria Pontarollo** (21/05/1867).
	2310	M	xi.	**Benedetto Pontarollo** (21/05/1867).
	2311	M	xii.	**Pietro Pontarollo** (1873).
				(04/01/1902) **Elisa M. Dalla Gazza** (25/08/1880).
1478.	**Giuseppe Ferrazzi** (28/02/1842).			
	() **Polissena Lazzarotto** (16/10/1850).			
+	2312	F	i.	**Bortola Lucia Ferrazzi** (14/07/1878 – 29/11/1938).
	2313	M	ii.	**Cecilio Ferrazzi** (1887 – 1960).
				() **Francesca Costa**.
1483.	**Agata Negrello** (31/01/1859 – 28/06/1936).			
	(27/03/1877) **Giovanni Gabardo** (11/09/1850 – 04/10/1922).			
+	2314	M	i.	**Bartholomeu Gabardo** (02/05/1880).
	2315	M	ii.	**Antonio Gabardo** (03/03/1882).
+	2316	F	iii.	**Maria Gabardo** (20/09/1884 – 16/08/1955).
+	2317	M	iv.	**João Gabardo Filho** (05/03/1889 – 08/07/1971).
	2318	F	v.	**Domingas Gabardo** (17/11/1891).
				() **Joaquim Preto**.
+	2319	F	vi.	**Anna Gabardo** (11/02/1894 – 15/07/1981.
+	2320	F	vii.	**Maria Antonia Gabardo** (27/04/1897 – 26/02/1956).
1484.	**Giovanni Battista Negrello** (29/12/1860 – 14/05/1938).			

				(22/10/1884) **Giovanna Moletta** (19/03/1868 – 1944).
	2321	M	i.	**Antonio Negrello Sobrinho** (18/04/1886).
				(29/08/1908) **Januaria Campagnolo** (1890).
	2322	M	ii.	**Luís Negrello** (01/08/1887).
				() **Tiburcia**.
+	2323	M	iii.	**Pedro João Negrello** (30/03/1889 – 16/10/1941).
+	2324	F	iv.	**Anna Maria Negrello** (28/12/1890 – 13/05/1968).
	2325	F	v.	**Amélia Negrello** (08/1892).
				() **N Nogueira**.
+	2326	F	vi.	**Jacomina Negrello** (1894).
	2327	F	vii.	**Francisca Negrello** (1896).
	2328	F	viii.	**Lucia Negrello** (07/07/1898 – 1928).
				(08/01/1921) **Eduardo Andolfatto** (16/07/1895).
	2329	F	ix.	**Julietta Negrello** (23/07/1900).
				() **N Massaneiro**.
	2330	F	x.	**Margarida Negrello** (24/09/1902).
				() **N Andolfato**.
	2331	M	xi.	**Luciano Negrello** (08/05/1909 – 01/05/2001).
				() **Juvelina**.
1487.	**Lucia Negrello** (13/12/1865 – 21/02/1923).			
	(06/07/1889) **Salvatore Andolfatto** (05/09/1865).			
	2332	M	i.	**Salvador Andolfatto** (16/10/1889 – 16/10/1889).
	2333	F	ii.	**Lucia Andolfatto** (1890).
	2334	F	iii.	**Maria Andolfatto** (26/10/1890).
	2335	M	iv.	**Edmundo Andolfatto** (12/01/1892).
	2336	M	v.	**Eduardo Andolfatto** (05/10/1893).
	2337	M	vi.	**Eduardo Andolfatto** (16/07/1895).
				(08/01/1921) **Lucia Negrello** (07/07/1898 – 1928).
	2338	M	vii.	**Antonio Andolfatto** (1901 – 24/06/1986).
	2339	M	viii.	**João Alberto Andolfatto** (12/07/1904).
1488.	**Tommaso Negrello** (07/03/1868 – 05/12/1952).			
	(03/08/1887) **Antonia Gabardo** (23/02/1869 – 21/01/1921).			
+	2340	M	i.	**Antonio Negrello** (02/05/1888 – 21/10/1968).
+	2341	M	ii.	**Roberto Romano Negrello** (21/11/1889 – 24/02/1958).
	2342	M	iii.	**José Negrello** (29/04/1892 – 02/05/1892).
	2343	M	iv.	**Henrique Brasileiro Leonardo Negrello** (18/03/1893).
	2344	M	v.	**Beniamino Negrello** (20/05/1894 – 10/09/1895).
	2345	F	vi.	**Jacomina Negrello** (09/12/1895).
+	2346	F	vii.	**Anna Negrello** (05/11/1896 – 10/02/1980).
	2347	F	viii.	**Giusepha Maria Negrello** (18/12/1898).

+	2348	F	ix.	**Angelica Gabardo Negrello** (15/04/1899 – 23/09/1951).
+	2349	F	x.	**Josepha Negrello** (03/12/1900 – 05/03/1968).
+	2350	M	xi.	**Benjamin Negrello** (04/08/1902 – 30/04/1961).
	2351	F	xii.	**Rozalina Negrello** (13/05/1903).
+	2352	F	xiii.	**Clotilde (Ottilia) Negrello** (16/11/1903).
	2353	M	xiv.	**Laurindo Negrello** (10/10/1904 – 29/07/1982).
+	2354	M	xv.	**Pedro Noé Negrello** (05/05/1908 – 23/11/2000).
	2355	F	xvi.	**Paolina Gabriela Negrello** (18/03/1909).
+	2356	F	xvii.	**Paulina Negrello** (09/10/1911).
	2357	F	xviii.	**Julia Negrello** (09/01/1914 – 15/06/1917).
1489.	**Vincenzo Negrello** (17/12/1869 – 26/02/1927).			
	(29/04/1895) **Fortunata Campagnolo** (14/04/1878).			
+	2358	M	i.	**Antonio Negrello** (13/08/1890 – 08/08/1978).
	2359	F	ii.	**Eliza Maria Negrello** (17/08/1902 – 19/08/1987).
	2360	M	iii.	**Ernesto Negrello**.
	2361	M	iv.	**Francisco Negrello** (07/08).
	2362	F	v.	**Aguida Elisa Negrello** (14/10/1914 – 09/09/2010).
				() **N Micheletto**.
+	2363	F	vi.	**Leonor Cristine Negrello** (24/07/1917 – 13/07/1986).
1490.	**Antonio Negrello Filho** (16/11/1871 – 17/08/1943).			
	(22/09/1892) **Clementina Bobato** (09/02/1875 – 1929).			
	2364	F	i.	**Anna Maria Negrello** (09/03/1893).
+	2365	F	ii.	**Margarida Negrello** (10/08/1894 – 10/07/1970).
+	2366	F	iii.	**Thereza Negrello** (11/12/1896 – 06/07/1964).
	2367	F	iv.	**Maria Magdalena Negrello**.
				() **N Marconato**.
+	2368	M	v.	**Antonio Negrello** (19/12/1897 – 27/05/1925).
	2369	F	vi.	**Rosa Negrello** (1900).
	2370	M	vii.	**Joaquim Negrello** (30/08/1904 – 23/12/1904).
+	2371	M	viii.	**José Negrello** (04/08 – 17/08).
	2372	F	ix.	**Anna Maria Negrello** (12/11/1912).
				() **N Taborda**.
	2373	F	x.	**Giacomina Negrello** (08/02/1915).
	2374	F	xi.	**Zenobia Negrello** (1917).
				() **Veridiana Neurez**. Veridiana (1883).
1491.	**Francesco Negrello** (04/07/1874 – 24/02/1955).			
	(29/04/1895) **Maria Paulina Joay** (19/12/1874).			
+	2375	M	i.	**Carlos Antonio Negrello** (1895).
	2376	F	ii.	**Maria Thereza Negrello** (12/1899).
	2377	F	iii.	**Zila Negrello**.

1492.	**Antonio Negrello** (29-05/1876 – 11/06/1964).			
	(24/06/1905) **Maria Magdalena Baroni** (1880).			
+	2378	M	i.	**Eduardo Negrello** (12/1897).
	2379	M	ii.	**Eugênio Negrello** (1900).
+	2380	M	iii.	**Julio Antonio Negrello** (03/06/1902 – 07/07/1973).
	2381	F	iv.	**Rosa Negrello** (1905).
	2382	F	v.	**Adelaide Negrello** (1908).
+	2383	M	vi.	**Faustino Negrello** (15/02/1911 – 16/08/1965).
	2384	M	vii.	**Aristides Negrello** (1912).
	2385	M	viii.	**Benjamin Negrello**.
+	2386	M	ix.	**Antonio Negrello** (1917).
	2387	M	x.	**Victório Negrello** (1919).
1493.	**Agata Negrello** (07/02/1879 – 07/03/1960).			
	(10/06/1905) **Gabriel Campagnollo** (24/05/1875 – 16/02/1942).			
	2388	F	i.	**Rosalina Adélia Campagnollo** (09/1896).
	2389	M	ii.	**André Campagnollo** (12/1898).
				(04/01/1923) **Julieta Guimarães** (1906).
	2390	M	iii.	**Antonio Campagnollo** (? – 01/1904).
	2391	M	iv.	**Duarte Antonio Campagnollo** (03/1906).
1494.	**Maria Gabardo** (26/10/1860).			
	(19/02/1879) **Francesco Noé Pontarollo** (02/01/1852).			
+	2392	F	i.	**Giuseppa Pontarollo** (12/09/1881).
	2393	M	ii.	**Antonio Pontarollo** (13/01/1884).
				(31/01/1906) **Bortola Lazzarotto** (07/01/1885).
	2394	F	iii.	**Tommasina Pontarollo** (10/08/1886).
	2395	F	iv.	**Corona Marta Pontarollo** (29/07/1891).
	2396	F	v.	**Anna Maria Pontarollo** (23/10/1893).
	2397	F	vi.	**Maria Antonia Pontarollo** (12/05/1896).
	2398	F	vii.	**Giovanna Giacoma Pontarollo** (12/07/1898).
	2399	M	viii.	**Noé Pontarollo** (10/01/1903).
1495.	**Margarita Gabardo** (04/11/1862).			
	(13/02/1883) **Vettor Negrello** (06/03/1849 – 30/06/1916).			
	2400	M	i.	**Tommaso Negrello** (18/09/1883).
	2401	M	ii.	**Pietro Negrello** (15/07/1888).
	2402	F	iii.	**Rosa Negrello** (03/10/1893).
	2403	F	iv.	**Teodolinda Negrello** (16/07/1897).
1496.	**Giovanna Maria Gabardo** (07/11/1864).			
	(29/11/1893) **Francesco Gianese** (07/01/1861 – 20/10/1916).			
	2404	F	i.	**Maria Maddalena Gianese** (07/07/1898).
	2405	M	ii.	**Bernardo Rocco Gianese**.

1498.	**Tomasina Gabardo** (20/12/1869).				
	(30/01/1893) **Nicolò Gabardo** (28/05/1865).				
		2406	F	i.	**Maria Gabardo** (05/10/1894).
					() **Pietro Lazzarotto** (? 10/11/1917).
					(30/04/1919) **Mattio Fabris** (19/06/1886).
		2407	M	ii.	**Antonio Gabardo** (05/09/1895).
		2408	F	iii.	**Antonia Elisabetta Gabardo** (26/08/1898).
		2409	F	iv.	**Giovanna Gabardo** (06/10/1900).
		2410	M	v.	**Giovanni Gabardo** (17/09/1902).
		2411	F	vi.	**Giuseppa Gabardo** (26/10/1904).
		2412	F	vii.	**Santa Gabardo** (01/11/1906).
					(07/01/1925) **Tommaso Perli** (26/07/1901).
1500.	**Antonio Gabardo** (16/01/1877).				
	(15/01/1902) **Lucia Pontarollo** (27/06/1880).				
		2413	M	i.	**Giovanni Gabardo** (14/05/1904).
+		2414	M	ii.	**Marino Gabardo** (1912).
		2415	M	iii.	**Costanzo Gabardo**.
		2416	F	iv.	**Maria Gabardo**.
		2417	F	v.	**Elisabetta Gabardo**.
+		2418	M	vi.	**Antonio Alberto Gabardo** (19/06/1921 – 11/01/1986).
1505.	**Margarita Pontarollo** (24/03/1870).				
	(04/06/1890) **Vettor Pontarollo** (04/06/1865).				
		2419	M	i.	**Gaetano Pontarollo** (07/08/1891).
		2420	M	ii.	**Giovanni Battista Pontarollo** (12/08/1893).
		2421	F	iii.	**Rosa Maria Pontarollo** (19/08/1895).
		2422	F	iv.	**Domitilla Rosa Pontarollo** (23/09/1897).
		2423	F	v.	**Maria Pontarollo** (01/07/1899).
		2424	M	vi.	**Bortolo Pontarollo** (22/12/1901).
		2425	F	vii.	**Giacoma Pontarollo** (30/12/1903).
1507.	**Giovanni Battista Pontarollo** (17/07/1874).				
	(13/02/1899) **Antonia Pontarollo** (17/09/1875).				
		2426	M	i.	**Vincenzo Pontarollo** (21/08/1904).
1508.	**Pietro Pontarollo** (06/12/1876).				
	(28/01/1902) **Giovanna Pontarollo** (06/03/1879).				
		2427	F	i.	**Maria Cecilia Pontarollo** (23/11/1902).
		2428	F	ii.	**Corona Antonia Pontarollo** (17/08/1904).
1510.	**Antonia Pontarollo** (14/04/1883).				
	(03/02/1904) **Giovanni Gheno** (30/12/1881).				
		2429	M	i.	**Antonio Gheno** (10/11/1904).
1514.	**Vincenzo Pontarollo** (29/03/1876).				

				(26/04/1899) **Giovanna (Anna Maria) Pontarollo** (12/11/1880).
	2430	M	i.	**Vincenzo Pontarollo** (14/02/1900).
	2431	F	ii.	**Maria Margherita Pontarollo** (17/08/1901).
	2432	F	iii.	**Giacoma Pontarollo** (19/10/1904 – 09/07/1906).
	2433	F	iv.	**Battistina Antonia Pontarollo** (01/06/1906).
1518.				**Amadeo Negrello** (17/04/1866).
+	2434	M	i.	**Antonio Negrello**.
1520.				**Giovanni Battista Negrello** (05/06/1869 – 1953).
				(12/08/1894) **Cecilia Costa** (26/11/1866 – 1953).
+	2435	M	i.	**Antonio Americo Negrello** (20/12/1900 – 30/08/1958).
	2436	M	ii.	**Giuseppe Negrello** (07/07/1909 – 1967).
	2437	F	iii.	**Giuseppina Negrello**.
1545.				**Maria Negrello** (04/06/1880).
				(15/02/1902) **Giovanni Battista Celi** (11/01/1877).
	2438	M	i.	**Mario Celi** (08/1/1903).
	2439	F	ii.	**Venezia Celi** (12/08/1905).
1557.				**Paolo Pontarollo** (28/08/1847 – 26/11/1906).
				(29/11/1875) **Lucia Gianese** (14/08/1856).
	2440	F	i.	**Antonia Pontarollo** (1877).
	2441	M	ii.	**Antonio Maria Pontarollo** (1879 – 1943).
	2442	M	iii.	**Bortolo Pontarollo** (1881).
	2443	M	iv.	**Pietro Pontarollo** (1885).
	2444	M	v.	**Angelo Pontarollo** (1891).
1562.				**Angela Lazzarotto** (23/02/1844).
				(24/02/1868) **Giovanni Battista Gabardo** (18/12/1841 – 14/02/1917).
1563.				**Antonia Lazzarotto** (04/12/1851).
				(20/01/1875) **Francesco Negrello** (04/12/1848).
	2458	F	i.	**Margarita Negrello** (03/12/1875).
+	2459	M	ii.	**Giovanni Negrello** (03/10/1878).
	2460	M	iii.	**Antonio Negrello** (11/06/1880).
	2461	F	iv.	**Maria Negrello** (31/01/1884).
	2462	F	v.	**Lucia Negrello** (05/05/1886).
	2463	M	vi.	**Giacomo Negrello** (06/09/1887 – 18/02/1904).
	2464	F	vii.	**Giuseppa Negrello** (28/05/1889).
	2465	M	viii.	**Angelo Negrello** (22/04/1895).
1565.				**Giuseppe Pontarollo** (03/07/1859).
				(04/02/1885) **Lucia Pontarollo** (01/09/1863).
	2466	M	i.	**Vincenzo Natale Pontarollo** (12/04/1886).
	2467	M	ii.	**Francesco Giuseppe Pontarollo** (17/12/1887).
	2468	M	iii.	**Agostino Pontarollo** (24/11/1889).

	2469	M	iv.	**Tommaso Pontarollo** (09/02/1892).
	2470	M	v.	**Giovanni Pontarollo** (15/01/1894).
	2471	F	vi.	**Maria Pontarollo** (17/02/1896).
	2472	F	vii.	**Giovanna Pontarollo** (09/03/1898).
	2473	F	viii.	**Luigia Pontarollo** (12/04/1900).
	2474	M	ix.	**Giacomo Pontarollo** (07/01/1902).
1567.	**Maria Antonia Pontarollo** (17/06/1863 – 17/03/1933).				
	(27/05/1886) **Angelo Nardino** (05/08/1860 – 23/11/1937).				
+	2475	M	i.	**Pietro Nardino** (08/03/1887 – 07/03/1963).
	2476	M	ii.	**Agostino Nardino** (12/07/1889 – 04/05/1959).
				(20/11/1920) **Emilie M. R. Petitclerc** (01/11/1897).
+	2477	F	iii.	**Angela Nardino** (18/07/1891 – 1977).
	2478	F	iv.	**Maria Luigia Nardino** (21/11/1893 – 03/12/1974).
				(16/02/1886) **Maximilien J.-B. Verzaroli** (16/02/1886).
	2479	M	v.	**Jean Nardino** (18/09/1898 – 15/04/1917).
	2480	M	vi.	**Joseph Nardino** (18/09/1898 – 22/10/1975).
				(01/05/1925 **Marguerite Mathilde Vallat** (19/10/1905).
	2481	F	vii.	**Marguerite Nardino** (16/03/1900 – 20/03/1900).
	2482	M	viii.	**Louis Ernest Nardino** (21/06/1901 – 08/11/1984).
				(20/09/1930) **Germaine L. Bourgoin** (17/01/1912).
	2483	F	ix.	**Therese Nardino** (26/11/1902 – 07/04/1990).
	2484	F	x.	**Louise Nardino** (26/11/1902 – 12/12/1902).
	2485	F	xi.	**Rose Nardino** (19/05/1904 – 03/11/1989).
	2486	F	xii.	**Jacqueline M. Nardino** (27/02/1906 – 12/05/1921).
1569.	**Giovanni Battista Pontarollo** (25/06/1868 – 17/02/1917).				
	(27/01/1892) **Catterina Costa** (03/09/1869).				
	2487	M	i.	**Giuseppe Pontarollo** (19/08/1893).
	2488	M	ii.	**Pietro Antonio Pontarollo** (13/06/1895).
	2489	F	iii.	**Giovanna Pontarollo** (17/05/1898).
1571.	**Vincenzo Pontarollo** (30/09/1875).				
	(26/04/1899) **Francesca Pontarollo** (20/08/1878).				
	2490	F	i.	**Angela Pontarollo** (28/04/1900).
	2491	M	ii.	**Giacomo Antonio Pontarollo** (22/09/1903).
	2492	M	iii.	**Pietro Pontarollo** (07/071905).
1572.	**Antonio Maria Signori** (24/11/1861).				
	(21/03/1884) **Filomena Pontarollo** (22/07/1861 – 21/08/1886).				
	2493	F	i.	**Paola Signori** (14/06/1886).
	(23/04/1887) **Maria Luigia Pontarollo** (31/01/1868).				
	2494	F	ii.	**Filomena Signori** (03/06/1888).
	2495	M	iii.	**Francesco Giuseppe Signori** (14/10/1889).

	2496	F	iv.	**Antonia Signori** (14/06/1891).
	2497	M	v.	**Modesto Olivo Signori** (26/05/1893).
	2498	M	vi.	**Antonio Signori** (02/05/1896).
	2499	M	vii.	**Pietro Signori** (10/12/1902).
	2500	F	viii.	**Verginia Signori** (20/12/1904).
1573.	**Maria Maddelena Signori** (11/10/1865 – 08/08/1908).			
	(1881) **Gaetano Pontarollo** (23/06/1852 – 14/11/1918).			
	2501	M	i.	**Giovanni Pontarollo** (21/11/1883).
	(1912) **Tomasina Pontarollo** (1882 – 1917).			
+	2502	M	ii.	**Tommaso Pontarollo** (01/08/1885 – 1950).
	2503	M	iii.	**Pietro Pontarollo** (17/12/1887 – 1918).
	() **Maria Gheno** (1891).			
+	2504	M	iv.	**Modesto Pontarollo** (12/08/1889 – 02/10/1963).
	2505	F	v.	**Gasperina Pontarollo** (08/05/1891).
+	2506	M	vi.	**Giacomo Pontarollo** (19/11/1892 – 03/12/1959).
	2507	M	vii.	**Giuseppe Pontarollo** (18/08/1894).
	2508	M	viii.	**Giuseppe Pontarollo** (21/11/1895).
+	2509	M	ix.	**Giuseppe Pontarollo** (30/07/1897 – 21/12/1969).
	2510	M	x.	**Gaetano Pontarollo** (29/07/1905).
1574.	**Pietro Signori** (24/07/1865).			
	(27/02/1889) **Antonia Maria Cavalli** (09/08/1869 – 1927).			
	2511	F	i.	**Modesta Signori** (26/08/1890).
	2512	M	ii.	**Giovanni Signori** (01/08/1893).
	2513	M	iii.	**Severo Giusto Signori** (28/06/1896).
	2514	M	iv.	**Alessandro Signori** (08/09/1898).
	2515	M	v.	**Umberto Signori** (08/08/1900).
	2516	F	vi.	**Cecilia Signori** (09/08/1902).
	2517	M	vii.	**Narciso Sante Signori** (24/10/1904).
	2518	F	viii.	**Basilia Signori**.
1579.	**Antonia Lazzarotto** (22/08/1859).			
	(05/11/1882) **Bortolo Pontarollo** (19/04/1857).			
	2519	M	i.	**Angelo Pontarollo** (15/03/1883).
	2520	M	ii.	**Domenico Pontarollo** (11/02/1885).
+	2521	M	iii.	**João Pontarollo** (27/02/1892 – 20/07/1955).
	2522	F	iv.	**Maria Pontarollo**.
	2523	M	v.	**Vicente Pontarollo**.
	2524	F	vi.	**Joanna Pontarollo**.
	2525	M	vii.	**Antonio Pontarollo**.
	2526	M	viii.	**Pedro Pontarollo**.
	2527	F	ix.	**Domingas Pontarollo**.

	2528	F	x.	**Lucia Pontarollo**.
	2529	F	xi.	**Angela Pontarollo**.
1597.	**Luigi Pontarollo** (11/11/1867).			
	(09/02/1887) **Maria Gabardo** (14/09/1867).			
	2530	M	i.	**Antonio Pontarollo** (17/11/1887).
	2531	F	ii.	**Giacoma Pontarollo** (27/06/1889).
	2532	M	iii.	**Pietro Pontarollo** (28/01/1893).
	2533	M	iv.	**Giovanni Pontarollo** (07/11/1894).
	2534	M	v.	**Gedeone Pontarollo** (28/01/1897).
	2535	M	vi.	**Giuseppe Pontarollo** (04/09/1902).
1598.	**Maria Maddalena Pontarollo** (22/07/1869).			
	(09/05/1888) **Giovanni Gabardo** (17/09/1863 – 03/10/1908).			
	2536	F	i.	**Anna Gabardo** (10/11/1888).
	2537	F	ii.	**Antonia Gabardo** (16/01/1890).
	2538	M	iii.	**Antonio Gabardo** (23/04/1892).
	2539	F	iv.	**Catterina Gabardo** (23/09/1893).
	2540	F	v.	**Giacoma Gabardo** (27/06/1895).
	2541	M	vi.	**Pietro Gabardo** (30/04/1899).
	2542	M	vii.	**Vittorio Emmanuele Gabardo** (28/06/1902).
	2543	F	viii.	**Giuditta Gabardo** (04/01/1904).
	(13/10/1911) **Giovanni Battista Pontarollo** (11/01/1853).			
1608.	**Catterina Pontarollo** (28/03/1859 – 08/09/1913).			
	(19/01/1876) **Mattio Gheno** (30/05/1850).			
	2544	F	i.	**Giovanna Carolina Gheno** (28/06/1878).
	2545	F	ii.	**Gaetana Gheno** (22/10/1881).
	2546	F	iii.	**Silvia Cecilia Petronilla Gheno** (27/06/1885).
	2547	F	iv.	**Tommasina Amabile Gheno** (12/02/1889 – 13/07/1893).
	2548	F	v.	**Pierina Gheno** (26/06/1891).
	2549	F	vi.	**Angela Gheno** (25/01/1893).
	2550	F	vii.	**Tommasina Gheno** (23/01/1895).
	2551	M	viii.	**Giuseppe Gheno** (24/12/1896).
1610.	**Giovanna Gabardo** (13/09/1859).			
	() **Giacomo Gabardo** (10/07/1853 – 09/01/1919).			
1611.	**Anna Gabardo** (04/01/1861 – 02/03/1936).			
	() **Giovanni Gabardo** (11/02/1853 – 18/10/1938).			
1613.	**Giovanni Gabardo** (17/09/1863 – 03/10/1908).			
	(07/03/1886) **Anna Perli** (11/03/1865 – 30/01/1887).			
	(09/05/1888) **Maria Maddalena Pontarollo** (22/07/1869).			
1617.	**Vincenzo Gabardo** (12/12/1871).			
	(25/02/1895) **Adrianna Rosa Sebellin** (21/09/1872).			

+	2582	M	i.	**Umberto Antonio Pasquale Gabardo** (16/03/1896).
	2583	M	ii.	**Rodolfo Gabardo** (01/12/1897).
	2584	M	iii.	**Massimiliano Gabardo** (18/10/1899).
	2585	M	iv.	**Enrico Gabardo** (09/05/1902).
	2586	M	v.	**Romano Gabardo** (04/01/1904).
1619.	**Faustino Lazzarotto** (17/04/1852 – 15/12/1914).			
	(01/12/1875) **Pulcheria Cavalli** (24/05/1852).			
+	2587	F	i.	**Catterina Lazzarotto** (10/01/1881).
1623.	**Sebastiano Scremin**.			
	() **Rosa Cerolini**.			
	2588	M	i.	**Vicente Scremin**.
				() **Braulia Pusser**.
1628.	**Giovanni Gabardo** (06/10/1865).			
	(17/03/1891) **Maria Alberti** (27/07/1869).			
	2589	M	i.	**Giovanni Gabardo** (15/09/1891).
	2590	M	ii.	**Antonio Gabardo** (16/10/1895).
	2591	M	iii.	**Bortolo Gabardo** (29/12/1898 – 24/04/1901).
+	2592	M	i.	**Marco Gabardo** (01/01/1904 – 16/07/1965).
	2593	M	v.	**Pietro Gabardo** (25/03/1905).
1629.	**Vincenzo Gabardo** (18/04/1868).			
	(30/01/1895) **Gaetana Gheno** (25/06/1869).			
	2594	M	i.	**Vincenzo Antonio Gabardo** (17/11/1895).
	2595	M	ii.	**Giovanni Matteo Gabardo** (24/09/1872).
	2596	F	iii.	**Maria Modesta Gabardo** (16/08/1908).
1632.	**Antonio II Gabardo** (31/03/1875).			
	(16/01/1900) **Giovanna Maria Lazzarotto** (11/08/1876).			
	2597	F	i.	**Maria Giovanna Gabardo** (24/11/1904).
1634.	**Corona Gabardo** (08/1/1879 – 25/02/1951).			
	(13/02/1901) **Luigi Pontarollo** (26/01/1878 – 1910).			
	2598	M	i.	**Antonio Pontarollo** (16/07/1904).
	2599	F	ii.	**Angela Pontarollo** (03/07/1906 – 05/05/1996).
1636.	**Angelo Gabardo** (09/06/1885 – 01/07/1963).			
	(25/01/1909) **Corona Gheno** (24/06/1886 – 12/08/1967).			
	2600	M	i.	**Narciso Gabardo** (? – 25/02/1979).
1638.	**Domenico Gabbardo** (15/06/1867 – 13/02/1905).			
	(03/09/1884) **Maria Lazzarotto** (07/08/1866).			
+	2601	M	i.	**Angelo Gabbardo** (17/02/1894 – 04/02/1963).
	2602	M	ii.	**Ernesto Gabbardo** (1900).
				(1922) **Teresa Petroli** (1902).
+	2603	M	iii.	**Eugenio O. Gabbardo** (30/12/1901 – 10/05/1966).

+	2604	M	iv.	**Natal Gabbardo**.
+	2605	F	v.	**Joanna Gabbardo**.
+	2606	M	vi.	**Mario Gabbardo**.
	2607	F	vii.	**Julia Gabbardo**.
				() **Fortunato Sartori**.
	2608	M	viii.	**Victorio Gabbardo**.
	2609	F	ix.	**Maria Cecilia Gabbardo**.
				() **Ricardo Di Marco**.
1642.	**Caterina Corona Gabardo** (02/09/1876).			
	() **Pietro Rossatto**.			
+	2610	M	i.	**Roberto Rossatto**.
	2611	M	ii.	**Belino Rossatto**.
				() **Ana Flaibam**.
	2612	M	iii.	**Florindo Rossatto**.
				() **Maria Magagnin**.
	2613	M	iv.	**Atílio Rossatto**.
				() **Giudith Zat**.
	2614	M	v.	**Hermenegildo Rossatto**.
				() **Catarina Bonatto**.
	2615	F	vi.	**Zelinda Rossatto**.
				() **Atilio Zanella**.
	2616	F	vii.	**Belina Rossatto**.
				() **Ferdinando Garbin**.
	2617	F	viii.	**Adelaide Gabbardo Rossatto**.
	2618	F	ix.	**Judithe Rossatto**.
	2619	F	x.	**Dileta Rossatto**.
1643.	**Liberale Gabbardo** (17/04/1879).			
	(12/05/1901) **Santa Roman** (1883).			
+	2620	M	i.	**Hermínio Natale Gabbardo**.
+	2621	M	ii.	**João Gabbardo**.
+	2622	F	iii.	**Catarina Joana Gabbardo**.
+	2623	F	iv.	**Emília Gabbardo**.
+	2624	F	v.	**Vittoria Joanna Gabbardo**.
	() **Amalia Maria Putrich** (1890).			
+	2625	M	vi.	**Romeu Gabbardo**.
	2626	M	vii.	**Aldo Gabbardo**.
	2627	F	viii.	**Stela Gabbardo**.
1644.	**Margarida Elisabetta Gabardo** (14/10/1881 – 25/09/1961).			
	(14/10/1907) **Giovanni Cobalchini** (24/11/1879 – 01/07/1960).			
	2628	M	i.	**Guerino Cobalchini**.

				() Adele Stelo.
	2629	M	ii.	**Leonardo Giovano Cobalchini.**
				() Helena Orsatto.
	2630	F	iii.	**Joana Cobalchini.**
	2631	F	iv.	**Marcelina Cobalchini.**
	2632	M	v.	**Joaquim Vitório Cobalchini.**
	2633	F	vi.	**Rosina Cobalchini.**
	2634	F	vii.	**Isabela Cobalchini.**
	2635	M	viii.	**Pedro Cobalchini.**
1645.	**Joaquim Gabbardo** (16/08/1885 – 22/05/1983).			
	(1907) **Caterina Bassin** (1889).			
+	2636	M	i.	**Orestes D. Gabbardo** (18/04/1910 – 29/05/1987).
+	2637	M	ii.	**Arlindo Avelino Gabbardo** (17/03/1913 – 19/06/1960).
	2638	F	iii.	**Joanna Mafalda Gabbardo** (15/11/1915).
				() **Rino Pretato** (13/09/1909 – 04/07/2001).
+	2639	F	iv.	**Amélia Gabbardo** (19/08/1918).
+	2640	M	v.	**Alfredo Guerino Gabbardo** (13/07/1921 – 21/12/1995).
+	2641	M	vi.	**Honório Gabbardo** (15/08/1926 – 04/11/1999).
+	2642	F	vii.	**Joanna Irene Gabbardo** (11/06/1927).
+	2643	M	viii.	**José Gabbardo** (26/09/1930).
+	2644	F	ix.	**Dalva Gabbardo** (05/10/1934).
1646.	**Angela Gabardo** (14/10/1887 – 27/01/1960).			
	(1905) **Nicola Pedrini** (1880 – 28/09/1965).			
	2645	F	i.	**Florinda Pedrini.**
				() Fortunato Roman.
+	2646	F	ii.	**Assunta Pedrini.**
	2647	M	iii.	**Antonio Pedrini.**
				() Julia Longhi.
	2648	M	iv.	**Pedro Pedrini.**
				() Anunciata Josefina Cronst.
	2649	M	v.	**Guerino Pedrini.**
				() Aurelia Schio.
	2650	F	vi.	**Maria Pedrini.**
				() Armando Frare.
	2651	M	vii.	**Afonso Pedrini.**
	2652	F	viii.	**Ana Pedrini.**
	2653	M	ix.	**Alexandre Pedrini.**
	2654	M	x.	**José Pedrini.**
1647.	**Guerino Gabbardo** (12/11/1890).			
	(12/11/1908) **Amalia Maria Putrich** (1890).			

+	2655	F	i.	Amélia Gabbardo.
+	2656	M	ii.	Natal Camilo Gabbardo.
+	2657	F	iii.	Joana Itália Gabbardo.
1648.		Gaetano Gabardo (29/08/1864 – 27/03/1921).
		(06/02/1884) Angela Peruscello (15/12/1865 – 14/08/1936).
+	2658	M	i.	Angelo Gabardo (25/01/1885).
	2659	F	ii.	Maria Gabardo (21/04/1886).
+	2660	F	iii.	Pedrina (Pierina) Gabardo (22/06/1887 – 22/08/1963).
+	2661	M	iv.	João Gabardo (01/09/1889).
+	2662	M	v.	José Gabardo (05/10/1891).
+	2663	F	vi.	Anna Maria Gabardo (05/1893).
	2664	F	vii.	Domingas Gabardo (27/02/1895 – 06/05/1925).
				() Antonio Zaramella.
+	2665	M	viii.	Ernesto Gabardo (1897).
	2666	M	ix.	Carlos Gabardo (1897).
	2667	M	x.	Caetano Gabardo.
				() Regina.
	2668	M	xi.	Victorio Gabardo.
	2669	F	xii.	Rosa Gabardo (03/03/1902).
				(11/11/1922) Francisco Pires Cordeiro.
	2670	F	xiii.	Maria Gabardo (03/03/1902).
	2671	M	xiv.	Augusto Gabardo (1903).
				() Anna Sinhorinha Machado.
	2672	M	xv.	Chrispim Gabardo (23/03/1904).
	2673	M	xvi.	Vicente Gabardo (1907).
	2674	M	xvii.	Romulo Gabardo.
1649.		Giovanni Battista Gabardo (27/11/1865 – 1907).
		(10/11/1888) Balbina Ribeiro Sinke.
	2675	F	i.	Maria Gabardo (07/07/1891).
	2676	F	ii.	Ephigenia Ribeiro Gabardo (14/07/1892).
	2677	F	iii.	Maria Gabardo (18/02/1895).
	2678	M	iv.	Benjamin Gabardo (1904).
				() Joaquina Pereira de Miranda (19/09/1910).
		() Alzira Pedrosa Leal (1877).
1650.		Tommaso Gabardo (17/12/1867 – 01/07/1938).
		(03/08/1887) Orsola Angela Bizzotto (10/07/1870 – 14/06/1941).
	2679	F	i.	Angela Gabardo (15/08/1888).
				(17/08/1912) Izidio Marchioro (1877).
	2680	F	ii.	Cecilia Maria Gabardo (22/01/1890).
+	2681	F	iii.	Anna Gabardo (18/09/1891 – 27/11/1969).

+	2682	M	iv.	**Valentim Gabardo** (1893 – 12/10/1979).
+	2683	F	v.	**Maria Gabardo** (18/02/1894 – 28/04/1986).
+	2684	F	vi.	**Regina Gabardo** (26/11/1895).
	2685	F	vii.	**Arezina Gabardo** (12/10/1896).
+	2686	M	viii.	**Piero Gabardo** (09/02/1898 – 23/09/1968).
+	2687	F	ix.	**Ursulina Gabardo** (12/06/1901).
+	2688	M	x.	**Francisco Gabardo** (14/12/1903 – 30/08/1971).
+	2689	M	xi.	**João Gabardo** (14/07/1905).
	2690	F	xii.	**Julia Gabardo** (28/01/1906 – 14/06/1979).
+	2691	M	xiii.	**Antonio Ernesto Gabardo** (18/07/1909 – 15/01/1987).
+	2692	F	xiv.	**Antonia Elisia Gabardo** (09/07/1911 – 08/06/1964).
	2693	M	xv.	**Francisco José Gabardo** (1929).
1655.	**Angela Maria Gabardo** (25/02/1879).			
	(06/06/1896) **Giovanni Parolin** (25/04/1878 – 02/1961).			
+	2694	F	i.	**Lucia Parolin** (11/09/1896 – 06/1924).
+	2695	M	ii.	**Aristides Antonio Parolin** (06/1916).
1656.	**Giacoma Gabardo** (16/10/1868 – 27/04/1948).			
	(06/07/1885) **Pietro Baldo**.			
+	2696	F	i.	**Maria Gabardo** (03/06/1886).
	2697	M	ii.	**Joaquim Gabardo** (02/04/1888).
	2698	F	iii.	**Anna Gabardo** (1890).
+	2699	M	iv.	**José Gabardo de Oliveira** (06/01/1892 – 29/05/1963).
	2700	M	v.	**Manoel Gabardo** (1907).
+	2701	F	vi.	**Bernardina Gabardo** (1911).
1659.	**Gaetano Gabardo** (05/06/1873).			
	(16/01/1893) **Maria Angela Moro** (1874).			
+	2702	F	i.	**Angela Gabardo** (10/11/1893).
	2703	F	ii.	**Maria Joanna Gabardo** (25/07/1895).
	(20/07/1918) **Vitorio Antonietto**.			
1661.	**Bortolo Gabardo** (23/03/1877 – 26/08/1954).			
	(20/09/1899) **Catarina Dalle Carbonari** (1881).			
	2704	M	i.	**José Nicolau Gabardo** (24/06/1900 – 22/10/1905).
	2705	F	ii.	**Maria Luiza Gabardo** (20/04/1902 – 11/05/1969).
	(19/06/1939) **José Holtz** (1893).			
	() **Isabel Maria de Lima**.			
	2706	M	v.	**Pedro Gabardo de Lima** 14/05/1904).
	2707	F	iv.	**Maria Gabardo de Lima**.
+	2708	M	iv.	**Claudio Gabardo de Lima** (03/11/1920 – 02/11/1993).
1663.	**José Gabardo** (1881).			
	(12/06/1907) **Julia Alves de Bastos** (1879).			

	2709	M	i.	**Pedro Gabardo** (24/07/1908).
+	2710	M	ii.	**Antonio Gabardo** (1911).
	2711	F	iii.	**Maria da Luz Gabardo** (06/11/1913).
				(23/10/1931) **Joao Luiz do Porto** (1895).
	2712	F	iv.	**Idalina Gabardo** (20/01/1916).
				(10/10/1931) **Victorino Alves de Lima** (1908).
	2713	M	v.	**João Gabardo** (1918).
				(06/07/1941) **Geraldina Ribeiro da Maia** (1921).
	2714	M	vi.	**Francisco Gabardo** (1920).
				(21/10/1942) **Gloria Cardozo de Lima** (1921).
	2715	F	vii.	**Anna Gabardo** (13/02/1924).
1664.	**Antonio Gabardo** (10/04/1882 – 21/11/1960).			
	(17/01/1900) **Rosa Alves Pinto** (1883).			
+	2716	M	i.	**Pedro Alves Gabardo** (03/10/1900).
				(18/08/1918) **Alexandrina Rosa da Cruz** (1899).
	2717	F	ii.	**Gertrudes Alves Gabardo** (18/08/1902).
				(16/12/1924) **Joaquim V. Alves Fagundes** (09/02/1897).
+	2718	F	iii.	**Alice Alves Gabardo** (1905).
	2719	F	iv.	**Carolina Gabardo** (1907).
				() **Alfredo Zen**.
+	2720	F	v.	**Jovelina Gabardo** (1909).
+	2721	M	vi.	**Basilio Gabardo** (1911).
	2722	F	vii.	**Leonora Gabardo** (1913).
				(03/01/1936) **Alexandre Sydor** (1911).
+	2723	M	viii.	**Arthur Gabardo** (19/08/1917).
+	2724	M	ix.	**Antonio Gabardo** (12/06/1918).
+	2725	M	x.	**Afonso Gabardo** (24/08/1922 – 25/09/2001).
1666.	**Maria Magdalena Gabardo** (24/08/1884).			
	() **Manoel Simões de Oliveira**.			
+	2726	M	i.	**João Gabardo de Oliveira** (20/06/1899).
	2727	F	ii.	**Ubaldina Gabardo de Oliveira** (31/01/1902).
				(03/02/1925) **Francisco Isidoro Alves** (1898).
	2728	F	iii.	**Idilia Gabardo de Oliveira** (1904).
				(08/12/1924) **Antonio Ribeiro dos Santos** (1904).
	2729	F	iv.	**Anna Gabardo de Oliveira** (29/06/1907).
				(17/04/1926) **Joaquim Martins da Silva** (1907).
	2730	M	v.	**Joaquim de Oliveira** (17/10/1914).
	2731	F	vi.	**Francisca G. de Oliveira** (19/08/1917 – 16/07/1949).
1668.	**João Baptista Gabardo** (03/05/1888 - 1981).			
	(24/10/1912) **Maria Alves da Cruz** (1892 – 15/11/1923).			

	2732	M	i.	**Antonio Gabardo** (18/07/1914).
	2733	F	ii.	**Maria Gabardo** (27/06/1915).
+	2734	M	ii.	**Tobias Gabardo** (04/03/1916).
+	2735	M	iii.	**Pedro Gabardo** (09/07/1918 – 22/03/1972).
	2736	M	iv.	**Santo Gabardo** (18/07/1920).
				(28/08/1946) **Izaltina Alves de Cristo** (13/09/1931).
	2737	M	v.	**Bento Gabardo** (09/07/1921 – 2002).
				(28/07/1948) **Maria Leonor Fagundes** (16/01/1924).
	2738	F	vi.	**Escolástica Gabardo** (1923).
	() **Emma Agostinho**.			
+	2739	M	vii.	**João Agostinho Gabardo** (17/12/1924).
	(25/04/1925) **Gertrudes Ramos da Cruz** (1894).			
	2740	F	viii.	**Francisca Gabardo** (27/02/1927).
+	2741	F	ix.	**Maria Joana Gabardo** (11/12/1930 – 29/10/2005).
1669.	**Luís Gabardo** (10/02/1893).			
	(19/08/1917) **Maria Luiza Stocco** (1898).			
	2742	M	i.	**Paulo Gabardo** (24/10/1918).
	2743	M	ii.	**João Baptista Gabardo** (23/06/1920).
+	2744	M	iii.	**Santo Gabardo** (06/05/1922 – 13/06/1972).
+	2745	M	iv.	**Antonio Gabardo** (11/08/1925).
	2746	F	v.	**Denacir (Adamacil) Gabardo** (09/01/1930).
				(17/09/1950) **Sezinando Fagundes Neves** (23/12/1928).
+	2747	M	vi.	**Pedro Gabardo** (1932 – 02/07/2010).
	2748	F	vii.	**Angelina Gabardo**.
	2749	F	viii.	**Teresa Gabardo**.
1670.	**Antonio Gabardo** (20/08/1876 – 19/08/1936).			
	(07/02/1902) **Maria Andretta** (1882).			
	2750	F	i.	**Anna Maria Gabardo** (1900 – 08/02/1900).
	2751	F	ii.	**Leonora Gabardo** (28/05/1902).
	2752	F	iii.	**Anna Gabardo** (16/06/1903).
				(22/04/1922) **João Maidl** (25/09/1898).
+	2753	M	iv.	**Hermenegildo Gabardo** (26/10/1905).
+	2754	M	v.	**Ferdinando Gabardo** (11/01/1908 – 1990).
	2755	M	vi.	**João Baptista Gabardo** (04/02/1910).
+	2756	M	vii.	**Ernesto Gabardo** (14/07/1912).
+	2757	M	viii.	**Alteniense (Altenencio) Gabardo** (26/08/1915).
+	2758	M	ix.	**Hugo Gabardo** (1921).
	2759	F	x.	**Antonia Gabardo**.
1679.	**José Gabardo** (09/11/1889 – 19/02/1936).			
	(26/06/1909) **Regina Andretta** (1887).			

	2760	M	i.	Alexandre Gabardo (28/12/1909 – 01/01/1910).
1680.	**Francisco Gabardo** (10/10/1891 – 10/10/1918).			
	(13/07/1918) **Catharina Andretta** (09/03/1893).			
	2761	F	i.	Francisca Iracema Gabardo (1919).
1685.	**Victoria Gabardo** (13/04/1902).			
	(29/09/1923) **Jorge Iede** (05/02/1900).			
	2762	F	i.	Mafalda Iede (11/1924).
	2763	F	ii.	Lucy Iede (07/1929).
	2764	M	iii.	Ademar Iede (27/09/1931).
				() Eli Costa.
1686.	**Giovanna Sebellin** (04/06/1869).			
	(03/10/1891) **Vincenzo Pontarollo** (28/11/1870).			
	2765	M	i.	Tommaso Pontarollo (29/01/1893 – 1917).
	2766	F	ii.	Anna Teresa Pontarollo (09/03/1895 – 26/02/1986).
				() Luigi Biasini (10/05/1882 – 17/12/1968).
	2767	F	iii.	Maria Madalena Pontarollo (22/05/1897 – 1929).
	2768	M	iv.	Angelo Pontarollo (15/06/1899).
+	2769	F	v.	Maria Pontarollo (12/06/1902 – 03/07/1977).
	2770	F	vi.	Giovanna A. Pontarollo (12/06/1902 – 16/02/1981).
				() Girolamo Lazzarotto (07/9/1899 – 09/06/1969).
+	2771	F	vii.	Giacomina Pontarollo (12/06/1902 – 1975).
	2772	M	viii.	Angelo Pontarollo (1904 – 1925).
+	2773	M	ix.	Giovanni Battista Pontarollo (1904 – 1962).
	2774	F	x.	Natalia Costanza Pontarollo (12/10/1906 – 04/06/1977).
				() Mansuetto Pontarollo (13/10/1904 – 20/02/1978).
	2775	M	xi.	Francesco Pontarollo (11/10/1908).
	2776	F	xii.	Irma Antonia Pontarollo (26/08/1913 – 28/06/1994).
				() Bruno Ferrazzi (26/04/1913 – 1987).
1687.	**Angelo Sebellin** (11/09/1870).			
	(25/02/1895) **Margherita Negrello** (03/12/1875).			
	2777	M	i.	Antonio Sebellin (29/05/1896).
	2778	F	ii.	Anna Ida Maria Sebellin (14/07/1901).
1688.	**Adrianna Rosa Sebellin** (21/09/1872).			
	(25/02/1895) **Vincenzo Gabardo** (12/12/1871).			
1690.	**Armando Prospero Sebellin** (18/11/1876 – 1950).			
	(13/02/1899) **Angela Pontarollo** (24/01/1877 – 1962).			
	2784	M	i.	Giovanni Sebellin (07/10/1889 – 27/08/1900).
	2785	M	ii.	Giulio Sebellin (05/10/1902).
	2786	F	iii.	Anna Maria Sebellin (06/05/1906).
1691.	**Nemesio Sebellin** (19/12/1878).			

				(15/01/1902) **Giuseppa Pontarollo** (03/04/1883).
	2787	M	i.	**Giovanni Sebellin** (09/08/1904).
1693.	**Anna Gabardo** (22/10/1877).			
				(21/10/1893) **Pio Romano Bonato** (20/07/1874 – 03/06/1949).
+	2788	F	i.	**Maria Fortunata Bonato** (24/10/1894 – 18/07/1966).
	2789	F	ii.	**Matilde Maria Bonato** (29/10/1895 – 24/11/1896).
	2790	M	iii.	**Angelo Bonato** (06/05/1897).
	2791	F	iv.	**Angela Bonato** (18/01/1899).
				(28/12/1940) **Carlos Szick** (1899).
+	2792	F	iv.	**Joanna Bonato** (1902).
	2793	M	vi.	**Antonio Bonato** (1904 – 10/01/1939).
	2794	M	ix.	**Leonardo Bonato** (13/10/1906).
+	2795	M	v.	**Eduardo Pedro Bonato** (29/08/1908 – 30/01/2003).
+	2796	M	ix.	**Agostinho Pedro Bonato** (03/10/1910 – 24/04/1966.
	2797	F	vi.	**Antonia Mathilde Bonato** (30/07/1913 – 03/07/1975).
	2798	F	vii.	**Julia Bonato** (06/11/1914 – 09/09/1978).
	2799	M	xii.	**Potesto Gabardo Bonato** (15/02/1919 – 18/08/1940).
	2800	F	viii.	**Justina Bonato** (21/12/1920 – 09/07/1921).
1694.	**Giacomina Gabardo** (05/06/1879 – 1973).			
				(18/09/1898) **Valentino Zanello** (28/01/1869 – 03/1944).
+	2801	F	i.	**Angela Irene Julia Zanello** (22/05/1895 – 01/04/1977).
	2802	F	ii.	**Clothilde Joanna Zanello** (25/01/1900 – 26/03/1902).
+	2803	F	iii.	**Clothilde Zanello** (03/04/1902 – 09/10/1974).
	2804	M	iv.	**Luiz Paulo Zanello** (25/01/1904 – 02/1904).
	2805	F	v.	**Julieta Magdalena Zanello** (12/02/1905 – 03/1931).
	2806	F	vi.	**Leonor Zanello** (23/04/1906).
+	2807	F	vii.	**Aurora Zanello** (26/11/1907 – 21/12/1986).
	2808	M	viii.	**Ezio Zanello** (12/02/1910 – 12/12/1980).
	2809	M	ix.	**Nolano Zanello** (09/1911 – 10/1911).
	2810	F	x.	**Vera Zanello** (31/08/1912 – 06/04/1990).
+	2811	F	xi.	**Argene Zanello** (01/02/1914).
	2812	F	xii.	**Irides Zanello** (22/10/1917).
				(09/02/1942) **Samuel Milleo**.
	2813	F	xiii.	**Nice Helena Zanello** (13/10/1919 – 27/04/1991).
+	2814	M	xiv.	**Omir Zanello** (04/08/1921 – 17/07/2002).
	2815	F	xv.	**Nair Zanello**.
1695.	**Antonia Gabardo** (06/1881).			
				(29/07/1899) **Lorenzo Zanello** (1866 – 31/03/1950).
	2816	F	i.	**Irene Zanello** (07/02/1900 – 07/02/1902).
+	2817	M	ii.	**Carlos Zanello** (31/10/1901 – 15/07/1938).

	2818	M	iii.	**Iperide Zanello** (21/04/1904 – 04/05/1904).
	2819	M	iv.	**Santo Zanello** (29/08/1905).
+	2820	M	v.	**Hyperides Zanello** (29/08/1905 – 1980).
	2821	F	vi.	**Aurea Zanello** (21/07/1908).
+	2822	M	vii.	**Leonidas Zanello** (17/08/1910).
+	2823	M	viii.	**Remo Zanello** (1913).
+	2824	F	ix.	**Flora Zanello** (31/05/1916).
+	2825	M	x.	**Artoriges Zanello** (28/12/1918 – 04/04/2004).
	2826	F	xi.	**Mirthes Zanello** (06/1921).

1696. **Gaetano Gabardo** (07/12/1883 – 21/03/1939).

(27/04/1912) **Fortunata Rachele Thomaz** (1893).

	2827	M	i.	**Romulo Gabardo** (04/02/1913 – 02/07/1918).
	2828	M	ii.	**Waldemar Gabardo** (19/06/1914 – 29/09/1937).
	2829	F	iii.	**Liva Gabardo** (28/12/1915).

(18/07/1953) **Valmor José Fernandes**.

+	2830	M	iv.	**Leonidas Gabardo** (06/08/1917 – 29/10/1995).
	2831	F	v.	**Lidia Gabardo** (27/03/1921).

(26/01/1942) **Geraldo Paulino Moreschi**.

	2832	M	vi.	**Romulo Gabardo** (14/11/1922).
	2833	F	vii.	**Anneris Gabardo** (14/01/1928).

1697. **Antonio Gabardo** (17/08/1885 – 02/05/1964).

(07/01/1905) **Iphigenia Bonatto** (31/08/1887 – 01/1966).

+	2834	M	i.	**Giacomo Romeu Gabardo** (18/04/1905 – 11/04/1977).
+	2835	M	ii.	**Golhardo Bonato Gabardo** (11/08/1906).
+	2836	M	iii.	**Spartaco Gabardo** (31/05/1908).
	2837	M	iv.	**Nolano Gabardo** (11/1911 – 16/01/1912).
+	2838	M	v.	**Nolano Gabardo** (01/12/1912 – 22/07/1979).
+	2839	F	vi.	**Idalina Gabardo** (18/05/1914 – 03/03/2003).
+	2840	F	vii.	**Yolanda Gabardo** (05/1916 – 08/07/2008).
	2841	F	viii.	**Irene Gabardo** (12/1919).
+	2842	M	ix.	**Raul Gabardo** (27/08/1921).

1701. **Giuseppa Gabardo** (28/06/1867 – 03/07/1941).

(03/09/1884) **Giovanni Cunico** (1865 – 03/02/1924).

	2843	F	i.	**Antonia Ursolina Cunico** (05/1883 – 20/06/1888).
	2844	F	ii.	**Antonia Cunico** (1885 – 1889).
	2845	M	ii.	**Domingos Cunico** (07/02/1887 – 21/02/1887).
+	2846	M	iii.	**João Cunico Júnior** (28/12/1887 – 1951).
	2847	F	iv.	**Antonia Ursula Cunico** (07/08/1889 – 08/1889).
	2848	F	v.	**Caetana Augusta Cunico** (07/08/1889 – 1935).
+	2849	F	vi.	**Angela Cunico** (1890).

	2850	F	vii.	**Úrsula Cunico** (23/06/1891 – 1891).
	2851	F	viii.	**Ursula Cunico** (04/07/1892 – 1966).
				(30/06/1923) **Leone Deconto** (08/11/1891).
	2852	F	ix.	**Maria Cunico** (23/04/1893 – 1964).
				() **Cesar João Fruet** (1892 – 1968).
	2853	M	x.	**Alberto Angelo Cunico** (20/12/1895 – 04/05/1917).
	2854	M	xi.	**Antonio Cunico Sobrinho** (21/07/1896).
				(24/12/1921) **Proserpina Brandão Machado** (1901).
	2855	M	xii.	**Humberto Cunico** (21/07/1896 – 04/05/1917).
	2856	F	xiii.	**Genoveva Cunico** (03/12/1897 – 19/06/1901).
	2857	M	xiv.	**Vitor Cunico** (04/1899 – 28/05/1901).
	2858	F	xv.	**Ida Cunico** (25/05/1901 – 01/02/1920).
	2859	F	xvi.	**Iria Cunico** (21/06/1902).
	2860	F	xvii.	**Ivina Cunico** (14/06/1906).
				(04/07/1932) **Victorino Byron** (1907).
	2861	M	xviii.	**Euclides Cunico** (06/10/1908 – 07/10/1908).
	2862	M	xix.	**Ives Cunico** (01/04/1912 – 04/12/1912).
1702.	**Pietro Gabardo** (07/07/1868 – 09/1955).			
	(24/05/1890) **Luiza Victorasso** (1873 – 14/08/1943).			
	2863	F	i.	**Angela Gabardo** (02/07/1891 - 26/11/1898)
+	2864	F	ii.	**Anna Gabardo** (19/04/1893 – 01/1958).
+	2865	F	iii.	**Catharina Gabardo** (15/09/1894).
	2866	M	iv.	**Alberto Gabardo** (08/07/1896).
+	2867	F	v.	**Genoveva Gabardo** (07/09/1897 – 28/09/1941).
	2868	F	vi.	**Angela Gabardo** (? – 09/1912).
1704.	**Antonio Gabardo** (02/01/1871 – 01/06/1935)			
	(20/02/1892) **Giovanna Parolin** (10/06/1870 – 21/03/1918)			
+	2869	F	i.	**Lucia Gabardo** (02/03/1894 – 03/1960).
+	2870	M	ii.	**Angelo Parolin Gabardo** (30/09/1895 – 12/03/1969).
	2871	M	iii.	**Hermenegildo Gabardo** (28 /11/1902).
				(22/04/1919) **Victoria Breinak** (20/10/1900).
1706.	**Luigi Gabardo** (23/09/1874 – 07/1953)			
	(23/02/1895) **Vincenza Euphrasia Tortato** (24/10/1877).			
+	2872	M	i.	**Angelo Natal Gabardo** (26 /11/1895).
	2873	M	ii.	**Luis Gabardo** (15 /11/1897 – 15/11/1897)
+	2874	M	iii.	**Antonio Tortato Gabardo** (11/1898 – 23/11/1975).
	2875	F	iv.	**Maria Antonia Gabardo** (11/1898).
+	2876	M	v.	**Ernesto Gabardo** (26/07/1901 – 11/1967).
+	2877	M	vi.	**Fioravante Gabardo** (18/09/1903).
	2878	M	vii.	**Emilio Gabardo** (15/06/1906 – 13/04/1913)

	2879	M	viii.	**Alfonso Gabardo** (04/1909)
	2880	M	ix.	**Arnaldo Gabardo** (03/10/1910)
+	2881	M	x.	**Emilio Reinaldo Gabardo** (15/03/1914 – 05/11/1983).
	2882	M	xi.	**Umberto Gabardo** (? – 10/1909).
1708.	\multicolumn{4}{l	}{**João Gabardo** (27/12/1877 – 17/12/1940).}

1708. **João Gabardo** (27/12/1877 – 17/12/1940).

(24/02/1897) **Genoveva Stofella** (30/07/1876 – 14/09/1917).

	2883	F	i.	**Julia Gabardo** (31/07/1897),
+	2884	M	ii.	**Angelo Gabardo** (31/07/1897 – 16/04/1977).
+	2885	F	iii.	**Dorothea Gabardo** (05/08/1899 – 04/1955).
+	2886	F	iv.	**Bernardina Gabardo** (12/05/1901 – 03/05/1969).
+	2887	M	v.	**Leonel Gabardo** (02/02/1904 – 20/06/1989).
+	2888	M	vi.	**Hermenegildo Gabardo** (31/12/1905 – 19/11/1993).
+	2889	F	vii.	**Estella Maria Gabardo** (19/11/1906 – 29/04/1971).
+	2890	F	viii.	**Cecília Gabardo** (17/07/1908 – 23/08/1997).
+	2891	F	ix.	**Julia Gabardo** (10/01/1910 – 08/07/1966).
+	2892	M	x.	**Benjamin Gabardo** (05/08/1911 – 30/01/1978).
+	2893	M	xi.	**Mario Gabardo** (20/05/1913 – 28/05/1977).
+	2894	F	xii.	**Noêmia Genoveva Gabardo** (20/01/1915 – 26/12/1982).

() **Thereza Pazzello** (30/03/1893).

	2895	M	xiii.	**Lucio Gabardo** (09/09/1921)
	2896	F	xiv.	**Joanna Gabardo** (02/06/1923 – 30/01/1925).
	2897	F	xv.	**Genoepha Cezira Gabardo** (22/02/1925).
				(06/07/1946) **Estephano Govatzk** (26/11/1919).
	2898	F	xvi.	**Izette Gabardo** (02/02/1928).
				() **N Contador**.
+	2899	F	xvii.	**Ivette Gabardo** (02/02/1928 – 20/01/1988).
+	2900	F	xviii.	**Adhair Gabardo** (05/09/1930).
+	2901	F	xix.	**Otália Gabardo** (07/11/1931 – 20/01/2001).
	2902	F	xx.	**Lilli Gabardo** (07/09/1933 – 19/10/2007).
				() **Ladislau Senko**.
	2903	F	xxi.	**Lucia Geny Gabardo** (29/12/1936).

1712. **Giovanni Battista Gabardo** (30/05/1874 – 10/1937).

(20/06/1896) **Joanna Tedesco** (07/04/1879 – 09/1929).

+	2904	F	i.	**Julia Gabardo** (25/07/1897 – 02/09/1990).
	2905	F	ii.	**Clementina Gabardo** (12/08/1899).
+	2906	M	iii.	**Izidoro Emilio Gabardo** (03/11/1901 – 11/1966).
+	2907	F	iv.	**Adelina Gabardo** (04/03/1904).
+	2908	M	x.	**Hermenegildo João Gabardo** (02/10/1907).
	2909	F	v.	**Clementina Gabardo** (12/12/1910 – 12/07/1912).
+	2910	M	vi.	**Reinaldo Antonio Gabardo** (24/04/1913).

+	2911	M	vii.	**Lauro Mario Gabardo** (16/07/1921 – 23/02/1975).
	2912	F	viii.	**Norma Gabardo** (29/03/1918).
	(31/03/1956) **Hermes de Almeida Pinto**.			
	2913	M	ix.	**Antonio Gabardo**.
1713.	**Pietro Gabardo** (18/06/1876 – 17/10/1930).			
	(20/06/1896) **Maria Deconto** (16/07/1877 – 07/1959).			
	2914	M	i.	**Carlos Gabardo** (04/07/1898).
	2915	M	ii.	**Agostinho Gabardo** (04/07/1898).
	2916	M	iii.	**Agostinho Gabardo** (03/07/1900 – 09/09/1900).
+	2917	M	iv.	**Severino Deconto Gabardo** (01/11/1901 – 09/06/1963).
+	2918	M	vi.	**João Vergílio Gabardo** (14/01/1904 – 13/10/1946).
+	2919	M	vii.	**Florido Gabardo** (18/09/1906 – 12/02/1977).
+	2920	F	viii.	**Brigida Deconto Gabardo** (29/08/1908 – 21/08/1965).
	2921	M	ix.	**Americo Gabardo** (15/10/1910 – 07/08/1912).
+	2922	F	x.	**Octacília Gabardo** (24/11/1912).
	2923	M	xi.	**Marino Gabardo** (01/07/1915 – 24/07/1915).
+	2924	M	v.	**Isaias Gabardo** (23/08/1916).
	2925	M	xii.	**Hilario Deconto Gabardo** (13/01/1919 – 07/11/1919).
+	2926	F	xiii.	**Edolfina Gabardo** (22/07/1922).
1715.	**Joanna Gabardo** (14/11/1879 – 16/02/1915).			
	(07/06/1902) **Carlo Moreschi** (1875 – 24/05/1921).			
+	2927	M	i.	**Florindo José Moreschi** (19/03/1903 – 07/08/1972).
	2928	F	ii.	**Angela Margarida Moreschi** (24/09/1905).
	2929	F	iii.	**Lidia Angela Moreschi** (31/03/1907).
+	2930	M	iv.	**Lombardo Moreschi** (31/08/1908).
	2931	F	v.	**Colomba Moreschi** (15/04/1910).
	2932	F	vi.	**Irene Moreschi** (25/06/1914).
1717.	**Bortolo Gabardo** (20/04/1884 – 15/10/1964).			
	() **Giovanna Fabris** (1885 – 11/1965).			
+	2933	F	i.	**Virginia Gabardo** (30/10/1906).
+	2934	M	ii.	**Ilio Hermenegildo Gabardo** (07/02/1907).
+	2935	F	iii.	**Constantina Maria Gabardo** (30/10/1910).
+	2936	M	iv.	**Julio Gabardo** (11/10/1911 – 26/09/1981).
	2937	F	v.	**Cecilia Gabardo** (01/06/1913 – 13/11/1918).
+	2938	M	vi.	**Aldino Gabardo** (23/02/1915 – 19/11/1944).
	2939	F	vii.	**Dolores Gabardo** (28 /11/1915)
	(05/06/1941) **Francisco de Souza Neto**.			
+	2940	M	vii.	**Belmiro Gabardo** (26/11/1916).
+	2941	F	viii.	**Veronica Gabardo** (15/09/1918 – 12/05/2008).
	2942	F	ix.	**Cecilia Gabardo** (09/09/1920).

				(11/05/1946) **Osvaldo da Costa Freire** (09/10/1922).
+	2943	F	xi.	**Deomira Gabardo** (19/07/1922).
+	2944	F	xi.	**Hercília Gabardo** (03/09/1924 – 04/02/2007).
+	2945	F	xii.	**Wilce Fabris Gabardo** (24/06/1926).
	2946	F	xiii.	**Adyr Gabardo** (24/08/1928 – 25/03/2009).
				(19/04/1952) **Allan Kardec Ayres** (1920).
	2947	F	x.	**Marilda Gabardo**.

1719. **Antonio Lazzarotto Gabardo** (13/05/1887 – 23/10/1953).

(25/11/1910) **Carmine Maria Merlin** (02/1891).

+	2948	M	i.	**Raymundo Gabardo** (26/08/1912 – 25/07/1968).
+	2949	F	ii.	**Izis Luigia Gabardo** (11/02/1914 – 25/02/1997).
+	2950	F	iii.	**Dulce Gabardo** (08/06/1920 – 04/06/2015).
+	2951	F	iv.	**Nilse Gabardo** (30/12/1924 – 31/01/1985).
+	2952	F	v.	**Edile Merlin Gabardo** (14/09/1929).

1720. **Angela Gabardo** (1888 – 04/1954).

(11/07/1908) **Antonio Colleone** (1887).

	2953	M	i.	**Mario Colleone** (02/04/1909).
	2954	F	ii.	**Italia Colleone** (01/01/1911 – 18/09/1945).
+	2955	F	iii.	**Aurora Angela Colleone** (28/08/1912).
	2956	F	iv.	**Carmella Angela Colleone** (20/09/1914).
+	2957	M	v.	**Valdemar Colleone** (03/01/1917).
	2958	F	v.	**Adelaide Joanna Colleone** (20/09/1919).
				(05/02/1942) **Alceu Moletta** (1921).

1721. **José Gabardo** (29/11/1890 – 18/11/1918).

(23/10/1909) **Maria Cecilia Thomaz** (24/11/1892 – 22/10/1973).

+	2959	F	i.	**Etelvina Gabardo** (27/06/1911).
+	2960	M	ii.	**Araújo Gabardo** (29/04/1913 – 08/10/1980).
+	2961	F	iii.	**Dolores Gabardo** (28/02/1915).

1722. **Antonia Gabardo** (23/02/1869 – 21/01/1921).

(03/08/1887) **Tommaso Negrello** (09/03/1868 – 05/11/1952).

1725. **Giuseppa Gabardo** (05/08/1873 – 08/1917).

(15/04/1891) **Bortolo Parolin** (1872 – 11/1954).

+	2980	F	i.	**Lucia Parolin** (02/02/1892 – 16/07/1923).
+	2981	F	ii.	**Anna Maria Parolin** (12/1893).
	2982	F	vi.	**Maria Parolin** (08/09/1894).
+	2983	F	iii.	**Julia Parolin** (07/04/1896).
+	2984	M	iv.	**Eugênio Antonio Parolin** (21/11/1897).
	2985	F	vii.	**Maria Thereza Parolin** (22/10/1899).
	2986	M	viii.	**Luiz Parolin** (15/08/1906).
	2987	M	v.	**Daniel Parolin**.

1726.	**Pietro Gabardo** (03/02/1875 – 28/10/1942).			
	(23/02/1895) **Catterina Stofella** (05/02/1873 – 06/01/1902).			
+	2988	F	i.	**Anna Maria Gabardo** (06/04/1896).
	2989	M	ii.	**Antonio Gabardo** (20/11/1897 – 29/11/1897).
+	2990	F	iii.	**Antonia Gabardo** (01/01/1899 – 03/1946).
+	2991	M	iv.	**Olderico Gabardo** (07/12/1900 – 23/05/1964).
				(20/05/1911) **Catharina Nardino** (27/09/1880 – 14/10/1964).
+	2992	F	v.	**Ítala Lucia Gabardo** (05/09/1903 – 08/06/1982).
	2993	F	vi.	**Josephina Gabardo** (26/09/1905 – 10/1955).
				(18/11/1926) **João Solieri** (06/11/1904).
+	2994	F	vii.	**Margarida Esterina Gabardo** (04/10/1907 – 07/1951).
	2995	M	viii.	**Jardini Gabardo** (29/07/1909)
+	2996	M	viii.	**Bernardino Gabardo** (23/03/1911).
	2997	F	ix.	**Helena Gabardo** (02/03/1913 – 22/10/1917).
	2998	M	x.	**Camilo Gabardo** (08/12/1914 – 24/02/1915).
+	2999	M	xi.	**Arnaldo Gabardo** (06/02/1916 – 20/04/1975).
1728.	**Angela Gabardo** (12/05/1878 – 31/03/1912).			
	(14/09/1895) **Santo Beltrame** (20/07/1868 – 12/01/1944).			
+	3000	F	i.	**Joanna Beltrame** (22/06/1896).
	3001	F	ii.	**Eugênia Beltrame** (04/12/1897).
				(22/11/1919) **Antonio Nardino** (02/12/1895).
+	3002	F	iii.	**Vergínia Beltrame** (13/12/1899).
+	3003	F	iv.	**Helena Beltrame** (13/05/1901 – 23/10/1934).
	3004	M	v.	**Ricardo Beltrame** (18/11/1902 – 01/03/1903).
	3005	F	vi.	**Carlota Beltrame** (18/02/1904).
				() **Santo Vendrameto**.
+	3006	F	vii.	**Maria Beltrame** (19/03/1905).
	3007	M	viii.	**Angelo Beltrame** (29/11/1907).
				(12/07/1930) **Clementina Duresso** (1913).
	3008	F	ix.	**Rosalina Beltrame** (05/1909).
				() **Clementino Antonieto**.
	3009	F	x.	**Adele Beltrame** (16/03/1912 – 07/04/1912).
1729.	**Antonio Gabardo** (04/02/1880 – 05/1917).			
	(10/07/1897) **Maria Ceschin** (20/03/1878 – 08/1949).			
+	3010	F	i.	**Elvira Gabardo** (1898).
+	3011	F	ii.	**Amalia Gabardo** (14/01/1903).
+	3012	M	iii.	**Carlito Egydio Gabardo** (10/02/1905).
+	3013	F	iv.	**Attilia Gabardo** (10/02/1905).
+	3014	M	v.	**Clementino Eduardo Gabardo** (08/1907 – 1971).
+	3015	M	vi.	**Lírio Eduardo Gabardo** (13/11/1910).

+	3016	M	vii.	**Hygino (Mezino) Gabardo** (10/09/1913).
	3017	F	viii.	**Lydia Gabardo** (14/08/1915 – 28/01/1916).
	3018	F	ix.	**Elíria Gabardo** (14/08/1915 – 15/11/2011).
1730.	**Luis Gabardo** (02/08/1884 – 24/01/1942).			
	(08/06/1907) **Josephina Deconto** (08/09/1885).			
	3019	M	i.	**Umberto Gabardo** (03/01/1908 – 15/10/1909).
+	3020	M	ii.	**Affonso Gabardo** (30/04/1909).
+	3021	F	iii.	**Ignes Anna Gabardo** (21/01/1911).
+	3022	M	iv.	**Gilberto Gabardo** (06/09/1912 – 08/1952).
	3023	M	v.	**Orlando Gabardo** (15/08/1914 – 13/12/1914).
+	3024	F	vi.	**Yolanda Gabardo** (01/11/1915).
+	3025	F	vii.	**Idy Gabardo** (26/03/1918 – 04/12/2008).
	3026	F	viii.	**Amelia Gabardo** (01/1920).
				(07/07/1951) **Victor Augusto Stroka** (1911).
+	3027	F	ix.	**Emilia Gabardo** (01/1920).
	3028	M	x.	**Alberto Gabardo**.
1733.	**Maria Gabardo** (22/02/1887 – 07/06/1941).			
	(23/05/1914) **Vincenzo Mario Pellizari** (1892).			
	3029		i.	**Natimorto** (26/01/1915)
+	3030	F	ii.	**Iracema Magdalena Pellizari** (16/01/1916 -25/01/2008).
	3031	M	iii.	**Oswaldo Pellizari** (1917 – 18/03/2008).
	3032		iv.	**Coracy Pellizari** (1923 – 03/10/2015)
	3033	M	v.	**Guido Pellizari** (05/07/1928)
1734.	**Bortolo Gabardo** (21/12/1899).			
	(30/07/1910) **Silvia Lopes Cordeiro** (30/03/1891).			
	3034	M	i.	**Valdemiro Gabardo** (05/07/1911 – 26/02/1912).
	3035	F	ii.	**Yolanda Gabardo**.
	3036	F	iii.	**Dirce Gabardo**.
	3037	F	iv.	**Lucy Gabardo** (11/1917 – 04/01/1920).
	3038	M	v.	**Nelson Gabardo**.
				(25/02/1941) **Idia Cortiano** (20/10/1917)
	3039		vi.	**N Gabardo**.
	3040		vii.	**N Gabardo**.
	3041		viii.	**N Gabardo**.
	3042		ix.	**N Gabardo**.
	3043		x.	**N Gabardo**.
+	3044	F	xi.	**Diva Gabardo** (24 /11/1932).
1738.	**Pietro Gabardo** (31/05/1870 – 11/1926).			
	(15/04/1891) **Giuseppa Stofella** (1872).			
	3045	M	i.	**Vicente Gabardo** (19/04/1892 – 06/1950).

				(19/07/1913) **Deolinda Cortiano** (1893 – 12/1950).
	3046	F	ii.	**Maria Magdalena Gabardo** (01/08/1893).
	3047	M	iii.	**João Paolo Gabardo** (26/12/1894 – 29/01/1938).
+	3048	M	iv.	**Abel Pio Gabardo** (18/07/1896 – 19/05/1970).
	3049	M	v.	**Raphael Gabardo** (11/03/1898 – 25/03/1900).
	3050	M	vi.	**Alfredo Gabardo** (06/09/1900 – 07/09/1900).
+	3051	F	vii.	**Catharina Gabardo** (21/11/1901).
1742.	**Vittore Gabardo** (07/01/1877 – 04/10/1924).			
	(15/10/1898) **Josephina Thomazi** (30/04/1880 – 10/1949).			
	3052	M	i.	**Vicente João Gabardo** (04/08/1899 – 23/03/1900).
+	3053	F	ii.	**Dorothea Elvira Gabardo** (20/11/1900 – 07/1959).
+	3054	F	iii.	**Leonora Gabardo** (24/09/1901).
+	3055	M	iv.	**Emilio Gabardo** (15/05/1903 – 23/03/1977).
+	3056	F	v.	**Margarida Gabardo** (13/04/1905).
+	3057	M	vi.	**Ismael Gabardo** (14/06/1906).
+	3058	F	vii.	**Palmira Gabardo** (19/03/1908).
+	3059	M	viii.	**Narciso Gabardo** (19/02/1910).
	3060	F	ix.	**Helena Gabardo** (27/02/1912 – 22/06/1915).
+	3061	F	x.	**Mafalda Gabardo** (16/05/1914).
	3062	M	xi.	**Virgílio Gabardo** (06/04/1916).
				() **Laura**.
1743.	**Anna Maria Gabardo** (06/07/1878 – 07/1931).			
	(26/10/1895) **Giovanni Battista Bozza** (1872 – 04/08/1925).			
	3063	F	i.	**Maria Bozza** (17/08/1896).
	3064	F	ii.	**Regina Dorothea Bozza** (17/07/1897 – 11/1897).
+	3065	F	iii.	**Maria Bozza** (/10/1898).
+	3066	F	iv.	**Regina Dorothea Bozza** (01/12/1898).
+	3067	F	v.	**Anna Luiza Bozza** (25/02/1900 – 04/1957).
+	3068	F	vi.	**Angela Joanna Bozza** (11/05/1901).
+	3069	M	vii.	**Angelo João Bozza** (27/12/1902).
+	3070	M	viii.	**Vicente Benvenuto Bozza**.
+	3071	M	ix.	**Natal Luiz Bozza** (25/12/1905).
+	2072	F	x.	**Pascoa Barbara Matesca Bozza**.
	3073	M	xi.	**José Bozza** (11/1908 – 18/08/1909)
+	3074	F	xi.	**Lucia Bozza** (08/06/1911 – 11/06/1992).
	3075	M	xii.	**Antonio Bozza** (27/12/1913).
1749.	**Anna Ursula Gabardo** (10/07/1889 – 22/10/1951).			
	(25/07/1908) **Victório Manoel Bobato** (20/03/1888 – 01/09/1976).			
	3076	M	i.	**Leontino José Bobato** (22/02/1909)
	3077	M	ii.	**Osvaldo Anacleto Bobato** (13/07/1910)

+	3078	M	iii.	**Antonio Leontino Bobato** (16/07/1912).
+	3079	M	iv.	**Deolderico Bobato** (18/07/1915 – 31/05/1990).
+	3080	F	v.	**Antonia Bobato** (13/06/1916 – 16/02/2000).
+	3081	M	vi.	**Omides M Bobato** (05/09/1919 – 18/11/2010).
+	3082	M	vii.	**Bráulio Bobato** (22/06/1921 – 22/06/2002).
+	3083	M	viii.	**Reinaldo Bobato** (06/01/1924 – 12/11/1971).
1752.	**Anna Gabardo** (29/11/1881),			
	(25/11/1906) **José Bozza** (1880).			
+	3084	M	i.	**João Bozza** (04/07/1908).
	3085	F	ii.	**Vergínia Bozza** (09/1909 – 27/05/1910).
	3086	M	iii.	**Antonio Bozza** (31/08/1912).
	3087	M	iv.	**Julio Bozza** (12/09/1914).
				(27/09/1941) **Veronica Gabardo** (1918 – 12/05/2008).
	3088	M	v.	**Emilio Bozza** (12/09/1915).
				(12/09/1942) **Mercedes Anderson**.
	3089	M	vi.	**Adelino Bozza** (19/10/1917)
				(14/04/1945) **Lourdes Martins**.
1753.	**Pedro Gabardo** (05/10/1882 – 05/1956).			
	(27/06/1908) **Angela Cortiano** (1885 – 11/1939).			
+	3090	F	i.	**Anna Ermínia Gabardo** (03/07/1909 – 01/1958).
	3091	F	ii.	**Angela Gabardo** (08/03/1911 – 02/09/1912).
+	3092	M	iii.	**Raphael Gabardo** (02/01/1913).
+	3093	F	iv.	**Isolina Gabardo** (11/04/1915).
1755.	**Antonio Gabardo** (25/08/1884 – 08/1951).			
	(30/05/1906) **Judith Merlin** (1889 – 22/07/1944).			
+	3094	F	i.	**Alice Gabardo** (26/04/1907).
	3095	F	ii.	**Clementina Gabardo** (16/01/1909)
+	3096	M	iii.	**Mario Gabardo** (29/06/1910).
	3097	F	iv.	**Argentina Gabardo** (06 /11/1911)
				(19/10/1929) **João Geraldo Bassan** (26 /11/1908)
	3098	F	v.	**Margarita Gabardo** (02/05/1913 – 02/05/1913)
+	3099	M	vi.	**Ricardo Gabardo** (27/10/1914).
	3100	F	vii.	**Henrica Gabardo** (27/10/1914)
				(08 /11/1933) **Luiz Giacomassi** (1908)
	3101	F	viii.	**Catarina Gabardo** (30/01/1916)
	3102	F	ix.	**Magdalena Gabardo** (22/06/1917)
	3103	M	x.	**João Gabardo** (23/03/1920).
				(09/07/1949) **Francisca Soares** (1922).
	3104	M	xi.	**Amadeu Gabardo** (08 /11/1923 – 12/03/1924)
	3105	M	xii.	**Antonio Gabardo**.

1756. **Leonilda Gabardo** (23/10/1887).

(10/06/1911) **Francisco Pazello** (1883 – 28/11/1936).

	3106	F	i.	**Avelina Pazello** (06/03/1906).
+	3107	M	ii.	**Henrique Francisco Pazello** (15/07/1907).
	3108	M	iii.	**Urbano Honorato Pazello** (12/1908).
+	3109	M	iv.	**Reynaldo Pazello** (outubro 1910).
+	3110	F	v.	**Alerina Pazello** (06/03/1912 – 10/09/2006).
	3111	M	vi.	**Dante Pazello** (07/04/1914).
				(17/07/1965) **Helena Urbanski**.
+	3112	M	vii.	**Silvino Pazello** (11/02/1916).
+	3113	F	viii.	**Alciria Pazello** (22 /11/1917 – 17/02/1998).
	3114	F	ix.	**Dalila Pazello** (18 /11/1921 – 23/05/1923)
+	3115	M	x.	**Alcides Pazello** (07 /11/1923 - 31/03/2005).
+	3116	F	xi.	**Delohé Pazello** (24/09/1925 – 08/05/2002).
+	3117	M	xii.	**Deloys Pazello** (10/07/1927 – 21/03/1989).

1757. **Maria Gabardo** (04/10/1889).

(15/07/1916) **Antonio Wisnesky** (1887 – 09/1942).

	3118	M	i.	**Edayr Wisnesky** (14/01/1922 – 06/1922).
	3119	M	ii.	**Leonides Wisnesky** (04/1923 – 05/1924).
+	3120	M	iii.	**Beblides Wisnesky**.
	3121	F	iv.	**Olivia Gabardo Wisnesky** (1928).
				(7/09/1946) **Eloy Zavorski** (1924).
	3122	F	v.	**Olga Wisnesky** (1931).
				(29/12/1951) **Joel Pascoal Nunes da Silva** (1930).

1758. **Angela Gabardo** (02/10/1891 – 06/08/1951).

(01/10/1921) **Pedro Segalla** (15/02/1883 – 06/1945).

	3123	F	i.	**Dyahir Segalla** (09/1922).
				(21/09/1940) **Levy Rieke**.
+	3124	M	ii.	**Israel Segalla** (06/08/1929).
	3125	M	iii.	**Raul Segalla** (1933 – 01/1934).

1759. **Vicente Gabardo** (22/06/1893 – 25/06/1974).

(11/01/1913) **Margarida Bozza Thomaz** (21/12/1886 – 27/04/1948).

+	3126	M	i.	**Aristides Gabardo** (11 /11/1913 – 02/09/1974).
+	3127	M	ii.	**Valdemar Gabardo** (12 /11/1914 – 05/08/1976).
	3128	F	iii.	**Maria Ignez Gabardo** (20/04/1916)
	3129	F	iv.	**Anna Ignez Gabardo** (28/09/1917 – 22/11/2005)
				(04/07/1942) **Alfredo Gelbecke** (15 /11/1914).
+	3130	F	v.	**Juracy Gabardo** (19/08/1919 – 18/01/2007).
+	3131	M	vi.	**Orlando João Gabardo** (02/03/1921 – 19/11/1998.
	3132	F	vii.	**Natimorto Gabardo** (17/04/1922)

	3133	F	viii.	**Leontina Gabardo** (29/07/1924).
	3134	M	ix.	**José Italo Gabardo** (07/1926 – 03/1951)
	3135	F	x.	**Dionah Gabardo** (29/11/1931)
				(12/06/1954) **Ewaldo Stutz** (1925 – 14/08/2009)
	3136	F	xi.	**Doralice Gabardo**.
+	3137	M	xii.	**Olívio Gabardo** (08/04/1935 – 01/11/1992).

1761. **Rosalina Gabardo** (05/12/1897).

(25/02/1922) **Antonio Sabedotti** (14/02/1896).

	3138	F	i.	**Domitilla Sabedotti** (09/1923).
	3139	M	ii.	**Ulysses Sabedotti** (28/08/1925).
	3140	M	iii.	**Alcides Sabedotti**.
+	3141	F	v.	**Odila Sabedotti** (1929).
	3142	F	vi.	**Dalila Sabedotti**.
	3143	M	iv.	**Valdir Sabedotti** (13/08/1938).
	3144	F	vii.	**Arlete Sabedotti**.

1762. **Joanna Amelia Gabardo** (24/06/1900).

(22/04/1922) **Antonio Cortiano** (28/02/1899).

	3145	M	i.	**Ary Jacob Cortiano** (03/1923).
	3146	F	iii.	**Eliza Cortiano**.
	3147	M	vi.	**Syrio Cortiano** (07/1928).
+	3148	M	ii.	**Durval Cortiano** (13/11/1931).
	3149	F	iv.	**Geni Cortiano**.
	3150	F	v.	**Lindamir Cortiano** (27/04/1934).

1763. **Elodia Gabardo** (20/01/1904).

(10/02/1923) **Pedro Rossa** (17/09/1901).

+	3151	F	i.	**Isolda Rossa** (31/01/1924).
	3152	M	ii.	**Milton Rossa** (07/07/1926 – 23/04/1998).
				() **Maria de Lourdes Aguiar** (1927).

1786. **Mattia Signori** (22/09/1841 – 18/10/1881).

(27/11/1867) **Tommaso Pontarollo** (21/01/1840).

1787. **Antonia Maria Zannoni** (16/01/1839 – 04/10/1916).

(29/04/1863) **Leopoldo Vettor Pontarollo** (23/07/1837 – 12/05/1907).

1822. **Margherita Costa** (17/03/1838).

(08/03/1859) **Crestano Costa** (17/10/1840).

+	3160	F	iii.	**Maria Elisabetta Costa** (25/07/1865 – 29/07/1888).
+	3161	F	iv.	**Catterina Costa** (03/09/1869).
	3162	F	i.	**Catterina Battistina Costa** (25/02/1859 (01/05/1877).
+	3163	M	ii.	**Giovanni Battista Costa** (06/11/1860).
	3164	F	v.	**Maria Antonia Costa** (15/07/1872).
	3165	F	vi.	**Maria Costa** (02/06/1875 – 25/09/1877).

1824.	Gaetano Cavalli (26/05/1843 – 13/08/1915).				
	(03/02/1869) Cecília Pontarollo (02/02/1846).				
+		3166	F	i.	Antonia Maria Cavalli (09/08/1869 – 1927).
		3167	F	ii.	Teresa Margherita Cavalli (23/11/1872 – 28/12/1948).
+		3168	F	iii.	Lucia Cavalli (04/07/1882).
		3169	F	iv.	Basilia Angela Cavalli (26/01/1876 – 28/03/1884).
		3170	M	v.	Sante Basilio Cavalli (17/09/1885).
		3171	F	vi.	Filomena Cavalli (18/06/1888).
1829.	Giovanni Battista Pontarollo (01/11/1840).				
	(18/11/1863) Lucia Gabardo (18/04/1843 – 06/11/1902).				
1831.	Angela Pontarollo (23/10/1843 – 03/06/1917).				
	(06/11/1861) Angelo Gabardo (13/10/1839 – 08/05/1913).				
1832.	Giovanna Battistina Pontarollo (27/04/1845 – 31/08/1904).				
	(17/07/1872) Angelo Gabardo (17/07/1834 – 1924).				
1834.	Anna Maria Pontarollo (19/07/1848 – 13/04/1892).				
	(24/02/1868) Antonio Gabardo (06/01/1844 – 05/08/1925).				
1836.	Francesco Noé Pontarollo (02/01/1852).				
	(19/02/1879) Maria Gabardo (26/10/1860).				
1840.	Giovanna Maria Pontarollo (05/12/1857 – 20/09/1926).				
	(28/04/1875) Antonio Gabardo (01/03/1846 – 28/02/1919).				
1846.	Maria Luigia Pontarollo (31/01/1868).				
	(23/04/1887) Antonio Maria Signori (24/11/1861).				
1847.	Francesco Giuseppe Sebellin (31/07/1852).				
	(25/11/1868) Anna Maria Gabardo (20/03/1850 – 10/01/1881).				
		3243	M	viii.	Pio Giuseppe Sebellin (07/08/1881).
	(07/04/1883) Maria Maddalena Lazzarotto (30/06/1857).				
		3244	F	ix.	Anna Sebellin (13/07/1887).
		3245	M	x.	Antonio Sebellin (22/08/1890).
		3246	F	xi.	Geltrude Sebellin (25/07/1895).
1849.	Francesco Negrello (04/12/1848).				
	(20/01/1875) Antonia Lazzarotto (04/12/1851).				
1851.	Giovanni Negrello (12/06/1852 – 28/09/1877).				
	(26/01/1876) Pasqua Celi (28/02/1853)				
		3255	F	i.	Antonia Negrello (31/12/1876 – 11/08/1884).
1853.	Tomaso Negrello (11/07/1857).				
	(27/04/1881) Antonia Lazzarotto (10/08/1859).				
		3256	F	i.	Lucia Negrello (08/11/1881).
		3257	M	ii.	Antonio Negrello (28/01/1883).
1854.	Gaetano Negrello (08/08/1859).				
	(15/02/1882) Maria Teresa Pontarollo (19/10/1860 – 11/02/1883).				

				(08/03/1885) **Gasparina Pasi** (08/08/1863).
+	3258	F	i.	**Margherita (Marglerz) Negrello** (20/07/1888 – 1956).
	3259	F	ii.	**Giuseppa Negrello** (04/06/1883).
	3260	M	iii.	**Antonio Negrello** (03/11/1886).
	3261	F	iv.	**Giovanna Negrello** (12/04/1890).
	3262	F	v.	**Antonia Negrello** (28/01/1892).
	3263	F	vi.	**Catterina Negrello** (03/12/1893).
	3264	M	vii.	**Michele Negrello** (02/11/1895).
	3265	F	viii.	**Maria Negrello** (02/10/1897).
	3266	M	ix.	**Ettore Negrello** (13/09/1899).
	3267	M	x.	**Bortolo Negrello** (24/09/1901).
	3268	F	xi.	**Elisabetta Negrello** (01/10/1903).
1857.	**Vettor Negrello** (06/03/1849 – 30/06/1916).			
	(17/12/1876) **Antonia Domenica Sebellin** (31/10/1845 – 13/10/1880).			
	3269	M	i.	**Antonio Negrello** (29/12/1876).
				(02/03/1902) **Maria Antonia Gabardo** (21/05/1881).
	3270	M	ii.	**Pietro Negrello** (07/08/1880).
	(13/02/1883) **Margarita Gabardo** (04/11/1862).			
1858.	**Francesco Negrello** (06/09/1850 – 25/02/1917).			
	(22/09/1883) **Maria Rosa Lazzarotto** (27/05/1857 – 28/07/1891).			
	3275	F	i.	**Giuseppa Negrello** (25/08/1884).
				(07/02/1906) **Giacomo Fabris** (27/08/1883).
1862.	**Francesco Negrello** (24/10/1859).			
	(16/12/1886) **Aurelia Boggia** (26/08/1860).			
	3276	M	i.	**Angelo Negrello** (19/01/1896 – 28/08/1970).
1886.	**Paolo Bonato Gabardo** (23/05/1876).			
	(17/06/1899) **Julia Razzolini** (06/12/1880 – 04/1954).			
+	3277	F	i.	**Elvira Razzolini Gabardo** (1901).
	3278	F	ii.	**Francisca Carmella Gabardo** (14/02/1902).
	3279	M	iii.	**Raul Gabardo**.
+	3280	F	iv.	**Carmen Gabardo** (02/1905).
	3281	M	v.	**Casemiro Paulo Gabardo** (08/09/1906 – 04/07/1997).
+	3282	M	vi.	**Arthur Gabardo**.
	3283	M	vii.	**João Gabardo** (19/02/1911).
	3284	F	viii.	**Lucia Mercedes Gabardo** (22/08/1913 – 18/11/2009).
				( ) **Augusto Colle**.
+	3285	F	ix.	**Julieta Gabardo** (03/1916 – 09/1959).
1887.	**Nicolau Gabardo** (14/10/1878 – 14/06/1906).			
	(17/06/1899) **Maria Volpi** (10/02/1881 – 19/05/1962).			
+	3286	M	i.	**Antonio Gabardo Júnior** (11/05/1900 – 23/06/1982).

	3287	F	ii.	**Francisca Carlota Gabardo** (11/02/1902 – 23/03/1982).
	3288	F	iii.	**Gloria Paulina Gabardo** (03/01/1904 – 25/07/1978).
+	3289	F	iv.	**Joanna Gabardo** (29/06/1906 – 16/06/1984).

1889. **João Baptista Gabardo** (10/04/1882 – 21/06/1942).

(09/11/1907) **Rosa Fascina Razzolini** (22/07/1890 – 12/05/1935).

+	3290	F	i.	**Elza Gabardo** (11/11/1909 – 28/10/2004).
+	3291	M	ii.	**Antonio Américo Gabardo** (15/11/1911 – 1998).
+	3292	F	iii.	**Sophia Idalina Gabardo** (15/10/1913 – 18/06/2010).
+	3293	F	iv.	**Nair Gabardo** (11/09/1914 – 29/01/1977).
	3294	F	v.	**Carmella Francisca Gabardo** (11/09/1914).
+	3295	F	vi.	**Haideé Gabardo** (04/07/1917).
	3296	F	vii.	**Matilde Gabardo**.
	3297	F	viii.	**Mafalda Gabardo**.
+	3298	M	ix.	**Paulo Gentil Gabardo** (06/1923).
+	3299	M	x.	**Ruy (Romeu) Gabardo** (04/1925 – 13/07/2007).
+	3300	M	xi.	**Raul Gabardo** (1930).

(23/09/1936) **Genoveva Lucia Merlin Bozza**.

1890. **Francisco Gabardo** (20/01/1884 – 1960).

(08/06/1907) **Maria Costa** (10/04/1889 – 1967).

+	3301	M	i.	**José João Gabardo** (21/04/1908).
	3302	M	ii.	**Francisca Gabardo** (14/01/1910).
+	3303	M	iii.	**Luiz Gabardo** (05/06/1912).
	3304	F	iv.	**Felicidade Gabardo** (07/10/1914 – 10/11/1984).

(30/10/1943) **Hilario Simion Bettega** (1914 – 1984).

+	3305	M	v.	**Bento Maurício Gabardo** (28/05/1916).
+	3306	F	vi.	**Irene Gabardo** (13/06/1918).
+	3307	M	ix.	**Mário Gabardo** (08/09/1920 – 14/09/2014).
	3308	F	x.	**Júlia Gabardo** (08/08/1922 – 07/11/1996).
+	3309	F	xii.	**Amélia Gabardo** (10/07/1925).
+	3310	M	vii.	**Ferdinando A. Gabardo** (10/07/1927 – 16/12/2008).
+	3311	M	viii.	**Nagib Américo Gabardo** (29/10/1931 – 11/04/1978).

1891. **Jacob Gabardo** (21/08/1885 – 09/1962).

(05/09/1908) **Giovanna Smaniotto** (1885).

	3312	M	i.	**José Gabardo** (01/1908).
+	3313	M	ii.	**Jacintho Gabardo** (01/07/1909).
+	3314	F	iii.	**Paschoa Gabardo** (17/05/1911).
+	3315	F	iv.	**Helena Gabardo** (22/08/1912).
	3316	M	v.	**Joaquim Gabardo** (11/1913 – 05/12/1914).
	3317	F	vi.	**Rosa Gabardo** (11/1915).

(15/04/1940) **Viviano Grosse**.

	3318	F	vii.	**Gemma Gabardo**.
	3319	F	viii.	**Anna Maria Gabardo** (07/09/1917 – 19/12/2006).
				(16/07/1937) **Henrique Budel**.
	3320	M	ix.	**Benjamin Gabardo** (12/1920 – 12/02/1922).
+	3321	F	x.	**Iolanda Gabardo** (1930 – 21/06/2004).
	3322	M	xi.	**Antonio Gabardo**.
				() **Pedrolina**.
+	3323	M	xii.	**Anselmo Gabardo**.
1893.	**Margarida Gabardo** (06/06/1889).			
	(06/02/1907) **José Culpi** (1888).			
+	3324	F	i.	**Ermínia Culpi** (13/11/1907).
	3325	M	ii.	**João Antonio Culpi** (09/1908).
	3326	M	iii.	**João Baptista Culpi** (24/07/1909).
	3327	M	iv.	**Gustavo Culpi** (29/01/1911 – 10/07/1936).
	3328	M	v.	**João Antonio Culpi** (23/07/1913).
				() **Tereza Bottega** (17/04/1905).
	3329	M	vi.	**Anselmo Culpi**.
				() **Zulmira Acil** (18/04/1905).
				(15/06/1940) **Luiz Rassmussen**.
1901.	**Giovanna Paola Pontarollo** (01/05/1895 – 19/08/1992).			
	() **Francesco (Frank) Pontarollo** (1892).			
	3330	M	i.	**Olindo Mattana Pontarollo** (23/02/1921 – 16/03/2005).
	3331	M	ii.	**Aldo Pontarollo** (1923).
	3332	F	iii.	**Imelda Pontarollo** (1933).
1902.	**Paolo Geremia Pontarollo** (01/10/1896 – 19/03/1976).			
	() **Georgia Mertle Hipp** (20/03/1901 – 19/03/1976).			
	3333	F	i.	**N Pontarollo**.
	3334		ii.	**Allen Frances Pontarollo** (14/02/1921 – 10/03/1921).
	3335	F	iii.	**Rebecca M. Pontarollo** (09/05/1927 – 17/12/2012).
	3336	M	iv.	**Ernesto William Pontarollo** (01/10/1928 – 24/04/2002).
+	3337	F	v.	**Lillian Violet Pontarollo** (14/04/1933 – 29/07/1998).
	3338	F	vi.	**Jeanete Delphine Pontarollo** (05/06/1938 – 15/08/2000).
1906.	**Antonio (Gino) Pontarollo** (18/08/1901 – 17/07/1967).			
	3339	F	i.	**N Pontarollo**.
	3340	F	ii.	**Maria Pontarollo**.
1920.	**Vettor Gabardo** (13/08/1847 – 06/02/1912).			
	(06/02/1872) **Luigia Lazzari** (1848 – 27/05/1932).			
+	3341	M	i.	**Bortolo Gabardo** (09/12/1871 – 17/05/1934).
+	3342	M	ii.	**Domenico Gabardo** (28/02/1874 – 01/11/1922).
	3343	M	iii.	**Antonio Gabardo** (13/06/1875 – 29/12/1877).

	3344	M	iv.	**Salvatore Eugenio Gabardo** (30/06/1876 – 1876/1877).
+	3345	F	v.	**Maria Elisabetta Gabardo** (22/07/1877 – 04/1940).
+	3346	F	vi.	**Domingas Gabardo** (22/07/1881).
+	3347	F	vii.	**Lucia Gabardo** (15/12/1882 – 06/1963).
+	3348	M	viii.	**Antonio Gabardo** (26/06/1883 – 26/05/1951).
	3349	M	ix.	**Eugênio Gabardo** (07/1884).
+	3350	F	x.	**Leonilda Gabardo** (11/09/1886 – 05/1948).
+	3351	M	xi.	**Eugênio Gabardo** (30/10/1888 – 18/10/1957).
1921.				**Giovanni Gabardo** (11/09/1850 – 04/10/1922).
	(27/03/1877) **Agata Negrello** (31/01/1859 – 28/06/1936).			
1924.				**Valentino Gabardo** (18/01/1859 – 02/03/1897).
	(18/07/1883) **Antonia Bizzotto** (08/08/1866 – 28/03/1949).			
+	3359	M	i.	**Bertollino Gabardo** (15/04/1885 – 19/04/1945).
	3360	F	ii.	**Antonia Gabardo** (08/02/41886).
+	3361	F	iii.	**Angelina Gabardo** (1888 – 02/09/1953).
+	3362	M	iv.	**Francisco Gabardo** (11/04/1889 – 18/04/1960).
+	3363	F	v.	**Clara (Clarinda) Gabardo** (25/01/1890).
+	3364	M	vi.	**Victor Gabardo** (05/05/1892 – 04/07/1956).
	3365	M	vii.	**Guido Gabardo** (05/05/1892).
	3366	F	viii.	**Rosa Gabardo** (14/08/1894).
+	3367	M	ix.	**Antonio Gabardo** (16/06/1895 – 07/06/1963).
1926.				**Maria Antonia Gabardo** (07/05/1865 – 09/02/1906).
	(26/04/1882) **Giacinto Moletta** (19/06/1862 - 1948).			
	3368	M	i.	**Alberto Moletta** (22/02/1883 – 28/07/1953).
	3369	F	ii.	**Anna Maria Moletta** (04/1884).
+	3370	F	iii.	**Domingas Moletta** (31/08/1885).
+	3371	F	iv.	**Zenobia Moletta** (1887 – 28/07/1949).
+	3372	M	v.	**Luís Moletta** (15/05/1888 – 27/05/1959).
+	3373	F	vi.	**Angelina Moletta** (20/08/1889 – 11/06/1937).
	3374	M	vii.	**João Moletta** (04 /11/1890)
				(30/10/1916) **Balbina Gonçalves de Almeida** (1899).
	3375	F	viii.	**Leonilda Moletta** (15/06/1892 – 27/08/1942).
+	3376	M	ix.	**Eduardo Moletta** (30/09/1894 – 1916).
+	3377	M	x.	**Victor Antonio Moletta** (04/06/1896 – 1974).
+	3378	M	xi.	**Octávio Moletta** (11/1897).
+	3379	F	xii.	**Maria Magdalena Moletta** (26/07/1898 – 11/02/1963).
+	3380	M	xiii.	**Marcello Moletta** (26/07/1899 – 13/10/1970).
	3381	F	xiv.	**Amélia Moletta** (10/1900).
				() **Generoso da Cruz**.
+	3382	M	xv.	**Antonio Moletta** (14/03/1901 – 1964).

+	3383	F	xvi.	**Rosa Itália Moletta** (1903 – 1928).	
	3384	M	xvii.	**Julio Moletta** (18/04/1904 – 1983).	
				() **Angela Cavassin**.	
1927.	**Maria Gabardo** (14/09/1867).				
	(09/02/1887) **Luigi Pontarollo** (11/11/1867).				
1929.	**Giovanna Gabardo** (18/04/1875).				
	(20/02/1895) **Francesco Pontarollo** (11/06/1873).				
	3391	M	i.	**Egidio Pontarollo** (05/11/1895).	
	3392	M	ii.	**Marino Pontarollo** (09/10/1899).	
	3393	M	iii.	**Costanzo Pontarollo** (20/06/1902).	
	3394	M	iv.	**Mansueto Pontarollo** (12/10/1904).	
1930.	**Antonia Gabardo** (23/06/1877).				
	(09/02/1898) **Bortolo Pontarollo** (29/03/1875).				
	3395	M	i.	**Pietro Paolo Pontarollo** (12/10/1899).	
	3396	M	ii.	**Giacomo Pontarollo** (26/11/1902).	
1939.	**Maria Angela Celi** (18/05/1868 – 11/09/1948).				
	(19/03/1892) **Bortolo Pontarollo** (02/10/1868 – 01/01/1956).				
	3397	F	i.	**Amabile Pontarollo** (04/03/1896 – 30/08/1981).	
				(20/05/1920) **Ermannolfelice Garolla**.	
				(1940) **Giuseppe Tonda**.	
	3398	F	ii.	**Corona Rina Pontarollo** (25/03/1898 – 26/06/1976).	
				(09/12/1919) **Ugo Fosco Peruzzi**.	
	3399	F	iii.	**Catterina Maria Pontarollo** (04/01/1901 – 12/11/1959).	
	3400	M	iv.	**Giordano G. Pontarollo** (27/02/1905 – 01/07/1980).	
				(14/01/1928) **Lucia Lazzarotto**.	
+	3401	F	v.	**Maria Cecilia Pontarollo** (01/03/1909 – 12/08/1984).	
1941.	**Giovanni Battista Celi** (23/04/1872).				
	(18/02/1895) **Corona Lazzarotto** (29/11/1874).				
	3402	M	i.	**Amadio Celi** (06/06/1900).	
+	3403	F	ii.	**Elena Clelia Celi** (06/10/1902).	
	3404	F	iii.	**Clelia Maria Celi** (17/08/1904).	
1942.	**Antonio Celi** (26/11/1873 – 16/04/1949).				
	() **Amalia Lazzarotto** (31/08/1875 – 15/11/1932).				
	3405	M	i.	**Giovanni Battista Celi** (18/10/1900).	
	3406	F	ii.	**Narcisa Celi** (21/07/1902).	
	3407	F	iii.	**Maria Celi** (07/08/1904).	
+	3408	F	i.	**Corona Celi** (23/07/1908 – 04/01/1994).	
1948.	**Tommaso Pontarollo** (13/06/1870 – 28/03/1940).				
	(24/01/1894) **Giovanna Maria Lazzarotto** (01/03/1872).				
	3409	F	i.	**Pasqua Maria Pontarollo** (15/04/1895).	

	3410	F	ii.	**Corona Pontarollo** (13/07/1897).
	3411	F	iii.	**Concetta Teresa Pontarollo** (09/08/1899).
	3412	F	iv.	**Giovanna Maria Pontarollo** (18/09/1901).
	3413	M	v.	**Giosué Pontarollo** (25/08/1903).
1950.	\multicolumn{4}{l	}{**Antonio Pontarollo** (20/02/1877 – 27/02/1956).}
	\multicolumn{4}{l	}{(12/01/1898) **Catterina Pontarollo** (24/10/1876 – 17/08/1962).}
	3414	F	i.	**Maria Pontarollo** (06/02/1899).
	3415	M	ii.	**Giosué Egidio Pontarollo** (07/08/1902).
	3416	M	iii.	**Mansueto Pontarollo** (02/08/1904).
1953.	\multicolumn{4}{l	}{**Vincenzo Pontarollo** (28/11/1870).}
	\multicolumn{4}{l	}{(03/10/1891) **Giovanna Sebellin** (04/06/1869).}
1955.	\multicolumn{4}{l	}{**Antonia Pontarollo** (17/09/1875).}
	\multicolumn{4}{l	}{(13/02/1899) **Giovanni Battista Pontarollo** (17/07/1874).}
1956.	\multicolumn{4}{l	}{**Angela Pontarollo** (24/01/1877 – 1962).}
	\multicolumn{4}{l	}{(13/02/1899) **Armando Prospero Sebellin** (18/11/1876 – 1950).}
1959.	\multicolumn{4}{l	}{**Rosa Pontarollo** (23/01/1883).}
	\multicolumn{4}{l	}{(29/11/1904) **Antonio Costa** (08/04/1881).}
	3433	M	i.	**Antonio Costa** (26/10/1905).
1967.	\multicolumn{4}{l	}{**Giovanna Pontarollo** (05/08/1877).}
	\multicolumn{4}{l	}{() **Francesco Angelo Maria Gabardo** (01/07/1870).}
	3434	M	i.	**Giovanni Battista Gabardo** (09/06/1899).
1971.	\multicolumn{4}{l	}{**Vincenzo Pontarollo** (31/08/1878).}
	\multicolumn{4}{l	}{(10/02/1904) **Giuseppa Pontarollo** (12/09/1881).}
	3435	F	i.	**Giovanna Maria Pontarollo** (15/11/1904).
1986.	\multicolumn{4}{l	}{**Bortolo Pontarollo** (07/02/1871 – 23/08/1955).}
	\multicolumn{4}{l	}{(24/11/1898) **Anna Lazzarotto** (16/11/1874).}
	3438	M	i.	**Pietro Luigi Pontarollo** (22/04/1900).
	3439	F	ii.	**Maria Pontarollo** (29/06/1901).
	3440	M	iii.	**Giuseppe Pontarollo** (12/06/1903).
1987.	\multicolumn{4}{l	}{**Francesco Pontarollo** (11/06/1873).}
	\multicolumn{4}{l	}{(20/02/1895) **Giovanna Gabardo** (18/04/1875).}
1988.	\multicolumn{4}{l	}{**Catterina Pontarollo** (24/10/1876 – 17/08/1962).}
	\multicolumn{4}{l	}{(12/01/1898) **Antonio Pontarollo** (20/02/1877 – 27/02/1956).}
1994.	\multicolumn{4}{l	}{**Angelo Cavalli** (12/10/1822).}
	\multicolumn{4}{l	}{(20/01/1847) **Domenica Moro** (? – 04/10/1866).}
+	3448	F	i.	**Gaetana Cavalli** (04/09/1861).
1998.	\multicolumn{4}{l	}{**Antonia Sebellin** (10/12/1834).}
	\multicolumn{4}{l	}{(28/01/1856) **Giovanni Battista Gabardo** (21/04/1821 – 23/12/1899).}
2037.	\multicolumn{4}{l	}{**Giovanni Zuliani** (23/05/1812 – 26/01/1882).}
	\multicolumn{4}{l	}{(29/11/1840) **Catterina Ferrazzi** (03/02/1820 – 25/06/1877).}

+	3454	M	i.	**Matteo Zuliani** (28/09/1841).	
	3455	M	ii.	**Bartolomeo Zuliani** (02/05/1850).	
	3456	M	iii.	**Sebastiano Zuliani** (17/09/1852).	
	3457	M	iv.	**Luigi Zuliani** (05/10/1860 – 29/04/1879).	
2045.	**Maria Regina Gabardo** (30/12/1840).				
	(22/11/1871) **Giacomo Luigi Zannini** (11/11/1839 – 29/01/1913).				
	3458	F	i.	**Chiara Zannini** (01/06/1868).	
2047.	**Angelo Gabardo** (16/08/1844).				
	(27/11/1867) **Chiara Brotto** (30/12/1907).				
	3459	M	i.	**Antonio Gabardo** (22/08/1869).	
	(28/09/1892) **Teresa Puppi** (15/11/1871).				
	3460	M	ii.	**Pietro Gaetano Gabardo** (18/07/1871).	
2060.	**Marco Gabardo** (10/08/1868).				
	(19/02/1901) **Maria Domenica Scarmoncin** (22/07/1878).				
	3461	M	i.	**Fortunato Gabardo** (30/05/1902).	
	3462	M	ii.	**Augusto Cesare Gabardo** (01/03/1904).	
2086.	**Domenica Rorer** (13/09/1836 – 20/06/1912).				
	(11/06/1866) **Zaccaria Lazzarotto** (25/03/1825 – 03/06/1905).				
	3463	M	i.	**Giocondo Emilio Lazzarotto** (21/09/1867).	
	3464	M	ii.	**Fermo Vettor Lazzarotto** (04/06/1869).	
				(19/03/1891) **Giovanna Ceccon** (17/02/1868 – 11/1904).	
2087.	**Giovanni Battista Rorer** (16/10/1839).				
	(03/03/1862) **Angela Boff** (31/08/1836).				
	3465	F	i.	**Maria Rorer** (25/07/1863).	
				(13/01/1900) **Gaetano Bianchin** (? – 15/01/1940).	
	3466	F	ii.	**Pierina Rorer** (28/06/1865 – 12/01/1867).	
	3467	M	iii.	**Pietro Bortolo Maria Rorer** (12/08/1867).	
				(21/02/1892) **Bortola Perli** (12/12/1872).	
2138.	**Orsola Maria Ferrazzi** (07/09/1831).				
	(21/10/1857) **Antonio Maria Sasso** (24/10/1830).				
2151.	**Giacomo Pontarollo** (19/11/1847).				
	(23/11/1870) **Corona Celi** (19/06/1850 – 09/06/1913).				
	3469	F	i.	**Eufemia Angela Pontarollo** (26/11/1871 – 16/12/1895).	
2164.	**Maria Nardino** (30/06/1830).				
	(10/05/1854) **Davide Ceccon** (01/07/1827 – 19/07/1899).				
	3470	M	i.	**Andrea Ceccon** (20/04/1857).	
				(15/10/1882) **Olinda Zannoni** (14/01/1859).	
	3471	M	ii.	**Giovanni Ceccon** (10/06/1864 – 28/11/1915).	
2169.	**Maria Angela Nardino** (15/05/1838 – 08/03/1872).				
	(18/11/1863) **Angelo Gabardo** (17/07/1834 – 1924).				

2172.	**Nicolò Gabardo** (28/05/1865).			
	(30/01/1893) **Tomasina Gabardo** (20/12/1869).			
2174.	**Francesco Angelo Maria Gabardo** (01/07/1870).			
	() **Giovanna Pontarollo** (05/08/1877).			
2206.	**Francesco Pietro Pontarollo** (28/06/1836 – 02/10/1906).			
	(22/06/1864) **Carolina Lazzarotto** (19/10/1844 – 01/11/1915).			
	3484	F	i.	**Angela Maria Pontarollo** (09/11/1866 – 14/11/1866).
	3485	F	ii.	**Maria Angela Pontarollo** (24/01/1868).
				(07/12/1890) **Giovanni Battista Lazzarotto** (26/02/1862).
	3486	M	iii.	**Antonio Maria Pontarollo** (15/12/1870).
				(13/03/1892) **Maria Teresa Ceccon** (09/05/1869).
2207.	**Bortolo Pontarollo** (06/10/1838 - 19/12/1880).			
	(16/01/1861) **Gaetana Cavalli** (10/08/1839 – 12/09/1912).			
	3487	M	i.	**Bortolo Pontarollo** (29/04/1862).
				(21/01/1883) **Maria F. Lazzarotto** (26/11/1864 – 1901).
	3488	M	ii.	**Giacomo Pontarollo** (01/05/1864 – 17/01/1868).
	3489	F	iii.	**Maria Rosa Pontarollo** (08/08/1866 – 10/08/1905).
				(30/01/1887) **Pietro Antonio Lazzarotto** (30/08/1862).
	3490	M	iv.	**Giacomo Pontarollo** (27/05/1869).
				(20/03/1892) **Angela Perli** (13/09/1872).
	3491	F	v.	**Antonia Pontarollo** (22/09/1871).
				(28/02/1893) **Luigi Lazzarotto** (23/11/1870).
2210.	**Anna Maria Lazzarotto** (26/07/1822 – 31/10/1849).			
	(18/01/1843) **Bovo Smaniotto** (08/03/1821 – 18/07/1890).			
	3492	M	i.	**Vettor Smaniotto** (16/07/1847 – 18/06/1921).
				(27/08/1881) **Maria V. Cavalli** (25/05/1853 – 11/1886).
2220.	**Giacoma Gheno** (02/09/1840 – 17/09/1902).			
	(26/10/1859) **Tommaso Negrello** (15/03/1829 – 13/02/1877).			
2223.	**Mattio Gheno** (16/07/1853 – 29/05/1896).			
	() **Vittoria Steffani** (30/03/1864).			
	3501	M	i.	**Vittore Gheno** (12/02/1885).
	3502	F	ii.	**Corona Gheno** (24/06/1886).
	3503	M	iii.	**Francesco Gheno** (07/11/1887).
	3504	F	iv.	**Maria Gheno** (22/01/1890).
	3505	F	v.	**Lucia Gheno** (21/04/1892).
	3506	M	vi.	**Basilio Gheno** (18/06/1894).
2225.	**Antonio Gheno** (06/05/1858 – 26/12/1909).			
	(19/02/1879) **Giovanna Pontarollo** (29/09/1860 – 15/09/1901).			
+	3507	M	i.	**Francesco Gheno** (07/06/1880).
+	3508	M	ii.	**Giovanni Gheno** (30/12/1881).

	3509	M	iii.	**Antonio Gheno** (22/06/1883).
	3510	F	iv.	**Lucia Gheno** (05/07/1884 – 18/03/1889).
	3511	F	v.	**Virginia Gheno** (09/03/1887).
	3512	F	vi.	**Cecilia Gheno** (31/10/1888).
	3513	M	vii.	**Giacomo Gheno** (12/03/1890).
	3514	F	viii.	**Maria Gheno** (17/07/1895).
	3515	M	ix.	**Matteo Gheno** (29/07/1897).
	3516	M	x.	**Umberto Gheno** (14/04/1900).
2227.				**Egidio Pontarollo** (01/04/1841 – 25/03/1916).
				(26/04/1865) **Maria Teresa Ceccon** (21/09/1843 – 21/05/1894).
	3517	F	i.	**Marianna Pontarollo** (13/06/1866).
				(02/06/1889) **Giovanni Ferrazzi** (24/04/1865).
	3518	F	ii.	**Angela Pontarollo** (24/12/1868).
				(06/12/1891) **Pietro Giulio Steffani** (17/06/1868).
+	3519	M	iii.	**Bortolo Pontarollo** (07/02/1871 – 23/08/1955).
+	3520	M	iv.	**Francesco Pontarollo** (11/06/1873).
+	3521	F	v.	**Catterina Pontarollo** (24/10/1876 – 17/08/1962).
2228.				**Giacomo Pontarollo** (15/09/1842 – 02/11/1915).
				(04/03/1867) **Cecilia Gheno** (20/07/1840 – 23/12/1880).
+	3522	M	i.	**Bortolo Pontarollo** (02/10/1868 – 01/01/1956).
+	3523	M	ii.	**Tommaso Pontarollo** (08/10/1870).
+	3524	M	iii.	**Gaetano Pontarollo** (08/06/1872 – 1915).
	3525	F	iv.	**Amabile Pontarollo** (06/03/1879 – 26/10/1883).
				(04/03/1886) **Vincenza Mocellin** (03/04/1845 – 1905).
2229.				**Giovanni Pontarollo** (22/04/1844).
				(31/07/1866) **Maria Domenica Rech** (21/10/1846 – 13/06/1905).
	3526	F	i.	**Cattarina Pontarollo** (02/02/1869 – 20/07/1899).
				(07/04/1889) **Girolamo Lazzarotto** (28/09/1866 – 1927).
	3527	F	ii.	**Maria Antonia Pontarollo** (21/10/1870 – 1947).
				(16/12/1892) **Valentino Pesavento** (08/12/1868).
+	3528	F	iii.	**Santa Pasqua Pontarollo** (07/04/1873).
	3529	F	iv.	**Giuseppa Maria Pontarollo** (07/05/1875).
				(12/02/1896) **Giovanni Battista Pontarollo** (09/09/1872).
	3530	M	v.	**Bortolo Pontarollo** (08/04/1877 – 30/11/1961).
				(04/02/1903) **Catterina Smaniotto** (02/03/1881 – 1969).
+	3531	M	vi.	**Giovanni Pontarollo** (04/05/1879).
	3532	M	vii.	**Tommaso Pontarollo** (09/07/1882 – 16/12/1899).
	3533	F	viii.	**Agata Pontarollo** (16/05/1888).
2230.				**Paolo Pontarollo** (26/07/1845).
				(25/05/1870) **Francesca Lazzarotto** (20/02/1848 – 13/02/1905).

	3534	F	i.	**Catterina Pontarollo** (23/02/1874).
+	3535	M	ii.	**Bortolo Pontarollo** (29/03/1875).
+	3536	M	iii.	**Pietro Pontarollo** (22/10/1878 – 24/01/1952).
	3537	F	iv.	**Marianna Pontarollo** (13/12/1879 – 13/03/1885).
	3538	F	v.	**Angela Pontarollo** (09/08/1881 – 13/03/1885).
	3539	F	vi.	**Maria Pontarollo** (08/05/1883).
	3540	M	vii.	**Paolo Pontarollo** (29/01/1885).
	3541	F	viii.	**Angela Pontarollo** (06/11/1886).
	3542	F	ix.	**Maria Anna Pontarollo** (05/04/1889).
	3543	M	x.	**Egidio Pontarollo** (04/09/1890).

2231. **Maria Angela Pontarollo** (23/04/1847).

(29/04/1868) **Gaetano Pontarollo** (20/05/1829 – 01/01/1906).

	3544	F	i.	**Angela Pontarollo** (06/07/1869 – 13/08/1870).
+	3545	M	ii.	**Fortunato Pontarollo** (14/09/1870).
	3546	F	iii.	**Maria Angela Pontarollo** (08/12/1873 – 19/12/1873).
	3547	M	iv.	**Giovanni Bortolo Antonio Pontarollo** (02/08/1876).
	3548	M	v.	**Giuseppe Pontarollo** (20/06/1881).

2233. **Giuseppe Pontarollo** (14/05/1850 – 30/10/1917).

(27/04/1876) **Arcangela Grando** (14/06/1850 – 12/03/1915).

3549	F	i.	**Marianna Pontarollo** (26/04/1877).
3550	M	ii.	**Geremia Pontarollo** (06/10/1878).
3551	F	iii.	**Catterina Pontarollo** (31/05/1881).
3552	M	iv.	**Bortolo Pontarollo** (09/11/1884).
3553	F	v.	**Angela Pontarollo** (09/11/1884).
3554	F	vi.	**Giustina Pontarollo** (06/02/1887).

2236. **Maria Teresa Pontarollo** (12/11/1855 – 02/07/1910).

(11/07/1875) **Domenico Celi** (07/08/1847).

3555	F	i.	**Domenica Celi** (06/11/1875).
			(24/02/1897) **Giovanni Battista Pontarollo** (30/10/1870).
3556	F	ii.	**Giovanna Celi** (18/01/1878 – 01/01/1896).
3557	F	iii.	**Barbara Celi** (24/10/1879 – 01/1896).
3558	M	iv.	**Giovanni Celi** (29/06/1881 – 06/08/1895).
3559	F	v.	**Maddalena Celi** (27/05/1883).
3560	F	vi.	**Catterina Celi** (02/1885).
3561	F	vii.	**Giuseppa Celi** (21/12/1888).
3562	M	viii.	**Giuseppe Celi** (22/02/1891 – 13/04/1898).
3563	F	ix.	**Maria Teresa Celi** (29/01/1893 – 31/10/1894).
3564	M	x.	**Giovanni Celi** (10/01/1897).

2238. **Maria Maddalena Pontarollo** (27/10/1860 – 28/12/1920).

(07/09/1877) **Giovanni Battista Pontarollo** (11/11/1854 – 12/11/1920).

+	3565	M	i.	**Tommaso Pontarollo** (05/01/1879 – 07/04/1948).
	3566	F	ii.	**Giovanna Pontarollo** (12/11/1880).
+	3567	F	iii.	**Giuseppa Pontarollo** (03/04/1883).
	3568	F	iv.	**Anna Maria Pontarollo** (10/07/1885).
	3569	M	v.	**Gioachino Pontarollo** (18/03/1887).
	3570	M	vi.	**Antonio Maria Pontarollo** (14/02/1889 – 07/04/1946).
	3571	M	vii.	**Bartolomeo Pontarollo** (13/03/1891 – 14/12/1955).
	3572	M	viii.	**Giuseppe Maria Pontarollo** (03/09/1895).
	3573	M	ix.	**Giovanni Battista Pontarollo** (01/08/1897).
	3574	M	x.	**Vincenzo Pontarollo** (21/10/1899 – 18/101918).
2245.	**Giovanni Battista Pontarollo** (07/05/1840).			
	(17/02/1863) **Rosa Bottini** (24/02/1840 – 18/03/1882).			
	3575	M	i.	**Giovanni B. V. Pontarollo** (07/03/1864 – 29/07/1865).
+	3576	M	ii.	**Vettor Pontarollo** (04/06/1865).
	3577	F	iii.	**Maria Francesca Pontarollo** (19/11/1866).
				(21/03/1886) **Gaetano Lazzarotto** (14/10/1860 – 1886).
				(14/10/1888) **Francesco Rebesco** (29/05/1866).
+	3578	F	iv.	**Maria Maddalena Pontarollo** (01/10/1868).
+	3579	F	v.	**Giovanna Pontarollo** (24/07/1870).
	3580	F	vi.	**Maria Pontarollo** (17/09/1872).
+	3581	F	vii.	**Angela Pontarollo** (11/10/1874).
	3582	F	viii.	**Paola Cecilia Pontarollo** (22/11/1876 – 07/02/1877).
+	3583	M	ix.	**Giovanni Battista Pontarollo** (03/07/1878).
2247.	**Giovanna Maria Pontarollo** (28/09/1843 – 15/07/1888).			
	(08/02/1869) **Luigi Lazzarotto** (02/12/1834 – 29/01/1915).			
	3584	F	i.	**Elisa Antonia Lazzarotto** (1869).
	3585	M	ii.	**Agostino Prosdocimo Lazzarotto** (1871 – 1877).
	3586	M	iii.	**Agostino Pastorello Lazzarotto** (1881).
2250.	**Dorotea Pontarollo** (24/10/1851 – 19/08/1895).			
	(03/11/1869) **Vincenzo Gabardo** (07/06/1846 – 23/10/1890).			
2251.	**Antonio Vettor Pontarollo** (13/07/1853 – 18/02/1929).			
	(10/01/1877) **Angela Lazzarotto** (24/12/1854).			
+	3602	M	i.	**Luigi Pontarollo** (26/01/1878 – 1910).
	3603	F	ii.	**Rosa Pontarollo** (09/12/1882).
	3604	F	iii.	**Maria Madalena Pontarollo** (23/01/1885 – 1959).
	3605	F	iv.	**Rosa Dorotea Pontarollo** (23/4/1887 – 1974).
	3606	M	v.	**Pietro Vettore Pontarollo** (13/05/1889 – 1974).
				(30/06/1917) **Giovanna Pontarollo** (26/10/1851 – 1930).
2253.	**Bortolo Lazzarotto** (07/10/1832).			
	() **Giuseppa Sebellin** (27/09/1843).			

	3607	F	i.	**Domenica Lazzarotto** (26/08/1880 – 23/03/1887).
	3608	F	ii.	**Paola Lazzarotto** (17/12/1882).
	3609	M	iii.	**Antonio Bortolo Lazzarotto** (01/05/1885).
2254.	\multicolumn{4}{l	}{**Vincenzo Lazzarotto** (05/06/1839).}
	\multicolumn{4}{l	}{(07/07/1869) **Maddalena Costa** (13/03/1846).}
	3610	F	i.	**Giustina Paola Lazzarotto** (07/10/1872 – 25/05/1885).
+	3611	F	ii.	**Corona Lazzarotto** (29/11/1874).
+	3612	F	iii.	**Giovanna Maria Lazzarotto** (11/08/1876).
2255.	\multicolumn{4}{l	}{**Maria Antonia Lazzarotto** (04/11/1844).}
	\multicolumn{4}{l	}{(21/10/1870) **Tommaso Pontarollo** (04/08/1827 – 15/09/1884).}
	3613	M	i.	**Vincenzo Pontarollo** (29/12/1871 – 10/01/1872).
	3614	F	ii.	**Giovanna Pontarollo** (22/09/1875 – 07/05/1876).
+	3615	M	iii.	**Gaetano Pontarollo** (03/08/1877).
2256.	\multicolumn{4}{l	}{**Giovanna Lazzarotto** (06/04/1847).}
	\multicolumn{4}{l	}{(11/02/1868) **Nicolò Gabardo** (18/02/1844 – 02/08/1931).}

15. Geração

2274.	\multicolumn{4}{l	}{**Maria Anna Gianese** (19/05/1852).}
	\multicolumn{4}{l	}{(26/06/1874) **Antonio Pontarollo** (11/01/1846 – 08/04/1879).}
2276.	\multicolumn{4}{l	}{**Lucia Gianese** (14/08/1856).}
	\multicolumn{4}{l	}{(29/11/1875) **Paolo Pontarollo** (28/08/1847 – 26/11/1906).}
2280.	\multicolumn{4}{l	}{**Giovanni Battista Gianese** (21/09/1877).}
	\multicolumn{4}{l	}{(13/02/1901) **Angela Lazzarotto** (08/02/1878).}
	3638	F	i.	**Valentina Epifania Gianese** (06/01/1902).
	3639	F	ii.	**Lucia Giovanna Gianese** (12/06/1903).
	3640	F	iii.	**Giovanna Maria Gianese** (09/07/1905).
2281.	\multicolumn{4}{l	}{**Luigi Gianese** (09/04/1880).}
	\multicolumn{4}{l	}{(25/11/1903) **Catterina Lazzarotto** (10/01/1881).}
	3641	M	i.	**Vittore Francesco Gianese** (23/08/1904).
	3642	M	ii.	**Giovanni Faustino Gianese** (24/11/1905).
2289.	\multicolumn{4}{l	}{**Maria Corona Pellin** ((24/12/1881).}
	3643	M	i.	**Antonio Pellin** (01/12/1904).
2291.	\multicolumn{4}{l	}{**Benedetta Gianese** (25/04/1877).}
	\multicolumn{4}{l	}{(30/06/1897) **Fortunato Pontarollo** (14/09/1870).}
	3644	F	i.	**Maria Angela Pontarollo** (30/07/1901).
2295.	\multicolumn{4}{l	}{**Giovanni Maria Pontarollo** (03/05/1874).}
	\multicolumn{4}{l	}{(03/07/1895) **Catherine Connor** (09/08/1876).}
+	3645	M	i.	**Vicente Pontarollo.**
2299.	\multicolumn{4}{l	}{**Vincenzo Pontarollo** (22/05/1846).}
	\multicolumn{4}{l	}{(29/04/1868) **Maria Corona Ceccon** (24/10/1846 – 01/10/1875).}
	\multicolumn{4}{l	}{(12/05/1881) **Maria Antonia Rigoni**.}

	3650	F	v.	Margarida Pontarollo.
+	3651	M	vi.	Antonio Pontarollo.
	3652	M	vii.	José Pontarollo.
	3653	M	viii.	Pedro Pontarollo.
+	3654	M	ix.	Bortolo Pontarollo.
	3655	M	x.	Maximiliano Pontarollo.
	3656	F	xi.	Lucia Pontarollo.
	3657	M	xii.	Angelo Pontarollo.
	3658	M	xiii.	Clemente Pontarollo.

2302.	Vincenzo Pontarollo (25/04/1855).			
	(15/08/1878) Antonia Lazzarotto (01/09/1858).			
+	3659	F	i.	Maria Pontarollo (15/06/1884).
	3660	F	ii.	Angela Pontarollo (22/07/1888).
	3661	M	iii.	Bartolomeo Pontarollo (27/04/1890).
	3662	F	iv.	Giovanna Pontarollo (24/06/1892).
	3663	F	v.	Maria Concetta Pontarollo (08/09/1896).
	3664	F	vi.	Gemma Pontarollo.
	3665	M	vii.	Angelo Pontarollo (1900).

2303.	Bortolo Pontarollo (19/04/1857).			
	(05/11/1882) Antonia Lazzarotto (22/08/1859).			

2304.	Francesco Pontarollo (28/11/1858 – 22/04/1941).			
	(12/06/1884) Lucia Gabardo (09/04/1866 – 08/08/1947).			

2306.	Giovanni Maria Pontarollo (15/07/1862 – 03/12/1945).			
	(27/07/1887) Anna Luchetta (1865).			
	3691	F	i.	Pedrina Pontarollo (1888 – 08/11/1946).
				() João Antonelli (1885).
+	3692	F	ii.	Angela Pontarollo (1890).
	3693	F	iii.	Catarina Pontarollo (1892).
				(28/04/1913) Antonio Ladislao Bobato.
	3694	F	iv.	Domingas Pontarollo (1894).
	3695	M	v.	Francisco Angelo Pontarollo (1897).
	3696	F	vi.	Antonia Pontarollo (1900).
	3697	F	vii.	Anna Pontarollo (1904).

2309.	Antonio Maria Pontarollo (21/05/1867).			
	(05/06/1889) Libera Berton.			
+	3698	M	i.	Liberato Pontarollo.

2312.	Bortola Lucia Ferrazzi (14/07/1878 – 29/11/1938).			
	() Pietro Giovanni Negrello (09/12/1874 – 29/02/1940).			
+	3699	F	i.	Antonia Angela Negrello (14/03/1909 – 15/01/1999).

2314.	Bartholomeu Gabardo (02/05/1880).			

	() Maria Lourença Ferreira da Cruz de Castilho.			
+	3700	M	i.	João Gabardo Neto (18/12/1902).
	3701	F	ii.	Anna Gabardo de Castilho (1903).
				(07/05/1919) Olympio Fernandes Ribas (1899).
+	3702	M	iii.	Antonio Gabardo de Castilho (03/05/1907 – 1986).
	3703	M	iv.	Reinaldo Gabardo de Castilho.
				(17/11/1934) Izaura Gabardo Lemos (07/10/1916).
	3704	M	v.	Joaquim Gabardo de Castilho.
	() Zeferina Nunes.			
+	3705	M	v.	Bartholomeu Gabardo Filho (21/05/1914).
+	3706	F	vi.	Maria Gabardo.
+	3707	M	vii.	Antonio Gabardo Nunes (20/08/1923).
+	3708	M	viii.	José Gabardo Nunes.
+	3709	M	ix.	Pedro Gabardo Nunes.
+	3710	F	x.	Agueda Gabardo Nunes.
	3711	F	xi.	Mana Gabardo.
2316.	Maria Gabardo (20/09/1884 – 16/08/1955).			
	(29/08/1908) José Mendes dos Anjos (1859).			
	3712	M	ii.	João Mendes dos Anjos (17/03/1910).
	3713	F	i.	Anna Maria Mendes dos Anjos (05/06/1915).
				(11/07/1936) João Baptista Andrik (1912).
	() Domingos Simion Bettega (05/07/1902 – 30/06/1989).			
2317.	João Gabardo Filho (05/03/1889 – 08/07/1971).			
	(05/10/1912) Alzira Lemos de Souza (05/09/1894 – 26/09/1936).			
+	3714	M	i.	João Gabardo Lemos (30/08/1913 – 13/12/1997).
+	3715	M	ii.	José Gabardo Lemos (14/09/1914).
	3716	F	iii.	Izaura Gabardo Lemos (07/10/1916).
				(17/11/1934) Reinaldo Gabardo de Castilho.
	3717	F	iv.	Anna Gabardo Lemos (29/07/1918. – 26/06/1935).
	3718	F	v.	Gertrudes Gabardo Lemos.
	3719	F	vi.	Maria Gabardo Lemos (11/07/1922).
	() Olivia Machado (? – 2003).			
	3720	M	vii.	João Jaime Gabardo (1950).
	3721	F	viii.	Romélia Gabardo (1952).
+	3722	M	ix.	Lázaro Gabardo (1956).
+	3723	M	x.	Jair Gabardo (1965).
2319.	Anna Gabardo (11/02/1894 – 15/07/1981).			
	() Arnoldo Valerius Kuhl (06/01/1884 – 09/04/1957).			
	3724	F	i.	Maria Magdalena Kuhl (05/12/1912).
+	3725	F	i.	Maria Etelvina Kuhl (08/03/1914).

+	3726	F	ii.	**Magdalena Izabel Kuhl** (23/10/1916 – 26/11/2001).
	3727	M	iii.	**José João Kuhl** (20/11/1919 – 1991).
				(20/12/1950) **Angela Martins da Silva** (1930).
+	3728	F	iv.	**Maria Rosa Kuhl** (19/09/1921).
	3729	F	v.	**Maria de Lourdes Kuhl** (12/12/1924 – 13/09/1991).

2320. **Maria Antonia Gabardo** (27/04/1897 – 26/02/1956).
(31/05/1919) **Pedro João Negrello** (30/03/1889 – 16/10/1941).

	3730	M	i.	**João Negrello Neto** (08/1918).
+	3731	F	ii.	**Joanna Negrello** (09/02/1920 – 23/07/2008).
+	3732	M	iii.	**Pedro Negrelli Filho**.
	3733	F	iv.	**Lidia Negrelli**.
	3734	M	v.	**Luís Negrelli**.
	3735	F	vi.	**Maria Negrelli**.
	3736	M	vii.	**Silvio Negrelli**.
	3737	F	viii.	**Aguida Negrelli**.
+	3738	F	ix.	**Izabel Negrelli**.
	3739	M	x.	**Antonio Negrelli**.
	3740	F	xi.	**Lurdes Negrello**.
				() **N Pieckos**.
	3741	M	xii.	**José Negrelli** (1942).
	3742	F	xiii.	**Anna Negrelli**.
				() **N Fragosos**.

2323. **Pedro João Negrello** (30/03/1889 – 16/10/1941).
(19/05/1919) **Maria Antonia Gabardo** (27/04/1897 – 26/02/1956).

2324. **Anna Maria Negrello** (28/12/1890 – 13/05/1968).
() **Frederico Matteo Bobato** (17/09/1884).

+	3756	F	i.	**Anna Bobato**.

2326. **Jacomina Negrello** (1894).
() **Victório Bobato** (05/01/1891 – 14/09/1970).

	3757	M	i.	**João Negrelli Bobato** (22/03/1916 – 10/05/1988).
	3758	F	ii.	**Emma Bobato** (1927/1928 – 31/05/1972).

2340. **Antonio Negrello** (02/05/1888 – 21/10/1968).
(04/11/1911) **Anna Gabardo** (18/09/1891 – 27/11/1969).

	3759	F	i.	**Porcila Leonora Negrello** (07/07/1912 – 09/09/1997).
	3760	M	ii.	**Leontino Negrello** (30/07/1913 – 18/10/1991)
				(25/04/1942) **Elisir Palu** (1924)
+	3761	F	iii.	**Maria Liria Negrello** (01/03/1915 – 21/01/2000).
+	3762	F	iv.	**Brazilia Carlota Negrello** (03/05/1916 – 17/11/2007).
+	3763	M	v.	**Antenor Negrello** (05/06/1917 – 31/01/1992).
+	3764	F	vi.	**Maria Margarida Negrello** (22/02/1918 – 03/05/2000).

+	3765	F	vii.	**Aurora Maria Negrello** (16/06/1919).
+	3766	F	viii.	**Maria Orsolina Negrello** (10/09/1920 – 13/04/1982).
+	3767	M	ix.	**Auber A. Tomaz Negrello** (12/09/1922 – 11/10/1999).
	3768	F	x.	**Mafalda Antonia Negrello** (20/06/1923)
				(27 /11/1947) **Estefano Fialla** (25 /11/1922)
+	3769	F	xi.	**Maria Emma Negrello** (20/10/1924).
+	3770	F	xii.	**Pedrina Negrello** (29/06/1926).
+	3771	M	xiii.	**Nelson Negrello** (1929).
	3772	M	xiv.	**Antonio Negrello**.
+	3773	F	xv.	**Antonia T. Negrello** (12/01/1934 – 16/10/2000).
2341.	**Roberto Romano Negrello** (21/11/1889 – 24/02/1958).			
	(26/07/1913) **Rosa Chiminaccio** (1892).			
+	3774	M	i.	**Juvenal Negrello** (10/05/1914).
	3775	F	ii.	**Leontina Negrello**.
+	3776	M	iii.	**Pedro Negrello** (01/02/1922 – 13/11/1988).
	3777	M	iv.	**Antenor Negrello**.
	3778	F	v.	**Aurora Negrello**.
	3779	F	vi.	**Mafalda Negrello**.
	3780	M	vii.	**Nelson Negrello**.
	3781	F	viii.	**Tereza Negrello**.
2346.	**Anna Negrello** (05/11/1896 – 10/02/1980).			
	(27/09/1919) **Ignacio Wacheski** (31/07/1895).			
	3782	M	i.	**Reginaldo Antonio Wacheski** (18/06/1922).
				(06/05/1950) **Joana Inair Bonato** (18/12/1923).
	3783	F	ii.	**Joanita Zulmira Wacheski** (23/06/1933).
				() **Valdemar Deconto**.
2348.	**Angelica Gabardo Negrello** (15/04/1899 – 23/09/1951).			
	(09/09/1922) **Luiz Deconto** (27/06/1899 – 12/12/1987).			
	3784	M	i.	**Annibaldo Tibério Deconto** (11/07/1924).
				(04/06/1949) **Leonisia Scroccaro** (25/07/1925).
	3785	F	ii.	**Esmeralda Deconto** (25/01/1929).
				(31/12/1949) **Abilio Nelson Zanon** (30/09/1926).
	3786	M	iii.	**Altair Alcides Deconto** (1931).
				(04/06/1955) **Maria Belmair Nichele** (1931).
	3787	F	iv.	**Heydir Maria Deconto** (1938).
				(13/09/1958) **Deonildo Wacheski** (1931).
2349.	**Josepha Negrello** (03/12/1900 – 05/03/1968).			
	(30/09/1922) **Domingos Burbello** (1899).			
+	3788	M	i.	**Oswaldo Burbello** (20/07/1923).
	3789	F	ii.	**Antonia Edite Burbello** (18/02/1925).

				(06/05/1944) **Gino Peri** (1918).
	3790	M	iii.	**Francisco Burbello** (29/01/1929 – 12/1946).
	3791	F	iv.	**Maria de Lourdes Burbello** (29/01/1929).
	3792	F	v.	**Ana Burbello** (10/07/1933).
				(26/09/1953) **Reinaldo Deconto** (1930).
+	3793	M	vi.	**Alcir Burbello** (08/10/1936).
2350.	**Benjamin Negrello** (04/08/1902 – 30/04/1961).			
	(25/05/1929) **Dalva Carneiro de Campos** (27/05/1913 – 10/04/1987).			
+	3794	M	i.	**Nelson Antonio Negrello** (12/04/1930 – 16/02/1986).
	3795	M	ii.	**Sebastião Florisvaldo Negrello**.
	3796	F	iii.	**Antonia Osmilda Negrello**.
	3797	M	iv.	**João Aroldo Negrello**.
	3798	M	v.	**José Celso Negrello**.
	3799	F	vi.	**Clara Emilia Negrello**.
	3800	M	vii.	**Mauro Negrello**.
	3801	F	viii.	**Maria Romilda Negrello**.
	3802	F	ix.	**Anilda Negrello**.
	3803	F	x.	**Leonilda Negrello**.
	3804	F	xi.	**Maria Deucelia Negrello**.
	3805	M	xii.	**Divanir Abilio Negrello**.
	3806	M	xiii.	**Sergio Luiz Negrello**.
	3807	M	xiv.	**Silvio Negrello**.
2352.	**Clotilde (Ottilia) Negrello** (16/11/1903).			
	() **Leonardo Baierski**.			
	3808	F	i.	**Julia Jurema Baierski** (16/11/1930).
2354.	**Pedro Noé Negrello** (05/05/1908 – 23/11/2000).			
	(18/02/1939) **Isabel Pedrina Deconto** (08/07/1914 – 26/05/2011).			
	3809	M	i.	**José Jarvir Negrello** (1943).
	3810	F	ii.	**Maria Rosete Negrello** (30/12/1945 – 11/08/2011).
	3811	F	iii.	**Lourdes Ivonete Negrello** (26/02/1949).
				(05/07/1975) **Dorival Ansai** (08/03/1946).
	3812	M	iv.	**João Ednei Negrello** (17/11/1953).
				(26/03/1983) **Maria Joana Cavichiolo** (23/02/1958).
	3813	F	v.	**Rosane Luiza Negrello** (25/11/1956 em Curitiba.
				(05/03/1993) **Adilson Hideki Nakata** (07/04/1965).
	3814	M	vi.	**José Negrello** (1940 – 30/04/1941).
	3815	F	vii.	**Maria Negrello**).
2356.	**Paulina Negrello** (09/10/1911).			
+	3816	F	i.	**Antonia Haydée Negrello** (1938 – 11/09/1985).
2358.	**Antonio Negrello** (13/08/1890 – 08/08/1978).			

				() Eliza Marenda.
	3817	M	i.	**Ary Negrello** (25/04/1926).
				(08/05/1954) **Lurdes Pelanda**.
	3818	M	ii.	**Eugênio Vicente Negrello** (02/07/1927 – 10/09/1998).
	3819	F	iii.	**Lurdes Negrello**.
				() **Abilio Voluz**.
	3820	F	iv.	**Dalila Negrello**.
	3821	F	v.	**Elizete Negrello**.
	3822	F	vi.	**Odette Negrello**.
	3823	M	vii.	**Ezidio Negrello**.
	3824	M	viii.	**Sergio Negrello**.
2363.				**Leonor Cristine Negrello** (24/07/1917 – 13/07/1986).
				(30/04/1938) **Arold Baldan** (09/06/1917 – 21/04/1990).
+	3825	M	i.	**Dearlei Domingos Baldan** (1939).
	3826	M	ii.	**Dalmi Baldan**.
	3827	F	iii.	**Angelina Baldan** (1941).
				(16/05/1959) **Severino Raimundo Cavichiolo** (1934).
+	3828	M	iv.	**Dilson Baldan** (29/03/1943).
	3829	M	v.	**Dalvo Baldan** (15/04/1950).
				(04/12/1971) **Vanderli T. Micheletto** (29/12/1952)
+	3830	F	vi.	**Diva Teresinha Baldan** (26/08/1955).
2365.				**Margarida Negrello** (10/08/1894 – 10/07/1970).
				() **Antonio Moletta Filho** (1891 – 1957).
+	3831	M	i.	**Humberto Moletta** (01/01/1930).
	3832	F	ii.	**Diomira Moletta**.
	3833	M	iii.	**Evaristo Moletta**.
	3834	F	iv.	**Cecília Moletta**.
	3835	M	v.	**Vitório Moletta**.
	3836	F	vi.	**Maria de Jesus Moletta**.
2366.				**Thereza Negrello** (11/12/1896 – 06/07/1964).
				(22/05/1915) **Eduardo Moletta** (30/09/1894),
	3837	M	i.	**Eduardo Moletta** (25/05/1916).
				(29/01/1937) **Maria Rosa Bobato** (25/03/1915).
	3838	M	ii.	**José Moletta** (25/12/1918).
				(26/06/1926) **Marcello Moletta** (26/07/1899 – 10/1970).
	3839	F	iii.	**Diomira Moletta** (1919).
+	3840	F	iv.	**Alzira Moletta** (12/03/1922 – 14/04/1990).
+	3841	M	v.	**Jacintho Antonio Moletta** (1926).
	3842	M	vi.	**Eduardo Moletta**.
	3843	F	vii.	**Irene Moletta**.

	3844	M	viii.	**Lourenço Moletta.**
2368.	**Antonio Negrello** (19/12/1897 – 27/05/1925).			
	(12/07/1924) **Enedina Vicelli** (1908).			
+	3845	M	i.	**João Antonio Negrello** (08/05/1925 – 24/02/2004).
2371.	**José Negrello** (04/08 – 17/08).			
	() **Domingas Pellanda** (07/12/1904 – 26/05/1996).			
	3846	F	i.	**N Negrello.**
	3847	M	ii.	**Anselmo Antonio Negrello** (21/08/1930 – 28/02/2001).
	3848	M	iii.	**Jairo Negrello.**
	3849	M	iv.	**Pedro Negrello.**
2375.	**Carlos Antonio Negrello** (1895).			
	(26/08/1916) **Angelina Palú** (1899).			
+	3850	M	i.	**Ermínio Negrello** (25/04/1922).
	3851	F	ii.	**Terezinha Negrello.**
	3852	F	iii.	**Angela Maria Negrello.**
	3853	M	iv.	**Alcindo Negrello.**
	3854	M	v.	**Antonio Negrello.**
	3855	M	vi.	**Albino Negrello.**
	3856	F	vii.	**Roseli Negrello.**
	3857	M	viii.	**Altair Negrello.**
2378.	**Eduardo Negrello** (12/1897).			
	() **Pedrina Maito.**			
	3858	F	i.	**Leonita Negrello.**
	3859	F	ii.	**Lizette Negrello** (30/05/1927 – 02/05/1993).
	(04/10/1947) **Oswaldo Petersen.**			
2380.	**Julio Antonio Negrello** (03/06/1902 – 07/07/1973).			
	(11/11/1922) **Adélia Hermínia Kroessin** (07/01/1905).			
	3860	F	i.	**Zuleika Negrello.**
+	3861	M	ii.	**Orides Negrello** (17/07/1925 – 13/02/1972).
	() **Alice Hentschel.**			
	3862	M	iii.	**Altair Negrello.**
	3863	M	iv.	**Julio Cezar Negrello.**
2383.	**Faustino Negrello** (15/02/1911 – 16/08/1965).			
	() **Emilia Ferreira de Lima** (18/09/1914 – 21/01/1992).			
+	3864	F	i.	**Cacilda Therezinha Negrello** (21/04/1934).
+	3865	M	ii.	**Antonio Alceu Negrello** (04/05/1939 – 25/06/1998).
	3866	F	iii.	**Ziley Negrello** (02/02/1945).
	() **Osni Quadros da Silva.**			
	3867	F	iv.	**Iracilda Negrello** (06/08/1946).
	3868	M	v.	**José Almir Negrello** (12/12/1950).

+	3869	M	vi.	**Eduardo Aldemir Negrello** (03/07/1953).
2386.	**Antonio Negrello** (1917).			
	() **Tany Pereira**.			
	3870	F	i.	**Tania Negrello**.
	3871	F	ii.	**Marilucia Negrello**.
2392.	**Giuseppa Pontarollo** (12/09/1881).			
	(10/02/1904) **Vincenzo Pontarollo** (31/08/1878).			
2414.	**Marino Gabardo** (1912).			
+	3873	M	i.	**Luciano Gabardo**.
+	3874	M	ii.	**Luigi Gabardo**.
	3875	F	iii.	**Costanza Gabardo**.
+	3876	M	iv.	**Giuliano Gabardo**.
	3877	F	v.	**Maria Gabardo**.
2418.	**Antonio Alberto Gabardo** (19/06/1921 – 11/01/1986).			
	() **Maria Costa** (09/09/1924 – 2017).			
+	3878	F	i.	**Liliane Gabardo** (16/05/1946).
+	3879	M	ii.	**Christian Gabardo** (16/08/1958).
+	3880	M	iii.	**Antoine Alain Gabardo** (03/03/1962).
2434.	**Antonio Negrello**.			
	() **Maria Antonia Costa**.			
	3881	M	i.	**Reinaldo Negrello**.
+	3882	M	ii.	**Aristides Amadeu Negrello** (1926 – 2015).
	3883	F	iii.	**Romilda Negrello**.
	3884	F	iv.	**Ofélia Negrello**.
	3885	M	v.	**Oralino Negrello**.
+	3886	M	vi.	**Claudino Negrello** (? – 2008).
	3887	M	vii.	**Hilário Negrello**.
+	3888	M	viii.	**Alcindo Negrello**.
	3889	M	ix.	**Irineu Negrello**.
2435.	**Antonio Americo Negrello** (20/12/1900 – 30/08/1958).			
	(01/01/1920) **Teresa Mattana** (04/11/1902 – 20/03/1982).			
+	3890	M	i.	**Guido Negrello** (01/01/1926).
	3891	F	ii.	**Ida Negrello** (01/09/1927).
				() **Mario Conte** (1987).
+	3892	F	iii.	**Rina Negrello** (27/10/1928).
	3983	F	iv.	**Giovanna Negrello** (21/03/1933).
				() **Dario Cavalli**.
	3894	F	v.	**Maria Negrello** (16/03/1938).
				() **Marco Campana** (? – 1978).
+	3895	F	vi.	**Lina (Ines) Negrello** (29/08/1942).

+	3896	M	vii.	**Aldo Negrello** (14/04/1945).	
2459.	**Giovanni Negrello** (03/10/1878).				
	(01/02/1905) **Maria Pontarollo** (15/06/1884).				
	3897	F	i.	**Francesca Negrello** (06/08/1905).	
2475.	**Pietro Nardino** (08/03/1887 – 07/03/1963).				
	(08/10/1919) **Jeanne Joséphine Huebert** (30/06/1887 – 24/08/1970).				
	3898		i.	**N Nardino**.	
2477.	**Angela Nardino** (18/07/1891 – 1977).				
	(09/01/1913) **Gaetan Martin Gritti** (12/11/1888 – 1973).				
+	3899	F	i.	**Antoinette M. Angele Gritti** (25/08/1914 – 12/07/2010).	
2502.	**Tommaso Pontarollo** (01/08/1885 – 1950).				
	(1909) **Margherita (Marglerz) Negrello** (20/07/1888).				
	3900	M	i.	**Rodolfo Pontarollo** (11/12/1909 – 06/02/1929).	
	3901	M	ii.	**Guerino Pontarollo** (1911 – 1930).	
2504.	**Modesto Pontarollo** (12/08/1889 – 02/10/1963).				
	() **Giovanna Pontarollo** (1892)				
	3902	M	i.	**Bortolo Pontarollo** (1919 – 1919).	
2506.	**Giacomo Pontarollo** (19/11/1892 – 03/12/1959).				
	(20/05/1920) **Catterina Maria Pontarollo** (04/01/1901 – 12/11/1959).				
+	3903	M	i.	**Guido Bruno Pontarollo**.	
	3904	M	i.	**Guido Pontarollo** (14/09/1920 – 1921).	
	3905	M	iii.	**Reno Antonio Pontarollo** (1925 – 2001).	
	3906	M	ii.	**Antimo Peter Pontarollo** (29/02/1936 – 17/10/1997).	
2509.	**Giuseppe Pontarollo** (30/07/1897 – 21/12/1969).				
	() **Alda Berti** (1901).				
	3907	M	i.	**Ariano D Pontarollo** (1928 – 1971).	
				() **Muriel**.	
2521.	**João Pontarollo** (27/02/1892 – 20/07/1955).				
	(14/06/1920) **Joanna Lazzarotto** (23/03/1893 – 03/04/1959).				
+	3908	M	i.	**Frederico Pontarollo** (18/08/1930).	
	3909	M	ii.	**Rosalvo Pontarollo**.	
	3910	M	iii.	**Mario Pontarollo**.	
	3911	F	iv.	**Lucia Pontarollo**.	
	3912	F	v.	**Vitoria Pontarollo**.	
	3913	M	vi.	**José Pontarollo**.	
	3914	F	vii.	**Cristina Pontarollo**.	
	3915	M	viii.	**Mario Pontarollo**.	
	3916	M	ix.	**Angelo Pontarollo**.	
	3917	F	x.	**Josefa Pontarollo**.	
2582.	**Umberto Antonio Pasquale Gabardo** (16/02/1896).				

				(18/02/1922) **Elena Clelia Celi** (06/10/1902).
	3918	M	i.	**Bruno Giovanni Gabardo** (22/02/1928 – 18/09/1928).
2587.	**Catterina Lazzarotto** (10/01/1881).			
	(25/11/1903) **Luigi Gianese** (09/04/1880).			
2592.	**Marco Gabardo** (01/01/1904 – 16/07/1965).			
	(01/01/1923) **Maria Pontarollo** (12/06/1902 – 03/07/1977).			
+	3921	M	i.	**Antonio Gabardo** (16/06/1925 – 15/12/1997).
+	3922	M	ii.	**Giovanni Gabardo** (23/08/1926 – 26/04/1996).
+	3923	M	iii.	**Brando Gabardo** (23/12/1929 – 30/04/1994).
+	3924	M	iv.	**Marcello Gabardo** (11/03/1941).
2601.	**Angelo Gabbardo** (17/02/1894 – 04/02/1963).			
	(01/09/1916) **Maria Leticia Conzatti.**			
+	3925	M	i.	**Ermelindo Gabbardo** (17/05/1917 – 02/10/1967).
	3926	M	ii.	**Avelino Domingos Gabbardo** (13/11/1919).
	3927	F	iii.	**Elverina Gabbardo.**
	3928	F	iv.	**Domingas Gabbardo.**
	3929	M	v.	**Mario Vitorio Gabbardo.**
	3930	M	vi.	**Hilario Querino Gabbardo** (? – 29/03/1979).
	3931	F	vii.	**Therezia Mafalda Gabbardo.**
	3932	M	viii.	**Cestilho José Gabbardo.**
2603.	**Eugenio Octaviano Gabbardo** (30/12/1901 – 10/05/1966).			
	() **Luiza Piazzeta** (1903).			
+	3933	M	i.	**Eliseu Gabbardo** (24/05/1925).
+	3934	M	ii.	**Walmor Gabbardo** (21/12/1930).
	3935	F	iii.	**Oria Gabbardo.**
				() **N Petroli.**
	3936	F	iv.	**Maria Gabbardo.**
	3937	M	v.	**Domingos Gabbardo.**
	3938	M	vi.	**Victorio Gabbardo.**
	3939	M	vii.	**João Gabbardo.**
2604.	**Natal Gabbardo.**			
	() **Antonia Piuco.**			
	3940	M	i.	**Avelino Bortolo Gabbardo.**
	3941	M	ii.	**Domingos Gabbardo.**
	3942	M	iii.	**Ampelio Gabbardo.**
	3943	F	iv.	**Victoria Amélia Gabbardo** (28/07/1919).
				(19/09/1942) **Ernesto João Lazzarotto.**
	3944	F	v.	**Maria Gabbardo.**
	3945	M	vi.	**Balduino Gabbardo.**
2605.	**Joanna Gabbardo.**			

				() Ernesto Toniolo.
	3946	M	i.	Benevenuto Bortolo Toniolo.
	3947	F	ii.	Amélia Maria Toniolo.
	3948	M	iii.	Arlindo Domingos Toniolo.
	3949	F	iv.	Hermenegilda Teodolinda Toniolo.
	3950	F	v.	Honorina Victoria Toniolo.
	3951	F	vi.	Irma Victoria Toniolo.
	3952	M	vii.	Amélio Aquilino Toniolo.
	3953	M	viii.	Aquilino Hilário Toniolo.
	3954	M	ix.	Emilio Victorio Toniolo.
	3955	F	x.	Maria Emilia Toniolo.
2606.	Mario Gabbardo.			
	() Carolina Gato.			
	3956	M	i.	Alcides Gabbardo.
	3957	M	ii.	Alzir Gabbardo.
2610.	Roberto Rossatto.			
	() Lucinda Flaibam.			
	3958	F	i.	Ledi Maria Rossatto.
2620.	Hermínio Natale Gabbardo.			
	() Julia Isabela Toniollo.			
+	3959	M	i.	Alcides Luís Gabardo (01/07/1928).
	3960	F	ii.	Cesarina Maria Gabbardo.
				() N Locatelli.
+	3961	M	iii.	Arlindo José Gabbardo (26/11).
	3962	M	iv.	Redovino Gabbardo.
	3963	F	v.	Loris Gabbardo.
	3964	M	vi.	Loreno Gabbardo.
	3965	F	vii.	Judithe Rosa Gabbardo.
+	3966	M	viii.	Mario Gabbardo.
	3967	M	ix.	Orestes Gabbardo.
	3968	M	x.	Antonio Gabbardo.
+	3969	M	xi.	Luis Gabbardo.
	3970	F	xii.	Rosa Gabbardo.
2621.	João Gabardo.			
	() Adelinda Rossato.			
+	3971	M	i.	Alzir Gabbardo (03/12/1933).
+	3972	M	ii.	Lurdino Gabardo (06/09/1944).
+	3973	M	iii.	Oreste Gabardo (1942).
+	3974	F	iv.	Leucida Gabardo.
+	3975	F	v.	Delcira Gabardo.

+	3976	F	vi.	**Terezinha Gabardo.**
	3977	M	vii.	**Delcir Gabardo.**
2622.	**Catarina Joana Gabbardo.**			
	() Ricardo João Lazzarotto.			
	3978	F	i.	**Aldiva Lazzarotto.**
	3979	F	ii.	**Ilva Lazzarotto.**
	3980	M	iii.	**Walter Lazzarotto.**
	3981	M	iv.	**Alfeu Lazzarotto.**
	3982	M	v.	**Milton Lazzarotto.**
2623.	**Emília Gabbardo.**			
	() Vitorio Batista Rigon.			
	3983	F	i.	**Irene Rigon.**
	3984	F	ii.	**Sergene Rigon.**
	3985	M	iii.	**Claudio Rigon.**
+	3986	M	iv.	**Edemar Rigon.**
	3987	M	v.	**João Carlos Rigon.**
2624.	**Vittoria Joanna Gabbardo.**			
	() Antonio João Balotin.			
	3988	M	i.	**Alcides Balotin.**
	3989	M	ii.	**José Balotin.**
	3990	M	iii.	**Redovino Balotin.**
	3991	M	iv.	**Loreno Balotin.**
	3992	M	v.	**Zito Balotin.**
	3993	F	vi.	**Lurdes Maria Balotin.**
	3994	F	vii.	**Lorena Balotin.**
	3995	F	viii.	**Reni Balotin.**
	3996	M	ix.	**Antonio Balotin.**
	3997	F	x.	**Rosa Maria Balotin.**
2625.	**Romeu Gabbardo.**			
	() Arsilda Lazzarotto.			
+	3998	M	i.	**Paulo Luís Gabbardo** (12/12/1955).
	3999	F	ii.	**Rita Gabbardo.**
	4000	F	iii.	**Irma Gabbardo.**
	4001	F	iv.	**Marlene Gabbardo.**
	4002	F	v.	**Helena Gabbardo.**
2636.	**Orestes Domenico Gabbardo** (18/04/1910 – 29/05/1987).			
	() Orphelia Dalla Colleta (04/11/1915 – 03/06/2002).			
+	4003	F	i.	**Marlene T. D. C. Gabbardo** (06/10/1934 – 29/05/1987).
2637.	**Arlindo Avelino Gabbardo** (17/03/1913 – 19/06/1960).			
	() Malvina Angela Joanina Arioli (23/02/1916 – 09/03/1966).			

+	4004	F	i.	**Gládis Arioli Gabbardo** (25/08/1937).
+	4005	F	ii.	**Déa Arioli Gabbardo** (03/10/1939).
+	4006	F	iii.	**Tania Vera Arioli Gabbardo** (09/06/1947).
+	4007	F	iv.	**Ana Maria Arioli Gabbardo** (01/04/1950).
	4008	F	v.	**Vera Maria Arioli Gabbardo** (01/04/1950).
				() **Erol Delmar Reis** (19/04/1938 – 04/05/2003).
+	4009	M	vi.	**Luis César Arioli Gabbardo** (04/07/1952).
	4010	F	vii.	**Mara Miriam Arioli Gabbardo** (23/10/1960).
2639.				**Amélia Gabbardo** (19/08/1918).
				() **Arlindo Pompermayer** (16/11/1911 – 11/05/1997).
+	4011	M	i.	**Edgar Atilio Gabbardo Pompermayer** (04/07/1946).
+	4012	M	ii.	**Sérgio Gabbardo Pompermayer** (05/09/1949).
+	4013	M	iii.	**Rogério Gabbardo Pompermayer** (06/01/1961).
2640.				**Alfredo Guerino Gabbardo** (13/07/1921 – 21/12/1995).
				() **Rosa Toniolo** (30/06/1922).
+	4014	M	i.	**Claudio Toniolo Gabbardo** (12/08/1951).
+	4015	M	ii.	**Fábio Toniolo Gabbardo** (14/11/1952).
+	4016	F	iii.	**Clarisse Toniolo Gabbardo** (13/04/1961).
2641.				**Honório Gabbardo** (15/08/1926 – 04/11/1999).
				(1953) **Nilza Fumagalli Freire** (18/03/1928).
+	4017	M	i.	**Hélvio Freire Gabbardo** (17/11/1954 – 08/02/1999).
	4018	F	ii.	**Vania Freire Gabbardo** (17/05/1956).
				(20/11/1993) **Alexandre Kirchner D'Avila** (14/01/1960).
	4019	F	iii.	**Susana Freire Gabbardo** (18/03/1963).
				() **João Fernando Coelho Noronha** (06/01/1958).
+	4020	F	iv.	**Denise Freire Gabbardo** (14/07/1965).
2642.				**Joanna Irene Gabbardo** (11/06/1927).
				() **Adolfo Francisco Rafainer** (28/05/1923 – 2013).
+	4021	M	i.	**Gilberto Gabbardo Rafainer** (04/07/1960).
+	4022	M	ii.	**Paulo Gabbardo Rafainer** (11/09/1963).
2643.				**José Gabbardo** (26/09/1930).
				() **Ema Pozza** (27/09/1933).
+	4023	F	i.	**Rejane Pozza Gabbardo** (05/08/1954).
	4024	F	ii.	**Silvana Pozza Gabbardo** (21/10/1957).
+	4025	F	iii.	**Eliane Pozza Gabbardo** (09/02/1959).
+	4026	F	iv.	**Rosane Pozza Gabbardo** (05/03/1964).
2644.				**Dalva Gabbardo** (05/10/1934).
				() **Jones Masoni** (18/10/1931).
+	4027	M	i.	**Juarez Gabbardo Masoni** (19/06/1959).
	4028	F	ii.	**Regina Gabbardo Masoni** (28/12/1960).

				() **Vitor Hugo Lobato Flores** (01/10/1950).
+	4029	M	iii.	**Vinicius Gabbardo Masoni** (02/02/1964).
2646.	**Assunta Pedrini.**			
	() **Estélio Frare.**			
	4030	F	i.	**Leda Frare.**
	4031	M	ii.	**Loreno Frare.**
2655.	**Amélia Gabbardo.**			
	() **Rinaldo Camilo Poletto.**			
	4032	F	i.	**Laurinha Poletto.**
	4033	M	ii.	**Clóvis Poletto.**
	4034	M	iii.	**Denis Poletto.**
	4035	M	iv.	**Sadi Poletto.**
2656.	**Natal Camilo Gabbardo.**			
	() **Fiorinda Comparim.**			
+	4036	M	i.	**Alcides Gabardo** (29/10/1938).
+	4037	M	ii.	**Valter Gabbardo.**
	4038	M	iii.	**Darci Gabbardo.**
				() **Olga Amerchmtd.**
	4039	F	iv.	**Amélia Gabbardo.**
	4040	F	v.	**Inês Gabbardo.**
	4041	M	vi.	**Antonio Gabbardo.**
	4042	F	vii.	**Ortência Gabbardo.**
2657.	**Joana Itália Gabbardo.**			
	() **Giglio Dal Ponte.**			
	4043	M	i.	**Guerino Dal Ponte.**
	4044	F	ii.	**Deolcilde Dal Ponte.**
	4045	F	iii.	**Ilva Dal Ponte.**
	4046	F	iv.	**Maria Dal Ponte.**
	4047	F	v.	**Ilda Teresa Dal Ponte.**
	4048	F	vi.	**Alice Dal Ponte.**
	4049	M	vii.	**Adir Dal Ponte.**
	4050	F	viii.	**Leda Dal Ponte.**
	4051	F	ix.	**Otilia Dal Ponte.**
	4052	M	x.	**Aquelino Dal Ponte.**
	4053	F	xi.	**Amelia Dal Ponte.**
	4054	M	xii.	**Avelino Dal Ponte.**
	4055	M	xiii.	**Redovino Dal Ponte.**
2658.	**Angelo Gabardo** (25/01/1885).			
	(29/11/1905) **Maria Alves Cordeiro** (1887).			
	4056	M	i.	**João Gabardo** (22/08/1906).

	4057	M	ii.	**Domingos Gabardo** (1907).
+	4058	M	iii.	**Sebastião Gabardo** (08 /11/1909).
	4059	M	iv.	**Mauricio Gabardo** (22/07/1913 – 23/03/1914).
+	4060	M	v.	**Caetano Gabardo** (24/10/1915).
+	4061	M	vi.	**Francisco Gabardo** (03 /11/1917 – 25/09/2000).
	4062	F	vii.	**Anna Gabardo** (17/07/1919 – 30/10/1936).
+	4063	F	viii.	**Delphina Gabardo** (22/04/1921 – 06/03/2006).
	4064	F	ix.	**Orsolina Gabardo** (27/01/1923).
+	4065	M	x.	**Waldemiro Gabardo** (17/04/1925).
	4066	M	xi.	**Francisco Gabardo** (04/1927 – 10/08/1927).
+	4067	F	xii.	**Onofolina Gabardo**.

2660.	**Pedrina (Pierina) Gabardo** (22/06/1887 – 22/08/1963).			
	(09/05/1908) **Miguel Simion** (07/06/1882 – 13/01/1957).			
+	4068	F	i.	**Helena Simion** (01 /11/1913 – 15/08).
	4069	F	ii.	**Amelia Simion** (03 /11/1917).
+	4070	M	iii.	**Aristides Simion** (05/01/1920).
+	4071	F	iv.	**Anna Simion** (28/09/1922).
+	4072	M	v.	**Orestes Simion**.
+	4073	F	vi.	**Angelina Simion**.
+	4074	F	vii.	**Hermínia Simion**.
+	4075	M	viii.	**Antonio Simion**.
+	4076	F	ix.	**Tereza Simion**.

2661.	**João Gabardo** (01/09/1889 -21/10/1949).			
	(31/12/1910) **Angelina Chiminaccio** (1890 – 11/09/1971).			
+	4077	F	i.	**Maria Gabardo** (03/08/1911 – 17/01/1993).
+	4078	M	ii.	**Domingos Gabardo** (06/11/1913 – 30/10/1954).
+	4079	M	iii.	**Raymundo Gabardo** (28/01/1915 – 12/11/1986).
	4080	F	iv.	**Delmira Maria Gabardo** (14/10/1919 – 29/06/1988)
+	4081	F	v.	**Nerina Gabardo** (30 /11/1923 – 15 /11/2004).
+	4082	M	vi.	**Reinaldo Pedro Gabardo** (28/06/1924).
+	4083	M	vii.	**Onophre Gabardo** (10 /11/1926 – 10/11/1990.
	4084	F	viii.	**Celestina Delmair Gabardo** (12 /11/1928 – 10/05/1993)
+	4085	F	ix.	**Antonieta de Lourdes Gabardo** (1931).

2662.	**José Gabardo** (05/10/1891).			
	(29/12/1917) **Maria Pozorska** (08/10/1897 – 10/11/1940).			
	4086	F	i.	**Angelina Gabardo** (1915).
	4087	F	ii.	**Maria Gabardo** (1917).
	4088	M	iii.	**Antonio Gabardo** (22/05/1920 – 03/08/1993).
				(12/05/1945) **Maria da Conceição Pires** (04/10/1926).
	4089	M	iv.	**João Gabardo** (01/01/1924).

				(06/03/1943) **Izabel Moreira Taborda** (03/02/1927).
	4090	M	v.	**Angelo Gabardo** (26/05/1927 -26/09/1972).
	4091	M	vi.	**Affonso Gabardo** (19/09/1929 – 18/04/1933).
2663.	**Anna Maria Gabardo** (05/1893).			
	(09/12/1916) **Angelo Chiminaccio** (1889).			
	4092	M	i.	**Achiles Chiminaccio** (12/02/1914)
	4093	M	ii.	**Apparicio Antonio Chiminaccio** (13/08/1916)
	4094	F	iii.	**Elvira Chiminaccio** (14/07/1918)
	4095	F	iv.	**Rosa Chiminaccio** (06/09/1920)
	4096	F	v.	**Delfina Chiminaccio** (11/10/1921)
	4097	M	vi.	**Euclides Chiminaccio** (23/10/1923)
	4098	M	vii.	**Antonio Chiminaccio** (09/06/1925)
2664.	**Domingas Gabardo** (27/02/1895 – 06/05/1925).			
	(05/09/1914) **Antonio Zaramella** (1896).			
	4099	F	i.	**Angelina Zaramella** (29/07/1915).
				(24/09/1939) **Alexandre**.
	4100	F	ii.	**Maria Zaramella** (15/10/1917).
	4101	F	iii.	**Justina Zaramella** (1918).
	4102	M	iv.	**Ernesto Zaramella** (1920).
+	4103	F	v.	**Angela Zaramella** (1924).
2665.	**Ernesto Gabardo** (20/05/1897).			
	(17/12/1921) **Archilia (Ercília) Zaramella** (1902).			
	4104	F	i.	**Helena Gabardo** (26/10/1922).
	4105	F	ii.	**Ernestina Gabardo**.
	4106	F	iii.	**Elvira Gabardo**.
	4107	M	iv.	**Luís Gabardo**.
	4108	F	v.	**Tereza Gabardo**.
	4109	M	vi.	**Valentim Gabardo** (? – 08/10/1990).
2671.	**Augusto Gabardo** (1903).			
	() **Anna Sinhorinha Machado**.			
	4110	F	i.	**Candinha Gabardo** (27/04/1930 – 28/04/1931).
2678.	**Benjamin Gabardo** (14/03/1904).			
	() **Joaquina Pereira de Miranda** (19/09/1910).			
+	4111	M	i.	**João Lucio Gabardo**.
2681.	**Anna Gabardo** (18/09/1891 – 27/11/1969).			
	(04/11/1911) **Antonio Negrello** (02/05/1888 – 21/10/1968).			
2682.	**Valentim Gabardo** (1893 – 12/10/1979).			
	(22/01/1920) **Maria Emma Ribas** (1902).			
	() **Maria das Dores Rocha**.			
	4127	M	i.	**Natimorto Gabardo** (12/08/1928)

	4128	F	ii.	**Palmyra Gabardo** (01/01/1930)
				(30/10/1948) **Marcolino dos Santos**.
	4129	M	iii.	**Antonio Adir Gabardo** (13 /11/1931)
	4130	M	iv.	**Antonio Atilio Gabardo** (1933 – 06/11/1949).
	4131	F	v.	**Santa Dalila Gabardo** (1935).
				() **José David de Macedo**.
	4132	F	vi.	**Madalena de Lourdes Gabardo** (1942).
	4133	M	vii.	**Antenor Gabardo** (24/02/1944 – 25/02/1944).
	4134	F	viii.	**Maria Nelsa Gabardo** (1946).
				() **Manoel Pereira de Freitas**.
2683.	**Maria Gabardo** (18/02/1894 – 28/04/1986).			
	(25/10/1919) **João Dorigo** (03/06/1893).			
+	4135	M	i.	**Eurides Dorigo** (09/09/1920).
	4136	F	ii.	**Divalina Maria Dorigo** (20 /11/1921 – 22/03/1922).
+	4137	M	iii.	**Reinaldo Dorigo** (19/01/1923).
+	4138	M	iv.	**Adyr Antonio Dorigo** (06/02/1926).
2684.	**Regina Gabardo** (26/11/1895 – 16/02/1963).			
	(09/02/1918) **João Moletta** (20/11/1895 – 12/03/1972).			
+	4139	M	i.	**Júlio Valdemar M. Gabardo** (26/03/1919 – 10/08/1998).
+	4140	M	ii.	**Antenor Antonio Moletta** (26/02/1921 – 10/07/1995).
	4141	M	iii.	**Antonio Moletta** (? – 1968).
+	4142	F	iv.	**Maria Nahir Moletta** (02/07/1924 – 16/05/2001).
2686.	**Piero Gabardo** (09/02/1899 – 23/09/1968)			
	(1919) **Theresa Joanna Dea** (31/12/1899 – 14/12/1930).			
+	4143	M	i.	**Antonio Napoleão Gabardo** (10/06/1922 – 19/06/1978).
+	4144	F	ii.	**Antonia Otilia Gabardo** (17/07/1925).
+	4245	M	iii.	**Francisco Gabardo Marchioro** (28/01/1929 – 01/1987).
+	4146	F	iv.	**Maria Holanda Gabardo** (06/06/1930).
	(07/01/1933) **Ítala Lucia Gabardo** (05/09/1903 – 08/06/1982).			
+	4147	M	v.	**Dirceu Carlos Gabardo** (11/08/1930 – 04/03/2004).
+	4148	F	vi.	**Terezinha Gabardo** (19 /11/1934).
+	4149	M	vii.	**Avante Gabardo** (08 /11/1935 – 16/07/1973).
+	4150	F	viii.	**Orminda Gabardo** (28/03/1938 – 31/08/2006).
+	4151	F	ix.	**Guiomar Gabardo** (27/06/1939 – 10/10/2000).
+	4152	M	x.	**Victor Gabardo** (28 /11/1940 – 20/11/2004).
+	4153	M	xi.	**Celso Gabardo** (15/04/1943 – 11 /11/1989).
+	4154	F	xii.	**Luzia Gabardo** (05/12).
+	4155	M	xiii.	**Eloi Gabardo** (16/08/1945).
+	4156	M	xiv.	**Hortêncio Pedro Gabardo**.
2687.	**Ursulina Gabardo** (12/06/1901)			

				(23/07/1932) **Julio Negosek**.
	4157	F	i.	**Antonia Ursolina Negosek** (16/05/1933)
	4158	F	ii.	**Maria Hilda Negosek** (24/09/1935)
				(18/10/1958) **Leonel Orso** (1929).
	4159	M	iii.	**Moacir Negosek** (24/06/1937).
				(12/08/1972) **Elvira Hoertz** (13/05/1936).
2688.	**Francisco Gabardo** (14 /11/1903 – 30/08/1971).			
	(03/07/1932) **Joanna Rosa Bozza** (1908 - 20/07/1973).			
+	4160	M	i.	**João Thomas Gabardo** (1933 – 08/05/1986).
+	4161	M	ii.	**Antonio Gabardo** (1935 – 19/07/1986).
	4162	F	iii.	**Maria Gabardo** (02/1937 – 24/05/1939)
	4163	F	iv.	**Maria Ursulina Gabardo** (01/1938 – 24/05/1939)
	4164	F	v.	**Maria Ursulina Gabardo** (04/03/1940 – 25/05/1999)
				(24/05/1964) **Valdemiro Rieckel** (23/04/1944).
	4165	F	vi.	**Terezinha Gabardo** (07/03/1944 – 27/08/2009).
				(28/07/1973) **Aromildo Antonio Costa** (24 /11/1938).
	4166	F	vii.	**Luiza Maria Gabardo** (04/03/1948 – 09/05/1948)
2689.	**João Gabardo** (14/07/1905).			
	(19/10/1929) **Maria Queje** (02/02/1911).			
+	4167	M	i.	**Antonio Francisco Gabardo** (15/07/1930).
+	4168	M	ii.	**João Gabardo Filho** (30/03/1932).
+	4169	M	iii.	**Francisco José Gabardo** (18/10/1933).
+	4170	M	iv.	**Reynaldo Gabardo** (17/12/1935 – 22/02/2014).
2691.	**Antonio Ernesto Gabardo** (07/07/1909 – 15/01/1987).			
	(06/04/1940) **Ernestina Palu** (17/12/1921 – 18/12/1971).			
+	4171	F	i.	**Irene Gabardo** (1941).
	4172	M	ii.	**Antonio Vilson Gabardo** (07/1942 – 09 /11/1942)
+	4173	M	iii.	**Antonio Nelson Gabardo** (11/10/1943 – 12/09/2003).
+	4174	F	iv.	**Iolanda Irene Gabardo** (10/01/1945).
+	4175	M	v.	**Pedro Celso Gabardo** (03/08/1947 – 01/04/1996).
+	4176	M	vi.	**José Vilson Gabardo** (25/05/1949).
+	4177	F	vii.	**Maria Idinir Gabardo** (16/01/1951).
+	4178	M	viii.	**Luiz Ivo Gabardo** (07/10/1952).
	4179	F	ix.	**Hilda Regina Gabardo** (21/05/1954).
				(24 /11/1983) **Sergio Alves Pires** (28/05/1958).
+	4180	M	x.	**Carlos Olivir Gabardo** (07/09/1959).
2692.	**Antonia Elisia Gabardo** (09/07/1911 – 08/06/1964).			
	(19/10/1935) **Ernesto Bonato** (1910 – 21/11/1969).			
	4181	F	i.	**Maria Ursulina Bonato** (1937).
+	4182	M	ii.	**Luiz Tomaz Bonato** (01 /11/1938 – 21/08/1996).

+	4183	F	iii.	**Elizir Maria Bonato** (1945).
+	4184	M	iv.	**Antonio Idimar Bonato** (08/04/1948).
2694.		**Lucia Parolin** (11/09/1896 – 06/1924).

(06/05/1916) **Domingos Baldun** (1896).

+	4185	M	i.	**Arold Baldan** (09/06/1917 – 21/04/1990).
	4186	M	ii.	**João Baldan** (09/06/1917).
	4187	F	iii.	**Maria Mafalda Parolin Baldan** (10/08/1920).

(25/10/1941) **Agostinho Zaniolo** (1915).

2695. **Aristides Antonio Parolin** (23/06/1916 – 03/08/1998).

(16/01/1937) **Mafalda Gabardo** (03/05/1920 – 01/02/1989).

	4188	M	i.	**João Jolmir Parolin** (08/01/1938).

(21/09/1957) **Rosy Negrello** (19 /11/1935).

+	4189	M	ii.	**José Fernando Parolin**.
	4190		iii.	**Natimorto** (05/04/1944)
	4191	M	iv.	**Lineu Antonio Parolin**.

2696. **Maria Gabardo** (03/06/1886).

() **Pedro Alves Ribeiro**.

+	4192	M	i.	**Joaquim Gabardo** (04/08/1903 – 10/12/1967).
	4193	M	ii.	**Pedro Duka Gabardo** (1916).

(07 /11/1942) **Ana Graboski** (1922).

2699. **José Gabardo de Oliveira** (06/01/1892 – 29/05/1963).

(25/06/1923) **Maria Alvez das Dores** (1895).

	4194	M	i.	**João Baptista Gabardo** (28/01/1917).

2701. **Bernardina Gabardo** (1911).

(11/05/1927) **Hipolito Alves de Oliveira** (10/08/1893 – 06/05/1944).

	4195	F	i.	**Francisca Gabardo de Oliveira** (1930).

() **Pedro Alves da Cruz**.

	4196	M	ii.	**Benjamin Gabardo de Oliveira** (1932).
	4197	M	iii.	**Celso Gabardo de Oliveira** (1934).
	4198	M	iv.	**Vital Gabardo de Oliveira** (1936).
	4199	M	v.	**Ivo Gabardo de Oliveira** (1938).
	4200	F	vi.	**Lourdes Gabardo de Oliveira** (1940).
	4201	M	vii.	**Davi Gabardo de Oliveira** (1942).

2702. **Angela Gabardo** (10/11/1893).

(17/11/1917) **Luiz Tararan** (24/04/1892).

	4202	F	i.	**Ignez de Lourdes Gabardo Tararan** (17/11/1918).
	4203	F	ii.	**Roza Tararan** (23/08/1921 – 08/09/2006).

(10/01/1942) **Antenor Prosdocimo**.

2708. **Claudio Gabardo de Lima** (03/11/1917 – 02/11/1993).

(11/04/1942) **Maria da Luz Cardoso** (28/03/1925 – 11/12/1992).

	4204	F	i.	Elzira Gabardo.
	4205	F	ii.	Yolanda Gabardo.
+	4206	M	iii.	João Baptista Gabardo (12/12/1940).
	4207	M	iv.	Mario Gabardo.
	4208	F	v.	Victalina Gabardo (1944 – 20/08/2011).
				() N Camargo.
	4209	M	vi.	Julio Cesar Gabardo.
	4210	M	vii.	Alcidio Gabardo de Lima (1948 – 26 /11/1966).
2710.	Antonio Gabardo (1911).			
	(20/09/1932) Francisca Alves de Lima (1910).			
+	4211	F	i.	Julia Gabardo (1937 – 08/08/1985).
2716.	Pedro Alves Gabardo (03/10/1900).			
	(18/08/1918) Alexandrina Rosa da Cruz (1899).			
	4212	F	i.	Anagib Gabardo (1918).
				(05/09/1936) Francelino Alves Cardozo (1910).
+	4213	M	ii.	Darcy Gabardo (03/03/1921 – 15/07/1996).
	4214	M	iii.	João Gabardo.
				() Vitória.
	4215	M	iv.	Mario Gabardo.
				() Edelmira.
	4216	M	v.	Antonio Gabardo.
				() Isabel.
				() Flora.
2718.	Alice Alves Gabardo (1905).			
	(23 /11/1922) Cândido Alvez Machado (05/07/1893).			
+	4217	M	i.	Antonio Gabardo.
	4218	M	ii.	João Gabardo.
	4219	M	iii.	Juvelino Gabardo.
+	4220	F	iv.	Diva Gabardo.
2710.	Jovelina Gabardo (1909).			
	(12/09/1925) Francisco Moro (1903).			
	4221	M	i.	Celso Moro.
+	4222	F	ii.	Rosa Ursulina Moro (01/02/1929).
	4223	M	iii.	Henrique Moro.
	4224	M	iv.	Leondines Moro.
	4225	F	v.	Antonia Moro.
	4226	F	vi.	Maria José Moro.
2721.	Basilio Gabardo (1911).			
+	4227	F	i.	Terezinha Gabardo.
2723.	Arthur Gabardo (19/08/1917).			

				() **Maria Luiza Becker** (05/01/1916).
+	4228	F	i.	**Sebastiana Gabardo** (27/08/1942).
2724.	**Antonio Gabardo** (12/06/1918).			
				(25/11/1939) **Elvina Evaristo** (23/03/1925).
	4229	F	i.	**Aracy Gabardo** (11/07/1941 – 27/09/2000).
	4230	M	ii.	**Anivaldo Gabardo** (1943 – 1945).
+	4231	M	iii.	**Altair Gabardo** (04/01/1945 – 16/02/1996).
+	4232	F	iv.	**Alzira Gabardo** (12/12/1948).
2725.	**Afonso Gabardo** (24/08/1922 – 25/09/2001).			
				(13/01/1947) **Maria Estela Peichot** (02/07/1930 – 04/12/2008).
+	4233	M	i.	**Joel Gabardo** (06/03/1954).
+	4234	F	ii.	**Sueli Gabardo** (28/09/1955).
+	4235	F	iii.	**Sonia Gabardo** (04/06/1957).
+	4236	M	iv.	**Juarez Gabardo** (09/03/1959).
+	4237	F	v.	**Sandra Gabardo** (05/03/1961).
+	4238	M	vi.	**Sérgio Gabardo** (24/09/1963).
+	4239	M	vii.	**Cezar Gabardo** (10/11/1964).
+	4240	M	viii.	**Telmo Gabardo** (06/12/1970).
2726.	**João Gabardo de Oliveira** (20/06/1899).			
				(25/05/1925) **Ana Calinda Garcia** (14/02/1906 – 06/04/2001).
	4241	F	i.	**Ana Maria de Oliveira** (05/07/1926).
	4242	F	ii.	**Bernardina de Oliveira** (04 /11/1927).
	4243	M	iii.	**João Batista de Oliveira** (30/08/1929).
	4244	M	iv.	**Antonio Gabardo de Oliveira** (27/05/1931 – 09/1947)
	4245	F	v.	**Adelaide de Oliveira** (18 /11/1933).
	4246	M	vi.	**Vicente Gabardo de Oliveira** (11/09/1935).
	4247	F	vii.	**Ivanira de Lurdes de Oliveira** (03/05/1937).
	4248	F	viii.	**Laura de Oliveira** (01/1943 – 07/02/1943).
2732.	**Antonio Gabardo** (18/07/1914).			
				(10/10/1936) **Carolina Dalles Carbonar** (1913).
+	4249	M	i.	**Benjamin Gabardo** (04/10/1940 – 15/08/2005).
+	4250	M	ii.	**José Odair Gabardo** (22/07/1944).
+	4251	M	iii.	**Afonso João Gabardo** (25/06/1949).
+	4252	M	iv.	**Carlos Dinarte Gabardo** (26/08/1953).
	4253	F	v.	**Irene Gabardo**.
				() **N Thomaz**.
	4254	F	vi.	**Maria Palmira Gabardo**.
				() **N Bim**.
+	4255	F	vii.	**Marly Inês Gabardo**.
2734.	**Tobias Gabardo** (04/03/1916).			

				(16/11/1940) **Angelina Alves Baptista** (1928 – 20/06/2007).
	4256	F	i.	**Rozalina Gabardo.**
	4257	F	ii.	**Terezinha Gabardo.**
	4258	F	iii.	**Ivanira Gabardo** (06/02/1945).
	4259	F	iv.	**Palmira Gabardo.**
	4260	M	v.	**Antonio Gabardo** (01/1948 – 30/03/1948).
	4261	M	vi.	**João Gabardo.**
	4262	F	vii.	**Lourdes Gabardo.**
	4263	M	viii.	**Pedro Gabardo.**
	4264	F	ix.	**Maria de Fátima Gabardo** (30/04/1956 – 02/08/1956).
2735.				**Pedro Gabardo** (09/07/1918 – 22/03/1972).
				(22/06/1941) **Francisca Alves Ferreira** (30/08/1924).
	4265	M	i.	**João Gabardo** (04/05/1949 – 25/06/2000).
				() Iracema França.
	4266	F	ii.	**Elvira Gabardo** (10/01/1952).
				() João Maria de Melo.
	4267	M	iii.	**José Gabardo** (16/07/1956).
				(06/08/1986) **Carmencita de F. Teixeira** (17/09/1954).
	4268	F	iv.	**Marta Gabardo** (28/02/1959 – 28/11/1960).
	4269	M	iv.	**Carlos Gabardo** (16/04/1960).
				() Sirlei.
	4270	M	v.	**Osni Gabardo** (30/08/1961).
				() Ana.
2737.				**Bento Gabardo** (09/07/1921 – 2002).
				(28/07/1948) **Maria Leonor Fagundes** (16/01/1924).
	4271	M	i.	**Benvindo Gabardo** (10/1951 – 04/01/1952).
2739.				**João Agostinho Gabardo** (17/12/1924).
				(29/09/1948) **Carmelina Baptista de Castro** (23/02/1930).
+	4172	M	i.	**Darcy Baptista Gabardo** (04/07/1951).
+	4273	F	ii.	**Berenice da C. de Castro Gabardo** (08/12/1952).
+	4274	M	iii.	**Rubens Baptista Gabardo** (11/12/1954).
+	4275	M	iv.	**Antonio Osíris B. de Castro Gabardo** (21/11/1956).
+	4276	F	v.	**Sonia Maria Gabardo** (19/01/1959).
	4277	F	vi.	**Solange de Fátima Gabardo** (28/04/1961).
+	4278	M	vii.	**Renato Baptista Gabardo** (09/01/1963).
+	4279	M	viii.	**João Carlos Gabardo** (01/10/1964).
+	4280	M	ix.	**Moacir Baptista Gabardo** (31/08/1966).
2741.				**Maria Joana Gabardo** (11/12/1930 – 29/10/2005).
				(12/07/1952) **Sebastião Alves Fagundes** (20/01/1927 – 10/09/1991).
	4281	M	i.	**José João Gabardo Fagundes** (18/02/1953).

+	4282	F	ii.	**Terezinha de Jesus Fagundes** (28/02/1955).	
2742.	**João Baptista Gabardo** (23/06/1920).				
	() **Mercedes Bellotto**.				
+	4283	F	i.	**Maria Elisa Gabardo** (24/09/1956).	
2744.	**Santo Gabardo** (06/05/1922 – 13/06/1972).				
	(28/04/1951) **Maria da Luz Leal**.				
	4284	F	i.	**Patricia Cristiane Gabardo** (22/04/1973).	
				(05/09/1992) **Aguinaldo Claudino**.	
2745.	**Antonio Gabardo** (11/08/1925).				
	(27/11/1948) **Ermínia Teresa Favoretto** (15/10/1924).				
	4285	F	i.	**Maria das Graças Gabardo** (02/02/1950).	
				() **Saul Coelho** (26/04/1930 - 23/09/1987).	
+	4286	F	ii.	**Marilene Gabardo** (03/08/1951).	
2747.	**Pedro Gabardo** (1932 – 02/07/2010).				
	() **Ivanira Alves**.				
+	4287	M	i.	**Edson de Jesus Gabardo**.	
+	4288	M	ii.	**Pedro Luiz Gabardo** (15/06/1960).	
2752.	**Anna Gabardo** (16/06/1903 – 11/03/1984).				
	(22/04/1922) **João Maidl** (25/09/1898).				
	4289	M	i.	**Romualdo Maidl** (10/04/1923 – 01/02/1978).	
	4290	F	ii.	**Alayr Maidl** (05/01/1925 – 17/06/2008).	
	4291	F	iii.	**Dirce Maidl** (21/03/1929 – 01/04/2015).	
	4292	F	iv.	**Diva Maidl** (05/02/1931 – 15/10/2013).	
	4293	M	v.	**Omir Ivo Maidl** (01/02/1934).	
	4294	M	vi.	**Nelson Maidl** (18/01/1936).	
+	4295	M	vii.	**Alcides Maidl** (12/02/1940 – 12/04/2016).	
2753.	**Hermenegildo Gabardo** (26/10/1905).				
	(16/10/1926) **Maria da Conceição Domingos Choviski** (11/05/1904).				
+	4296	F	i.	**Mercedes Gabardo** (1928 – 22/11/2014).	
+	4297	F	ii.	**Leonor Gabardo**.	
+	4298	F	iii.	**Ruth Gabardo** (1936 – 10/11/ 2006).	
	4299	F	iv.	**Iracema Gabardo** (01/05/1939).	
+	4300	M	v.	**Antonio Pascoal Gabardo** (25/06/1945).	
	4301	F	vi.	**Filomena Gabardo**.	
2754.	**Ferdinando Gabardo** (11/01/1908 – 1990).				
	() **Henriqueta Lunelli**.				
	4302	M	i.	**Ernesto Gabardo**.	
+	4303	M	ii.	**Parahilio Gabardo**.	
+	4304	M	iii.	**Valmir Gabardo** (27/02/1936).	
2756.	**Ernesto Gabardo** (14/07/1912).				

				(13/04/1936) **Herminia Bittencourt** (1918 – 20/12/2006).
	4305	F	i.	**Claudete Gabardo** (20/01/1942).
				(19/05/1962) **Dilenir Rodrigues da Silva** (21/01/1941).
	4306	F	ii.	**Joanna Irene Gabardo** (04/03/1949).
				(24/05/1968) **Waldir Alves da Cunha** (21 /11/1947).
2757.	**Alteniense (Altenencio) Gabardo** (26/08/1915 – 20/04/1989).			
	(16/02/1942) **Ida Maria Ristow** (? – 1968).			
	() **Maria da Graça.**			
	4307	F	i.	**Rosiclei Gabardo**.
	4308	F	ii.	**Karina Gabardo**.
+	4309	M	iii.	**Emerson Gabardo**.
	() **Lecy da Silva.**			
	4310	M	iv.	**Edilson Gabardo**.
+	4311	M	v.	**Edison Pedro Gabardo**.
	4312	F	vi.	**Eliane Gabardo**.
	4313	F	vii.	**Eliziane Gabardo**.
2758.	**Hugo Gabardo** (1921).			
	() **Miracy** (12/08).			
	4314	M	i.	**Rui Francisco Gabardo** (1949 – 22/08/2014).
	4315	M	ii.	**Carlos Antonio Gabardo** (1951 – 12/08/2005).
+	4316	F	iii.	**Sonia Regina Gabardo** (30/04/1957 – 17/11/2014).
2769.	**Maria Pontarollo** (12/06/1902 – 03/07/1977).			
	(01/01/1923) **Marco Gabardo** (01/01/1904 – 16/07/1965).			
2771.	**Giacomina Pontarollo** (12/06/1902 – 1975).			
	() **N Gheno.**			
+	4321	F	i.	**Vicenzina (Dina) Gheno** (1924).
	4322	M	ii.	**Rino Gheno** (1925).
				() **Rina Gabardo** (1925 – 2008).
	4323	M	iii.	**Fiorini (Gianni) Gheno** (1932).
				() **Elvira Santina Gherardi** (1931).
2773.	**Giovanni Battista Pontarollo** (1904 – 1962).			
	() **Giovanna Pontarollo** (1909).			
+	4324	F	i.	**Sidè Pontarollo** (1928).
2788.	**Maria Fortunata Bonato** (24/10/1894 – 18/07/1966).			
	(29/08/1918) **Luiz Moletta** (16/09/1891).			
	4325	M	i.	**Pedro Moletta** (12/08/1916).
	4326	F	ii.	**Anna Maria Moletta** (08/12/1917).
				() **José Fermino Machado**.
	4327	F	iii.	**Elvira Moletta** (09/05/1919)
				() **Mafaldo Culpi**.

	4328	M	iv.	**Albino Moletta** (22 /11/1920)
	4329	F	v.	**Maria Mafalda Moletta** (02 /11/1922)
				() **Caio Ferrari**.
	4330	M	vi.	**Aristides Moletta** (27/07/1924).
	4331	F	vii.	**Felicidade Moletta** (03/1926 – 21/07/1926).
	4332	M	viii.	**Ilário Moletta** (12/07/1927)
				(18/02/1950) **Iole Maria Micheletto** (14/08/1929).
	4333	M	ix.	**Antonio Moletta** (26/08/1928).
	4334	M	x.	**João Moletta Sobrinho**.
	4335	M	xi.	**José Ernesto Moletta**.
	4336	F	xii.	**Maria Rosália Moletta**.
				() **João Gomes**.
2790.	**Angelo Bonato** (06/05/1897).			
	(14/02/1920) **Maria Zen** (1901 – 14/01/1981).			
	4337	M	i.	**Clemente Bonato** (08/01/1921)
	4338	M	ii.	**Alcidio Bonato** (17/08/1922)
	4339	M	iii.	**Alcides Bonato** (23/10/1923)
	4340	F	iv.	**Carolina Bonato**.
	4341	M	v.	**José Bonato**.
	4342	F	vi.	**Amélia Bonato**.
	4343	F	vii.	**Rosa Bonato**.
	4344	F	viii.	**Clementina Bonato**.
+	4345	M	ix.	**Albino Bonato** (10/02/1934 -21/09/2001).
	4346	M	x.	**Carmelio Bonato**.
	4347	M	xi.	**Benjamin Bonato**.
	4348	M	xii.	**Silvio Bonato**.
	4349	M	xiii.	**Elidio Bonato**.
	4350	M	xiv.	**Luiz Bonato**.
2792.	**Joanna Bonato** (1902).			
	(24/04/1926) **Casemiro Tozzi** (1896).			
	4351	F	i.	**Mafalda Tozzi** (01/08/1928).
				(27/12/1952) **Durval Kowalski**.
	4352	M	ii.	**João Baptista Tozzi** (28/10/1929).
2795.	**Eduardo Pedro Bonato** (29/08/1908 - 30/01/2003).			
	(17/10/1936) **Maria Luiza Dissenha** (1919).			
+	4353	M	i.	**Pedro Bonato**.
+	4354	F	ii.	**Rosi Mari Bonato**.
2796.	**Agostinho Pedro Bonato** (03/10/1910 – 24/04/1966)			
	(31/03/1937) **Anna (Maria Angela) Bozza** (06/1915)			
	4355	M	i.	**Romanol Bonato** (1938)

	4356	M	ii.	**Roberval Bonato** (1939)
	4357	F	iii.	**Itelvira Bonato** (1941)
+	4358	M	iv.	**Rolival Bonato** (22/01/1948.
	4359	M	v.	**Romualdo Bonato** (1950)
	4360	F	vi.	**Idenira Bonato** (1955)
2797.		**Antonia Mathilde Bonato** (30/07/1913 – 03/07/1975)
		() João Batista Bozza.
	4361	F	i.	**Maria de Lourdes Bozza** (1928)
	4362	M	ii.	**Pedro Martinho Bozza** (1929)
2801.		**Angela Irene Julia Zanello** (22/05/1895 – 01/04/1977).
		() Augusto Lessnau Filho.
+	4363	F	i.	**Ludy Lessnau** (? – 09/12/2006).
+	4364	F	ii.	**Edy Lessnau**.
+	4365	M	iii.	**Edgard Lessnau**.
+	4366	M	iv.	**Nelson Lessnau**.
+	4367	M	v.	**Dalvir Lessnau** (1926 – 21/12/2002).
		() Antonio Miranda.
+	4368	M	vi.	**Amauri Valentim Zanello Miranda**.
+	4369	F	vii.	**Suely Miranda**.
2803.		**Clothilde Zanello** (03/04/1902 – 09/10/1974).
		() Abilio Leandro Archegas (? – 06/1938).
+	4370	F	i.	**Dil Archegas** (16/02/1927).
	4371	F	ii.	**Dilah Archegas**.
+	4372	M	iii.	**Dilmar Abilio Archegas** (18/02/1935).
2807.		**Aurora Zanello** (26/11/1907 – 21/12/1986).
		(25/12/1925) Antistenes Miranda de Moraes Sarmento.
+	4373	F	i.	**Celia de Moraes Sarmento** (1945 – 20/10/2006).
	4374	F	ii.	**Circe Zanello de Moraes Sarmento**.
+	4375	M	iii.	**Celso Zanello de Moraes Sarmento**.
2811.		**Argene Zanello** (01/02/1914).
		(30/11/1936) Celso Cardona de Aguiar (? – 02/1955).
	4376	F	i.	**Nauila Maria Zanello de Aguiar** (1942 – 03/08/2008).
	4377	F	ii.	**Emilia Zanello de Aguiar**.
	4378	M	iii.	**Agostinho Zanello de Aguiar**.
	4379	F	iv.	**Guacira Zanello de Aguiar**.
	4380	M	v.	**Carlos R. Zanello de Aguiar** (1949/1950 – 09/04/2015).
	4381	F	vi.	**Sandra Zanello de Aguiar** (1949/1950).
2814.		**Omir Zanello** (04/08/1921 – 17/07/2002).
		(04/01/1958) Iglé Cavalli (11/05/1935).
	4382	F	i.	**Marly do Rocio Cavalli Zanello** (06/11/1958).

	4383	F	ii.	**Mirian Cavalli Zanello** (13/05/1962).
	4384	F	iii.	**Marise Cavalli Zanello** (19/03/1964).
	4385	M	iv.	**Omir Zanello Junior** (05/07/1966).
2817.	**Carlos Zanello** (31/10/1901 – 15/07/1938)			
	4386	F	i.	**Celina Zanello** (? – 02/1924)
	4387	M	ii.	**Nelson Zanello** (03/1924)
	4388	M	iii.	**Nilson Zanello** (03/1924 – 05/1924)
	4389	F	iv.	**Neuza Zanello** (02/1926 – 06/1927)
	4390	M	v.	**Nery Zanello** (10/1928 – 02/1930)
	4391	F	vi.	**Irene Zanello** (? – 10/1960)
				() **N Della Bianca.**
	4392	M	vii.	**Arnaldo Zanello** (? – 11/1932)
2820.	**Hyperides Zanello** (29/08/1905 – 06/1980)			
	() **Cecilia de Brito Pereira.**			
+	4393	F	i.	**Ivette Zanello** (21/08/1923).
	4394	F	ii.	**Eleonette Zanello** (26/03/1925).
				() **Elberto Ristow** (17/10).
+	4395	M	iii.	**Jayme Zanello** (14 /11/1926).
	4396	M	iv.	**Hypérides Zanello Junior** (24/02/1931 – 04/08/2014)
	4397	M	v.	**Perci Zanello.**
	4398	F	vi.	**Odilayr Zanello** (10/1928).
2822.	**Leonidas Zanello** (17/08/1910)			
	() **Gertrudes Ricardo da Silva.**			
	4399	F	i.	**Doris Zanello.**
	4400	F	ii.	**Dirce Zanello.**
	4401	M	iii.	**Darcy Zanello.**
2823.	**Remo Zanello** (05/1913).			
	() **Deosceli Barreto.**			
	4402	F	i.	**Zeli Zanello** (? – 07/1933.
+	4403	M	ii.	**Remo Zanello Junior.**
2824.	**Flora Zanello** (31/05/1916)			
	(11/05/1937) **Damaso Bittencourt de Camargo.**			
	4404	M	i.	**David Roberto de Camargo.**
	4405	M	ii.	**José Ricardo de Camargo.**
2825.	**Artoriges Zanello** (28 /11/1918 – 04/04/2004).			
	() **Lilia Edith Bassetti.**			
	4406	F	i.	**Lorete Zanello.**
	4407	M	ii.	**Edemilton Bassetti Zanello.**
2830.	**Leonidas Gabardo** (06/08/1917 – 29/10/1995).			
	(05/09/1942) **Laura Luiza Vendrametto** (23/05/1922 – 23/06/1987).			

+	4408	M	i.	**Carlos Gabardo** (18/08/1943 – 02/08/2004).
+	4409	M	ii.	**Leonidas Gabardo Junior** (18/12/1953).
2834.		**Giacomo Romeu Gabardo** (18/04/1905 – 11/04/1977).
		(25/01/1930) **Julia Borsato** (04/04/1909 – 03/05/2001).
+	4410	M	i.	**Lourival Gabardo** (28/11/1930).
+	4411	M	ii.	**Acir Gabardo** (13/10/1937).
2835.		**Golhardo Bonato Gabardo** (11/08/1906).
		(26/03/1932) **Anastacia Margarida Bozza** (03/06/1919 – 09/11/2005).
+	4412	M	i.	**Ulisses Gabardo** (20/10/1938).
	4413	F	ii.	**Marli Gabardo** (25/09/1940).
		(01/09/1978) **Gerson Luiz Oleski** (26/08/1953).
+	4414	M	iii.	**Osires Gabardo** (08/03/1945 – 10/07/2007).
	4415	M	iv.	**Edson Gabardo**.
+	4416	F	v.	**Suzi Ifigênia Gabardo** (09/08/1949 – 16/11/2005).
+	4417	F	vi.	**Noeli Gabardo** (27/02/1954).
+	4418	M	vii.	**Josiel Gabardo** (12/01/1957 – 23/11/2013).
+	4419	F	viii.	**Desirée Gabardo** (27/06/1961).
2836.		**Spartaco Gabardo** (31/05/1908).
		(17/02/1940) **Guilhermina de Souza** (1916 – 04/06/2015).
+	4420	M	i.	**Diomar Mauricio Gabardo** (10/06/1943).
+	4421	M	ii.	**Julivier Gabardo** (21/02/1950).
+	4422	M	iii.	**Claudio Gabardo** (24/09/1952).
2838.		**Nolano Gabardo** (01/12/1912 – 22/07/1979).
		() **Matilde Constancia Honório** (26/05/1918 – 07/07/2002).
+	4423	F	i.	**Leoni Terezinha Gabardo** (02/06/1936).
+	4424	M	ii.	**Alcione Gabardo** (27/07/1938 – 20/03/2004).
	4425	F	iii.	**Janete Gabardo**.
2839.		**Idalina Gabardo** (18/05/1914 – 03/03/2003).
		(12/06/1936) **Pedro André Giacomassi** (21/05/1910 – 13/02/1977).
	4426	F	i.	**Marlene Giacomassi**.
		() **N Mattei**.
	4427	M	ii.	**Aramis Giacomassi**.
	4428	F	iii.	**Shirlei Giacomassi**.
	4429	F	iv.	**Marisa Giacomassi**.
2840.		**Yolanda Gabardo** (05/1916 – 08/07/2008).
		(17/05/1941) **Adolar Lorival Bedene**.
	4430	F	i.	**Shirley Bedene** (10/08/1942).
+	4431	F	iii.	**Marilene do Rocio Bedene** (01/12/1946).
	4432	M	ii.	**Adolar Bedene Filho** (19/06/1948).
2842.		**Raul Gabardo** (27/08/1921).

				(14/05/1954) **Emilia Hazenauer** (21/02/1925 – 23/04/1974).
+	4433	F	i.	**Rosele Maria Gabardo** (09/10/1956).
2846.	**João Cunico Júnior** (28/12/1887 – 1951).			
	(28/11/1887) **Romilda Benedetto** (? – 08/1940).			
	4434	F	i.	**Zola Cunico** (28/08/1910).
	4435	F	ii.	**Lidia Cunico** (25/11/1911).
	4436	M	iii.	**Orestes Cunico** (09/06/1916 – 10/03/2009).
				() **Cecilia Tozatto**.
	4437	F	iv.	**Cyra Cunico** (1921 – 13/09/2011).
				() **N Torres**.
2849.	**Angela Cunico** (1890).			
	(21/12/1914) **Fortunato Bizzotto** (1881).			
	4438	M	i.	**Diogo Francisco Bizzotto** (11/12/1914).
	4439	M	ii.	**Gilberto Bizzotto** (25 /11/1916).
	4440	F	iii.	**Ives Angela Bizzotto** (08/03/1919).
				(22/02/1941) **Florisval Guimarães**.
2864.	**Anna Gabardo** (19/04/1893 – 01/1958).			
	(27/05/1911) **José João Cortiano** (1885).			
+	4441	M	i.	**Arlindo Cortiano** (18/07/1914 – 16/01/1955).
+	4442	F	ii.	**Marlene Cortiano**.
+	4443	F	iii.	**Shirley Cortiano**.
+	4444	F	iv.	**Arlete Luiza Cortiano** (28/03/1942 – 28/06/2008).
2865.	**Catharina Gabardo** (15/09/1894).			
	(14/09/1912) **Ferruccio Pacce** (1887 – 07/1945).			
	4445	M	i.	**Luiz Laurindo Pacce** (16/07/1915 – 02/1916).
2867.	**Genoveva Gabardo** (07/09/1897 – 28/09/1941).			
	(26/01/1918) **Augusto Surian** (20/08/1893 – 09/1949).			
+	4446	M	i.	**Nivaldo Lino Surian** (10/11/1920).
+	4447	M	ii.	**Reinaldo Surian** (31/07/1927 – 27/05/1999).
2869.	**Lucia Gabardo** (02/03/1894 – 03/1960).			
	(25/09/1909) **José Deconto** (? – 06/1963).			
+	4448	F	i.	**Irene Josephina Deconto** (19/03/1911).
	4449	F	ii.	**Iria Josephina Deconto** (19/03/1913).
				(10/02/1934) **Victorio Massolin** (1910).
+	4450	F	iii.	**Yolanda Deconto** (01/01/1915 – 26/10/2000).
+	4451	M	iv.	**Irineu Jacob Deconto** (16/02/1920 – 11/05/2004).
	4452	M	v.	**Izildo Deconto** (05/07/1922 – 08/07/1922).
	4453	M	vi.	**Igino Jacob Deconto** (06/09/1923 – 15/04/2011).
				(03/02/1945) **Diva Lambertucci**.
	4454	M	vii.	**Ivalino Pedro Deconto** (08/12/1928).

				(06/09/1952) **Maria Ludkiervicz** (1932).
	4455	M	viii.	**Hildo José Deconto** (22 /11/1932).
2870.	**Angelo Parolin Gabardo** (30/09/1895 – 12/03/1969).			
	(14/11/1914) **Josefa Frankowska** (1892 – 01/1957).			
+	4456	M	i.	**Antenor Gabardo** (25/09/1915).
	4457	F	ii.	**Diomira Angela Gabardo** (03/06/1917).
				() **Alfredo Elias**.
+	4458	M	iii.	**Roando Gabardo** (20/03/1919 – 23/09/1977).
+	4459	F	iv.	**Avany Gabardo** (01/1921 – 08/09/1949).
+	4460	M	v.	**Claudio Gabardo** (12/12/1925 – 11/04/1975).
+	4461	M	vi.	**Omar Gabardo** (14/10/1927).
	4462	F	vii.	**Dinorah Gabardo** (07/1930).
+	4463	M	viii.	**Adroaldo Gabardo** (27/07/1933 – 06/09/1982).
2872.	**Angelo Natal Gabardo** (26/12/1895).			
	() **Clotilde Martins dos Santos**.			
+	4464	F	i.	**Lucila Gabardo** (28/06/1920 – 1983).
2874.	**Antonio Tortato Gabardo** (11/1898 – 23/12/1975).			
	(15/09/1928) **Nerina Alba Pacce** (18/08/1902 – 08/1955).			
	4465	F	i.	**Lélia Luiza Gabardo** (01/06/1929).
				(07/09/1950) **Ary Gallice**.
+	4466	M	ii.	**Aramys Domingos Gabardo** (13/08/1932 – 26/11/2001).
2876.	**Ernesto Gabardo** (26/07/1901 – 11/1967).			
	(21/02/1925) **Angelina Deconto** (10/05/1907 – 12/05/2004).			
	4467	F	i.	**Lucy Gabardo** (1928 – 26/09/2014).
				() **N Trinkel**.
+	4468	M	i.	**Lino Daniel Gabardo** (09/1929 – 30/09/2012).
	4469	F	ii.	**Jacyra Gabardo**.
	4470	F	iv.	**Lina Gabardo**.
	4471	M	v.	**João Luiz Gabardo** (12/12/1939).
2877.	**Fioravante Gabardo** (19/09/1903).			
	(21/02) **Dolores Tortato** (12/06/1909).			
	4472	F	i.	**Diva Gabardo** (09/1931 – 02/01/1932).
+	4473	M	ii.	**Amilton Gabardo** (1933 – 13/10/2009).
+	4474	F	iii.	**Diva Gabardo**.
+	4475	F	iv.	**Divanir Tortato Gabardo** (21/03/1937).
	4476	F	v.	**Maria Helena Gabardo** (12/10/1939).
+	4477	F	vi.	**Maria Tereza Gabardo** (12/10/1939).
+	4478	M	vii.	**Airton Gabardo** (20/08/1943).
2882.	**Emilio Reinaldo Gabardo** (15/03/1914 – 05/12/1983).			
	(23/02/1935) **Lidia Cortiano** (27/02/1916 – 23/09/1996).			

	4479	M	i.	**Jatir João Gabardo** (08/06/1937).
	4480	F	ii.	**Lilian Gabardo** (14/07/1945).
				(04/09/1965) **Daltro Simões**.
2884.	\multicolumn{4}{l	}{**Angelo Gabardo** (31/07/1897 – 16/04/1977).}

2884.				**Angelo Gabardo** (31/07/1897 – 16/04/1977).
				(19/06/1920) **Marina Andretta** (14/04/1900 – 23/08/1935).
+	4481	M	i.	**Humberto Gabardo** (11/06/1922).
	4482	M	ii.	**Durval Gabardo** (19/09/1924 – 15/07/1978).
+	4483	F	iii.	**Adirce Gabardo** (1927 – 15/06/2005).
				(1938) **Margarida**.
2885.				**Dorothea Gabardo** (05/08/1899 – 04/1955).
				(16/02/1924) **Agostinho João Alessandrini** (20/10/1894).
	4484	F	i.	**Nadyr Alessandrini** (25/12/1927).
	4485	F	ii.	**Diva Alessandrini** (04/08/1930).
2886.				**Bernardina Gabardo** (12/05/1901– 03/05/1969).
				(01/02/1919) **Izidoro Nadalin** (12/07/1902).
	4486	F	i.	**Aracy Nadalin** (17/12/1920).
				(08/06/1940) **Remy Nocera** (13/07/1917).
	4487	M	ii.	**Oswaldo Nadalin** (1923 – 17/08/2008).
				() **Lalita**.
	4488	M	ii.	**Orlando Nadalin** (21/10/1927).
	4489	F	iii.	**Odette Nadalin** (10/11/1929 – 26/06/2004).
	4490	M	iv.	**Odevir Nadalin** (15/06/1932 – 25/08/1941).
	4491	M	vi.	**Odenir Nadalin** (04/02/1936).
2887.				**Leonel Gabardo** (02/02/1904 – 20/06/1989).
				(26/09/1931) **Lucia Bozza** (08/06/1911 – 11/06/1992).
+	4492	M	i.	**João Carlos Gabardo** (05/10/1934 – 20/12/2010).
	4493	M	ii.	**Rubens Gabardo** (11/07/1932 – 10/08/1943).
+	4494	F	iii.	**Marli Gabardo** (31/08/1941).
2888.				**Hermenegildo Gabardo** (31/12/1905 – 19/11/1993).
				(28/04/1928) **Helena Ressetti** (24/04/1908 – 17/12/2000).
+	4495	M	i.	**Osmar Gabardo** (07/11/1928).
+	4496	M	ii.	**Acyr Gabardo** (09/06/1930 – 15/03/2021).
+	4497	M	iii.	**José Carlos Gabardo** (19/03/1941 – 20/06/2021).
2889.				**Estella Maria Gabardo** (19/11/1906 – 29/04/1971).
				(30/06/1928) **João Batista Andretta** (1895).
	4498	M	i.	**Romildo Pompeo Andretta** (14/03/1931).
	4499	F	ii.	**Requilda Andretta** (31/07/1933).
	4500	F	iii.	**Reonilda Andretta** (06/10/1935).
	4501	M	iv.	**Renato Andretta** (22/05/1941).
				(16/07/1966) **Dinamar de Jesus Navarro**.

2890. **Cecília Gabardo** (17/07/1908 – 23/08/1997).

(17/07/1926) **Abrão Carlos Alessandrini** (26/10/1905).

	4502	M	i.	**Wilson Alessandrini** (04/01/1927).
				(22/01/1949) **Eunice de Oliveira**.
	4503	M	ii.	**Altair Alessandrini** (28/06/1928 – 15/09/1928).
	4504	F	iii.	**Avany Alessandrini** (30/11/1929).
	4505	M	iv.	**Milton Carlos Alessandrini** (05/09/1935 – 11/10/2006).
				() **Maria Krimhilde Wartelsteiner**.
	4506	M	v.	**Aramis Zeferino Alessandrini** (31/03/1941).
				(11/05/2002) **Leocadia Podakoviski Algaver**.

2891. **Julia Gabardo** (10/01/1910 – 08/07/1966).

(20/07/1934) **Eugênio Andretta** (1905).

	4507	F	i.	**Eunice Maria Andretta** (17/10/1935).
	4508	M	ii.	**Antenor Andretta** (1937).
	4509	M	iii.	**João Antonio Andretta** (24/06/1947).
				(11/12/1976) **Eliana Casagrande**.

2892. **Benjamin Gabardo** (05/08/1911 – 30/01/1978).

(02/01/1941) **Adelayde Peyerl** (04/1923 – 20/01/2006).

+	4510	M	i.	**Osnei Gabardo** (05/05/1943).
+	4511	M	ii.	**Ademir Gabardo** (14/03/1951).

2893. **Mario Gabardo** (20/05/1913 – 28/05/1977).

(20/04/1940) **Idalina**.

	4512	F	i.	**Sirlei Gabardo**.
				() **Evaldo Casagrande**.

2894. **Noêmia Genoveva Gabardo** (20/01/1915 – 26/12/1982).

(15/02/1932) **Antonio Rufino dos Santos** (1913).

	4513	F	i.	**Claudete dos Santos** (06/12/1933).
				(09/09/1964) **Antonio Vicente Pereira Filho**.

2899. **Ivette Gabardo** (02/02/1928 – 20/01/1988).

(16/11/1957) **Ascendino Correa** (23/03/1931).

	4514	M	i.	**Romualdo Gabardo Correa** (30/09/1958).

2900. **Adhair Gabardo** (05/09/1930).

(09/09/1950) **Leonisio Nardino** (01/12/1929).

	4515	M	i.	**João Luiz Nardino** (1951 – 01/10/2005).
				() **Irene**.

2901. **Otália Gabardo** (1931/1932 – 20/01/2001).

(22/09/1951) **Lauro Kovalski** (1922 – 02/03/2005).

	4516	F	i.	**Ana Maria Kovalski**.
	4517	F	ii.	**Celia Regina Kovalski**.

2904. **Julia Gabardo** (25/07/1897 – 02/09/1990).

				(20/11/1914) **Tizziano Colleone** (1891).
		4518	F	i. **Maria Mercedes Colleone** (05/09/1915 – 04/10/2006).
				() **Luiz Tullio**.
		4519	M	ii. **Orlando Collcone** (01/08/1918).
		4520	F	iii. **Orlanda Colleone** (15/11/1919).
				(16/07/1949) **Orlando Muller**.
		4521	F	iv. **Ivany Thereza Colleone** (22/06/1922).
				(06/05/1939) **João Guilherme Bialli** (1917).
		4522	M	v. **Francisco Dacio Colleone** (25/11/1927).
		4523	F	vi. **Leony Joanna Colleone** (1930).
				(27/05/1950) **Ardy Euzieres** (1925).
2906.	**Izidoro Emilio Gabardo** (03/11/1901 – 11/1966).
	(11/07/1925) **Catharina Brunato** (04/11/1900).
		4524	F	i. **Elvira Maria Gabardo** (1927 – 13/05/2009).
				() **Teodoro Cardoso**.
+		4525	M	ii. **Urides Reynaldo Gabardo** (08/09/1928 – 13/05/2009).
+		4526	M	iii. **Amir Agostinho Gabardo** (11/02/1932 – 10/03/2000).
+		4527	F	iv. **Angelina Gabardo** (13/03/1937).
2907.	**Adelina Gabardo** (04/03/1904).
	(22/11/1930) **José Cachel** (15/03/1899).
+		4528	M	i. **Francisco Antonio Cachel** (04/12/1934).
2908.	**Hermenegildo João Gabardo** (02/10/1907).
	(25/07/1931) **Maria Soike** (1913).
+		4529	M	i. **Antonio Roge Gabardo** (18/01/1934).
+		4530	M	ii. **Ary Francisco Gabardo** (27/12/1935).
		4531	M	iii. **Moacir Gabardo**.
+		4532	M	iv. **Albanir Gabardo**.
		4533	F	v. **Tereza Gabardo**.
2910.	**Reynaldo Antonio Gabardo** (24/04/1913).
	(16/05/1931) **Carolina de Oliveira Lima** (1906).
+		4534	M	i. **Ramis Gabardo** (28/01/1932 – 09/07/1991).
		4535	M	ii. **Teodoro Gabardo**.
		4536	M	iii. **Didio Amur Gabardo** (1940 – 30/09/2008).
		4537	F	iv. **Denira Loli Gabardo**.
		4538	M	v. **Gildo Gabardo**.
		4539	F	vi. **Neusa Gabardo**.
2912.	**Lauro Mario Gabardo** (16/07/1921 – 23/02/1975).
	(07/10/1941) **Alvina Alves de Araujo** (11/01/1918 – 06/12/2007).
+		4540	M	i. **Jair Mario Gabardo** (13/05/1946).
+		4541	F	ii. **Juraci Gabardo** (20/03/1950).

	4542	F	iii.	**Janete Gabardo.**
	4543	F	iv.	**Jandira Gabardo.**
	4544	M	v.	**João Gabardo.**
2917.	**Severino Deconto Gabardo** (01/11/1901 – 09/06/1963).			
	(11/09/1926) **Julia Baggio** (25/08/1906 – 02/06/1990).			
	4545	M	i.	**Heitor Gabardo** (03/07/1927 – 31/05/2006).
+	4546	F	ii.	**Lenira Gabardo** (25/09/1929).
+	4547	M	iii.	**Italo Pedro Gabardo** (03/05/1932 – 13/04/1990).
+	4548	M	iv.	**Rubens Gabardo** (06/10/1937).
2918.	**João Vergílio Gabardo** (14/01/1904 – 13/10/1946).			
	(11/11/1933) **Aurora Celli** (21/01/1906).			
	4549	M	i.	**Wilson Gabardo** (? – 03/1937).
2919.	**Florido Gabardo** (18/09/1906 – 12/02/1977).			
	(10/09/1936) **Alina Parolin** (16/09/1908 – 19/12/1999).			
+	4550	M	i.	**Joel Gabardo** (10/01/1938).
+	4551	M	ii.	**Juarez Antonio Gabardo** (07/09/1946).
2920.	**Brigida Deconto Gabardo** (29/08/1908 – 21/08/1965).			
	(08/09/1934) **Leonel Robert** (21/04/1905 – 19/08/1983).			
+	4552	M	ii.	**Lineu Robert** (24/05/1937).
+	4553	M	i.	**Laertes Robert** (04/09/1942).
2922.	**Octacília Gabardo** (24/12/1912).			
	(17/11/1939) **João Bozza** (04/07/1908).			
	4554	M	i.	**Irlan Bozza** (06/05/1944).
	4555	M	ii.	**Izaias Bozza.**
2924.	**Isaias Gabardo** (23/08/1916).			
	(28/01/1940) **Cesira Pedra Rossi Borghezani** (27/02/1921).			
+	4556	F	i.	**Marilis Gabardo** (18/12/1941).
+	4557	F	ii.	**Marinei Gabardo** (18/03/1950).
+	4558	F	iii.	**Liliam Gabardo** (05/01/1953).
2926.	**Edolfina Gabardo** (22/07/1922).			
	(11/09/1943) **Ciro Possobom** (1913).			
+	4559	M	i.	**Nelio Possobom** (23/03/1946).
2927.	**Florindo José Moreschi** (19/03/1903 – 07/08/1972).			
	() **Rachel Amalia.**			
+	4560	F	i.	**Eunice Moreschi** (14/07/1924 – 12/02/1978).
	4561	M	ii.	**Eraylton Moreschi** (06/1925).
2930.	**Lombardo Moreschi** (31/08/1908).			
	(30/10/1926) **Rosa Duzolina Picolli** (25/01/1908).			
+	4562	F	i.	**Nilza Moreschi** (14/09/1929).
2933.	**Virginia Gabardo** (30/10/1906).			

				() **José Gava**.
	4563	M	i.	**José Gava Filho** (28/02/1925 – 19/06/1925).
2934.	**Ilio Hermenegildo Gabardo** (07/02/1907).			
	(25/09/1937) **Nadir de Lourdes Lanzoni** (1915).			
	4564	M	i.	**Ademar Luiz Gabardo** (1942 – 01/05/2008).
	4565	M	ii.	**Ademir Luiz Gabardo** (12/10/1943).
	4566	F	iii.	**Roseli Conceição Gabardo** (29/05/1944).
2935.	**Constantina Maria Gabardo** (30/10/1910).			
	(15/05/1926) **Antonio José Coutinho** (14/05/1903).			
	4567	F	i.	**Leony Coutinho** (1927 – 04/12/2009).
				() **Alydio do Nascimento**.
	4568	F	ii.	**Leida Coutinho** (12/04/1934).
				(26/09/1964) **Lady Prestes**.
	4569	M	iii.	**Morthy Coutinho** (05/11/1939).
	4570	F	iv.	**Erlene Coutinho** (11/01/1940).
				(21/07/1962) **Carlos Ribeiro**.
	4571	M	v.	**Leodemir Geraldo Coutinho** (15/10/1942).
				(09/07/1983) **Edilzina Ribas**.
	4572	M	vi.	**Celso José Coutinho** (16/12/1946).
				(25/05/1967) **Marilis Scarante**.
	4573	M	vii.	**Elcio Antonio Coutinho** (06/06/1949).
2936.	**Julio Gabardo** (11/10/1911 – 26/09/1981).			
	(17/11/1940) **Anahyr Regina Berno** (02/06/1919).			
+	4574	M	i.	**Moacir Gabardo** (03/11/1942).
+	4575	M	ii.	**Norlei Gabardo** (11/07/1946).
2938.	**Aldino Gabardo** (23/02/1915 – 19/11/1944).			
	(16/12/1939) **Zulmira Robert** (05/10/1918).			
	4576	F	i.	**Edna Lourdes Gabardo** (29/11/1940).
				(27/04/1963) **Mario de Oliveira** (23/04/1939).
2940.	**Belmiro Gabardo** (26/11/1916).			
	(09/12/1939) **Alice Cecília Schultz**.			
	4577	F	i.	**Donai Dione Schultz Gabardo** (07/01/1941).
+	4578	M	ii.	**Dalton Antonio Schultz Gabardo**.
+	4579	F	iii.	**Dilma Schultz Gabardo**.
2941.	**Veronica Gabardo** (15/09/1918 – 12/05/2008).			
	(27/09/1941) **Julio Bozza** (12/09/1914).			
	4580	M	i.	**Aramis Bozza** (04/09/1942).
	4581	M	ii.	**Ademar Bozza** (18/03/1945).
				(29/12/1973) **Irene Podgurski**.
	4582	M	iii.	**Adilson João Bozza** (18/06/1951).

				(24/09/1977) **Antonia Faustino de Oliveira**.
2943.	**Deomira Gabardo** (19/07/1922).			
	(02/06/1945) **Artur Belarmino Honorio** (1924).			
		4583	F	i.	**Dilmair Delize Honorio** (02/01/1947).
2944.	**Hercília Gabardo** (03/09/1924 – 04/02/2007).			
	(06/05/1944) **Antenor Sebastião Mattana** (20/01/1922 – 16/09/1992).			
+	4584	F	i.	**Rosilda Mattana** (12/03/1945 – 19/07/2019).
+	4585	F	ii.	**Neomar Mattana** (29/09/1950).
2945.	**Wilce Fabris Gabardo** (24/06/1926).			
	(15/02/1947) **Helio Mueller** (07/07/1921).			
		4586	F	i.	**Cirleide Maria Mueller** (16/03/1949).
2948.	**Raymundo Gabardo** (26/08/1912 – 25/07/1968).			
	(24/12/1936) **Alciria Pazello** (22/12/1917 – 17/02/1998).			
		4587	M	i.	**Jacy Gabardo** (19/04/1937 – 05/10/2014).
					() **Naylor Terezinha Zancan**.
+	4588	M	ii.	**Adilson Gabardo** nasceu (12/08/1941).
+	4589	F	iii.	**Lis Gabardo** (26/07/1953).
2949.	**Izis Luigia Gabardo** (11/02/1914 – 25/02/1997).			
	(02/03/1935) **Aristides Robert** (21/09/1911 – 23/03/1993).			
		4590	M	i.	**René Robert** (1938 – 11/2013).
+	4591	M	ii.	**Jaime Robert** (23/06/1943).
2950.	**Dulce Gabardo** (08/06/1920 – 04/06/2015).			
	(27/09/1941) **João Mequelusse** (1919).			
		4592	M	i.	**Jair Mequelusse**.
		4593	F	ii.	**Jussara Mequelusse**.
		4594	M	iii.	**Joace Mequelusse**.
2951.	**Nilse Gabardo** (30/12/1924 – 11/01/1985).			
	(28/07/1945) **João Geraldo Jorge** (1908).			
		4595	M	i.	**Carlos Fernando Jorge** (07/01).
2952.	**Edile Merlin Gabardo** (14/09/1929).			
	(30/06/1951) **Sebastião de Souza Teixeira** (1924).			
+	4596	M	i.	**Arnaldo Gabardo Teixeira** (07/04/1952).
	4597	M	ii.	**Rui Gabardo Teixeira** (06/10/1956).
	4598	F	iii.	**Glacy Gabardo Teixeira** (29/01/1958).
2955.	**Aurora Angela Colleone** (28/08/1912).			
	(25/07/1942) **Bernardo Kaminski** (1912).			
		4599	M	i.	**Dirceu Mario Kaminski** (01/02/1944).
		4600	F	ii.	**Janete Marili Kaminski** (17/07/1945).
2957.	**Valdemar Colleone** (03/01/1917).			
	() **Matilde Elvira**.			

	4601	F	i.	**Sueli Colleone** (10/05/1944).
	4602	F	ii.	**Sonia Colleone** (16/08/1945).
2959.	**Etelvina Gabardo** (27/06/1911).			
	(18/09/1934) **Ricardo Baglioli** (14/06/1912 – 13/03/2003).			
	4603	M	i.	**Eloir Baglioli** (28/07/1935).
2960.	**Araújo Gabardo** (29/04/1913 – 08/10/1980).			
	(09/05/1936) **Yolanda Deconto** (01/01/1915 – 26/10/2000).			
+	4604	M	i.	**Neuri Gabardo** (15/07/1937 – 25/09/1990).
+	4605	M	ii.	**Nilton José Gabardo** (28/04/1940 – 25/03/2003).
2961.	**Dolores Gabardo** (28/02/1915).			
	(28/11/1936) **Reynaldo Schulz** (1912).			
	4606	M	i.	**Waldir Schulz** (29/08/1937).
2981.	**Anna Maria Parolin** (03/06/1893 – 25/03/1920).			
	(11/11/1911) **Leone Deconto** (08/11/1891).			
	4607	M	i.	**Hortencio Deconto** (15/10/1914 – 09/06/2004).
				() **Irene Verginia Buso**.
	4608	F	ii.	**Noemia Deconto** (1916 – 09/09/2003).
				() **Silvio Zanetti**.
	4609	F	iii.	**Eni Deconto** (1928 – 30/12/1940).
	4610	F	iv.	**Norma Deconto** (31/10/1912).
	4611	F	v.	**Norina Josephina Deconto** (07/02/1919).
2983.	**Julia Parolin** (07/04/1896).			
	(14/02/1914) **Gino Baglioli** (17/09/1891 – 03/01/1947).			
	4612	M	i.	**Dionizio Baglioli** (27/03/1915).
				(19/07/1958) **Robertina de Oliveira Viana**.
	4613	F	ii.	**Diomira Baglioli** (10/11/1917).
	4614	M	iii.	**Waldemar Baglioli** (? – 01/1924).
	4615	M	iv.	**Durval Baglioli** (07/03/1925).
2984.	**Eugênio Antonio Parolin** (21/12/1897).			
	(12/10/1918) **Angela Solieri**.			
	4616	M	i.	**Antonio Parolin** (? – 01/1921).
	4617	F	ii.	**Josephina Parolin** (03/1919).
	4618	F	iii.	**Hilda Parolin** (19/12/1921).
				(24/09/1941) **Mansueto Ricki**.
	4619	M	iv.	**Levy Parolin** (07/1923).
	4620	M	v.	**Adyr Parolin** (05/1925).
	4621	F	vi.	**Maria Thereza Parolin**.
	4622	M	vii.	**Daniel Parolin**.
	4623	M	viii.	**Luiz Parolin**.
2985.	**Maria Thereza Parolin** (22/10/1899).			

				(16/09/1919) **Modesto Bassan**.
	4624	F	i.	**Odette Bassan** (23/07/1920).
				(25/01/1941) **Galdino Caron**.
2988.	**Anna Maria Gabardo** (06/04/1896).			
	(10/08/1912) **Antonio Nardino** (1888).			
	4625	M	i.	**Victorio Nardino** (03/05/1913 – 24/03/1914).
	4626	F	ii.	**Irene Roza Nardino** (07/12/1914 - 13/03/1915).
	4627	M	iii.	**Victorio Nardino** (19/11/1915 – 19/11/1915).
+	4628	M	iv.	**Waldemiro Nardino** (03/1918).
	4629	M	v.	**Zeferino Nardino** (06/1922).
	4630	F	vi.	**Odette Nardino** (30/11/1926).
				(20/01/1951) **Antonio Izidoro Miranda**.
+	4631	M	vii.	**Leonisio Nardino** (01/12/1929).
	4632	F	viii.	**Iolanda Nardino** (11/01/1934).
				(24/12/1955) **Evaldo Gusso**.
2990.	**Antonia Gabardo** (01/01/1899 – 01/03/1946).			
	(09/07/1921) **Alberto de Poli** (03/04/1898).			
	4633	F	i.	**Mercedes de Poli** (04/1922).
	4634	M	ii.	**Annibal de Poli** (02/1929).
	4635	M	iii.	**Dirceu de Poli** (20/09/1930).
	4636	F	iv.	**Catterina de Poli** (1935 – 05/09/2013).
				() **N Varela**.
+	4637	F	v.	**Josefina de Poli** (08/08/1938).
	4638	F	vi.	**Dirce de Poli**.
				() **N Henriques**.
	4639	M	vii.	**Jorge de Poli** (? – 12/1953).
	4640	M	viii.	**Airton de Poli**.
	4641	F	ix.	**Rosalina de Poli**.
	4642	M	x.	**Dorival de Poli**.
	4643	M	xi.	**Gumercindo de Poli**.
	4644	F	xii.	**Jani de Poli**.
2991.	**Olderico Gabardo** (07/12/1900 – 23/05/1964).			
	(19/12/1925) **Paulina Solieri** (28/06/1906 – 18/10/1945).			
	4645	F	i.	**Circe Yvana Gabardo** (07/1927 – 29/09/1947).
	4646	M	ii.	**Wilson Gabardo** (07/10/1928 – 06/01/1932).
+	4647	M	iii.	**Acir Gabardo** (22/01/1933 – 07/02/1998).
	(29/06/1947) **Carolina Kojew** (18/10/1924 – 18/02/2017).			
+	4648	M	iv.	**Almir Luís Gabardo** (14/06/1950).
+	4649	F	v.	**Cleonice Gabardo** (13/03/1955).
+	4650	M	vi.	**Oldernei Regis Gabardo** (03/07/1959).

2992.	**Ítala Lucia Gabardo** (05/09/1903 – 08/06/1982).			
	() **Luiz Pompeo Andretta** (1903 – 09/05/1927).			
+	4651	M	i.	**Dejanir Andretta** (12/07/1926).
	4652	M	ii.	~~Arlindo Andretta~~ (1926).
	(07/01/1933) **Piero Gabardo** (09/02/1899 – 23/09/1968).			
2994.	**Margarida Esterina Gabardo** (04/10/1907 – 07/1951).			
	(26/09/1925) **Angelo João Bozza** (27/12/1902).			
	4663	M	i.	**Lourenço Agostinho Bozza** (08/1922).
	4664	M	ii.	**Acyr Bozza** (16/06/1926).
				(21/10/1950) **Diomira Scroccaro** (08/12/1929).
	4665	M	iii.	**Alceu Bozza** (12/02/1928).
				(27/09/1952) **Maria das Dores Lemos**.
	4666	M	iv.	**Arnaldo João Bozza** (24/03/1930).
	4667	M	v.	**Aroldo João Bozza** (1932 – 04/05/1933).
	4668	M	vi.	**Angelino Vicente Bozza** (1934 – 21/02/2014).
				() **Mira Pellanda**.
	4669	M	vii.	**Haroldo Angelo Bozza** (02/09/1934).
	4670	F	viii.	**Maria Adenir Bozza** (1937 – 06/08/2014).
				() **N Lipinski**.
2996.	**Bernardino Gabardo** (23/03/1911).			
	(26/01/1937) **Maria Eulalia Machado** (12/02/1917 – 19/07/1994).			
+	4671	M	i.	**Elysio Gabardo** (01/11/1938 – 17/03/1984).
+	4672	M	ii.	**Alceu Alexandre Gabardo** (28/03/1940 – 07/07/2002).
	4673	M	iii.	**Luiz Gabardo** (25/08/1942 – 30/01/1943).
+	4674	M	iv.	**Renato Gabardo** (1945).
+	4675	F	v.	**Wanda Gabardo** (29/12/1946).
	4676	M	vi.	**Nivaldo Gabardo** (05/1949 – 01/12/1949).
+	4677	M	vii.	**Sergio Gabardo** (21/09/1955).
+	4678	M	viii.	**Gilberto Gabardo** (26/01/1957).
+	4679	M	ix.	**Bernardino Gabardo Filho** (17/01/1959).
	4680	F	x.	**Maria de Lourdes Gabardo**.
+	4681	F	xi.	**Aurea Gabardo**.
+	4682	F	xii.	**Yvone Gabardo**.
	4683	M	xiii.	**Darci Gabardo**.
2999.	**Arnaldo Gabardo** (06/02/1916 – 20/04/1975).			
	(30/05/1942) **Antonia Otilia Gabardo** (17/07/1925).			
+	4684	F	i.	**Rosi Terezinha Gabardo** (04/08/1945).
+	4685	M	ii.	**Dante Gabardo** (11/01/1950 – 06/03/2001).
+	4686	F	iii.	**Dalva Maria Gabardo** (01/06/1956).
+	4687	M	iv.	**Claudio Gabardo** (11/08/1958 – 10/04/2008).

	4688	F	v.	**Claudete Gabardo** (10/12/1960).
	4689	M	vi.	**Claiton Gabardo** (1962 – 14/01/2007).
				() **Raquel**.
+	4690	F	viii.	**Noeli Gabardo** (23/08/1967).
	4691	F	viii.	**Nanci Gabardo**.
	4692	F	x.	**Diva Gabardo** (11/01).
				(25/11/1978) **Richard Gramowski**.
+	4693	M	x.	**Natálio Gabardo**.
	4694	M	xi.	**Rui Gabardo**.
	4695	M	xii.	**Ronaldo Gabardo**.
3000.	**Joanna Beltrame** (22/06/1896).			
	(15/05/1915) **Francisco Cortiano** (1891).			
	4696	M	i.	**Rangel Cortiano** (04/11/1928).
	4697	F	ii.	**Rosalina Cortiano** (18/03/1930).
				(21/05/1949) **Edmar Musaleski**.
	4698	F	iii.	**Lydia Cortiano** (27/02/1916).
+	4699	M	iv.	**Gilberto Cortiano** (19/12/1931).
3002.	**Vergínia Beltrame** (13/12/1899).			
	(31/05/1919) **Rolando Gusso** (17/06/1898).			
	4700	M	i.	**Osvaldo Gusso** (08/01/1922).
				(30/12/1939) **Olga (Angela) Krug**.
				(13/12/1986) **Avany Pioto** (01/06/1930).
	4701	M	ii.	**Euclides Gusso** (31/07/1923 – 02/05/1925).
	4702	M	iii.	**Euclides Gusso** (02/1926).
+	4703	F	iv.	**Lucy Gusso** (31/10/1928).
+	4704	M	v.	**Wilson Gusso** (07/11/1930 – 16/11/2001).
3003.	**Helena Beltrame** (13/05/1901 – 23/10/1934).			
	(15/07/1922) **Victor Christophoro Gusso** (07/02/1901 – 23/10/1934).			
	4705	F	i.	**Oliva Gusso**.
	4706	F	ii.	**Ottilia Gusso** (22/09/1924).
+	4707	F	iii.	**Otália Gusso** (23/10/1929).
	4708	M	iv.	**Romualdo Gusso**.
	4709	F	v.	**Yole Helena Gusso** (16/02/1934).
				(28/05/1966) **Oscar Bruno Bordignon**.
3006.	**Maria Beltrame** (19/03/1905).			
	(11/07/1925) **Emilio Bonato** (16/11/1904).			
	4710	M	i.	**Moacir Bonato** (06/11/1936).
3010.	**Elvira Gabardo** (1898).			
	(29/07/1916) **Valente Bortolo Marodin** (08/12/1891).			
	4711	F	i.	**Anahyr Marodin** (03/01/1919).

				(07/04/1945) **Roque Pampuche** (1919).
	4712	M	ii.	**Altevir Marodin** (26/02/1930).
	4713	M	iii.	**Francisco Marodin** (30/08/1922).
	4714	F	iv.	**Ermelina Marodin** (13/05/1924).
				(29/05/1948) **Alceu Mann**.
	4715	F	v.	**Victoria Maria Marodin** (11/08/1916).
	4716	F	vi.	**Alzira Marodin** (07/09/1920).
3011.	**Amalia Gabardo** (14/01/1903).			
	(26/01/1924) **Frederico Baruzzo** (19/09/1900).			
	4717	M	i.	**Altair Barusso** (03/05/1935).
3012.	**Carlito Egydio Gabardo** (10/02/1905).			
	() **Ida Tortato**.			
+	4718	F	i.	**Alba Gabardo** (13/02/1931).
3013.	**Attilia Gabardo** (10/02/1905).			
	(24/04/1926) **Liberato Thomaz** (23/08/1900).			
	4719	F	i.	**Dioneti Thomaz** (14/03/1940).
	4720	M	ii.	**Leodemir Thomaz** (24/04/1944).
				(05/04/1975) **Janete Assunção**.
3014.	**Clementino Eduardo Gabardo** (08/1907 – 1971).			
	(16/05/1936) **Elvira Dal'Lin** (03/1913).			
+	4721	F	i.	**Nancy Gabardo** (17/02/1937 – 23/09/2004).
+	4722	F	ii.	**Glacy Gabardo** (03/04/1939 – 02/10/2004).
	4723	F	iii.	**Maria Gabardo** (16/10/1942 – 16/10/1942).
+	4724	M	iv.	**Antonio Luiz Gabardo** (12/06/1946 – 04/09/1997).
+	4725	M	v.	**Altevir Gabardo** (18/02/1951).
3015.	**Lírio Eduardo Gabardo** (13/11/1910).			
	(20/09/1948) **Magdalena Ceccone** (19/11/1925).			
+	4726	M	i.	**Jorge Gabardo** (13/11/1949).
+	4727	M	ii.	**Luiz André Gabardo** (19/09/1954).
3016.	**Hygino (Mezino) Gabardo** (10/09/1913).			
	(11/04/1940) **Luiza Piovesan**.			
	4728	M	i.	**Antonio Leodenir Gabardo** (27/02/1941).
				(08/10/1966) **Marina Marchiori**.
+	4729	M	ii.	**Iedo Paulo Gabardo** (23/09/1947 – 11/03/2009).
3020.	**Affonso Gabardo** (30/04/1909).			
	(11/07/1936) **Joannita Zulmira Cardon** (1914 – 25/10/2013).			
	4730	F	i.	**Herlene Gabardo** (25/04/1937).
+	4731	F	ii.	**Elenir Gabardo** (01/12/1940).
	4732	F	iii.	**Ezenir Gabardo** (11/09/1944).
	4733	F	iv.	**Carmen Lucia Gabardo** (28/03/1950).

3021.	**Ignes Anna Gabardo** (21/01/1911).			
	(20/07/1929) **Pedro Ramos de Oliveira** (04/06/1907).			
	4734	M	i.	**Dirceu Ramos de Oliveira** (26/04/1930).
	4735	F	ii.	**Dina de Oliveira** (15/06/1931 – 05/11/1931).
	4736	M	iii.	**Nelson Ramos de Oliveira** (26/07/1932).
				(11/10/1952) **Norma Zimmer**.
	4737	F	iv.	**Glaci Ramos de Oliveira** (16/06/1934).
	4738	F	v.	**Maria Neuza Ramos de Oliveira** (14/01/1939).
+	4739	F	vi.	**Cleusa Terezinha Ramos de Oliveira** (07/08/1946).
	4740	M	vii.	**Luiz José Ramos de Oliveira** (28/09/1948).
3022.	**Gilberto Gabardo** (06/09/1912 – 08/1952).			
	(23/02/1938) **Yolanda Parolin** (16/11/1912 – 15/02/2006).			
	4741	M	i.	**Orli Gabardo**.
+	4742	M	ii.	**Orlei Antonio Gabardo** (02/09/1939 – 08/04/2019).
	4743	F	iii.	**Odenira Gabardo**.
				() **N Bonato**.
+	4744	F	iv.	**Odenise Terezinha Parolin Gabardo** (08/06/1952).
3024.	**Yolanda Gabardo** (01/12/1915).			
	(20/11/1937) **Osvaldo Gonçalves** (1914).			
+	4745	F	i.	**Marisa Gonçalves** (11/02/1944).
	4746	M	ii.	**José Carlos Gonçalves** (29/05/1957).
				(22/06/1984) **Eliana Maria Carvalho e Silva**.
3025.	**Idy Gabardo** (26/03/1918 – 04/12/2008).			
	(18/11/1939) **Reynaldo Cortiano** (23/10/1914 – 28/06/2005).			
	4747	F	i.	**Rita Cortiano** (22/12/1940).
				() **Leonidas Rene Wagner**.
	4748	M	ii.	**Renato Geremias Cortiano** (02/03/1943 – 15/05/1945).
+	4749	F	iii.	**Raquel Cortiano** (19/04/1944).
+	4750	F	iv.	**Regina Cortiano** (07/01/1950).
+	4751	M	v.	**Reynaldo Cortiano Filho** (25/09/1951).
	4752	F	vi.	**Romélia Cortiano** (26/10/1954).
+	4753	F	vii.	**Rute Cortiano** (11/05/1958).
3027.	**Emilia Gabardo** (01/1920).			
	(11/05/1946) **Paulo Angelo Tosin** (1916 – 10/1954).			
	4754	F	i.	**Maria Tosin** (30/05/1948).
	4755	M	ii.	**Paulo Alberto Tosin** (07/01/1950).
				(05/04/1977) **Marilia Pereira** (04/06/1957).
	4756	M	iii.	**Otavio Tosin** (10/04/1951).
				(07/08/1982) **Rosmari de Antoni**.
	4757	F	iv.	**Anna Maria Tosin** (08/03/1953).

				(01/03/1981) **Almir José Lambertucci**.
	4758	F	v.	**Vera Lucia Tosin** (20/03/1955).
3030.	**Iracema Magdalena Pellizari** (16/01/1916 – 25/01/2008).			
	(23/07/1938) **Ernesto Celli** (02/03/1913).			
	4759	M	i.	**Marcelo Celli** (02/05/1944).
				(16/12/1967) **Helena Lobato**.
3044.	**Diva Gabardo** (24/11/1932).			
	() **Francisco Medeiros da Silva** (14/09/1925).			
+	4760	F	i.	**Silvia Gabardo de Medeiros** (18/06/1957).
+	4761	F	ii.	**Dirce Medeiros da Silva**.
+	4762	F	iii.	**Vera Medeiros da Silva**.
	4763	F	iv.	**Debora Medeiros da Silva**.
+	4764	M	v.	**Francisco Medeiros da Silva Junior**.
3048.	**Abel Pio Gabardo** (18/07/1896 – 19/05/1970).			
	(14/02/1920) **Erna Brandt** (31/07/1902 – 30/09/1968).			
+	4765	F	i.	**Lydia Amélia Gabardo** (24/01/1922 – 30/10/2010).
+	4766	M	ii.	**Nilton Gabardo** (28/07/1924 – 02/07/2003).
3051.	**Catharina Gabardo** (21/11/1901).			
	(30/10/1920) **Antonio Augusto de Ramos** (1891).			
	4767	F	i.	**Doroty Ramos** (14/10/1929).
	4768	F	ii.	**Doracy Ramos** (01/06/1935).
	4769	F	iii.	**Dinorah Ramos**.
	4770	M	iv.	**João Carlos Ramos** (1946 – 22/12/2011).
3053.	**Dorothea Elvira Gabardo** (20/11/1900 – 07/1959).			
	(11/06/1921) **Alberto Hoffmann** (12/04/1896 – 11/1935).			
	4771	M	i.	**Mario Hoffmann** (07/1925).
	4772	M	ii.	**Mario Hoffmann** (07/1927).
	4773	M	iii.	**Alfredo Hoffmann** (? – 09/1931).
	(29/10/1938) **Bruno Kowalski**.			
3054.	**Leonora Gabardo** (24/09/1901).			
	(29/10/1928) **Natalio Stocco**.			
+	4774	M	i.	**Romualdo Stocco**.
+	4775	F	ii.	**Romilda Stocco** (13/11/1930).
3055.	**Emilio Gabardo** (15/05/1903 – 23/03/1977).			
	(23/01/1926) **Clementina Thereza Salsi** (13/03/1907 – 16/08/1988).			
+	4776	F	i.	**Izete Gabardo** (28/12/1926).
+	4777	F	ii.	**Ivonete Gabardo** (12/11/1934).
+	4778	M	iii.	**Luiz Carlos Gabardo** (29/07/1947).
3056.	**Margarida Gabardo** (13/04/1905).			
	() **João Marin**.			

	4779	F	i.	**Jandira Marin**.
				() **Wilson Soffiati**.
	4780	M	ii.	**Sidnei Marin**.
	4781		iii.	**Vani Marin**.
	4782	M	iv.	**Olivio Marin** (? – 06/1926).
	4783	M	v.	**Benjamin Marin** (10/11/1931).
3057.	**Ismael Gabardo** (14/06/1906).			
	(13/02/1926) **Narcisa Ramos** (08/09/1903).			
+	4784	M	i.	**Victório Gabardo** (09/05/1926).
	4785	F	ii.	**Lourdes Gabardo** (11/1927).
	4786	F	iii.	**Bernadete Gabardo** (06/1929 – 12/1929).
	4787	F	iv.	**Bernadete Gabardo** (11/04/1931).
3058.	**Palmira Gabardo** (19/03/1908).			
	(22/09/1928) **Osorio Bim Velloso** (09/03/1905)			
	4788	M	i.	**Orlando Bim Velloso** (1930 – 11/1930).
	(31/05/1941) **Oscar Canuto dos Santos** (1913).			
+	4789	M	i.	**Moisés Canuto dos Santos**.
3059.	**Narciso Gabardo** (19/02/1910).			
	(22/02/1941) **Vitória dos Anjos** (23/07/1923 – 21/11/2009).			
+	4790	M	i.	**Jurandyr Gabardo** (06/01/1942).
	4791	F	ii.	**Janete Gabardo**.
+	4792	F	iii.	**Janira Gabardo**.
+	4793	M	iv.	**Juracy Gabardo** (28/11/1951).
+	4794	F	v.	**Dirce Gabardo**.
3061.	**Mafalda Gabardo** (31/01/1913).			
	(27/12/1930) **João Menotti Brunal** (1908).			
	4795	F	i.	**Arlete Brunal**.
	4796	F	ii.	**Leidir Brunal** (1937 – 12/02/2014).
				() **Adolar Mazzetto**.
3065.	**Maria Bozza** (10/1898).			
	() **Angelo Vendrametto**.			
	4797	F	i.	**Iolanda Vendrametto**.
				() **Jorge Marty**.
	4798	F	ii.	**Maria Luiza Vendrametto** (1920 – 01/03/2010).
				() **Julio Bonnet** (? – 07/1957).
	4799	F	iii.	**Ivette Vendrametto**.
				() **Ercidio Stange**.
	4800	M	iv.	**Ivo Vendrametto**.
				() **Olinda Marty**.

	4801	F	v.	**Yone Vendrametto.**
				() **Nelson Crivellaro** (12/1923 – 07/07/2005).
	4802	F	vi.	**Ines Vendrametto.**
				() **Lauro Boros.**
3066.	**Regina Dorothea Bozza** (01/12/1898).			
	() **Antonio Pierobom.**			
	4803	F	i.	**Diomira Pierobom** (10/07/1922).
				() **Pedro Nichele** (1915 – 05/07/2009).
+	4804	F	ii.	**Dionidia Pierobom** (22/09/1927).
	4805	F	iii.	**Lidia Pierobom.**
				() **Orlando Nadalin.**
	4806	M	iv.	**Julio Pierobom.**
				() **Vitalina.**
3067.	**Anna Luiza Bozza** (25/02/1900 – 04/1957).			
	(06/07/1920) **Angelo Mattana** (22/07/1898).			
+	4807	M	i.	**Octavio Mattana** (01/05/1921).
+	4808	M	ii.	**Antenor Sebastião Mattana** (20/01/1922 – 16/09/1992).
+	4809	M	iii.	**Natal João Mattana** (01/01/1926).
3068.	**Angela Joanna Bozza** (11/05/1901).			
	(22/07/1918) **José Crivellaro** (04/12/1897).			
	4810	F	i.	**Elvira Crivellaro.**
				() **Antonio Geara.**
	4811	M	ii.	**Oseas Eugenio Crivellaro** (1920 – 29/11/2006).
				() **Dirce Crivellaro.**
	4812	M	iii.	**Humberto Crivellaro.**
				() **Alice Schilipack.**
	4813	M	iv.	**Nelson Crivellaro** (12/1923 – 07/07/2005).
				() **Yone Vendrametto.**
3069.	**Angelo João Bozza** (27/12/1902).			
	(26/09/1925) **Margarida Esterina Gabardo** (03/10/1907 – 07/1951).			
3070.	**Vicente Benvenuto Bozza.**			
	() **Catharina Magrin.**			
	4822	M	i.	**Anacleto Bozza** (04/1927).
	4823	F	ii.	**Innes Leoni Bozza** (1930 – 15/11/2009).
				() **Luiz Nobrega.**
	4824	F	iii.	**Marilda Bozza.**
	4825	M	iv.	**Ivo Bozza.**
				() **Lourdes.**
	4826	M	v.	**Nelson Bozza** (23/08/1936 – 11/08/2011).
				(27/06/1973) **Divanir Tortato Gabardo** (21/03/1937).

3071.	Natal Luiz Bozza (25/12/1905).				
	(04/07/1931) Maria Anna Buso (05/01/1914).				
		4827	M	i.	Roberto Luiz Bozza.
		4828	F	ii.	Regina Marly Bozza (? – 12/1935).
3072.	Pascoa Barbara Matesca Bozza.				
	() Paulo Banzatto.				
		4829	F	i.	Eveli Banzatto.
					() Marcos Bezerra.
		4830	F	ii.	Evani Banzatto.
					() Nelson Bonnet.
3074.	Lucia Bozza (08/06/1911 – 11/06/1992).				
	(26/09/1931) Leonel Gabardo (02/02/1904 – 20/06/1989).				
3078.	Antonio Leontino Bobato (16/07/1912).				
	() Maria Liria Negrello (01/03/1915 – 21/01/2000).				
		4834	F	i.	Maria Alice Bobato (1937).
					(19/11/1955) Acir Philomeno Costa (1933).
+		4835	M	ii.	Antonio Altair Bobato (1945).
+		4836	F	iii.	Maria Aricle Bobato (29/09/1947).
+		4837	F	iv.	Maria Mafalda Bobato (30/01/1950).
		4838	F	v.	Maria Pascoalina Bobato (20/04/1957).
					(12/04/1975) Antonio Maria Claudino (27/09/1953).
3079.	Deolderico Bobato (18/07/1915 – 31/05/1990).				
	(23/04/1938) Maria Margarida Negrello (22/02/1918 – 03/05/2000).				
+		4839	M	i.	Victório Olivir Bobato (14/09/1939 – 25/01/1999).
+		4840	M	ii.	Antonio José Bobato (1941).
+		4841	M	iii.	Altevir Eugenio Bobato (1943).
+		4842	M	iv.	Reinaldo Valdir Bobato (1947).
+		4843	M	v.	Sebastião Volmir Bobato (27/11/1948).
		4844	F	vi.	Maria Diva Bobato (1950).
					(27/11/1965) Ermides Fioravante Micheletto (1940).
		4845	F	vii.	Roseli Bobato.
		4846	F	viii.	Maria R Bobato (18/06/1957).
					(31/07/1975) Francisco L Scroccaro (08/01/1954).
3080.	Antonia Bobato (13/06/1916 – 16/02/2000).				
	(24/06/1933) João Maragno (1894).				
		4847	M	i.	Harold Maragno.
		4848	F	ii.	Maria Aline Maragno (1939).
					(04/02/1956) Antonio Pelanda (1934).
		4849	F	iii.	Reny Jundine Maragno (1941).
					(03/10/1959) Dunimar Raimundo Bonato (1937).

	4850	M	iv.	**José Maragno.**
3081.	**Omides M Bobato** (05/09/1919 – 18/11/2010).			
	(06/05/1941) **Anna Wosniak** (1923).			
+	4851	M	i.	**José Darci Bobato** (12/07/1945).
	4852	F	ii.	**Diva Bobato.**
	4853	F	iii.	**Nilda Bobato.**
	4854	F	iv.	**Cleuza Maria Bobato** (09/09/1959).
				(24/11/1984) **Reinaldo Renato Costa** (06/01/1958).
	4855	F	v.	**Ana Clarete Bobato** (20/10/1961).
				(01/02/1986) **José Rainerio Moletta** (03/11/1960).
+	4856	M	vi.	**Geraldo Claito Bobato** (05/12/1943).
	4857	F	vii.	**Terezinha Divanir Bobato** (29/06/1947).
				(27/05/1967) **José Dinarte da Costa** (24/01/1945)
	(1999) **Esmeralda Bozza.**			
3082.	**Bráulio Bobato** (22/06/1921 – 22/07/2002).			
	(04/05/1946) **Elza Baggio** (1926).			
	4858	F	i.	**Cleonice Bobato** (1948).
				(20/02/1965) **Miguel José Pelanda** (1942).
+	4859	M	ii.	**Rivaldo Bobato** (05/10/1949).
	4860	M	iii.	**Giovani Bobato** (07/11/1959).
				(29/05/1982) **Roseli Warcheski.**
3083.	**Reinaldo Bobato** (06/01/1924 – 12/11/1971).			
	(03/02/1945) **Pedrina Negrello** (29/06/1926).			
+	4861	M	i.	**Reinaldo Bobato Filho** (30/10/1954).
	4862	F	ii.	**Maria Rosa (Reni) Bobato** (06/01/1953).
				(23/11/1974) **Francisco M da Rocha** (16/05/1952).
	4863	F	iii.	**Maria Odete Bobato** (09/07/1955).
				(16/12/1978) **Cezar de B da Rocha** (07/08/1956).
	4864	F	iv.	**Maria Lizete Bobato** (14/12/1956).
				(15/06/1974) **Adelino Pelanda** (12/06/1954).
	4865	M	v.	**Antonio Reinaldo Bobato** (02/10/1959).
				(20/06/1987) **Maria Regina Wacheski** (02/10/1963).
	4866	F	vi.	**Elizabete Bobato** (09/01/1962).
				(18/12/1987) **Jorge Ginaldo Claudino** (03/09/1960).
	4867	F	vii.	**Ines Loriete Bobato** (17/06/1966).
				(18/07/1988) **Alvaro Cavichiolo** (21/01/1967).
+	4868	F	viii.	**Maria Alair Bobato** (15/02/1947).
+	4869	F	ix.	**Delurdes Arlete Bobato** (23/12/1945 – 01/08/1996).
	4870	F	x.	**Ana Lenir Bobato** (03/03/1968).
				(01/04/1989) **Vanderlei José Cardoso** (28/11/1966).

	4871	M	xi.	**Ronaldo Bobato** (17/08/1964).
				(27/06/1998) **Vera Lucia P. Ferreira** (05/01/1972).
3084.	**João Bozza** (04/07/1908).			
	(17/11/1939) **Octacília Gabardo** (24/12/1912).			
3087.	**Julio Bozza** (12/09/1914).			
	(27/09/1941) **Veronica Gabardo** (15/09/1918 – 12/05/2008).			
3090.	**Anna Ermínia Gabardo** (30/07/1909 – 01/1958).			
	() **Urbano Tortato**.			
	4877	M	i.	**Olinto Tortato**.
	4878	F	ii.	**Liria Tortato**.
	4879	M	iii.	**Manoel Urbano Tortato** (17/06/1939).
	4880	F	iv.	**Marisa Tortato** (17/06/1939).
3092.	**Raphael Gabardo** (02/01/1913).			
	(16/01/1937) **Rosa Foggiatto**.			
	4881	F	i.	**Rosmary Gabardo** (26/06/1938).
				() **Ronaldo Hilario de Lima** (1934 – 28/07/2008).
3093.	**Isolina Gabardo** (11/04/1915).			
	(24/09/1938) **Emilio Orestes Carazzai** (1911).			
	4882	M	i.	**Rudi Carazzai** (18/06/1939 – 02/07/2005).
				(14/12/1963) **Geralda Terezinha da Rocha** (06/11/1940).
	4883	F	ii.	**Rosy Carazzai** (06/07/1941).
				() **Dirceu Rubens Hatschbach**.
	4884	F	iii.	**Roseli Carazzai** (07/08/1945).
				(08/07/1967) **Alvaro Dorneles**.
3094.	**Alice Gabardo** (26/04/1907).			
	(26/07/1924) **Luiz de Poli** (17/11/1904).			
	4885	F	i.	**Avany de Poli** (1925 – 26/09/2014).
				() **N Penteado**.
3096.	**Mario Gabardo** (29/06/1910).			
	(25/05/1929) **Hilda Cortes Real** (02/08/1909 – 20/10/2000).			
+	4886	M	i.	**Celso Gabardo** (09/07/1930 – 13/04/2012).
+	4887	M	iii.	**Nelson Gabardo** (25/07/1934).
	4888	M	ii.	**Mario Pedro Gabardo** (29/06/1940).
				() **Rosemari**.
3099.	**Ricardo Gabardo** (27/10/1914).			
	(04/09/1937) **Leonides Mirthes Müller** (1917).			
	4889	F	i.	**Dione Gabardo** (14/03/1942).
				(04/04/1959) **Milton dos Santos Ribeiro**.
	4890	M	ii.	**Edgard Gabardo** (03/03/1948).
3107.	**Henrique Francisco Pazello** (15/07/1907).			

		(31/12/1931) **Leonidia Cavichiollo** (1910).		
	4891	F	i.	**Marietta Pazello** (20/09/1933).
				(25/06/1953) **Dirceu Santos Tedeschi**.
	4892	F	i.	**Maria Veru Pazello** (08/12/1935 – 15/12/2007).
				() **João Felippe Damasceno Cassou**.
	4893	M	ii.	**Luiz Pazello** (17/10/1943).
3109.	**Reynaldo Pazello** (02/10/1910).			
	(18/04/1936) **Dejanira Fietikoski** (1920).			
	4894	M	i.	**Acir Pazello** (08/06/1937).
				() **Teresinha Marli dos Santos** (1941 – 23/03/2008).
	4895	F	ii.	**Doris Pazello** (1938).
	4896	F	iii.	**Doroty Isabel Pazello** (1940).
	4897	M	iv.	**Jurandir Pazello** (02/01/1940).
	4898	F	v.	**Aglacir Pazello** (26/05/1941).
	4899	F	vi.	**Doreliz Catarina Pazello** (31/08/1942).
3110.	**Alerina Pazello** (06/03/1912 – 10/09/2006).			
	() **Humberto Costa**.			
	4900	M	i.	**Altair Antonio Costa** (13/06/1930).
3112.	**Silvino Pazello** (11/02/1916).			
	(06/09/1946) **Clara Pavloski** (? – 08/04/2007).			
	4901	F	i.	**Rosemilda Pazello** (17/04/1947).
	4902	M	ii.	**José Luiz Pazello** (21/04/1957).
	4903	M	iii.	**Luiz Carlos Gabardo Pazello** (01/11/1961).
	4904	F	iv.	**Simone Gabardo Pazello** (04/05/1963).
3113.	**Alciria Pazello** (22/12/1917 – 17/02/1998).			
	(24/12/1936) **Raymundo Gabardo** (26/08/1912 – 25/07/1968).			
3115.	**Alcides Pazello** (07/12/1923 – 31/03/2005).			
	(17/01/1953) **Maria Wotcikoski** (30/05/1929).			
+	4908	M	i.	**Altamir Pazello** (07/11/1953).
	4909	F	ii.	**Cristiane Pazello** (13/08/1965).
3116.	**Delohé Pazello** (24/09/1925 – 08/05/2002).			
	() **João Chila**.			
	4910	M	i.	**João Chila**.
	4911	F	ii.	**Lourdes Chila**.
3117.	**Deloys Pazello** (10/07/1927 – 21/03/1989).			
	(16/01/1954) **Alzira de Lourdes Silveira da Costa** (01/10/1929).			
+	4912	M	i.	**Douglas Pazello** (27/06/1955).
+	4913	M	ii.	**Dalton Pazello** (01/09/1957).
+	4914	M	iii.	**Dalmor Pazello** (17/11/1967).
3120.	**Beblides Wisnesky**.			

				() Dalila.
+	4915	F	i.	Maria de Lourdes Wisneski (23/04/1945 – 05/11/2006).
3124.	Israel Segalla (06/08/1929).			
	() Ilza Irene Ravaglio Cordeiro.			
	4916	M	i.	Pedro Luís Segalla.
3126.	Aristides Gabardo (11/12/1913 – 02/09/1974).			
	(22/02/1941) Elvia Kästner.			
+	4917	M	i.	Jairo Gabardo (12/03/1943).
	4918	F	ii.	Jane Tereza Gabardo (18/08/1946).
				() Antonio Carlos Martins.
	4919	F	iii.	Jeanine Margarida de Cássia Gabardo.
	4920	M	iv.	José Geraldo Gabardo (27/02/1960).
3127.	Valdemar Gabardo (12/12/1914 – 05/08/1976).			
	(21/12/1946) Eunice Moreschi (14/07/1924 – 12/02/1978).			
+	4921	M	i.	Florindo José Gabardo (01/02/1948 – 12/04/2003).
	4922	M	ii.	Valdir Gabardo (26/01/1951).
	4923	F	iii.	Audila Lucia Gabardo.
+	4924	M	iv.	Edson Gabardo (20/01/1955).
3130.	Juracy Gabardo (19/08/1919 – 18/01/2007).			
	() Antonio Zacharias Goes Lenzi.			
	4925	M	i.	Arnaldo Lenzi (1943 – 07/01/2007).
				() Rachel Aparecida Krupp.
3131.	Orlando João Gabardo (02/03/1921 – 19/12/1998).			
	(10/12/1955) Ivone Stofella (28/08/1933 – 22/06/2008).			
	4926	F	i.	Elizabeth de Cássia Gabardo (12/12/1956).
	4927	M	ii.	João Orlando Gabardo (24/06/1962).
3133.	Leontina Gabardo (29/07/1924).			
	(17/12/1947) Bertoldo Ratzke (1913).			
	4928	F	i.	Rosa Gabardo Ratzke.
3137.	Olívio Gabardo (08/04/1935 – 01/11/1992).			
	(11/05/1963) Erica Maria Forbici (05/08/1936. – 30/11/2004).			
	4929	F	i.	Denise Gabardo (09/03/1964).
				(20/06/2001) Wilker Robson Ricetti (18/03/1978).
3141.	Odila Sabedotti (1929).			
	() Jacob Pienaro Breda (? – 2008).			
+	4930	M	i.	Giovanni Sabedotti Breda (17/06/1959).
	4931	M	ii.	Eduardo Sabedotti Breda.
	4932	M	iii.	Marcos Sabedotti Breda (08/12),
	4933	F	iv.	Jeanine Sabedotti Breda.
3143.	Valdir Sabedotti (13/08/1938).			

	4934	M	i.	**Ismail Fernando Sabedotti**.
3148.	**Durval Cortiano** (13/12/1931).			
	(18/12/1954) **Antonia Amasilia**.			
	4935	M	i.	**Nelson Walter Cortiano** (30/09/1955).
+	4936	M	ii.	**Nilceu Wanderlei Cortiano** (30/01/1958).
+	4937	M	iii.	**Nilson Valerio Cortiano** (20/11/1962).
	4938	F	iv.	**Jucimara Cortiano** (03/03/1969).
	() **N Madalosso**.			
3151.	**Isolda Rossa** (26/01/1925).			
	(17/07/1949) **Irineu Jacob Deconto** (16/02/1920 – 11/05/2004).			
+	4939	M	i.	**Edson Luís Rossa Deconto** (13/08/1950).
+	4940	F	ii.	**Josemeri Rossa Deconto** (28/04/1953).
	4941	M	iii.	**Carlos F. Rossa Deconto** (07/08/1958 – 11/07/1994).
	(1986) **Arlete Solieri** (05/04/1959).			
3160.	**Maria Elisabetta Costa** (25/07/1865 – 29/07/1888).			
	(30/04/1884) **Matteo Gheno** (06/12/1860).			
	4942	F	i.	**Cecilia Corona Gheno** (23/08/1886).
3161.	**Catterina Costa** (03/09/1869).			
	(27/01/1892) **Giovanni Battista Pontarollo** (25/06/1868 – 17/02/1917).			
3163.	**Giovanni Battista Costa** (06/11/1860).			
	(04/02/1885) **Gaetana Cavalli** (04/09/1861).			
	4946	M	i.	**Cristiano Costa** (08/05/1885).
	4947	M	ii.	**Giovanni Costa** (23/03/1887).
	4948	F	iii.	**Maria Carmela Costa** (16/07/1888 – 04/09/1889).
	4949	F	iv.	**Maria Elisabetta Costa** (14/07/1890).
	4950	F	v.	**Maria Costa** (27/11/1891).
	4951	M	vi.	**Vittore Costa** (04/12/1894 – 30/01/1896).
3166.	**Antonia Maria Cavalli** (09/08/1869 – 1927).			
	(27/02/1889) **Pietro Signori** (24/07/1865).			
3168.	**Lucia Cavalli** (04/07/1882).			
	(27/01/1904) **Tomaso Pontarollo** (12/11/1879).			
	4960	M	i.	**Rodolfo Fortunato Pontarollo** (10/12/1904).
3258.	**Margherita (Marglerz) Negrello** (20/07/1888 – 1956).			
	(1909) **Tommaso Pontarollo** (01/08/1885 – 1950).			
3277.	**Elvira Razzolini Gabardo** (27/04/1900 – 17/02/1092).			
	(26/04/1919) **Ramiro Bastos Ramos** (08/01/1895 – 01/10/1981).			
	4963	F	i.	**Cleonice Gabardo Bastos** (14/02/1920 – 01/09/1977).
+	4964	M	ii.	**Paulo Gabardo Bastos**.
+	4965	F	i.	**Cleomar Gabardo Bastos** (17/08/1930).
3280.	**Carmen Gabardo** (02/1905).			

	() Alfredo Hortmann.			
	4966	M	i.	Walter Gabardo Hortmann.
3282.	Arthur Gabardo.			
	() Izaura Gonçalves.			
+	4967	F	i.	Arlete Berenice Gabardo (31/08/1930 – 19/08/2000).
3285.	Julieta Gabardo (03/1916 – 09/1959).			
	() Petrarca Callado (? – 10/1950).			
	4968	F	i.	Lenita Callado.
	4969	F	i.	Laura Carolina Callado (1940 – 14/10/2015).
	() Sergio Marciel.			
3286.	Antonio Gabardo Júnior (11/05/1900 – 23/06/1982).			
	(02/09/1922) Josephina Rosa Olivetto (18/05/1976).			
	4970	F	i.	Yone Gabardo (02/03/1923).
	4971	M	ii.	Arnaldo Gabardo.
	4972	F	iii.	Itália Gabardo.
	4973	F	iv.	Ivone Margarida Gabardo (10/06/1924 – 29/07/1995).
+	4974	F	v.	Carmen Antonieta Gabardo (28/09/1929).
+	4975	F	vi.	Maria Natalina Gabardo (24/12/1931 – 03/10/1999).
+	4976	F	vii.	Yolanda José Gabardo (19/03/1934 – 19/08/2005).
+	4977	M	viii.	Orestes Romeu Gabardo (19/04/1936).
+	4978	F	ix.	Aurora Terezinha Gabardo (11/03/1938).
+	4979	F	x.	Rosy Anita Gabardo (17/02/1940).
3289.	Joanna Gabardo (29/06/1906 – 16/06/1984).			
	() Jeronymo Ransolim.			
	4980	F	i.	Joanna Gabardo (21/10/1924).
3290.	Elza Gabardo (11/11/1909 – 28/10/2004).			
	(08/09/1934) Brasilio de França Costa (22/01/1907).			
+	4981	F	i.	Lavinia Maria Gabardo Costa (1936 – 30/06/2006).
	4982	F	ii.	Elsi Miriam Gabardo Costa (14/02/1937 – 08/03/2021).
	4983	F	iii.	Maria C. I. Gabardo Costa (25/04/1940 – 15/08/2020).
3291.	Antonio Américo Gabardo (15/11/1911 – 1998).			
	(16/05/1936) Laura Machado (08/09/1918 – 02/04/1965).			
+	4984	M	i.	Nereu Gabardo (04/04/1937).
	4985	F	ii.	Rosita Nelsi Gabardo.
	4986	F	iii.	Nelvi Francisca Gabardo.
	4987	F	iv.	Maria Aparecida Gabardo.
	4988	F	v.	Vania Machado Gabardo.
+	4989	M	vi.	Renato Pedro Machado Gabardo.
	4990	M	vii.	Luiz Gustavo Gabardo.
3292.	Sophia Idalina Gabardo (15/10/1913 – 18/06/2010).			

				(04/10/1932) **Benedicto Augusto** (01/08/1911).
+	4991	F	i.	**Orieta Gabardo Augusto** (11/08/1934).
+	4992	M	ii.	**Osny Gabardo Augusto**.
+	4993	F	iii.	**Rosa Maria Gabardo Augusto**.
3293.	\multicolumn{4}{l}{**Nair Gabardo** (11/09/1914 – 29/01/1977).}

				(02/09/1930) **João Pereira Guimarães** (02/02/1910).
	4994	F	i.	**Aliete Guimarães** (06/1931 – 14/10/1932).
+	4995	M	ii.	**Laertes Guimarães**.
+	4996	M	iii.	**João Pereira Guimarães Filho**.
+	4997	M	iv.	**Lineu Gabardo Guimarães**.
+	4998	F	v.	**Leniza Paula Guimarães** (29/06/1938).
+	4999	F	vi.	**Regina Célia Guimarães**.
+	5000	F	vii.	**Roseli Guimarães**.
+	5001	M	viii.	**Roberto José Gabardo Guimarães**.
3295.	**Haideé Gabardo** (04/07/1917 – 15/06/2010).
	() **Antonio Francisco Andrade Filho**.
+	5002	M	i.	**Paulo Antonio Gabardo de Andrade**.
3298.	**Paulo Gentil Gabardo** (06/1923).
	() **Alcidia Kloss**.
	5003	M	i.	**Oslei Gabardo**.
	5004	F	ii.	**Gislaine Gabardo**.
	() **Edson Garret**.
3299.	**Ruy (Romeu) Gabardo** (04/1925 – 13/07/2007).
	(10/12/1949) **Roza Haluch** (06/03/1929).
+	5005	F	i.	**Maria Bernadete Gabardo** (31/10/1950).
+	5006	F	ii.	**Maria Izabel Gabardo** (16/04/1952).
+	5007	M	iii.	**Ruy Gabardo Filho** (12/10/1953).
+	5008	M	iv.	**João Batista Gabardo** (23/02/1956).
	5009	F	v.	**Ana Cristina Gabardo** (30/04/1958).
+	5010	M	vi.	**Paulo Antonio Gabardo** (24/06/1961).
+	5011	M	vii.	**Luiz Augusto Gabardo** (09/07/1965).
3300.	**Raul Gabardo** (1930).
	() **Leoni Lucas Lopes**.
	5012	F	i.	**Arlete Gabardo**.
3301.	**José João Gabardo** (21/04/1908).
	(09/04/1931) **Joanna Tartaia** (04/04/1908).
+	5013	M	i.	**Didio Adoni Gabardo** (18/04/1930 – 02/02/1963).
+	5014	F	ii.	**Maria Natalina Gabardo** (1937/1938 – 26/02/2001).
	5015	M	iii.	**Getulio Gabardo**.
+	5016	M	iv.	**Florido Assis Gabardo** (04/01/1940 – 16/08/1993).

+	5017	F	v.	**Olevir de Lourdes Gabardo** (19/04/1947).
	5018	M	vi.	**Pedro Lineu Gabardo**.
	5019	M	vii.	**Francisco Gabardo**.
	5020	F	viii.	**Lenita Gabardo**.
3302.	**Francisca Gabardo** (14/01/1910).			
	() **Francisco Schubert**.			
	5021	F	i.	**Marli Schubert**.
3303.	**Luiz Gabardo** (05/06/1912).			
	() **Rosa Antoniacomi** (1919).			
+	5022	M	i.	**Francisco Himério Gabardo** (12/05/1944).
	5023	F	ii.	**Rose Dirce Gabardo**.
	5024	F	iii.	**Maria Teresa Gabardo** (1945 – 07/09/2006).
				() **Guerino Benato**.
+	5025	M	iv.	**Antonio Dirceu Gabardo** (28/08/1950).
+	5026	F	v.	**Maria Doraci Gabardo** (29/03/1953).
3305.	**Bento Mauricio Gabardo** (28/05/1916).			
	(18/12/1943) **Genoveva Kanuta**.			
	5027	F	i.	**Geni Gabardo**.
3306.	**Irene Gabardo** (13/06/1918).			
	(15/04/1939) **Ettore Busato** (15/04/1915).			
	5028	M	i.	**Ariel Busato**.
	5029	M	ii.	**Ari Antonio Busato**.
	5030	M	iii.	**Lourenço Alberto Busato**.
	5031	M	iv.	**Arnaldo Busato**.
	5032	M	v.	**Anselmo Busato**.
3307.	**Mário Gabardo** (08/09/1920 – 14/09/2014).			
	(23/09/1950) **Leonora Otto** (01/05/1923 – 18/02/2002).			
+	5033	F	i.	**Luci Gabardo** (14/03/1951).
+	5034	M	ii.	**Sérgio Gabardo** (26/07/1952).
	5035	F	iii.	**Nanci Gabardo** (16/02/1957).
3308.	**Júlia Gabardo** (08/08/1922 – 07/11/1996).			
	(16/01/1943) **Candido Fiorese** (18/12/1918 – 09/07/2004).			
	5036	M	i.	**Raimundo Fiorese**.
	5037	M	ii.	**Renato Fiorese**.
	5038	M	iii.	**Raulino Fiorese**.
	5039	M	iv.	**Rafael Fiorese**.
	5040	F	v.	**Romicelis Fiorese**.
3309.	**Amélia Gabardo** (10/07/1925).			
	(28/06/1952) **Anselmo Affonso Bontorin** (21/04/1927).			
	5041	M	i.	**Anselmo Edson Bontorin**.

	5042	F	ii.	**Maria Cilene Bontorin**.
	5043	M	iii.	**Aldo Luiz Bontorin**.
3310.		**Ferdinando Antonio Gabardo** (10/07/1927 – 16/12/2008).

3310.	**Ferdinando Antonio Gabardo** (10/07/1927 – 16/12/2008).			
	(29/12/1951) **Pia Romana Lovato** (06/01/1931 – 15/06/1969).			
+	5044	M	i.	**Antonio Rogério Gabardo** (01/10/1952).
+	5045	F	ii.	**Maria Ruth Gabardo** (05/01/1955).
+	5046	M	iii.	**Nelson Roberto Gabardo** (26/06/1960).
+	5047	M	iv.	**Nilton Reginaldo Gabardo** (16/09/1963).
+	5048	M	v.	**João Altair Gabardo** (16/10/1965).
	(11/05/1971) **Dejanira Pereira da Cruz** (09/11/1937).			
+	5049	F	vi.	**Marcia Regina Gabardo** (14/08/1969).
+	5050	F	vii.	**Ivane de Fátima Gabardo** (10/09/1973).
3311.	**Nagibe Américo Gabardo** (29/10/1931 – 11/04/1978).			
	(30/07/1955) **Josefina Lídia Nadolny** (28/11/1936).			
+	5051	F	i.	**Regina Gabardo** (20/08/1956).
+	5052	F	ii.	**Edith Ines Gabardo** (12/05/1958).
	5053	M	iii.	**Celso Afonso Gabardo** (15/09/1960 – 09/06/1961).
+	5054	M	ii.	**Wilson Luiz Gabardo** (04/10/1961).
+	5055	M	v.	**Agostinho Gabardo** (23/09/1963).
+	5056	M	vi.	**Gerson Gabardo** (20/10/1967).
+	5057	M	vii.	**Gilberto Gabardo** (25/01/1970).
+	5059	M	viii.	**Gilson Gabardo Júnior** (08/05/1976).
3313.	**Jacintho Gabardo** (01/07/1909).			
	(22/07/1933) **Cecilia Dallalibera**.			
+	5059	M	i.	**Anacleto Gabardo** (1936 – 12/08/2006).
+	5060	M	ii.	**Amantino Gabardo**.
	5061	F	iii.	**Adair Gabardo**.
	5062	F	iv.	**Alice Gabardo**.
+	5063	M	v.	**Carlos Gabardo**.
+	5064	F	vi.	**Maria Matilde Gabardo**.
+	5065	F	vii.	**Adélia Gabardo**.
	5066	F	viii.	**Inês Maria Gabardo**.
	5067	M	ix.	**Adilio Gabardo** (08/03/1950).
3314.	**Paschoa Gabardo** (17/05/1911).			
	() **Narciso Francisco Cagliari** (11/04/1905).			
	5068	M	i.	**Adilio Cagliari**.
	5069	F	ii.	**Adélia Cagliari**.
	5070	F	iii.	**Lurdes Cagliari**.
	5071	M	iv.	**Arlindo Cagliari**.
	5072	F	v.	**Alice Cagliari**.

	5073	F	vi.	**Isolde Cagliari.**
	5074	F	vii.	**Isaura Cagliari.**
	5075	M	viii.	**Antenor Cagliari.**
	5076	M	ix.	**Ari Cagliari.**
3315.	**Helena Gabardo** (22/08/1912).			
	(27/08/1933) **Carlos Leonardi** (1909).			
+	5077	M	i.	**Olivio Leonardi.**
+	5087	M	ii.	**Oreste Leonardi.**
	5079	F	iii.	**Rosi Leonardi.**
+	5080	F	iv.	**Anita Leonardi.**
+	5081	F	v.	**Leoni Leonardi.**
+	5082	M	vi.	**Agustinho Leonardi.**
3321.	**Iolanda Gabardo** (1930 - 21/06/2004).			
	() **Afonso Gapski.**			
+	5083	M	i.	**João Adinor Gapski.**
+	5084	M	ii.	**Olivio Fernando Gapski.**
+	5085	M	iii.	**Mario Gapski.**
+	5086	F	iv.	**Maria Elenita Gapski.**
+	5087	F	v.	**Rosicléia Gapski.**
3323.	**Anselmo Gabardo.**			
	() **Theodomira de Assis Andrade.**			
+	5088	M	i.	**Jorge Antonio Gabardo** (07/03/1955).
3324.	**Hermínia Culpi** (13/11/1907).			
	(13/11/1926) **Guilherme Rose** (23/04/1899).			
	5089	F	i.	**Lori Rose.**
3337.	**Lillian Violet Pontarollo** (14/04/1933).			
	() **Felix Edmund Cote** (07/04/1927 – 19/07/1998).			
	5090	F	i.	**Denise Anne Cote** (07/03/1955 – 03/06/1995).
	5091	M	ii.	**Jay Dale Cote** (17/12/1963 – 17/12/1963).
3341.	**Bortolo Gabardo** (09/12/1871 - 17/05/1934).			
	(02/07/1894) **Tereza Gusso** (19/12/1872 – 06/08/1958).			
	5092	M	i.	**Umberto Vittorio Gabardo** (12/07/1894 – 10/06/1966).
				() **Magdalena.**
	5093	F	ii.	**Giulia Gabardo** (13/09/1895 – 03/02/1896).
+	5094	F	iii.	**Júlia Cecilia Gabardo** (02/11/1896 – 17/02/1989).
	5095	F	iv.	**Gilda Gabardo** (26/01/1898 – 12/06/1983).
+	5096	F	v.	**Eugênia Gabardo** (07/05/1900 – 17/10/1930).
	5097	F	vi.	**Bertha Gabardo** (04/1902 – 05/01/1903).
	5098	M	vii.	**Victor Gabardo** (20/11/1903 – 27/11/1903).
	5099	F	viii.	**Bertha Gabardo** (16/11/1904 – 20/11/1904).

	5100	M	ix.	**Geraldo Gabardo** (19/11/1905 – 11/08/1910).
+	5101	F	x.	**Lodovina Gabardo** (10/08/1907 – 04/12/1998).
+	5102	M	xi.	**Octávio Gabardo** (16/11/1909 – 24/10/1977).
	5103	M	xii.	**Waldemir Gabardo** (junho 1911 – 26/02/1912).
	5104	M	xiii.	**Arnaldo Gabardo** (07/04/1912 – 25/02/1976).
	5105	M	xiv.	**Romeo Gabardo** (29/07/1914 – 11/01/1996).
3342.	**Domenico Gabardo** (28/02/1874 – 01/11/1922).			
	(19/11/1896) **Margarida Gusso** (1877 – 06/12/1918).			
+	5106	M	i.	**Victorio Gabardo** (30/06/1897 – 02/03/1989).
	5107	M	ii.	**Humberto Gabardo** (20/05/1899).
				() **Elena Celli**.
	5108	F	iii.	**Druziana Gabardo** (29/08/1900).
+	5109	F	iv.	**Albina Gabardo** (24/12/1902 – 15/09/1983).
+	5110	M	v.	**Albino Gabardo** (28/04/1905 – 24/12/1965).
	5111	F	vi.	**Elisa Gabardo** (23/08/1907).
	5112	M	vii.	**Hermenegildo Gabardo** (22/07/1909).
				(28/12/1943) **Maria de Lourdes Pasqualim**.
	5113	M	viii.	**Elísio João Gabardo** (01/11/1911 – 17/03/1969).
				(10/09/1955) **Izaura Nunes da Mota**.
	5114	F	ix.	**Druziana Angela Gabardo** (04/07/1913).
				(20/07/1957) **Pedro Kalinowski**.
+	5115	M	x.	**Idílio Gabardo** (09/08/1915 – 12/06/1964).
+	5116	M	xi.	**Dibailo Gabardo** (12/09/1917 – 11/12/1991).
3345.	**Maria Elisabetta Gabardo** (22/07/1877 – 04/1940).			
	(19/09/1896) **Giovanni Battista Gusso** (09/1876 – 05/01/1901).			
+	5117	M	i.	**Antonio Gusso** (16/07/1897).
+	5118	M	ii.	**Rolando Gusso** (17/06/1898).
+	5119	M	iii.	**João Baptista Gusso Júnior** (01/09/1899).
+	5120	M	iv.	**Victor Christophoro Gusso** (07/02/1901 – 23/10/1934).
3346.	**Domingas Gabardo** (22/07/1881).			
	(12/12/1900) **Giovanni Pivato** (1865).			
	5121	M	i.	**Jacinto Vetore Antonio Pivato** (01/06/1901).
	5122	M	ii.	**Napoleão Vitorio Antonio Maria Pivato** (16/061905).
+	5123	M	ii.	**Ildefonso Antonio Maria Pivato** (01/05/1907).
	5124	F	iii.	**Mathildes L. Anna Maria Pivato** (12/09/1908 – 2001).
	5125	F	iv.	**Luiza Ernestina Anna Maria Pivato** (28/04/1910).
	5126	F	v.	**Idalina Joanna Pivato** (28/05/1912).
3347.	**Lucia Gabardo** (15/12/1882 – 06/1963).			
	(03/06/1899) **Giovanni Gino Artico** (14/12/1877 – 14/05/1945).			
	5127	M	i.	**Pedro Artico** (21/03/1900).

	5128	F	ii.	**Leonora Artico**.
	5129	M	iii.	**Victor Artico** (08/1905).
	5130	M	iv.	**José Artico** (12/1907).
	5131	M	v.	**Gilberto Artico** (12/02/1910).
	5132	M	vi.	**Antenore Artico** (19/08/1911).
	5133	F	vii.	**Ottavina Artico** (21/05/1914).

3348. **Antonio Gabardo** (26/06/1883 – 26/05/1951).

(12/02/1910) **Rachele Stofela** (11/03/1893 – 05/10/1930).

	5134	F	i.	**Erina Gabardo** (08/07/1910 – 06/07/1914).
+	5135	F	ii.	**Luiza Gabardo** (21/07/1911 – 24/08/1993).
	5136		iii.	**Natimorto** (01/08/1913).
+	5137	F	iv.	**Erina Maria Gabardo** (15/08/1914 – 03/08/2005).
+	5138	M	v.	**Maximiliano Gabardo** (08/12/1915 – 18/04/2005).
+	5139	M	vi.	**Geraldo Gabardo** (15/08/1918 – 30/05/1975).
+	5140	F	vii.	**Josephina Gabardo** (08/06/1921 – 12/02/1994).
	5141	F	viii.	**Alzira Gabardo** (27/01/1923 – 23/03/1923).
+	5142	F	ix.	**Emma Gabardo** (30/03/1924 – 10/04/2015).
+	5143	F	x.	**Palmira Gabardo** (28/03/1926).
	5144	F	xi.	**Laura Gabardo** (20/06/1930 – 22/12/1930).

3350. **Leonilda Gabardo** (11/09/1886 – 05/1948).

(18/12/1907) **João Stofella** (1879 – 1926).

	5145	F	i.	**Brasilina Maria M. Stofella** (24/04/1903 – 27/04/1909).
	5146	F	ii.	**Clotilde Maria M. Stofella** (11/03/1906 – 16/05/1909).
	5147	F	iii.	**Lucia Stofella** (11/03/1906).
	5148	M	iv.	**Luiz Victorio Raphael Stofella** (20/07/1907).
+	5149	F	v.	**Idília Gertrudes Stofella** (29/08/1908 - 14/10/1985).
+	5150	F	vi.	**Brazilina Clotilde T. Stofella** (15/10/1910 – 26/06/1996).
+	5151	F	vii.	**Beatriz Stofella** (13/11/1912 – 19/05/1977).
+	5152	M	viii.	**Sizefredo (Ferdinando A.) Stofella** (05/06/1914 – 1982).
	5153	M	ix.	**Rivadavia Abondeo Stofella** (15/03/1917).
+	5154	F	x.	**Esther Stofella** (01/12/1919).
+	5155	M	xi.	**Silvestre Geraldo Stofella** (04/08/1922 – 20/09/1991).
+	5156	F	xii.	**Reonilda Omeca Stofella** (06/02/1925 – 06/2003).
+	5157	F	xiii.	**Anna Domitila Stofella** (04/08/1926 – 26/06/1994).

3351. **Eugênio Gabardo** (15/11/1887 – 18/10/1957).

(31/12/1938) **Colomba Rossi Borghezani** (16/01/1888 – 09/12/1957).

	5158	M	i.	**João Victorio Gabardo** (02/07/1912 – 26/12/1912),
+	5159	M	ii.	**Octavio Gabardo** (07/11/1913 – 27/05/2007).
+	5160	M	iii.	**Floriano Gabardo** (03/04/1915 – 22/08/1961).
+	5161	F	iv.	**Constantina Gabardo** (02/01/1917).

	5162	M	v.	**Osvaldo Gabardo** (15/01/1919 – 15/08/1919).
	5163	M	vi.	**Osvaldo Gabardo** (04/04/1924 – 06/1938).
+	5164	F	vii.	**Zelinda Gabardo** (20/04/1926 – 03/08/1997).
+	5165	F	viii.	**Rozalina Gabardo** (06/10/1930 – 03/01/2008).
3359.	**Bertollino Gabardo** (15/04/1885 – 19/04/1945).			
	(05/10/1912) **Maria Micheletto** (25/03/1886 – 06/03/1960).			
	5166	F	i.	**Julia Gabardo** (29/07/1913).
				(18/05/1935) **Candinho Rocha**.
+	5167	F	ii.	**Antonia Gabardo** (24/12/1915 – 09/02/1997).
+	5168	M	iii.	**Valentim Gabardo** (06/10/1916 – 30/01/1988).
+	5169	M	iv.	**Juvenal Gabardo** (08/12/1918 – 18/09/1997).
	5170	M	v.	**Faustino Gabardo** (15/12/1919).
	5171	M	v.	**Benjamin Gabardo** (09/01/1921 – 07/03/1924).
	5172	M	vi.	**Gilberto Gabardo** (04/07/1923 – 02/03/1924).
+	5173	M	vii.	**Eleotério Gabardo** (17/07/1926).
+	5174	M	viii.	**Euclides Gabardo** (25/05/1928).
3361.	**Angelina Gabardo** (1888 – 02/09/1953).			
	(20/08/1908) **Raymundo Barão** (1886 – 07/1953).			
	5175	F	i.	**Rosa Clementina Barão** (22/11/1908).
	5176	F	i.	**Leonor Barão** (21/02/1914 – 30/08/2003).
				() **Orlando Alves Bourguignon**.
	5177	M	iii.	**Olindo Barão** (20/07/1917).
+	5178	M	iv.	**Antonio Barão** (02/04/1922).
	5179	F	ii.	**Idiair Gabardo Barão** (25/07/1924 – 23/08/2000).
	5180	M	iii.	**Eurides Barão** (09/1926).
3362.	**Francisco Gabardo** (11/04/1889 – 18/04/1960).			
	(24/07/1915) **Maria Dea** (1894 – 06/1957).			
+	5181	M	i.	**Antonio Gabardo** (18/08/1916 – 11/06/1976).
+	5182	F	ii.	**Antonia Carolina Gabardo** (12/06/1918 – 05/07/1995).
+	5183	F	iii.	**Mafalda Gabardo** (03/05/1920 – 01/02/1989).
	5184	M	iv.	**Francisco Gabardo** (10/04/1922 – 01/05/1923).
+	5185	F	iv.	**Yolanda Judith Gabardo** (10/05/1925 – 24/06/2015).
+	5186	M	v.	**Francisco Gabardo Filho** (19/03/1927 – 08/07/1987).
3363.	**Clara (Clarinda) Gabardo** (25/01/1890).			
	(12/04/1913) **Angelo Burbello** (1890).			
	5187	M	i.	**Severino Francisco Burbello** (29/01/1926).
3364.	**Victor Gabardo** (05/05/1892 – 04/07/1956).			
	(29/12/1917) **Maria Vhise Micheletto** (15/12/1897 – 23/02/1976).			
+	5188	M	i.	**Eugênio Gabardo** (26/04/1919 – 19/09/1988).
	5189	F	ii.	**Eugenia Gabardo** (05/03/1920).

	5190	M	iii.	**Antonio Gabardo** (05/09/1921 – 19/11/1932).
	5191	F	ii.	**Antonia Gabardo** (07/05/1923 – 02/02/1924).
	5192	F	iii.	**Antonia Gabardo** (06/07/1924 – 08/09/1950).
				(04/09/1948) **Pedro Bozza** (18/10/1927).
+	5193	M	iv.	**Antonio Vani Gabardo** (11/08/1940).

3367. **Antonio Gabardo** (16/06/1895 – 07/06/1963).

(06/05/1922) **Faustina Piassetti Merlin** (16/02/1904 – 29/10/1977).

+	5194	M	i.	**Leonildo Gabardo** (25/07/1923 – 10/11/1996).
+	5195	M	ii.	**Leoclécio Antonio Gabardo** (07/05/1925 – 24/03/1954).
	5196	M	iii.	**Leoclides Gabardo** (18/04/1927 – 27/02/1928).
+	5197	M	iv.	**João Leonelho Gabardo** (19/04/1930).
+	5198	M	v.	**José Lisotto Gabardo** (03/01/1932 – 04/08/1986).
+	5199	F	vi.	**Lisete Pedrina Gabardo** (29/06/1933).
	5200	M	vii.	**Lirio Leônidas Gabardo** (08/10/1939 – 16/02/2006).
	5201	F	viii.	**Maria Lucia Gabardo** (22/08/1941 – 25/08/1941).
+	5202	F	ix.	**Leoni Maria Gabardo** (10/12/1942).
+	5203	M	x.	**Leonides Mario Gabardo** (05/05/1945).
+	5204	F	xi.	**Livanir Lourdes Gabardo** (03/11/1946).

3368. **Alberto Moletta** (22/02/1883 – 28/07/1953).

() **Lucia Maria Menon** (1889 – 05/10/1962).

	5205	F	i.	**Maria Moletta** (15/05/1908).
				() **João Lazzarotto** (13/08/1902 – 11/10/1987).
	5206	F	ii.	**Anna Moletta**.
				() **José Lazzarotto**.
	5207	F	iv.	**Catarina Moletta** (1910 – 15/12/1953).
				() **Alfredo Cruz**.
+	5208	F	iv.	**Júlia Moletta** (12/02/1920 – 19/06/1972).
	5209	M	v.	**Francisco Moletta**.
	5210	M	vi.	**Giacinto Moletta Neto**.
				() **Maria**.
	5211	F	vii.	**Vitoria Moletta**.
				() **Roberto Chemin**.
	5212	F	viii.	**Laura Moletta**.
				() **Natalino Correia**.

3370. **Domingas Moletta** (31/02/1885).

() **Cesare Guglielmi** (1881).

+	5213	F	i.	**Diomira G. Guglielmi** (03/08/1916 – 20/07/2008).
	5214	M	ii.	**Antonio Guglielmi**.
	5215	F	iii.	**Angela Guglielmi**.
	5216	F	iv.	**Amélia Guglielmi**.

	5217	F	v.	**Maria Guglielmi.**
	5218	M	vi.	**Afonso Guglielmi.**
	5219	F	vii.	**Dolores Guglielmi.**
	5220	F	viii.	**Laura Guglielmi.**
	5221	M	ix.	**Atílio Guglielmi.**
	5222	M	x.	**Luiz Guglielmi.**
	5223	F	xi.	**Ana Rosa Guglielmi.**
3371.	**Zenobia Moletta** (1887 – 28/07/1949).			
	() **Antonio Pereira da Cruz.**			
	5224	M	i.	**José Pereira da Cruz.**
	5225	M	ii.	**Urbano Pereira da Cruz.**
	5226	M	iii.	**Julio Pereira da Cruz.**
	5227	M	iv.	**Lauriano Pereira da Cruz.**
3372.	**Luís Moletta** (15/05/1888 – 27/05/1959).			
	(03/01/1957) **Augusta Bobato** (1888).			
	5228	F	i.	**Maria Anna Moletta.**
				() **Manoel Pedroso Ribeiro.**
+	5229	F	ii.	**Holanda Moletta** (1915 – 22/04/1981).
+	5230	F	iii.	**Genoveva Bobato Moletta** (15/07/1915 (08/09/1988).
+	5231	F	iv.	**Matilde Moltta.**
	5232	F	v.	**Cecilia Moletta.**
				() **João Gaspar Goebel.**
	5233	F	vi.	**Rosa Moletta.**
				() **Arthur Schoenemann.**
	5234	M	vii.	**Venuto Salverino Moletta.**
	5235	F	viii.	**Elvira Moletta.**
3373.	**Angelina Moletta** (20/08/1889 – 11/06/1937).			
	() **Alberto Menon** (1887 – 28/02/1938			
	5236	M	i.	**Jacinto Menon.**
	5237	F	ii.	**Maria Menon.**
	5238	M	iii.	**Francisco Menon.**
	5239	F	iv.	**Iraci Menon.**
	5240	F	v.	**Julvira Menon.**
3376.	**Eduardo Moletta** (30/09/1894 – 1918).			
	(22/05/1915) **Thereza Negrello** (11/12/1896 – 06/07/1964).			
	5241	M	i.	**Eduardo Moletta** (25/05/1916).
				(29/01/1937) **Maria Rosa Bobato** (25/03/1915).
	5242	M	ii.	**José Moletta** (25/12/1918).
3377.	**Victor Antonio Moletta** (04/06/1896 – 1974).			
	(10/11/1980) **Lucia Bobato** (1904).			

	5243	M	i.	**Santo Moletta** (1924).
	5244	M	ii.	**Afonso Moletta** (1929).
	5245	M	iii.	**Pedro Moletta** (1934).
3378.	**Octávio Moletta** (11/1897).			
	() **Ida Lazzarotto**.			
	5246	F	i.	**Dorvina Moletta**.
	5247	M	ii.	**Orlando Moletta**.
	5248	F	iii.	**Julieta Moletta**.
	5249	M	iv.	**Atilio Moletta**.
	5250	M	v.	**Mario Moletta**.
	5251	M	vi.	**Nildo Moletta**.
	5252	F	vii.	**Amalia Moletta**.
3379.	**Maria Magdalena Moletta** (26/07/1898 – 11/02/1963).			
	() **João Bobato Sobrinho** (1895 – 18/08/1957).			
+	5253	M	i.	**Eduardo Bobato** (12/08/1916 – 31/07/1972).
	5254	F	ii.	**Maria Veronica Bobato**.
	5255	F	iii.	**Itália Maria Bobato**.
				() **Alano Carvalho Paes**.
+	5256	M	iv.	**Jocondo Bobato** (02/1923 – 30/04/1973).
+	5257	F	v.	**Ida Bobato**.
	5258	M	vi.	**Jacinto Bobato**.
+	5259	M	vii.	**Leontino Antenor Bobato** (1934 – 08/04/1986).
	5260	M	viii.	**Duílio Bobato**.
	5261	F	ix.	**Juldira (Julvina) Bobato**.
	5262	M	x.	**Martim Bobato**.
3380.	**Marcello Moletta** (26/07/1899 – 13/10/1970).			
	(26/06/1926) **Thereza Negrello** (11/12/1896 – 06/07/1964).			
3382.	**Antonio Moletta** (14/03/1901 – 1964).			
	(26/06/1926) **Rosa Bobato** (18/04/1909).			
	5269	M	i.	**Frederico Moletta**.
	5270	F	ii.	**Paulina Moletta**.
	5271	M	iii.	**Faustino Moletta**.
	5272	M	iv.	**Vicente Moletta**.
	5273	M	v.	**Noé Moletta**.
	5274	M	vi.	**José Moletta**.
3383.	**Rosa Itália Moletta** (1903 – 1928).			
	() **Luiz Marconato**.			
	5275	M	i.	**Jacintho Marconato**.
	5276	M	ii.	**Eduardo Marconato**.
+	5277	M	iii.	**Ricardo Marconato**.

	5278	M	iv.	**Abrahão Marconato.**
3399.	**Catterina Maria Pontarollo** (04/01/1901 – 12/11/1959).			
	(04/02/1918) **Giacomo Pontarollo** (19/11/1892 – 03/12/1959).			
3401.	**Maria Cecilia Pontarollo** (01/03/1909 – 12/08/1984).			
	(14/01/1928) **Giosue Costa.**			
	5283	M	i.	**Antonio Costa.**
3403.	**Elena Clelia Celi** (06/10/1902).			
	(18/02/1922) **Umberto Antonio Pasquale Gabardo** (16/03/1896).			
3408.	**Corona Celi** (23/07/1908 – 04/01/1994).			
	() **Giovanni Pontarollo** (23/02/1907 – 30/11/1986).			
	5285	F	i.	**Graziella Pontarollo** (28/09/1940).
	5286	F	ii.	**Amalia Pontarollo.**
	5287	M	iii.	**Giocondo Pontarollo.**
3448.	**Gaetana Cavalli** (04/09/1861).			
	(04/02/1885) **Giovanni Battista Costa** (06/11/1860).			
3454.	**Matteo Zuliani** (28/09/1841).			
	(25/11/1868) **Giovanna Pontarollo** (18/07/1845 – 22/09/1920).			
	5294	F	i.	**Maddalena Zuliani** (21/11/1870).
				(25/10/1893) **Agnesino Ferronato.**
	5295	M	ii.	**Vincenzo Zuliani** (16/07/1872).
3502.	**Corona Gheno** (24/06/1886 – 12/08/1967).			
	(25/01/1909) **Angelo Gabardo** (09/06/1885 – 01/07/1963).			
3507.	**Francesco Gheno** (07/06/1880).			
	(29/11/1904) **Orsola Pontarollo** (10/04/1884).			
	5297	M	i.	**Vincenzo Gheno** (10/10/1905).
3508.	**Giovanni Gheno** (30/12/1881).			
	(03/02/1904) **Antonia Pontarollo** (14/04/1883).			
3522.	**Bortolo Pontarollo** (02/10/1868 – 01/01/1956).			
	(25/11/1891) **Maria Angela Celi** (18/05/1868 – 11/09/1948).			
3523.	**Tommaso Pontarollo** (08/10/1870).			
	(26/04/1893) **Giovanna Pontarollo** (17/09/1872).			
	5304	F	i.	**Amabile Cecilia Pontarollo** (22/08/1894).
	(09/11/1912) **Maria Ida Costa.**			
3524.	**Gaetano Pontarollo** (08/06/1872 – 1915).			
	(24/11/1897) **Pasqua Dalla Zuanna** (02/02/1874).			
	5305	F	i.	**Corona Luigia Pontarollo** (16/03/1904).
3528.	**Santa Pasqua Pontarollo** (07/04/1873).			
	(25/11/1891) **Tommaso Pontarollo** (28/01/1868).			
	5306	M	i.	**Vincenzo Giacomo Pontarollo** (15/11/1892).
3531.	**Giovanni Pontarollo** (04/05/1879).			

				(04/02/1903) **Domenica Bianchin** (12/12/1883).
	5307	F	i.	**Catterina Pontarollo** (04/11/1903).
	5308	M	ii.	**Tommaso Pontarollo** (21/12/1905).
3535.	**Bortolo Pontarollo** (29/03/1875).			
	(09/02/1898) **Antonia Gabardo** (23/06/1877).			
3536.	**Pietro Pontarollo** (22/10/1878 – 24/01/1952).			
	(21/02/1900) **Angela Lazzarotto** (18/10/1880 – 24/11/1966).			
	5311	F	i.	**Catterina Pontarollo** (09/01/1901).
	5312	M	ii.	**Paolo Pontarollo** (08/10/1905 – 08/10/1905).
	5313	F	iii.	**Maria Pontarollo** (03/12/1910).
	5314	F	iv.	**Domitilla Pontarollo** (03/12/1910).
	5315	F	v.	**Maria Pontarollo** (1912).
	5316	F	vi.	**Beatrice Pontarollo** (28/03/1904 – 01/03/1996).
				(29/01/1921) **Paolino Costa** (10/11/1896 – 1986).
	5317	M	vii.	**Leno Pontarollo** (1914 – 02/06/1971).
3545.	**Fortunato Pontarollo** (14/09/1870).			
	(20/06/1897) **Benedetta Gianese** (25/04/1877).			
3565.	**Tommaso Pontarollo** (05/01/1879 – 07/04/1948).			
	() **Orsola Celi** (29/12/1881 – 17/07/1973).			
+	5319	M	i.	**Giovanni Pontarollo** (23/02/1907 – 30/11/1986).
	5320	M	ii.	**Secondo Pontarollo**.
3567.	**Giuseppa Pontarollo** (03/04/1883).			
	(15/01/1902) **Nemesio Sebellin** (19/12/1878).			
3576.	**Vettor Pontarollo** (04/06/1865).			
	(04/06/1890) **Margarita Pontarollo** (24/03/1870).			
3578.	**Maria Maddalena Pontarollo** (01/10/1868).			
	(24/01/1894) **Giovanni Maria Gheno** (13/02/1870).			
	5329	M	i.	**Antonio Gheno** (12/08/1895).
	5330	F	ii.	**Filiberta Rosa Giovanna Gheno** (15/03/1897).
	5331	M	iii.	**Giovanni Vittore Gheno** (09/11/1898).
	5332	M	iv.	**Mario Gheno** (02/02/1900).
	5333	M	v.	**Agostino Gheno** (27/07/1901).
	5334	M	vi.	**Sebastino Gheno** (28/05/1903).
3579.	**Giovanna Pontarollo** (24/07/1870).			
	(10/04/1899) **Giovanni Battista Gheno** (30/10/1872 – 1927).			
	5335	M	i.	**Domenico Gheno** (08/04/1900).
	5336	F	ii.	**Cecilia Gheno** (10/12/1901).
	5337	F	iii.	**Rosa Maria Gheno** (16/10/1904 – 03/06/1923).
3581.	**Angela Pontarollo** (11/10/1874).			
	(27/06/1894) **Angelo Celi** (26/07/1872).			

	5338	F	i.	**Rosa Celi** (27/04/1895).
	5339	M	ii.	**Gaetano Celi** (24/08/1896).
	5340	F	iii.	**Maria Letizia Celi** (11/03/1898).
	5341	M	iv.	**Umberto Angelo Celi** (24/03/1900).
	5342	F	v.	**Modesta Maria Celi** (26/05/1902).
	5343	F	vi.	**Giovanna Maria Celi** (24/04/1905).
3583.	**Giovanni Battista Pontarollo** (03/07/1878).			
	(04/02/1903) **Lucia Negrello** (08/11/1881).			
	5344	M	i.	**Tommaso Giuseppe Pontarollo** (21/10/1905).
3602.	**Luigi Pontarollo** (26/01/1878 – 1910).			
	(13/02/1901) **Corona Gabardo** (08/12/1879 – 25/02/1951).			
3611.	**Corona Lazzarotto** (29/11/1874).			
	(18/02/1895) **Giovanni Battista Celi** (23/04/1872).			
3612.	**Giovanna Maria Lazzarotto** (11/08/1876).			
	(16/01/1900) **Antonio II Gabardo** (31/03/1875).			
3615.	**Gaetano Pontarollo** (03/08/1877).			
	(06/02/1904) **Maddalena Celi** (14/05/1879).			
	5351	F	i.	**Tomasina Pontarollo** (27/11/1904).

16. Geração

3645.	**Vicente Pontarollo**.			
+	5352	M	i.	**Hamilton Tadeu Pontarola** (21/03/1949 – 08/07/2017).
3651.	**Antonio Pontarollo**.			
	() **Helena**.			
	5353	M	i.	**Luiz Pontarolla** (15/12/1920).
3654.	**Bortolo Pontarollo**.			
+	5354	M	i.	**N Pontarollo**.
3659.	**Maria Pontarollo** (15/06/1884).			
	(01/02/1905) **Giovanni Negrello** (03/10/1878).			
3693.	**Angela Pontarollo** (1890).			
	() **Giovanni Santo Strapazzon** (1888 – 25/02/1956).			
	5356	M	i.	**Marcos Nicolau Strapasson** (29/03/1913 – 27/07/1967).
3698.	**Liberato Pontarollo**			
	() **Rosa Costa**.			
+	5357	M	i.	**Augusto Pontarolo**.
3699.	**Antonia Angela Negrello** (14/03/1909 – 15/01/1999).			
	() **N Negrello**.			
	5358	F	i.	**Gina Negrello**.
				() **Emilien Casimir Masse** (21/07/1906 – 12/01/2000).
3700.	**João Gabardo Neto** (18/12/1902).			
	() **Helena Rocha**.			

+	5359	M	i.	**Jorge Jamil Gabardo** (29/12/1929).
+	5360	M	ii.	**João Olivir Gabardo** (19/11/1931).
+	5361	M	iii.	**Antonio Gabardo**.
+	5362	F	iv.	**Francisca Diva Gabardo**.
3702.				**Antonio Gabardo de Castilho** (03/05/1907 – 1986).
				() **Tiburcia Simões Fragoso** (1917).
+	5363	F	i.	**Inez da Conceição Simões Gabardo** (09/12/1952).
+	5364	M	ii.	**Francisco de Jesus Gabardo**.
+	5365	F	iii.	**Lidia Simões Gabardo**.
+	5366	F	iv.	**Luiza Simões Gabardo**.
+	5367	F	v.	**Tereza Simões Gabardo**.
+	5368	M	vi.	**Antonio Simões Gabardo**.
+	5369	M	vii.	**João Simões Gabardo**.
+	5370	M	viii.	**Ernesto Simões Gabardo**.
+	5371	M	ix.	**Getulio José Simões Gabardo**.
+	5372	M	x.	**Luiz Simões Gabardo**.
3705.				**Bartholomeu Gabardo Filho** (21/05/1914).
				() **Etelvina Batista**.
+	5373	F	i.	**Rosa Gabardo** (05/01/1943).
+	5374	F	ii.	**Iracema Gabardo**.
	5375	M	iii.	**Paulo Gabardo**.
	5376	M	iv.	**José Gabardo**.
	5377	F	v.	**Francisca Gabardo**.
	5378	M	vi.	**Joaquim Gabardo**.
+	5379	M	vii.	**Miguel Batista Gabardo**.
+	5380	F	viii.	**Olivia Gabardo**.
	5381	M	ix.	**Francisco Gabardo**.
	5382	F	x.	**Marta Gabardo**.
+	5383	M	xi.	**Jair Gabardo** (28/07/1957).
				(2) **Rozemira Mendes dos Santos**.
+	5384	F	xii.	**Catarina Gabardo dos Santos** (11/06/1965).
3706.				**Maria Gabardo**.
				() **Antonio Nenevê**.
+	5385	F	i.	**Maria Francisca Gabardo Nenevê** (11/08/1950).
	5386	M	ii.	**José Nenevê**.
	5387	M	iii.	**Vital Nenevê**.
	5388	F	iv.	**Maria Antonia Nenevê**.
	5389	M	v.	**Alfredo Nenevê**.
+	5390	M	vi.	**Sebastião Gabardo Nenevê**.
	5391	M	vii.	**Gilson Gabardo Nenevê**.

3707.	**Antonio Gabardo Nunes** (20/08/1923).			
	(13/06/1940) **Adelina Simões Fragoso** (16/12/1924).			
+	5392	M	i.	Pedro Simões Nunes.
	5393	F	ii.	Maria de Lourdes Nunes.
+	5394	M	iii.	João Maria Simões Nunes (10/05/1946).
	5395	F	iv.	Maria Aparecida Simões Nunes.
				() Antonio Peschiski.
+	5396	F	v.	Maria das Graças Simões Nunes.
+	5397	F	vi.	Helene Simões Nunes.
+	5398	M	vii.	Nelson Simões Nunes.
+	5399	F	viii.	Amélia de Fátima Simões Nunes.
+	5400	M	ix.	Celso Simões Nunes.
+	5401	F	x.	Maria Luiza Simões Nunes (13/05).
+	5402	M	xi.	Mário Simões Nunes.
3708.	**José Gabardo Nunes.**			
	() **Rosa Schier.**			
+	5403	M	i.	Francisco Gabardo Nunes.
	5404	F	ii.	Francisca Gabardo Nunes.
	5405	F	iii.	Sebastiana Gabardo Nunes.
	5406	F	iv.	Catarina Gabardo Nunes.
	5407	F	v.	Iolanda Gabardo Nunes.
	5408	M	vi.	Rogério Gabardo Nunes.
	5409	M	vii.	Renato Gabardo Nunes.
	5410	F	viii.	Aparecida Gabardo Nunes.
	5411	F	ix.	Teresa Gabardo Nunes.
3709.	**Pedro Gabardo Nunes.**			
	() **Ivone Alves de Campos.**			
	5412	F	i.	Maria Gabardo Nunes.
				() José Negrello.
	5413	F	ii.	Isabel Gabardo Nunes.
	5414	M	iii.	Reinaldo Gabardo Nunes.
	5415	F	iv.	Cirene Gabardo Nunes.
+	5416	F	v.	Odiva Gabardo Nunes.
	5417	F	vi.	Elzira Gabardo Nunes.
3710.	**Agueda Gabardo Nunes.**			
	5418	F	i.	Lurdes Gabardo.
+	5419	M	ii.	José Sebastião Gabardo (26/05/1942).
3714.	**João Gabardo Lemos** (30/08/1913 – 13/12/1997).			
	(07/05/1938) **Bertha Liebl** (27/07/1915 – 06/01/2012).			
+	5420	F	i.	Maria Dolores Gabardo (08/12/1938).

+	5421	M	ii.	**Landivio Gabardo** (29/07/1941).
+	5422	M	iii.	**João Carlos Gabardo** (14/07/1945).
	5423	F	iv.	**Maria Roseli Gabardo** (28/10/1950).
3715.	**José Gabardo Lemos** (14/09/1914).			
	() **Joanna Negrello** (09/02/1920 – 23/07/2008).			
+	5424	F	i.	**Ines Gabardo Negrelli** (30/03/1941).
+	5425	M	ii.	**Pedro Gabardo Negrelli** (31/07/1942).
+	5426	M	iii.	**João Gabardo Negrelli** (05/05/1944).
	5427	F	iv.	**Ana Maria Gabardo Negrelli** (10/09/1946).
				() **Pedro Bossy Sobrinho** (10/10/1946).
+	5428	M	v.	**José Gabardo Lemos Filho** (24/10/1950).
	5429	M	vi.	**Gabriel Gabardo Negrelli**.
	5430	M	vii.	**Antonio Gabardo Lemos** (13/06/1956).
+	5431	M	viii.	**Mariano Gabardo Lemos** (19/08/1958).
+	5432	F	ix.	**Alzira Gabardo Lemos** (30/01/1961).
+	5433	M	x.	**Francisco Evilasio Gabardo Lemos** (20/09/1963).
+	5434	M	xi.	**Luis Gabardo Lemos** (24/09/1965).
+	5435	M	xii.	**José Negrelli**.
3722.	**Lázaro Gabardo** (1956).			
	() **Celina Nogueira**.			
	5436	F	i.	**Vera Luci Gabardo** (03/06/1980).
	5437	M	ii.	**Lazaro Gabardo Junior** (07/10/1989).
				(06/11/20110) **Regina Kormann** (14/06/1989).
3723.	**Jair Gabardo** (1965).			
	5438	M	i.	**N Gabardo**.
3725.	**Maria Etelvina Kuhl** (1914).			
	() **Acrisio Leovegildo de Oliveira** (1906).			
	5439	M	i.	**Ieda de Oliveira** (19/11/1939).
	5440	M	ii.	**Ivan Joaquim de Oliveira** (03/08/1943).
3726.	**Magdalena Izabel Kuhl** (23/10/1916 – 26/11/2001).			
	(30/07/1938) **Bortolo Henrique Borsatto** (15/06/1900).			
	5441	M	i.	**Acir Borsatto**.
	5442	M	ii.	**Altair Borsatto**.
	5443	M	iii.	**Aroldo Borsatto**.
	5444	F	iv.	**Adair Borsatto**.
	5445	F	v.	**Aglair Borsatto**.
	5446	M	vi.	**João Borsatto**.
	5447	M	vii.	**Wilson Borsatto**.
3728.	**Maria Rosa Kuhl** (19/09/1921).			

				(05/12) **Antonio Dalla Benetta** (20/06/1920 – 05/10/1963).
	5448	M	i.	**Marcos Antonio Dalla Benetta** (14/11/1949).
				() **Hildegard Rogalski** (23/04/).
	5449	M	ii.	**Mauro Dalla Benetta** (08/05/1954).
3731.	**Joanna Negrello** (09/02/1920 – 23/07/2008).
	() **José Gabardo Lemos** (14/09/1914).
3732.	**Pedro Negrelli Filho**.
	() **Ana Pires**.
	5462	M	i.	**José Nereu Negrelli**.
	5463	F	ii.	**Francisca de Lurdes Negrelli**.
				() **N Peschinski**.
	5464	M	iii.	**João Eduardo Negrelli**.
+	5465	F	iv.	**Mercedes Negrelli**.
	5466	F	v.	**Maria Antonia Negrelli** (27/10/1956).
				() **N Cruz**.
	5467	M	vi.	**Antonio Celso Negrelli** (03/03/1958).
	5468	F	vii.	**Ana Maria Negrelli** (25/12/1959).
				() **N Lemos**.
+	5469	M	viii.	**Pedro Nabor Negrelli** (12/07/1961).
	5470	F	ix.	**Clara Isabel Negrelli** (14/05/1963).
				() **N Zenato**.
3733.	**Antonio Negrelli**.
	() **Isabel**.
+	5471	F	i.	**Lucia Negrelli**.
3741.	**Izabel Negrelli**.
	() **Paulo Liebl**.
	5472	F	i.	**Lucia Liebl** (18/08/1955).
	() **Francisco Mendes**.
	5473	M	ii.	**Nereu Liebl** (19/04/1965).
3756.	**Anna Bobato**.
	() **Augusto Pontarolo**.
+	5474	M	i.	**José Tarcisio Pontarolo** (18/06/1959).
	5475	F	ii.	**Jacinta Pontarolo** (10/04/1961).
	5476	M	iii.	**José Telmo Pontarolo** (04/03/1963).
	5477	F	iv.	**Lidevina Pontarolo** (27/04/1966).
+	5478	F	v.	**Jaqueline Rosa Pontarolo** (21/10/1968).
	5479	M	vi.	**Augusto Agnelo Pontarolo** (06/05/1970).
	5480	M	vii.	**Jonas Soeni Pontarolo** (06/01/1972).
+	5481	F	viii.	**Lia Pontarolo** (19/11).
3759.	**Porcila Leonora Negrello** (07/07/1912 – 09/09/1997).

	() João Fortunato Pilato.			
	5482	M	i.	**Pedro Pilato.**
	5483	M	ii.	**Antonio Dirceu Pilato** (1937).
				(23/07/1960) **Aurora Assunta Moletta** (1939).
	5484	M	iii.	**Dirceu Pilato.**
	5485	F	iv.	**Maria Ladi Pilato** (1946).
				(23/11/1963) **Luis Dunimir Costa** (1942).
3761.	**Maria Liria Negrello** (01/03/1915 – 21/01/2000).			
	() **Antonio Leontino Bobato** (16/07/1912).			
3762.	**Brazilia Carlota Negrello** (03/05/1916 – 17/12/2007).			
	(30/04/1938) **Candido Carlos Pilato** (25/05/1914).			
+	5491	M	i.	**Antonio Valdemir Pilato** (1943).
+	5492	M	ii.	**Pedro Altair Pilato** (04/03/1947).
+	5493	F	iii.	**Joana Claudir Pilato** (11/07/1950).
3763.	**Antenor Negrello** (05/06/1917 – 31/01/1992).			
	(25/01/1941) **Maria Bozza** (1922).			
	5494	M	i.	**Valmir Antonio Negrello** (1943).
				(19/02/1966) **Maria Odilair Kalusa Souza** (1946).
	5495	M	ii.	**Luiz Carlos Negrello** (10/06/1944).
				(18/01/1969) **Rosa Chifon** (15/12/1949).
	5496	F	iii.	**Marli Terezinha Negrello** (21/04/1946).
				(26/10/1968) **João Fogaça** (03/06/1943).
	5497	M	iv.	**Dorlei Negrello** (11/11/1948).
				(11/05/1979) **Inês Maria Zonta** (21/01/1957).
3764.	**Maria Margarida Negrello** (22/02/1918 – 03/05/2000).			
	(23/04/1938) **Deolderico Bobato** (18/07/1915 – 31/05/1990).			
3765.	**Aurora Maria Negrello** (16/06/1919).			
	(22/04/1939) **José Joay** (1915).			
	5506	F	i.	**Rosemari Joay** (29/06/1942).
				(20/05/1967) **José Maria Tortato** (01/03/1938).
	5507	M	ii.	**José Renato Joay** (10/08/1950).
				(27/11/1971) **Marli Terezinha Zonta** (24/02/1953)
	5508	F	iii.	**Maria Cléria Joay** (1940).
				(21/11/1959) **Pedro Costa** (1936).
3766.	**Maria Orsolina Negrello** (10/09/1920 – 13/04/1982).			
	(29/07/1939) **Juvenal Sebastião Micheletto** (20/01/1918 – 26/01/1981			
+	5509	F	i.	**Sirlene Maria Micheletto** (23/07/1940).
	5510	F	ii.	**Marli Pascoalina Micheletto** (1943).
				(17/12/1966) **Ronald do Carmo Claudino** (1941).
	5511	M	iii.	**Celso Micheletto.**

	5512	M	iv.	**Vilson Micheletto.**
+	5513	F	v.	**Rosimeri Micheletto** (11/05/1958).

3767. Auber Antonio Tomaz Negrello (12/09/1922 – 11/10/1999).

(02/09/1944) **Elvira Luiz.**

+	5514	F	i.	**Maria Rosilma Negrello** (1947).
+	5515	M	ii.	**Victor Negrelli** (06/05/1949).
	5516	F	iii.	**Adelaide Negrello.**

(18/11/1967) **Elvino Vicente Miqueletto** (10/12/1944).

	5517	F	iv.	**Darmi Negrello** (08/09/1952).

(18/12/1971) **Ari Norberto Pelanda** (31/03/1947).

3769. Maria Emma Negrello (20/10/1924).

(07/06/1947) **Laurindo Palu** (17/01/1923 – 27/07/2011).

	5518	F	i.	**Diva Maria Palu.**
	5519	M	ii.	**João Vair Palu** (27/01/1950).
	5520	M	iii.	**Domingos Adir Palu** (15/04/1951).
	5521	F	iv.	**Joana Dilacir Palu.**
	5522	M	v.	**Pedro Palu.**
	5523	M	vi.	**Lauri Palu.**
	5524	F	vii.	**Mari Palu.**
	5525	F	viii.	**Lucia Palu.**
	5526	F	ix.	**Maria Palu** (1961 – 01/05/2011).

3770. Pedrina Negrello (29/06/1926).

(03/02/1945) **Reinaldo Bobato** (06/01/1924 – 12/11/1971

3771. Nelson Negrello (1929).

(12/02/1955) **Terezinha Deconto** (1935).

	5538	F	i.	**Santa Rosa Negrello** (01/11/1964).

(25/06/1982) **Algacir Arestides Charneski** (16/08/1962).

3773. Antonia Therezinha Negrello (12/01/1934 – 16/10/2000).

(26/07/1952) **Nelson Dalagassa** (1929).

	5539	M	i.	**Carlos Dalagassa.**
	5540	M	ii.	**Paulo Dalagassa.**

3774. Juvenal Negrello (10/05/1914).

(11/02/1939) **Genoveva Nabosne** (1915).

	5541	M	i.	**Dirceu Antonio Negrello** (19/11/1939).

(27/01/1988) **Maria Helena de Godoy** (09/08/1938).

+	5542	M	ii.	**Dinarte Luís Negrello** (15/05/1941).
	5543	M	iii.	**Francisco Osvaldo Negrello** (1947).
	5544	F	iv.	**Maria Doraci Negrello** (1951).

() **José Romar Nickel.**

	5545	F	v.	**Josefa Divair Negrello** (19/03/1953).

	5546	M	vi.	**João Maria Negrello** (1953).
	5547	F	vii.	**Geni Teresinha Negrello** (1956).
				() **Vicente Krzyzanovski**.
3776.	**Pedro Negrello** (01/02/1922 – 13/11/1988).			
	(19/07/1947) **Maria Rosa Nichele** (13/10/1926).			
	5548	F	i.	**Maria Rosa Negrello** (09/07/1948).
				(12/12/1970) **Ernesto Baggio** (04/10/1942).
	5549	F	ii.	**Teresinha Adair Negrello** (23/01/1952).
				(12/05/1973) **Bermival Antonio Bozza** (20/07/1951).
	5550	F	iii.	**Erli Luzia Negrello** (20/01/1962).
				(14/07/1984) **Francisco Irineu Pozorski** (28/06/1960).
3788.	**Oswaldo Burbello** (20/07/1923).			
	(02/12/1944) **Imelde Deolinda Rossi Borghezani** (1924 – 03/08/2005)			
	5551	F	i.	**Maria Rosmari Burbello** (1945).
				(30/11/1963) **Antonio Wacheski** (1943).
+	5552	M	ii.	**Renato Burbello** (19/11/1946).
	5553	M	iii.	**Wilson Burbello** (03/02/1950).
				(01/02/1975) **Marileide Wascheski** (11/12/1954).
3790.	**Francisco Burbello** (29/01/1929 – 12/1946).			
	() **Maria Cunico**.			
+	5554	M	i.	**Domingos Burbello**.
+	5555	M	ii.	**Angelo Burbello**.
3793.	**Alcir Burbello** (08/10/1936).			
	() **Idalina Raksa**.			
	5556	F	i.	**Noeli Burbello** (1962).
				() **N Scroccaro**.
	5557	F	ii.	**Neuci Burbello** (1963).
				() **N Pellanda**.
	5558	F	iii.	**Rosangela Burbello** (1968).
				() **N Risoni**.
	5559	F	iv.	**Dalva Cristina Burbello** (1976).
				() **N Polega**.
3794.	**Nelson Antonio Negrello** (12/04/1930 - 16/02/1986).			
	(21/11/1963) **Aurea dos Santos** (15/11/1938 – 24/12/2000).			
	5560	F	i.	**Terezinha Rosete Negrello** (15/12/1957).
	5561	F	ii.	**Iara Maria Negrello** (12/02/1961).
	5562	M	iii.	**João Celso Negrello** (17/05/1962).
	5563	M	iv.	**Daniel Roberto Negrello** (04/08/1964).
	5564	F	v.	**Elineia Negrello** (03/11/1971).
+	5565	F	vi.	**Josete Negrello** (10/03/1978).

3816.	Antonia Haydée Negrello (1938).			
	() Antonio Gabardo.			
+	5566	M	i.	Antonio Osmar Gabardo (31/08/1960).
+	5567	M	ii.	Francisco Valdemar Gabardo (17/10/1961).
	5568	F	iii.	Denise Luzia Gabardo (30/11/1963).
				() Arquimedes Mikosz (08/02/1986 – 23/08/1959).
	5569	F	iv.	Marli Terezinha Gabardo (1967).
	5570	F	v.	Dirlei Maria Gabardo (1969).
	5571	M	vi.	José Nilson Gabardo (1971).
3825.	Dearlei Domingos Baldan (1939).			
	(31/01/1959) Alzira Maria Nichele (1937).			
	5572	F	i.	Marilia Inês Baldan (30/12/1961).
				(28/07/1986) Eliseu Negrello (11/02/1959).
3828.	Dilson Baldan (29/03/1943).			
	(18/12/1965) Livanir Lourdes Gabardo (03/11/1946).			
+	5573	M	i.	Marco Aurélio Baldan (27/10/1966).
+	5574	M	ii.	Marcelo Baldan (04/06/1969).
+	5575	M	iii.	Mauro Baldan (06/03/1972).
	5576	M	iv.	Mauricio Baldan (28/05/1974).
	5577	F	v.	Susan Carla Baldan (10/06/1985).
3830.	Diva Teresinha Baldan (26/08/1955).			
	(15/09/1973) Sergio Gai Pedrobon (19/06/1951).			
	5578	M	i.	Sergio Pedrobon (12/12/1974).
3831.	Humberto Moletta (01/01/1930).			
	(16/05/1953) Ivanyr Palú (21/09/1935).			
+	5579	F	i.	Sueli Rocio Moletta (08/02/1954).
+	5580	M	ii.	Sérgio Roberto Moletta (09/03/1956).
	5581	F	iii.	Susete Rosi Moletta (02/03/1957).
				(03/05/2008) Carmine Salvattore Benegiamo (06/05).
	5582	M	iv.	Célio Antonio Moletta (25/06/1964).
+	5583	F	v.	Sirlei Terezinha Moletta (27/08/1967).
3837.	Eduardo Moletta Filho (25/05/1916 – 23/11/1955).			
	() Anna Bobato.			
	5584	M	i.	Ricardo Moletta (07/10/1952 – 10/10/1952).
3840.	Alzira Moletta (12/03/1922 – 14/04/1990).			
	() Afonso Bobato.			
	5585	F	i.	Maria Bobato (1943).
				() Didi.
	5586	F	ii.	Ana Bobato (1944).
				() Jauri.

	5587	M	iii.	**Luiz Bobato** (1945).
	5588	F	iv.	**Anair Bobato** (1947).
	5589	M	v.	**José Jair Bobato** (1950).
				() **Ivone**.
	5590	M	vi.	**Doraci Bobato** (1952).
				() **Inês**.
	5591	F	vii.	**Anadir Bobato** (1955).
	5592	F	viii.	**Antonia Bobato** (1957).
				() **João Dejair**.
	5593	F	ix.	**Lizete Bobato** (1963).
				() **Pedro Valderi**.
	5594	F	x.	**Noeli Bobato** (1965).
				() **Pedro Vianei**.
3841.	\multicolumn{4}{l}{**Jacintho Antonio Moletta** (1926).}

3841.				**Jacintho Antonio Moletta** (1926).
				(02/02/1976) **Marina Rosa** (1916).
	5595	M	i.	**Amilton José Moletta** (1938).
	5596	F	ii.	**Anadir Moletta** (1944).
				() **Iraides Lopes Santos**.
	5597	F	iii.	**Alice Maria Moletta**.
+	5598	M	iv.	**Ataides Pedro Moletta**.
3845.				**João Antonio Negrello** (08/05/1925 – 24/02/2004).
				(04/1953) **Veronica Carneiro** (20/12/1925 - 19 abril 1995).
	5599	M	i.	**Genival Antonio Negrello** (26/08/1948).
	5600	F	ii.	**Maria das Graças Negrello** (10/07/1952).
+	5601	M	iii.	**Pedro Alexandre Negrello** (29/061955).
	5602	M	iv.	**João Antonio Negrello Filho** (18/09/1957).
+	5603	M	v.	**Marcos Antonio Negrello** (17/05/1959).
3850.				**Ermínio Negrello** (25/04/1922).
				(29/09/1946) **Ana Maria Zanon** (05/11/1927).
+	5604	M	i.	**Alcides Negrello** (23/09/1950).
3861.				**Orides Negrello** (17/07/1925 – 13/02/1972).
				() **Arlete de Souza**.
	5605	F	i.	**Arialba Negrello** (09/10/1951).
	5606	M	ii.	**Orides Negrello Filho** (14/07/1957).
3864.				**Cacilda Therezinha Negrello** (21/04/1934).
				() **Francisco Inivaldo Claudino** (12/01/1930).
+	5607	F	i.	**Nivacilda Aparecida Claudino** (21/03/1954).
+	5608	M	ii.	**José Ariovaldo Claudino** (01/09/1955).
3865.				**Antonio Alceu Negrello** (04/05/1939 – 25/06/1998).
				() **Matilde Ferentz**.

	5609	F	i.	**Daniele Negrello.**
3869.	**Eduardo Aldemir Negrello** (03/07/1953).			
	() **Ivani Cassiano de Almeida** (09/01/1958).			
	5610	M	i.	**Alessandro Negrello** (18/07/1979).
	5611	F	ii.	**Emily Negrello** (16/03/1982).
	5612	M	iii.	**Eduardo Negrello** (25/04/1995).
3873.	**Luciano Gabardo.**			
+	5613	M	i.	**Roberto Gabardo.**
	5614	M	ii.	**Fulvio Gabardo.**
3874.	**Luigi Gabardo.**			
	5615	M	i.	**Maximiliano Gabardo.**
	5616	F	ii.	**Cristiana Gabardo.**
3876.	**Giuliano Gabardo.**			
	5617	M	i.	**Antonio Gabardo.**
	5618	F	ii.	**Beatrice Gabardo.**
3878.	**Liliane Gabardo** (16/05/1946).			
	(02/04/1966) **Jean Pierre Dematteis** (05/11/1939).			
+	5619	M	i.	**Pascal Dematteis** (30/08/1969).
+	5620	M	ii.	**Laurent Dematteis** (20/10/1976).
+	5621	M	iii.	**Fabien Dematteis** (08/12/1981).
3879.	**Christian Gabardo** (16/08/1958).			
	(10/01/1981) **Martine Cossalter** (03/02/1956).			
	5622	M	i.	**Guillaume Gabardo** (08/03/1993).
3880.	**Antoine Alain Gabardo** (03/03/1962).			
	() **Catherine Coursange** (19/10/1959).			
+	5623	F	i.	**Mélanie Gabardo** (16/08/1981).
+	5624	F	ii.	**Marlène Gabardo** (01/08/1983).
3882.	**Aristides Amadeu Negrello** (1926 – 2015).			
	() **Heloina Boeira.**			
+	5625	F	i.	**Jane Negrello.**
+	5626	M	ii.	**Nilceu Antonio Negrello.**
+	5627	F	iii.	**Rosanea Negrello.**
+	5628	M	iv.	**Fábio Negrello.**
3886.	**Claudino Negrello** (? – 2008).			
	() **Maria Selma Boeira.**			
+	5629	M	i.	**Erian Negrello.**
+	5630	M	ii.	**Dilson Luis Negrello.**
+	5631	M	iii.	**Helton Negrello.**
3888.	**Alcindo Negrello.**			
	() **Olinda Trobeta Mortari.**			

+	5632	M	i.	**Ildo Francisco Negrello.**
	5633	F	ii.	**Lidia Negrello.**
	5634	F	iii.	**Helena Negrello.**
	5635	M	iv.	**Neri Negrello.**
	5636	F	v.	**Elenir Maria Negrello.**
	5637	F	vi.	**Leda de Fátima Negrello.**
	5638	F	vii.	**Neli Negrello.**
	5639	M	viii.	**Clério Negrello.**
3890.	**Guido Negrello** (01/01/1926).			
	() **Maria Lazzarotto** (? – 1987).			
	5640	M	i.	**Eliano Negrello** (? – 1978).
	5641	F	ii.	**Bruna Negrello.**
3892.	**Rina Negrello** (27/10/1928).			
	(01/01/1949) **Giovanni Gabardo** (23/08/1926 – 26/04/1996).			
+	5642	M	i.	**Serge Gabardo** (07/05/1950).
+	5643	M	ii.	**Bruno Gabardo** (19/07/1952).
3895.	**Lina (Ines) Negrello** (29/08/1942).			
	() **Andrea Mocellin** (? – 01/03/2013).			
	5644	M	i.	**Gianpaolo Mocellin** (11/02/1968 - 23/09/2004).
	5645	M	ii.	**Massimo Mocellin** (01/10/1969).
				(22/07/2001) **Roberta Tresca.**
	5646	M	iii.	**Luca Mocellin** (04/11/1973).
				(04/09/2001) **Marzia Benzonni** (22/05/1976).
3896.	**Aldo Negrello** (14/04/1945).			
	(08/08/1970) **Flora Pontarollo** (01/12/1945).			
	5647	F	i.	**Elisa Negrello** (25/05/1971).
				(14/09/1996) **Andrea Signori**
+	5648	M	ii.	**Antonio Negrello** (21/03/1978).
3899.	**Antoinette Marie Angele Gritti** (25/08/1914 – 12/07/2010).			
	() **Robert Joseph Dubail.**			
	5649	F	i.	**N Dubail.**
	5650	F	ii.	**N Dubail.**
	5651	F	iii.	**N Dubail.**
	5652	M	iv.	**N Dubail.**
	5653	M	v.	**N Dubail.**
	5654	M	vi.	**N Dubail.**
	5655	M	vii.	**N Dubail.**
+	5656	M	viii.	**Daniel Dubail.**
3903.	**Guido Bruno Pontarollo.**			
+	5657	F	i.	**Dianne Pontarollo.**

3908.	Frederico Pontarollo (18/08/1930).			
	(23/11/1953) Anatalia Pontarollo (04/01/1934).			
+	5658	F	i.	Elizabete Aparecida Pontarollo (25/04/1964).
	5659	F	ii.	Claudete Pontarollo.
	5660	F	iii.	Bernadete Pontarollo.
	5661	M	iv.	Adão Luiz Pontarollo.
	5662	M	v.	Orandir Pontarollo.
	5663	M	vi.	Eloir Francisco Pontarollo.
	5664	M	vii.	João Marcos Pontarollo.
3921.	Antonio Gabardo (16/06/1925 – 15/12/1997).			
	() Flora Campana (29/10/1924 – 25/09/2006).			
+	5665	M	i.	Jean Charles (Gianni) Gabardo (18/04/1949).
3922.	Giovanni Gabardo (23/08/1926 – 26/04/1996).			
	(01/01/1949) Rina Negrello (27/10/1928).			
3923.	Brando Gabardo (23/12/1929 – 30/04/1994).			
	() Gaetana Maria Lazzarotto (07/12/1929 – 12/11/1996).			
+	5668	F	i.	Anne Marie Gabardo (15/05/1952).
3924.	Marcello Gabardo (11/03/1941).			
	(26/12/1964) Fiorella Marcolongo (14/01/1945).			
+	5669	M	i.	Stefano Gabardo (31/10/1965).
+	5670	F	ii.	Andreina Gabardo (31/01/1968).
+	5671	M	iii.	Marco Gabardo (02/07/1972).
3925.	Ermelindo Gabbardo (17/05/1918 – 02/10/1967).			
	() Maria de Lourdes Jaquet (30/08/1914 – 25/12/1997).			
+	5672	F	i.	Laura Gabbardo (05/03/1938).
+	5673	F	ii.	Ieda Gabbardo (05/03/1940).
+	5674	F	iii.	Lucia Tereza Gabbardo (28/03/1944).
3933.	Eliseu Gabbardo (24/05/1925).			
	(28/07/1954) Maria Valduga (09/07/1935).			
	5675	M	i.	Paulo Antonio Gabbardo (19/04/1955).
				(19/04/1993) Conceição A. C. Sampaio (11/02/1964).
+	5676	M	ii.	Roque José Gabbardo (17/08/1956).
+	5677	M	iii.	Antonio Luiz Gabbardo (13/02/1958).
	5678	M	iv.	Rui Gabbardo (06/06/1960).
				(05/01/1991) Adriana Rigatto (28/08)1966).
+	5679	M	v.	Roberto Gabbardo (29/12/1961).
+	5680	M	vi.	Renato Gabbardo (17/09/1964).
	5681	M	vii.	Otavio Valduga Gabbardo (02/09/1967).
				(31/08/2007) Renata Araújo Rodrigues (30/06/1981).
+	5682	M	viii.	Jaime Valduga Gabbardo (03/04/1970).

3934.	Walmor Gabbardo (21/12/1930).			
	() Edy Brochier.			
+	5683	M	i.	Edmilson Gabbardo (12/11/1963).
	() Cleonice Quinhones.			
3959.	Alcides Luís Gabardo (01/07/1928).			
	() Therezinha Roman (04/11/1930).			
+	5684	M	i.	José Antonio Gabardo (29/04/1965).
+	5685	F	ii.	Lucia Gabardo (23/09/1957).
3961.	Arlindo José Gabbardo (26/11/).			
	(25/07/) Alda Pierdonar (17/07/).			
	5686	F	i.	Mires Gabbardo (06/11/1954).
+	5687	M	ii.	Sergio Mario Gabardo (1957).
+	5688	M	iii.	Jaime Gabardo (25/07/1959).
	5689	F	iv.	Rosane Gabardo.
+	5690	M	ii.	Jairo Gabbardo (12/01/1969).
3966.	Mario Gabbardo			
	5691	M	i.	Cesar Gabbardo (26/06/1972).
				() Ana Tereza (18/11/1979).
	5692	M	ii.	Luciano Gabbardo (1979).
3969.	Luis Gabbardo.			
	() Leir Rovene.			
	5693	F	i.	Fernanda Gabbardo.
3971.	Delcir Gabardo (03/03/1930).			
	() Carmy Therezinha Schmitz.			
+	5694	F	i.	Marlise Gabardo.
3972.	Alzir Gabbardo (03/12/1933).			
	() Laurita Feijó.			
	5695	F	i.	Lisia Maria Gabbardo (27/06/1977).
+	5696	F	ii.	Marlise Maria Gabbardo.
	5697	M	iii.	João Roberto Gabbardo.
	5698	M	iv.	Marcelo Gabbardo.
3973.	Leucida Gabardo			
	() Luis Salami.			
+	5699	F	i.	Marcia Gabardo Salami.
	5700	F	ii.	Miriam Gabardo Salami.
	5701	F	iii.	Solange Gabardo Salami.
3974.	Delcira Gabardo.			
	() N Zeni.			
+	5702	F	i.	Loiva Gabardo Zeni.
3975.	Terezinha Gabardo.			

	() Regis.			
	5703	F	i.	**Roberta.**
	5704	M	ii.	**Renan.**
	5705	M	iii.	**Leonardo.**
3976.	**Oreste Gabardo** (1942).			
	() Nara.			
+	5706	F	i.	**Patricia Gabardo.**
	5707	M	ii.	**Eduardo Gabardo.**
3877.	**Lurdino Gabardo** (06/09/1944).			
	(21/01/1971) **Marlene Vieira de Mattos** (06/11/1944).			
+	5708	F	i.	**Fabiane de Mattos Gabardo** (02/07/1973).
+	5709	M	ii.	**Fabio de Mattos Gabardo** (17/09/1975).
+	5710	F	iii.	**Fernanda de Mattos Gabardo** (23/11/1977).
3986.	**Edemar Rigon.**			
	() Bigair Azevedo.			
	5711	M	i.	**Luiz Gustavo Rigon** (12/12/1963).
3998.	**Paulo Luís Gabbardo** (12/1/1955).			
	(09/1979) **Noemia Maria Maldaner** (18/03/1953).			
	5712	M	i.	**Marcos Gabbardo** (22/01/1985).
				() **Esther Theisen** (05/02).
4003.	**Marlene Terezinha Dalla Colleta Gabbardo** (06/10/1934 – 29/05/1987).			
	() Rafael Vidal Vaz (06/02/1931).			
+	5713	F	i.	**Miriam Beatriz Vaz** (04/02/1960).
+	5714	M	ii.	**Marco Antonio Vaz** (05/01/1961).
+	5715	M	iii.	**Marco Aurélio Vaz** (03/08/1964).
+	5716	F	iv.	**Mirna Elisabeth Vaz** (01/04/1966).
4004.	**Gládis Arioli Gabbardo** (25/08/1937).			
	() Eleutério Evaldo da Silva (18/05/1929 – 19/06/1985).			
+	5717	M	i.	**Kléber Gabbardo da Silva** (16/09/1958).
+	5718	M	ii.	**Fabio Gabbardo da Silva** (07/03/1964 – 18/06/2004).
4005.	**Déa Arioli Gabbardo** (03/10/1939).			
	() Hélio F de Almeida (03/10/1934).			
	5719	M	i.	**Roberto Gabbardo de Almeida** (03/10/1963).
	5720	M	ii.	**Marcelo Gabbardo de Almeida** (06/01/1965).
	5721	M	iii.	**Eduardo Gabbardo de Almeida** (13/08/1969).
4006.	**Tania Vera Arioli Gabbardo** (09/06/1947).			
	() José Ruggeri Lobo (23/02/1944).			
	5722	F	i.	**Daniela Gabbardo Lobo** (27/09/1970).
	5723	F	ii.	**Andrea Gabbardo Lobo** (01/02/1974).
	5724	F	iii.	**Juliana Gabbardo Lobo** (26/12/1980).

4007.	Ana Maria Arioli Gabbardo (01/04/1950).			
	() Carlos Mar B Faria (19/05/1953).			
	5725	M	i.	Guilherme Gabbardo Faria (19/11/1984).
	5726	M	ii.	Augusto Gabbardo Faria (12/07/1988).
4009.	Luis César Arioli Gabbardo (04/07/1952).			
	() Isabel Tichler.			
	5727	M	i.	César Henrique Tichler Gabbardo (18/02/1982).
	5728	M	ii.	César Augusto Tichler Gabbardo (25/01/1985).
4011.	Edgar Atilio Gabbardo Pompermayer (04/07/1946).			
	() Clarissa Meliga (27/01/1950).			
	5729	M	i.	Ricardo Meliga Pompermayer (09/09/1981).
				() Ariana Coco Rodrigues (29/03/1979).
	5730	M	ii.	Eduardo Meliga Pompermayer (02/08/1984).
4012.	Sérgio Gabbardo Pompermayer (05/09/1949).			
	() Vania Maria Gonçalves (25/08/1947).			
+	5731	M	i.	Márcio Gonçalves Pompermayer (25/12/1969).
+	5732	M	ii.	Sérgio Pompermayer Filho (11/11/1972).
	5733	F	iii.	Vanessa Gonçalves Pompermayer (15/02/1980).
				() Rafael Menezes (22/09/1980).
	5734	F	iv.	Daiana Gonçalves Pompermayer (07/02/1984).
				() Felipe Palma (10/01/1982).
4013.	Rogério Gabbardo Pompermayer (06/01/1961).			
	() Jane Marchiori (27/07/1961).			
	5735	F	i.	Andressa Marchiori Pompermayer (02/11/1991).
	5736	M	ii.	Marcelo Marchiori Pompermayer (27/09/1993).
4014.	Claudio Toniolo Gabbardo (12/08/1951).			
	() Cecília da Rosa (30/09/1951).			
	5737	M	i.	Thiago da Rosa Gabbardo (11/02/1987).
4015.	Fábio Toniolo Gabbardo (14/11/1952).			
	() Maria Helena D'Ávila (14/01/1960).			
	5738	M	i.	Marcos D'Ávila Gabbardo (22/03/1983).
				() Márcia Aver Lopes (22/02/1984).
	5739	F	ii.	Aline D'Ávila Gabbardo (13/05/1987).
				() Rafael (25/08/1986).
4016.	Clarisse Toniolo Gabbardo (13/04/1961).			
	() Farley Gomes (26/12/1961).			
	5740	M	i.	Felipe Gabbardo Gomes (03/12/1992).
	5741	M	ii.	Matheus Gabbardo Gomes (04/06/1996).
4017.	Hélvio Freire Gabbardo (17/11/1954 – 08/02/1999).			
	() Liana Maria Réquia (17/02/1954).			

	5742	M	i.	**Gabriel Réquia Gabbardo** (14/07/1984).
4020.	**Denise Freire Gabbardo** (14/07/1965).			
	(11/12/1993) **Paulo Kucyk** (26/09/1959).			
	5743	M	i.	**Daniel Gabbardo Kucyk** (07/04/1996).
4021.	**Gilberto Gabbardo Rafainer** (04/07/1960).			
	() **Maria Isabel Fontoura Xavier** (30/08/1961).			
	5744	F	i.	**Marina Xavier Rafainer** (22/07/1989).
	5745	F	ii.	**Marcela Xavier Rafainer** (31/01/1994).
4022.	**Paulo Gabbardo Rafainer** (11/09/1963).			
	() **Ana Elise de Borba** (25/08/1963).			
	5746	F	i.	**Júlia de Borba Rafainer** (18/03/1997).
	5747	M	ii.	**Alexandre de Borba Rafainer** (27/10/1999).
4023.	**Rejane Pozza Gabbardo** (05/08/1954).			
	() **Ayrton Zaffari** (06/07/1951).			
+	5748	F	i.	**Cristiane Gabbardo Zaffari** (08/02/1980).
	5749	F	ii.	**Caroline Gabbardo Zaffari** (08/04/1988).
4025.	**Eliane Pozza Gabbardo** (09/02/1959).			
	() **César A Pellicioli** (27/12/1968 – 27/02/2013).			
	5750	F	i.	**Leticia Gabbardo Pellicioli** (22/08/1991).
	5751	F	ii.	**Júlia Gabbardo Pellicioli** (22/05/1994).
	5752	M	iii.	**Lucas Gabbardo Pellicioli** (19/10/1996).
4026.	**Rosane Pozza Gabbardo** (05/03/1964).			
	() **Ivo José Zaffari** (12/07/1954).			
	5753	M	i.	**Lorenzo Gabbardo Zaffari** (18/08/1997).
	5754	M	ii.	**Fabrizio Gabbardo Zaffari** (24/06/1999).
	5755	F	iii.	**Gabriela Gabbardo Zaffari** (22/05/2003).
4027.	**Juarez Gabbardo Masoni** (19/06/1959).			
	() **Lia Silva** (19/08/1960).			
	5756	F	i.	**Rafaela Silva Masoni** (26/05/1989).
	5757	F	ii.	**Natália Silva Masoni** (08/04/1993).
4029.	**Vinicius Gabbardo Masoni** (02/02/1964).			
	() **Alessandra Uflacker** (09/04/1971).			
	5758	M	i.	**Breno Uflacker Masoni** (10/10/1995).
	5759	M	ii.	**Iago Uflacker Masoni** (29/11/1999).
4036.	**Alcides Gabardo** (29/10/1938).			
	() **Darcila Haefliger** (14/08/1942).			
	5760	M	i.	**Airton Gabardo** (26/12/1972).
				() **Lisete Vanni**.
4037.	**Valter Gabbardo**.			
	() **Lourdes Milani**.			

	5761	M	i.	**Marcelo Gabbardo** (22/07/1979).
4057.	**Domingos Gabardo** (1907).			
	() **Josephina Correia de Mello**.			
+	5762	M	i.	**Gentil Gabardo**.
	5763	F	ii.	**Angela Gabardo**.
	5764	M	iii.	**Nelson Gabardo**.
	5765	F	iv.	**Ana Gabardo**.
4058.	**Sebastião Gabardo** (08/11/1909).			
	(26/09/1931) **Helena Persegona** (27/09/1912).			
	5766	F	i.	**Amélia Gabardo** (1933 – 10/05/2004).
	() **Luiz Percicotte**.			
4060.	**Caetano Gabardo** (24/10/1915).			
	(05/01/1943) **Regina Pedron** (03/02/1921 – 2002).			
	5767	F	i.	**Delfina Gabardo**.
	5768	M	ii.	**Angelo Gabardo**.
	5769	F	iii.	**Catarina Gabardo**.
	5770	M	iv.	**Benjamin Gabardo**.
	() **Maria Luiza**.			
4061.	**Francisco Gabardo** (09/12/1917 – 25/09/2000).			
	(26/05/1945) **Tereza Stugenski** (04/05/1927).			
	5771	M	i.	**Celso Gabardo** (07/ 1946 – 14/11/1946).
	5772	F	ii.	**Odete Gabardo**.
+	5773	M	iii.	**Ademar Gabardo**.
4063.	**Delphina Gabardo** (22/04/1921 – 06/03/2006).			
	(28/09/1940) **Silvio Gusso** (14/06/1915 – 1969).			
+	5774	F	i.	**Edisir Maria Gusso** (29/06/1941).
+	5775	F	ii.	**Ana Rita Gusso** (01/02/1942).
	5776	M	iii.	**Bortolo Augusto Gusso** (1949 – 27/09/2010).
	() **Gervalice**.			
4065.	**Waldemiro Gabardo** (17/04/1925).			
	(01/12/1945) **Maria de Lourdes Zaramella** (19/03/1926 – 24/07/2006).			
+	5777	F	i.	**Dinacir Gabardo** (08/09/1946).
+	5778	M	ii.	**Antonio Gabardo** (11/09/1956).
+	5779	F	iii.	**Neusa Maria Gabardo**.
+	5780	M	iv.	**José Adilson Gabardo** (09/01/1964).
4067.	**Onofolina Gabardo**.			
	() **Emigdio Euclides Fontana**.			
+	5781	M	i.	**Altair Fontana** (18/08/1964).
4068.	**Helena Simion** (01/11/1913 – 15/08/1986).			
	() **Leonardo Gauginski**. (1912 – 27/01/1983)			

+	5782	F	i.	**Maria Elair Gauginski** (1935).
+	5783	M	ii.	**José Ciro Gauginski** (1948 – 26/12/2010).
+	5784	M	iii.	**Miguel Gauginski**.
4070.	**Aristides Simion** (05/01/1920).			
	() **Albina Petruy**.			
	5785	M	i.	**Aristides Tadeu Simion**.
	5786	M	ii.	**Carlos Alberto Simion**.
	5787	F	iii.	**Rosangela Simion**.
4071.	**Anna Simion** (28/09/1922).			
	() **Aniz Miguel**.			
	5788	F	i.	**Ana Maria**.
	5789	F	ii.	**Angela Marise**.
	5790	M	iii.	**Miguel**.
	5791	F	iv.	**Maria Cristina**.
4072.	**Orestes Simion**.			
	() **Julia Doncs**.			
	5792	M	i.	**Celso Orestes Simion**.
	5793	M	ii.	**Sergio Adão Simion**.
4073.	**Angelina Simion**.			
	() **Afonso Gugelmin**.			
	5794	M	i.	**José Altair Gugelmin**.
	5795	F	ii.	**Maria Lindamir Gugelmin**.
	5796	F	iii.	**Ivonete de Lourdes Gugelmin**.
4074.	**Hermínia Simion**.			
	() **Teodoro Negozeki**.			
	5797	F	i.	**Lucy Negozeki**.
	5798	F	ii.	**Lourdes Negozeki**.
	5799	F	iii.	**Eunice Negozeki**.
	5800	F	iv.	**Odete Negozeki**.
	5801	M	v.	**José Francisco Negozeki**.
	5802	F	vi.	**Judite Negozeki**.
4075.	**Antonio Simion**.			
	() **Paulina Portes**.			
	5803	M	i.	**Pedro Luiz Simion**.
	5804	M	ii.	**Paulo José Simion**.
	5805	F	iii.	**Maria Aparecida Simion**.
4076.	**Tereza Simion**.			
	() **Eurico Monteiro**.			
	5806	F	i.	**Bernadete Monteiro**.
4077.	**Maria Gabardo** (03/08/1911 – 17/01/1993).			

	() Manoel Amaro Accordi (16/10/1900 – 18/08/1969).			
	5807	F	i.	Terezinha Accordi (1942).
				(10/02/1962) Valentim Eronildes Costa (1939).
+	5808	M	i.	Amilton João Accordi (30/07/1946 – 11/12/1997).
4078.	Domingos Gabardo (06/11/1913 – 30/10/1954).			
	(25/11/1939) Thereza Santa Gai (03/06/1920).			
	5809	F	i.	Dirce Gabardo.
+	5810	M	ii.	Ivantil Gabardo (14/08/1943).
	5811	M	iii.	Waldemar Gabardo (20/05/1942 – 25/08/1982).
	5812	F	iv.	Ana Maria Gabardo.
+	5813	F	v.	Nelza Rosi Gabardo (1953 – 13/01/2006).
4079.	Raymundo Gabardo (28/01/1915 – 12/11/1986).			
	(15/04/1939) Antonia Gabardo (12/06/1918 – 05/07/1995).			
	5814	F	i.	Maria Iolanda Gabardo (02/03/1941).
				(28/11/1964) Airso Fernandes (1940).
+	5815	M	ii.	João Jurandil Gabardo (03/10/1947).
	5816	F	iii.	Rosy Terezinha Gabardo (31/07/1950).
	5817	M	iv.	Aristides Carmelo Gabardo (16/07/1951).
	5818	F	v.	Antonia Roseni Gabardo (19/11/1954).
	5819	F	vi.	Angela Inês Gabardo (26/09/1958).
4081.	Nerina Gabardo (30/12/1923 – 15/11/2004).			
	(29/12/1951) Mario Tortato (1924).			
	5820	M	i.	Antonio José Tortato (24/10/1952).
				(20/12/1975) Rosilda Maria Berton (14/11/1952).
+	5821	M	ii.	Aldo João Tortato (14/11/1954).
4082.	Reinaldo Pedro Gabardo (28/06/1924).			
	() Anélia Hübner.			
	5822	F	i.	Angela Maria Gabardo.
				() Mauro Oliveira.
+	5823	M	ii.	João Fredolin Gabardo (24/06/1963).
	5824	F	iii.	Lucimara do Rocio Gabardo.
				() Cezar Vicente.
	5825	M	iv.	Marco Antonio Gabardo.
				() Robilaine de Araujo.
4083.	Onophre Gabardo (27/10/1928 – 10/12/1990).			
	(12/12/1959) Lindamir Angelina Deconto (25/02/1931 – 16/04/2014).			
+	5826	M	i.	Glacimar José Gabardo (07/05/1961).
4085.	Antonieta de Lourdes Gabardo (1931).			
	(29/09/1951) Vitorino Costa (1926).			
	5827	F	i.	Maria Aparecida Costa (02/12/1969).

				(17/06/1989) **Nilson Antonio Costa** (10/03/1961).
4090.	**Angelo Gabardo** (26/05/1927 – 26/09/1972).			
	(23/07/1949) **Adelina Persival**.			
	5828	M	i.	**José Eloir Gabardo** (1950).
	5829	F	ii.	**Maria Erli Gabardo** (1951 – 20/06/2007).
+	5830	M	iii.	**Elói Santos Gabardo** (1954 – 23/01/2003).
	5831	F	iv.	**Enoeli Aparecida Gabardo** (1955).
4103.	**Angela Zaramella** (1924).			
	() **Antonio José Zen**.			
	5832	M	i.	**Jovito Zen** (07/01/1943).
				(29/05/1965) **Izolde Rukei**.
4111.	**João Lucio Gabardo**.			
	() **Maria de Lurdes Antunes**.			
+	5833	M	i.	**José Norlei Gabardo** (14/06/1968).
	5834	F	ii.	**Solange Gabardo** (22/11/1973).
4135.	**Eurides Dorigo** (09/09/1920).			
	(23/09/1944) **Darlidia Rigotto**.			
+	5835	M	i.	**João Erbert Dorigo**.
	5836	F	ii.	**Elaine Antonieta Dorigo**.
				() **Aramis Jacob Brandalise**.
+	5837	M	iii.	**Helio Antonio Dorigo** (14/06/1951).
+	5838	F	iv.	**Elizabeth Dorigo** (13/04/1957).
4137.	**Reynaldo Dorigo** (19/01/1923).			
	(15/10/1949) **Erminia Ermelinda Scremin** (1924).			
+	5839	F	i.	**Regina Dorigo**.
+	5840	M	ii.	**Reginato Dorigo**.
4138.	**Adyr Antonio Dorigo** (06/02/1926).			
	() **Otilia Rosa Scremin**.			
	5841	F	i.	**Raquel Dorigo**.
+	5842	M	ii.	**Rogerio Dorigo**.
	5843	F	iii.	**Maristela Dorigo**.
	5844	F	iv.	**Cristina Dorigo** (12/10/1963).
4139.	**Júlio Valdemar Moletta Gabardo** (26/03/1919 – 10/08/1998).			
	(30/05/1942) **Lindalva Dalcol** (06/08/1921).			
+	5845	F	i.	**Janete Gabardo** (15/05/1943).
+	5846	F	ii.	**Elizir Gabardo** (07/06/1946).
+	5847	M	iii.	**José Carlos Gabardo** (03/02/1955 – 01/10/1995).
4140.	**Antenor Antonio Moletta** (26/02/1921 – 10/07/1995).			
	(26/01/1946) **Cecilia Pilato** (10/02/1928).			
	5848	F	i.	**Terezinha Marli Moletta** (28/04/1951 – 23/01/1952).

+	5849	F	ii.	**Angelina Delair Moletta** (18/06/1951).
+	5850	M	iii.	**João Amauri Moletta** (21/07/1953 – 14/02/1992).
	5851	M	iv.	**Pedro Moletta**.
	5852	F	v.	**Regina Moletta**.
				() **Luís de Carvalho**.
+	5853	M	vi.	**Antonio Altair Moletta** (19/08/1958).
4141.	**Antonio Moletta** (? – 1968).			
	() **Helena Struzik**.			
	5854	F	i.	**Maria Sirlei Moletta**.
	5855	F	ii.	**Maria Iracema Moletta**.
	5856	M	iii.	**Airton Moletta**.
	5857	F	iv.	**Rosa Regina Moletta**.
	5858	F	v.	**Maria Roseli Moletta**.
4142.	**Maria Nahir Moletta** (02/07/1923 – 16/05/2001).			
	(1940) **João Afonso Camargo** (? – 28/02/1955).			
	5859	M	i.	**Farid Sebastião Camargo** (21/08/1941).
	5860	M	ii.	**João Olivir Camargo** (28/07/1948).
	5861	M	iii.	**José Itamir Camargo** (19/12/1951 – 21/06/1982).
	5862	M	iv.	**Antonio Neozir Camargo** (06/05/1953 – 11/07/1989).
	5863	F	v.	**Marilia Zenir Camargo** (17/12/1954).
4143.	**Antonio Napoleão Gabardo** (10/06/1922 – 19/06/1978).			
	(22/10/1949) **Liria Romanichen** (02/12/1932).			
+	5864	F	i.	**Nirlei Maria Gabardo** (17/09/1950).
+	5865	M	ii.	**Amauri Gabardo** (23/03/1952 – 26/07/2004).
+	5866	M	iii.	**Odilon Gabardo** (29/01/1954).
+	5867	M	iv.	**Odil Gabardo** (29/01/1954).
	5868	M	v.	**Reginaldo Gabardo** (20/06/1956 – 28/05/1976).
+	5869	M	vi.	**Helio Gabardo** (21/01/1960).
+	5870	F	vii.	**Solange Gabardo** (08/03/1964).
4144.	**Antonia Otilia Gabardo** (17/07/1925).			
	(30/05/1942) **Arnaldo Gabardo** (06/02/1916 – 20/04/1975).			
4145.	**Francisco Gabardo Marchioro** (28/01/1929 – 22/01/1987).			
	(22/12/1951) **Adelia Dorigo** (18/06/1931).			
	5883	M	i.	**Gabriel Marcio Marchioro** (06/03/1954).
	5884	M	ii.	**Athos Vinicius Marchioro** (26/12/1957).
	5885	M	iii.	**Sandro Mauro Marchioro** (04/01/1960).
4146.	**Maria Holanda Gabardo** (06/06/1930).			
	(22/06/1947) **Teodoro Petroski** (11/09/1921 – 28/05/1992).			
+	5886	M	i.	**Antonio Gabardo Petroski** (28/04/1948).
	5887	M	ii.	**Nilceu Petroski** (22/07/1950 – 22/06/1974).

+	5888	M	iii.	**Ataide Petroski** (21/10/1952).	
+	5889	M	iv.	**Altair Petroski** (19/02/1955).	
+	5890	F	v.	**Zenir Terezinha Petroski** (03/10/1957).	
+	5891	F	vi.	**Mara Petroski** (22/04/1960).	
+	5892	F	vii.	**Sonia Petroski** (22/08/1963).	
+	5893	F	viii.	**Francisca Petroski** (03/01/1966).	
+	5894	F	ix.	**Isabel Petroski** (23/12/1967).	
	5895	M	x.	**Marcos Petroski** (04/12/1973).	
				(07/10/1999) **Maria Paes de Souza** (30/11/1965).	
4147.	**Dirceu Carlos Gabardo** (11/08/1930 – 04/03/2004).				
	(19/09/1959) **Deleuza de Jesus Barbosa Cubas** (16/10/1939).				
	5896	M	i.	**Daisson Luiz Gabardo** (26/06/1960).	
+	5897	F	ii.	**Deise Aparecida Gabardo** (19/08/1963).	
	5898	F	iii.	**Dilvane Barbosa Gabardo** (12/07/1969).	
4148.	**Terezinha Gabardo** (19/12/1934).				
	(16/04/1955) **Lino Derosso**.				
+	5899	F	i.	**Jucilene Derosso**.	
	5900	F	ii.	**Milene Derosso**.	
	5901	M	iii.	**Gilmar Antonio Derosso**.	
4149.	**Avante Gabardo** (08/11/1935 – 16/07/1973).				
	() **Abigail Martins** (02/03/1938).				
+	5902	M	i.	**Gelson Luiz Gabardo** (02/04/1960).	
+	5903	M	ii.	**Gilson Gabardo** (10/11/1961).	
+	5904	M	iii.	**Jean Carlo Gabardo** (21/03/1966).	
+	5905	F	iv.	**Jislaine Gabardo** (10/10/1977).	
4150.	**Orminda Gabardo** (01/07/1938 – 31/08/2006).				
	(19/10/1956) **Arion Martins de Oliveira** (07/02/1936).				
+	5906	M	i.	**Adilson Gabardo de Oliveira** (02/08/1958).	
+	5907	F	ii.	**Lucia do Rocio de Oliveira** (27/11/1959).	
+	5908	M	iii.	**Edemilson Gabardo de Oliveira** (17/02/1964).	
	5909	M	iv.	**Gerri Gabardo de Oliveira** (18/01/1970).	
+	5910	F	v.	**Luciane Gabardo de Oliveira** (09/07/1974).	
4151.	**Guiomar Gabardo** (27/06/1939 – 10/10/2000).				
	() **Normando Chaurais Ribeiro** (14/09/1936).				
+	5911	M	i.	**Giovanni Gabardo Ribeiro** (27/11/1969).	
	5912	M	ii.	**Normando Jorge Gabardo Ribeiro** (04/11/1963).	
				() **Julia Fabiano** (11/05/1965).	
+	5913	F	iii.	**Rosane Gabardo Ribeiro** (27/12/1965).	
4152.	**Victor Gabardo** (28/12/1940 – 20/12/2004).				
	() **Adi dos Anjos** (05/11/1946).				

+	5914	M	i.	**Evilton Gabardo** (26/09/1964).
+	5915	M	ii.	**Luiz Edgar dos Anjos Gabardo** (08/05/1968).
+	5916	F	iii.	**Lucia Gabardo** (19/06/1972).
+	5917	F	iv.	**Cristiane dos Anjos Gabardo** (12/09/1974).
	5918	F	v.	**Cintia dos Anjos Gabardo** (24/07/1978).
				() **Demerson Nardino**.
				(2010) **Marcos Aurélio**.
4153.	**Celso Gabardo** (15/04/1943 – 11/11/1989).			
	(01/02/1966) **Maria Ivani da Silva** (21/09/1945).			
+	5919	M	i.	**Ernani Gabardo** (13/10/1966).
+	5920	F	ii.	**Gisiane Gabardo** (05/11/1969).
4154.	**Luzia Gabardo** (05/12).			
	() **Silvino Riboski** (07/02/1945			
	5921	M	i.	**Fernando Gabardo Riboski** (05/09/1968).
	5922	M	ii.	**Rafael Gabardo Riboski**.
+	5923	M	iii.	**Jocelito Gabardo Riboski** (06/02/1971).
4155.	**Eloi Gabardo** (16/08/1945 – 04/08/2019).			
	(17/12/1966) **Maria de Lourdes** (13/04/1943).			
+	5924	F	i.	**Silvana Gabardo** (26/10/1967).
+	5925	M	ii.	**Marcelo Gabardo** (27/10/1969).
4156.	**Hortêncio Pedro Gabardo**.			
	() **Ana da Purificação Correia**.			
+	5926	F	i.	**Guiomar Gabardo**.
+	5927	F	ii.	**Ignalda Gabardo** (09/02/).
+	5928	F	iii.	**Rosangela Gabardo**.
+	5929	M	iv.	**Gotardo Gabardo** (26/01/1962).
4160.	**João Thomas Gabardo** (1933 – 08/05/1986).			
	(23/02/1957) **Elza Helena Salin** (1938 – 20/08/2001)			
	5930	F	i.	**Leoni M Gabardo** (02/02/1958).
				(17/07/1975) **Evaristo Mikoski** (14/04/1951).
	5931	M	ii.	**Luir Antonio Gabardo** (02/07/1959).
				(25/04/1981) **Rosemari Wosniack** (11/07/1962).
	5932	F	iii.	**Roseli de Fátima Gabardo** (07/03/1965).
				(23/04/1988) **Alnadir de Souza** (17/09/1969).
	5933	F	iv.	**Wanderleia Regina Gabardo** (12/07/1971).
				(16/12/1989) **Gerson Pereira** (07/07/1970).
	5934	M	v.	**Ricardo Luiz Gabardo** (18/07/1977).
				(17/07/1999) **Salete Cristiane Lecy** (30/06/1980).
4161.	**Antonio Gabardo** (1935 – 19/07/1986).			
	(28/11/1959) **Antonia Haydée Negrello** (11/09/1985)			

4167.	Antonio Francisco Gabardo (15/07/1930).			
	() Aparecida dos Santos (03/06/1935).			
+	5941	M	i.	Paulo Rossano dos Santos Gabardo (15/10/1958).
+	5942	M	i.	José Marcelo dos Santos Gabardo (18/03/1962).
+	5943	M	ii.	Marcos Vinicius dos Santos Gabardo (02/06/1968).
4168.	João Gabardo Filho (30/03/1932).			
	(12/09/1953) Leonor Moises (03/12/1936).			
+	5944	M	i.	Jorge César Gabardo (07/08/1954).
+	5945	M	ii.	Rossano de Guadalupe Gabardo (16/03/1957).
+	5946	M	iii.	Romano Navarro Gabardo (16/12/1964).
4169.	Francisco José Gabardo (18/10/1933).			
	() Anair Pontarolli (07/09/1932).			
+	5947	M	i.	Mauro Rangel Gabardo (05/11/1964).
	5948	F	ii.	Patricia C Gabardo (17/10/).
	() Maria Susana Ilkiw (11/08/1934).			
4170.	Reynaldo Gabardo (17/12/1935 - 23/02/2014).			
	(26/09/1964) Vilma Ferreira da Costa (12/03/1944).			
	5949	F	i.	Rachel Gabardo (23/03/1966).
+	5950	M	i.	Reynaldo Gabardo Junior (31/05/1967).
+	5951	F	ii.	Renata Simone Gabardo (29/05/1969).
+	5952	F	iii.	Roberta Maria Gabardo (19/12/1970).
4171.	Irene Gabardo (1941).			
	(25/10/1958) Haroldo Getulio Costa (1930).			
	5953	M	i.	Luiz Vilmar Costa (09/08/1959).
				(03/08/1985) Rosangela Aparecida Bonato (20/06/1965).
	5954	M	ii.	Nilson Antonio Costa (10/03/1961).
				(17/06/1989) Maria Aparecida Costa (02/12/1969).
	5955	M	iii.	Vanderlei Costa (10/04/1963).
				(26/09/1987) Enedi Wacheski (05/05/1966).
	5956	M	iv.	Fabio Murilo Costa (19/11/1980).
				(27/11/2004) Lucinéia de Almeida (10/11/1981).
4173.	Antonio Nelson Gabardo (11/10/1943 – 12/09/2003).			
	(31/12/1966) Maria Denir Gai (15/08/1948).			
	5957	F	i.	Rosana Maria Gabardo (09/10/1968).
				(24/02/1990) José Sidnei de Andrade (16/08/1967).
+	5958	M	ii.	Marcos Roberto Gabardo (29/08/1970).
	5959	F	iii.	Adriana Gabardo (23/08/1977).
				(04/05/2002) Claidemir Accordi (11/04/1978)
4174.	Iolanda Irene Gabardo (10/01/1945).			
	(10/07/1965) Sileno Clemente Bonato (03/09/1942).			

	5960	M	i.	**Gilmar Osmir Bonato**.
	5961	M	ii.	**Gilberto Ademasi Bonato**.
	5962	M	iii.	**Gerson Simario Bonato** (26/05/1972).
				(05/07/1997) **Marli de Fátima Kotokovski** (23/01/1971).
	5963	F	iv.	**Susana Aparecida Bonato**.

4175. **Pedro Celso Gabardo** (03/08/1947 – 01/04/1996).

	(13/01/1973) **Maria Zelia Costa** (13/02/1951).			
	5964	M	i.	**Flavio José Gabardo** (18/03/1974 – 22/05/2011).
	5965	F	ii.	**Marcia Fabiane Gabardo** (28/03/1975).
				(26/01/1997) **Celso Luis Kaminski** (21/08/1970).
+	5966	F	iii.	**Andreia Luciane Gabardo** (14/05/1980).

4176. **José Vilson Gabardo** (25/05/1949).

	(18/12/1971) **Marlene Maria Cavichiollo** (23/09/1953).			
+	5967	M	i.	**Sandro José Gabardo** (21/11/1972).
+	5968	M	ii.	**José Vilson Gabardo Júnior** (13/05/1976).
+	5969	F	iii.	**Keli Cristina Gabardo** (08/12/1978).

4177. **Maria Idinir Gabardo** (16/01/1951).

	(22/09/1973) **Rolival Bonato** (22/01/1948).			
	5970	M	i.	**Gilsen Bonato** (14/07/1975).
				(24/07/2004) **Joyce Ferreira do Rocio** (26/03/1982).
	5971	F	ii.	**Giceli Bonato** (04/02/1976).
				(22/02/2003) **Charles Michel Lima Dias** (11/08/1974).
	5972	M	iii.	**Jairo Bonato** (07/12/1979).
				() **Erica Moraes**.
	5973	M	iv.	**Joacir José Bonato** (19/03/1982).
				() **Mirele Moraes**.

4178. **Luiz Ivo Gabardo** (07/10/1952).

	(01/12/1973) **Sueli Terezinha Costa** (27/08/1956).			
	5974	F	i.	**Flavia Cristiane Gabardo** (28/12/1975).
				(18/06/1994) **Jalvir Antonio Orso** (22/11/1971).
	5975	F	ii.	**Elis Mariane Gabardo** (15/05/1977).
				(24/07/1999) **Fúlvio Denis Machado** (12/10/1973).
	5976	M	iii.	**Eder Luciano Gabardo** (17/06/1979).
	5977	M	iv.	**Luiz Ivo Gabardo Júnior** (09/06/1983).

4180. **Carlos Olivir Gabardo** (07/09/1959).

	(04/07/1980) **Denise Costa** (21/11/1959).			
	5978	F	i.	**Ana Marcela Gabardo** (04/04/1981).
	5979	F	ii.	**Marilis Fernanda Gabardo** (06/01/1984).
	5980	F	iii.	**Karin Gabardo** (03/05/1989).

4182. **Luiz Tomaz Bonato** (01/11/1938 – 21/08/1996).

				() **Estela Ivonete Bonato** (1941).
+	5981	F	i.	**Sonia de Fatima Bonato** (24/12/1973).
	5982	F	ii.	**Maria Rosane Bonato**.
	5983	F	iii.	**Vilma Aparecida Bonato** (24/12/1966).
	5984	F	iv.	**Márcia Bonato**.
	5985	M	v.	**Luiz Carlos Bonato**.
4183.				**Elizir Maria Bonato** (1945).
				(26/09/1964) **Luiz Olivir Bonato** (1941).
	5986	M	i.	**Antonio Olivir Bonato** (06/07/1965).
				(31/01/1987) **Márcia Regina da Luz** (12/08/1965).
	5987	M	ii.	**José Alvir Bonato** (11/10/1966).
				(03/02/1990) **Angelita Cardoso Oliveira** (23/09/1969).
	5988	F	iii.	**Sandra de Fátima Bonato** (17/03/1980).
				(09/04/1999) **Jeferson Antonio Ricardo** (11/01/1978).
4184.				**Antonio Idimar Bonato** (08/04/1948).
				(13/09/1969) **Leonor Marlene Bonato** (28/04/1953).
	5989	F	i.	**Maria Simone Bonato** (17/06/1970).
				(01/12/1990) **Gilmar Antonio Nichele** (10/07/1966).
	5990	M	ii.	**Rogerio Antonio Bonato** (05/04/1974).
				(08/05/199) **Carla Andressa Lecy** (05/11/1980).
	5991	M	iii.	**Diego Marcelo Bonato** (06/04/1981).
				(16/10/2004) **Deise Amarante** (27/12/1980).
4185.				**Arold Baldan** (09/06/1917 – 21/04/1990).
				(30/04/1938) **Leonor Cristine Negrello** (24/07/1917 – 13/07/1986).
4189.				**José Fernando Parolin**.
				() **Neusa do Rocio Fogiatto**.
	5998	M	i.	**Jackson Fernando Parolin**.
	5999	M	ii.	**Everton Carlos Parolin** (12/07/1977).
	6000	F	iii.	**Fernanda Parolin**.
	6001	M	iv.	**Emerson Luis Parolin**.
4192.				**Joaquim Ribeiro Gabardo** (04/08/1903 – 10/12/1967).
				() **Rita Ramos**.
+	6002	M	i.	**Elzio Gabardo** (07/01/1930 – 05/06/1984).
+	6003	F	ii.	**Lourdes Gabardo** (16/05/1934 – 08/10/2015).
				() **Antonia Narcisa**.
+	6004	M	iii.	**Mauro Ribeiro Gabardo** (30/08/1946 – 28/04/1998).
+	6005	M	iv.	**João Gabardo**.
4206.				**João Baptista Gabardo** (12/12/1940).
				(17/06/1961) **Ana Semmes** (02/05/1945).
	6006	F	i.	**Jucimara da Luz Gabardo** (19/07/1967 – 06/03/1975).

+	6007	F	ii.	**Elisa Mara Gabardo** (17/04/1972).
4211.	**Julia Gabardo** (1937 – 08/08/1985).			
	() **Raul Pereira da Cruz.**			
	6008	F	i.	**Inês Pereira da Cruz** (1956).
				() **Augusto Bernardo Muchau.**
	6009	F	ii.	**Ici do Rocio Pereira da Cruz** (1959).
				() **José Ari Kezanoski.**
	6010	M	iii.	**Francisco Otavio Pereira da Cruz** (1962).
4213.	**Darcy Gabardo** (03/03/1921 – 15/07/1996).			
	() **Adélia Vicente** (07/05/1925 – 03/07/2010).			
+	6011	F	i.	**Marlene Gabardo** (02/09/1946).
+	6012	M	ii.	**Nadir Gabardo** (21/09/1948).
+	6013	F	iii.	**Diair Gabardo.**
+	6014	F	iv.	**Doroty Gabardo** (02/01/1955).
+	6015	M	v.	**Élio Darcy Gabardo.**
+	6016	F	vi.	**Ivonete do Carmo Gabardo** (16/07/1959).
	6017	M	vii.	**Pedro Adelmo Gabardo** (16/06/1962).
+	6018	M	viii.	**Luiz Nacir Gabardo** (10/03/1965).
+	6019	F	ix.	**Maria Angelina Gabardo** (06/09/1967).
4217.	**Antonio Gabardo.**			
	() **Virginia Tacinni Pompeu** (05/05/1935).			
+	6020	M	i.	**Americo Antonio Gabardo** (09/11/1953).
+	6021	F	ii.	**Luiza Alice Gabardo** (07/08/1955).
+	6022	M	iii.	**Jorge Luís Gabardo** (05/06/1959).
	6023	M	iv.	**Airton José Gabardo** (23/11/1962).
+	6024	F	v.	**Isabel Cristina Gabardo** (23/10/1955).
4220.	**Diva Gabardo.**			
+	6025	F	i.	**Divanir Maria.**
4222.	**Rosa Ursulina Moro** (01/02/1929).			
	(10/10/) **Wilson Camargo** (20/02/1930).			
	6026	M	i.	**Wilson Camargo Filho** (1953).
	6027	F	ii.	**Gilda Camargo** (1956).
	6028	F	iii.	**Janete Camargo** (1959).
	6029	M	iv.	**Marcos Camargo** (1963).
	6030	M	v.	**Edson Camargo.**
4227.	**Terezinha Gabardo.**			
	() **Lucio Batista.**			
	6031	F	i.	**Jucilene Gabardo Batista** (04/07/).
4228.	**Sebastiana Gabardo** (27/08/1942).			
	6032	F	i.	**Fatima do Rocio Gabardo** (14/12/1963).

	6033	M	ii.	**Arthur Gabardo Neto** (17/08/1965).
	6034	M	iii.	**Ricardo Luis Gabardo** (02/11/1982).
4231.	**Altair Gabardo** (04/01/1945 - 16/02/1996).			
	() **Divanir Maria**.			
	6035	F	i.	**Célia Gabardo** (20/05/).
	6036	M	ii.	**Celso Henrique Gabardo** (1967 – 20/12/2005).
	6037	F	iii.	**Cíntia Gabardo**.
	6038	M	iv.	**Claudio Gabardo**.
	6039	F	v.	**Soraia Gabardo**.
4232.	**Alzira Gabardo** (12/12/1948).			
	(1964) **Sebastião Regailo** (04/02/1943).			
	6040	F	i.	**Sandra Mara Regailo** (26/06/1965).
	6041	M	ii.	**Carlos Alberto Regailo** (28/08/1967).
	() **João de Paula** (16/09/1944).			
	6042	M	iii.	**Marcos Antonio de Paula** (10/01/1971).
	6043	F	iv.	**Geise Graziele de Paula** (29/11/1973).
4233.	**Joel Gabardo** (06/03/1954).			
	() **Odete Arlinda Pinheiro** (22/07/1950 – 05/06/2008).			
	6044	M	i.	**Rodrigo Gabardo** (24/12/1983).
4234.	**Sueli Gabardo** (28/09/1955).			
	(09/01/1977) **João Luiz dos Santos Cavalheiro** (08/01/).			
	6045	M	i.	**João Luiz dos Santos Cavalheiro Júnior** (04/11/1977).
	6046	M	ii.	**Dyeson Luiz dos Santos Cavalheiro** (18/04/1980).
4235.	**Sonia Gabardo** (04/06/1957).			
	(22/05/1976) **José Altamir Manera** (17/09/1952).			
	6047	M	i.	**Fábio Roger Manera** (10/03/1978).
	6048	M	ii.	**Felipe Luis Manera** (08/02/1984).
	6049	F	iii.	**Fernanda Manera** (22/10/1987).
4236.	**Juarez Gabardo** (09/03/1959).			
	(16/12/1978) **Ivete Ferreira Ramos** (13/05/1962).			
	6050	M	i.	**Ricardo Cleyton Gabardo** (06/04/1979).
	6051	F	ii.	**Michely Paola Gabardo** (27/10/1981).
4237.	**Sandra Gabardo** (05/03/1961).			
	(15/12/1984) **Aristeu Sérgio Scherpinski** (24/05/1960).			
	6052	M	i.	**Thiago Scherpinski** (27/07/1987).
	6053	F	ii.	**Talita Scherpinski** (25/07/1989).
4238.	**Sérgio Gabardo** (24/09/1963).			
	() **Raquel José Corsino** (04/10/1967).			
	6054	F	i.	**Carolina Corsino Gabardo** (30/01/1986).
	6055	M	ii.	**Leonardo Corsino Gabardo** (20/06/1988 – 11/04/2006).

	6056	F	iii.	**Luana Corsino Gabardo** (30/12/1991).
4239.	**Cezar Gabardo** (10/11/1964).			
	(16/12/1996) **Claudia Mara de Ramos** (30/07/1970).			
	6057	M	i.	**Andrew Jean Gabardo** (09/06/1986).
	6058	M	ii.	**Cezar Gabardo Júnior** (26/12/1987).
	6059	F	iii.	**Camila Jesseca Gabardo** (24/08/1990).
	6060	M	iv.	**Leandro Gabardo** (19/11/1991).
	6061	F	v.	**Bruna Gabardo** (07/03/1993).
4240.	**Telmo Gabardo** (06/12/1970).			
	() **Edite Francisco** (17/12/1964).			
	6062	F	i.	**Dayana Francisco Gabardo** (11/11/1989).
	6063	M	ii.	**Ygor Luis F. Gabardo** (21/02/1997 – 03/05/2008).
4249.	**Benjamin Gabardo** (04/10/1940 – 15/08/2005).			
	() **Maria Zilda**.			
	6064	M	i.	**Dirceu Gabardo** (19/04/1974).
	6065	F	ii.	**Dirciane Gabardo**.
4250.	**José Odair Gabardo** (22/07/1944).			
	(18/07/1964) **Irene Pereira da Silva** (27/03/1945).			
	6066	F	i.	**Maria Elizete Gabardo** (04/07/1965).
	6067	M	ii.	**José Valdir Gabardo** (07/05/1966).
+	6068	F	iii.	**Denise Regina Gabardo** (24/11/1967).
	6069	F	iv.	**Cristiane Alessandra Gabardo** (04/12/1968).
	6070	M	v.	**Pedro Juarez Gabardo** (27/06/1970).
4251.	**Afonso João Gabardo** (25/06/1949).			
	(15/11/1975) **Reni Sucla**.			
	6071	F	i.	**Cristina Gabardo** (18/01/1977).
	6072	M	ii.	**Julio Antonio Gabardo** (26/10/1987).
4252.	**Carlos Dinarte Gabardo** (26/08/1953).			
	(07/11/1974) **Arlete Pampu** (19/07/1956).			
	6073	F	i.	**Elisângela de Fátima Gabardo** (15/03/1975).
	6074	M	ii.	**Carlos Cezar Gabardo** (29/03/1976).
4255.	**Marly Inês Gabardo**.			
	6075	F	i.	**Luciane Gabardo** (20/04/1975).
4258.	**Ivanira Gabardo** (06/02/1945).			
	(21/12/1963) **João Maria de Freitas** (14/10/1935 – 17/04/1996).			
+	6076	F	i.	**Jussara Gabardo de Freitas** (14/05/1965 – 05/06/2017).
+	6077	F	ii.	**Solange Gabardo de Freitas** (22/08/1966).
	6078	M	iii.	**Gerson Gabardo de Freitas** (21/08/1967 – 02/09/1967).
+	6079	M	iv.	**Sérgio Gabardo de Freitas** (09/02/1971).
4272.	**Darcy Baptista Gabardo** (04/07/1951).			

				(24/07/1976) **Romilda Vasconcelos**.
	6080	F	i.	**Andrea Vasconcelos Gabardo** (03/02/1977).
4273.	**Berenice da Conceição de Castro Gabardo** (08/12/1952).			
				(11/11/1978) **Antenor Lopes** (04/07/1932 – 09/11/1996).
	6081	M	i.	**Ricardo Gabardo Lopes** (23/08/1979).
	6082	M	ii.	**Rodrigo Gabardo Lopes** (02/08/1980).
4274.	**Rubens Baptista Gabardo** (11/12/1954).			
				(04/10/1986) **Adelaide Prestes** (16/12/1945).
	6083	F	i.	**Patricia Prestes Gabardo** (09/09/1980).
4275.	**Antonio Osíris Baptista de Castro Gabardo** (21/11/1956).			
				(29/09/1984) **Schirlei Müller** (27/06/1950).
	6084	F	i.	**Kátia Müller Gabardo** (05/09/1986).
	6085	M	ii.	**Maurício Gabardo** (28/05/1993).
4276.	**Sonia Maria Gabardo** (19/01/1959).			
				(29/09/1979) **Orivaldo Stocco** (27/05/1953).
	6086	M	i.	**Luís Heleno Stocco** (07/11/1980).
	6087	M	ii.	**Ronaldo José Stocco** (17/02/1986).
	6088	F	iii.	**Bruna Stocco** (30/05/1990).
4278.	**Renato Baptista Gabardo** (09/01/1963).			
				() **Marcilene de Lourdes Leonel** (21/04/1967).
	6089	F	i.	**Renata Fernanda Gabardo** (07/08/1988).
	6090	F	ii.	**Marianna Leonel Gabardo** (15/06/2000).
4279.	**João Carlos Gabardo** (01/10/1964).			
				(12/10/1985) **Raquel Mikos** (02/09/1957).
	6091	M	i.	**André Luiz Gabardo** (20/10/1986).
	6092	F	ii.	**Ana Paula Gabardo** (25/10/1989).
	6093	F	iii.	**Fernanda Cristina Gabardo** (25/02/1994).
4280.	**Moacir Baptista Gabardo** (31/08/1966).			
				(25/11/1988) **Yeda Alves Silva** (05/06/1970).
	6094	M	i.	**João Agostinho Gabardo Neto** (18/06/1989).
	6095	F	ii.	**Ana Flávia Gabardo** (16/05/1993).
4282.	**Terezinha de Jesus Fagundes** (28/02/1955).			
				(07/07/1979) **Alceu Marchioro** (26/08/1947).
+	6096	F	i.	**Cibele Mari Fagundes Marchioro** (01/09/1973).
	6097	M	ii.	**Juliano Marchioro** (29/12/1979).
4283.	**Maria Elisa Gabardo** (24/09/1956).			
	() **Adilson Gil Tavares**.			
+	6098	F	i.	**Cinthya Mara Gabardo Tavares**.
	6099	M	ii.	**Felipe Augusto Gabardo Tavares**.
4286.	**Marilene Gabardo** (03/08/1951).			

				(28/04/1979) **Erasmo Silvestre de Freitas** (31/12/1949 – 31/08/1995).
	6100	M	i.	**João Paulo de Freitas** (17/11/1979).
	6101	M	ii.	**José Geraldo de Freitas** (13/11/1980).
	6102	F	iii.	**Débora de Freitas** (30/11/1982).
	6103	M	iv.	**Julio Cezar de Freitas** (20/04/1985).
	6104	M	v.	**Jonas Augusto de Freitas** (30/11/1987).
4287.	**Edson de Jesus Gabardo.**			
	() **Maria Aparecida Ferreira.**			
	6105	F	i.	**Mayara Gabardo** (29/11/1989).
4288.	**Pedro Luiz Gabardo** (15/06/1960).			
	(15/10/1986) **Maria Tereza Martins da Silva** (15/08/1960).			
	6106	M	i.	**Pedro Luiz Gabardo Júnior** (05/02/1986).
				(17/07/2015) **Angelica Silva Oliveira** (06/01/1989).
4295.	**Alcides Maidl** (12/02/1940 – 12/04/2016).			
	() **Maria Antonieta Polak** (05/10/1939 – 20/08/2006).			
	6107	M	i.	**João Silvano Maidl** (10/06/1971 – 16/06/1971).
4296.	**Mercedes Gabardo** (1928 – 22/11/2014).			
	() **N Baptista.**			
	6108	M	i.	**Nestor Baptista.**
4297.	**Leonor Gabardo.**			
	() **José Garcez Ribeiro** (16/10/1926).			
+	6109	F	i.	**Sandra Mara Gabardo Ribeiro** (23/08/1955).
4298.	**Ruth Gabardo** (1936 – 10/11/2006).			
	() **Nestor Marcondes.**			
	6110	M	i.	**Marcelo Marcondes** (1963 – 29/10/2007).
4300.	**Antonio Pascoal Gabardo** (25/06/1945).			
	() **Tereza Cristina Zandoná de Souza.**			
	6111	F	i.	**Luana Conceição Gabardo** (13/04/1983).
				(26/06/2010) **Alceu Paz Martins Júnior** (02/06/1977).
4303.	**Parahilio Gabardo.**			
	() **Guezelia Tereza Karwoski.**			
	6112	F	i.	**Rosangela Gabardo.**
	6113	M	ii.	**Rubens Gabardo.**
	6114	F	iii.	**Silvana Gabardo.**
4304.	**Valmir Gabardo** (27/02/1936).			
	(05/12/1959) **Lindamir Maria da Luz.**			
+	6115	M	i.	**Fernando Gabardo Neto** (05/01/1961).
	6116	M	ii.	**Alcides Luis Gabardo** (10/07/1962).
				() **Lidia do Rocio Kerkoski.**
	6117	M	iii.	**Wilson Ricardo Gabardo** (29/12/1965).

				() Denise Razera.
	4309.	**Emerson Gabardo.**		
		6118	M	i.	**Emerson Gabardo Júnior.**
	4311.	**Edison Pedro Gabardo.**		
		() Cleusa de Campos Barbosa.			
		6119	F	i.	**Lorrany Aparecida Gabardo.**
		6120	M	ii.	**Lucas Henrique Gabardo.**
	4316.	**Sonia Regina Gabardo** (30/04/1957 – 17/11/2014).		
		() Luis Carlos da Silveira.			
+		6121	F	i.	**Jaqueline Gabardo da Silveira** (26/12/1977).
		6122	F	ii.	**Ethiene Regina Gabardo da Silveira** (18/01/1983).
					() N Aguiar.
	4321.	**Vicenzina (Dina) Gheno** (1924).		
		() Guido Gheno (03/08/1922 – 2009).			
		6123	M	i.	**Denis Gheno** (1948).
		6124	M	ii.	**Claude Gheno** (1950).
	4324.	**Sidè Pontarollo** (1928).		
		() Attilio Lazzarotto (20/08/1924 – 17/02/1996).			
		6125	F	i.	**Amelia Lazzarotto** (25/12/1945).
					() Michel Ponard (28/05/1944).
	4345.	**Albino Bonato** (10/02/1934 – 21/09/2001).		
		() Maria de Lourdes de Jesus Palhano.			
		6126	M	i.	**Eluir Bonato.**
		6127	M	ii.	**Paulo Bonato.**
		6128	F	iii.	**Edvania Bonato.**
		6129	F	iv.	**Juliana Bonato.**
	4353.	**Pedro Bonato** (27/01/1938 – 1974).		
		() Antonia Mercedes Ceccon (05/06/1938).			
+		6130	M	i.	**Osiris Bonato** (06/12/1962).
		6131	F	ii.	**Cristiane Maria Bonato** (07/05/1969).
	4354.	**Rosi Mari Bonato.**		
		() Ildefonso Ferreira.			
+		6132	F	i.	**Vera Lucia Ferreira** (26/08/1962).
+		6133	M	ii.	**Valter Luiz Ferreira** (12/09/1963).
		6134	M	iii.	**Valdir Tadeu Ferreira** (13/12/1967).
	4358.	**Rolival Bonato** (22/01/1948).		
		(22/09/1973) Maria Idinir Gabardo (16/01/1951).			
	4363.	**Ludy Lessnau** (? – 09/12/2006).		
		(18/01/1943) José Aguiar Barbosa.			
+		6139	F	i.	**Oneide Barbosa.**

+	6140	F	ii.	**Luci Lessnau Barbosa.**
+	6141	M	iii.	**Luiz Carlos de Aguiar Barbosa.**
4364.	**Edy Lessnau.**			
	() **Valdir Graca Perine.**			
	6142	M	i.	**Edival Perine.**
	6143	M	ii.	**Valdir Arnaldo Perine.**
4365.	**Edgard Lessnau.**			
	() **Leonilda.**			
	6144	M	i.	**Edgard Augusto Lessnau.**
				() **Marli.**
4366.	**Nelson Lessnau.**			
	() **Dorothy Tosin.**			
	6145	M	i.	**Milsom Lessnau.**
	6146	M	ii.	**Gilson Lessnau.**
4367.	**Dalvir Lessnau** (22/03/1926 – 21/12/2002).			
	(20/05/) **Dionidia Pierobom** (22/09/1927).			
+	6147	M	i.	**Dalton Pierobom Lessnau** (29/03/1951).
	6148	F	ii.	**Dalcia Pierobom Lessnau** (17/05/1953).
4368.	**Amauri Valentim Zanello Miranda.**			
	() **Vólia Barbosa.**			
	6149	F	i.	**Daniele Miranda.**
	6150	M	ii.	**Daniel Miranda.**
4369.	**Suely Miranda.**			
	() **Alberto Kosope.**			
	6151	M	i.	**Ararinam Kosope.**
	6152	F	ii.	**Jacinam Kosope.**
4370.	**Dil Archegas** (16/02/1927).			
	() **Persio Ferreira** (12/06/1917).			
	6153	F	ii.	**Valderez Archegas Ferreira** (11/07/1948).
	6154	M	i.	**Marco Antonio Archegas Ferreira** (17/06/1951).
4372.	**Dilmar Abilio Archegas** (18/02/1935).			
	(05/05/1965) **Ligia Maria Turkiewicz** (20/12/1946).			
+	6155	M	i.	**Dilmar Abilio Archegas Filho** (07/04/1966).
	6156	M	ii.	**Eduardo Archegas** (28/08/1968).
	6157	M	iii.	**Fabiano Archegas** (14/12/1972).
4373.	**Celia de Moraes Sarmento** (1945 – 20/10/2006).			
	() **Odilon Damaso Correia Reinhardt.**			
	6158	M	i.	**Odilon Damaso Correia Reinhardt Filho.**
	6159	F	ii.	**Denise Reinhardt.**
4375.	**Celso Zanello de Moraes Sarmento.**			

		() Idalia Garcia.		
	6160	M	i.	Marco A. de Moraes Sarmento (1954 – 02/06/2012).
	6161	M	ii.	Marco Tulio de Moraes Sarmento.
	6162	F	iii.	Katia de Moraes Sarmento.
	6163	F	iv.	Nadia de Moraes Sarmento.
4393.	Ivette Zanello (21/08/1923).			
	(18/12/1952) Hans Jakobi (04/1928 - 02/1985).			
	6164	M	i.	Hans Hyperides Jakobi (11/12/1954).
	6165	M	ii.	Paul Robert Jakobi (15/12/1956).
	6166	M	iii.	Heinz Roland Jakobi (11/12/1958).
	6167	F	iv.	Rolanda Maria Zanello Jakobi (28/07/1962).
4395.	Jayme Zanello (14/12/1926).			
	(29/09/1959) Brigida Alessi Zonatto (12/06/1938).			
	6168	F	i.	Cristina Zanello (09/10/1960).
	6169	F	ii.	Cristiane Zanello (03/03/1962).
	6170	M	iii.	Ricardo Zanello (14/07/1963).
4403.	Remo Zanello Junior.			
	() Vera Lucia Coracini.			
+	6171	F	i.	Adri Coracini Zanello (12/01/1977).
+	6172	M	ii.	Remo Zanello Neto (12/08/1978).
	6173	F	iii.	Alessandra Zanello.
	6174	F	iv.	Ana Lia Coracini Zanello.
4408.	Carlos Gabardo (18/08/1943 – 02/08/2004).			
	() Marli Sanson (29/11/).			
	6175	M	i.	Rogério Gabardo (05/08/1971).
	6176	F	ii.	Carla Gabardo (17/01/1974).
	6177	M	iii.	Mauricio Gabardo (18/05/1975).
4409.	Leonidas Gabardo Junior (18/12/1953).			
	(09/07/1977) Adalgisa Carvalho (24/01/1956).			
	6178	F	i.	Carolina Carvalho Gabardo (21/08/1980).
	6179	M	ii.	Eduardo Carvalho Gabardo (28/12/1981).
4410.	Lourival Gabardo (28/11/1930).			
	(18/05/1963) Claunita Julia de Oliveira (25/01/1931 – 25/03/2012).			
+	6180	F	i.	Claudia Regina de Oliveira Gabardo (07/06/1964).
+	6181	F	ii.	Karyn Rosane de Oliveira Gabardo (07/02/1966).
4411.	Acir Gabardo (13/10/1937).			
	(04/09/1964) Regina Marques (24/03/1943).			
+	6182	M	i.	Marcelo Marques Gabardo (25/09/1966).
+	6183	M	ii.	Marcio Marques Gabardo (23/10/1967).
+	6184	F	iii.	Maria Cristina Marques Gabardo (30/01/1971).

4412.	Ulisses Gabardo (20/10/1938).			
	() Nancy Lourenço.			
	6185	F	i.	Gisele Gabardo.
	6186	F	ii.	Liliamar Gabardo.
	6187	M	iii.	Ben-Hur Gabardo.
				() Janete Elisângela.
	(28/08/1963) Eva Juvinski.			
+	6188	M	iv.	Helisson Juvinski Gabardo (30/06/1981).
+	6189	M	v.	Eleussis Juvinski Gabardo (14/12/1984).
	6190	M	vi.	Horrison Juvinski Gabardo (14/10/1991).
	6191	M	vii.	Yhorran Henrique Juvinski Gabardo (24/06/1995).
4414.	Osires Gabardo (08/03/1945 – 10/07/2007).			
	() Alzira Alves Cabral (08/05/1938).			
+	6192	F	i.	Simone Aparecida Gabardo (10/02/1970).
	6193	F	ii.	Debora Margarida Gabardo (09/01/1973).
+	6194	F	iii.	Ana Carla Gabardo (30/08/1975).
+	6195	M	iv.	Osires Gabardo Filho (23/06/1980).
4416.	Suzi Ifigênia Gabardo (09/08/1949 - 16/11/2005.			
	(02/12/1971) Dimas Binde Filho (27/09/1944).			
	6196	M	i.	Joel Golhardo Binde (09/03/1974).
				(26/07/2013) Jackeline de Lima (27/07/1981).
+	6197	M	ii.	Ulisses Marcelo Binde (29/06/1977).
4417.	Noeli Gabardo.			
	() Alcione Pastre.			
+	6198	M	i.	Bruno Gabardo Pastre (23/01/1980).
+	6199	F	iii.	Renata Pastre (10/05/1981).
	6200	M	ii.	Felipe Gabardo Pastre (31/05/1989).
4418.	Josiel Gabardo (12/01/1957 – 23/11/2013).			
	(12/09/1987) Andrea Piantini (25/03/1965).			
	6201	F	i.	Angel Piantini Gabardo (28/11/1989).
+	6202	F	ii.	Farly Piantini Gabardo (17/12/1992).
4419.	Desirée Gabardo (27/06/1962).			
	(30/05/1987) Edimilson Picler (24/06/1962).			
	6203	F	i.	Aline Gabardo Picler (23/02/1990).
	6204	M	ii.	Thiago Gabardo Picler (15/10/1993).
4420.	Diomar Mauricio Gabardo (10/06/1943).			
	(26/07/1975) Helena do Rocio Machowski (14/11/1950).			
+	6205	F	i.	Juliana Gabardo (23/04/1976).
	6206	M	ii.	Marcelo Gabardo (22/11/1979).
				() Melina Rodrigues de Melo (01/08/1985).

		6207	M	iii.	**Cesar Gabardo** (30/08/1984).
4421.		**Julivier Gabardo** (21/02/1950).			
		() **Cleoni da Costa Ribas** (29/08/1953).			
+		6208	M	i.	**Julivier Gabardo Junior** (15/02/1973).
		6209	F	ii.	**Giseli Gabardo** (26/05/1978).
					(15/03/2005) **Fernando Fachinetto** (14/02/1981).
4422.		**Claudio Gabardo** (24/09/1952).			
		(17/04/1983) **Diva de Souza Gomes** (28/06/1953).			
		6210	M	i.	**Hugo Alexandre Gabardo** (19/01/1985).
		6211	F	ii.	**Ana Claudia Gabardo** (30/06/1987).
4423.		**Leoni Terezinha Gabardo** (02/06/1936).			
		(20/10/1962) **Ernesto Prendin** (02/09/1938).			
		6212	F	i.	**Luciana Prendin** (05/10/1963).
					() **James Abraão Jaworski** (20/06/1963).
		6213	F	ii.	**Inês Prendin** (09/07/1965).
					() **Luis Carlos Rausis** (29/10/1967).
		6214	M	iii.	**Ernesto Prendin Filho** (05/10/1966).
					() **Cirene Cideles** (22/04/1965).
4424.		**Alcione Gabardo** (27/07/1938 – 20/03/2004).			
		(26/05/1962) **Rosi Bernadete M. de Oliveira** (20/08/1945 – 20/03/2004).			
+		6215	M	i.	**Alcione Gabardo Junior** (18/01/1965).
		6216	M	ii.	**Gerson Luiz Gabardo** (19/09/1968).
4430.		**Shirley Bedene** (10/08/1942).			
		() **N Mouchbahani**			
		6217	F	i.	**Emilie Mouchbahani**.
		6218	F	ii.	**Jeanine Mouchbahani**.
		6219	F	iii.	**Alison Mouchbahani**.
		6220	F	iv.	**Vanessa Mouchbahani**.
		6221	M	v.	**Saba Nicolas Mouchbahani**.
4432.		**Marilene do Rocio Bedene**.			
		() **Pio José Moreira**.			
		6222	M	i.	**Marcos Paulo Bedene Moreira**.
		6223	M	ii.	**Carlos Eduardo Bedene Moreira**.
		6224	F	iii.	**Cristine Bedene Moreira** (1979 – 01/10/2015).
4432.		**Adolar Bedene Filho** (19/06/1948).			
		(30/03/1979) **Noêmia Regina Goes** (24/08/1954).			
+		6225	F	i.	**Audrei Cristina Bedene** (24/04/1980).
		6226	F	ii.	**Andressa Celi Bedene** (19/05/1981).
4433.		**Rosele Maria Gabardo** (09/10/1956).			
		(05/06/1974) **Rafael Furlani** (21/04/1951).			

+	6227	F	i.	**Giovana Furlani** (14/10/1976).
	6228	M	ii.	**Raul Rafael Furlani** (22/07/1979).
	6229	M	iii.	**Henrique Furlani** (05/11/1984).
4441.	**Arlindo Cortiano** (18/07/1914 – 16/01/1955).			
	() **Ida da Veiga** (20/04/1915).			
	6230	F	i.	**Marlene Teresinha Cortiano** (21/09/1945).
4442.	**Marlene Cortiano**.			
	() **Geraldo Rocha**.			
	6231	F	i.	**Andressa Rocha**.
4443.	**Shirley Cortiano**.			
	() **Jaime Moratelli**.			
	6232	F	i.	**Sandra Moratelli**.
	6233	F	ii.	**Solange Moratelli**.
	6234	F	iii.	**Silmara Moratelli**.
4444.	**Arlete Luiza Cortiano** (28/03/1942 – 28/06/2008).			
	(30/09/1961) **Vicente Carlos Saporiti** (30/09/1932 – 08/04/2002).			
+	6235	F	i.	**Fabiana Cortiano Saporiti** (18/04/1963).
+	6236	M	ii.	**Rafael Fabiano Saporiti** (22/03/1973).
4446.	**Nivaldo Lino Surian** (10/11/1920).			
	(28/12/1946) **Raquel Humphreys Droher**.			
	6237	F	i.	**Roseli Surian**.
	6238	M	ii.	**Nivaldo Surian**.
4447.	**Reinaldo Surian** (31/07/1927 – 27/05/1999).			
	(24/01/1952) **Arlete Budel** (23/11/1932 – 06/11/1986).			
+	6239	F	i.	**Arlene Mara Surian** (19/11/1953 – 06/11/1996).
+	6240	F	ii.	**Lorene Marcia Surian** (25/06/1956).
4448.	**Irene Josephina Deconto** (19/03/1911).			
	(28/11/1931) **Antonio Galileo Andretta** (01/01/1909).			
+	6241	M	i.	**Eliezer Andretta** (27/06/1933).
4450.	**Yolanda Deconto** (01/01/1915 – 26/10/2000).			
	(09/05/1936) **Araújo Gabardo** (29/04/1913 – 08/10/1980).			
4451.	**Irineu Jacob Deconto** (16/02/1920 – 11/05/2004).			
	(17/07/1949) **Isolda Rossa** (26/01/1925).			
4456.	**Antenor Gabardo** (25/09/1915).			
	(07/09/1935) **Mercedes Cordeiro Oliveira**.			
	6247	F	i.	**Cerise Gabardo**.
4458.	**Roando Gabardo** (20/03/1919 – 23/09/1977).			
	(19/11/1947) **Adelaide Klocker** (08/03/1929 – 30/06/2004).			
	6248	F	i.	**Maria Cristina Gabardo** (24/07/1950).
+	6249	M	ii.	**Ronaldo Klocker Gabardo** (19/12/1952).

+	6250	F	iii.	**Vera Lucia Gabardo** (01/11/1954).
+	6251	F	iv.	**Rosana Klocker Gabardo** (24/12/1960).
+	6252	F	v.	**Renata Klocker Gabardo** (28/04/1967).

4459. **Avany Gabardo** (01/1921 – 08/09/1949).

(30/12/1939) **Victor Augusto Stroka** (1911).

	6253	M	i.	**Sérgio Stroka**.

4460. **Claudio Gabardo** (12/12/1925 – 11/04/1975).

() **Maria da Conceição Petranski**.

+	6254	M	i.	**Celso Angelo Gabardo**.
	6255	M	ii.	**Wilson Nicolau Gabardo**.

(11/04/) **Maria Less** (04/06/1936).

+	6256	M	iii.	**Jurandir Gabardo** (15/04/1964).
	6257	F	iv.	**Diomira Gabardo** (14/02/1966).

4461. **Omar Gabardo** (14/10/1927).

(20/06/1953) **Thereza Setubal** (26/12/1929).

+	6258	M	i.	**Luiz Omar Setubal Gabardo** (07/01/1958).
+	6259	F	ii.	**Maria Teresa Gabardo** (11/11/1959).

4463. **Adroaldo Gabardo** (27/07/1933 – 06/09/1982).

(06/05/1957) **Raquel Siqueira**.

	6260	F	i.	**Vera Lucia Gabardo** (03/02/1958).
				() **N Forbici**.
	6261	M	ii.	**Adroaldo Gabardo Junior** (17/04/1960).
	6262	M	iii.	**Paulo Roberto Angelo Gabardo** (09/01/1963).

4464. **Lucila Gabardo** (28/06/1920 – 1983).

() **Dinarte Vieira**.

	6263	F	i.	**Rosa Maria Gabardo Vieira** (03/08/1949).

4466. **Aramys Domingos Gabardo** (13/08/1932 – 26/11/2001).

(04/09/1970) **Therezinha de Jesus Rodrigues** (09/03/1933).

	6264	F	i.	**Elenize Gabardo** (21/11/1967).
				(22/12/1995) **Jorge Rafael Santos**.
	6265	F	ii.	**Evelize Gabardo**.
	6266	F	iii.	**Denize Gabardo**.

4468. **Lino Daniel Gabardo** (09/1929 – 30/09/2012).

() **Terezinha Anuardo**.

	6267	M	i.	**Marcelo Gabardo**.
	6268	F	ii.	**Jacyra Gabardo**.
	6269	F	iii.	**Luci Gabardo**.
	6270	F	iv.	**Lina Gabardo**.

4473. **Amilton Gabardo** (01/03/1933 – 13/10/2009).

() **Diva Scroccaro** (1934 – 09/03/2008).

	6271	M	i.	**Fioravante Gabardo Neto** (1965 – 03/06/2011).
4474.	**Diva Gabardo** (28/05/1934).			
	(22/05/1954) **Silvestre Coraiola**.			
	6272	M	i.	**Luiz Carlos Coraiolla**.
4475.	**Divanir Tortato Gabardo** (21/03/1937).			
	() **André H Scroccaro**.			
	6273	F	i.	**Maria Luiza Scroccaro** (05/01/1963 – 26/08/1998).
				(27/06/1973) **Nelson Bozza** (23/08/1936 – 11/08/2011).
4477.	**Maria Tereza Gabardo** (12/10/1939).			
	(04/07/1964) **Pedro Taborda dos Santos**.			
	6274	F	i.	**Tania Mara Taborda dos Santos** (14/06/1965).
4478.	**Airton Gabardo** (20/08/1943).			
	() **Eleni Vilatore**.			
	6275	F	i.	**Adriana Gabardo** (14/06/1974).
	6276	M	ii.	**Luiz Antonio Gabardo**.
	6277	F	iii.	**Izabel Gabardo**.
4481.	**Humberto Gabardo** (11/06/1922).			
	(15/05/1948) **Zulmira Robert** (05/10/1918).			
	6278	F	i.	**Vera Lucia Gabardo**.
	6279	M	ii.	**Carlos Humberto Gabardo**.
4483.	**Adirce Gabardo** (1927 – 15/06/2005).			
	(25/05/1946) **Durval Robert** (10/07/1923 – 06/01/2003			
	6280	F	i.	**Sonia Regina Robert** (28/08/1950).
	6281	F	ii.	**Solange Robert**.
	6282	M	iii.	**Sérgio Robert**.
4492.	**João Carlos Gabardo** (05/10/1934 – 20/12/2010).			
	(20/09/1958) **Maria Elvira Oliveira Mendes** (07/04/1941).			
+	6283	F	iii.	**Carmen Lucia Gabardo** (16/09/1959).
+	6284	F	i.	**Ana Maria Gabardo** (04/02/1963).
+	6285	F	ii.	**Luciana Gabardo** (04/02/1972).
4494.	**Marli Gabardo** (31/08/1941).			
	(21/09/1963) **João Rank Filho** (21/08/1941 – 16/09/2002).			
	6286	F	i.	**Ana Cristina Rank** (05/04/1966).
	6287	F	ii.	**Josiane Rank** (14/06/1969).
				(12/09/1997) **Luiz Fernando Gottardi** (03/03/1966).
4495.	**Osmar Gabardo** (07/11/1928).			
	(27/10/1949) **Nilza Moreschi** (14/09/1929).			
+	6288	M	i.	**Roberto José Gabardo** (02/03/1952).
+	6289	M	ii.	**Robson Gabardo** (05/02/1955).
	6290	F	iii.	**Rosemary Ignez Gabardo** (05/07/1959).

+	6291	F	iv.	**Rosaelena Gabardo** (01/04/1963).
4496.				**Acyr Gabardo** (09/06/1930 – 15/03/2021).

4496. **Acyr Gabardo** (09/06/1930 – 15/03/2021).
(02/07/1960) **Paraildes de Lima** (21/10/1937).

+	6292	F	i.	**Rosana Gabardo** (11/06/1961).
	6293	F	ii.	**Luciane Gabardo** (30/03/1964).
				(23/01/2001) **Eduardo de Carvalho Mader** (19/09/1956).
+	6294	F	iii.	**Adriane Gabardo** (21/04/1966).
	6295	M	iv.	**Clayton Luís Gabardo** (13/11/1971).
				(23/07/2000) **Berenice Dorigo** (02/01/1974).

4497. **José Carlos Gabardo** (19/03/1941).
(12/01/1963) **Maria de Lourdes Wisneski** (23/04/1945 – 05/11/2006).

	6296	F	i.	**Nara Rita Gabardo** (20/10/1963).
	6297	M	ii.	**Gilson Luís Gabardo** (06/07/1967).
	6298	F	iii.	**Maria Izabel Gabardo** (03/10/1977).

4502. **Wilson Alexandrino** (04/01/1927).
(22/01/1949) **Eunice de Oliveira** (20/07/1929 – 08/03/2015).

	6299	F	i.	**Wilson Carlos Alexandrino** (05/03/1950).
+	6300	F	i.	**Wilza Carla Alexandrino** (11/10/1961).

4510. **Osnei Gabardo** (05/05/1943).
(23/12/1967) **Cleusa Maciel Valério** (25/03/1948).

	6301	M	i.	**Adriano Valério Gabardo** (24/05/1970).
				(12/10/2000) **Rochele Miranda** (24/05/1972).
	6302	M	ii.	**Cristiano Valério Gabardo** (11/12/1973).

4511. **Ademir Gabardo** (14/03/1951).
(30/05/1975) **Célia Regina Costa** (10/06/1953).

	6303	F	i.	**Ana Carolina Gabardo** (03/10/1980).
	6304	M	ii.	**Luís Guilherme Gabardo** (18/01/1984).

4525. **Urides Reynaldo Gabardo** (08/09/1928 – 13/05/2009).
(20/12/1952) **Odette Henning** (30/07/1935).

+	6305	F	i.	**Arlete Maria Gabardo** (30/07/1953).
+	6306	F	ii.	**Regina Celia Gabardo** (30/11/1954).
+	6307	M	iii.	**Eurides Reynaldo Gabardo** (06/12/1955).
	6308	M	iv.	**Edilson Celio Gabardo**.
	6309	F	v.	**Rosana Gabardo**.
	6310	M	vi.	**Jair Gabardo**.
	6311	M	vii.	**Marcos Gabardo**.
	6312	M	viii.	**Edson Gabardo**.
	6313	M	ix.	**Wilson Gabardo**.
+	6314	F	x.	**Rosy de Fatima Gabardo** (06/10/1960).
	6315	M	xi.	**Luiz Gabardo**.

+	6316	M	xii.	**Adriano Cezar Gabardo** (20/05/1974).
	6317	F	xiii.	**Alessandra Gabardo**.
4526.	**Amir Agostinho Gabardo** (11/02/1932 – 10/03/2000).			
	() **Ellen**.				
	6318	F	i.	**Cristina Gabardo**.
	6319	M	ii.	**Gilberto Gabardo** (21/04/1961).
				(04/01/1986) **Simone Gomes** (17/08/1961).
4527.	**Angelina Gabardo** (13/03/1937).				
	(15/10/1957) **José Maria Tosin** (23/01/1922 – 01/03/2000).				
	6320	F	i.	**Vera Lucia Tosin** (14/02/1958).
	6321	M	ii.	**Ivo Carlos Tosin** (02/02/1960).
	6322	F	iii.	**Telma Marlene Tosin** (23/09/1961).
	6323	F	iv.	**Zelia Tereza Tosin** (19/05/1964).
	6324	F	v.	**Zelda Tosin** (19/08/1968).
	6325	F	vi.	**Selma de Fatima Tosin** (28/02/1971).
	6326	F	vii.	**Elisa Maria Tosin** (26/09/1973).
	6327	M	viii.	**Plinio José Tosin** (28/04/1976).
4528.	**Francisco Antonio Cachel** (04/12/1934).				
	() **Eni Luiza Fiori** (22/02/1936).				
	6328	M	i.	**Marco Aurélio Cachel** (21/12/1965).
				(23/04/1994) **Julicristian Borges Janotto** (21/11/1970).
4529.	**Antonio Roge Gabardo** (18/01/1934).				
	(31/03/1973) **Sueli Vannucci** (17/01/1944).				
	6329	F	i.	**Juliana Vannucci Gabardo** (26/06/1977).
	6330	M	ii.	**Fernando Juliano Vannucci Gabardo** (04/07/1978).
4530.	**Ary Francisco Gabardo** (27/12/1935).				
	() **Gudrun Pfeiffer**.				
	() **Marise Brock**.				
	6331	F	i.	**Gisele Maria Gabardo** (18/10/1968).
	6332	M	ii.	**Ariel Gabardo** (24/07/1972).
4532.	**Albanir Gabardo**.				
	() **Maria**.				
	6333	M	i.	**Antonio Carlos Gabardo**.
4534.	**Ramis Gabardo** (28/01/1932 – 09/07/1991).				
	(19/05/1956) **Doraci Lech** (19/05/1937).				
	6334	F	i.	**Dalvinha Doraci Gabardo** (20/02/1956).
+	6335	M	ii.	**Adauto Antonio Gabardo** (01/03/1958).
	6336	M	iii.	**Dalcione Carlos Gabardo** (1966).
	6337	M	iv.	**Divonsir Miguel Gabardo** (1967).
4535.	**Teodoro Gabardo**.				

	6338	M	i.	**Amir Gabardo**.
4540.	**Jair Mario Gabardo** (13/05/1946).			
	(16/02/1979) **Adenice Lourenço** (12/07/1960).			
	6339	M	i.	**Adriano Lourenço Gabardo** (12/01/1981).
	6340	F	ii.	**Tatiane Lourenço Gabardo** (14/07/1984).
	6341	F	iii.	**Daniele Cristine Lourenço Gabardo** (25/09/1985).
	6342	M	iv.	**Jair Mario Gabardo Júnior** (25/09/1989).
4541.	**Juraci Gabardo** (20/03/1950).			
	(25/07/1975) **Alcides Natal Zen** (11/01/1950).			
	6343	M	i.	**Marcelo Henrique Zen** (11/06/1977).
	6344	M	ii.	**Andrei Gustavo Zen** (12/09/1980).
	6345	M	iii.	**Fabiano Augusto Zen** (08/12/1983).
4546.	**Lenira Gabardo** (25/09/1929).			
	(10/06/1950) **Gervasio Valdemiro Semmes** (09/12/1925 – 29/01/1966).			
	6346	M	i.	**Amauri Semmes** (13/04/1951).
	6347	F	ii.	**Solange Semmes** (08/09/1956).
	6348	F	iii.	**Leila Semmes** (22/04/1966).
4547.	**Italo Pedro Gabardo** (03/05/1932 – 13/04/1990).			
	(19/11/1955) **Doraci Christensen** (25/09/1936).			
	6349	F	i.	**Deisi Gabardo** (04/01/1958).
4548.	**Rubens Gabardo** (06/10/1937).			
	(06/10/1965) **Sueli Romanel** (03/06/1945).			
+	6350	M	i.	**Humberto Gabardo** (13/07/1966).
+	6351	M	ii.	**Henrique Gabardo** (19/07/1969).
	6352	M	iii.	**Mauricio Gabardo**.
4550.	**Joel Gabardo** (10/01/1938).			
	() **Anete Cordeiro**).			
	6353	M	i.	**Jefferson Gabardo**.
	6354	F	ii.	**Jolaine do Rocio Gabardo**.
+	6355	M	iii.	**Julio Cesar Gabardo** (06/02/1961).
4551.	**Juarez Antonio Gabardo** (07/09/1946).			
	() **Jussara Dias** (20/02/1947).			
	6356	F	i.	**Cibele Maria Gabardo** (30/05/1971).
	6357	F	ii.	**Cristina Maria Gabardo** (13/01/1973).
4552.	**Lineu Robert** (24/05/1937)			
	(21/06/1960) **Wanda Azevedo da Silveira** (15/03/1934).			
+	6358	M	i.	**Paulo Henrique Silveira Robert** (11/05/1962).
+	6359	F	ii.	**Rejane Silveira Robert** (26/05/1963).
+	6360	F	iii.	**Claudia Silveira Robert** (10/05/1965).
4553.	**Laertes Robert** (04/09/1942).			

				(21/12/1971) **Maria Ivone Olivo** (03/04/1946).
	6361	M	i.	**Armando Robert** (02/10/1972).
4556.	**Marilis Gabardo** (18/12/1941).			
	(19/01/1963) **Algacir João Kucharski** (10/02/1939).			
	6362	F	i.	**Josiane Kucharski** (10/02/1964).
	6363	M	ii.	**Eloir Kucharski** (27/04/1965).
				(03/09/1994) **Cintia Maria Assis Vasconcelos**.
	6364	F	iii.	**Cristine Kucharski** (05/08/1968).
	6365	F	iv.	**Cristiane Kucharski** (13/01/1970).
				(28/02/1998) **Marcos Monteiro da Rocha**.
4557.	**Marinei Gabardo** (18/03/1950).			
	(14/12/1968) **Antonio Carlos Nascimento dos dos Santos** (01/04/1946).			
	6366	F	i.	**Bianca Gabardo dos Santos** (27/12/1970).
				(04/02/1995) **Jonsimar Catapan** (22/02/1964)
	6367	F	i.	**Luciana Gabardo dos Santos** (01/01/1973).
				(26/09/2003) **Marcus Aurelio de Carvalho** (15/08/1961).
4558.	**Liliam Gabardo** (05/01/1953).			
	(03/07/1971) **Rogemil Antonio Hembecker** (14/11/1944).			
	6368	M	i.	**Fabiano Hembecker** (04/08/1972).
				(19/03/2016) **Maria Benedita Quini**.
+	6369	F	ii.	**Carolina Hembecker** (16/12/1976).
+	6370	F	iii.	**Fernanda Hembecker** (12/05/1978).
	6371	F	iv.	**Simone Hembecker** (24/07/1982).
				(19/12/2015) **Ivan Sória Fernandez** (16/09/1977).
4559.	**Nelio Possobom** (23/03/1946).			
	(13/03/1971) **Dirce Gonçalves de Paula** (16/04/1945).			
	6372	M	i.	**Ciro Cesar Possobom** (05/12/1971).
				(26/12/1997) **Thereza Cristina Kockolicz**.
	6373	M	ii.	**André Luiz de Paula Possobom** (13/12/1974).
				(16/08/2001) **Ana Rita Rodrigues**.
	6374	M	iii.	**Luiz Cesar de Paula Possobom** (15/12/1978).
	6375	F	iv.	**Denise de Paula Possobom** (16/04/1980).
4560.	**Eunice Moreschi** (14/07/1924 – 12/02/1978).			
	(21/12/1946) **Valdemar Gabardo** (12/12/1914 – 05/08/1976).			
4562.	**Nilza Moreschi** (14/09/1929).			
	(27/10/1949) **Osmar Gabardo** (07/11/1928).			
4569.	**Marly Coutinho** (05/11/1939).			
	() **Loreto Martins**.			
+	6384	M	i.	**Gerson Luiz Martins**.
4574.	**Moacir Gabardo** (03/11/1942).			

				(04/11/1967) **Silvia Maria Teixeira** (26/08/1946 – 25/08/2005).
+	6385	M	i.	**Leonardo Teixeira Gabardo** (15/02/1974 – 05/06/2006).
+	6386	M	ii.	**Moacir Teixeira Gabardo** (22/03/1978).
4575.	**Norlei Gabardo** (11/07/1946).			
	() **Maria Alves**.			
	6387	M	i.	**Wanderlei Gabardo**.
	6388	M	ii.	**Edson Gabardo**.
	6389	F	iii.	**Márcia Regina Gabardo** (05/05/1972).
				(16/02/2002) **Carlos Alberto Medeiros** (20/11/1971).
	6390	F	iv.	**Deisi Gabardo**.
+	6391	M	v.	**Marcos Aurélio Gabardo**.
4578.	**Dalton Antonio Schultz Gabardo**.			
	() **Regina Araujo**.			
	6392	F	i.	**Manoela Araujo Gabardo**.
	6393	M	ii.	**Rafael Araujo Gabardo**.
	6394	M	iii.	**Rodrigo Araujo Gabardo**.
4579.	**Dilma Schultz Gabardo**.			
	(08/02) **Vilson Kupczik** (30/01/).			
	6395	F	i.	**Vanessa Kupczik** (28/11/).
+	6396	M	ii.	**Fabricio Gabardo Kupczik** (29/11/1971).
	6397	M	iii.	**Fabiano Gabardo Kupczik** (06/02/1974).
4584.	**Rosilda Mattana** (12/03/1945 – 19/07/2019).			
	(22/06/1967) **Roberto Gessner** (11/06/1936 – 16/05/1982).			
+	6398	F	i.	**Karin Luiza Gessner** (26/07/1968).
	6399	F	ii.	**Paula Maria Gessner** (26/07/1975).
4585.	**Neomar Mattana** (29/09/1950).			
	(26/09/1970) **Marco Antonio Pires dos Santos** (08/06/1948).			
	6400	F	i.	**Adriane Cristina dos Santos** (15/01/1973).
	6401	F	ii.	**Daniele Regina dos Santos** (15/01/1973).
	6402	F	iii.	**Nátali Raquel dos Santos** (04/04/1986).
4588.	**Adilson Gabardo** (12/08/1941).			
	(03/05/1969) **Arilda Kuchaki de Oliveira** (19/06/1948).			
	6403	M	i.	**Fabiano de Oliveira Gabardo** (26/08/1972).
	6404	F	ii.	**Adriana de Oliveira Gabardo** (21/03/1974).
4589.	**Lis Gabardo** (26/07/1953).			
	(16/12/1995) **Altevir Waluszko** (10/11/1948).			
	6405	M	i.	**André Leonardo Gabardo Waluszko** (01/01/1990).
4591.	**Jaime Robert** (23/06/1943).			
	(06/1968) **Maria da Luz** (19/02/1949).			
	6406	F	i.	**Simone Maria Robert** (23/09/1969).

4596.	**Arnaldo Gabardo Teixeira** (07/04/1952).			
	() **Jucilene Derosso** (06/04/1958).			
	6407	M	i.	**Fabio Derosso Gabardo** (15/12/).
	6408	M	ii.	**Eduardo Derosso Gabardo** (13/08/).
4604.	**Neuri Gabardo** (15/07/1937 – 25/09/1990).			
	(19/12/1959) **Reny Antonia Cavet** (10/05/1938).			
+	6409	M	i.	**Norrie José Gabardo** (25/06/1962).
+	6410	F	ii.	**Nilice Maria Gabardo** (20/01/1965).
+	6411	M	iii.	**Norlon Paulo Gabardo** (21/09/1968).
	6412	M	iv.	**Norman Antonio Gabardo** (13/06/1970).
	(05/11/1994) **Eduvia Inacio Falcão** (14/04/1974).			
4605.	**Nilton José Gabardo** (28/04/1940 – 25/03/2003).			
	(19/02/1966) **Alda Regina Maristany** (24/09/1943).			
+	6413	F	i.	**Vanusa Maristany Gabardo** (25/01/1967).
+	6414	M	ii.	**Nilton Maristany Gabardo** (25/09/1969).
+	6415	F	iii.	**Paula Luciana Maristany Gabardo** (10/07/1971).
4628.	**Waldemiro Nardino** (03/1918).			
	() **Leocadia**.			
+	6416	M	i.	**Valdemar Nardino**.
4631.	**Leonisio Nardino** (01/12/1929).			
	(09/09/1950) **Adhair Gabardo** (05/09/1930).			
4637.	**Josefina de Poli** (08/08/1938).			
	(29/03/1961) **Pedro Laba** (30/07/1930).			
	6418	M	i.	**Paulo Roberto Laba** (25/03/1962).
	6419	M	ii.	**Maurício Luiz Laba** (27/07/1965).
	6420	M	iii.	**Luiz Carlos Laba** (09/09/1967).
	(22/07/1997) **Ericleide Francisca da Silva** (02/11/1973).			
4647.	**Acyr Geminiano Gabardo** (22/01/1933 – 07/02/1998).			
	(29/03/1960) **Glaci Jeanete Rebuli** (19/08/1941).			
+	6421	F	i.	**Gisele Jeanete Gabardo** (06/12/1960).
4648.	**Almir Luís Gabardo** (14/06/1950).			
	(14/07/1978) **Evandra Fernandes** (22/03/1959).			
+	6422	M	i.	**Diogo Fernandes Gabardo** (10/04/1981).
	(18/10/2014) **Verônica Xavier** (13/02/1983).			
4649.	**Cleonice Gabardo** (13/03/1955).			
	() **Marcos Vieira**.			
	6423	M	i.	**Thiago Gabardo** (16/03/1987).
4650.	**Oldernei Regis Gabardo** (03/07/1959).			
	(06/09/1986) **Neilise Cristina da Silva** (10/07/1965).			
	6424	F	i.	**Thayse Cristina da Silva Gabardo** (30/03/1990).

				(29/10/1999) **Liz Cristina Batista Veiga** (07/06/1968).
	6425	M	ii.	**Felipe Veiga Gabardo** (05/12/2002).
4651.	**Dejanir Andretta** (12/07/1926).			
	() **Sofia**.			
+	6426	F	i.	**Maria Mari Andretta** (28/12/1948).
+	6427	F	ii.	**Roseli Andretta** (28/02/1950).
	6428	M	iii.	**Ademir Andretta** (28/05/1951).
+	6429	M	iv.	**Almir Andretta** (28/12/1951).
	6430	M	v.	**Jair Andretta** (11/06/1956).
+	6431	M	vi.	**Joel Andretta** (11/07/1958).
+	6432	F	vii.	**Genice Andretta** (31/05/1960).
	6433	M	viii.	**Mario Luiz Andretta** (31/05/1967).
	6434	M	ix.	**Dejanir Andretta Filho** (14/03/1970).
4671.	**Elysio Gabardo** (01/11/1938 – 17/03/1984).			
	(19/12/1964) **Marisa Neumann** (23/06/1941).			
	6435	F	i.	**Elizabeth Cristina Gabardo** (08/04/1966).
				() **Evandro Lira Vieira**.
	6436	F	ii.	**Eliane Margareth Gabardo** (28/06/1967).
				() **Neimar Luis Ribeiro**.
4672.	**Alceu Alexandre Gabardo** (28/03/1940 – 07/07/2002).			
	(1967) **Dorilda Bonancio** (19/09/1932 – 02/04/1975).			
	6437	F	i.	**Diana Gabardo** (29/11/1967).
	6438	F	ii.	**Alceli Gabardo** (27/03/1971).
	() **Maria Juventina di Estefanes** (13/06/1943).			
	6439	F	iii.	**Juliana Gabardo** (30/06/1977).
	6440	F	iv.	**Angela Lucia Gabardo** (03/10/1979).
4674.	**Renato Gabardo** (1945).			
	() **Ana de Oliveira**.			
+	6441	F	i.	**Silvana Gabardo** (24/06/1982).
	6442	F	ii.	**Renata Gabardo** (11/08/1983).
				(01/02/2013) **Roberto Braunn**.
4675.	**Wanda Gabardo** (29/12/1946).			
	() **Almir Luiz Rebelato** (01/11/1941).			
	6443	F	i.	**Andréa Rebelato** (21/01/1973).
+	6444	F	ii.	**Patricia Rebelato**(07/01/1975).
	6445	F	iii.	**Flávia Rebelato** (04/12/1975).
				(12/03/2016) **Marcos Aurélio Ribeiro** (07/11/1966).
	6446	F	iv.	**Silvia Rebelato** (17/01/1977).
				() **Emerson Luiz Noll** (06/04).
4677.	**Sergio Gabardo** (21/09/1955).			

				(13/05/1978) **Luci Maria Picussa** (28/03/1959).
+	6447	F	i.	**Lucilaine Gabardo** (30/04/1979).
+	6448	M	ii.	**Rodrigo Gabardo** (15/01/1982).
	6449	M	ii.	**Bruno Gabardo** (03/09/1988).
4678.	**Gilberto Gabardo** (26/01/1957).			
				(25/01/1980) **Doroti Girszvoski** (07/09/1954).
	6450	F	i.	**Aline Gabardo** (10/08/1980).
	6451	M	ii.	**Roberto Gabardo** (17/07/1982).
4679.	**Bernardino Gabardo Filho** (17/01/1959).			
				(23/01/1982) **Francisca Parra Soler** (04/06/1951).
	6452	F	i.	**Cibele Gabardo** (12/12/1983).
	6453	M	ii.	**Cleber Gabardo** (07/02/1986).
4681.	**Aurea Gabardo**.			
	() **N Goes**			
	6454	M	i.	**Adriano de Goes**.
4682.	**Yvone Gabardo**.			
	() **Alcides Prestes**.			
	6455	M	i.	**Cristiano Gabardo Prestes** (05/11/1973).
				(10/11/1996) **Suely** (05/05/1962).
4684.	**Rosi Terezinha Gabardo** (04/08/1945).			
				(29/01/1967) **Osni Maioky**).
	6456	M	i.	**Elvis Maioky** (25/11/1966).
	6457	F	ii.	**Elis Maioky** (29/04/1968).
4685.	**Dante Gabardo** (11/01/1950 – 06/03/2001).			
	() **Elizabeth**.			
	6458	F	i.	**Daniele Regina Gabardo**.
	6459	F	ii.	**Elizangela Gabardo**.
	6460	F	iii.	**Debora Cristina Gabardo**.
4686.	**Natálio Gabardo** (25/12/1953).			
	() **Nilza Maria**.			
+	6461	F	i.	**Vanessa Regina Gabardo** (08/10/1979).
4687.	**Dalva Maria Gabardo** (01/06/1956).			
				(03/06/1977) **Ivan Cardoso** (30/12/1953).
+	6462	M	i.	**Felipe Gabardo Cardoso** (21/05/1982).
	6463	F	ii.	**Karine Gabardo Cardoso** (14/03/1984).
4688.	**Claudio Gabardo** (11/08/1958 – 10/04/2008).			
				(09/1979) **Rute Alair Reynaud**.
+	6464	M	i.	**Helton Gabardo** (20/09/1980).
+	6465	F	ii.	**Carla Cristina Reynaud Gabardo** (30/01/1982).
	6466	M	iii.	**Claudio Gabardo Júnior** (03/01/1991).

				(01/11/2002) **Gladis do Rocio Santos** (03/10/1962).
4691.	**Noeli Gabardo** (23/08/1967).			
	(21/01/1995) **Adilson Veronezi** (19/01/1969).			
	6467	M	i.	**Gustavo Gabardo** (14/12/1988).
	6468	F	ii.	**Ana Flavia Gabardo Veronezi** (03/12/1996).
4699.	**Gilberto Cortiano** (19/12/1931).			
	(18/01/1958) **Ofélia Colleone** (11/01/1939			
	6469	M	i.	**Gilson Luiz Cortiano** (31/10/1958).
				(24/04/1982) **Emilia Maria Carraro**).
4703.	**Lucy Gusso** (31/10/1928).			
	(05/10/1946) **Felício Nadalin** (10/02/1925 – 25/07/2002).			
	6470	M	i.	**Renato Nadalin** (1947).
	6471	F	ii.	**Eliane Nadalin**.
	6472	F	iii.	**Elenir Nadalin** (1965).
4704.	**Wilson José Gusso** (07/11/1930 – 16/11/2001).			
	(26/11/1955) **Zilda Maria de Lourdes Barato** (16/12/1933).			
+	6473	F	i.	**Denise Gusso** (20/10/1957).
+	6474	F	ii.	**Marise Gusso** (06/10/1962).
4707.	**Otália Gusso** (23/10/1929).			
	(16/12/1950) **Paulo José Buso**.			
	6475	F	i.	**Mirian do Rocio Buso**.
	6476	M	ii.	**Paulo José Buso Júnior**.
	6477	F	iii.	**Marilena Celeste Buso**.
+	6478	F	iv.	**Mariane Cristina Buso** (27/08/1967).
4718.	**Alba Gabardo** (13/02/1931).			
	(08/04/1950) **Celso Gabardo** (09/07/1930 – 13/04/2012).			
	6479	F	i.	**Naide Angela Gabardo** (27/09/1950).
				(13/02/1971) **Roberto Rufino**.
+	6480	M	ii.	**Norlei José Gabardo** (14/03/1954).
	6481	M	iii.	**Eliseu Gabardo** (21/04/1962).
				(18/05/1985) **Roberly do Amaral Robert** (05/10/1964).
4721.	**Nancy Gabardo** (17/02/1937 – 23/09/2004).			
	(17/03/1956) **Adir Leopoldo Gonçalves da Silva** (17/07/1935).			
+	6482	F	i.	**Bernadete Gonçalves da Silva** (07/09/1959).
4722.	**Glacy Gabardo** (03/04/1939 – 02/10/2004).			
	(04/05/1963) **Natanael Lino Lemes** (13/03/1943 – 15/03/2006).			
	6483	M	i.	**Joel Lino Lemes** (17/12/1963).
	6484	F	ii.	**Eliane Lemes** (06/02/1965).
				() **Deniz Bruni** (27/02/1988).
	6485	F	iii.	**Silmara Lemes** (03/01/1974).

	6486	F	i.	**Sandra Lemes** (03/01/1974).
4724.	**Antonio Luiz Gabardo** (12/06/1946 – 04/09/1997).			
	(21/06/1969) **Ana Lucia Ferreira**.			
+	6487	M	i.	**Amauri Gabardo** (09/12/1970).
4725.	**Altevir Gabardo** (18/02/1951).			
	(14/02/1976) **Eliana Yara Teixeira** (19/05/1955).			
	6488	M	i.	**Marcelo Luis Gabardo** (29/04/1976).
+	6489	M	ii.	**Marlos Ricardo Gabardo** (12/10/1978).
	6490	M	iii.	**Alessandro Gabardo** (09/04/1980).
4726.	**Jorge Gabardo** (13/11/1949).			
	(12/01/1973) **Angelis Strapasson** (22/03/1950).			
	6491	M	i.	**Christian Gabardo** (04/06/1974).
	6492	F	ii.	**Fernanda Angela Gabardo** (15/08/1980).
4727.	**Luiz André Gabardo** (19/09/1954).			
	(29/09/1979) **Marilene Tosin** (01/12/1953).			
	6493	M	i.	**André Tosin Gabardo** (27/11/1983).
	6494	M	ii.	**Alexandre Tosin Gabardo** (03/12/1986).
4729.	**Iedo Paulo Gabardo** (23/09/1947 – 11/03/2009).			
	() **Zilma Sazano** (11/01/1948).			
	6495	F	i.	**Rosangela Gabardo** (30/11/1972).
				(21/05/1994) **Sandro Luís P. de Lima** (26/10/1973).
4731.	**Elenir Gabardo** (01/12/1940).			
	(14/05/1960) **Cezar Evangelista de Oliveira Franco** (27/12/1937).			
	6496	M	i.	**Carlos Afonso de Oliveira Franco** (30/09/1961).
	6497	M	ii.	**Cezar Augusto de Oliveira Franco** (02/01/1965).
				(14/07/2001) **Nivea Cibeli Mendonça** (11/04/1973).
	6498	M	iii.	**Paulo Guilherme de Oliveira Franco** (30/04/1966).
	6499	M	iv.	**José Gustavo de Oliveira Franco** (14/10/1973).
4739.	**Cleusa Terezinha Ramos de Oliveira** (07/08/1946).			
	() **Pedro Brun** (30/10/1940).			
	6500	M	i.	**Marcelo Renato Brun** (18/11/1967).
				() **Carmen Lucia da Silva**.
4742.	**Orlei Antonio Gabardo** (02/09/1939 - 08/04/2019).			
	(30/05/1970) **Lais Amarante Carneiro Leão** (05/12/1948).			
	6501	M	i.	**Gilberto Gabardo Neto** (30/03/1971).
				(20/09/2003) **Karoline Meyer** (19/10/1968).
	6502	F	ii.	**Marilisa Carneiro Leão Gabardo** (15/06/1980).
4744.	**Odenise Terezinha Parolin Gabardo** (08/06/1952).			
	(20/12/1973) **Flavio José Arns** (09/11/1950).			
	6503	M	i.	**Osvaldo Arns Neto** (03/05/1975).

	6504	F	ii.	**Caroline Arns** (04/09/1976).
				(24/11/2002) **Mauricio de S. Cruz Arruda** (26/07/1974).
4745.	**Marisa Gonçalves** (11/02/1944).			
	(05/02/1966) **Valmir Gabardo** (09/03/1940).			
	6505	M	i.	**Julio Cesar Gabardo** (15/06/1976).
4749.	**Raquel Cortiano** (19/04/1944).			
	(04/12/1963) **Mauri Glir** (01/01/1943).			
	6506	M	i.	**Mauri Glir Junior**.
4750.	**Regina Cortiano** (07/01/1950).			
	(16/11/1985) **Gastão Gheur Neto**.			
	6507	M	i.	**Giuliano Cortiano Gheur** (22/01/1988).
4751.	**Reynaldo Cortiano Filho** (25/09/1951).			
	() **Cleomar Bilache**.			
	6508	F	i.	**Juliana Cortiano** (3/10/1975 em Curitiba.
4753.	**Rute Cortiano** (11/05/1958).			
	() **Alcindo Elias Filho** (22/08/1952).			
	6509	M	i.	**Luciano Cortiano Elias** (16/12/1978).
	6510	M	ii.	**Leandro Cortiano Elias** (16/11/1982).
4760.	**Silvia Gabardo de Medeiros** (18/06/1957).			
	() **Valerio Monteiro** (01/12/1951).			
	6511	F	i.	**Priscilla Medeiros Monteiro** (15/12/1985).
	6512	M	ii.	**Jean Pierre Gabardo de M. Monteiro** (20/08/1988).
	6513	M	iii.	**Gabriel Gabardo de Medeiros Monteiro** (01/06/1992).
4761.	**Dirce Medeiros da Silva**.			
	() **Marco Antonio**.			
	6514	F	i.	**Madalena** (? – 2005).
4762.	**Vera Medeiros da Silva**.			
	() **Flávio Rigueira**.			
	6515	F	i.	**Juliana Rigueira**.
	6516	F	ii.	**Gabriela Rigueira**.
4764.	**Francisco Medeiros da Silva Junior**.			
	6517	M	i.	**Elyon Medeiros da Silva**.
4765.	**Lydia Amélia Gabardo** (24/01/1922 – 30/10/2010).			
	(22/12/1948) **Waldemar Mattke** (24/08/1926).			
	6518	F	i.	**Lea Mattke**.
4766.	**Nilton Gabardo** (28/07/1924 – 02/07/2003).			
	(07/05/1949) **Pierina Prescendo** (20/06/1927 – 31/07/1997).			
	6519	M	i.	**Valdir Nilton Gabardo** (12/05/1951).
				() **Adelaide Maria Hammerschmidt** (28/07/1954).
+	6520	F	ii.	**Eda Gabardo** (04/03/1954).

+	6521	F	iii.	**Salete Gabardo** (01/01/1962).
4774.	**Romualdo Stocco.**			
	() **Lia Silvana Bauches.**			
	6522	F	i.	**Cristiane Stocco.**
+	6523	M	ii.	**Carlos Alberto Stocco.**
4775.	**Romilda Stocco** (13/11/1930).			
	() **Heitor Santos.**			
	6524	F	i.	**Vera Lucia Santos.**
+	6525	M	ii.	**Hamilton Celso Santos.**
4776.	**Izete Gabardo** (28/12/1926).			
	() **Joanim Santos** (01/01/1922 – 25/07/1999).			
	6526	M	i.	**Ivan Santos** (19/11/1950).
				() **Wilma Bagenski.**
	6527	M	ii.	**Rogério Santos** (27/11/1955).
				() **Lucia de Fatima Cândido.**
4777.	**Ivonete Gabardo** (12/11/1934).			
	(30/09/1961) **Olivio Sebastião Cobbe** (20/01/1934).			
+	6528	F	i.	**Valeria Cobbe** (28/08/1966).
4778.	**Luiz Carlos Gabardo** (29/07/1947).			
	(05/10/1972) **Lilian de Fátima (Vieira) Oliveira** (03/11/1954).			
	6529	M	i.	**Maurício Carlos Gabardo** (10/08/1974).
	6530	M	ii.	**Marcelo Luís Gabardo** (10/08/1974).
	6531	M	iii.	**Emilio Gabardo Neto** (01/11/1977).
4784.	**Victório Gabardo** (09/05/1926).			
	(28/04/1962) **Marina Santos Moreira** (26/02/1937).			
	6532	M	i.	**Mauro Moreira Gabardo.**
+	6533	M	ii.	**Alcindo Moreira Gabardo** (07/06/1967).
4789.	**Moisés Canuto dos Santos.**			
	() **Mirian.**			
	6534	M	i.	**Mauricio Canuto dos Santos.**
	6535	F	ii.	**Jaqueline Canuto dos Santos.**
4790.	**Jurandyr Gabardo** (06/01/1942).			
	() **Arlete Wisikoski** (06/10/1948).			
	6536	M	i.	**Ilclemar Gabardo.**
	6537	M	ii.	**Adilson Gabardo.**
	6538	F	iii.	**Daniele Gabardo.**
4792.	**Janira Gabardo.**			
	() **Altair de Paula.**			
	6539	M	i.	**Marco Antonio de Paula.**
	6540	M	ii.	**Julio L de Paula.**

	6541	M	iii.	**Altair de Paula Junior**.
4793.	**Juracy Gabardo** (28/11/1951).			
	(29/03/1975) **Maria das Graças Ayres** (29/12/1952).			
	6542	F	i.	**Andreia Ayres Gabardo** (16/02/1977).
	6543	F	ii.	**Sandra Ayres Gabardo** (23/11/1978).
	6544	M	iii.	**Daniel Ayres Gabardo** (12/03/1982).
4794.	**Dirce Gabardo**.			
	() **Pedro Ternoski**.			
	6545	M	i.	**Cristiano Ternoski**.
	6546	F	ii.	**Tatiane Ternoski**.
	6547	F	iii.	**Priscila Ternoski**.
4804.	**Dionidia Pierobom** (22/09/1927).			
	(20/05/) **Dalvir Lessnau** (22/03/1926 – 21/12/2002).			
4807.	**Octavio Mattana** (01/05/1921).			
	() **Ana Gnov**.			
+	6550	M	i.	**Almenor Mattana**.
4808.	**Antenor Sebastião Mattana** (20/01/1922 – 16/09/1992).			
	(06/05/1944) **Hercília Gabardo** (03/09/1924 – 04/02/2007).			
4809.	**Natal João Mattana** (01/01/1926).			
	(11/06/1955) **Eunice Stella** (20/02/1936).			
	6553	F	i.	**Vanise Mattana** (22/05/1956).
	6554	F	ii.	**Ana Luisa Mattana** (20/02/1961).
	6555	F	iii.	**Maria Cristina Mattana** (22/07/1963).
4835.	**Antonio Altair Bobato** (1945).			
	(18/01/1965) **Genoveva Melek** (1947).			
	6556	F	i.	**Mari Teresinha Bobato** (28/11/1969).
				(28/02/1966) **J Arlindo Nabosne**.
	6557	M	ii.	**José Isael Bobato** (28/07/1969).
				(03/06/1989) **Marilda de Camargo**.
	6558	F	iii.	**Mari Neusa Bobato** (02/09/1974).
				(12/03/1994) **Antonio Lopes F. dos Santos** (05/06/1965).
4836.	**Maria Aricle Bobato** (29/09/1947).			
	(11/05/1967) **Reinaldo Antonio Bonato** (24/10/1945).			
	6559	F	i.	**Jane Bonato** (25/04/1973).
				(24/10/1992) **Paulo Roberto Monegaglia** (12/05/1972).
	6560	F	ii.	**Adriane de Fátima Bonato** (01/11/1978).
				(27/12/1997) **Claudio Charachovski** (14/08/1974).
4837.	**Maria Mafalda Bobato** (30/01/1950).			
	(18/04/1970) **João Jurandil Gabardo** (03/10/1947).			
	6561	F	i.	**Margarete Maria Gabardo** (02/11/1970).

				(01/12/1990) **Vanderlei Luiz Nabosne** (04/07/1967).
	6562	M	ii.	**Mauricio Gabardo** (22/08/1973).
				(12/04/1997) **Gislaine Nogueira** (05/04/1979).
+	6563	F	iii.	**Cristiane Gabardo** (25/02/1977).
	6564	M	iv.	**Almir Albano Gabardo** (21/02/1983).
4839.	**Victório Olivir Bobato** (14/09/1939 – 25/01/1999)			
	(26/05/1962) **Luiza Costa** (1941).			
+	6565	M	i.	**Amauri Luiz Bobato** (23/10/1963).
	6566	F	i.	**Dalva Maria Bobato** (01/07/1965).
				(13/09/1986) **João Luiz Costa** (22/06/1956).
	6567	M	ii.	**Adilson Deolderico Bobato** (31/03/1969).
4840.	**Antonio José Bobato** (1941).			
	(30/11/1963) **Maria Rossi Borghezani** (1946).			
	6568	M	i.	**Gerson Antonio Bobato** (17/04/1966).
				(26/01/1991) **Gilmari Antonia Nichele** (10/07/1966).
	6569	M	ii.	**Gilson Luiz Bobato** (09/01/1968).
				(24/02/1990) **Rosilda Batista dos Santos** (16/11/1970).
	6570	F	iii.	**Jane Ursulina Bobato** (14/12/1972).
				(14/11/1992) **Walter Ribeiro dos Santos** (09/01/1972).
	6571	F	iv.	**Elaine Celi Bobato** (18/05/1974).
				(18/12/1999) **Marcio Luiz Nabosne** (09/09/1978).
4841.	**Altevir Eugenio Bobato** (1943).			
	(26/09/1964) **Rosi Clélia Nichele** (1947).			
	6572	F	i.	**Idiusa Isabel Bobato** (15/01/1965).
				() **Amauri Antonio Grendel** (03/10/1962).
	6573	F	ii.	**Adriane Cristina Bobato** (20/09/1973).
				(19/09/1998) **Aroldo José Princival** (30/09/1975).
4842.	**Reinaldo Valdir Bobato** (1947).			
	(16/07/1966) **Deomira Luiza Nabosne** (1949).			
	6574	M	i.	**Edson Natálio Bobato** (27/12/1967).
				(11/01/1992) **Maristane Machado** (31/03/1972).
	6575	M	ii.	**Arildo Antonio Bobato** (10/09/1969).
				(23/04/1994) **Silvana Bonato** (04/04/1975).
	6576	M	iii.	**José Sebastião Bobato** (17/01/1967).
				(20/01/1996) **Andrea Maria Bonato** (03/12/1973).
	6577	F	iv.	**Beatriz Maria Bobato** (16/07/1971).
				(20/04/1966) **Adriano Machado** (07/04/1975).
	6578	M	v.	**Carlos Valdir Bobato** (28/06/1974).
				(14/03/1998) **Denilva Natalina Salim** (22/12/1976).
	6579	M	vi.	**Marcos Paulo Bobato** (23/10/1972).

				(07/11/1998) Catia Aparecida Zonta (22/08/1980).
4843.	Sebastião Volmir Bobato (27/11/1948).			
	(12/06/1971) Lair Maria Costa (29/09/1952).			
	6580	M	i.	Geraldo Moacir Bobato (16/09/1971).
				(02/09/1995) Andrea Aparecida Bonato (07/11/1975).
	6581	F	ii.	Vanda Carla Bobato (27/08/1973).
				(17/06/1995) Nilson Luiz Claudino (29/11/1970).
4851.	José Darci Bobato (12/07/1945).			
	(29/09/1969) Maria Isabel Pelanda (29/07/1953).			
	6582	F	i.	Maria de Fátima Bobato (04/01/1971).
				(26/10/1991) Adilson Antonio Bonato (08/10/1967).
4856.	Geraldo Claito Bobato (05/12/1943).			
	(25/11/1967) Joana Claudir Pilato (11/07/1950).			
	6583	M	i.	Geraldo Marcelo Bobato (18/10/1969).
				(31/05/1997) Eliane Deconto (21/04/1973).
	6584	F	ii.	Ana Beatriz Bobato (26/06/1968).
				(17/12/1999) Alberto Cesar F.z de Lima (24/10/1965).
	6585	F	iii.	Joana Maria Bobato (18/07/1975).
				(11/11/2000) Carlos José Alison (07/04/1968).
4858.	Rivaldo Bobato (05/10/1949).			
	(25/04/1970) Mareliz Tereza Joay (03/03/1951).			
	6586	F	i.	Josiane Cristina Bobato (23/09/1975).
				(28/05/1994) Paulo Rogério Ferreira (26/10/1974).
4861.	Reinaldo Bobato Filho (30/10/1954).			
	(23/09/1972) Maria Ivanir Kubis (07/11/1954).			
	6587	M	i.	Marcos Bobato (11/02/1976).
				(27/12/1997) Elena Paula Ançai (06/07/1976).
4868.	Maria Alair Bobato (15/02/1947).			
	() Sezefredo Bonato (04/06/1944).			
	6588	F	i.	Eliza Bonato (18/04/1974).
				(09/12/1995) Lazaro Fernando Pedroso (21/01/1968).
	6589	M	ii.	Elio Bonato (17/08/1972).
				(08/11/2003) Patricia Aparecida Santiago (04/11/1983).
4869.	Delurdes Arlete Bobato (23/12/1945 – 01/08/1996).			
	(14/10/1967) Benjamin Bonato (13/09/1945).			
	6590	F	i.	Delourdes de Fátima Bonato (13/04/1968).
				(08/04/1989) Cesar Osni Kulik Ribas (04/01/1965).
	6591	M	ii.	Antonio Norberto Bonato (06/06/1969).
				(24/10/1997) Neusa Nogarotto (04/10/1968).
	6592	M	iii.	Luiz Bonato.

	6593	F	iv.	**Ana Bonato**.
	6594	M	v.	**Ademar Bonato**.
	6595	F	vi.	**Evandra Bonato**.
4886.	**Celso Gabardo** (09/07/1930 – 13/04/2012).			
	(08/04/1950) **Alba Gabardo** (13/02/1931).			
4887.	**Nelson Gabardo**.			
	() **Leoni Fonseca**.			
+	6599	M	i.	**Jorge Luiz Gabardo** (1959).
+	6600	M	ii.	**Paulo Sérgio Gabardo** (18/07/1960).
	6601	M	iii.	**Rubens Augusto Gabardo** (18/09/1960).
	6602	M	iii.	**Nelson Gabardo Junior** (14/11/1961).
	6603	M	iv.	**Marcelo Augusto Gabardo** (22/08/1978).
4908.	**Altamir Pazello** (07/11/1953).			
	(21/07/1979) **Elizabeth Coguetti** (04/11/1956).			
	6604	F	i.	**Kendra Elena Pazello** (24/12/1983).
	6605	M	ii.	**João Arthur Pazello** (22/01/1994).
4912.	**Douglas Pazello** (27/06/1955).			
	(15/03/1980) **Sandra Regina Racioppe** (06/10/1956).			
	6606	M	i.	**Fabio Pazello** (03/02/1982).
	6607	F	ii.	**Debora Pazello** (04/05/1984).
4913.	**Dalton Pazello** (01/09/1957).			
	(27/12/1981) **Celia Prestes dos Santos** (28/09/1958).			
	6608	M	i.	**Ricardo Prestes Pazello** (02/01/1985).
4914.	**Dalmor Pazello** (17/11/1967).			
	(12/10/1991) **Graciliana Aparecida Regis** (26/04/1971).			
	6609	F	i.	**Elizabeth Dalana Pazello** (27/05/1994).
	6610	F	ii.	**Gabriela Eluiza Pazello** (21/10/1995).
4915.	**Maria de Lourdes Wisneski** (23/04/1945 – 05/11/2006).			
	(12/01/1963) **José Carlos Gabardo** (19/03/1941).			
4916.	**Pedro Luís Segalla** (13/03).			
	() **Eliane Feijó** (27/02/1962).			
	6614	M	i.	**Pedro Segalla** (17/03).
4917.	**Jairo Gabardo** (12/03/1943).			
	(30/07/1966) **Roseli Mari Blentzke** (18/06/1942).			
+	6615	M	i.	**Jairo Gabardo Júnior** (29/09/1968).
+	6616	F	ii.	**Adriana Gabardo** (27/07/1972).
+	6617	F	iii.	**Danielle Gabardo** (17/03/1974).
	6618	F	iv.	**Maristella Gabardo** (16/11/1982).
4921.	**Florindo José Gabardo** (01/02/1948 – 12/04/2003).			
	() **Diva das Graças Lima e Silva**.			

	6619	M	i.	**Fabio José Gabardo** (15/12/1971).
4924.	**Edson Gabardo** (20/01/1955).			
	(01/09/1979) **Izcd de Souza e Silva** (06/12/1954).			
	6620	F	i.	**Leticia Silva Gabardo** (24/09/1980).
	6621	M	ii.	**Luiz Felipe de Souza e Silva Gabardo** (12/02/1984).
4927.	**João Orlando Gabardo** (24/06/1962).			
	(14/07/1984) **Nilcemara Bordignon** (19/08/1963).			
	6622	M	i.	**Thiago Bordignon Gabardo** (14/01/1985).
	6623	F	ii.	**Thayse Bordignon Gabardo** (28/03/1989).
				(26/08/2017) **Ricardo Storrer Amadei** (27/02/1982).
	6624	F	iii.	**Isabella Bordignon Gabardo** (18/04/2001).
4930.	**Giovanni Sabedotti Breda** (17/06/1959).			
	6625	F	i.	**Marianna Breda** (04/01)
4936.	**Nilceu Wanderlei Cortiano** (30/01/1958).			
	() **Joana Alves Pereira**			
	6626	M	i.	**Felipe Pereira Cortiano**.
	6627	F	ii.	**Camila Pereira Cortiano**.
4937.	**Nilson Valerio Cortiano** (20/11/1962).			
	() **Silveria da Silva**.			
	6628	F	i.	**Jocimeri da Silva Cortiano** (03/03/1984).
	6629	M	ii.	**Dionison Cortiano**.
	6630	F	iii.	**Jessica Cortiano**.
4939.	**Edson Luís Rossa Deconto** (13/08/1950).			
	(26/07/1980) **Ana Lucia Moro** (27/06/1958).			
	6631	M	i.	**Pedro Henrique Moro Deconto** (/01/1983).
	6632	F	ii.	**Bianca Moro Deconto** (29/12/1986).
	6633	M	iii.	**Guilherme Moro Deconto** (07/07/1990).
	6634	F	iv.	**Giovanna Moro Deconto** (11/06/1995).
4940.	**Josemeri Rossa Deconto** (28/04/1953).			
	(10/02/1978) **Ari Neves** (1950).			
	6635	M	i.	**Carlos Eduardo Deconto Neves** (21/08/1979).
	6636	M	ii.	**Luiz Gustavo Deconto Neves** (09/03/1981).
	6637	M	iii.	**Diego Fernando Deconto Neves** (11/06/1985).
4964.	**Paulo Gabardo Bastos**.			
	() **Tereza Bellegard**.			
+	6638	F	i.	**Sandra Bellegard Bastos**.
	6639	M	ii.	**Luciano Bellegard Bastos**.
				() **Celina de Paula Soares**.
4965.	**Cleomar Gabardo Bastos**.			
	() **Mario José Bastos Cortes**.			

+	6640	M	i.	**Francisco José Bastos Cortes.**
	6641	M	ii.	**Carlos Henrique Bastos Cortes.**
	6642	F	iii.	**Cristina Maria Bastos Cortes.**

4967. **Arlete Berenice Gabardo** (31/08/1930 – 19/08/2000).

(25/09/1952) **Walmyr Almeida Peixoto** (27/11/1925).

	6643	F	i.	**Berenice Aparecida Peixoto.**
	6644	F	ii.	**Thelma Regina Peixoto.**
	6645	F	iii.	**Sandra Maria Peixoto.**

() **Gabriel Antonio Henke Neiva de Lima.**

4974. **Carmen Antonieta Gabardo** (28/09/1929).

(12/11/1956) **Antonio Ciccarino Pereira** (31/05/1921).

	6646	F	i.	**Fernanda Gabardo Pereira.**
+	6647	M	ii.	**Marino Gabardo Pereira** (09/07/1965).

4975. **Maria Natalina Gabardo** (24/12/1931– 03/10/1999).

(16/05/1952) **Pedro Baduy.**

+	6648	F	i.	**Rosemari do Rosário Baduy.**
+	6649	M	ii.	**Emerson Pedro Baduy** (05/05/1954).
+	6650	F	iii.	**Gilmari Lourdes Baduy.**
+	6651	F	iv.	**Ninon Rosi Baduy.**

4976. **Yolanda José Gabardo** (19/03/1934 – 19/08/2005).

(06/07/1957) **Zoel de Moraes** (01/07/1934).

+	6652	F	i.	**Marcia Cristina de Moraes.**
+	6653	M	ii.	**Marcos Antonio Moraes.**
+	6654	F	iii.	**Magali Aparecida Moraes** (12/03/1961).
+	6655	M	iv.	**Mauricio José Morais.**
	6656	M	v.	**Mário Augusto Morais.**
	6657	F	vi.	**Marilia Tereza de Morais.**

() **Ubirajara Rodrigues.**

4977. **Orestes Romeu Gabardo** (19/04/1936).

(05/07/1958) **Escolástica Ferreira Portela** (08/03/1940).

+	6658	M	i.	**Gerson Osmar Gabardo** (27/11/1959).
+	6659	F	ii.	**Ezaltina Rosi Gabardo.**
+	6660	F	iii.	**Mirian Gabardo.**

4978. **Aurora Terezinha Gabardo** (11/03/1938).

(15/12/1962) **Alirdo Pangrácio** (1934 – 31/07/2011).

	6661	F	i.	**Mirna Aparecida Pangrácio.**
+	6662	M	ii.	**Eliézer Antonio Pangrácio.**
	6663	M	iii.	**Giovanni Angelo Pangrácio.**

4979. **Rosy Anita Gabardo** (17/02/1940).

(26/02/1968) **Luiz Andreassa** (08/03/1933 – 17/06/2000).

+	6664	M	i.	Mario Luiz Andreassa (03/01/1969).
	6665	F	ii.	Luciane Maria Andreassa (08/01/1972 – 17/04/2010).
	6666	M	iii.	Fabiano Luiz Andreassa (16/04/1974).
				(08/11/2003) Anelise Munaretto.
4981.	Lavinia Maria Gabardo Costa (1936 – 30/06/2006).			
	() Ernani Costa Straube.			
+	6667	F	i.	Isabela Costa Straube.
+	6668	M	ii.	Guilherme Costa Straube.
+	6669	M	iii.	Fernando Costa Straube (04/06/1965).
4984.	Nereu Gabardo (04/04/1937).			
	(21/06/1974) Sueli Emídia Martins.			
+	6670	F	i.	Patricia Fernanda Gabardo.
	6671	M	ii.	Adriano Antonio Gabardo.
				() Yara Simonetti.
+	6672	M	i.	Eliseu Alexandre Gabardo (02/06/1979).
4989.	Renato Pedro Machado Gabardo.			
	() Lidia Volani.			
	6673	M	i.	Tiago Machado Gabardo.
	6674	F	ii.	Renata Machado Gabardo.
4991.	Orieta Gabardo Augusto (11/08/1934).			
	(25/10/1956) João Pilades da Rosa (31/10/1930).			
	6675	M	i.	Carlos Otavio Augusto da Rosa (19/08/1957).
+	6676	F	ii.	Cláudia Maria Augusto da Rosa (11/08/1963).
4992.	Osny Gabardo Augusto.			
	() Neuci.			
	6677	M	i.	Osny Augusto Júnior.
	6678	F	ii.	Andréa Augusto.
4993.	Rosa Maria Gabardo Augusto			
	() Romeu.			
+	6679	F	i.	Cristiana.
4995.	Laertes Guimarães.			
	() Elza Rugik.			
	6680	M	i.	Laertes Guimarães Filho.
	6681	F	ii.	Luciane Guimarães.
4996.	João Pereira Guimarães Filho.			
	() Nélcia Nascimento.			
+	6682	F	i.	Gyovana Guimarães.
	6683	F	ii.	Graziela Guimarães.
				() Carlos Alberto Alves.
4997.	Lineu Gabardo Guimarães.			

	() Zilda Furtado.			
	6684	F	i.	Lineia Guimarães.
	6685	M	ii.	Emanuel Guimarães.
4998.	Leniza Paula Guimarães (29/06/1938).			
	() Armando Morilha (19/10/1961).			
+	6686	M	i.	Armando Morilha Filho.
+	6687	M	ii.	Francisco Morilha Neto.
+	6688	F	iii.	Polyana Morilha.
4999.	Regina Célia Guimarães.			
	() José de Castro Alves Ferreira.			
+	6689	F	i.	Mônica Ferreira.
	6690	F	ii.	Marisol Ferreira.
5000.	Roseli Guimarães.			
	() Adilson Shapinski.			
	6691	F	i.	Nicole Shapinski.
	6692	M	ii.	João Marcelo Shapinski.
5001.	Roberto Gabardo Guimarães.			
	() Luciane Pereira.			
	6693	M	i.	Rafael Guimarães.
+	6694	M	ii.	Lucas Guimarães.
5002.	Paulo Antonio Gabardo de Andrade.			
	() Silvana Dornelas Camara.			
+	6695	F	i.	Paula Dornelas Camara Gabardo de Andrade.
	6696	M	ii.	Felipe Dornelas Camara Gabardo de Andrade.
	6697	F	iii.	Simone Dornelas Camara Gabardo de Andrade.
5005.	Maria Bernadete Gabardo (31/10/1950).			
	(14/05/1977) Edson José Chybior.			
	6698	F	i.	Ana Carolina Chybior (04/05/1978).
	6699	F	ii.	Denise Maria Chybior (17/05/1980).
5006.	Maria Izabel Gabardo (16/04/1952).			
	() Pedro Michalzechen (14/03/1957).			
	6700	M	i.	Lucas Gabardo Michalzechen (24/05/1994).
5007.	Ruy Gabardo Filho (12/10/1953).			
	(03/05/1975) Maria Solimar Bolik (06/01/1956).			
	6701	F	i.	Karin Melissa Gabardo (04/07/1978).
	6702	M	ii.	Wagner Otávio Gabardo (23/03/1981).
	6703	M	iii.	Paulo Félix Gabardo (26/09/1985).
5008.	João Baptista Gabardo (23/02/1956).			
	(28/02/1981) Agenora Fatima de Almeida.			
	6704	F	i.	Natália Almeida Gabardo (20/12/1982).

	6705	F	ii.	Beatriz Almeida Gabardo (04/06/1991).
5010.	Paulo Antonio Gabardo (24/06/1961).			
	(19/04/1990) Aparecida de Fátima Marquito.			
	6706	F	i.	Isabela Marquito Gabardo (22/05/1995).
	6707	F	ii.	Ana Paula Machado Gabardo (14/06/1999).
5011.	Luiz Augusto Gabardo (09/07/1965).			
	() Cristina Mugnato (07/12/1963).			
	6708	M	i.	Guilherme Augusto Gabardo (23/04/1991).
	6709	M	ii.	Luiz Augusto Gabardo Júnior (20/12/1995).
5013.	Didio Adoni Gabardo (18/04/1930 – 02/02/1963).			
	(18/04/1954) Sophia Manika (09/05/1935).			
+	6710	F	i.	Antonia Marli Gabardo (13/06/1955).
+	6711	F	ii.	Rosicler Terezinha Gabardo (18/04/1957).
+	6712	M	iii.	Glaucio José Gabardo (08/10/1961 – 14/08/2010).
5014.	Maria Natalina Gabardo (1937/1938 – 26/02/2001).			
	() João Rodrigues.			
	6713	M	i.	Clóvis Gabardo Rodrigues (20/08/1961 – 20/01/1994).
+	6714	M	ii.	Claudio Gabardo Rodrigues (13/02/1963).
5016.	Florido Assis (Gabriel) Gabardo (04/01/1940 – 16/08/1993).			
	(19/05/1962) Maria de Lourdes de Freitas (10/06/1940).			
+	6715	M	i.	Paulo Cesar Gabardo (05/03/1963).
+	6716	F	ii.	Izabel Cristina Gabardo (29/01/1967).
+	6717	M	iii.	Marcelo de Assis Gabardo (02/05/1971).
5017.	Olevir de Lourdes Gabardo (19/04/1947).			
	6718	M	i.	Francisco Adilson Gabardo (29/12/1981).
5022.	Francisco Himério Gabardo (12/05/1944).			
	(30/07/1966) Rosiclei Antoniacomi (03/05/1950).			
+	6719	M	i.	José Luiz Gabardo (12/11/1966).
	6720	M	ii.	Claudio Márcio Gabardo (02/10/1971).
	(03/09/2003) Cristiana Tartaia (17/09/1971).			
5025.	Antonio Dirceu Gabardo (28/08/1950).			
	(08/04/1972) Lucia Cândida Bini (07/11/1945 – 2015).			
+	6721	F	i.	Karla Fabiana Bini Gabardo (19/02/1974).
5026.	Maria Doraci Gabardo (29/03/1953).			
	(31/07/1976) Francisco Romário Afonso Martins (22/05/1953 – 02/11/2010).			
	6722	M	i.	Ricardo Aparecido Martins (06/09/1981).
	6723	F	ii.	Aline Cristina Martins (30/08/1988).
5033.	Luci Gabardo (14/03/1951).			
	(17/02/1973) Mieczyslaw Moskalewicy (10/07/1946).			
	6724	F	i.	Adriane Moskalewicy (28/11/1978).

	6725	M	ii.	Fernando Moskalewicy (30/03/1984).
5034.	**Sérgio Gabardo** (26/07/1952).			
	() **Rosa Maria Bontorin** (30/08/1955).			
	6726	F	i.	**Carolina Bontorin Gabardo** (27/07/1984).
5044.	**Antonio Rogério Gabardo** (01/10/1952).			
	(31/01/1993) **Zeli Terezinha Buzatto** (18/06/1958).			
	6727	F	i.	**Angela Romana Buzatto Gabardo** (13/05/1994).
5045.	**Maria Ruth Gabardo** (05/01/1955).			
	(01/06/1979) **Ivan Gonçalves** (21/01/1956 – 21/09/2002).			
	6728	M	i.	**Igor Daniel Gabardo Gonçalves** (11/08/1980).
	6729	F	ii.	**Tatiana Gabardo Gonçalves** (12/04/1984).
5046.	**Nelson Roberto Gabardo** (26/06/1960).			
	(08/04/1989) **Deonizia Prussak** (30/07/1961).			
	6730	F	i.	**Renata Prussak Gabardo** (23/01/1991).
	6731	F	ii.	**Ana Heloiza Prussak Gabardo** (13/06/2000).
	6732	M	iii.	**Flávio Alexandre Prussak Gabardo** (12/07/2004).
5047.	**Nilton Reginaldo Gabardo** (16/09/1963).			
	(28/09/1990) **Claudia Schultz** (05/09/1966).			
	6733	F	i.	**Mayara Schultz Gabardo** (09/10/1996).
	6734	M	ii.	**Arthur Gabardo** (28/06/2000).
5048.	**João Altair Gabardo** (16/10/1965).			
	(08/03/1986) **Vera Lucia Lopes** (07/08/1960).			
	6735	F	i.	**Nicole Lopes Gabardo** (24/10/1994).
5049.	**Marcia Regina Gabardo** (14/08/1969).			
	(10/09/1988) **Richard Benetti Mamed** (15/11/1967).			
	6736	M	i.	**Richard Gabardo Benetti Mamed** (06/11/1993).
	6737	M	ii.	**Christopher Gabardo Benetti Mamed** (22/07/1997).
5050.	**Ivane de Fátima Gabardo** (10/09/1973).			
	(23/08/1997) **Edinei Cézar Paini** (30/04/1973).			
	6738	M	i.	**Jean Patrick Gabardo Paini** (21/09/2007).
5051.	**Regina Gabardo** (20/08/1956).			
	(13/10/1979) **Valdir Antonio Bontorin** (01/03/1951).			
+	6739	M	i.	**Ricardo Antonio Bontorin** (23/10/1980).
+	6740	F	ii.	**Tatiane do Carmo Bontorin** (21/01/1984).
5052.	**Edith Ines Gabardo** (12/05/1958).			
	(16/01/1982) **Antonio Cordeiro Camargo** (17/12/1955).			
+	6741	M	i.	**Evandro Camargo** (05/10/1983).
	6742	M	ii.	**Everton Camargo** (18/11/1986).
	(09/10/2010) **Josiele Teixeira Machado** (31/08/1989).			
5054.	**Wilson Luiz Gabardo** (04/10/1961).			

				(12/10/1985) **Eliane Aparecida Strapasson** (14/10/1966).
	6743	M	i.	**Diego Gabardo** (13/10/1985).
	6744	M	ii.	**Guilherme Gabardo** (15/08/1989).
				(17/10/2015) **Millena Fabíula Guimarães** (13/10/1990).
5055.	**Agostinho Gabardo** (23/09/1963).			
				(02/07/1994) **Everlise Antoniacomi** (25/07/1969).
	6745	M	i.	**Flávio Gabardo** (29/07/1998).
	6746	F	ii.	**Larissa Aparecida Gabardo** (04/05/2004).
5056.	**Gerson Gabardo** (20/10/1967).			
				(11/01/2003) **Luciane de Fátima Araujo** (08/08/1979).
	6747	F	i.	**Sabrina Gabardo** (20/07/2011).
5057.	**Gilberto Gabardo** (25/01/1970).			
				(04/09/1999) **Divanir Zinharco** (04/07/1975).
	6748	M	i.	**Gilberto Gabardo Júnior** (23/01/2000).
	6749	F	ii.	**Aline Gabardo** (23/09/2002).
5058.	**Gilson Gabardo Júnior** (08/05/1976).			
				(16/10/2004) **Elisandra Tartaia** (11/05/1979).
	6750	M	i.	**Felipe Gabardo** (01/08/2007).
	6751	F	ii.	**Fabíola Gabardo** (18/06/2010).
5059.	**Anacleto Gabardo** (1936 – 12/08/2006).			
	() **Maria José Padilha**.			
+	6752	F	i.	**Ana Maria Gabardo**.
	6753	M	ii.	**Marcos Gabardo**.
				() **Taisa**.
+	6754	F	iii.	**Karen Gabardo**.
+	6755	F	iv.	**Adriane Gabardo**.
5060.	**Amantino Gabardo**.			
	() **Dorilea Pereira**.			
+	6756	M	i.	**Mario Gabardo**.
	6757	F	ii.	**Andressa Gabardo** (18/12).
	6758	M	iii.	**Marcelo Gabardo**.
				() **Ilza Maria de Lima**.
+	6759	M	iv.	**Marcio Luiz Gabardo**.
+	6760	F	v.	**Denise Gabardo**.
+	6761	F	vi.	**Lucia Gabardo**.
+	6762	M	vii.	**Mauricio Gabardo** (07/06/1966).
5063.	**Carlos Gabardo**.			
	() **Cacilda**.			
	6763	F	i.	**Carla Gabardo**.
5064.	**Maria Matilde Gabardo**.			

	() Célio.			
	6764	F	i.	Cíntia Juliana.
	6765	F	ii.	Lilian Dorotéia.
5065.	Adélia Gabardo.			
	() Rivadavia.			
	6766	M	i.	Charles.
5077.	Olivio Leonardi.			
	() Carmen.			
+	6767	F	i.	Sonia Leonardi.
5078.	Oreste Leonardi.			
	() Terezinha.			
+	6768	F	i.	Elizabete Leonardi.
	6769	M	ii.	Luiz Carlos Leonardi.
	6770	F	iii.	Luciana Leonardi.
5080.	Anita Leonardi.			
	() João Maria.			
+	6771	F	i.	Siomara.
	6772	M	ii.	Cesar.
	() Selma Adriana.			
+	6773	F	iii.	Cibele.
5081.	Leoni Leonardi.			
	() Francisco.			
	6774	F	i.	Soraia.
	6775	M	ii.	Caio.
5082.	Agustinho Leonardi.			
	() Ana Regina.			
	6776	M	i.	Samuel Leonardi.
+	6777	F	ii.	Sheila Leonardi.
	6778	F	iii.	Selma Leonardi.
5083.	João Adinor Gapski.			
	() Mariza.			
	6779	F	i.	Rosangela Gapski.
	6780	F	ii.	Viviane Gapski.
	6781	F	iii.	Caroline Gapski.
5084.	Olivio Fernando Gapski.			
	() Sonia Regina.			
	6782	F	i.	Daiana Franciele Gapski.
	6783	F	ii.	Fernanda Aline Gapski.
	6784	M	iii.	Daniel Leonardo Gapski.
5085.	Mario Gapski.			

	() Eloar.			
	6785	F	i.	**Barbara Gapski**.
	6786	M	ii.	**Mateus Gapski**.
5086.	**Maria Elenita Gapski**.			
	() Roberto.			
	6787	F	i.	**Andreia Patricia**.
	6788	M	ii.	**André Rodrigo**.
	6789	M	iii.	**Igor Santiago**.
5087.	**Rosicléia Gapski**.			
	() Silvestre.			
	6790	F	i.	**Daniele Cristina**.
	6791	F	ii.	**Bruna Liza**.
	6792	M	iii.	**André Lucas**.
5088.	**Jorge Antonio Gabardo** (07/03/1955).			
	(06/08/1978) **Clotilde Alves** (05/08/1958).			
+	6793	M	i.	**Maichel Gabardo** (21/11/1978).
5094.	**Júlia Cecilia Gabardo** (02/11/1896 - 17/02/1989).			
	(11/02/1915) **Júlio Budant** (20/08/1894 – 01/01/1990).			
+	6794	F	i.	**Ivette Budant** (22/12/1915).
+	6795	F	ii.	**Iolanda Budant** (31/10/1917).
+	6796	F	iii.	**Ivone Budant** (19/02/1919 – 28/10/1999).
	6797	F	iv.	**Ilza Budant** (julho 1921 – 22/02/1922).
+	6798	F	v.	**Iole Aracy Budant** (14/11/1924).
+	6799	F	vi.	**Iva Budant** (09/06/1928 – 25/10/2003).
5096.	**Eugênia Gabardo** (07/05/1900 – 17/10/1930).			
	(11/06/1919) **Roberto Brunetti** (03/11/1895 – 04/06/1969).			
+	6800	F	i.	**Dorothy Apolonia Brunetti** (21/04/1920 – 29/05/2002).
	6801	F	ii.	**Dirce Brunetti** (04/08/1921).
	6802	M	iii.	**Milton Brunetti** (03/01/1924 – /07/1979.
5101.	**Lodovina Gabardo** (10/08/1907 – 04/12/1998).			
	(26/06/1930) **Romário Nocera** (10/07/1901).			
	6803	F	i.	**Lori Maria Nocera** (26/01/1936 – 04/06/2002).
5102.	**Octávio Gabardo** (16/11/1909 – 24/10/1977).			
	(02/06/1934) **Diomira Todeschini** (19/07/1913 – 12/08/2008).			
+	6804	F	i.	**Marly Gabardo** (26/06/1935).
+	6805	M	ii.	**Victor Fernandes Gabardo** (07/12/1937 – 03/10/1993).
5106.	**Victorio Gabardo** (30/06/1897 – 02/03/1989).			
	(1922) **Eugenia de Lazzari**.			
	6806	M	i.	**Domingos Anilton Gabardo** (26/07/1924 – 26/02/1999).
+	6807	F	ii.	**Anjolita Edith Gabardo** (30/01/1928).

	6808	F	iii.	**Aline Maria Gabardo** (16/03/1939 – 10/01/1941).
5109.	**Albina Gabardo** (24/12/1902 – 15/09/1983).			
	(17/12/1921) **Plácido Massochetto**.			
+	6809	F	i.	**Adil Massochetto** (23/10/1922).
+	6810	M	ii.	**Divo Massochetto** (27/12/1923 – 23/11/2001).
+	6811	F	iii.	**Maria M. Massochetto** (17/07/1926 – 11/06/1990).
+	6812	M	iv.	**Osvaldo Mario Massochetto** (04/01/1932).
5110.	**Albino Gabardo** (28/04/1905 – 24/12/1965).			
	(09/05/1929) **Olga Woroby** (07/10/1911).			
+	6813	F	i.	**Diolete Gabardo** (02/08/1929 – 14/12/2001).
+	6814	M	ii.	**Eduino Gabardo** (01/03/1931 – 11/06/1983).
+	6815	F	iii.	**Ivete Margarida Gabardo**.
+	6816	F	iv.	**Eluduina Gabardo** (17/10/1937).
5115.	**Idílio Gabardo** (09/08/1915 – 12/06/1964).			
	() **Aureliana**.			
+	6817	F	i.	**Iza Carolina Gabardo** (15/06/1943).
	6818	F	ii.	**Margarida Marília Gabardo**.
5116.	**Dibailo Gabardo** (12/09/1917 – 11/12/1991).			
	() **Adhair Mendes**.			
+	6819	F	i.	**Berenice Mendes Gabardo** (01/10/1959).
5117.	**Antonio Gusso** (16/07/1897).			
	(29/11/1924) **Angelica Scremin** (1897).			
	6820	F	i.	**Anelita Lourdes Gusso** (06/08/1927).
	6821	F	ii.	**Amelina Vitoria Gusso** (07/04/1930 – 06/03/1945).
	6822	F	iii.	**Leony Gusso** (08/10/1934).
	6823	F	iv.	**Geny Gusso** (14/07/1936).
	6824	M	v.	**Hamilton Gusso** (26/07/1938).
5118.	**Rolando Gusso** (17/06/1898).			
	(31/05/1919) **Vergínia Beltrame** (13/12/1899).			
5119.	**João Baptista Gusso Júnior** (01/09/1899).			
	(21/04/1923) **Angela Berno** (05/01/1905).			
	6830	F	i.	**Dolores Gusso** (18/05/1923).
	6831	F	ii.	**Izaura Gusso** (08/11/1924 – 29/03/2006).
				() **Raul Magrin**.
+	6832	F	iii.	**Avanyr Gusso** (06/02/1928).
5120.	**Victor Christophoro Gusso** (07/02/1901 – 23/10/1934).			
	(15/07/1922) **Helena Beltrame** (13/05/1901 – 23/10/1934).			
5123.	**Ildefonso Antonio Maria Pivato** (01/05/1907).			
+	6838	M	i.	**N Pivato**.
5135.	**Luiza Gabardo** (21/07/1911 – 24/08/1993).			

				(27/01/1940) **José Andretta** (10/02/1903 – 30/07/1975).
+	6839	F	i.	**Lair Andretta** (18/11/1940).
+	6840	M	ii.	**Roberto Andretta** (12/06/1945).
5137.				**Erina Maria Gabardo** (15/08/1914 – 03/08/2005).
				(05/09/1942) **Alcides Ramos de Oliveira** (23/03/1905 – 03/03/1994).
	6841	F	i.	**Raquel Cidral da Costa Oliveira** (13/03/1943).
+	6842	M	ii.	**Renor Ramos de Oliveira** (17/01/1945).
+	6843	M	iii.	**Renato Sebastião Ramos de Oliveira** (20/01/1947).
5138.				**Maximiliano Gabardo** (08/12/1915).
				(25/07/1953) **Maria Rosa Himosky** (15/08/1927).
+	6844	F	i.	**Cléia do Rocio Gabardo** (15/05/1954).
+	6845	M	ii.	**Claudio Antonio Gabardo** (14/06/1957 – 15/01/2020).
+	6846	M	iii.	**Mauro José Gabardo** (20/03/1963).
5139.				**Geraldo Gabardo** (15/08/1918 – 30/05/1975).
				(07/04/1951) **Arlete Vechionne** (16/08/1930).
+	6847	M	i.	**Mario Gerson Gabardo** (24/09/1958).
5140.				**Josephina Gabardo** (08/06/1921 – 12/02/1994).
				(24/04/1943) **João Jaimes** (1918).
	6848	M	i.	**Juarez Jaimes**.
	6849	M	ii.	**Juracir Jaimes**.
5142.				**Emma Gabardo** (30/03/1924 – 10/04/2015).
				(11/03/1944) **Julio Olstan** (15/08/1918 – 01/02/1976).
+	6850	M	i.	**Jonei Olstan** (20/09/1944 – 23/10/1999).
+	6851	F	ii.	**Neide Gabardo Olstan** (19/01/1946).
+	6852	F	iii.	**Terezinha Marli Olstan** (03/11/1951).
+	6853	M	iv.	**Júlio Olstan Júnior** (10/04/1963).
5143.				**Palmira Gabardo** (28/03/1926).
				(14/05/1949) **Amilton Trilo** (1926).
+	6854	F	i.	**Marilisa Trilo** (28/08/1950).
+	6855	F	ii.	**Sueli Trilo** (25/06/1954).
5149.				**Idília Gertrudes Stofella** (29/08/1908 – 14/10/1985).
				(28/12/1929) **Alberto Knopf** (19/03/1909 – 05/04/1992).
+	6856	M	i.	**Leovino Knopf** (24/10/1929 – 10/04/2001).
+	6857	F	ii.	**Leoni Knopf** (09/03/1932).
5150.				**Brazilina Clotilde Thereza Stofella** (15/10/1910 – 26/06/1996).
				(24/12/1929) **Napoleão Gonçalves de Oliveira** (28/11/1906).
+	6858	F	i.	**Cilce de Oliveira** (21/12/1930).
+	6859	F	ii.	**Elvira de Oliveira** (05/06/1935).
+	6860	M	iii.	**Napoleão Gonçalves de Oliveira Filho** (04/12/1941).
+	6861	F	iv.	**Laidinir de Oliveira** (14/06/1946).

+	6862	M	v.	**Claudionir Gonçalves de Oliveira** (11/08/1951).
5151.	**Beatriz Stofella** (13/11/1912 – 19/05/1977).			
	(15/10/1932) **Pedro Seibt** (06/02/1912 – 30/10/1959).			
+	6863	F	i.	**Glacy Elvira Seibt** (06/02/1932).
+	6864	M	ii.	**Ezidio Seibt** (01/09/1936).
+	6865	F	iii.	**Edwirgen Seibt** (30/10/1938).
5152.	**Sizefredo (Ferdinando Antonio) Stofella** (05/06/1914 – 1982).			
	() **Jacira**.			
	6866		i.	**N Stofella**.
	6867		ii.	**N Stofella**.
	() **Sideria Gonçalves de Oliveira**.			
	6868		iii.	**N Stofella**.
	6869		iv.	**N Stofella**.
	6870		v.	**N Stofella**.
	6871		vi.	**N Stofella**.
	6872		vii.	**N Stofella**.
	6873		viii.	**N Stofella**.
	6874		ix.	**N Stofella**.
5154.	**Esther Stofella** (01/12/1919).			
	() **Humberto França** (17/12/1915).			
+	6875	F	i.	**Maria de Lourdes França** (10/01/1940).
+	6876	M	ii.	**Wilson João França** (24/03/1945).
+	6877	M	iii.	**Rubens França** (31/01/1951).
5155.	**Silvestre Geraldo Stofella** (04/08/1922 – 20/09/1991).			
	(28/01/1950) **Maria Iolanda José** (24/05/1927 – 26/07/1991).			
+	6878	F	i.	**Marilene Stofella** (06/11/1950).
+	6879	M	ii.	**Mauri Stofella** (05/07/1955).
	6880	F	iii.	**Margarete Stofella** (04/08/1961).
5156.	**Reonilda Omeca Stofella** (06/02/1925 – /06/2003).			
	() **Augusto Schefler** (17/08/1922).			
+	6881	M	i.	**Edilar Schefler** (19/04/1949 – 27/09/1995).
5157.	**Anna Domitila Stofella** (04/08/1926 – 26/06/1994).			
	(06/01/1945) **Albino Sprea** (11/02/1920 – 09/04/1976).			
+	6882	F	i.	**Ananci Sprea** (22/12/1946).
+	6883	M	ii.	**Anor Sprea** (15/10/1949).
5159.	**Octavio Gabardo** (07/11/1913 – 27/05/2007).			
	(15/04/1939) **Lair Zibarth** (26/10/1915).			
+	6884	M	i.	**Valmir Gabardo** (09/03/1940).
	6885	F	ii.	**Nilsa Gabardo** (18/12/1944).
				(05/04/1971) **Baldonier J. de Agostinho** (12/04/1942).

+	6886	F	iii.	**Dilma de Fátima Gabardo** (14/06/1956).
5160.		**Floriano Gabardo** (03/04/1915 - 22/08/1961).
		(06/06/1944) **Anahyr Cortiano** (22/09/1918 – 01/08/1983).
	6887	F	i.	**Rosilda Gabardo** (19/08/1945 – 16/08/1946).
+	6888	F	i.	**Rosilda Gabardo** (17/05/1947).
+	6889	F	ii.	**Irene Terezinha Gabardo** (24/10/1955).
5161.		**Constantina Gabardo** (02/01/1917).
		(31/07/1941) **Hermogenes Motta** (18/04/1917 – 06/10/1990).
	6890	M	i.	**André Fernando Motta** (04/02/1942).
+	6891	F	ii.	**Rita Rosália Motta** (15/07/1943).
+	6892	F	iii.	**Eurydece Marli Motta** (21/12/1945).
		(08/1953) **Idenésio Vieira dos Santos** (01/11/1925).
+	6893	F	iv.	**Roseli Vieira dos Santos** (22/06/1954).
5164.		**Zelinda Gabardo** (20/04/1926 – 03/08/1997).
		(30/09/1947) **Osnildo Folloni** (03/01/1925 – 27/03/1973).
+	6894	F	i.	**Marisa Folloni** (19/09/1948).
5165.		**Rozalina Gabardo** (06/10/1930 – 03/01/2008).
		(14/05/1949) **Renê Gomy** (03/05/1928 – 25/06/1994).
+	6895	M	i.	**Eclodomir Gomy** (13/02/1950).
+	6896	F	ii.	**Eliete Gomy** (28/11/1955).
5167.		**Antonia Gabardo** (24/12/1915 – 09/02/1997).
		() **José Nizer**.
	6897	M	i.	**José Nizer Júnior**.
	6898	M	ii.	**Marcos Antonio Nizer**.
	6899	F	iii.	**Maria Julia Nizer**.
	6900	F	iv.	**Dinorá Nizer**.
	6901	F	v.	**Letícia Nizer**.
5168.		**Valentim Gabardo** (06/10/1916 – 30/01/1988).
		(03/05/1944) **Reni Huszc** (25/11/1929 – 28/04/2009).
+	6902	M	i.	**Celso Gabardo** (12/07/1944 – 20/07/2009).
+	6903	M	ii.	**Laercio Gabardo** (27/08/1949).
	6904	M	iii.	**Alceu Gabardo** (26/07/1953).
		() **Marilu Galdino**.
5169.		**Juvenal Gabardo** (08/12/1918 – 18/09/1997).
		(28/10/1944) **Ilsa Fleith** (11/08/1924).
+	6905	F	i.	**Maria Inês Gabardo** (25/02/1946).
+	6906	M	ii.	**Jair Afonso Gabardo** (27/10/1947).
+	6907	M	iii.	**Roberto Tadeu Gabardo** (28/03/1958).
	6908	M	iv.	**Gilberto José Gabardo** (28/03/1958 – 11/10/1959.
5173.		**Eleotério Gabardo** (17/07/1926).

				(08/07/1949) **Suzana Kaminski** (13/02/1929 – 28/01/1994).
	6909	M	i.	**Aroldo Gabardo** (06/05/1950 – 18/11/1989).
+	6910	M	ii.	**Valdemar Gabardo** (16/05/1952).
+	6911	M	iii.	**Jair Natalicio Gabardo** (25/12/1954).
	6912	M	iv.	**Eleosmar Gabardo** (04/08/1958).
+	6913	F	v.	**Maria Erlete Gabardo** (04/09/1960).
+	6914	M	vi.	**Luiz Carlos Gabardo** (11/05/1963).
	6915	F	vii.	**Marise Gabardo** (27/01/1966).
	6916	M	viii.	**Mario Adilso Gabardo** (19/01/1969).
				(07/12/2002) **Marcia Izabel Deki** (01/02/1980).
	6917	F	ix.	**Elisabete Gabardo** (21/12/1972).
				(26/01/2002) **Antonio Anilton de Morais** (05/06/1976).
5174.	**Euclides Gabardo** (25/05/1928).			
	(14/09/1946) **Maria Turkot** (25/03/1927 – 18/09/1990).			
+	6918	F	i.	**Maria Ersuli Gabardo** (21/10/1948).
+	6919	F	ii.	**Eronil Gabardo** (23/02/1951).
+	6920	M	iii.	**Alir Gabardo** (25/07/1952).
+	6921	M	iv.	**Bertolino José Gabardo** (18/09/1957).
+	6922	F	v.	**Inez Maria Gabardo** (01/03/1959).
+	6923	M	vi.	**Ademir Gabardo** (27/11/1961).
+	6924	M	vii.	**Mario Auri Gabardo** (25/05/1963 – 14/05/2002).
5178.	**Antonio Barão** (02/04/1922).			
	(03/07/1947) **Vanira Maria Gasparin**).			
	6925	M	i.	**Gerson Gaspari Barão** (15/10/1951)
5181.	**Antonio Gabardo** (18/08/1916 – 11/06/1976).			
	() **Luiza Accordes** (06/01/1922 – 02/06/1982).			
+	6926	F	i.	**Maria Zilma Gabardo** (08/11/1943).
+	6927	F	ii.	**Maria Zulmira Gabardo** (06/02/1946).
+	6928	M	iii.	**Antonio Francisco Gabardo** (27/01/1950).
+	6929	M	iv.	**José Geraldo Gabardo** (03/11/1953).
5182.	**Antonia Carolina Gabardo** (12/06/1918 – 05/07/1995).			
	(15/04/1939) **Raymundo Gabardo** (28/01/1915 – 12/11/1986).			
5183.	**Mafalda Gabardo** (03/05/1920).			
	() **Aristides Antonio Parolin** (06/1916).			
5185.	**Yolanda Judith Gabardo** (1925 – 24/06/2015).			
	(/05/1944) **João Faustino Pelanda**.			
+	6940	M	i.	**Antonio Rosaldo Pelanda**.
+	6941	M	ii.	**João Ronaldo Pelanda**.
	6942	F	iii.	**Maria Regina Pelanda**.
+	6943	F	iv.	**Maria Roseli Pelanda**.

+	6944	M	v.	Paulo Roberto Pelanda.
	6945	F	vi.	Maria Rosilene Pelanda.
+	6946	F	vii.	Maria Rosélia Pelanda.
+	6947	F	viii.	Ana Maria Raquel Pelanda.
+	6948	F	ix.	Maria Rosmari Pelanda.
+	6949	M	x.	João Luiz Rafael Pelanda (1967 – 12/10/2014).
5186.	**Francisco Gabardo Filho** (19/03/1927 – 08/07/1987).			
	(15/09/1951) **Elzira Maria Negrello** (12/03/1932).			
	6950	F	i.	Maria Neusa Gabardo (04/08/1953).
+	6951	F	ii.	Maria Neide Gabardo (20/01/1955 – 14/07/1997).
+	6952	M	iii.	Valter Francisco Gabardo (28/11/1956).
+	6953	M	iv.	José Renato Gabardo (11/09/1959).
	6954	M	v.	Alvaro Antonio Gabardo (20/09/1961).
	6955	F	vi.	Marta Maria Gabardo (30/03/1963).
				(14/01/1990) **Marcos Afonso Zanon** (11/02/1967).
	6956	M	vii.	Gerson Juvenal Gabardo (07/12/1966).
	6957	F	viii.	Maria Viviane Gabardo (12/09/1971).
5188.	**Eugênio Gabardo** (26/04/1919 – 19/09/1988).			
	() **Mafalda Cecília Deconto** (1923 – 26/04/2015).			
+	6958	M	i.	Doglair Antonio Gabardo (25/02/1947).
	6959	M	ii.	João Dorneles Gabardo (18/02/1949 – 07/08/1992).
	6960	F	iii.	Maria Beatriz Gabardo (1956 – 1968).
5193.	**Antonio Vani Gabardo** (11/08/1940).			
	(28/11/1959) **Sirlene Maria Micheletto** (23/07/1940).			
+	6961	M	i.	Jorge Antonio Gabardo (02/06/1962).
+	6962	M	ii.	Celso Gabardo (21/03/1964).
+	6963	F	iii.	Tania Cristina Gabardo (04/08/1965).
	6964	M	iv.	Carlos Juvenal Gabardo (15/11/1966 – 14/04/1991).
+	6965	F	v.	Sonia Rosi Gabardo (27/02/1968).
+	6966	M	vi.	Eleutério René Gabardo (09/03/1971).
+	6967	M	vii.	Tadeu Alexsandro Gabardo (22/05/1973).
5194.	**Leonildo Gabardo** (25/07/1923 – 10/11/1996).			
	(29/08/1950) **Leonilda Jory** (04/01/1930).			
+	6968	F	i.	Terezinha Lisene Gabardo (28/05/1951).
+	6969	F	ii.	Maria Liane Gabardo (27/06/1953).
+	6970	F	iii.	Leindemir Gabardo (04/12/1957).
5195.	**Leoclécio Antonio Gabardo** (07/05/1925 – 24/03/1954).			
	(05/05/1952) **Odette Glück Ribas** (30/11/1931).			
+	6971	F	i.	Maria Sueli Ribas Gabardo (12/02/1953).
5197.	**João Leonelho Gabardo** (19/04/1930).			

				(18/12/1954) **Gemma Bozza Chiminello** (21/04/1930).
+	6972	M	i.	**Luiz Carlos Gabardo** (08/01/1956).
+	6973	M	ii.	**Lourival Antonio Gabardo** (19/05/1958).
+	6974	F	iii.	**Lucimara do Rocio Gabardo** (03/04/1964).
	6975	M	iv.	**João Leonelho Gabardo Filho** (09/04/1965).
5198.	**José Lisotto Gabardo** (03/01/1932 – 04/08/1986).
				(15/09/1966) **Deamir Therezinha Pellanda** (18/09/1933).
	6976	M	i.	**Luiz Fernando Pellanda Gabardo** (27/07/1967).
				() **Sandra Vieira de Almeida**.
	6977	F	ii.	**Claudia Pellanda Gabardo** (20/10/1969).
+	6978	F	iii.	**Gisele Pellanda Gabardo** (19/05/1971).
5199.	**Lisete Pedrina Gabardo** (29/06/1933).
				(04/06/1955) **Pedro Ziliotto** (15/05/1931).
+	6979	F	i.	**Leusi Therezinha Ziliotto** (19/02/1956).
+	6980	M	ii.	**José Osmair Ziliotto** (17/11/1957).
+	6981	M	iii.	**Eloir Antonio Ziliotto** (15/02/1959).
+	6982	F	iv.	**Rosi Maria Ziliotto** (22/08/1962).
+	6983	M	v.	**Luiz Fernando Ziliotto** (19/08/1964).
	6984	M	vi.	**Pedro Gilmar Ziliotto** (26/07/1972).
5202.	**Leoni Maria Gabardo** (10/12/1942).
				(16/01/1965) **Valentim Antonio Nichele** (18/10/1939).
+	6985	F	i.	**Ligia Cristina Nichele** (24/06/1966).
+	6986	F	ii.	**Sueli Terezinha Nichele** (15/10/1967).
	6987	F	iii.	**Joceli do Rocio Nichele** (14/11/1968).
	6988	M	iv.	**Valentim Antonio Nichele Júnior** (18/11/1974).
				(14/10/2000) **Joziane Maria Zonta** (11/03/1979).
5203.	**Leonides Mario Gabardo** (05/05/1945).
				(18/12/1971) **Tereza Zenaide Pelanda** (24/07/1953).
	6989	M	i.	**Mario Rogério Gabardo** (30/01/1973).
				(13/09/1997) **Luciane Regina Palu** (19/08/1970).
	6990	M	ii.	**Marçal Alexandre Gabardo** (03/04/1974).
	6991	F	iii.	**Marina Elisa Gabardo** (05/09/1980).
	6992	M	iv.	**Murilo Vitor Gabardo** (17/11/1982).
+	6993	M	v.	**Michel Antonio Gabardo** (08/03/1986).
5204.	**Livanir Lourdes Gabardo** (03/11/1946).
				(18/12/1965) **Dilson Baldan** (29/03/1943).
5208.	**Júlia Moletta** (02/1920 – 19/06/1972).
	() **João Bobato**.
	6999	M	i.	**Darci Bobato** (14/05/1942 – 21/06/1942).
	7000	F	i.	**Lucia Vanir Bobato**.

				() Darci Ribeiro de Jesus.
	7001	M	ii.	Natal Bobato.
	7002	M	iii.	Pedro Amacir Bobato.
	7003	F	iv.	Maria Edelzira Bobato.
				() Romair Marconato.
	7004	M	v.	Sebastião Assis Bobato.
	7005	M	vi.	Alberto Bobato.
5213.	Diomira Guilherme Guglielmi (03/08/1916 – 20/07/2008).			
	() Miguel Baitala (29/09/1917 – 15/03/1994).			
	7006	F	i.	N Baitala.
				() Waldomiro Rigoni (12/09/1933 – 10/05/1975).
5229.	Holanda Moletta (1915 – 22/04/1981).			
	() Tomaz Ribeiro.			
	7007	F	i.	Maria Augusta Ribeiro (1948).
				() Luiz Adair dos Santos.
	7008	F	ii.	Adelia Ribeiro (1954).
	7009	M	iii.	Manoel Luiz Ribeiro (1957).
5230.	Genoveva Bobato Moletta (15/07/1915 – 08/09/1988).			
	(09/09/1939) Julio Lemos Santana.			
	7010	F	i.	Nadir Teresinha Santana (1941).
				() Osvaldo Goebel.
	7011	M	ii.	Acir Santana (1943).
	7012	F	iii.	Maria Rosa Santana (1945).
				() Leontino Paz.
5231.	Matilde Moletta.			
	() Braz Beltrão.			
	7013	M	i.	Luiz Afonso Beltrão (1955 – 11/07/1977).
5253.	Eduardo Bobato (12/08/1916 – 31/07/1972).			
	(20/05/1938) Laudelina Lopes Pinheiro (24/08/1916).			
	7014	M	i.	Jovani Bobato.
	7015	M	ii.	Dimas Sebastião Bobato.
	7016	M	iii.	Eloir Bobato.
	7017	M	iv.	Juraci Bobato.
				() Doraci Assis.
	7018	F	v.	Nezite Bobato.
				() Silvio Moletta.
	7019	F	vi.	Dalzira Bobato.
				() Rubens Scheidt.
	7020	F	vii.	Zonir Bobato.
				() Angelo José Bini.

5256.	Jocondo Bobato (02/1923 – 30/04/1973).			
	() Leonilda Penteado.			
	7021	F	i.	Teresinha Bobato.
				() Ismael Beltrão.
	7022	M	ii.	Zeni Bobato.
				() Ildegar Schneider.
	7023	F	iii.	Maria Erli Bobato.
	7024	M	iv.	Luiz Vilmar Bobato.
	7025	M	v.	José Nelvir Bobato.
	7026	M	vi.	Dilson Antonio Bobato.
5257.	Ida Bobato.			
	() Vicente Bobato.			
	7027	M	i.	Ivo Moisés Bobato (04/1948 – 11/07/1948).
5259.	Leontino Antenor Bobato (1934 – 08/04/1986).			
	() Alice Glacir.			
	7028	M	i.	João Cesar Bobato (1969).
	7029	F	ii.	Josiane Carla Bobato (1972).
	7030	F	iii.	Joceli do Rocio Bobato (1975).
	7031	M	iv.	Geone Bobato (1980).
	7032	M	v.	Jessel Ricardo Bobato (1982).
5277.	Ricardo Marconato.			
+	7033	F	i.	N Marconato.
+	7034	F	ii.	Noeli Marconato (18/05/1957).
5285.	Graziella Pontarollo (28/09/1940).			
	() Francesco Costa (05/07/1939).			
	7035	M	i.	Valerio Costa (18/08/1965).
5319.	Giovanni Pontarollo (23/02/1907 – 30/11/1986).			
	() Corona Celi (23/07/1908 – 04/01/1994).			

17. Geração

5352.	Hamilton Tadeu Pontarola (1949 – 08/07/2017).			
+	7039	M	i.	Hamilton Tadeu Pontarola Júnior (05/02/1971).
5354.	N Pontarollo.			
	7040	M	i.	Marcus Pontarolli.
5357.	Augusto Pontarolo.			
	() Anna Bobato.			
5359.	Jorge Jamil Gabardo (29/12/1929).			
	() Eraldy Cordeiro (13/07/1933).			
+	7049	F	i.	Dionéia Maris Gabardo (04/10/1952).
+	7050	F	ii.	Dilcéia Maria Gabardo (29/12/1955).
+	7051	M	iii.	Carlos Alberto Gabardo (23/04/1965).

5360.	João Olivir Gabardo (19/11/1931).			
	(31/01/1959) Maria Lucy Lollato (13/05/1937).			
+	7052	F	i.	Marcia Regina Gabardo (08/02/1960).
+	7053	M	ii.	Marco Aurélio Gabardo (maio 1961).
	7054	M	iii.	Julio Cesar Gabardo (22/07/1964).
	(19/10/1996) Maribel Marino Martinez (28/07/1972).			
+	7055	F	iv.	Teresa Cristina Gabardo (06/09/1967).
+	7056	M	v.	Cesar Augusto Gabardo (01/11/1972).
	7057	F	vi.	Melissa Fernanda Rocha Gabardo (29/03/1988).
5361.	Antonio Gabardo.			
	() Cecília Procópio.			
	7058	F	i.	Ivânia Gabardo.
	7059	F	ii.	Silvana Gabardo.
5362.	Francisca Diva Gabardo.			
	7060	M	i.	Rubens Gabardo.
5363.	Inez da Conceição Simões Gabardo (09/12/1952).			
	() Valdir José Sauthier.			
	7061	F	i.	Agueda Kione Gabardo Sauthier (17/02/1987).
	7062	F	ii.	Kaciana Gabardo Sauthier (27/12/1993).
5364.	Francisco de Jesus Gabardo.			
	() Reni Aidee Rek.			
	7063	M	i.	Leandro Gabardo.
	7064	F	ii.	Luciana Gabardo.
	7065	F	iii.	Daiane Gabardo.
	7066	F	iv.	Lorete Gabardo.
5365.	Lidia Simões Gabardo.			
	() Alberto Benedito Portes.			
	7067	F	i.	Marcia Maria Portes.
	7068	M	ii.	Antonio Rodrigo Portes.
	7069	F	iii.	Anne Luisa Portes.
+	7070	M	iv.	Tiago Henrique Portes.
5366.	Luiza Gabardo.			
	() José Nereu Bedim.			
	7071	M	i.	Eneas Gabardo Bedim.
+	7072	M	ii.	Nilmar Gabardo Bedim (30/03/1986).
	7073	M	iii.	Agnaldo Gabardo Bedim.
	7074	F	iv.	Luana Cristina Gabardo Bedim (30/04/2000).
5367.	Maria Tereza Simões Gabardo.			
	() José Olenik.			
	7075	M	i.	Gilmar Antonio Olenik.

	7076	F	ii.	Jacira Olenik.
	7077	F	iii.	Judite Olenik.
	7078	M	iv.	João Olenik.
	7079	F	v.	Maria Ivana Olenik.
	7080	M	vi.	Gildovam Olenik.
	7081	M	vii.	Divam Olenik.
	7082	M	viii.	Ivan Olenik.
5368.	Antonio Simões Gabardo.			
	() Terezinha Sandrini.			
+	7083	M	i.	Daniel Gabardo.
+	7084	M	ii.	Lourival Sandrini Gabardo.
	7085	M	iii.	Jamil Sandrini Gabardo.
+	7086	M	iv.	Jacir Sandrini Gabardo.
	7087	F	v.	Nadir Sandrini Gabardo.
	7088	F	vi.	Nair Gabardo.
	7089	F	vii.	Abigail Gabardo.
+	7090	F	viii.	Lindamir Gabardo.
5369.	João Simões Gabardo.			
	() Ana de Souza.			
+	7091	M	i.	Acir Gabardo de Castilho.
+	7092	M	ii.	Valmir Gabardo.
+	7093	M	iii.	Valdir Gabardo.
	7094	M	iv.	Antonio Valdecir Gabardo.
	7095	F	v.	Laureci Gabardo.
	7096	M	vi.	Olimpio Gabardo.
	7097	F	vii.	Mariza Gabardo.
	7098	F	viii.	Marilda Gabardo.
	7099	F	ix.	Marinez Gabardo.
	7100	M	x.	Albari Gabardo.
	7101	F	xi.	Adriana Gabardo.
5370.	Ernesto Simões Gabardo.			
	() Amelia Olenik.			
+	7102	F	i.	Rosa Oleinik Gabardo.
5371.	Getulio José Simões Gabardo.			
	() Lidia Alves Pires.			
	7103	F	i.	Iracema Aparecida Gabardo.
+	7104	F	ii.	Rosa Gabardo.
+	7105	M	iii.	Rogério Gabardo.
	7106	M	iv.	Raulino Gabardo.
+	7107	F	v.	Elza Gabardo.

5372.	Luiz Simões Gabardo.			
	() Lurdes Wolf.			
+	7108	M	i.	Douglas Alex Gabardo.
+	7109	F	ii.	Denize Angela Gabardo.
	7110	F	iii.	Débora Alice Gabardo.
	7111	F	iv.	Daniele Aline Bueno (09/03/1994).
				(05/03/2016) Jackson Lucas Carradore.
5373.	Rosa Gabardo (05/01/1943).			
	() José Gomes (11/11/1932).			
	7112	M	i.	Joel Gabardo Gomes (18/08/1960).
	7113	M	ii.	Jamil Gabardo Gomes (03/11/1962).
	7114	M	iii.	Cacildo Gabardo Gomes (16/08/1965).
	7115	F	iv.	Sueli Gabardo Gomes (16/02/1969).
	7116	M	v.	Valmir Gabardo Gomes (23/12/1976).
	7117	F	vi.	Marli Gabardo Gomes (24/06/1979).
5374.	Iracema Gabardo.			
	() Vitor de Matos.			
	7118	M	i.	Rodrigo Gabardo de Matos (20/06/1991
				(04/01/2015) Silvana da Silva de Souza (08/08/1993).
5379.	Miguel Batista Gabardo.			
	() Anadir Vila.			
	7119	M	i.	Sidinei Batista Gabardo (20/07/1983).
5380.	Olivia Batista Gabardo (27/04/1952).			
	7120	M	i.	Nelton Ravaglio (19/09/1982).
5383.	Jair Gabardo (28/07/1957).			
	() Maria Francisca Gabardo Nenevê (11/08/1950).			
+	7121	M	i.	Ademir Cristiano Gabardo (23/10/1978).
5384.	Catarina Gabardo dos Santos (11/06/1965).			
	() José Antonio Lopes (30/01/1963).			
	7122	F	i.	Carolina Gabardo Lopes (31/05/1994).
				() Anderson Natanael Temiski (07/10/1983).
5385.	Maria Francisca Gabardo Nenevê (11/08/1950).			
	() Jair Gabardo (28/07/1957).			
5390.	Sebastião Gabardo Nenevê.			
	() Alzira Gabardo.			
+	7124	F	i.	Rosi Gabardo Nenevê (13/02/1975).
	7125	F	i.	Jô Gabardo Nenevê (19/11/1980).
+	7126	F	iii.	Neia Gabardo Nenevê (09/04/1986).
5392.	Pedro Simões Nunes.			
	() Nair Demétrio (15/03/).			

+	7127	F	i.	**Nilce Maria Nunes** (02/08/1976).
	7128	M	ii.	**Anderson Luís Nunes** (12/12/1981).
				(03/03/2008) **Noryam Bervian Bispo** (12/05/1983).

5394. **João Maria Simões Nunes** (10/05/1946).

(10/09/1971) **Genoci Salete Gonçalves da Silva** (23/08/1951).

	7129	M	i.	**Antonio Simões Nunes** (23/07/1986).
				() **Janaina do Nascimento Frias**.
+	7130	F	ii.	**Regiane de Fátima Nunes**.
	7131	F	iii.	**Rosangela Aparecida Nunes**.
	7132	M	iv.	**Jumir Nunes**.
	7133	F	v.	**Rosana Nunes**.
	7134	F	vi.	**Regina Nunes**.
	7135	F	vii.	**Romilda Nunes**.
	7136	M	viii.	**Alciro Nunes**.
	7137	M	ix.	**Leandro Nunes**.
	7138	M	x.	**José Nunes**.

5396. **Maria das Graças Simões Nunes**.

() **Eliseu Gomes**.

	7139	M	i.	**Eleandro Gomes**.
	7140	M	ii.	**Elessandro Gomes**.
	7141	M	iii.	**Eloir Gomes**.
	7142	M	iv.	**Ernandes Gomes**.

5397. **Helene Simões Nunes**.

() **Levi Machovski**.

	7143	F	i.	**Lucilena Machovski**.
	7144	F	ii.	**Alcilene Machovski**.
	7145	F	iii.	**Olinda Maria Machovski**.
	7146	M	iv.	**Olivio Levi Machovski**.

5398. **Nelson Simões Nunes**.

() **Iolanda Gabardo**.

	7147	F	i.	**Marcia Maria Nunes**.
	7148	M	ii.	**Marcos José Nunes**.

5399. **Amélia de Fátima Simões Nunes**.

() **Lauro Cordeiro**.

	7149	F	i.	**Elizângela de Fátima Cordeiro**.
	7150	M	ii.	**Everson Lauro Cordeiro**.
	7151	M	iii.	**Edilson Luiz Cordeiro**.

5400. **Celso Simões Nunes**.

() **Lindarci Siqueira**.

	7152	F	i.	**Tatiana Cristina Nunes**.

5401.	Maria Luiza Simões Nunes.			
	() João Ayres.			
	7153	M	i.	João Antonio Ayres.
	7154	F	ii.	Anny Louize Ayres.
	7155	F	iii.	Aliny Marina Ayres.
5402.	Mário Simões Nunes.			
	() Elizabete Aparecida Martins.			
	7156	M	i.	Antonio Marcelo Nunes.
	7157	M	ii.	Robson Marcio Nunes.
	7158	M	iii.	Mario Simóes Nunes Júnior.
	7159	F	iv.	Leila Cristina Nunes.
5403.	Francisco Gabardo Nunes.			
	() Ivone.			
+	7160	F	i.	Janete Gabardo (07/09/1992).
	7161	F	ii.	Beatriz Gabardo (16/11).
5416.	Odiva Gabardo Nunes (06/02/19580.			
	() Wiliam Folda de Oliveira (31/07/1948).			
	7162	F	i.	de Oliveira.
	7163	F	ii.	Elizete Gabardo de Oliveira (31/01/1975).
+	7164	F	iii.	Elizabeth Gabardo de Oliveira (10/08/1980).
	7165	M	iv.	Marcos Gabardo de Oliveira (04/09/1981).
	7166	M	v.	Marcelo Gabardo de Oliveira (16/12/1987).
				() Domielen Kalinoski (29/05/1990).
5419.	José Sebastião Gabardo.			
	() Mercedes Negrelli.			
+	7167	M	i.	Antonio Negrelli Gabardo (14/06/1966).
+	7168	F	i.	Divanéia de Fátima Gabardo (03/02/1973).
	7169	F	ii.	Dionéia Gabardo (15/08).
	7170	F	iii.	Dorotéia Gabardo.
	7171	M	v.	Aguinaldo Gabardo.
	7172	M	vi.	Airton Gabardo (08/11/1979).
5420.	Maria Dolores Gabardo (08/12/1938).			
	(03/09/1966) Alcione Angelo Faoro (22/07/1945).			
+	7173	F	i.	Vanessa Maria Faoro (08/07/1967).
+	7174	F	ii.	Viviane do Rocio Faoro (24/11/1969).
+	7175	M	iii.	Attilio Faoro Neto (29/05/1971).
+	7176	M	iv.	Alcione Angelo Faoro Filho (25/02/1980).
5421.	Landivio Gabardo (29/07/1941).			
	(17/01/1970) Vera Maria Johansson (31/12/1943).			
	7177	F	i.	Patricia Maria Gabardo (27/03/1980).

5422.	João Carlos Gabardo (14/07/1945).			
	(22/02/1975) Sheila dos Santos Malafaia (18/05/1950 – 05/03/2018).			
+	7178	M	i.	João Paulo Gabardo (11/07/1979).
	7179	F	ii.	Luciana Gabardo (19/03/1982).
	(05/12/2020) Tânia de Assis (10/09/1958)			
5424.	Ines Gabardo Negrelli (30/03/1941).			
	() Victorino Kerscher (27/11/1932).			
	7180	F	i.	Rosemeri Kerscher (12/11/2006).
5425.	Pedro Gabardo Negrelli (31/07/1942).			
	() Maria (29/08/1951).			
	7181	F	i.	Celia Gabardo Negrelli (26/02/1973).
	7182	M	ii.	Ari Gabardo Negrelli (22/04/1974).
	7183	M	iii.	Amilton Gabardo Negrelli (10/03/1977).
5426.	João Gabardo Negrelli (05/05/1944).			
	(19/05/1968) Eugênia Bossi (28/01/1946).			
	7184	M	i.	Evaldir Negrelli (10/05/1969).
	7185	F	ii.	Marlene Gabardo Negrelli (26/06/1971).
+	7186	F	iii.	Leonia Gabardo Negrelli (02/02/1975).
5428.	José Gabardo Lemos Filho (20/10/1950).			
	() Inês Müller (19/04/1954 – 18/10/2014).			
	7187	M	iii.	Everaldo Gabardo Lemos (03/04/).
	7188	F	i.	Valdirene Gabardo Lemos (01/05/1976).
+	7189	F	ii.	Sorlene Gabardo Lemos (29/04/1978).
	7190	M	iv.	Jonas Gabardo Lemos (28/12/).
5431.	Mariano Gabardo Lemos (19/08/1958).			
	() Celia Kubichen (17/08/1974).			
	7191	M	i.	Gabriel Gabardo Lemos (08/08/2000).
5432.	Alzira Gabardo Lemos (30/01/1961).			
	() Geraldo Felczak (05/07/1962).			
	7192	M	i.	Getulio Gabardo Felczak (01/10/2001).
	7193	F	ii.	Angelica Gabardo Felczak (26/06/2003).
	7194	F	iii.	Joanilda Gabardo Felczak (21/06/2005).
5433.	Francisco Evilasio Gabardo Lemos (20/09/1963).			
	() Sidonia Saviski (02/11/1965).			
	7195	M	i.	Daniel Gabardo Lemos (21/01/1999).
5434.	Luis Gabardo Lemos (24/09/1965).			
	() Ana Saviski (05/10/1966).			
	7196	M	i.	Mateus Gabardo Lemos (13/10/1995).
	7197	F	ii.	Sueli Gabardo Lemos (04/11/1997).
	7198	M	iii.	Fabiano Gabardo Lemos (19/06/1999).

5435.	José Negrelli.			
	7199	F	i.	Isel Negrelli.
	7200	M	ii.	Joel N Negrelli.
5463.	Francisca de Lurdes Negrelli.			
	() Jovino Peschiski.			
	7201	M	i.	Angelo Ronei Peschiski (14/07/1977).
5465.	Mercedes Negrelli.			
	() José Sebastião Gabardo.			
5469.	Pedro Nabor Negrelli (12/07/1961).			
	(12/07/1986) Rose Mari Ribas (27/10/1964).			
	7208	M	i.	José Rodolfo Negrelli (1987).
	7209	F	ii.	Poleana Aparecida Negrelli (19/03/1991).
	7210	M	iii.	Jorge Lucas Negrelli (22/09/2003).
5471.	Lucia Negrelli.			
	() N Cordeiro.			
	7211	F	i.	Ely Cristina Negrelli Cordeiro (24/11/1991).
	7212	M	ii.	Eleon Negrelli Cordeiro (28/08).
5474.	José Tarcisio Pontarolo (18/06/1959).			
	() Regina Sviech (04/10/1964).			
	7213	M	i.	Guilherme Mateus Pontarolo (31/03/1997).
	7214	M	ii.	Luiz Felipe Pontarolo (18/08).
5478.	Jaqueline Rosa Pontarolo (21/10/1968).			
	7215	M	i.	Guido Luís Pontarolo (12/06/1995).
5481.	Lia Pontarolo (19/11).			
	7216	F	i.	Anna Flávia Pontarolo.
	7217	F	ii.	Maria Luisa Pontarolo.
5491.	Antonio Valdemir Pilato (1943).			
	(08/06/1963) Anadir Bozza (1945).			
	7218	M	i.	Eloir Antonio Pilato (09/12/1963).
				(07/12/1990) Neosmari Luzia Chiminasso (01/11/1967).
	7219	F	ii.	Lucenir Joana Pilato (03/12/1969).
				(23/08/1996) Paulo Henrique Deconto (29/12/1963).
	7220	M	iii.	Valdemir Carlos Pilato (27/08/1971).
				(17/07/1999) Vaniza Scroccaro (17/07/1972).
+	7221	F	iv.	Jucenir Terezinha Pilato (02/10/1972).
5492.	Pedro Altair Pilato (04/03/1947).			
	(14/11/1970) Maria Inês Scroccaro (11/07/1950).			
	7222	M	i.	Gerson Luiz Pilato (03/02/1972).
				(20/12/1997) Cláudia Terezinha Ramos (06/06/1974).
5493.	Joana Claudir Pilato (11/07/1950).			

				(25/11/1967) **Geraldo Claito Bobato** (05/12/1943).
5509.	**Sirlene Maria Micheletto** (23/07/1940).			
	(28/11/1959) **Antonio Vani Gabardo** (11/08/1940).			
5513.	**Rosimeri Micheletto** (11/05/1958).			
	(02/10/1982) **Glacimar José Gabardo** (07/05/1961).			
	7233	F	i.	**Rafaela Gabardo** (27/02/1984).
	7234	F	ii.	**Karina Gabardo** (10/11/1987).
5514.	**Maria Rosilma Negrello** (1947).			
	(08/01/1966) **José Alceu Orso** (1945).			
	7235	M	i.	**Jalvir Antonio Orso** (22/11/1971).
				(18/06/1994) **Flavia Cristiane Gabardo** (28/12/1975).
5515.	**Victor Negrelli** (06/05/1949).			
	(27/10/1973) **Neosmari Terezinha Bonato**.			
	7236	M	i.	**Fabiano Negrelli** (24/12/1975).
5542.	**Dinarte Luís Negrello**.			
	7237	F	i.	**Adriana Negrello** (21/09/1981).
5552.	**Renato Burbello** (19/11/1946).			
	(11/12/1971) **Claudete Teresinha Zonta** (15/04/1951			
	7238	M	i.	**Sidnei Angelo Burbello** (27/09/1974).
				(11/02/1995) **Eliane do Rocio Grendel** (06/07/1972).
5554.	**Domingos Burbello** (1899).			
	(30/09/1922) **Josepha Negrello** (03/12/1900 – 05/03/1968).			
5555.	**Angelo Burbello** (1890).			
	(12/04/1913) **Clara (Clarinda) Gabardo** (25/01/1890).			
5565.	**Josete Negrello** (10/03/1978).			
	(11/01/2010) **Irai Passos** (18/02/1964).			
	7246	M	i.	**Lorenzo Negrello Passos** (04/01/2008).
5566.	**Antonio Osmar Gabardo** (31/08/1960).			
	(16/05/1987) **Ligia Cristina Nichele** (24/06/1966),			
	7247	M	i.	**Renan Artur Gabardo** (14/04/1990).
	7248	F	ii.	**Bianca Elisa Gabardo** (24/01/1996).
5567.	**Francisco Valdemar Gabardo** (17/10/1961).			
	() **Leidir Maria Bobato** (29/10/1966).			
	7249	F	i.	**Renata Gabardo** (16/07/1987).
	7250	M	ii.	**Ricardo Gabardo** (03/06/1988 – 29/06/1988).
	7251	M	ii.	**Rafael Gabardo** (14/10/1990).
	7252	M	iii.	**Rodrigo Gabardo** (17/08/2000).
5573.	**Marco Aurélio Baldan** (27/10/1966).			
	(24/09/1988) **Cleia Vieira Claro** (02/03/1966).			
	7253	M	i.	**Rafael Baldan** (21/02/1989 – 21/02/1989).

	7254	M	ii.	**Rodrigo Antonio Baldan** (29/06/1991).
	7255	M	iii.	**Bruno Baldan** (26/08/1995).
5574.	**Marcelo Baldan** (04/06/1969).			
	(25/06/1988) **Darlene Adriane da Cruz** (09/02/1971).			
	7256	F	i.	**Bruna Marcela Baldan** (27/10/1988).
	7257	M	ii.	**André Luiz Baldan** (14/03/1991).
5575.	**Mauro Baldan** (06/03/1972).			
	() **Oglah da Rocha Martins** (04/12/1975).			
	7258	M	i.	**Luan Rocha Baldan** (17/07/1996).
5579.	**Sueli Rocio Moletta** (08/02/1954).			
	(01/12/1973) **João Ernesto Kieka** (14/01/1945).			
	7259	M	i.	**Luis Fernando Kieka** (19/01/1975).
	7260	M	ii.	**José Antonio Kieka** (02/05/1977).
	7261	F	iii.	**Ana Paula Kieka** (25/05/1980).
	7262	F	iv.	**Angela Maria Kieka** (13/12/1981).
	7263	M	v.	**Carlos Alberto Kieka** (09/08/1986).
5580.	**Sérgio Roberto Moletta** (09/03/1956).			
	(16/05/1981) **Telma Oliveira Lima** (01/04/1953).			
	7264	F	i.	**Thasila Oliveira Lima Moletta** (31/10/1981).
	7265	M	ii.	**Tharso Oliveira Lima Moletta** (11/01/1986).
5583.	**Sirlei Terezinha Moletta** (27/08/1967).			
	(06/06/1992) **Marcos Antonio Valaski** (06/04/1966).			
	7266	M	i.	**Phillippe Valaski** (06/08/1994).
	7267	F	ii.	**Aline Valaski** (16/01/1996).
5598.	**Ataides Pedro Moletta**.			
	() **Olivina Crossait**.			
	7268	F	i.	**Irene Moletta** (19580.
	7269	F	ii.	**Ivone Moletta** (1960).
	7270	F	iii.	**Emilia Moletta** (1963).
5601.	**Pedro Alexandre Negrello** (29/06/1955).			
	(04/07/1981) **Célia Regina de Almeida Cristóvão** (11/11/1961).			
	7271	M	i.	**Filipe Alexandre Cristóvão Negrello** (02/06/1984).
	7272	M	ii.	**João Paulo Cristóvão Negrello** (26/04/1982).
5603.	**Marcos Antonio Negrello** (17/05/1959).			
	() **Nilda Gonçalves**.			
	7273	M	i.	**André Negrello** (30/01/1988).
	7274	M	ii.	**Andrei Negrello** (12/01/1994).
				() **Elisabete Dias**.
	7275	F	iii.	**Dayane Dias Negrello** (05/02/2005).
5604.	**Alcides Negrello** (23/09/1950).			

	(11/12/1976) **Vanda Litzke** (17/09/1952).			
	7276	M	i.	**Ermínio Negrello Neto.**
5607.	**Nivacilda Aparecida Claudino** (21/03/1954).			
	(12/07/1975) **Reinaldo Romaniuk** (11/01/1952).			
	7277	F	i.	**Dayane Romaniuk** (22/01/1976).
				() **Daniel dos Santos Marias** (23/03/1979).
	7278	M	ii.	**Reinaldo Romaniuk Filho** (03/03/1982).
	7279	F	iii.	**Kamyla Romaniuk** (07/02/1992).
5608.	**José Ariovaldo Claudino** (01/09/1955).			
	(01/08/1981) **Mary Célia Abronhero de Barros** (13/09/1957).			
	7280	F	i.	**Lorayne de Barros Claudino** (24/12/1983).
	7281	F	ii.	**Mary Anne de Barros Claudino** (07/08/1988).
5613.	**Roberto Gabardo.**			
	7282	M	i.	**Gianluca Gabardo.**
5619.	**Pascal Dematteis** (30/08/1969).			
	() **Stéphanie Clémençon** (16/02/1972).			
	7283	F	i.	**Pauline Dematteis** (04/09/1999).
	7284	F	ii.	**Laura Dematteis** (11/09/2001).
	7285	F	iii.	**Clara Dematteis** (27/11/2007).
5620.	**Laurent Dematteis** (20/101976).			
	() **Christelle Launay** (06/101976).			
	7286	M	i.	**Ethan Dematteis** (23/03/2010).
	7287	M	ii.	**Hugo Dematteis** (12/04/2012).
5621.	**Fabien Dematteis** (08/12/1981).			
	() **Virginie Leveau** (19/02/1982			
	7288	F	i.	**Marie Dematteis** (11/03/2013).
	7289	M	ii.	**Antoine Dematteis** (29/09/2018).
5623.	**Mélanie Gabardo** (16/08/1981).			
	() **Swann Krier** (19/04/1981).			
	7290	M	i.	**Eliott Krier** (08/06/2007).
	7291	F	ii.	**Anaëlle Krier** (21/05/2010).
5624.	**Marlène Gabardo** (01/08/1983).			
	(01/09/2006) **Arnaud Ecaillet** (14/08/1980).			
	7292	M	i.	**Noam Ecaillet** (05/02/2009).
	7293	F	ii.	**Maëlle Ecaillet** (16/02/2012).
5625.	**Jane Negrello.**			
	() **Jaci Rodrigues.**			
	7294	F	i.	**Janaina Negrello Rodrigues.**
	7295	M	ii.	**Marcelo Negrello Rodrigues.**
	7296	F	iii.	**Jordana Negrello Rodrigues.**

5626.	**Nilceu Antonio Negrello.**				
	() Rosa Maria.				
	7297	M	i.	Diogo Negrello.	
5627.	**Rosanea Negrello.**				
	() Luis Carlos Soares.				
	7298	F	i.	Tanísia Negrello Soares.	
5628.	**Fábio Negrello.**				
	() N Belkiss.				
	7299	F	i.	Tamara Negrello.	
	7300	M	ii.	Lucas Negrello.	
5629.	**Erian Negrello.**				
	() Estela Maris Pacheco.				
	7301	M	i.	Dougla Negrello.	
	7302	F	ii.	Mayara Negrello.	
5630.	**Dilson Luis Negrello.**				
	() Sandra Nery.				
	7303	M	i.	Gragory Affonso Negrello.	
	7304	M	ii.	Andrei Negrello.	
	7305	F	iii.	Monica Graziele Negrello.	
5631.	**Helton Negrello.**				
	() Ionara Carvalho.				
	7306	M	i.	Leandro Carvalho Negrello.	
	7307	F	ii.	Fernanda Carvalho Negrello.	
5632.	**Ildo Francisco Negrello.**				
	() Roselaine do Carmo Lopes.				
	7308	M	i.	Adriano Lopes Negrello.	
	7309	F	ii.	Aline Lopes Negrello.	
	7310	F	iii.	Janaine Lopes Negrello.	
5642.	**Serge Gabardo** (07/05/1950).				
	(08/01/1972) Françoise Montvert (25/12/1951).				
+	7311	F	i.	Béatrice Gabardo (10/01/1973).	
+	7312	F	ii.	Blandine Gabardo (23/05/1980).	
5643.	**Bruno Gabardo** (19/07/1952).				
	(06/07/1974) Hélène Marie Chaboud (31/01/1948).				
+	7313	M	i.	Boris Gabardo (05/05/1975).	
+	7314	M	ii.	Yann Gabardo (06/08/1977).	
5648.	**Antonio Negrello** (21/03/1978).				
	(13/09/2008) Laura Frigo.				
	7315	F	i.	Giorgia Negrello (20/11/2010).	
5656.	**Daniel Dubail.**				

	7316	M	i.	**Jean Daniel Dubail.**
	7317	F	ii.	**Nathalie Dubail.**
				() **N de Rooij.**
5657.	**Dianne Pontarollo.**			
	() **LeRoy Paquette.**			
+	7318	M	i.	**Michael Paquette.**
5658.	**Elizabete Aparecida Pontarollo** (25/04/1964).			
	7319	M	i.	**Willian.**
	7320	F	ii.	**Michelle.**
	7321	M	iii.	**Willkes.**
5665.	**Jean Charles (Gianni) Gabardo** (18/04/1949 – 26/09/2017).			
	() **Joëlle David** (25/12/1955 – 06/08/2015).			
	7322	M	i.	**Jean Charles Gabardo** (04/08/1977).
+	7323	F	ii.	**Céline Gabardo** (16/04/1979).
5668.	**Anne Marie Gabardo** (15/05/1952).			
	() **Salvatore Belfiore** (10/12/1947).			
+	7324	M	i.	**Giovanni Belfiore** (28/07/1976).
5669.	**Stefano Gabardo** (31/10/1965).			
	(08/10/2009) **Adriana Moro** (30/11/1965).			
	7325	M	i.	**Giacomo Gabardo** (29/11/2007).
5670.	**Andreina Gabardo** (31/01/1968).			
	(13/06/1992) **Gabriele Ceccon**).			
	7326	M	i.	**Paolo Ceccon** (13/09/1996).
	7327	M	ii.	**Carlo Ceccon** (01/12/1999).
5671.	**Marco Gabardo** (02/07/1972).			
	() **Hitomi Kato** (22/12/1970).			
	7328	F	i.	**Julia Gabardo** (12/07/2004).
	7329	M	ii.	**Lucas Gabardo** (30/12/2007).
5672.	**Laura Gabbardo** (05/03/1938).			
	() **Fernando dos Reis.**			
	7330	F	i.	**Marlene Gabbardo dos Reis.**
+	7331	M	ii.	**João Gabbardo dos Reis.**
5673.	**Ieda Gabbardo** (05/03/1940).			
	() **Milton A Bauermann.**			
	7332	F	i.	**Beatriz R Gabbardo Bauermann.**
5674.	**Lucia Tereza Gabbardo** (28/03/1944).			
	(20/03/1971) **Valter Arno Ritter.**			
+	7333	M	i.	**Rafael Gabbardo Ritter** (30/10/1972).
	7334	M	ii.	**Gustavo Gabbardo Ritter** (28/09/1974).
	7335	F	iii.	**Clarice Gabbardo Ritter** (04/03/1978).

	7336	M	iv.	**Guilherme Gabbardo Ritter** (30/01/1980).

5676. **Roque José Gabbardo** (17/08/1956).

(27/08/1984) **Marisa Colle** (09/09/1963).

	7337	M	i.	**Eder Gabbardo** (24/06/1986).
+	7338	F	ii.	**Tatiana Gabbardo** (22/10/11987).

5677. **Antonio Luiz Gabbardo** (13/02/1958).

(23/02/1985) **Marlene Gonçalves** (17/06/1954).

	7339	F	i.	**Francine Gonçalves Gabbardo** (23/01/1987).
				() **Bruno Fagundes Medeiros** (16/03/1987).
	7340	M	ii.	**Antônio Luís Gabbardo Júnior** (16/05/1992).

5679. **Roberto Gabbardo** (29/12/1961).

(12/12/1992) **Adriana da Silva** (29/03/1975).

	7341	F	i.	**Roberta Gabbardo** (28/01/1998).

5680. **Renato Gabbardo** (17/09/1964).

(29/01/1992) **Kátia Regina Candria** (09/11/1971).

+	7342	M	i.	**Henrique Gabbardo** (08/11/1992).
	7343	F	ii.	**Andressa Raissa Gabbardo** (12/08/2000).
	7344	F	iii.	**Isabelle Renata Gabbardo** (04/07/2002).

5682. **Jaime Valduga Gabbardo** (03/04/1970).

(17/05/2013) **Giovana Bianchi** (28/05/1982.

	7345	M	i.	**Enzo Bianchi Gabbardo** (15/07/2013).

5683. **Edmilson Gabbardo** (12/11/1963).

() **Rosecler Machado**.

	7346	M	i.	**Daniel Gabbardo** (11/03/1981).
	7347	M	ii.	**Rafael Gabbardo** (22/01/1992).

5684. **José Antonio Gabardo** (29/04/1965).

(22/12/1990) **Lourdes Maria Boschi** (11/02/1967).

	7348	F	i.	**Luiza Gabardo** (24/08/2001).

5685. **Lucia Gabardo** (23/09/1957).

(17/06) **Delcino Anzolin** (04/10/1940).

	7349	F	i.	**Juliana Gabardo Anzolin** (21/01/1989).

5687. **Sergio Mario Gabardo** (1957).

	7350	M	i.	**Mario Sérgio Gabardo** (09/07/1985 – 29/09/2005).
	7351	M	ii.	**Sérgio Miguel Gabardo** (2007).

5688. **Jaime Gabardo** (25/07/1959).

	7352	F	i.	**Lygya Gabardo** (25/04/1984).
	7353	F	ii.	**Lygyane Gabardo** (19/07/1986).
	7354	F	iii.	**Lyane Gabardo** (17/11/1987).

5690. **Jairo Gabbardo** (12/01/1969).

() **Kelly Ramos Martins** (24/11/1969).

+	7355	M	i.	**Daniel Ramos Gabardo** (24/10/1987).
	7356	M	i.	**Raphael Ramos Gabbardo** (02/03/1991).
+	7357	F	iii.	**Sarah Ramos Gabardo** (18/01/1996).

() **Juscélia Rodrigues** (12/10/1987).

	7358	F	iv.	**Rayza Rodrigues Gabardo** (28/12/2010).
	7359	F	v.	**Kyara Rodrigues Gabardo** (08/09/2015).

5694. **Marlise Gabardo.**

() **Nilo Marques Baldo.**

	7360	F	i.	**Paloma Baldo** (20/12/1993).

5696. **Marlise Maria Gabbardo.**

() **Ernani Penz Junior.**

	7361	M	i.	**Filipe Gabbardo Penz** (05/04/1995).
	7362	F	ii.	**Leticia Gabbardo Penz** (13/08/1998).

5699. **Marcia Gabardo Salami.**

() **Fernando Rosseti.**

	7363	F	i.	**Vanessa Rosseti.**
	7364	M	ii.	**Luiz Fernando Rosseti.**

5702. **Loiva Gabardo Zeni.**

	7365	F	i.	**Taís Zeni.**
	7366	M	ii.	**Márcio Zeni.**

5706. **Patricia Gabardo.**

	7367	F	i.	**Catarina Gabardo.**
	7368	M	ii.	**Rodrigo Gabardo.**

5708. **Fabiane de Mattos Gabardo** (02/07/1973).

(18/09/2005) **Charles Tessmann** (05/07/1978).

	7369	F	i.	**Valentina Gabardo Tessmann** (18/03/2009).

5709. **Fabio de Mattos Gabardo** (17/11/1975).

() **Natalia Guasso.**

	7370	M	i.	**Leon Guasso Gabardo** (18/09/2013).

5710. **Fernanda de Mattos Gabardo** (23/11/1977).

() **Tiago Freitas Junqueira dos Santos.**

	7371	F	i.	**Mariana Gabardo Junqueira dos Santos** (02/02/2011).

5713. **Miriam Beatriz Vaz** (04/02/1960).

() **Vitor Oswaldo Della Mea** (29/10/1942).

	7372	M	i.	**Victorio Vaz Della Mea** (03/12/1995).

5714. **Marco Antonio Vaz** (05/01/1961).

() **Katia Sommer** (11/09/1962).

	7373	F	i.	**Gabriela Sommer Vaz** (17/10/1991).
	7374	F	ii.	**Ana Paula Sommer Vaz** (02/08/2003).

5715. **Marco Aurélio Vaz** (03/08/1964).

				() **Liane Ogliani Pinto** (11/07/1965).
	7375	F	i.	**Verônica Pinto Vaz** (25/07/1991).
	7376	F	ii.	**Vivian Pinto Vaz** (11/09/1995).
5716.	**Mirna Elisabeth Vaz** (01/04/1966).			
	() **Marco Fábio Dinelli** (29/12/1963).			
	7377	F	i.	**Marcela Vaz Dinelli** (01/12/1988).
	7378	M	ii.	**Bruno Vaz Dinelli** (08/11/1990).
	7379	F	iii.	**Fabiana Vaz Dinelli** (04/09/1993).
5717.	**Kléber Gabbardo da Silva** (16/09/1958).			
	() **Jussara Curtinaz** (25/04/1958).			
	7380	F	i.	**Ulana Curtinaz da Silva**.
	7381	F	ii.	**Katiele Curtinaz da Silva**.
5718.	**Fabio Gabbardo da Silva** (07/03/1964 – 18/06/2004).			
	() **Damiana Barreto** (06/10/1965).			
	7382	F	i.	**Andressa Barreto da Silva**.
	7383	F	ii.	**Andrieli Barreto da Silva**.
5731.	**Márcio Gonçalves Pompermayer** (25/12/1969).			
	() **Claudia C Oliveira** (09/06/1973).			
	7384	M	i.	**Estevão Oliveira Pompermayer** (04/11/1998).
	7385	F	ii.	**Laura Oliveira Pompermayer** (09/07/2002).
5732.	**Sérgio Pompermayer Filho** (11/11/1972).			
	() **Fabiana Lindemayer** (12/06/1975).			
	7386	F	i.	**Isabela Lindemayer Pompermayer** (28/08/1996).
	7387	F	ii.	**Isadora Lindemayer Pompermayer** (21/03/2002).
	7388	F	iii.	**Elisabeth Lindemayer Pompermayer** (08/08/2008).
5748.	**Cristiane Gabbardo Zaffari** (08/02/1980).			
	() **Rodrigo Bittencourt** (07/12/1981).			
	7389	M	i.	**Victor Zaffari Bittencourt** (21/08/2003).
5762.	**Gentil Gabardo**.			
	() **Helena Maria Gomes**.			
	7390	F	i.	**Marlene Gabardo** (1950/1951).
	7391	M	ii.	**Jandir Gabardo** (1952/1953).
	7392	F	iii.	**Maria Josefina Gabardo** (15/05/1954).
	7393	F	iv.	**Leonilda Gabardo** (1956/1957).
	7394	F	v.	**Teresinha Gabardo** (1962/1963).
	7395	F	vi.	**Janete Aparecida Gabardo** (1967/1968).
5770.	**Benjamin Gabardo**.			
	() **Maria Luiza**.			
	7396	M	i.	**Jandir Gabardo**.
	7397	F	ii.	**Janete Gabardo**.

	7398	M	iii.	**Lucas Gabardo.**
5773.	**Ademar Gabardo.**			
	() **Julia Ezi Princival.**			
	7399	M	i.	**André Luiz Gabardo** (26/08/1992 – 26/08/1992).
5774.	**Edisir Maria Gusso** (29/06/1941).			
	(18/10/1960) **Dirceu Santos** (08/09/1934 – 12/12/1996).			
+	7400	F	i.	**Deusir Gusso Santos** (23/09/1962).
	7401	F	ii.	**Silvana Gusso Santos** (25/11/1968).
+	7402	M	iii.	**Samuel Gusso Santos** (29/05/1972).
5775.	**Ana Rita Gusso** (01/02/1942).			
	() **Lourenço Stall** (1938 – 1998).			
	7403	F	i.	**Sonia Maria Stall.**
	7404	F	ii.	**Solange do Rocio Stall.**
5777.	**Dinacir Gabardo** (08/09/1946).			
	(07/12/1968) **Airton Oltman** (09/10/1945).			
	7405	M	i.	**Reginaldo Oltman** (14/09/1969).
	7406	M	ii.	**Reinaldo Oltman** (31/01/1972).
	7407	M	iii.	**Ademir Oltman** (04/01/1975).
	7408	F	iv.	**Adriana Oltman** (25/04/1976).
5778.	**Antonio Gabardo** (11/09/1956).			
	(1980) **Ruth Aparecida de Melo** (18/06/1961).			
	7409	M	i.	**Rodrigo Gabardo** (10/09/1981).
	7410	F	ii.	**Renata Gabardo** (04/03/1987).
5779.	**Neusa Maria Gabardo.**			
	() **Miguel Perbiche.**			
	7411	F	i.	**Andrea Perbiche** (05/09/1974).
5780.	**José Adilson Gabardo** (09/01/1964).			
	() **Ivone do Rocio Fagundes Machado** (07/03/1970).			
+	7412	F	i.	**Mirelle de Fátima Gabardo** (23/03/1989).
	7413	F	i.	**Milene Gabardo** (12/04/1993).
				(14/04/2011) **Giacomo Guido Soares Zeni** (24/04/1989).
	7414	F	iii.	**Michele Aparecida Gabardo** (17/10/1995).
				(20/07/2012) **Marinalvo F. de Souza** (23/05/1985).
5781.	**Altair Fontana** (18/08/1964).			
	(17/09/1982) **Sueli Pathick** (01/05/1969).			
	7415	F	i.	**Priscila Regiane Fontana** (26/10/1994).
				(09/05/2015) **Victor Miguel Munhoz** (05/09/1985).
5782.	**Maria Elair Gauginski** (1935).			
	() **Orlando Ducheski** (1957).			
+	7416	M	i.	**João Roberto Ducheski** (26/07/1957).

+	7417	F	ii.	**Ana Maria Ducheski.**
+	7418	F	iii.	**Regina Ducheski.**
+	7419	M	iv.	**Leonardo Ducheski.**

5783. **José Ciro Gauginski** (1948 – 26/12/2010).
() **Neuza Couto.**

+	7420	M	i.	**José Ciro Gauginski.**
	7421	F	ii.	**Sofia Gauginski.**
	7422	F	iii.	**Suzana Gauginski.**

5784. **Miguel Gauginski.**
() **Noemia.**

7423	F	i.	**Salete Gauginski** (1971).
7424	F	ii.	**Janete Aparecida Gauginski.**
7425	F	iii.	**Celia Gauginski.**

5808. **Amilton João Accordi** (30/07/1946 - 11/12/1997).
(24/02/1973) **Maria Gorete Bonato** (26/05/1955).

7426	M	i.	**José Roberto Accordi.**
7427	F	ii.	**Eliane Accordi.**
7428	M	iii.	**Claudemir Accordi.**
7429	F	iv.	**Débora Accordi.**
7430	F	v.	**Leticia Accordi.**
7431	M	vi.	**Claidemir Accordi** (11/04/1978).

(04/05/2002) **Adriana Gabardo** (23/08/1977).

5810. **Ivantil Gabardo** (14/08/1943).
() **Edith Roza** (19/05/1947).

7432	M	i.	**Emerson Gabardo.**
7433	F	ii.	**Marilse do Rocio Gabardo** (14/07/1977).

5813. **Nelza Rosi Gabardo** (1953 – 13/01/2006).
() **Fernando Alberto Froguel.**

7434	F	i.	**Ana Paula Gabardo Froguel** (29/06/1990).

5815. **João Jurandil Gabardo** (03/10/1947).
(18/03/1970) **Maria Mafalda Bobato** (30/01/1950).

5821. **Aldo João Tortato** (14/11/1954).
(30/07/1978) **Norlei Aparecida Ansay** (26 /07/1954).

+	7439	M	i.	**Nebison José Tortato** (13/03/1979).

5823. **João Fredolin Gabardo** (24/06/1963).
(13/09/1997) **Francimari Moreira.**

7440	M	i.	**João Henrique Moreira Gabardo** (15/12/1998).

5826. **Glacimar José Gabardo** (07/05/1961).
(02/10/1982) **Rosimeri Micheletto** (11/05/1958).

5830. **Elói Santos Gabardo** (1954 – 23/01/2003).

	() **Margarida Pereira.**			
	7443	F	i.	**Silvana Gabardo** (1978).
	7444	M	ii.	**Angelo Gabardo** (1981).
	7445	F	iii.	**Priscilla Gabardo** (1987).
5833.	**José Norlei Gabardo** (14/06/1968).			
	(10/08/1990) **Eliete** (29/01/1970).			
	7446	M	i.	**Daniel Lucio Gabardo.**
5835.	**João Erbert Dorigo.**			
	(23/06/1979) **Maria José Boemel** (02/12/1954).			
	7447	F	i.	**Rafaela Boemel Dorigo.**
	7448	F	ii.	**Alessandra Boemel Dorigo.**
5837.	**Helio Antonio Dorigo** (14/06/1951).			
	(19/03/1988) **Sonia Zanetti** (24/05/).			
	7449	F	i.	**Mariane Zanetti Dorigo.**
	7450	M	ii.	**Felipe Zanetti Dorigo.**
5838.	**Elizabeth Dorigo** (13/04/1957).			
	(1981) **Hamilton Luiz Capriglioni** (07/01/1953).			
	7451	M	i.	**Guilherme Capriglioni** (02/03/1984).
	7452	M	ii.	**Gustavo Capriglioni** (08/01/1990).
5839.	**Regina Dorigo.**			
	() **Odair Kucharski.**			
	7454	F	i.	**Luciana Kucharski.**
				() **Lauro Esmanhotto.**
	7454	F	ii.	**Angela Kucharski.**
5840.	**Reginato Dorigo.**			
	() **Nanci.**			
	7455	M	i.	**Bruno Dorigo.**
5842.	**Rogerio Dorigo.**			
	() **Marles** em Curitiba.			
	7456	M	i.	**Rodrigo Dorigo.**
	7457	F	ii.	**Bruna Dorigo.**
	7458	F	iii.	**Maristela Dorigo.**
	7459	F	iv.	**Cristina Dorigo.**
5845.	**Janete de Lourdes Gabardo** (15/05/1943).			
	(27/06/1959) **Antenor Pasqualim** (10/11/1932).			
+	7460	F	i.	**Lucimara Pasqualim** (09/09/1960).
5846.	**Elizir Gabardo** (07/06/1946).			
	(12/10/1964) **Ezídio Diriniezicz** (04/08/1942).			
+	7461	F	i.	**Cristiane Aparecida Diriniezicz** (04/07/1965).
	7462	M	ii.	**Adriano Diriniezicz** (02/02/1972).

5847.	**José Carlos Gabardo** (03/02/1955 – 01/10/1995).				
	(10/06/1978) **Vera Lucia Giovanonni** (14/01/1957).				
		7463	F	i.	**Alessandra Gabardo** (20/07/1979).
		7464	M	ii.	**Alessandro Gabardo** (25/08/1982).
		7465	M	iii.	**Giovanni Carlos Gabardo** (10/04/1990).
5849.	**Angelina Delair Moletta** (18/06/1951).				
	(20/07/1968) **Pedro Nichele Filho** (18/07/1944).				
		7466	M	i.	**Claudio Rogério Nichele** (25/01/1970).
+		7467	F	ii.	**Claudia Regiane Nichele** (17/02/1972).
5850.	**João Amauri Moletta** (21/07/1953 – 14/02/1992).				
	() **Lucia de Fatima Biscaia**.				
		7468		i.	**N Moletta**.
		7469		ii.	**N Moletta**.
		7470		iii.	**N Moletta**.
5853.	**Antonio Altair Moletta** (19/08/1958).				
	(30/10/1980) **Deise do Carmo Palu** (05/11/1962).				
		7471	M	i.	**Luiz Gustavo Moletta** (02/10/1982).
		7472	M	ii.	**Leandro Moletta** (17/12/1983).
5864.	**Nirlei Maria Gabardo** (17/09/1950).				
	(06/12/1975) **Adilson Menegolo** (01/05/1950).				
		7473	M	i.	**Adilson Menegolo Filho** (26/09/1976 – 06/03/1984).
		7474	M	ii.	**Juliano Menegolo** (09/10/1978).
		7475	F	iii.	**Fernanda Menegolo** (05/11/1986).
5865.	**Amauri Gabardo** (23/03/1952 – 26/07/2004).				
	(24/05/1975) **Natalina de Fatima Russo** (17/12/1953).				
		7476	M	i.	**Anderson Gabardo** (19/02/1976).
		7477	M	ii.	**Cleverton Gabardo** (13/08/1982).
5866.	**Odilon Gabardo** (29/01/1954).				
	() **Sandra Julia Anacleto** (10/03/1955).				
		7478	M	i.	**Rodrigo Anacleto Gabardo** (13/04/1976).
					() () **Tatiane** (13/05/1980).
		7479	M	ii.	**Endrigo Anacleto Gabardo** (15/01/1978).
					() **Gisele Daiane** (08/06/1980).
		7480	F	iii.	**Debora Anacleto Gabardo** (19/02/1983).
		7481	F	iv.	**Jaqueline Anacleto Gabardo** (04/07/1984).
5867.	**Odil Gabardo** (29/01/1954).				
	() **Ernestina Martins** (13/11/1954).				
+		7482	F	i.	**Regiane Gabardo** (08/10/1977).
		7483	M	ii.	**Reginaldo Gabardo** (11/02/1992).
5869.	**Helio Gabardo** (21/01/1960).				

		() Lucimar Fatima.		
	7484	F	i.	Verginia Gabardo (21/08/1990).
5870.	Solange Gabardo (08/03/1964).			
	() José Amandio Pinto Ribeiro (08/03/1964).			
	7485	F	i.	Tais Pinto Ribeiro (25/10/1994).
	7486	M	ii.	Antonio José Pinto Ribeiro (28/08/1995).
5886.	Antonio Gabardo Petroski (28/04/1948).			
	(20/02/1971) Geni Ruchinski (25/02/1950).			
	7487	F	i.	Rosilaine Petroski (13/12/1972).
	7488	M	ii.	Antonio Petroski (19/06/1978).
	7489	F	iii.	Carla Petroski (03/02/1982).
	7490	F	iv.	Kaila Petroski (03/02/1982).
5888.	Ataide Petroski (21/10/1952).			
	(10/01/1976) Ilda Wuierz (03/03/1958).			
	7491	M	i.	Luiz Carlos Petroski (04/08/1976 – 27/06/1989).
	7492	M	ii.	Anderson Petroski (09/03/1979 – 17/03/1996).
	7493	M	iii.	Jaderson Petroski (28/11/1980).
5889.	Altair Petroski (19/02/1955).			
	(20/02/1975) Helena Dantas (25/04/1956).			
	7494	F	i.	Adriana Petroski (28/08/1977).
	7495	M	ii.	Leandro Petroski (16/07/1985).
5890.	Zenir Terezinha Petroski (03/10/1957).			
	(01/08/1981) Zeno Solkiewics (08/07/1954).			
	7496	M	i.	Tiago Solkiewics (09/03/1986).
	7497	M	ii.	Alessandro Solkiewics (05/05/1988).
5891.	Mara Petroski (22/04/1960).			
	(19/01/1980) Aparecido Lomari.			
	7498	M	i.	Gelson Petroski Lomari (04/03/1981).
5892.	Sonia Petroski (22/08/1963).			
	(13/10/1979) Lauro dos Santos.			
	7499	M	i.	Luís dos Santos (04/08/1976).
	7500	M	ii.	Alexandre dos Santos (04/12/1980).
	7501	M	iii.	Diego dos Santos (02/09/1989).
5893.	Francisca Petroski (03/01/1966).			
	(08/09/1984) Joaquim Fernandes (02/09/1939).			
	7502	F	i.	Adriane Fernandes (25/04/1983).
5894.	Isabel Petroski (23/12/1967).			
	7503	M	i.	Francis Petroski (21/11/1988).
5897.	Deise Aparecida Gabardo (19/08/1963).			
	(1985) Lázaro Avelino da Silva (06/06/1955).			

	7504	M	i.	**Lucas Gabardo da Silva** (29/05/1983).
	7505	M	ii.	**Felipe Gabardo da Silva** (30/06/1986).
	7506	M	iii.	**Tiago Gabardo da Silva** (28/11/1987).
5899.	**Jucilene Derosso**.			
	() **Arnaldo Teixeira**.			
5902.	**Gelson Luiz Gabardo** (02/04/1960).			
	() **Cleni dos Santos** (06/08/1955).			
	7509	M	i.	**Cleverson Willian dos Santos Gabardo** (10/05/1984).
	7510	F	ii.	**Thaís dos Santos Gabardo** (20/06/1986).
5903.	**Gilson Gabardo** (10/11/1961).			
	() **Ana Olga** (24/03/1957).			
	7511	F	i.	**Keli Gabardo** (27/11/1988).
	7512	M	ii.	**Luan Gabardo** (03/02/1991).
5904.	**Jean Carlo Gabardo** (21/03/1966).			
	() **Luciane Penter** (27/01/1972).			
	7513	F	i.	**Juliane Gabardo** (14/05/1989).
	7514	M	ii.	**Maico Gabardo** (09/04/1991).
5905.	**Jislaine Gabardo** (10/10/1977).			
	() **Jocelito Gabardo Riboski** (06/02/1971).			
	7515	F	i.	**Giceli Gabardo Riboski** (30/01/1999).
5906.	**Adilson Gabardo de Oliveira** (02/08/1958).			
	() **Rosiliete Stalivieri** (01/05/1962).			
	7516	F	i.	**Francieli Stalivieri de Oliveira** (11/05/1986).
	7517	F	ii.	**Suelen Stalivieri de Oliveira** (19/06/1984).
5907.	**Lucia do Rocio de Oliveira** (27/11/1959).			
	() **Daniel A Carvalho** (13/06/1958).			
	7518	M	i.	**Jeferson de Oliveira Carvalho** (10/08/1982).
	7519	M	ii.	**Anderson de Oliveira Carvalho** (11/07/1983).
5908.	**Edemilson Gabardo de Oliveira** (17/02/1964).			
	() **Cerli dos Santos** (19/05/1969).			
	7520	M	i.	**Giovan dos Santos Oliveira** (29/12/1989).
5909.	**Jerri Gabardo Martins de Oliveira** (18/01/1970).			
	(25/07/2000) **Eliane da Silva** (27/06/1976			
	7521	F	i.	**Regiane Gabardo de Oliveira** (25/12/2000).
5910.	**Luciane Gabardo de Oliveira** (09/07/1974).			
	() **Rogerio dos Santos Diniz** (24/10/1969).			
	7522	M	i.	**Nicolas Roger Gabardo Diniz** (03/03/1998).
5911.	**Giovanni Gabardo Ribeiro** (27/11/1969).			
	() **Marlene do Vale**.			
	7523	F	i.	**Giovanna do Vale Gabardo Ribeiro**.

5913.	**Rosane Gabardo Ribeiro** (27/12/1965).			
	() **Carlos Cesar Martins** (19/10/1964).			
	7524	F	i.	**Alessandra Gabardo Ribeiro** (04/05/1983).
	7525	F	ii.	**Ivana Gabardo Ribeiro Martins** (17/07/1990).
	7526	M	iii.	**Diego Gabardo Ribeiro Martins** (12/12/1991).
5914.	**Evilton Gabardo** (26/09/1964).			
	() **Maria Alice**.			
	7527	M	i.	**Cesar Augusto Gabardo**.
	7528	M	ii.	**Alexandre Gabardo**.
5915.	**Luiz Edgar dos Anjos Gabardo** (08/05/1968).			
	() **Ana**.			
	7529	F	i.	**Roseane Gabardo**.
	7530	F	ii.	**Luana Gabardo**.
5916.	**Lucia Gabardo** (19/06/1972).			
	() **Osni Licheski**).			
	7531	F	i.	**Amanda Gabardo Licheski**.
5917.	**Cristiane dos Anjos Gabardo** (12/09/1974).			
	() **Osvaldo Cidrake**.			
	7532	M	i.	**André Luiz Cidrake**.
5918.	**Cintia dos Anjos Gabardo** (24/07/1978).			
	() **Demerson Nardino**.			
	(2010) **Marcos Aurélio da Veiga**.			
	7533	F	i.	**Stephanie da Veiga**.
5919.	**Ernani Gabardo** (13/10/1966).			
	(01/09/1990) **Mirian Czostk** (29/01/1970).			
	7534	M	i.	**Bruno Gabardo** (15/01/1991).
+	7535	F	ii.	**Bruna Gabardo** (20/11/1993).
5920.	**Gisiane Gabardo** (05/11/1969).			
	(30/10/1993) **Altamir Eduardo Chiarello** (09/07/1968),			
	7536	F	i.	**Marcela Eduarda Chiarello** (18/12/1995).
5923.	**Jocelito Gabardo Riboski** (06/02/1971).			
	() **Jislaine Gabardo** (10/10/1977).			
5924.	**Silvana Gabardo** (26/10/1967).			
	() **Marcio Fonseca** (01/03/1965).			
	7538	F	i.	**Emanoeli Gabardo Fonseca** (01/03/1987).
	7539	F	ii.	**Eloisi Larissa Gabardo Fonseca** (11/06/1989).
	7540	M	iii.	**Angelo Gabardo Fonseca** (19/06/1990).
5925.	**Marcelo Gabardo** (27/10/1969).			
	() **Sandra R** (09/08/1967).			
	7541	M	i.	**Gabriel Gabardo** (12/05/1995).

	7542	M	ii.	**Vinicius Gabardo** (19/12/19960.
5926.	**Guiomar Gabardo.**			
	() **Mario Nakamura.**			
	7543	M	i.	**Quico Gabardo Nakamura.**
	7544	M	ii.	**Seije Gabardo Nakamura.**
	7545	M	iii.	**Paulo Gabardo Nakamura.**
5927.	**Ignalda Gabardo** (09/02/).			
	() **Carlos Campos.**			
	7546	M	i.	**Antonio Carlos Gabardo Campos.**
	() **Roberto Mulinari.**			
	7547	M	ii.	**Leandro Gabardo Mulinari.**
	7548	M	iii.	**Marcelo Gabardo Mulinari.**
5928.	**Rosangela Gabardo** (20/02/1958).			
	() **Pedro Ribeiro.**			
	7549	M	i.	**Fernando Gabardo Ribeiro.**
	7550	M	ii.	**Wendel Gabardo Ribeiro.**
	7551	M	iii.	**Pedro Gabardo Ribeiro.**
5929.	**Gotardo Gabardo** (26/01/1962).			
	() **Sueli.**			
	7552	F	i.	**Ana Paula Gabardo.**
	7553		ii.	**N Gabardo.**
5941.	**Paulo Rossano dos Santos Gabardo** (15/10/1958).			
	(18/01/1981) **Margarete Gouvea** (30/08/1961)			
+	7554	F	i.	**Anete Cristina Gouveia Gabardo** (14/11/1981).
	7555	F	ii.	**Ana Carolina Gouveia Gabardo** (24/11/1982).
	7556	M	iii.	**Paulo Rossano dos Santos Gabardo Filho** (14/10/1984).
5942.	**José Marcelo dos Santos Gabardo** (18/03/1962).			
	() **Eliney Pavanatto.**			
	7557	M	i.	**Tiago Gabardo** (01/12/1990).
	7558	M	ii.	**Stefano Gabardo** (21/05/1994).
5943.	**Marcos Vinicius dos Santos Gabardo** (02/06/1968).			
	() **Salete Perdigão.**			
	7559	F	i.	**Rafaela Perdigão Gabardo.**
5944.	**Jorge César Gabardo** (07/08/1954).			
	() **Sandra Ferraz** (16/01/1954).			
	7560	F	i.	**Anna Paula Gabardo** (01/05/1978).
	7561	F	ii.	**Juliana Gabardo** (12/12/1982).
	7562	M	iii.	**Paulo Alexandre Gabardo** (08/12/1983).
5945.	**Rossano de Guadalupe Gabardo** (16/03/1957).			
	() **Tânia Lazier** (21/08/1961).			

	7563	F	i.	**Gabriela Lazier Gabardo** (02/04/1983).
	7564	F	ii.	**Marcella Lazier Gabardo** (14/04/1989).
5946.	**Romano Navarro Gabardo** (16/12/1964).			
	(11/11/1983) **Claudia Valeria Lopes** (22/06/1965).			
	7565	M	i.	**Romano Navarro Gabardo Filho** (1984).
	7566	F	ii.	**Bianca Paola Gabardo** (1994).
	7567	M	iii.	**Arthur Navarro Gabardo** (1997).
5947.	**Mauro Rangel Gabardo** (05/11/1964).			
	(02/05/1987) **Viviane Elisa Carpes** (01/06/1969).			
	7568	M	i.	**Leandro Carpes Gabardo** (30/12/1989).
	7569	F	ii.	**Mirela Carpes Gabardo** (16/01/1991).
	() **Izabel Janes de Camargo.**			
5950.	**Reynaldo Gabardo Junior** (31/05/1967).			
	() **Vera Lucia Kreitchmann.**			
+	7570	F	i.	**Gyovana Gabardo** (23/02/1989).
	7571	M	ii.	**Reynaldo Gabardo** (11/10/1990).
	() **Alexandra Rodrigues.**			
	7572	M	iii.	**Tomazzo Gabardo.**
	7573	M	iv.	**Breno Gabardo.**
5951.	**Renata Simone Gabardo** (29/05/1969).			
	(29/04/1989) **Marco Antonio Stoppa** (09/11/1964).			
	7574	F	i.	**Fernanda Gabardo Stoppa** (21/02/1990).
5952.	**Roberta Maria Gabardo** (19/12/1970).			
	() **Marcelo Stoppa** (08/02/1966).			
	7575	M	i.	**Matheus Stoppa** (28/04/1996).
5958.	**Marcos Roberto Gabardo** (29/08/1970).			
	(29/05/1993) **Sandra Cristina Purkot** em (04/09/1971).			
	7576	M	i.	**Bruno Leandro Gabardo** (22/12/1993).
	7577	F	ii.	**Camila Laissa Gabardo** (02/08/2001).
5966.	**Andreia Luciane Gabardo** (14/05/1980).			
	(23/09/2000) **Nebison José Tortato** (13/03/1979).			
	7578	F	i.	**Kawane Lais Tortato** (15/01/2001).
5967.	**Sandro José Gabardo** (21/11/1972).			
	(21/11/1992) **Sonia de Fatima Bonato** (24/12/1973).			
	7579	M	i.	**Willian José Gabardo** (27/12/1993).
	7580	M	ii.	**Igor Thomaz Gabardo** (04/09/1996).
5968.	**José Vilson Gabardo Júnior** (13/05/1976).			
	(11/11/1995) **Haniara Camila Vieira** (17/07/1978).			
	7581	F	i.	**Pamela Taís Gabardo** (01/02/1995).
	7582	F	i.	**Paloma Tais Gabardo** (29/05/1996).

5969.	Keli Cristina Gabardo (08/12/1978).			
	(29/11/1997) Emerson Bonato (14/11/1975).			
	7583	F	i.	Ketlyn Bonato (27/07/2001).
5981.	Sonia de Fatima Bonato (24/12/1973).			
	(21/11/1992) Sandro José Gabardo (21/11/1972).			
6002.	Elzio Gabardo (07/01/1930 – 05/06/1984).			
	() Amélia (25/05/1934 – 2006).			
+	7586	M	i.	Helio Gabardo (21/10/1951 – 31/05/1991).
6003.	Lourdes Gabardo (16/05/1934 – 08/10/2015).			
	(04/06/1954) Ovídio de Souza (26/09/1929 – 13/10/1996).			
	7587	M	i.	Rubens Gabardo de Souza (1955).
	7588	M	ii.	Rene Gabardo de Souza (1957).
+	7589	M	iii.	Rui Gabardo de Souza (1958).
	7590	M	iv.	Roberto Gabardo de Souza.
6004.	Mauro Ribeiro Gabardo (30/08/1946 – 28/04/1998).			
	() Eleonice Conti.			
+	7591	F	i.	Eliane Cristina Gabardo (08/05/1974).
	7592	F	ii.	Elaine Gabardo (07/02/1976).
	7593	M	iii.	Maurinho Gabardo (01/03/1984).
				() Priscila Toniolo.
	7594	F	iv.	Edelise Gabardo (16/02/1987).
6005.	João Gabardo.			
	7595	M	i.	Adilson Gabardo.
6007.	Elisa Mara Gabardo (17/04/1972).			
	(03/06/1989) Amauri Batista da Rocha (03/06/1964).			
	7596	M	i.	Maylon Mauro da Rocha (03/09/1990).
	7597	F	ii.	Suzane Mayara da Rocha (05/01/1995).
6011.	Marlene Gabardo (02/09/1946).			
	7598	F	i.	Maria do Carmo Gabardo (27/10/1971).
6012.	Nadir Gabardo (21/09/1948).			
	() Rita Maria Negoceki (24/05/1955).			
	7599	F	i.	Paula Nelisse Gabardo (09/07/1980).
6013.	Diair Gabardo.			
	7600	F	i.	Carmem Lúcio do Espirito Santo.
	7601	M	ii.	Cássio José do Espirito Santo.
	7602	F	iii.	Veridiane Kruguer.
	7603	M	iv.	Cassiano Gabriel Ziebart.
6014.	Doroty Gabardo (02/01/1955).			
	() Rony José Antunes (24/12/1956).			
	7604	F	i.	Caroline Antunes (03/04/1979).

	7605	F	ii.	**Tania Mara Antunes** (16/05/1983).
6015.	**Élio Darcy Gabardo.**			
	7606	M	i.	**Adalberto Gabardo.**
6016.	**Ivonete do Carmo Gabardo** (16/07/1959).			
	() **N dos Santos.**			
	7607	F	i.	**Adelita Custódio dos Santos** (17/01/1979).
	7608	F	ii.	**Estelita Custódio dos Santos** (27/08/1980).
	7609	F	iii.	**Angelita Custódio dos Santos** (22/04/1983).
	7610	F	iv.	**Roberta Gabardo** (06/04/2001).
6018.	**Luiz Nacir Gabardo** (10/03/1965).			
	() **Maria Leonice Fontes.**			
	7611	F	i.	**Andressa Fontes Gabardo** (18/01/1990).
	7612	F	ii.	**Amanda Fontes Gabardo** (24/12/2000).
6019.	**Maria Angelina Gabardo** (06/09/1967).			
	() **Emanuel Lima** (16/10/1959).			
	7613	F	i.	**Elisa Gabardo Lima** (13/01/1998).
	7614	F	ii.	**Heloisa Gabardo Lima** (20/09/2002).
6020.	**Americo Antonio Gabardo** (09/11/1953).			
	() **Edileusa Pereira da Silva.**			
	7615	M	i.	**Washington Luiz Gabardo.**
	7616	M	ii.	**Jeferson Gabardo.**
6021.	**Luiza Alice Gabardo** (07/08/1955).			
	() **Mario Aparecido Delila.**			
	7617	M	i.	**Cristiano Aparecido Delila.**
	7618	M	ii.	**Luciano Flavio Delila.**
	() **Roberto Silva Paes.**			
	7619	F	iii.	**Michele Ivi Silva Paes.**
	7620	M	iv.	**Marcio Cardoso Silva Paes.**
6022.	**Jorge Luís Gabardo** (05/06/1959).			
	(14/11/1988) **Marcia Barbosa.**			
+	7621	M	i.	**Bruno Rafael Barbosa Gabardo** (17/08/1989).
	7622	F	ii.	**Ivy Carolina Barbosa Gabardo** (23/12/1990).
6024.	**Isabel Cristina Gabardo** (23/10/1955).			
	() **Vagner Miranda.**			
	7623	F	i.	**Patricia Miranda.**
	7624	M	ii.	**Rodrigo Miranda.**
	7625	F	iii.	**Thayna Miranda.**
	7626	F	iv.	**Thaine Miranda.**
6025.	**Divanir Maria.**			
	() **Altair Gabardo** (04/01/1945 – 16/02/1996).			

6032.	**Fatima do Rocio Gabardo** (14/12/1963).			
	() **N Marreiro**.			
	7632	M	i.	**Caio Henrique Gabardo Marreiro** (01/03/1999).
	7633	M	ii.	**Cauê Gabardo Marreiro** (16/08/2006).
6033.	**Artur Gabardo Neto** (17/08/1965).			
	7634	F	i.	**Mayara Gabrielly Teixeira Gabardo** (09/01/1995).
	7635	F	ii.	**Marjorie Dela Vedova Gabardo** (31/10/2011).
6068.	**Denise Regina Gabardo** (24/11/1967).			
	() **Francisco Altevir da Cruz**.			
	7636	M	i.	**Tobias Gabardo da Cruz** (2003 – 30/05/2004).
6076.	**Jussara Gabardo de Freitas** (14/05/1965 – 05/06/2017).			
	() **José Carlos Pereira da Cruz** (19/03/1962 – 05/06/2017).			
+	7637	F	i.	**Karla Fátima Pereira da Cruz** (25/09/1986).
6077.	**Solange Gabardo de Freitas** (22/08/1966).			
	() **Maurício Fernandes do Nascimento**.			
	7638	M	i.	**Maurício F. do Nascimento Júnior** (16/08/1991).
6079.	**Sérgio Gabardo de Freitas** (09/02/1971).			
	(27/05/1989) **Elza Carvalho** (01/01/1967).			
+	7639	F	i.	**Alessandra Carvalho de Freitas** (12/07/1991).
	7640	M	ii.	**João Antonio Carvalho de Freitas** (06/04/1998).
	7641	M	iii.	**André Henrique Carvalho de Freitas** (17/10/2012).
6096.	**Cibele Mari Fagundes Marchioro** (01/09/1973).			
	() **Joel Marcelo Kosinski** (09/08/1970).			
	7642	F	i.	**Thaís Kosinski** (08/03/2000 – 15/03/2000).
6098.	**Cinthya Mara Gabardo Tavares**.			
	() **N Ferreira**.			
	7643	F	i.	**Gabrielle Gabardo Tavares Ferreira**.
	7644	F	ii.	**Emanuelle Gabardo Tavares Ferreira**.
	7645	M	iii.	**Henrique Gabardo Tavares Ferreira**.
6109.	**Sandra Mara Gabardo Ribeiro** (23/08/1955).			
	() **Ademir Castro de Souza**.			
	7646	M	i.	**Ademir Castro de Souza Junior** (21/09/1984).
6115.	**Fernando Gabardo Neto** (05/01/1961).			
	() **Sueli Terezinha Zanlorenzi**.			
	7647	M	i.	**Thiago Gabardo** (13/04/1985).
	7648	M	ii.	**Leonardo Zanlorenzi Gabardo** (29/12/1991).
6121.	**Jaqueline Gabardo da Silveira** (26/12/1977).			
	() **Marcelo Mazzarino Nor** (20/11/).			
	7649	F	i.	**Carolina Nor**.
6130.	**Osiris Bonato** (06/12/1962).			

	() Shirley Azenir Coradin (1967 – 09/08/2004).			
	7650	F	i.	Erika Coradin Bonato).
	(17/06/2006) Marcia do Rocio de Azevedo (31/03/1964).			
6132.	Vera Lucia Ferreira (26/08/1962).			
	(01/02/1986) Edilson dos Santos (08/11/1965).			
	7651	M	i.	Victor Hugo Ferreira dos Santos (12/11/1990).
6133.	Valter Luiz Ferreira (12/09/1963),			
	() Rosana Cristina (22/03/1967).			
	7652	M	i.	Bruno Luiz Ferreira (13/11/1991).
6139.	Oneide Barbosa.			
	() Luiz Deina.			
+	7653	F	i.	Beatriz Deina.
+	7654	F	ii.	Angela Deina.
+	7655	M	iii.	José Luiz Barbosa Deina.
6140.	Luci Lessnau Barbosa.			
	() Getulio de Oliveira.			
+	7656	F	i.	Sandra Barbosa de Oliveira.
6141.	Luiz Carlos de Aguiar Barbosa.			
	(18/12/1976) Maria Aparecida Silva.			
	7657	M	i.	Milsom Luiz de Aguiar Barbosa.
	(03/09/2004) Viviam Fabiola Carneiro.			
	7658	M	ii.	Leandro Augusto de Aguiar Barbosa.
	(05/12/2003) Kelly Araujo.			
6147.	Dalton Pierobom Lessnau (29/03/1951).			
	(02/07/1979) Cassia Maria da Nova Alves (05/12/1959).			
	7659	F	i.	Tatiana Alves Lessnau (16/03/1981).
	7660	F	ii.	Thiago Alves Lessnau (25/01/1983).
	7661	M	iii.	Diogo Alves Lessnau (19/12/1987).
6154.	Marco Antonio Archegas Ferreira (17/06/1951).			
	7662	F	i.	Caroline Demantova Ferreira.
6155.	Dilmar Abilio Archegas Filho (07/04/1966).			
	() Dorotea Enns.			
	7663	F	i.	Debora Christina Archegas (1993 – 09/02/2009).
6171.	Adri Coracini Zanello (12/01/1977),			
	() João Pedro Melnechuky.			
	7664	M	i.	João Gustavo Zanello Melnechuky.
6172.	Remo Zanello Neto (12/08/1978).			
	(24/02/1994) Izabeli Cristina Rosa (01/11).			
	7665	M	i.	Rafael Augusto Zanello (08/03/1995).
6180.	Claudia Regina de Oliveira Gabardo (07/06/1964).			

	() Valdir Alves Cruz.			
	7666	M	i.	**Francisco Gabardo Cruz** (29/04/1997).
	7667	F	ii.	**Olivia Gabardo Cruz** (09/02/2000).
6181.	**Karyn Rosane de Oliveira Gabardo** (07/02/1966).			
	() José Alves Belo.			
	7668	F	i.	**Carolina Gabardo Belo** (18/11/1985).
	7669	M	ii.	**Thiago Gabardo Belo** (29/06/1988).
6182.	**Marcelo Marques Gabardo** (25/09/1966).			
	(29/11/1991) **Paola Ribeiro Giroldo** (26/04/1969).			
	7670	M	i.	**Fernando Giroldo Gabardo** (26/04/1996).
	7671	M	ii.	**Rafael Giroldo Gabardo** (22/05/2002).
6183.	**Marcio Marques Gabardo** (23/10/1967).			
	(24/09/2005) **Andrea Rüffel** (27/12/1977).			
	7672	M	i.	**Miguel Rüffel Gabardo** (10/02/2007).
6184.	**Maria Cristina Marques Gabardo** (30/01/1971).			
	(15/08/1995) **Geosemar Pereira Lopes** (19/09/1966).			
	7673	M	i.	**Leonardo Gabardo Lopes** (17/06/1998).
	7674	M	ii.	**Gustavo Gabardo Lopes** (12/06/2001).
6188.	**Helisson Juvinski Gabardo** (30/06/1981).			
	(11/12/2009) **Lilian da Veiga** (18/08/1981).			
	7675	M	i.	**Leonardo da Veiga Gabardo** (02/03/2016).
6189.	**Eleussis Juvinski Gabardo** (14/12/1984).			
	(02/06/2010) **Violeta Scobar**.			
	7676	F	i.	**Tiare Scobar Gabardo** (26/04/2015).
6192.	**Simone Aparecida Gabardo** (10/02/1970).			
	() **Flavio Lopes Salazar** (08/04/1978).			
	7677	M	i.	**João Gabriel Gabardo Salazar** (06/07/2002).
	7678	M	ii.	**Heitor Gabardo Salazar** (02/01/2014).
6194.	**Ana Carla Gabardo** (30/08/1975).			
	() **Leonardo Rezende Rocha**.			
	7679	F	i.	**Hires Gabardo Rezende Rocha** (24/11/2007).
6195.	**Osires Gabardo Filho** (23/06/1980).			
	7680	M	i.	**Matheus Golhardo Gabardo**[1] (03/10/2001).
	(24/10/2009) **Valquiria Vianna** (02/11/1976).			
	7681	F	ii.	**Eduarda Vianna Gabardo** (19/03/2011).
6197.	**Ulisses Marcelo Binde** (29/06/1977).			
	(13/09/1997) **Tatiane Kauling Tives** (24/12/1976).			
	7682	M	i.	**Ramon Tives Binde** (15/07/1998).
	(21/01/2017) **Katyuscia Ayecha Heise Ferreira**.			

[1] Matheus é fruto de um relacionamento de Osires com Silvia Mara Machado de Oliveira.

6198.	**Bruno Gabardo Pastre** (23/01/1980).			
	(26/06/2010) **Bruna Garcia**.			
	7683	F	i.	**Laura Garcia Pastre** (04/08/2011).
	7684	M	ii.	**Eduardo Garcia Pastre** (21/05/2015).
6199.	**Renata Gabardo Pastre** (10/05/1981).			
	() **Lindsley da Silva Rasca Rodrigues** (26/06/1959).			
	7685	M	i.	**Enrico Pastre Rasca Rodrigues** (18/04/2016).
	7686	M	ii.	**Guillermo Pastre Rasca Rodrigues** (18/04/2016).
6202.	**Farly Piantini Gabardo** (17/12/1992).			
	7687	F	i.	**Isabella Piantini Ulyssea** (01/08/2008).
6205.	**Juliana Gabardo** (23/04/1976).			
	() **Marlus Cesar Anderson**.			
	7688	F	i.	**Scarllet Gabardo Anderson** (11/06/1998).
6208.	**Julivier Gabardo Junior** (15/02/1973).			
	(07/12/1995) **Vivian Ciurzinski** (02/08/1976).			
	7689	F	i.	**Fernanda Ciurzinski Gabardo** (28/05/1996).
	7690	M	ii.	**Mateus Ciurzinski Gabardo** (20/02/1998).
6215.	**Alcione Gabardo Junior** (18/01/1965).			
	() **Silvana Bakaus de Azevedo**.			
	7691	M	i.	**Guilherme de A. Gabardo** (17/10/1999 – 20/03/2004).
6225.	**Audrei Cristina Bedene** (24/04/1980).			
	7692	M	i.	**Zaion Bedene Dalmas** (04/07/2012).
	7693	F	ii.	**Tainá Bedene** (05/07/2019).
6227.	**Giovana Furlani** (14/10/1976).			
	(06/11/1999) **Marcos Lincoln Senko** (13/04/1976).			
	7694	F	i.	**Maria Emilia Furlani Senko** (01/03/1999).
6235.	**Fabiana Cortiano Saporiti** (18/04/1963).			
	(20/02/1991) **Glaucio Rodrigues de Salles Loureiro** (15/07/1970).			
	7695	F	i.	**Daphne Saporiti Loureiro** (17/07/1991).
	7696	F	ii.	**Stephane Rodrigues Loureiro** (19/12/1994).
	7697	F	iii.	**Brenda Jordan Loureiro** (30/06/2000).
	7698	F	iv.	**Glaucia Rodrigues Loureiro** (22/09/2001).
6236.	**Rafael Fabiano Saporiti** (22/03/1973).			
	(19/04/1991) **Cicera Romana Alves de Queiroz** (11/04/1973).			
	7699	M	i.	**Rafael Fabiano Saporiti Junior** (01/04/1991).
	7700	F	ii.	**Thaynná Hanay Saporiti** (03/10/1992).
	7701	M	iii.	**Guilherme Kauan Saporiti** (10/10/1996).
6239.	**Arlene Mara Surian** (19/11/1953 – 06/11/1996).			
	() **Caetano da Silva**.			
	7702	M	i.	**Cailen da Silva** (16/12/1974).

6240.	Lorene Marcia Surian (25/06/1956).			
	(11/1982) Danilo Rocha Loures Ramos (08/01/1942).			
	7703	M	i.	Bruno Surian Ramos (02/11/1984).
6241.	Eliezer Andretta (27/06/1933).			
	(09/04/1958) Tilda Bonato (12/10/1934).			
	7704	M	i.	Roald Antonio Andretta (02/01/1959).
	7705	M	ii.	Ronei Luiz Andretta (28/03/1963).
	7706	F	iii.	Fabiana Andretta (13/02/1973).
6249.	Ronaldo Klocker Gabardo (19/12/1952).			
	(22/04/1983) Maria Sueli Costa (19/09/1956).			
	7707	M	i.	Ronan Klocker Gabardo (25/05/1984).
				(01/12/2012) Tatiane Manetti (17/02/).
	7708	M	ii.	Rodrigo Klocker Gabardo (29/01/1986).
6250.	Vera Lucia Gabardo (01/11/1954).			
	() Gustavo Pinheiro Jansson.			
	7709	M	i.	Gustavo Gabardo Jansson (26/11/1983).
	7710	M	ii.	Guilherme Gabardo Jansson (28/10/1986).
6251.	Rosana Klocker Gabardo (24/12/1960).			
	(19/07/1986) Luis Carlos Camargo Bonato (18/12/1960).			
	7711	F	i.	Vitoria Gabardo Bonato (08/07/1994).
6252.	Renata Klocker Gabardo (28/04/1967).			
	() Walter Tadahiro Shima.			
	7712	F	i.	Rafaella Tami Shima (11/02/1997).
	7731	M	ii.	Pedro Takeo Shima (21/10/2005).
6254.	Celso Angelo Gabardo.			
	() Vitoria Viana.			
	7714	M	i.	Celso Rodrigo Gabardo (16/04/1971).
+	7715	M	ii.	Alexandre Nicolau Gabardo (05/06/1973).
	7716	M	ii.	Marcos Paulo Gabardo (12/07/1976).
6256.	Jurandir Gabardo (15/04/1964).			
	() Dilma do Carmo Araujo (23/07/1963).			
	7717	F	i.	Jennifer Gabardo (16/12/1990).
6258.	Luiz Omar Setubal Gabardo (07/01/1958).			
	(21/09/1986) Marta Maria Bertan Sella (22/08/1961).			
	7718	F	i.	Giovana Gabardo (07/08/1989).
	7719	M	ii.	Rodrygo Gabardo (29/05/1991).
6259.	Maria Teresa Gabardo (11/11/1959).			
	(12/01/1983) Edilson Irineu Sanches Calvo (07/05/1959).			
	7720	F	i.	Raquel Sanches Calvo (14/08/1986).
	7721	M	ii.	Bruno Sanches Calvo (03/06/1988).

6263.	Rosa Maria Gabardo Vieira (03/08/1949).			
	(04/05/1968) João Carlos Teixeira dos Santos (19/01/1947).			
	7722	F	i.	Aline Vieira dos Santos (08/11/1976).
6283.	Carmen Lucia Gabardo (16/09/1959).			
	(14/01/1989) João Angelo Pellanda (08/07/1956).			
	7723	M	i.	Gabriel Gabardo Pellanda (06/03/1990).
6284.	Ana Maria Gabardo (04/02/1963).			
	(12/02/1982) Ênio Celso Heller (09/11/1955).			
	7724	M	i.	Thiago Gabardo Heller (08/08/1985).
6285.	Luciana Gabardo (04/02/1972).			
	(06/12/1996) Paulo Henrique Stalhke (10/09/1969).			
	7725	M	i.	João Henrique Gabardo Stalhke (01/05/2004).
	7726	M	ii.	Gabriel Gabardo Stalhke (2006).
6288.	Roberto José Gabardo (02/03/1952).			
	(29/03/1979) Wanda Ferreira (24/07/1952).			
	7727	F	i.	Katia Beatriz Gabardo (22/01/1981).
	7728	F	ii.	Roberta Gabardo (11/05/1983).
	7729	M	iii.	Paulo Daniel Gabardo (04/09/1985).
6289.	Robson Gabardo (05/02/1955).			
	(01/07/1982) Rosana Cribari (05/07/1956).			
	7730	F	i.	Juliana Cribari Gabardo (05/10/1983).
				(13/06/2014) Ademir Cristiano Gabardo (23/10/1978).
	7731	F	ii.	Luiza Cribari Gabardo (28/02/1988).
				(09/12/2017) Saulo Victor Santos.
	7732	F	iii.	Bruna Cribari Gabardo (04/10/1989).
				(02/12/2017) Artur Mendes Tuaf.
6291.	Rosaelena Gabardo (01/04/1963).			
	(18/04/1986) Edson Irineu Kollross (20/01/1959).			
+	7733	F	i.	Rafaela Gabardo Kollross (04/06/1988).
6292.	Rosana Gabardo (11/06/1961).			
	(10/12/1982) Tadeu Bednarzuk (15/02/1959).			
	7734	F	i.	Bruna Bednarzuk (03/10/1986).
	7735	M	ii.	Conrado Gabardo Bednarzuk (15/12/1987).
6294.	Adriane Gabardo (21/04/1966).			
	(11/01/1991) Mauro Antonio Saling (12/06/1966).			
	7736	F	i.	Camille Saling (11/10/1991).
	7737	M	ii.	André Saling (22/11/1993).
6300.	Wilza Carla Alexandrino (11/10/1961).			
	(02/02/1984) Luiz Carlos Graneto (05/12/1957).			
+	7738	M	i.	Luiz Felipe Graneto (22/05/1986).

	7739	F	ii.	**Caroline Luize Graneto** (27/09/1989).
6305.	**Arlete Maria Gabardo** (30/07/1953).			
	(18/12/1976) **Luiz Carlos do Nascimento** (18/10/1950).			
	7740	F	i.	**Deisi Cristina do Nascimento** (09/01/1977).
				() **Alessandro André Freitas**.
	7741	F	ii.	**Denise do Rocio Nascimento** (25/11/1978).
6306.	**Regina Celia Gabardo** (30/11/1954).			
	(19/02/1977) **Jorge Anselmo Dallagranna** (01/09/1952).			
	7742	M	i.	**Cristiano Anselmo Dallagranna** (24/07/1978).
	7743	M	ii.	**Igor Manolo Dallagranna** (20/02/1981).
	7744	F	iii.	**Paula Caroline Dallagranna** (14/03/1983).
6307.	**Eurides Reynaldo Gabardo** (06/12/1955).			
	() **Angela Maria Wachtel** (14/04/1960).			
	7745	F	i.	**Fernanda Cristina Gabardo** (06/09/1980).
	7746	F	ii.	**Juliana Mara Gabardo** (23/10/1984).
	7747	M	iii.	**Diogo Henrique Gabardo** (01/01/1990).
	7748	M	iv.	**João Vitor Gabardo** (15/11/1994).
6314.	**Rosy de Fatima Gabardo** (06/10/1960).			
	() **Edvaldo Severino de Arruda**.			
+	7749	F	i.	**Debora Kelly de Arruda** (06/03/1982).
	7750	F	ii.	**Dayane Cristina de Arruda** (24/11/1983).
	7751	F	iii.	**Desiane de Fatima de Arruda** (30/12/1984).
6316.	**Adriano Cezar Gabardo** (20/05/1974).			
	(05/07/1997) **Silvana Casagrande** (01/10/1973).			
	7752	M	i.	**Eduardo Casagrande Gabardo** (22/10/1999).
	7753	M	ii.	**Leandro Casagrande Gabardo** (27/02/2007).
6335.	**Adauto Antonio Gabardo** (01/03/1958).			
	(02/05/1981) **Rosi Elizabeth Ripka** (22/08/1961).			
	7754	F	i.	**Caroline Gabardo** (24/06/1984).
	7755	M	ii.	**Adauto Antonio Gabardo Junior** (10/08/1986).
	7756	F	iii.	**Bruna Isabele Gabardo** (04/07/1997).
6350.	**Humberto Gabardo** (13/07/1966).			
	(27/05/1995) **Josley Eloá Sguario** (01/05/1966).			
	7757	M	i.	**Giuliano Sguario Gabardo** (21/03/1997).
6351.	**Henrique Gabardo** (19/07/1969).			
	(26/05/2001) **Debora Kornin** (23/01/1969).			
	7758	F	i.	**Barbara Kornin Gabardo** (26/03/2002).
	7759	F	ii.	**Daniela Kornin Gabardo** (14/04/2006).
6355.	**Julio Cesar Gabardo** (06/02/1961).			
	() **Betina Mendes Alcantara**.			

	7760	M	i.	**Bruno Alcantara Gabardo** (25/05/1990).
	7761	F	ii.	**Mariana Alcantara Gabardo** (13/09/1992).
	7762	M	iii.	**Vitor Gabriel Alcantara Gabardo** (18/02/1997).
6358.	**Paulo Henrique Silveira Robert** (11/05/1962).				
	() **Marlene Mazzuco**.				
	7763	M	i.	**Fernando Robert** (15/05/1988).
	7764	F	ii.	**Ana Paula Robert** (08/03/1991).
6359.	**Rejane Silveira Robert** (26/05/1963).				
	() **Carlos Henrique Berenhauser**.				
	7765	F	i.	**Paola Robert Berenhauser** (06/07/1997).
	7766	M	ii.	**Guilherme Robert Berenhauser** (09/04/2002).
6360.	**Claudia Silveira Robert** (10/05/1965).				
	() **José Le Senechal Filho**.				
	7767	M	i.	**Leon Le Senechal** (24/06/1989).
	7768	M	ii.	**José Le Senechal Neto** (16/11/1990).
6363.	**Eloir Kucharski** (27/04/1965).				
	(03/09/1994) **Cintia Maria Assis Vasconcelos**				
	7769	F	i.	**Gabriela Kucharski** (25/10/1995).
	7770	F	ii.	**Beatriz Kucharski** (13/12/1997).
6365.	**Cristiane Kucharski** (13/01/1970).				
	(28/02/1998) **Marcos Roberto Monteiro da Rocha** (28/05/1976).				
	7771	F	i.	**Giovana Kucharski da Rocha** (12/04/2000).
6369.	**Carolina Hembecker** (16/12/1976),				
	(09/09/2006) **Remulo José Rauen Júnior** (14/06/1976).				
	7772	F	i.	**Isabela Hembecker Rauen** (16/11/2008).
	7773	M	ii.	**Gustavo Hembecker Rauen** (03/04/2011).
6370.	**Fernanda Hembecker** (12/05/1978).				
	(03/04/2004) **Alexandre Denes dos Santos** (16/04/1974).				
	7774	F	i.	**Mariana Hembecker Denes** (06/03/2009).
	7775	M	ii.	**Lucas Hembecker Denes** (17/06/2011
6384.	**Gerson Luiz Martins**				
	() **Doroteia Correa**.				
	7776	F	i.	**Luciana Martins**.
6385.	**Leonardo Teixeira Gabardo** (15/02/1974 – 05/06/2006).				
	(17/12/1994) **Juliane Pimentel** (19/10/1977).				
	7777	F	i.	**Yasmin Pimentel Gabardo** (15/02/1997).
6386.	**Moacir Teixeira Gabardo** (22/03/1978).				
	(14/10/2000) **Terezinha Brungel** (26/06/1967).				
	7778	M	i.	**Luiz Henrique Gabardo** (25/12/2001).
6391.	**Marcos Aurélio Gabardo**.				

	(22/01/1992) **Luci Aparecida Dias de Almeida** (13/02/1973).			
	7779	M	i.	**Fernando Dias Gabardo** (07/09/1993).
	7780	F	ii.	**Giovana Dias Gabardo** (22/12/2001).
6396.	**Fabricio Gabardo Kupczik** (29/11/1971).			
	7781	M	i.	**Lucas Eduardo E Kupczik** (29/11/1998).
	7782	F	ii.	**Maria Fernanda M Kupczik** (08/08/2000).
6398.	**Karin Luiza Gessner** (26/07/1968).			
	(09/01/1993) **Paulo Roberto Martins Munhoz** (27/06/1964).			
	7783	M	i.	**Felipe Gessner Munhoz** (28/04/1993).
6409.	**Norrie José Gabardo** (25/06/1962).			
	(20/07/1985) **Carla Maria Baeumle** (28/08/1964).			
	7784	F	i.	**Chantal Baeumle Gabardo** (14/03/1990).
	7785	M	ii.	**Lorran Baeumle Gabardo** (21/06/1991).
6410.	**Nilice Maria Gabardo** (20/01/1965).			
	(07/12/1985) **Antonio Miranda dos Santos** (17/11/1958).			
	7786	M	i.	**Tainan Gabardo Miranda dos Santos** (20/05/1990).
6411.	**Norlon Paulo Gabardo** (21/09/1968).			
	(05/11/1994) **Olinete Rodrigues** (08/10/1968).			
	7787	F	i.	**Pietra Lorena Gabardo** (29/06/1998).
6413.	**Vanusa Maristany Gabardo** (25/01/1967).			
	(17/10/1992) **Antonio Carlos Wisnesky** (21/10/1962).			
	7788	F	i.	**Marianna Gabardo Wisnesky** (12/03/1995).
	7789	F	ii.	**Giulia Gabardo Wisnesky** (30/06/1997).
6414.	**Nilton Maristany Gabardo** (25/09/1969).			
	(03/05/1997) **Adriane Regina Moro** (26/03/1970).			
	7790	M	i.	**Gabriel Moro Gabardo** (02/10/2003).
6415.	**Paula Luciana Maristany Gabardo** (10/07/1971).			
	(17/12/1994) **Roberto Rodrigues Martins** (20/08/1971).			
	7791	F	i.	**Beatriz Gabardo Martins** (20/11/1997).
	7792	F	ii.	**Isabella Gabardo Martins** (10/08/2003).
6416.	**Valdemar Nardino**.			
+	7793	F	i.	**Sandra Nardino**.
6421.	**Gisele Jeanete Gabardo** (06/12/1960).			
	() **Oreste Miquelissa Filho** (25/12/1955).			
	7794	F	i.	**Giovanna Miquelissa** (07/09/1981).
6422.	**Diogo Fernandes Gabardo** (10/04/1981).			
	7795	F	i.	**Maria Eduarda Mello Gabardo** (20/12/2001).
	(18/10/2014) **Verônica Xavier** (13/02/1983).			
	7796	M	ii.	**Arthur Xavier Gabardo** (22/12/2017).
6426.	**Maria Mari Andretta** (28/12/1948).			

	() **Vilson Lopes** (03/07/1940).			
	7797	F	i.	**Adriana Lopes** (1972).
	7798	M	ii.	**Ronaldo Andretta Lopes** (06/10/1973).
6427.	**Roseli Andretta** (28/02/1950).			
	() **Nelson de Jesus** (14/02/1949).			
	7799	F	i.	**Rosane Andretta de Jesus** (30/09/1975).
				() **Gustavo** em Curitiba (25/07/1972).
	7800	F	ii.	**Patricia Andretta de Jesus** (13/01/1981).
				() **Ananias** (21/04/1979).
	7801	F	iii.	**Jocilene Andretta de Jesus** (12/01/1982).
6429.	**Almir Andretta** (28/12/1951).			
	() **Neli** (23/05/1953).			
	7802	M	i.	**Rodrigo D L Andretta** (20/05/1985).
	7803	M	ii.	**Rafael D L Andretta** (26/04/1988).
6431.	**Joel Andretta** (11/07/1958).			
	() **Debora C** (22/02/1971).			
	7804	F	i.	**Tainara Andretta** (03/09/1988).
	7805	M	ii.	**Allan R Andretta** (07/10/1995).
6432.	**Genice Andretta** (31/05/1960).			
	() **N Viana** (07/10/1995).			
	7806	F	i.	**Camila Andretta Viana** (14/03/1989).
6441.	**Silvana Gabardo** (24 /06/1982).			
	(04/11/2006) **Maycon Roberto Alves da Silva Xavier**			
	7807	M	i.	**Bernardo da Silva Xavier** (06/04/2015).
6444.	**Patricia Rebelato** (07/01/1975).			
	() **Carlos Rafael Zacharias** (14/07/1973			
	7808	F	i.	**Clara Zacharias Rebelato** (15/10/2008).
6447.	**Lucilaine Gabardo** (30/04/1979).			
	7809	F	i.	**Isabela Gabardo Canever** (13/10/1997).
6448.	**Rodrigo Gabardo** (15/01/1982).			
	(2009) **Claudia Helena Figueiredo de Alencar** (21/01/1983).			
	7810	F	i.	**Helena de Alencar Gabardo** (10/03/2009).
6461.	**Vanessa Regina Gabardo** (08/10/1979).			
	() **Adriano Ferreira dos Santos.**			
	7811	F	i.	**Taina Gabardo dos Santos** (23/05/1996).
	(02/02/1999) **Günter Hofmann.**			
6462.	**Felipe Gabardo Cardoso** (21/05/1982).			
	(21/04/2003) **Mariana Fonseca** (10/06/1983).			
	7812	F	i.	**N Cardoso** (29/05/2015).
6463.	**Karine Gabardo Cardoso** (14/03/1984).			

	7813	M	i.	**Joaquim**.
6464.	**Helton Gabardo** (20/09/1980).			
	7814	F	i.	**Beatriz Gabardo**.
6465.	**Carla Cristina Reynaud Gabardo** (30/01/1982).			
	() **Willian Roberto de Lima**.			
	7815	F	i.	**Erica Cristina Reynaud Gabardo de Lima**.
	7816	M	ii.	**Willian Roberto Gabardo de Lima Júnior** (2006).
6473.	**Denise Gusso** (20/10/1957).			
	(20/01/1980) **Haroldo José Tosin** (16/08/1954).			
	7817	M	i.	**Carlos Eduardo Gusso Tosin** (17/05/1982).
	7818	F	ii.	**Ana Carolina Gusso Tosin** (13/08/1984).
6474.	**Marise Gusso** (06/10/1962).			
	(07/07/1990) **Carlos Augusto Fernandes** (11/01/1959).			
	7819	M	i.	**Matheus Gusso Fernandes** (02/09/1993).
6478.	**Mariane Cristina Buso** (27/08/1967).			
	(09/07/1994) **Luiz Carlos Dunaiski** (18/05/1963).			
	7820	F	i.	**Mariú Buso Dunaiski** (20/07/2004).
6480.	**Norlei José Gabardo** (14/03/1954).			
	(19/01/1980) **Erminda Alves de Albuquerque** (04/06/1956).			
	7821	F	i.	**Luciane Alves de Albuquerque Gabardo** (04/06/1983).
	7822	M	ii.	**André Alves de Albuquerque Gabardo** (21/07/1984).
	7823	F	iii.	**Marta Alves de Albuquerque Gabardo** (04/12/1987).
6482.	**Bernadete Gonçalves da Silva** (07/09/1959).			
	() **Celso Luiz Diniz Ferreira** (19/01/1955).			
	7824	M	i.	**Elton Luiz Diniz Ferreira** (12/10/1979).
				() **Amanda Caroline Reichert**.
	7825	M	ii.	**Wellington Luiz Diniz Ferreira**.
6587.	**Amauri Gabardo** (09/12/1970).			
	(13/02/1993) **Leila Ribeiro de França** (22/01/1968 – 16/05/2008).			
	7826	M	i.	**Brendon Christi R. de França Gabardo** (10/06/1993).
	7827	F	ii.	**Shayelle Ribeiro de França Gabardo** (25/01/1996).
	7828	M	iii.	**Amauri Ribeiro de França Gabardo** (10/09/1997).
6489.	**Marlos Ricardo Gabardo** (12/10/1978).			
	() **Daiane Dutra**.			
	7829	F	i.	**Gabriele Dutra Gabardo**.
6520.	**Eda Gabardo** (04/03/1954).			
	(18/11/1971) **Antonio Adames** (25/11/1947).			
	7830	M	i.	**Marcos Antonio Adames** (21/01/1973).
	7831	M	ii.	**Sheila Adames** (29/04/1978).
6521.	**Salete Gabardo** (01/01/1962).			

				(25/10/1980) **Henrique Fortes Neto** (20/07/1953).
	7832	F	i.	**Sandra Gabardo Fortes** (19/10/1982).
+	7833	F	ii.	**Tatiana Gabardo Fortes** (20/10/1983).
	7834	M	iii.	**Alexandre Gabardo Fortes** (25/08/1990).
	7835	M	iv.	**Leandro Gabardo Fortes** (25/08/1990).
6523.	**Carlos Alberto Stocco.**			
	() **Andreia.**			
	7836	F	i.	**Patricia Stocco.**
	7837	F	ii.	**Ana Carolina Stocco.**
6525.	**Hamilton Celso Santos.**			
	() **Maria Isabel Oliveira.**			
+	7838	F	i.	**Priscilla Oliveira Santos.**
	7839	M	ii.	**Diego Oliveira Santos.**
6528.	**Valeria Cobbe** (28/08/1966).			
	(27/12/1986) **Wagner Roberto de Freitas.**			
	7840	F	i.	**Anne Caroline Cobbe de Freitas** (10/11/1990).
6533.	**Alcindo Moreira Gabardo** (07/06/1967).			
	() **Sonia Maria Andrade.**			
	7841	F	i.	**Mariana Moreira Gabardo** (21/10/1999).
6550.	**Almenor Mattana.**			
	() **Matilde Tonelli.**			
	7842	F	i.	**Clarissa Mattana.**
6563.	**Cristiane Gabardo** (25/02/1977).			
	(24/06/1995) **Mauri Adriano Nabosne** (10/02/1976).			
	7843	M	i.	**André Felipe Nabosne** (09/11/1995 – 10/11/1995).
6565.	**Amauri Luiz Bobato** (23/10/1963).			
	(28/07/1990) **Vilmari Nogoseke.**			
	7844	F	i.	**Rafaela Bobato** (23/01/1991).
	7845	F	ii.	**Amanda Bobato** (20/10/1994).
6566.	**Dalva Maria Bobato** (01/07/1965).			
	(13/09/1986) **João Luiz Costa** (22/06/1956).			
+	7846	F	i.	**Monique Costa** (23/02/1987).
	7847	F	ii.	**Andrielle Costa** (26/04/1991).
6567.	**Adilson Deolderico Bobato** (31/03/1969).			
	(04/02/1994) **Adriana Aparecida Schueda** (08/07/1974).			
	7848	M	i.	**João Igor Bobato** (18/08/1998).
	7849	M	ii.	**Vitor Emanoel Bobato** (26/03/2008).
6599.	**Jorge Luiz Gabardo** (1959).			
	() **Josiane Louise Amend** (25/11/).			
	7850	M	i.	**Felipe Taciano Amend Gabardo.**

	7851	F	ii.	Flavia Roberta Amend Gabardo.
	() Sandra de Castro Oliveira.			
6600.	Paulo Sérgio Gabardo (18/07/1960).			
	7852	M	i.	Cristiano Gabardo.
6615.	Jairo Gabardo Júnior (29/09/1968).			
	() Luciane Regina Mariani.			
	7853	F	i.	Bianca Mariani Gabardo (21/06/1996).
6616.	Adriana Gabardo (27/07/1972).			
	(23/10/1992) Emilio Ernesto Machado Júnior.			
	7854	M	i.	Lucas Gabardo Machado (19/06/1998).
6617.	Danielle Gabardo (17/03/1974).			
	() Alexandre Carneiro.			
	7855	F	i.	Ana Clara Gabardo Carneiro (06/03/2011).
6638.	Sandra Bellegard Bastos.			
	() N Jorge.			
	7856	M	i.	Guilherme.
6639.	Luciano Bellegard Bastos.			
	() Celina de Paula Soares.			
	7857	M	i.	Gabriel Bastos.
6640.	Francisco José Bastos Côrtes (11/11/1954).			
	() Gilsei Gaspar (04/05/1965).			
+	7858	F	i.	Ariane Marcela Côrtes (02/10/1985).
	7859	F	ii.	Viviane Carolina Côrtes (23/03/1990).
				() Tiago Zambon Enes Ribeiro (16/09/1984).
6645.	Sandra Maria Peixoto.			
	() N Durski.			
	7860	M	i.	Daniel Peixoto Durski.
6647.	Marino Gabardo Pereira (09/07/1965).			
	() Rozeli de Fátima Pissaia (18/04/1967).			
	7861	F	i.	Denise Gabardo Pereira.
	7862	F	ii.	Amanda Caroline Gabardo Pereira (15/01/1998).
6648.	Rosemari do Rosário Baduy.			
	7863	F	i.	Ruth Marie Baduy.
6649.	Emerson Pedro Baduy (05/05/1954).			
	() Marilda Gadens (01/04/1959).			
	7864	M	i.	Ramom Eduardo Gadens Baduy (31/03/1989).
6650.	Gilmari Lourdes Baduy.			
	() Carlos Hasselmann Forbeck.			
	7865	F	i.	Ninon Maria Baduy Forbeck.
	7866	M	ii.	Carlos Rafael Hasselmann Forbeck.

	7867	M	iii.	João Luiz Baduy Forbeck.
	7868	F	iv.	Rebeca Maria Baduy Forbeck.
6651.	**Ninon Rosi Baduy.**			
	() **Doglair Orlando de Paula Souza.**			
	7869	M	i.	Fábio Augusto de Paula Souza.
	7870	M	ii.	Murilo Augusto de Paula Souza.
	7871	F	iii.	Eliana Maria de Paula Souza.
	7872	M	iv.	Giovanni Augusto de Paula Souza.
6652.	**Marcia Cristina de Moraes.**			
	() **José Ernani Portela.**			
	7873	F	i.	Bruna Marina Portela.
6653.	**Marcos Antonio Moraes.**			
	() **Elga Felipe.**			
	7874	F	i.	Maísa Felipe Moraes.
	7875	F	ii.	Maiara Felipe Moraes.
6654.	**Magali Aparecida Moraes (12/03/1961).**			
	() **Mauro Cezar de Moura Leite (11/01/1966).**			
	7876	M	i.	Gabriel de Moura Leite (25/01/1996).
6655.	**Mauricio José Morais.**			
	() **Rosilei Maria Antonievicz.**			
	7877	F	i.	Marina Antonievicz Morais.
	7878	M	ii.	Marcelo Antonievicz Morais.
6658.	**Gerson Osmar Gabardo (27/11/1959).**			
	(18/07/1980) **Indioara Trevisan (29/11/1961).**			
	7879	M	i.	André Trevisan Gabardo (19/06/1982).
	7880	M	ii.	Daniel Trevisan Gabardo (11/09/1984).
	7881	M	iii.	Lucas Trevisan Gabardo (14/03/1988).
6659.	**Ezaltina Rosi Gabardo.**			
	() **Marcos da Nova Alves.**			
	7882	M	i.	Felipe Gabardo Alves.
	7883	F	ii.	Fernanda Gabardo Alves.
6660.	**Mirian Gabardo.**			
	() **Edson Fabris.**			
	7884	F	i.	Giovana Gabardo Fabris.
6662.	**Eliézer Antonio Pangrácio.**			
	() **Maryellen Zoreck Portela.**			
	7885	F	i.	Mariana Pangrácio.
6664.	**Mario Luiz Andreassa (03/01/1969).**			
	(04/12) **Cristiane Torres.**			
	7886	M	i.	Gabriel Torres Andreassa.

	7887	M	ii.	**Eduardo Torres Andreassa.**
6667.	**Isabela Costa Straube.**			
	() **Alan Rodrigues.**			
	7888	M	i.	**Lucas Straube Rodrigues** (18/04/1995).
6668.	**Guilherme Costa Straube.**			
	() **Marilis Bitencourt Vargas.**			
	7889	F	i.	**Giulia Vargas Straube** (04/12/1993).
	7890	M	ii.	**Bernardo Vargas Straube** (07/04/1997).
6669.	**Fernando Costa Straube** (04/06/1965).			
	7891	M	i.	**Yago Straube.**
6670.	**Patricia Fernanda Gabardo.**			
	(10/01/2004) **Julio Cesar Almeida** (08/09).			
	7892	F	i.	**Guilhermina Fernanda Gabardo Almeida** (2004).
	7893	M	ii.	**Giulio Adriano Gabardo Almeida** (2007).
6672.	**Eliseu Alexandre Gabardo** (02/06/1979).			
	() **Simone Agustin** (17/08/1981).			
	7894	F	i.	**Heloisa Marcela Agustin Gabardo** (2002).
	7895	F	ii.	**Laura Fernanda Agustin Gabardo** (25/06/2017).
6675.	**Carlos Otavio Augusto da Rosa** (19/08/1957).			
	7896	F	i.	**Juliana da Rosa.**
	7897	F	ii.	**Sophia da Rosa.**
6676.	**Cláudia Maria Augusto da Rosa** (11/08/1963).			
	() **Carlos Picoli da Silveira.**			
	7898	M	i.	**Felipe Augusto Rosa da Silveira** (22/06/1988).
	7899	M	ii.	**Matheus Augusto Rosa da Silveira** (08/06/1990).
6679.	**Cristiana.**			
	7900	F	i.	**Beatriz.**
6682.	**Gyovana Guimarães.**			
	() **Armando Morilha Filho.**			
	7901	M	i.	**João Gustavo Guimarães Morilha** (23/09/1992).
	7902	M	ii.	**Estevão Morilha.**
	7903	F	iii.	**Joanna Paula Guimarães Morilha** (07/04).
6686.	**Armando Morilha Filho.**			
	() **Gyovana Guimarães.**			
6687.	**Francisco Morilha Neto.**			
	() **Sandra.**			
	7907	M	i.	**Thomas Morilha.**
	7908	M	ii.	**Natan Morilha.**
	7909	M	iii.	**Vítor Morilha.**
6688.	**Polyana Morilha.**			

	() Indalécio Tozati.			
	7910	M	i.	**Vinicius Tozati.**
	7911	F	ii.	**Cassiana Luisa Tozati.**
6689.	**Mônica Ferreira.**			
	() Darci Gulin.			
	7912	F	i.	**Georgia Gulin.**
6694.	**Lucas Guimarães.**			
	() Andrea Willi.			
	7913	M	i.	**Bruno Guimarães.**
6695.	**Paula Dornelas Camara Gabardo de Andrade.**			
	() N Nobre.			
	7914	F	i.	**Lara Dornelas Camara Gabardo Nobre.**
	7915	M	ii.	**Miguel Dornelas Camara Gabardo Nobre.**
6710.	**Antonia Marli Gabardo** (13/06/1955).			
	(13/06/1985) **Roberto Antonio Almeida** (04/06/1943).			
	7916	M	i.	**Caio Vinícius Gabardo Almeida** (30/06/1989).
6711.	**Rosicler Terezinha Gabardo** (18/04/1957).			
	(19/05/1995) **Alcides José Wosch** (23/03/1953).			
	7917	M	i.	**Bruno Vinicius Gabardo Wosch** (07/01/2000).
6712.	**Glaucio José Gabardo** (08/10/1961 - 14/08/2010).			
	(11/01/1997) **Rosimeire Zanelatto** (14/03/1967).			
	7918	F	i.	**Yasmin Gabardo** (06/05/1999).
6714.	**Claudio Gabardo Rodrigues** (13/02/1963).			
	() Selma Gongora.			
	7919	F	i.	**Hellen Rodrigues** (21/03/1988).
				() Antonio Marcos Redon.
	7920	M	ii.	**Mateus Queiroz Rodrigues** (1999).
6715.	**Paulo Cesar Gabardo** (05/03/1963).			
	(27/11/1982) **Maria Elvira Govastsqs** (31/12/1964).			
	7921	M	i.	**Michel Gabardo** (25/04/1983).
	7922	F	ii.	**Cintia Maria Gabardo** (14/04/1985).
	7923	M	iii.	**Cristiano Cesar Gabardo** (15/01/1992).
6716.	**Izabel Cristina Gabardo** (29/01/1967).			
	(28/11/1983) **Paulo Roberto Parreira** (20/01/1965).			
	7924	F	i.	**Patricia Cristina Parreira** (28/02/1984).
				(28/08/1986) **Adilson Renato Ribeiro** (20/08/1967).
	7925	F	ii.	**Renata Cristina Gabardo Ribeiro** (06/11/1987).
	7926	M	iii.	**Rafael Gabriel Ribeiro** (28/06/1995).
6717.	**Marcelo de Assis Gabardo** (02/05/1971).			
	(12/07/1992) **Susana Alves dos Santos** (03/01/1977).			

	7927	F	i.	**Suellen Alves Gabardo** (11/12/1992).
6719.	**José Luiz Gabardo** (12/11/1966).			
	() **Fabiane Corisco** (07/03/1967).			
	7928	M	i.	**Eros Henrique Corisco Gabardo** (25/05/1989).
	7929	M	ii.	**Luiz Guilherme Corisco Gabardo** (15/12/1995).
6720.	**Claudio Márcio Gabardo** (02/10/1971).			
	(03/09/2003) **Cristiana Tartaia** (17/09/1971).			
	7930	M	i.	**Guilherme Gabardo**.
	7931	F	ii.	**Pietra Victoria Tartaia Gabardo**.
6721.	**Karla Fabiana Bini Gabardo** (19/02/1974).			
	7932	M	i.	**Victor Emanuel Bini Gabardo** (12/03/1993).
6739.	**Ricardo Antonio Bontorin** (23/10/1980).			
	(28/08/2004) **Iracelis Fragoso**.			
	7933	M	i.	**Erik Fragoso Bontorin** (23/05/2005).
	7934	F	ii.	**Luanny Fragoso Bontorin** (19/12/2011).
6740.	**Tatiane do Carmo Bontorin** (21/01/1984).			
	7935	F	i.	**Sthephany Souza Rosa Bontorin** (31/10/2002).
				(15/10/2011) **Benvenuto Gusso Costa Rosa**.
	7936	M	ii.	**Davi Bontorin Costa Rosa** (01/10/2012).
6741.	**Evandro Camargo** (05/10/1983).			
	(16/03/2013) **Maria Helena Mantuani** (05/10/1982).			
	7937	M	i.	**Eduardo Camargo** (05/12/2013).
	7938	F	ii.	**Heloisa Camargo** (17/01/2016).
6752.	**Ana Maria Gabardo**.			
	() **Luiz Knapik**.			
	7939	F	i.	**Patricia Knapik**.
	7940	M	ii.	**André Luiz Knapik**.
6754.	**Karen Gabardo**.			
	() **José Luiz**.			
	7941	M	i.	**Rafael**.
	7942	M	ii.	**Lucas**.
6755.	**Adriane Gabardo**.			
	() **Julio**.			
	7943	M	i.	**Mateus**.
6756.	**Mario Gabardo**.			
	() **Angela**.			
+	7944	F	i.	**Andressa Gabardo**.
6759.	**Marcio Luiz Gabardo**.			
	() **Regina Aparecida de Amorim**.			
	7945	F	i.	**Maila Regiane Gabardo** (22/02/).

	7946	F	ii.	**Marcia Regina Gabardo.**
6760.	**Denise Gabardo.**			
	() **João.**			
	7947	M	i.	**Everton.**
	7948	M	ii.	**Douglas.**
	7949	M	iii.	**João Paulo.**
6761.	**Lucia Gabardo.**			
	() **Jorge.**			
	7950	M	i.	**Bruno.**
	7951	F	ii.	**Tais.**
6762.	**Mauricio Gabardo** (07/06/1966).			
	(01/08/1988) **Inês da Silva** (20/04/1967).			
	7952	F	i.	**Marissa Yasmin Gabardo** (02/08/1993).
	7953	M	ii.	**Mauricio Gabardo Junior.**
6767.	**Sonia Leonardi.**			
	() **Antonio.**			
	7954	F	i.	**Carmen Daniele.**
	7955	F	ii.	**Carla Daiane.**
	7956	M	iii.	**Carlo Domenico.**
6768.	**Elizabete Leonardi.**			
	() **Rui.**			
	7957	M	i.	**Emerson.**
	7958	M	ii.	**Everton.**
6771.	**Siomara.**			
	() **José.**			
	7959	M	i.	**Fernando.**
6773.	**Cibele.**			
	() **Josenir.**			
	7960	M	i.	**Everton.**
6777.	**Sheila Leonardi.**			
	() **Jackson.**			
	7961	F	i.	**Leticia Janaine.**
6793.	**Maichel Gabardo** (21/11/1978).			
	() **Giseli Cristina Pereira** (08/11/1979),			
	7962	M	i.	**Matheus Felipe Gabardo** (15/07/2004).
	7963	F	ii.	**Isabela Cristina Gabardo** (30/01/2008).
6794.	**Ivette Budant** (22/12/1915).			
	(22/11/1941) **Jercy Lavalle** (30/09/1915 – 07/01/1998).			
+	7964	F	i.	**Mariu Lavalle** (28/01/1944).
+	7965	M	ii.	**Jerry Lavalle** (18/04/1946).

6795.	Iolanda Budant (31/10/1917).			
	(19/05/1945) Roberto Weinhardt (28/03/1916 – 08/11/1988).			
+	7966	F	i.	Irani Budant Weinhardt (16/01/1951).
6796.	Ivone Budant (19/02/1919 – 28/10/1999).			
	(06/10/1944) Arnaldo Rollwagen (07/06/1922 – 11/05/1996).			
+	7967	M	i.	Oberdan Rollwagen (12/05/1946).
+	7968	M	ii.	Eduwilton Budant Rollwagen (30/12/1953).
6798.	Iole Aracy Budant (14/11/1924).			
	(05/09/1942) Tupy Chaves (15/10/1917 – 28/03/1986).			
+	7969	M	i.	Andrelino Chaves (08/06/1943.)
+	7970	M	ii.	Tabajara Chaves (04/05/1947).
6799.	Iva Budant (09/06/1928 – 25/10/2003).			
	(13/10/1944) Aroldi Ayres Aguiar (02/02/1919).			
+	7971	M	i.	Oberon Budant de Aguiar (29/03/1947).
+	7972	F	ii.	Tânia Budant Aguiar (27/02/1952).
6800.	Dorothy Apolonia Brunetti (21/04/1920 – 29/05/2002).			
	(31/07/1937) Silvino Lopes de Oliveira (1916).			
	7973	F	i.	Ilnar Lopes de Oliveira (10/12/1937).
	() Savas Nicolau Kaili (12/08/1909 – 16/05/1965).			
	7974	M	ii.	Nicolau Savas Kaili (20/09/1951 – 27/03/1988).
+	7975	F	iii.	Maria Conceição Savas Kaili (08/12/1952).
6804.	Marly Gabardo (26/06/1935).			
	(07/11/1953) João Egydio Martins (15/12/1928 – 19/06/1998).			
+	7976	M	i.	Eduardo Luiz Gabardo Martins (15/08/1954).
+	7977	F	ii.	Cristina Gabardo Martins (18/01/1962).
6805.	Victor Fernandes Gabardo (07/12/1937 – 03/10/1993).			
	(11/11/1961) Elizabeth Persicotti (23/01/1940).			
+	7978	F	i.	Silvana Terezinha Gabardo (03/10/1962).
+	7979	F	ii.	Simone Gabardo (21/12/1963).
	7980	F	iii.	Silvia Maria Gabardo (08/05/1966).
6807.	Anjolita Edith Gabardo (30/01/1928).			
	(28/12/1949) Hamilton Capriglioni (24/08/1925).			
+	7981	M	i.	Hamilton Luiz Capriglioni (07/01/1953).
	7982	M	ii.	Gilberto Mário Capriglioni (20/09/1957).
6809.	Adil Massochetto (23/10/1922).			
	(19/11/1942) Walfrido Augusto Schirr (14/03/1914 – 03/07/1986).			
+	7983	F	i.	Adilir Therezinha Schirr (21/12/1943 – 05/10/2001).
+	7984	M	ii.	Roberto Luís Schirr (27/03/1946).
+	7985	M	iii.	Renê Alfredo Schirr (06/07/1949).
+	7986	M	iv.	Rubens Fernando Schirr (09/07/1957).

6810.	Divo Massochetto (27/12/1923 – 23/11/2001).			
	(22/08/1950) Irene Costa (05/05/1932).			
+	7987	M	i.	Divo Massochetto Júnior (01/01/1952).
+	7988	M	ii.	Ivo Massochetto (09/01/1954).
6811.	Maria Margarida Massochetto (17/07/1926 – 11/06/1990).			
	(28/12/1947) Orlando de Paula (28/10/1921 – 07/10/1987).			
+	7989	F	i.	Sonia Maria de Paula (21/05/1949).
+	7990	M	ii.	Cesar Luís de Paula (19/04/1953).
+	7991	F	iii.	Solange Maria de Paula (26/10/1954).
+	7992	M	iv.	Orlando Luís de Paula (25/02/1961.
6812.	Osvaldo Mario Massochetto (04/01/1932).			
	(25/08/1976) Antonia Stela Bueno (08/05/1940).			
+	7993	M	i.	Marcelo Augusto Massochetto (26/10/1971).
	7994	M	ii.	Marcos Vinicius Massochetto (07/08/1974).
6813.	Diolete Gabardo (02/08/1929 – 14/12/2001).			
	() Casemiro Scepanuck.			
	7995	M	i.	Casemiro Nelson Scepanuck (29/03/1946).
	() N Mesquita Fávaro.			
	7996	F	ii.	Diocélia da Graça Mesquita Fávaro (18/08/1957).
	() Lizias Veloso da Costa.			
	7997	F	iii.	Patricia Gabardo (15/12/1970).
6814.	Eduino Gabardo (01/03/1931 - 11/06/1983).			
	(14/06/1952) Ivanir Maria da Silva (02/09/1932 – 12/08/1988).			
+	7998	M	i.	Eduino Gabardo Filho (20/01/1953).
+	7999	M	ii.	Iberê Gabardo (29/01/1954).
+	8000	M	iii.	Marcelo Silva Gabardo (23/09/1956).
6815.	Ivete Margarida Gabardo.			
	() Francisco Alves (1928 – 14/04/2004).			
	8001	M	i.	Renato Alves.
	8002	F	ii.	Juliana Alves.
	() Cícero.			
6816.	Eluduina Gabardo (17/10/1937).			
	(26/04/1952) Arthur Boros (10/05/1922 – 17/03/1995).			
+	8003	M	i.	João Carlos Boros (14/04/1953).
+	8004	M	ii.	Paulo Roberto Boros (24/05/1954).
+	8005	F	iii.	Maura Eloiza Boros (20/09/1957).
	8006	F	iv.	Márcia Eliza Boros (21/10/1966).
6817.	Iza Carolina Gabardo (15/06/1943).			
	(27/09/1969) Luiz Carlos Pavoni (05/11/1945).			
	8007	M	i.	Alexandre Gabardo Pavoni (01/02/1971 – 16/04/2004).

	8008	F	ii.	**Viviane Gabardo Pavoni** (02/05/1975 em Curitiba.
6819.	\multicolumn{4}{l	}{**Berenice Mendes Gabardo** (01/10/1959).}
	\multicolumn{4}{l	}{(05/02/1983) **Wilson Machado** (23/08/1958).}
	8009	M	i.	**Cesar Augusto Gabardo Machado** (22/09/1985).
	8010	F	ii.	**Franciele Gabardo Machado** (04/11/1988).
	8011	F	iii.	**Michele Gabardo Machado** (02/12/1990).
6832.	\multicolumn{4}{l	}{**Avanyr Gusso** (06/02/1928).}
	\multicolumn{4}{l	}{(26/05/1951) **Mario Cavichiollo** (12/01/1929).}
	8012	F	i.	**Maria do Rocio Cavichiollo** (25/08/1952).
+	8013	M	ii.	**Jorge Mario Cavichiollo** (25/11/1958).
6838.	**N Pivato**.			
	8014	F	i.	**Claudia Pivato**.
	8015	M	ii.	**N Pivato**.
6839.	\multicolumn{4}{l	}{**Lair Andretta** (18/11/1940).}
	\multicolumn{4}{l	}{(22/05/1963) **Angelo Ernesto Rebello** (27/10/1938).}
+	8016	M	i.	**Victor Nady Rebello** (04/03/1964).
	8017	F	ii.	**Josélis Andretta Rebello** (01/08/1975).
6840.	\multicolumn{4}{l	}{**Roberto Andretta** (12/06/1945).}
	\multicolumn{4}{l	}{(18/07/1970) **Ieda Amélia Ransolin** (10/05/1948).}
+	8018	F	i.	**Caprice Andretta** (30/04/1972).
+	8019	F	ii.	**Isabela Cristina Andretta** (19/08/1974).
	8020	F	iii.	**Priscila Fátima Andretta** (13/07/1977).
	8021	F	iv.	**Fernanda Cristina Andretta** (20/01/1979).
6842.	\multicolumn{4}{l	}{**Renor Ramos de Oliveira** (17/01/1945).}
	\multicolumn{4}{l	}{(29/05/1969) **Rosimeri Valente** (05/06/1949).}
	8022	F	i.	**Rosane Ramos de Oliveira** (11/03/1970).
+	8023	M	ii.	**Ricardo Ramos de Oliveira** (27/03/1973).
	8024	F	iii.	**Rejane Ramos de Oliveira** (29/05/1978).
				() **Angelo Luis Afonso de Pine** (02/04/1971).
6843.	\multicolumn{4}{l	}{**Renato Sebastião Ramos de Oliveira** (20/01/1947).}
	\multicolumn{4}{l	}{(03/03/1973) **Edith Gatz** (23/05/1951).}
+	8025	M	i.	**Fabio Ramos de Oliveira** (18/11/1973).
	8026	F	ii.	**Patrícia Ramos de Oliveira** (19/02/1977).
	8027	M	iii.	**Adriano Ramos de Oliveira** (01/12/1989).
6844.	\multicolumn{4}{l	}{**Cléia do Rocio Gabardo** (15/05/1954).}
	\multicolumn{4}{l	}{(18/12/1976) **Reinaldo Weigert** (08/10/1948).}
+	8028	M	i.	**Juliano Gabardo Weigert** (08/03/1978).
+	8029	F	ii.	**Elisandra Weigert** (19/05/1981).
6845.	\multicolumn{4}{l	}{**Claudio Antonio Gabardo** (14/06/1957 – 15/01/2020).}
	\multicolumn{4}{l	}{(05/05/1979) **Denise Maria Kosak** (24/05/1961).}

	8030	M	i.	**Rodrigo Anderson Gabardo** (06/07/1982).
	8031	M	ii.	**Allan Gabardo** (19/12/1984).
	8032	F	iii.	**Thaise Tharine Gabardo** (18/08/1988).
	() **Elaine Aparecida da Silva** (27/04/1975).			
6846.	**Mauro José Gabardo** (20/03/1963).			
	(05/03/1993) **Alice Tamie Okamura** (29/06/1963).			
	8033	F	i.	**Pollyana Mayumi Gabardo** (28/08/1993).
6847.	**Mario Gerson Gabardo** (24/09/1958).			
	(09/04/1990) **Clarissa Rejane Ramos da Silveira**.			
	8034	M	i.	**Alisson Luis Gabardo** (21/03/1988).
	8035	F	ii.	**Francine Gabardo** (11/12/1989).
	(14/07/2000) **Vera Regina Carvalho** (22/06/1966).			
6850.	**Jonei Olstan** (20/09/1944 – 23/10/1999).			
	(05/1975) **Ana**.			
	8036	F	i.	**Fabiana Olstan**.
	8037	M	ii.	**Jonei Olstan Filho**.
6851.	**Neide Gabardo Olstan** (19/01/1946).			
	(11/01/1969) **Arnaldo Cabello** (22/02/1943 – 28/07/2010).			
+	8038	F	i.	**Valeria Cabello** (24/03/1970).
+	8039	M	ii.	**Arnaldo Cabello Junior** (12/12/1971).
	8040	M	iii.	**Marcos Eduardo Cabello** (05/08/1975).
	8041	M	iv.	**Paulo Roberto Cabello** (03/02/1977).
6852.	**Terezinha Marli Olstan** (03/11/1951).			
	(03/11/1973) **Osmael Rocha** (17/02/1952).			
	8042	M	i.	**Marlon Vinicius Rocha** (29/10/1974).
	8043	M	ii.	**Marcelo Vinicius Rocha** (15/02/1977).
	8044	M	iii.	**Carlos Alberto Rocha** (28/03/1980).
6853.	**Júlio Olstan Júnior** (10/04/1963).			
	() **Naura**.			
	8045	F	i.	**Ana Paula Olstan** (07/09/2000).
	8046	M	ii.	**Lucas André Olstan** (07/09/2000).
6854.	**Marilisa Trilo** (28/08/1950).			
	() **Casimiro Zdrojewski**.			
	8047	F	i.	**Priscila Zdrojewski** (16/02/1977).
	8048	F	ii.	**Damaris Zdrojewski** (05/03/1981).
6855.	**Sueli Regina Trilo** (25/06/1954).			
	() **Jair Manarim** (05/03/1957).			
	8049	F	i.	**Sulimar Kellie Manarim**.
	8050	F	ii.	**Aniele Manarim**.
6856.	**Leovino Knopf** (24/10/1929 - 10/04/2001).			

				() Terezinha Torres (17/04/1931).
+	8051	M	i.	Julio Cezar Knopf (10/05/1958).
+	8052	F	ii.	Dulce Mara Knopf (05/03/1966).
	8053	F	iii.	Lorena Knopf (28/09/1967).
				() Eliseu Savaro (12/06/1958).
6857.	Leoni Knopf (09/03/1932).			
	() Alcindo Elias (22/08/1930).			
+	8054	M	i.	Alcindo Elias Filho (22/08/1952).
+	8055	M	ii.	Eliezer Laurence Elias (30/10/1960).
6858.	Cilce de Oliveira (21/12/1930).			
	(28/05/1954) Daniel Matias.			
+	8056	F	i.	Jussara Matias.
+	8057	M	ii.	Walter Matias.
6859.	Elvira de Oliveira (05/06/1935).			
	(28/12/1952) Hans Ewaldo Ludovico Seer.			
+	8058	M	i.	Joel Seer.
+	8059	M	ii.	Mario Jorge Seer.
+	8060	F	iii.	Solange do Rocio Seer.
	8061	M	iv.	José Mauricio Seer.
				() Maristela Colasso.
+	8062	M	v.	Luiz Marcelo Seer.
6860.	Napoleão Gonçalves de Oliveira Filho (04/12/1941).			
	(14/12/1973) Eliana Silva (10/01/1948).			
	8063	F	i.	Ariane de Oliveira (24/05/1976).
	8064	M	ii.	Naim de Oliveira (01/04/1982).
6861.	Laidinir de Oliveira (14/06/1946).			
	(16/12/1967) Agostinho Kalakoska.			
+	8065	M	i.	Marcos Kalakoska.
	8066	F	ii.	Claudia Kalakoska.
6862.	Claudionir Gonçalves de Oliveira (11/08/1951).			
	(03/02/1980) Tâmara Coelho.			
	8067	F	i.	Tayla de Oliveira.
	8068	F	ii.	Tayene de Oliveira.
6863.	Glacy Elvira Seibt (06/02/1932).			
	() Adalberto Xavier Ribeiro (29/06/1931 – 03/03/1959).			
+	8069	M	i.	Luiz Carlos Xavier Ribeiro (19/05/1951).
+	8070	M	ii.	Alvaro Cezar Xavier Ribeiro (25/12/1952).
6864.	Ezidio Seibt (01/09/1936).			
	() Glacy (29/09/1939 – 17/04/2000).			
+	8071	F	i.	Sibeli Maysa Seibt (24/04/1960).

	6865.	Edwirgen Seibt (30/10/1938).			
		() Antonio Valdir Mauricio da Silva (24/05/1936 – 11/06/1991).			
+		8072	F	i.	Miriam da Silva (06/11/1957).
		8073	F	ii.	Nara Elis da Silva (13/07/1966 – 25/05/1995).
	6875.	Maria de Lourdes França (10/01/1940).			
		() Sidney Guimarães.			
+		8074	M	i.	Fernando Guimarães (06/09/1957).
+		8075	M	ii.	Marcioney Guimarães (18/07/1961).
+		8076	F	iii.	Sidneia Guimarães (19/07/1963).
		8077	M	iv.	Geferson Guimarães.
		8078	F	v.	Danielle Guimarães (10/09/1965).
		() Francisco Costa (16/10/1963).			
	6876.	Wilson João França (24/03/1945).			
		() Carolina Machado (11/05/1949).			
		8079	F	i.	Gisleine do Rocio França (25/01/1973).
		8080	M	ii.	Glaucius André França (06/07/1975).
		8081	F	iii.	Jessea França (30/06/1982).
	6877.	Rubens França (31/01/1951).			
		() Neusa Maria Franchetto (25/07/1950).			
		8082	M	i.	Vinicius Marcel Franchetto França (20/09/1982).
	6878.	Marilene Stofella (06/11/1950).			
		() Nelson Sabbagh (09/07/1948).			
		8083	F	i.	Maria Carolina Sabbagh (31/12/1974).
		8084	F	ii.	Fernanda Elisa Sabbagh (23/03/1978).
	6879.	Mauri Stofella (05/07/1955).			
		() Maria Auxiliadora P. Pinheiro (10/05/1966).			
		8085	F	i.	Aline Martins Stofella (05/03/1981).
		8086	F	ii.	Maria Luiza Martins Stofella (07/05/1985).
		8087	F	iii.	Maria Laura Pinheiro Stofella (22/02/2001).
	6881.	Edilar Schefler (19/04/1949 – 27/09/1995).			
		() Ana Kinage (30/12/1953).			
		8088	M	i.	Nilson Schefler (12/02/1972).
		8089	F	ii.	Scheila Schefler (30/11/1975).
	6882.	Ananci Sprea (22/12/1946).			
		() Francisco Gerber (11/10/1940).			
+		8090	M	i.	James Stuart Gerber (20/12/1963).
		8091	M	ii.	Carlos Magnus Gerber (02/01/1969).
	6883.	Anor Sprea (15/10/1949).			
		() Shirlei Guimarães (28/07/1950).			
		8092	M	i.	Marcelo Sprea (11/08/1965).

	8093	F	ii.	**Michelle Sprea** (26/06/1978).
6884.	**Valmir Gabardo** (09/03/1940).			
	(05/02/1966) **Marisa Gonçalves** (11/02/1944).			
6886.	**Dilma de Fátima Gabardo** (14/06/1956).			
	(12/01/1991) **José Carlos Dias Pinheiro** (28/06/1954).			
	8095	F	i.	**Fernanda Gabardo Dias Pinheiro** (11/08/1992).
	8096	M	ii.	**Geovani Gabardo Dias Pinheiro** (27/10/1997).
6888.	**Rosilda Gabardo** (17/05/1947).			
	(20/01/1973) **Edison Hoaida** (12/10/1945 – 06/02/1975).			
	8097	M	i.	**Jackson Leandro Oaida** (11/01/1975).
	(05/10/2002) **Raquel Moreno Teixeira** (23/10/1978).			
6889.	**Irene Terezinha Gabardo** (24/10/1955).			
	(10/10/1980) **Roberto Alpino** (08/08/1953).			
	8098	M	i.	**Simão José Gabardo Alpino** (20/01/1981).
	8099	F	ii.	**Isa Mariana Gabardo Alpino** (30/04/1983).
6891.	**Rita Rosália Motta** (15/07/1943).			
	(15/06/1966) **Valdir Bueno de Faria** (18/12/1931).			
+	8100	F	i.	**Angela Paula de Faria** (05/01/1968).
+	8101	F	ii.	**Adriana de Faria** (15/04/1969).
6892.	**Eurydece Marli Motta** (21/12/1945).			
	(07/01/1967) **Gabriel Neiva Negrão** (02/10/1939).			
+	8102	M	i.	**Marco Antonio Negrão** (17/10/1967).
	8103	F	ii.	**Denise Negrão** (28/10/1969).
+	8104	F	iii.	**Simone Negrão** (29/09/1970).
6893.	**Roseli Vieira dos Santos** (22/06/1954).			
	(19/12/1975) **José Maria da Silveira** (06/02/1952).			
	8105	M	i.	**Alexandre Silveira** (31/03/1977).
6894.	**Marisa Folloni** (19/09/1948).			
	(29/07/1970) **Wagner Luis do Nascimento** (28/02/1948).			
	8106	F	i.	**Larissa Folloni do Nascimento** (21/05/1976).
	8107	F	ii.	**Liliane Folloni do Nascimento** (08/04/1985).
6895.	**Eclodomir Gomy** (13/02/1950).			
	(19/07/1986) **Elizabete Helena Vieira** (05/05/1957).			
	8108	F	i.	**Andreza Helena Vieira Gomy** (23/06/1981).
	8109	F	ii.	**Camile Helena Vieira Gomy** (24/10/1982).
	8110	F	iii.	**Naiara Helena Vieira Gomy** (12/12/1987).
6896.	**Eliete Gomy** (28/11/1955).			
	(25/10/1975) **Gerson Mann** (25/12/1953).			
	8111	F	i.	**Elaine Mann** (06/06/1977).
	8112	M	ii.	**Gláucio Mann** (14/04/1980).

6902.	Celso Gabardo (12/07/1944 – 20/07/2009).			
	(12/10/1964) Maria Olite Zaleski (22/09/1942).			
+	8113	F	i.	Mônica Gabardo (17/07/1964).
+	8114	M	ii.	Celso Gabardo Júnior (23/06/1968).
	8115	F	iii.	Claudia Maria Gabardo (05/05/1981).
6903.	Laercio Gabardo (27/08/1949).			
	(22/03/1980) Mara Luci Faria (13/04/1961).			
	8116	M	i.	Carlos Henrique Gabardo (03/08/1980).
	8117	M	ii.	Eduardo Augusto Gabardo (07/12/1983).
	8118	F	iii.	Ana Luísa Gabardo (19/07/1986).
6905.	Maria Inês Gabardo (25/02/1946).			
	(19/10/1968) Adilson Alves Pimentel (13/02/1942).			
	8119	F	i.	Marjorie Cristina Gabardo Pimentel (09/05/1971).
	8120	F	ii.	Luciane Gabardo Pimentel (17/01/1977).
6906.	Jair Afonso Gabardo (27/10/1947).			
	(19/11/1977) Lucia Vladcoski (28/07/1960).			
	8121	F	i.	Giseli Gabardo (13/06/1979).
	8122	M	ii.	Gilmar Gabardo (25/03/1984).
	8123	M	iii.	Gilson Afonso Gabardo (31/12/1985).
	8124	F	iv.	Gislaine Gabardo (06/03/1989).
	8125	F	v.	Giane Gabardo (30/01/1990).
6907.	Roberto Tadeu Gabardo (28/03/1958).			
	(10/09/1988) Glacir Wollinger (17/09/1969).			
	8126	M	i.	Marcelo Roberto Gabardo (26/12/1988).
	8127	F	ii.	Micheli Gabardo (26/10/1990).
6910.	Valdemar Gabardo (16/05/1952).			
	(21/03/1980) Beatriz Scheubauer do Prado (20/08/1962).			
	8128	M	i.	Cleberson Gabardo (15/07/1980).
	8129	M	ii.	Rafael Gabardo (08/06/1982).
	8130	F	iii.	Ana Caroline Gabardo (21/01/1987).
6911.	Jair Natalicio Gabardo (25/12/1954).			
	(02/05/1987) Meri Turkot (14/03/1970).			
	8131	F	i.	Alexsandra Gabardo (05/07/1989).
	8132	M	ii.	Leandro Gabardo (20/11/1991).
6913.	Maria Erlete Gabardo (04/09/1960).			
	(05/12/1987) Ari Francisco Martins (16/12/1959).			
	8133	F	i.	Vanessa Martins (13/02/1991).
	8134	F	ii.	Suzana Martins (03/11/1993).
6914.	Luiz Carlos Gabardo (11/05/1963).			
	(01/10/1994) Luciane Salete Tereski (18/09/1966).			

	8135	M	i.	Caio Leonardo Gabardo (21/04/1999).
6918.	Maria Ersuli Gabardo (21/10/1948).			
	(15/02/1969) Valdemiro Laatsch (12/04/1944).			
	8136	M	i.	Fernando Laatsch (22/04/1972).
	8137	F	ii.	Marley Fernanda Laatsch (04/05/1975).
	8138	F	iii.	Rosane Cristina Laatsch (16/01/1981).
6919.	Eronil Gabardo (23/02/1951).			
	(12/10/1982) Edevino Assis Gugelmin (06/06/1954).			
	8139	M	i.	Heverton Fernando Gabardo Gugelmin (08/11/1983).
	8140	F	ii.	Fernanda Gabardo Gugelmin (15/11/1993).
6920.	Alir Gabardo (25/07/1952).			
	(28/05/1977) Gilda Villanova (21/11/1949 – 30/03/2003).			
	8141	F	i.	Liriane Gabardo (04/12/1978).
	8142	M	ii.	Allyson Luis Gabardo (05/02/1981).
	8143	F	iii.	Daiane Gabardo (23/08/1983).
6921.	Bertolino José Gabardo (18/09/1957).			
	(21/07/1979) Maria de Fátima de Paula (05/11/1957).			
	8144	F	i.	Monike de Paula Gabardo (15/12/1980).
	8145	M	ii.	Rodrigo de Paula Gabardo (10/11/1982).
	8146	F	iii.	Michele de Paula Gabardo (23/03/1984).
6922.	Inez Maria Gabardo (01/03/1959).			
	() N Flenik.			
	8147	M	i.	Flavio Edvino Flenik (29/07/1983).
	8148	F	ii.	Leticia Gabardo (08/03/1984).
6923.	Ademir Gabardo (27/11/1961).			
	(08/02/1985) Sonia Paula dos Santos (26/01/1967).			
	8149	F	i.	Alexandra dos Santos Gabardo (14/03/1984).
	8150	F	ii.	Aline dos Santos Gabardo (10/03/1987).
	8151	M	iii.	Ademir Gabardo Júnior (02/04/1994).
	8152	M	iv.	Allan Gabardo (04/07/1995).
6924.	Mario Auri Gabardo (25/05/1963 – 14/05/2002).			
	(18/02/1984) Sueli Terezinha Cruz dos Santos (16/08/1966).			
	8153	M	i.	Anderson Gabardo (12/11/1987).
	8154	F	ii.	Karoline Gabardo (29/10/1989).
6926.	Maria Zilma Gabardo (08/11/1943).			
	(21/11/1964) Walfrido Nichele (15/03/1941).			
	8155	M	i.	Tomas Nichele (18/09/1965).
	8156	F	ii.	Caroline Gabardo Nichele (27/09/1968).
	8157	M	iii.	Frederico Nichele (06/10/1971).
6927.	Maria Zulmira Gabardo (06/02/1946).			

				(15/02/1969) **Carlos Eduardo Walter** (31/01/1948).
	8158	F	i.	**Ingrid Maria Walter** (16/12/1969).
				(07/03/1998) **Daniel G. Giovanni Lubes** (15/03/1961).
6928.	**Antonio Francisco Gabardo** (27/01/1950).			
				(16/05/1970) **Vera Elmari Foggiatto** (30/07/1952).
+	8159	M	i.	**Jonathas Evandro Gabardo** (23/04/1972).
	8160	M	ii.	**Cassios Gabardo** (02/02/1975).
6929.	**José Geraldo Gabardo** (03/11/1953).			
				(19/07/1975) **Rainildes França** (06/05/1957).
	8161	M	i.	**Helton Gabardo** (09/12/1975).
+	8162	F	ii.	**Melissa Gabardo** (17/03/1978).
6940.	**Antonio Rosaldo Pelanda**.			
	8163	M	i.	**Sandro Augusto Pelanda**.
	8164	F	ii.	**Andreia Maria Pelanda**.
	8165	F	iii.	**Andreza Pelanda**.
	8166	M	iv.	**Marcio Ronaldo Pelanda**.
6941.	**João Ronaldo Pelanda**.			
	8167	F	i.	**Maria Betania Pelanda**.
	8168	M	ii.	**João Ronaldo Pelanda Filho**.
	8169	F	iii.	**Maria Carolina Pelanda**.
6943.	**Maria Roseli Pelanda**			
	() **N Zehlen**.			
	8170	M	i.	**Marcelo Zehlen**.
	8171	M	ii.	**Paulo Vitor Zeheln**.
6944.	**Paulo Roberto Pelanda**			
	8172	M	i.	**Paulo Roberto Pelanda Júnior**.
6945.	**Maria Rosélia Pelanda**			
	() **N Baurakiadef**.			
	8173	M	i.	**João Paulo Pelanda Baurakiadef**.
6947.	**Ana Maria Raquel Pelanda**			
	() **N Schiontek**.			
	8174	F	i.	**Jessica Schiontek**.
	8175	M	ii.	**Lucas Schiontek**.
	8176	M	iii.	**Mateus Schiontek**.
6948.	**Maria Rosmari Pelanda**			
	() **N Pelanda**.			
	8177	M	i.	**Luís Eduardo Pelanda**.
	8178	M	ii.	**João Guilherme Pelanda**.
6949.	**João Luiz Rafael Pelanda** (1967 – 12/10/2014.			
	8179	M	i.	**Leonardo Pelanda**.

	8180	F	ii.	**Luizi Rafaela Pelanda.**
6951.	**Maria Neide Gabardo** (20/01/1955 – 14/07/1997).			
	(13/07/1974) **Adelino Rafael Betiatto** (? – 24/10/1982).			
	8181	M	i.	**Alexandre Betiatto** (17/04/1976).
	8182	M	ii.	**Ricardo Betiatto** (09/12/1980).
6952.	**Valter Francisco Gabardo** (28/11/1956).			
	(20/07/1980) **Célia Maria Sandeski** (20/05/1962).			
	8183	F	i.	**Fernanda Gabriela Gabardo** (21/03/1982).
	8184	F	ii.	**Rafaela Gabardo** (22/08/1990).
6953.	**José Renato Gabardo** (11/09/1959).			
	(23/12/1984) **Lucimar Regina Negrello** (09/03/1965).			
	8185	M	i.	**Thiago Gabardo** (26/07/1985).
	8186	M	ii.	**Guilherme Gabardo** (20/05/1987).
6958.	**Doglair Antonio Gabardo** (25/02/1947).			
	(10/06/1972) **Ana Maria Pizzatto** (14/05/1943).			
	8187	M	i.	**Anderson Antonio Gabardo** (03/11/1972).
	8188	F	ii.	**Veridiana Beatriz Gabardo** (15/10/1974).
	8189	F	iii.	**Alessandra Priscila Gabardo** (19/08/1976).
	8190	M	iv.	**Deivisson Eugenio Gabardo** (22/03/1989).
	8191	F	v.	**Daiana Gabardo** (29/07/1990).
	8192	M	vi.	**Arlynson José Gabardo** (28/10/1992).
6959.	**Jorge Antonio Gabardo** (02/06/1962).			
	(12/02/1983) **Maria Aparecida Lemes** (30/05/1962).			
	8193	M	i.	**Danilo Samuel Gabardo** (10/05/1985).
	8194	F	ii.	**Annie Caterine Gabardo** (22/01/1988).
	8195	F	iii.	**Anielle Cristine Gabardo** (01/09/1992).
6962.	**Celso Gabardo** (21/03/1964).			
	(09/01/1988) **Sandra Mara Zonta** (29/06/1972).			
	8196	M	i.	**Billy John Gabardo** (07/06/1990).
	8197	M	ii.	**Brian Johnny Gabardo** (22/11/1992).
	8198	M	iii.	**Brendon Julian Gabardo** (18/01/1996).
6963.	**Tania Cristina Gabardo** (04/08/1965).			
	(16/03/1985) **Francisco Ramos Rodrigues da Cruz** (12/04/1962).			
	8199	F	i.	**Franciele Priscila da Cruz** (09/08/1985).
	8200	M	ii.	**Toni Ramos da Cruz** (07/12/1986).
	8201	M	iii.	**Carlos Dorneles da Cruz** (30/04/1991).
6965.	**Sonia Rosi Gabardo** (27/02/1968).			
	(07/01/1998) **Osmar Crenchiglova** (21/03/1974).			
	8202	F	i.	**Vitoria Gabrieli Crenchiglova** (28/09/2000).
6966.	**Eleutério René Gabardo** (09/03/1971).			

	(15/07/1989) **Jucenir Terezinha Pilato** (02/10/1972).			
	8203	M	i.	**Helton Renê Gabardo** (08/01/1990).
	8204	F	ii.	**Leticia Priscila Gabardo** (08/12/1992 – 16/12/1992).
	8205	F	iii.	**Kethlyn Nicole Gabardo** (08/04/1994).
	8206	F	iv.	**Kate Ellen Gabardo** (05/04/2001).
6967.	**Tadeu Alexsandro Gabardo** (22/05/1973).			
	(16/07/1994) **Giani Simone Lamaur** (17/06/1974).			
	8207	F	i.	**Talissa Alexsandra Gabardo** (23/01/1995).
	8208	F	ii.	**Larissa Stefani Gabardo** (07/01/2001).
6968.	**Terezinha Lisene Gabardo** (28/05/1951).			
	(16/09/1978) **José Claudio Carneiro** (18/03/1949).			
	8209	M	i.	**José Cláudio Carneiro Filho** (11/10/1980).
	8210	F	ii.	**Lessane Carneiro** (26/03/1986).
6969.	**Maria Liane Gabardo** (27/06/1953).			
	(19/04/1980) **João Alcides Arbigaus** (31/12/1953).			
	8211	M	i.	**Rocky Gabardo Arbigaus** (23/09/1980).
	8212	M	ii.	**Lucas Gabardo Arbigaus** (18/12/1982).
6970.	**Leindemir Gabardo** (04/12/1957).			
	(14/12/1991) **Germano de Souza Gonçalves** (14/01/1964).			
	8213	M	i.	**Felipe Gabardo Gonçalves** (31/08/1994).
	8214	F	ii.	**Luiza Gabardo Gonçalves** (09/03/2000).
6971.	**Maria Sueli Ribas Gabardo** (12/02/1953).			
	() **José Livones Godoi** (1943 – 11/02/2016).			
	8215	M	i.	**José Livones Godoi Júnior** (03/09/1984).
6972.	**Luiz Carlos Gabardo** (08/01/1956).			
	(30/08/1980) **Izonete Pereira** (21/08/1958).			
	8216	F	i.	**Elaine Cristina Gabardo** (13/03/1981).
	8217	M	ii.	**André Luiz Gabardo** (01/03/1983).
	8218	F	iii.	**Maria Letícia Gabardo** (06/03/1988).
6973.	**Lourival Antonio Gabardo** (19/05/1958).			
	(09/01/1982) **Elenice da Silva Lisboa** (22/06/1961).			
	8219	F	i.	**Vanessa Lisboa Gabardo** (05/01/1990).
6974.	**Lucimara do Rocio Gabardo** (03/04/1964).			
	(11/07/1987) **Marco Antonio Adriano** (18/07/1961).			
	8220	M	i.	**Guilherme Gabardo Adriano** (10/04/1989).
	8221	F	ii.	**Thais Gabardo Adriano** (16/03/1982).
6978.	**Gisele Pellanda Gabardo** (19/05/1971).			
	() **Marcelo Lisboa de Miranda** (28/09/1965).			
	8222	M	i.	**Pedro Henrique Pellanda de Miranda** (26/08/1995).
	8223	F	ii.	**Beatriz Pellanda de Miranda** (30/12/1997 – 19/01/1999).

6979.	Leusi Therezinha Ziliotto (19/02/1956).			
	(30/10/1976) Laertes Aleixo da Costa (07/08/1955).			
	8224	M	i.	Cassiano Aleixo da Costa (12/07/1977).
	8225	F	ii.	Catiana Melissa da Costa (26/01/1981).
6980.	José Osmair Ziliotto (17/11/1957).			
	(17/11/1984) Jucilene Bonato (09/11/1963).			
	8226	F	i.	Hevelyse Paola Ziliotto (13/01/1988).
	8227	M	ii.	Hercoly Ziliotto (12/11/1990).
6981.	Eloir Antonio Ziliotto (15/02/1959).			
	(20/02/1988) Andrea Cristina Liberato (26/06/1971).			
	8228	M	i.	Marlon Cristyan Ziliotto (21/02/1989).
	8229	M	ii.	Ivan Aurélio Ziliotto (27/03/1993).
6982.	Rosi Maria Ziliotto (22/08/1962).			
	(28/11/1981) Edson Vicente da Silva (28/03/1961).			
	8230	M	i.	Pablo Juanito Siliotto da Silva (01/04/1982).
	8231	M	ii.	Diego Vinicius Ziliotto da Silva (13/08/1984).
	8232	F	iii.	Pamela Adrielly Ziliotto da Silva (23/09/1988).
	8233	F	iv.	Rafaelly Caroliny Ziliotto da Silva (11/11/1993).
6983.	Luiz Fernando Ziliotto (19/08/1964).			
	(16/06/1989) Denise do Rocio Borazzo (14/01/1963).			
	8234	M	i.	Luiz Felipe Borazzo Ziliotto (06/09/1989).
	8235	M	ii.	Flavio Augusto Borazzo Ziliotto (30/04/1993).
	8236	F	iii.	Thais Leticia Borazzo Ziliotto (05/08/1994).
6985.	Ligia Cristina Nichele (24/06/1966).			
	(16/05/1987) Antonio Osmar Gabardo (31/08/1960).			
6986.	Sueli Terezinha Nichele (15/10/1967).			
	(18/01/1992) Marco Aurélio Sampaio (25/09/1966).			
	8239	M	i.	Gabriel Nichele Sampaio (17/01/1995).
	8240	F	ii.	Mariana Nichele Sampaio (26/06/1997).
6993.	Michel Antonio Gabardo (08/03/1986).			
	(13/03/2010) Priscila Schulz (01/01/1984).			
	8241	F	i.	Milena Schulz Gabardo (06/09/2016.
7033.	N Marconato.			
	() N Portela.			
	8242	M	i.	Marcos Fábio Portela (02/07/1973).
7034.	Noeli Marconato (18/05/1957).			
	(10/01/1981) Altair José Alessi (01/07/1955).			
	8243	M	i.	Dylliardi Alessi (19/02/1988).
				(22/07/2016) Sabrine Louise Souza (25/08/1990).

18. Geração

7039.	**Hamilton Tadeu Pontarola Júnior** (05/02/1971).			
	(07/07/1995) **Ana Paula Bonacin Vieira de Camargo** (12/08/1971).			
	8244	F	i.	**Giovanna Pontarola** (29/08/1997).
	8245	M	ii.	**Hamilton Tadeu Pontarola Neto** (20/10/2001).
	8246	M	ii.	**Enzo Tadeu Pontarola** (08/12/2006).
7049.	**Dionéia Maris Gabardo** (04/10/1952).			
	(10/1975) **Iranei José Taques** (08/12/1949).			
	8247	M	i.	**Rodrigo Gabardo Taques** (22/12/1975).
+	8248	M	ii.	**Emmanuel Gabardo Taques** (19/07/1977).
7050.	**Dilcéia Maria Gabardo** (29/12/1955).			
	(08/03/1975) **Miratã Brasil Alves Fagundes** (04/04/1945).			
	8249	M	i.	**Henrique Gabardo Alves Fagundes** (23/11/1978).
	8250	M	ii.	**Ricardo Gabardo Ives Fagundes** (13/09/1980).
7051.	**Carlos Alberto Gabardo** (23/04/1965).			
	() **Lucia**.			
	8251	M	i.	**Magno Alberto Gabardo**.
7052.	**Marcia Regina Gabardo** (08/02/1960).			
	(08/07/1983) **Carlos Alberto Paulinetti Câmara** (04/03/1959).			
	8252	M	i.	**Alexandre Gabardo da Câmara** (22/08/1985).
	8253	M	ii.	**Rafael Gabardo da Câmara** (19/09/1997).
7053.	**Marco Aurélio Gabardo** (/05/1961).			
	8254	M	i.	**Daniel Gabardo** (/05/1986).
	8255	M	ii.	**Carlos Gabardo** (/12/1987).
	8256	F	iii.	**Aline Carvalho Gabardo** (21/08/1989).
7055.	**Teresa Cristina Gabardo** (06/09/1967).			
	(09/03/1990) **Carlos José Pacheco Caron** (11/08/1965).			
	8257	F	i.	**Heloisa Gabardo Caron** (30/06/1992).
	8258	M	ii.	**Henrique Gabardo Caron** (15/08/1995).
7056.	**Cesar Augusto Gabardo** (01/11/1972).			
	(04/07/1998) **Elizete Polak** (27/09/1972).			
	8259	M	i.	**Eduardo Polak Gabardo** (26/10/2004).
7063.	**Luciana Gabardo** (02/04/1980).			
	(14/03/2002) **Ricardo do Carmo** (08/06).			
	8260	F	i.	**Ana Lucia do Carmo** (26/01).
	8261	F	ii.	**Letícia Gabardo do Carmo**.
7070.	**Tiago Henrique Portes** (11/01/1987).			
	() **Juliane Cristina Fernandes Rosa**.			
	8262	M	i.	**Henrique Fernandes Portes** (22/02/2001).
	(05/01/2015) **Jully dos Santos Ribeiro** (05/05/1991).			
7072.	**Nilmar Gabardo Bedim** (30/03/1986).			

	8263	M	i.	**João Vitor Bedim**.
7083.	**Daniel Gabardo**.			
	8264	F	i.	**Marili Gabardo** (29/08/1979).
7084.	**Lorival Sandrini Gabardo**.			
	() **Salete**.			
+	8265	M	i.	**Paulo Robson Gabardo** (09/07/1982).
7086.	**Jacir Sandrini Gabardo**.			
	() **Terezinha Quinzini**.			
	8266	F	i.	**Jaqueline Gabardo**.
	8267	M	ii.	**Jardel Gabardo**.
7090.	**Lindamir Gabardo** (25/08/1970).			
	8268	F	i.	**Caroline Gabardo** (14/06).
	8269	M	ii.	**Jonathan Gabardo**.
				(03/03/2017) **Anah Paula**.
7091.	**Acir Gabardo de Castilho** (13/11/1962).			
	8270	M	i.	**Felipe Gabardo de Castilho**.
	8271	M	ii.	**Sidnei Gabardo de Castilho**.
7092.	**Valmir Gabardo de Castilho** (12/08/1964).			
	() **Adélia Radecki** (12/11/1963).			
	8272	M	i.	**João Miguel Gabardo de Castilho** (29/04/1991).
7093.	**Valdir Gabardo** (? – 08/09/2017).			
	8273	M	i.	**Rodrigo Gabardo** (23/10/1992).
7102.	**Rosa Oleinik Gabardo** (29/11/1973).			
	() **Elias Vieira dos Santos** (1975 – 2004).			
	8274	F	i.	**Elielmari Marielli Gabardo** (06/12/1989).
	8275	M	ii.	**San Saile Willian Gabardo dos Santos** (2001).
7104.	**Rosa Gabardo**.			
	() **Jair Valencio Ribeiro**.			
+	8276	F	i.	**Marizete Gabardo Ribeiro** (17/01/1981).
	8277	M	ii.	**Edison Valencio Gabardo Ribeiro** (02/08/1982).
	8278	M	iii.	**Élio Gabardo Ribeiro** (20/09/1983).
	8279	F	iv.	**Elisângela Gabardo Ribeiro** (18/04/1988).
	8280	F	v.	**Josefina Gabardo Ribeiro** (06/09/1990).
7105.	**Rogério Gabardo** (19/07/1965).			
	(21/09/1985) **Cleuza dos Santos Siqueira** (04/05/1963).			
+	8281	F	i.	**Marilda Gabardo** (07/04/1986).
	8282	M	ii.	**Marildo Gabardo** (02/12/1991).
				() **Roselaine Pontes** (04/12/1989).
	8283	M	iii.	**Sidinei Gabardo** (23/08/1996).
7107.	**Elza Gabardo** (31/01/1974).			

	(20/03/1992) **Adolfo Jacob Muller Netto** (04/07/1968).			
	8284	M	i.	**Alvaro Gabardo Muller** (10/03/1992).
				() **Leidi Thais Celestino** (11/02/1996).
	8285	F	ii.	**Amanda Muller** (21/12/1997).
	8286	F	iii.	**Aline Gabardo Muller** (04/03/2005).
7108.	**Douglas Alex Gabardo** (03/02/1973).			
	() **Iolanda** (22/07).			
	8287	F	i.	**Kerolayn Gabardo** (15/02/1993).
	8288	M	ii.	**Caio Gabardo** (23/08).
	8289	M	iii.	**Kauan Gabardo** (06/03/1996).
7109.	**Denize Angela Gabardo** (12/03/1976).			
	(01/06/2001) **Ademilson Gonçalves** (22/11/1972).			
	8290	M	i.	**Deyvison Gabardo de Souza.**
	8291	M	ii.	**Joanderson Gabardo de Souza.**
	8292	F	iii.	**Shaiane Gabardo** (04/12).
7121.	**Ademir Cristiano Gabardo** (23/10/1978).			
	() **Elisângela Terezinha da Silva** (23/07/1975).			
	8293	F	i.	**Angela Carine Gabardo** (08/08/1995).
	8294	M	ii.	**Adrian Gabardo** (25/07/2000).
	(13/06/2014) **Juliana Cribari Gabardo** (05/10/1983).			
7124.	**Rosi Gabardo Nenevê** (13/02/1975).			
	8295	M	i.	**Pedro Ricardo Nenevê.**
7126.	**Neia Gabardo Nenevê** (09/04/1986).			
	8296	F	i.	**Vitória Nenevê** (24/02/2000).
7127.	**Nilce Maria Nunes** (02/08/1976).			
	() **José Carlos Dias.**			
	8297	M	i.	**Ruhan Nunes Dias.**
	8298	M	ii.	**Gustavo Nunes Dias.**
7130.	**Regiane de Fátima Nunes.**			
	() **Mauro de Oliveira Castro.**			
	8299	F	i.	**Geisiane Cristina Nunes Castro.**
	8300	M	ii.	**Mauro Oliveira Castro Júnior.**
7160.	**Janete Gabardo** (07/09/1992).			
	8301	M	i.	**Gustavo.**
7164.	**Elizabeth Gabardo de Oliveira** (10/08/1980).			
	(11/10/1999) **Celio José Caetano** (07/10/1976).			
	8302	F	i.	**Nicoli Larissa Caetano** (01/08/1999).
	8303	F	ii.	**Natalia Emanuelli Caetano** (26/12/2001).
	8304	F	iii.	**Maria Isabella Caetano.**
7167.	**Antonio Negrelli Gabardo** (14/06/1966).			

				(17/06/1989) **Debora**.
	8305	M	i.	**Madson Gabardo** (14/11).
7168.	**Divanéia de Fátima Gabardo** (03/02/1973).			
	8306	M	i.	**Silvio Gabardo** (14/02/1995).
				() **Regiane Gevenka**.
7173.	**Vanessa Maria Faoro** (08/07/1967).			
	(20/02/1988) **Herton Martelet de Oliveira** (11/01/1964).			
+	8307	F	i.	**Tatysa Faoro de Oliveira** (31/03/1990).
	8308	M	ii.	**Herton Martelet de Oliveira Filho** (02/03/1995).
7174.	**Viviane do Rocio Faoro** (24/11/1969).			
	(01/10/2005) **Modesto Menegotto Neto** (26/07/1977).			
	8309	F	i.	**Gabriela Faoro Menegotto** (09/09/2007).
	8310	M	ii.	**Lucas Faoro Menegotto** (25/02/2011).
7175.	**Attilio Faoro Neto** (29/05/1971).			
	(12/09/1998) **Marcia Mancini Postiglione** (26/01/1967).			
	8311	F	i.	**Ana Laura Postiglione Faoro** (12/04/2002).
	8312	F	ii.	**Maria Carolina Postiglione Faoro** (20/10/2006).
7176.	**Alcione Angelo Faoro Filho** (25/02/1980).			
	(03/05/2008) **Morgana Possoli Fabris** (12/05/1981).			
	8313	F	i.	**Lara Fabris Faoro** (15/02/2011).
	8314	M	ii.	**Davi Fabris Faoro** (16/07/2014).
7178.	**João Paulo Gabardo** (11/07/1979).			
	8315	F	i.	**Maria Fernanda Gabardo** (26/01/2009).
	(29/11/2014) **Maura Barbieri Cavalcanti de Albuquerque**.			
7186.	**Leonia Gabardo Negrelli** (02/02/1975).			
	(02/02/2002) **Marcelo Aurelio Dombek** (16/12/1976).			
	8316	F	i.	**Marcela Gabardo Dombek** (15/12/2005).
	8317	M	ii.	**Dante Negrelli Dombek** (01/12/2008).
7189.	**Sorlene Gabardo Lemos** (29/04/1978).			
	(08/05/1998) **Antonio Felipe** (27/04/1967).			
	8318	F	i.	**Stéphany Felipe** (07/11/1998).
				(03/02/2017) **Guilherme Ferreira**
	8319	F	ii.	**Nicoly Felipe** (31/08/2000).
7221.	**Jucenir Terezinha Pilato** (02/10/1972).			
	(15/07/1989) **Eleutério René Gabardo** (09/03/1971).			
7311.	**Béatrice Gabardo** (10/01/1973).			
	(30/05/1998) **Olivier Moure** (03/10/1971).			
	8324	M	i.	**Hugo Moure** (10/11/1999).
7312.	**Blandine Gabardo** (23/05/1980).			
	(28/08/2004) **Nicolas Lamouroux** (25/04/1968).			

	8325	M	i.	**Paono Lamouroux** (23/03/2004).
	8326	M	ii.	**Gabriel Lamouroux** (05/08/2006).
	8327	M	iii.	**Léo Lamouroux** (06/07/2012).
	8328	M	iv.	**Manu Lamouroux** (06/07/2012).
7313.	**Boris Gabardo** (05/05/1975).			
	(05/07/2004) **Sylvie Regal** (07/04/1973).			
	8329	M	i.	**Alexis Gabardo** (28/11/2005).
	8330	F	ii.	**Léna Gabardo** (14/05/2009).
7314.	**Yann Gabardo** (06/08/1977).			
	(03/09/2011) **Sylvie Alves** (12/03/1978).			
	8331	M	i.	**Jul Gabardo** (09/04/2008).
	8332	F	ii.	**Zoé Gabardo** (21/06/2012).
7318.	**Michael Paquette**.			
	() **Deborah Jensen**.			
	8333	F	i.	**Jasmine Paquette** (08 /06/1995).
				(15/08/2017) **Brandon Wong** (18/03/1988).
7323.	**Celine Gabardo** (16/04/1979).			
	() **Mickael Monnot**.			
	8334	F	i.	**Elisa Monnot** (25/09/2008).
	8335	M	ii.	**Jonas Monnot** (2011).
	8336	F	iii.	**Roxane Monnot** (2013).
7324.	**Giovanni Belfiore** (28/07/1976).			
	() **Sara Esposito** (15/04/1975).			
	8337	F	i.	**Julia Belfiore**.
7331.	**João Gabbardo dos Reis**.			
	() **Maria de Fatima Teixeira**.			
	8338	F	i.	**Andrea Teixeira dos Reis**.
7333.	**Rafael Gabbardo Ritter** (30/10/1972).			
	(25/09/1999) **Valeria Fonteles**.			
	8339	F	i.	**Ana Carolina Fonteles Ritter** (20/06/2006).
7338.	**Tatiana Gabbardo** (22/10/1987).			
	() **Gleison Zardo** (08/01/1980).			
	8340	M	i.	**Lucas Gabbardo Zardo** (21/05/2012).
7342.	**Henrique Gabbardo** (08/11/1992).			
	8341	F	i.	**Andressa Gabbardo**.
	8342	F	ii.	**Isabelle Gabbardo**.
7355.	**Daniel Ramos Gabardo** (24/10/1987).			
	(03/04/2014) **Patricia Rosa da Silva**.			
	8343	F	i.	**Zoey da Silva Gabardo** (26/05/2015).
7357.	**Sarah Ramos Gabardo** (18/01/1996).			

				() Bryan Fortes.
	8344	F	i.	**Lauren Gabardo Fortes** (13/03/2015).
7400.	**Deusir Gusso Santos** (23/09/1962).			
	(04/12/1979) **Ari Aires Antunes** (07/12/1959).			
	8345	M	i.	**Bruno Aires Antunes** (10/09/1986).
7402.	**Samuel Gusso Santos** (29/05/1972).			
	(12/1993) **Zuleica Azinil** (27/10/1974).			
	8346	M	i.	**Guilherme Henrique Gusso Santos** (13/01/1996).
7412.	**Mirelle de Fátima Gabardo** (23/03/1989).			
	() **Halterson Roberto Jess** (18/07/1990).			
	8347	F	i.	**Yohana Júlia Gabardo Jess** (02/04/2010).
7416.	**João Roberto Ducheski** (26/07/1957).			
	(18/10/1960) **Luiza Colaço**			
+	8348	M	i.	**Orlando Ducheski** (28/10/1980).
+	8349	F	ii.	**Josiane Roberta Ducheski** (16/04/1982).
	() **Lúcia Dierka**.			
	8350	F	iii.	**Maria Helena Ducheski** (1993).
7417.	**Ana Maria Ducheski**.			
	() **João Paulo Matiuzzi**.			
	8351	M	i.	**Ricardo Matiuzzi**.
7418.	**Regina Ducheski**.			
	() **Lauro Garcia**.			
	8352	F	i.	**Thaís Ducheski Garcia**.
	8353	M	ii.	**Emilio Garcia**.
7419.	**Leonardo Ducheski**.			
	() **Marta Regina**.			
+	8354	M	i.	**Leonardo Ducheski Segundo**.
	8355	F	ii.	**Mariana Regina Ducheski**.
7420.	**José Ciro Gauginski**.			
	(30/10/2009) **Carla Renata Lima**.			
	8356	F	i.	**Isabel Gauginski** (2011).
7439.	**Nebison José Tortato** (13/03/1979).			
	(23/09/2000) **Andreia Luciane Gabardo** (14/05/1980).			
7460.	**Lucimara Pasqualim** (09/09/1960).			
	(30/12/1977) **Emilio Pauluk** (28/05/1947).			
	8358	M	i.	**Patrick Pauluk** (30/10/1980).
	8359	M	ii.	**Thiago Pauluk** (15/10/1984).
7461.	**Cristiane Aparecida Diriniezicz** (04/07/1965).			
	(01/12/1984) **Artur Holthmamm** (02/05/1960).			
	8360	F	i.	**Fernanda Holthmamm** (05/10/1990).

	8361	M	ii.	**Artur Holthmamm Júnior** (04/08/1994).
7467.	**Claudia Regiane Nichele** (17/02/1972).			
	(21/01/1995) **Ednilso Leonel Borghezani** (18/12/1970).			
	8362	F	i.	**Giovana Nichele Borghezani** (21/02/2002).
	8363	M	ii.	**Gabriel Nichele Borghezani** (21/02/2002).
	8364	F	iii.	**Gabriela Nichele Borghezani** (21/02/2002).
7482.	**Regiane Gabardo** (08/10/1977).			
	() **Cleverson Bornancin**.			
	8365	M	i.	**Guilherme Gabardo Bornancin** (25/05/2001).
	8366	F	ii.	**Mariana Gabardo Bornancin** (08/08/2008).
7535.	**Bruna Gabardo** (20/11/1993).			
	8367	F	i.	**Luna** (30/09).
7554.	**Anete Cristina Gouveia Gabardo** (14/11/1981).			
	() **N Blini**.			
	8368	M	i.	**Samuel Gabardo Blini**.
	8369	M	ii.	**Heitor Gabardo Blini**.
7570.	**Gyovana Gabardo** (23/02/1989).			
	(18/11/2015) **Marcelo Munhoz da Rocha** (01/11/1989).			
	8370	F	i.	**Rafaela Gabardo Munhoz da Rocha** (26/04/2017).
7586.	**Helio Gabardo** (21/10/1951 – 31/05/1991).			
	() **Maria Sebastiana** (08/04/1955).			
	8371	M	i.	**Helio Gabardo Filho** (11/06/1977).
7589.	**Rui Gabardo de Souza** (1958).			
+	8372	M	i.	**Douglas Gabardo de Souza**.
7591.	**Eliane Cristina Gabardo** (08/05/1974).			
	(25/05/2005) **Antonio Nogueira**			
	8373	F	i.	**Ana Carolina Gabardo Nogueira** (25/09/2006).
7621.	**Bruno Rafael Barbosa Gabardo** (17/08/1989).			
	() **Carolina**.			
	8374	F	i.	**Isabelle Gabardo**.
	8375	M	ii.	**Kauan Gabardo**.
7637.	**Karla Fátima Pereira da Cruz** (25/09/1986).			
	8376	F	i.	**Vitória Pereira da Cruz** (16/07/2005).
				() **N Ribeiro**.
	8377	F	ii.	**Gabriela Pereira da Cruz Ribeiro** (20/08/2008).
	8378	F	iii.	**Rafaela Pereira da Cruz Ribeiro** (20/08/2008).
	8379	F	iv.	**Eduarda Queiroz Ribeiro** (01/03/2012).
7639.	**Alesandra Carvalho de Freitas** (12/07/1991).			
	() **N Vicichouski**.			
	8380	F	i.	**Heloise Carvalho Vicichouski** (23/01/2018).

7653.	**Beatriz Deina.**			
	(09/01/1993) **Robisom Menta.**			
	8381	F	i.	**Mayara Menta** (31/10/1993).
7654.	**Angela Deina.**			
	(09/12/1995) **Altamir Faria.**			
	8382	F	i.	**Caroline Deina Faria** (27/02/1998).
	8383	M	ii.	**Felipe Deina Faria** (05/04/2002).
7655.	**José Luiz Barbosa Deina.**			
	(10/02/1996) **Elaine Cristina da Costa dos Santos.**			
	8384	M	i.	**Leonardo Deina** (05/09/2000).
7656.	**Sandra Barbosa de Oliveira.**			
	() **Sergio Luiz Begiato.**			
	8385	M	i.	**Sergio Luiz Begiato Junior.**
	8386	M	ii.	**Rodrigo Luiz Barbosa Begiato.**
	8387	M	iii.	**Guilherme Luiz Barbosa Begiato.**
	() **Sebastião Albari Lopes dos Santos.**			
	8388	F	iv.	**Gisele Barbosa Lopes dos Santos.**
7715.	**Alexandre Nicolau Gabardo** (05/06/1973 – 30/04/2019).			
	() **Cleide Vieira Alves** (05/06/1970).			
	8389	M	i.	**Gustavo H. Nicolau Alves Gabardo** (11/01/1991).
+	8390	F	ii.	**Carolina Ananda Alves Gabardo** (06/08/1994).
	8391	M	iii.	**Matheus Rafael Alves Gabardo** (08/05/1996).
7733.	**Rafaela Gabardo Kollross** (04/06/1988).			
	(30/11/2013) **Felipe de Andrea** (08/07/1985).			
	8392	F	i.	**Letícia de Andrea** (05/08/2018).
7738.	**Luiz Felipe Graneto** (22/05/1986).			
	() **Leticia Joy Perine** (28/10/1984			
	8393	M	i.	**Luiz Felipe Perine Graneto** (24/07/2010).
7749.	**Debora Kelly de Arruda** (06/03/1982).			
	() **N Padilha**			
	8394	M	i.	**Ramon Felipe Padilha.**
	8395	F	ii.	**Julia Gabriele Padilha.**
7793.	**Sandra Nardino.**			
	() **N Hamm.**			
	8396	F	i.	**Cecilia Thais Hamm.**
7833.	**Tatiana Gabardo Fortes** (20/10/1983).			
	(01/2002) **Rodrigo Rafael Bereza** (11/01/1985).			
	8397	M	i.	**Rodrigo Rafael Gabardo Bereza** (03/02/2003).
7838.	**Priscilla Oliveira Santos.**			
	() **N Correia.**			

	8398	F	i.	Allana Santos Correia.
7846.	Monique Costa (23/02/1987).			
	() N Budk			
	8399	F	i.	Maria Luiz Costa Budk (05/05/2009).
7858.	Ariane Marcela Côrtes (02/10/1985).			
	() Rodrigo Gomes Marques Silvestre (03/05/1983).			
	8400	F	i.	Olivia Côrtes Silvestre (04/01/2013).
7944.	Andressa Gabardo.			
	() N Granza.			
	8401	M	i.	Oliver Granza.
7964.	Mariu Lavalle (28/01/1944).			
	(07/11/1964) Joguibe Mansur (30/09/1938).			
+	8402	F	i.	Christiane Lavalle Mansur (20/02/1967).
	8403	F	ii.	Daniele Lavalle Mansur (19/11/1970 – 27/11/1970).
	8404	F	iii.	Caroline Lavalle Mansur (16/10/1972).
				(07/09/1997) Gustavo Castro (23/11/1971).
7965.	Jerry Lavalle (18/04/1946).			
	(21/01/1972) Irmgard Weiss (30/01/1946).			
	8405	M	i.	Juliano Lavalle (01/04/1974).
+	8406	M	ii.	Felipe Lavalle (31/03/1977).
	8407	F	iii.	Ana Paula Lavalle (09/04/1981).
7966.	Irani Budant Weinhardt (16/01/1951).			
	(29/01/1972) Azionir Jazar (10/08/1945).			
	8408	F	i.	Fabíula Weinhardt Jazar (19/01/1975).
	8409	M	ii.	Fabiano Weinhardt Jazar (21/04/1979).
7967.	Oberdan Rollwagen (12/05/1946).			
	(22/07/1971) Celina Alves Müzel (09/03/1947).			
	8410	M	i.	Marcelo Müzel Rollwagen (23/06/1972).
+	8411	F	ii.	Alessandra Müzel Rollwagen (10/01/1975).
	8412	F	iii.	Patrícia Müzel Rollwagen (16/07/1982).
7968.	Eduwilton Budant Rollwagen (30/12/1953).			
	(16/09/1989) Deyse Bernardete Gaier (03/05/1954).			
	8413	M	i.	Diogo Macedo Rollwagen (02/09/1981).
	8414	M	ii.	Danilo Gaier Rollwagen (04/09/1987).
	8415	M	iii.	Bruno Gaier Rollwagen (17/01/1990).
7969.	Andrelino Chaves (08/06/1943).			
	() Claire Souza (16/11/1943).			
	8416	F	i.	Tallulah Chaves (21/06/1975).
	8417	M	ii.	André Chaves (27/12/1976).
				() Sônia.

	8418	M	iii.	**Heros Henrique Chaves.**
7970.	**Tabajara Chaves** (04/05/1947).			
	() **Maria Lúcia Weinhardt** (28/8/).			
	8419	M	i.	**Wylkes Chaves** (03/02/1971).
	(03/07/1976) **Ana Maria Becker** (08/06/).			
	8420	F	ii.	**Kristy Chaves** (28/08/1977).
	8421	F	iii.	**Ketlim Chaves** (17/03/1986).
	() **Maria Elizabete Santana.**			
+	8422	M	iv.	**Mogli Santana Chaves.**
7971.	**Oberon Budant de Aguiar** (29/03/1947).			
	8423	M	i.	**Fabrício Pavia Aguiar** (24/06/1975).
	8424	F	ii.	**Fabrina Pavia Aguiar** (23/04/1979).
7972.	**Tânia Budant Aguiar** (27/02/1952).			
	(08/01/1971) **Célio Paulo Socher** (09/06/1948).			
	8425	M	i.	**Adriano Aguiar Socher** (09/06/1972).
+	8426	F	ii.	**Andrea Aguiar Socher** (14/12/1974).
7975.	**Maria Conceição Savas Kaili** (08/12/1952).			
	() **Renato Furlanetto** (17/05/1946).			
	8427	M	i.	**Daniel Furlanetto** (30/07/1988).
7976.	**Eduardo Luiz Gabardo Martins** (15/08/1954).			
	(14/02/1975) **Dorinha Sheila Roth** (09/02/1955).			
	8428	M	i.	**Fabio Roth Martins** (26/08/1977).
	8429	F	ii.	**Fernanda Roth Martins** (05/06/1986).
	() **Flavia Aparecida Lopes Gouvea.**			
	8430	F	iii.	**Manuela Gouvea Martins.**
	8431	F	iv.	**Nicole Gouvea Martins.**
7977.	**Cristina Gabardo Martins** (18/01/1962).			
	(08/07/1981) **Victor Georgiev Mercaldo** (06/11/1953).			
+	8432	M	i.	**Gustavo Martins Mercaldo** (20/10/1984).
	8433	F	ii.	**Rafaela Martins Mercaldo** (18/11/1988).
7978.	**Silvana Terezinha Gabardo** (03/10/1962).			
	()19/07/1986 **Julio Cezar Segantini** (18/12/1962).			
	8434	F	i.	**Andressa Segantini** (12/02/1988).
	8435	M	ii.	**João Victor Segantini** (19/10/1994).
7979.	**Simone Gabardo** (21/12/1963).			
	(23/09/1989) **Sergio Luís Cavichiolo** (31/07/1958).			
	8436	M	i.	**Gabriel Gabardo Cavichiolo** (01/08/1990).
7981.	**Hamilton Luiz Capriglioni** (07/01/1953).			
	(1981) **Elizabeth Dorigo** (13/04/1957).			
7983.	**Adilir Therezinha Schirr** (21/12/1943 – 05/10/2001).			

				(03/07/1966) **Antonio Paulo Fernandes Mazur** (03/07/1944).
	8439	M	i.	**Rui Fernando Mazur** (19/10/1967).
+	8440	M	ii.	**Fernando Luís Mazur** (22/09/1973).
	8441	F	iii.	**Paula Elisa Mazur** (24/01/1978).
7984.	**Roberto Luís Schirr** (27/03/1946).			
				(10/07/1971) **Leoni Carli** (10/09/1947).
	8442	F	i.	**Fabíola Schirr** (23/09/1972).
	8443	F	ii.	**Fabiele Schirr** (18/08/1976).
7985.	**Renê Alfredo Schirr** (06/07/1949).			
				(06/07/1976) **Janete Balbina Pinto** (07/10/1950).
	8444	M	i.	**Gustavo Luís Schirr** (24/11/1976).
	8445	F	ii.	**Rejane Schirr** (07/11/1977).
	8446	M	iii.	**Luís Augusto Schirr** (03/12/1979).
7986.	**Rubens Fernando Schirr** (09/07/1957).			
				(11/07/1981) **Dilma Luzia da Silva** (15/07/1957).
	8447	F	i.	**Fernanda Schirr** (04/01/1982).
	8448	M	ii.	**Roberto Augusto Schirr** (04/11/1986).
	8449	M	iii.	**Fernando Luís Schirr** (14/05/1988).
7987.	**Divo Massochetto Júnior** (01/01/1952).			
				(25/01/1977) **Neiva Salete Deconto** (31/08/1950).
	8450	F	i.	**Juliane Deconto Massochetto** (04/04/1978).
	8451	F	ii.	**Michele Deconto Massochetto** (28/05/1979).
7988.	**Ivo Massochetto** (09/01/1954).			
				(02/07/1983) **Maria Aparecida Nakayassu** (02/09/1962).
	8452	M	i.	**Augusto S. Nakayassu Massochetto** (24/10/1983).
	8453	F	ii.	**Tamires Hirome Nakayassu Massochetto** (27/08/1993).
7989.	**Sonia Maria de Paula** (21/05/1949).			
				(20/09/1969) **Romualdo Adelmo Wille** (13/07/1945).
+	8454	F	i.	**Adriana Maria Wille** (17/09/1970).
+	8455	F	ii.	**Andrea Maria Wille** (11/02/1975).
7990.	**Cesar Luís de Paula** (19/04/1953).			
				(18/02/1978) **Wilma Tomé** (03/11/1953).
	8456	M	i.	**Cesar Augusto de Paula** (27/07/1978).
	8457	F	ii.	**Patrícia Agnes de Paula** (04/04/1982).
7991.	**Solange Maria de Paula** (26/10/1954).			
				(1992) **Gregório Sebastião Cochek** (19/01/1957).
	8458	M	i.	**Maylon Eduardo de Paula Cochek** (21/10/1992).
	8459	F	ii.	**Kathleen Mayara Cochek** (10/04/1995).
7992.	**Orlando Luís de Paula** (25/02/1961).			
				(01/09/1984) **Arlete Mamede Correa** (09/06/1960).

	8460	M	i.	Rafael Correa de Paula (02/04/1987).
	8461	M	ii.	Rodrigo Correa de Paula (15/05/1990).
7993.	Marcelo Augusto Massochetto (26/10/1971).			
	(29/07/1995) Louise Amadio Rodrigues (04/06/1979).			
	8462	M	i.	Eduardo Henrique Massochetto (05/01/1996).
7994.	Eduino Gabardo Filho (20/01/1953).			
	(14/05/1977) Roseli de Fátima Stanchewski Zandoná (27/11/1958).			
	8463	M	i.	Sandro Gabardo (29/11/1978).
	8464	M	ii.	Leandro Lucas Gabardo (30/10/1980).
	8465	M	iii.	Daniel Elias Gabardo (25/05/1990).
7999.	Iberê Gabardo (29/01/1954).			
	(1975) Jussara Ribas (01/10/1956 – /07/2002).			
	8466	M	i.	Eduardo Olivir Gabardo (25/03/1975).
	(22/05/1982) Dinacir de Lima (29/09/1960).			
	8467	M	ii.	Rafael de Lima Gabardo (01/10/1982).
	8468	F	iii.	Ariane de Lima Gabardo (23/12/1983).
	8469	M	iv.	Fernando de Lima Gabardo (14/03/1987).
8000.	Marcelo Silva Gabardo (23/09/1956).			
	(31/10/1981) Marici da Silva Marques (18/06/1959).			
	8470	F	i.	Karla Danielle Gabardo (22/08/1987).
8003.	João Carlos Boros (14/04/1953).			
	(18/06/1983) Mara Regina Prochmann (24/10/1956).			
	8471	F	i.	Carla Luiza Boros (25/03/1987).
	8472	M	ii.	Fabio Henrique Boros (22/07/1988).
8004.	Paulo Roberto Boros (24/05/1954).			
	(20/06/1992) Delci Olinger (16/06/1963).			
	8473	F	i.	Jessica Cristina Olinger Boros (18/03/1994).
8005.	Maura Eloiza Boros (20/09/1957).			
	(25/06/1979) João Abu-Jamra Neto (31/08/1950).			
	8474	M	i.	Rafael Augusto Boros Abu-Jamra (06/11/1982).
	8475	F	ii.	Marcela Boros Abu-Jamra (26/12/1984).
8013.	Jorge Mario Cavichiollo (25/11/1958).			
	(11/10/1986) Elizete Bettega (22/07/1960).			
	8476	M	i.	Ramon Fillipe Cavichiollo (17/12/1989).
8016.	Victor Nady Rebello (04/03/1964).			
	() Tereza Cravinho (07/03/).			
	8477	F	i.	Karina Naeza Rebello (03/03/1986).
	8478	F	ii.	Cristina Tereza Rebello (12/02/1990).
8018.	Caprice Andretta (30/04/1972).			
	(24/06/1994) Marcos José Chechelaky (11/01/).			

	8479	M	i.	**Alexandre Andretta Chechelaky** (21/11/1997).
	8480	M	ii.	**Leonardo Andretta Chechelaky** (09/11/2001).
8019.	**Isabela Cristina Andretta** (19/08/1974).			
	(13/11/2004) **Sandro Gorkawczuck** (29/12/1972).			
	8481	M	i.	**João Pedro Andretta Gorkawczuck** (21/12/2006).
8023.	**Ricardo Ramos de Oliveira** (27/03/1973).			
	(05/06/1993) **Diair Terezinha da Luz** (25/08/1966).			
	8482	M	i.	**Rai Leonardo Luz de Oliveira** (27/08/1999).
8025.	**Fabio Ramos de Oliveira** (18/11/1973).			
	() **Sandra Berenice Paredes** (05/10/1974).			
	8483	M	i.	**Eduardo Paredes de Oliveira** (26/06/2000).
8028.	**Juliano Gabardo Weigert** (08/03/1978).			
	(27/09/2007) **Andressa Crespo Anastácio.**			
	8484	M	i.	**Lorenzo Crespo Weigert** (02/02/2010).
	8485	F	ii.	**Julia Crespo Weigert** (02/04/2015).
8029.	**Elisandra Weigert** (19/05/1981).			
	(28/01/2005) **Cleber Miranda dos Santos.**			
	8486	F	i.	**Livia Weigert dos Santos** (18/09/2010).
	8487	F	ii.	**Marina Weigert dos Santos** (13/01/2013).
8038.	**Valeria Cabello** (24/03/1970).			
	(29/10/1993) **Luciano de Oliveira Araujo** (02/02/1967).			
	8488	F	i.	**Isabelle Cabello Araujo** (14/05/1998).
8039.	**Arnaldo Cabello Junior** (12/12/1971).			
	(05/07/1998) **Eliane da Silva** (27/07/1982).			
	8489	F	i.	**Gabrielle da Silva Cabello** (08/08/2000).
8051.	**Julio Cezar Knopf** (10/05/1958).			
	() **Eva dos Santos** (02/07/1966).			
	8490	M	i.	**Guilherme Knopf** (15/11/1992).
8052.	**Dulce Mara Knopf** (05/03/1966).			
	() **Marcos Santana.**			
	8491	F	i.	**Suellen Santana** (23/10/1990).
8054.	**Alcindo Elias Filho** (22/08/1952).			
	() **Rute Cortiano** (11/05/1958).			
8055.	**Eliezer Laurence Elias** (30/10/1960).			
	() **Thais Terezinha Melo** (28/08/1958).			
	8494	M	i.	**Felipe Gabriel Elias** (31/03/1986).
	8495	M	ii.	**Thiago Fabricio Elias** (04/05/1988).
	8496	M	iii.	**André Marcos Elias** (28/01/1991).
8056.	**Jussara Matias.**			
	() **Moacir Stradioto.**			

	8497	M	i.	Liu Stradioto.
	8498	M	ii.	Luan Stradioto.
8057.	**Walter Matias.**			
	8499	M	i.	**Daniel Matias Neto.**
	8500	F	ii.	**Danielle Matias.**
	8501	M	iii.	**Luiz Matias.**
8058.	**Joel Seer.**			
	() **Marisa Costa.**			
	8502	F	i.	**Cristiane Seer.**
	8503	M	ii.	**Thiago Seer.**
8059.	**Mario Jorge Seer.**			
	() **Rosangela dos Santos.**			
	8504	F	i.	**Chislaine Seer.**
	8505	F	ii.	**Rayane Seer.**
8060.	**Solange do Rocio Seer.**			
	() **Luiz Halmata.**			
	8506	M	i.	**Raul Halmata.**
	8507	M	ii.	**André Halmata.**
	8508	M	iii.	**Luiz Gustavo Halmata.**
8062.	**Luiz Marcelo Seer.**			
	() **Lucimara Machado.**			
	8509	F	i.	**Mayara Regina Seer.**
8065.	**Marcos Kalakoska.**			
	() **Leonice.**			
	8510	M	i.	**Lucas Kalakoska.**
	8511	F	ii.	**Evelyn Kalakoska.**
8069.	**Luiz Carlos Xavier Ribeiro** (19/05/1951).			
	() **Paulina** (15/06/1954).			
+	8512	M	i.	**Alvaro Xavier Ribeiro** (13/11/1972).
+	8513	M	ii.	**Everson Xavier Ribeiro** (11/06/1976).
	8514	F	iii.	**Ana Carolina Machado** (13/08/1987).
8070.	**Alvaro Cezar Xavier Ribeiro** (25/12/1952).			
	() **Albertina** (12/05/1958).			
	8515	F	i.	**Andrea Ribeiro** (06/09/1976 – 21/04/1978).
	8516	F	ii.	**Tatiane Ribeiro** (19/03/1979).
				() **Rodrigo Cristiano Batista** (10/07/1979).
	8517	M	iii.	**Rodrigo Ribeiro** (08/07/1983).
	8518	F	iv.	**Beatriz Iara Ribeiro** (29/11/1985).
8071.	**Sibeli Maysa Seibt** (24/04/1960).			
	() **Edmar Ataide Miranda** (24/12/1956).			

	8519	F	i.	**Mayla Priscilla Miranda**.
	8520	M	ii.	**Johnattan Seibt Miranda** (27/02/1989).
	8521	F	iii.	**Magda Tisciane Miranda** (14/10/1991).
8072.	\multicolumn{4}{l}{**Miriam da Silva** (06/11/1957).}

8072. **Miriam da Silva** (06/11/1957).
() **Eduardo Augusto Mariani** (29/12/1958).

	8522	F	i.	**Fernanda Patricia Mariani** (16/07/1990).
	8523	M	ii.	**Vinicius Marcel Mariani** (05/05/1993).

8074. **Fernando Guimarães** (06/09/1957).

+	8524	F	i.	**Fernanda Guimarães** (19/05/1977).
	8525	M	ii.	**Rodrigo Guimarães** (08/12/1978).
	8526	F	iii.	**Flavia Guimarães** (10/03/1982).

8075. **Marcioney Guimarães** (18/07/1961).
() **Lislaine Ferreira Mirnel** (12/04/1960).

	8527	F	i.	**Manoela Guimarães** (22/08/1988).
	8528	M	ii.	**Mateus Guimarães** (12/10/1990).
	8529	M	iii.	**Gustavo Guimarães** (24/03/2001).

8076. **Sidneia Guimarães** (19/07/1963).
() **Rui Campos** (09/10/1958).

	8530	M	i.	**Felipe Campos** (10/12/1989).
	8531	M	ii.	**Gabriel Campos** (14/04/1993).

8090. **James Stuart Gerber** (20/12/1963).
() **Sula**.

	8532	F	i.	**Ana Luiza Gerber** (12/12/1998).
	8533	M	ii.	**Luigi Francesco Gerber** (17/04/2002).

8100. **Angela Paula de Faria** (05/01/1968).
(17/02/1995) **José Melquíades da Rocha Júnior** (11/06/1968).

	8534	F	i.	**Mariana de Faria Melquíades da Rocha** (24/10/1977).
	8535	M	ii.	**Bruno de Faria Melquíades da Rocha** (13/10/1999).

8101. **Adriana de Faria** (15/04/1969).
(17/11/1990) **Ronan Assis Melo** (29/08/1968).

	8536	F	i.	**Michele de Faria Melo** (18/11/2001).

8102. **Marco Antonio Negrão** (17/10/1967).
(10/06/1995) **Ana Cláudia Barddal Westerman** (18/06/1964).

	8537	M	i.	**Dante Westerman Negrão** (17/04/2000).
	8538	F	ii.	**Jade Westerman Negrão** (11/06/2001).

8104. **Simone Negrão** (29/09/1970).
(26/04/1991) **Paulo Sérgio Otero** (01/10/1970).

	8539	F	i.	**Caroline Negrão Otero** (01/10/1991).
	8540	F	ii.	**Daniele Negrão Otero** (08/05/1997).

8113. **Mônica Gabardo** (17/07/1964).

		(08/1983) **Rogerio Thomaz**.		
	8541	M	i.	**Pedro Willian Thomaz** (05/12/1985).
	8542	F	ii.	**Carolina Thomaz** (22/10/1991).
8114.	**Celso Gabardo Júnior** (23/06/1968).			
	(13/01/1988) **Andrea Banachevski** (29/07/1965).			
	8543	M	i.	**Guilherme Gabardo** (20/05/1988).
8159.	**Jonathas Evandro Gabardo** (23/04/1972).			
	(19/05/2000) **Vanessa de Carvalho Postol** (29/11/1974).			
	8544	F	i.	**Luiza Postol Gabardo** (26/06/2004).
8162.	**Melissa Gabardo** (17/03/1978).			
	8545	F	i.	**Alina Gabriella Gabardo** (23/10/1995).
	(17/08/2000) **José Guilheme Camargo Teixeira da Cunha** (09/03/1979).			
	8546	M	ii.	**João Vitor Gabardo da Cunha** (27/06/2001).
8165.	**Andreza Pelanda** (18/04).			
	(17/04/1999) **N Scroccaro**.			
	8547	M	i.	**N Scroccaro**.
	8548	M	ii.	**N Scroccaro**.
8166.	**Marcio Ronaldo Pelanda** (25/02/1974).			
	() **Adriane Tessari**			
	8549	M	i.	**N Pelanda**.

19. Geração

8248.	**Emmanuel Gabardo Taques** (19/07/1977).			
	() **Fernanda Mandryk Valente** (25/01/1976).			
	8550	M	i.	**Gabriel M. Valente Gabardo Taques** (25/05/1997).
8265.	**Paulo Robson Gabardo** (09/07/1982).			
	() **Katricia Tochetto** (19/07/1982).			
	8551	M	i.	**Pedro Henrique Gabardo** (26/08/2011).
8276.	**Marizete Gabardo Ribeiro** (17/01/1981).			
	8552	F	i.	**Marta**.
	8553	M	ii.	**Anderson**.
	8554	M	iii.	**Gabriel**.
	8555	M	iv.	**Daniel**.
8281.	**Marilda Gabardo** (07/04/1986).			
	(08/07/2006) **Aparecido da Silva Pereira** (10/04/1975).			
	8556	F	i.	**Rhyana Karolayne Gabardo Pereira** (06/08/2008).
	8557	F	ii.	**Rhayane Natasha Gabardo Pereira** (12/08/2013).
8307.	**Tatysa Faoro de Oliveira** (31/03/1990).			
	8558	F	i.	**Chloe Faoro de Oliveira** (04/10/2016).
8348.	**Orlando Ducheski** (28/10/1980).			
	(10/05/2008) **Carolina Cassiana Oliveira** (07/05/1983).			

	8559	F	i.	**Ingridy Cristine Ducheski** (12/05/2002).
	8560	F	ii.	**Yasmin Cristine Ducheski** (17/06/2011).
	8561	M	iii.	**João Roberto Ducheski Neto** (18/10/2012).
8349.	\multicolumn{4}{l}{**Josiane Roberta Ducheski** (16/04/1982).}

8349.	**Josiane Roberta Ducheski** (16/04/1982).			
	\multicolumn{4}{l}{(02/04/2005) **George André Candido** (02/08/1978).}
	8562	M	i.	**João Miguel Ducheski Candido** (17/07/2012).
	8563	F	ii.	**Júlia Elisa Ducheski Candido** (27/08/2003).
8354.	\multicolumn{4}{l}{**Leonardo Ducheski Segundo**.}
	8564		i.	**N Ducheski**.
8372.	\multicolumn{4}{l}{**Douglas Gabardo de Souza**.}
	\multicolumn{4}{l}{() **Dani Freitas** (12/09/1986).}
	8565	M	i.	**João Victor de Souza**.
	8566	F	ii.	**Manuela de Souza**.
8390.	\multicolumn{4}{l}{**Carolina Ananda Alves Gabardo** (06/08/1994).}
	\multicolumn{4}{l}{(11/12/2014) **Cleilton Cordeiro da Fonseca** (22/08/1990).}
	8567	F	i.	**Clarice Gabardo da Fonseca** (11/01/2017).
	8568	M	ii.	**Alexandre Neto Gabardo da Fonseca** (11/09/2019).
8402.	\multicolumn{4}{l}{**Christiane Lavalle Mansur** (20/02/1967).}
	\multicolumn{4}{l}{(07/05/1987) **Fernando Beleski** (29/07/1957).}
	8569	M	i.	**Nicolas Mansur Beleski** (16/05/1991).
	8570	M	ii.	**Igor Mansur Beleski** (25/10/1993).
8406.	\multicolumn{4}{l}{**Felipe Lavalle** (31/03/1977).}
	\multicolumn{4}{l}{(31/05/2003) **Loraine Bender** (18/10/1979).}
	8571	M	i.	**Felipe Bender Lavalle** (26/11/2003).
	8572	F	ii.	**Rafaela Bender Lavalle** (2008).
8409.	\multicolumn{4}{l}{**Fabiano Weinhardt Jazar** (20/05/1979).}
	\multicolumn{4}{l}{(21/06/2007) **Rosana do Rocio Cordeiro** (23/08/1974).}
	8573	F	i.	**Isabela Cordeiro Weinhardt Jazar** (26/11/2007).
8411.	\multicolumn{4}{l}{**Alessandra Müzel Rollwagen** (10/01/1975).}
	\multicolumn{4}{l}{(17/05/1999) **Raul Carneiro Sterzeleck**.}
	8574	M	i.	**Thalles Rollwagen Sterzeleck** (28/06/2000).
8422.	\multicolumn{4}{l}{**Mogli Santana Chaves**}
	8575	M	i.	**Maicon Santana Chaves**.
8426.	\multicolumn{4}{l}{**Andrea Aguiar Socher** (14/12/1974).}
	\multicolumn{4}{l}{(23/12/1997) **Marcelo Luís dos Santos** (13/11/1970).}
	8576	M	i.	**Matheus Socher Santos** (10/10/2002).
8430.	\multicolumn{4}{l}{**Gustavo Martins Mercaldo** (20/10/1984).}
	\multicolumn{4}{l}{() **Giovana Maceno**.}
	8577	M	i.	**Gustavo Martins Mercaldo Júnior**.
8440.	\multicolumn{4}{l}{**Fernando Luís Mazur** (22/09/1973).}

				(17/05/1996) **Flávia Lúcia Moscal de Brito** (24/01/1973).
	8578	M	i.	**Luís Fernando de Brito Mazur** (30/10/1996).
	8579	M	ii.	**João Fenando de Brito Mazur** (17/08/1998).
8454.	**Adriana Maria Wille** (17/09/1970).			
	(06/04/1991) **Mauro Alves de Souza** (21/06/1965).			
	8580	M	i.	**Andrey Henrique Wille de Souza** (07/02/1991).
	8581	F	ii.	**Andressa Elisa Alves de Souza** (06/06/1996).
	8582	M	iii.	**André Luís Wille de Souza** (16/06/1999).
8455.	**Andrea Maria Wille** (11/02/1975).			
	8583	M	i.	**Eduardo Henrique Wille** (04/04/1998).
	8512.	**Alvaro Xavier Ribeiro** (13/11/1972).		
		() **Rosangela Olegini Serena** (17/03/1982).		
	8584	M	i.	**Raisson Nathan Ribeiro** (23/08/2000).
	8513.	**Everson Xavier Ribeiro** (11/06/1976).		
		() **Luciane Aparecida Leite** (22/08/1976).		
	8585	F	i.	**Caroline Ribeiro** (16/05/1995).
	8524.	**Fernanda Guimarães** (19/05/1977).		
	8586	M	i.	**Alexandro Guimarães** (29/11/2004).

BIBLIOGRAFIA

ALENCAR, F. et al. **História da Sociedade Brasileira.** 4. ed. Rio de Janeiro: Editora Ao Livro Técnico, 1996.

ALMEIDA, J. G. **Os Pioneiros do Bairro Água Verde.** Curitiba: Associação Cultural Água Verde, 1997.

ALVIM, Z. O Brasil Italiano (1880 – 1920). *In*: FAUSTO, B. (coord.). **Fazer a América.** São Paulo: Editora da Universidade de São Paulo, 2000.

AQUINO, R.S.L. et al. **História das Sociedades:** das sociedades modernas às sociedades atuais. 28.ed. Rio de Janeiro: Editora Ao Livro Técnico, 1993.

BARACHO, M. L. G. Parolin – o Bairro na História da Cidade. **Boletim Informativo da Casa Romário Martins**, Fundação Cultural de Curitiba – Curitiba, v. 24, n. 121, nov. 1997.

BOSCHILIA, R. Água Verde – o Bairro na História da Cidade. **Boletim Informativo da Casa Romário Martins**, Fundação Cultural de Curitiba – Curitiba, ano IX, n. 68, nov. 1982.

BARBARA, D. PIEMONTE – Terra de História e Trufas. **Revista Desfile**, Rio de Janeiro, ano 32, n. 377, p. 36-49, 2001.

BRUNETTI, M. C.; ZANON, M. A. Umbará, gentes, vida e memória. **Boletim Informativo da Casa Romário Martins**, Fundação Cultural de Curitiba – Curitiba, ano XI, n. 71, out. 1984.

CECCON, G. **Nossos antepassados e a Colônia Tenente Coronel Accioli.** Porto Alegre: Edições EST, 1977.

COSTA, I. D. **Umbará** – 1896 - 1996 – 100 anos de coragem, integração e fé. Curitiba: Humilitas Pró Manuscrito, 1996.

FENIANOS, E. E. **Umbará, Campo de Santana, Ganchinho, Tatuquara e Caxdevelopers.** Curitiba: UniverCidade, 1999. (coleção Bairros de Curitiba, v. 25).

FROTA, G. de A. **500 Anos de História do Brasil.** Rio de Janeiro: Biblioteca do Exército, 2000.

MACHADO, H. I.; CHRESTENZEN, L. M. **Futebol** – Paraná – História – vol I – Digitus – Curitiba.

MARCHETTE, T. D. Umbará – o Bairro na História da Cidade. **Boletim Informativo da Casa Romário Martins**, Fundação Cultural de Curitiba – Curitiba, v. 23, n. 117, dez. 1996.

MARTINS, R. **História do Paraná.** Curitiba: Coleção Farol do Saber, 1995.

NAPOLEÃO, A.C. **Corintians x Palmeiras** – Uma História de Rivalidade. Rio de Janeiro: Mauad Editora, 2001.

NOLA, A. M. di. **La Storia dell'Uomo** – gli ultimi due milioni di anni. Milano: Selezione dal Reader's Digest S.p.A, 1974.

PALU Fo., A.S.; MOLETTA, S. **Italianos no Novo Mundo.** Curitiba: Edição dos autores, 2009.

PERCO, D.; VAROTTO, M. (org.). **Uomini e paesaggi del Canale di Brenta.** Verona: Cierre Edizioni, 2004.

ROBERTS, J. M. **O Livro de Ouro da História do Mundo.** 5. ed. Rio de Janeiro: Ediouro, 2001.

ROSSI, G. **Colônia Cecília e outras utopias**. Curitiba: Imprensa Oficial, 2000.

SIGNORI, F. **Valstagna e la destra del Brenta**. Edizione a cura del Comune di Valstagna, 1981.

SIGNORI, F. **Valstagna** – Storia della Parrocchia. Cittadella: Bertoncello Artigrafiche, 1979.

SIGNORI, F. **La Chiesa Arcipretale di Valstagna e i suoi Oratori.** Cittadella: Bertoncello Artigrafiche, 1977.

TRENTO, A. **Os italianos no Brasil (Gli italiani in Brasile).** São Paulo: Prêmio Editorial, 2000.

VICENTINO, C. **História memória viva:** da Pré-história à Idade Média. 2. ed. São Paulo: Editora Scipione, 1994.

XAVIER, V. Desembrulhando as Balas Zequinha. **Boletim Informativo da Casa Romário Martins**, Fundação Cultural de Curitiba – Curitiba, v. 1, n. 1, ago, 1974.

Grande Enciclopédia Larousse Cultural. v. 13. São Paulo: Nova Cultural, 1998.

L'Eco del Brenta – Bollettino dell'Unità Pastorale in Valstagna – Anno LXIX, n.º 12 – dicembre 1999.

Le Dictionnaire Couleurs Hachette. Paris: Cartographie Hachette, 1992.

Dicionário Histórico-Biográfico do Paraná. Curitiba: Livraria Editora do Chain, 1991.

Outras fontes de consulta:

Arquivo Público do Paraná

Arquivo Nacional – Rio de Janeiro

Biblioteca Pública do Paraná

Biblioteca Civica di Valstagna

Círculo Bandeirantes de Estudos – Curitiba, Paraná

1.º Cartório de Registro Civil de Curitiba, Paraná

Cartório Distrital do Portão, Curitiba, Paraná

Cartório de Registro Civil de Piên, Paraná

Cartório de Registro Civil de Itaiópolis, Santa Catarina

Catedral Metropolitana de Curitiba

Paróquia de Santo Antonio – Lapa, Paraná

Paróquia de São Pedro – Umbará, Curitiba, Paraná

Igreja Paroquial de Curitibanos, Santa Catarina

Centro Histórico da Família – Igreja de Jesus Cristo dos Santos dos Últimos Dias – Curitiba, Paraná

Chiesa Parrocchiale S. Antonio Abate – Valstagna, Itália

Parrocchia di Santo Spirito di Oliero – Valstagna, Itália

Archivio di Stato di Vicenza, Itália

Sites da internet (genealogia, história, turismo etc.)